KB145556

냉전 이후

냉전 이후

역사를 시사로, 시사를 역사로 읽는 김기협의 남북관계사

초판 1쇄 인쇄 2016년 3월 25일 ＼**초판 1쇄 발행** 2016년 4월 5일
지은이 김기협 ＼**펴낸이** 이영선 ＼**편집 이사** 강영선 ＼**주간** 김선정 ＼**편집장** 김문정
편집 임경훈 김종훈 하선정 김정희 유선 ＼**디자인** 김회량 정경아
마케팅 김일신 이호석 김연수 ＼**관리** 박정래 손미경 김동욱

펴낸곳 서해문집 ＼**출판등록** 1989년 3월 16일(제406-2005-000047호)
주소 경기도 파주시 광인사길 217(파주출판도시) ＼**전화** (031)955-7470 ＼**팩스** (031)955-7469
홈페이지 www.booksea.co.kr ＼**이메일** shmj21@hanmail.net

김기협 © 2016
ISBN 978-89-7483-785-3 03340
값 18,000원

이 도서의 국립중앙도서관 출판시도서목록(CIP)은 e-CIP 홈페이지(http://www.nl.go.kr/ecip)에서
이용하실 수 있습니다.(CIP제어번호: CIP2016007009)

냉전

역사를 시사로, 시사를 역사로 읽는
김기협의 남북관계사

김기협 지음

이후

서해문집

이 시대를 사는 한 사람으로서

해방된 우리 민족이 분단건국에 이르는 과정을 《해방일기》(전10권, 너머북스 2011~2015) 작업을 통해 살펴보며 전보다 확실한 생각을 몇 가지 하게 되었습니다. 그중 중요한 하나가 분단의 근본적 원인은 내적인 것보다 외적인 데 있었다는 생각입니다.

물론 내적 원인이 없었던 것은 아닙니다. 작은 이익을 위해 분단을 향한 길을 걸은 자들이 조선인 중에 적지 않게 있었습니다. 그러나 그들에게 분단의 결정적 책임을 물을 수는 없다고 봅니다. 작은 이익을 위해 자기 사회를 배신하는 불량분자는 언제 어디에나 있습니다. 그런 자들이 칼자루를 쥐게 된 원인을 따지는 것이 더 중요합니다.

앞서 《망국의 역사, 조선을 읽다》(돌베개 2010) 작업에서도 비슷한 생각을 했습니다. 임금의 무능과 무책임이나 몇몇 반역자의 죄악과 비교할 수 없는 큰 원인이 당시의 시대상황에 있었습니다. 서세동점西勢東漸은 최소한 왕조교체 한 차례는 겪지 않고 넘길 수 없는 거센 물결이었고, 때마침 조선을 삼키지 않고는 배기지 못할 이웃나라의 야욕이 있었기에 끝내 조선은 식민지로 전락했던 것입니다.

그로부터 40년이 지난 시점에서 일본의 패전으로 해방의 기회가 왔습니다. 하지만 그 기회도 민족국가의 온전한 회복을 위해 충분한 것이 못 되었습니다. 제2차 세계대전 후 전개된 냉전의 상황은 우리 민족에게 제국주의시대보다 별로 유리한 것이 아니었습니다. 분단건국을 피하고 제대로 된 민족국가를 세우기 위해 많은 사람들이 큰 노력을 기울였지만, 한반도를 이용 대상으로 여기는 외세가 불량분자들에게 실어준 힘을 이겨낼 수는 없었습니다.

다시 40년이 지난 시점에서 또 하나의 기회가 왔습니다. 냉전의 주역이던 미국과 소련 정상이 1989년 12월 3일 몰타회담을 통해 냉전 종식을 함께 선언한 것입니다. 냉전이 한민족 분단의 결정적 원인이었다면, 그 종식은 민족 통일의 가장 중요한 조건을 이뤄주는 것 아니겠습니까?

그런데 그로부터 사반세기가 지난 지금까지 통일은커녕 평화협정조차 맺지 못한 채 적대관계가 지속되고 있습니다. 물론 25년 전과 달라진 것도 있지만 중국과 대만 사이의 양안관계 발전과 비교가 되지 않는 초라한 상태입니다.

온 세계가 벗어난 냉전에 한반도만 묶여 있다는 것은 말이 안 되는 일입니다. 강요하는 외세가 없는데도, 우리 민족이 분단 상태를 좋아해서 거기에 계속 매달려 있다는 말일까요? 정말 이해하기 힘든 일입니다. 1980년대까지 냉전의 장벽은 우리가 넘어서기에 너무나 벅찬 장애물로 보였습니다. 그동안 민족문제 해결의 실마리가 나타나지 못한 것은 아쉽기는 하지만 어쩔 수 없었던 일로 접어두겠습니다. 그런데 냉전 종식 후 사반세기가 되도록 돌파구를 찾지 못하고 있다는 것은 상식적으로 납득이 되지 않는 상황입니다.

어떻게 이런 상황이 지금까지 계속되고 있는 것인지, 이제부터 따져보려 합니다. 냉전이라는 것이 본질적으로 어떤 현상이었고 그 종식이라는 것은 어떤 의미를 가진 것인지, 미국의 패권과 중국의 흥기가 21세기 한반도에 어떤 상황을 형성하고 있는지, 대한민국과 조선민주주의인민공화국의 집권세력은 민족문제 해결에 어떤 자세로 임해온 것인지, 힘닿는 대로 따져보려 합니다.

20여 년 전 학교를 떠난 후 언론계 주변에서 활동해오며 "역사를 시사로 보고 시사를 역사로 읽는" 자세를 추구해왔습니다. 이번 작업에서는 그 자세를 특히 철저하게 지켜보려 합니다. 전문가로서 권위 있는 견해를 내놓는 것이 아니라, 이 시대를 사는 한 사람으로서 상식적인 이해를 얻고자 노력하는 것입니다.

김기협

정상회담

4부

1부

냉전 끝의 냉전

낯선 골목의 낯선 남자

냉전 종식으로 드러난
미국의 본색

1989년 12월 냉전 종료 선언을 들으며 좋은 일이라고 생각했다. 자본주의가 옳은 것이라고 생각하지도 않고 소련이 '악의 제국'이라고 생각하지도 않았지만, 냉전을 빌미로 일어났던 많은 나쁜 일들이 이제 줄어들 것이라고 생각했다.

그때까지 미국이란 나라에 대해 부정적인 생각을 꽤 갖고 있기는 했지만, 그 나라도 이제 좋은 쪽으로 많이 바뀔 것이라는 기대감을 품었다. 그 나라의 나쁜 측면으로 보이던 것이 대개 냉전과 결부되어 있었기 때문이다. 힘겨운 가상의 적이 없어진 만큼 외부 세계를 대하는 미국의 태도에 여유가 생길 것이라 생각했다.

많은 사람들이 그렇게 생각한 것이 분명하다. 그랬기에 '세계경찰'이란 말이 통했을 터다. 한 국가 내에서 경찰이 '공익을 위한 폭력'을 맡는 것처럼, 미국의 그 막강한 군사력 운용이 조금이라도 더 인류의 공익을 향하게 되리라는 기대감을 담은 말이었다.

1990년대에 많이 쓰이던 이 말이 지금은 거의 들리지 않는다. 아마도 2001년 9·11 테러가 그 계기가 아니었을까? 미국이 지나치게 호전적인 태도를 보일 때 '세계경찰이 저래도 되는가?' 하던 비판의 기준이 이제는 없어져버렸다. 미국에게 남들 입장 생각해줄 여유가 있으리라는 기대감이 사라진 것이다.

냉전 종식을 계기로 미국인의 생활이 좋아진 것 같지도 않다. 냉전 종식 후 미국에 가본 일이 없어 구체적인 실정은 잘 모르겠지만, 뉴스나 책을 통해 접하는 미국의 풍경은 확실히 그 전보다 살기 힘든 쪽으로 변한 듯하다.

그러니 냉전 종식의 의미가 무엇인지 다시 생각해보지 않을 수 없다. 냉전 시대에는 나쁜 일의 원인이 모두 냉전 상태에 있고 상대방을 쓰러뜨려 냉전을 끝내기만 하면 좋은 세상이 올 것이라는 선전에 파묻혀 살았다. 그런데 막상 냉전은 종식되었는데 더 좋은 세상은 온 것 같지 않다. 미국인에게조차도.

그래서 냉전 종식이 미국이 원해서가 아니라 부득이해서 한 일이 아닌가 하는 생각도 해볼 필요를 느낀다. 다음과 같은 설명도 일리가 있어 보인다.

> 현재 '중국의 부상'이나 '인도의 부상'은 자본주의 세계경제가 한 번 더 글로벌 축적을 시도하기 위해 마지막 남은 전략적 보루(중국, 인도같이 자원이나 노동력을 많이 보유하고 있는 국가들)를 동원하고 있다는 신호로 볼 수 있다. 전장에서 어떤 군대가 마지막 남겨놓은 전략적 보루를 사용한다는 것은 패배 직전까지 몰렸음을 의미한다. 현재 세계경제의 발전은 현존하는 세계체제에 내재한 몇 가지 주기적인 운동이 이제 역사적 한계에 도달했다는 것을 은연중 암시한다. (리민치, 《중국의 부상과 자본주의 세계경제의 종말》, 류현 옮김, 돌베개 2010, 46쪽)

리민치李民騏는 이매뉴얼 월러스틴Immanuel Maurice Wallerstein의 '세계체제론'을 발판으로 자본주의의 위기를 논한다. 이 정도 설명은 세계체제론까지 들먹일 필요 없이 자본주의의 기본 속성만 갖고도 충분히 이해할 수 있는 것이다.

자본주의체제가 정치권력의 작용 없이 시장의 동력으로만 움직일 수 있는 것은 '불평등'의 존재를 전제로 한다. 자원과 노동력의 분포가 고르지 않아야만 그 격차로부터 뽑아낼 수 있는 이윤이 자본의 움직임을 위한 동력을 만들어주는 것이다. 댐의 낙차가 있어야만 발전용량이 생기는 것과 마찬가지다.

개발되지 않은 자원의 존재가 자본주의체제의 동력원이 되는 것처럼, 미개발 노동력의 존재도 자본주의체제의 활력을 위해 필요하다. 그런데 미국이 자본주의체제의 패권을 쥘 무렵의 광대한 저개발 지역이 그 후 반세기 동안 상당 수준의 산업화를 이뤘다. 산업화의 진전에 따라 노동력의 조직과 임금의 상승이 진행되었다. 1980년대 이후 신자유주의 '세계화'의 핵심 과제는 아직 개발이 덜 된, 따라서 아직 임금이 낮은 지역으로 자본의 자유로운 이전을 열어주는 것이었다.

그렇다면 냉전 종식은 아직까지 자본주의식으로 조직되지 않은 노동력이 존재하는 광대한 지역, 즉 옛 공산권을 자본주의체제에 편입시킬 필요에 몰렸기 때문이 아닌가 하는 것이 리민치의 견해다. 그는 냉전 종식을 앞둔 시기에 미국이 심각한 위기에 처해 있었다고 본다.

세계시장에서 서유럽과 일본의 맹추격을 받고 베트남전 패배로 인해 사회적으로나 경제적으로 큰 타격을 입으면서 전후 '글로벌 뉴딜'을 더 이상 유지할 수 없게 되자, 미국 헤게모니는 역사적 쇠락의 길로 들어섰다. 1970년에서 1990년까지 미국 행정부는 미국 헤게모니의 쇠락을 늦추고, 나아가 이를 재건하기 위해 세 가지 전략을 구사했다. 첫째, 서유럽과 일본을 '정치적 동반자'로 인정함으로써 그들의 경제적 영향력을 무력화하고자 했다. 둘째, 주변부 및 반주변부 국가에 대한 군사적 우위를 유지하기 위해 '핵확산금지조약'을 적극적으로 밀어붙였다. 셋째, 자국 기업의 이윤율을 회복하고 글로벌 경제에서 실추된 위상을 되찾기 위해 신자유주의 의제를 강요했다. (같은 책, 200쪽)

이 책은 2009년 중국에서 출간되어 이듬해 한국에 소개됐다. 미국의 냉전 종식이 넉넉한 힘으로 여유 있게 이뤄진 것이 아니라 위기에 몰려 어쩔 수 없이 했던 일이라는 생각은 9·11 테러와 이라크전쟁 전에는 떠올리기 힘든 것이었다. 그런데 그 후 미국 대외정책의 난맥상과 2008년 금융공황 앞에서 미국의 입장이 불안하게 보이는 것이다.

1980년대 미국의 신자유주의 경제정책과 소련에 대한 군사적 압박정책의 반동성을 나는 2008년에 이미 지적한 바 있다.

1970년대의 경제 위기는 두 진영 모두에 타격을 가했다. 그런데 공산주의 진영이 효과적 대안을 찾아내지 못하고 무기력한 침체에 빠진 반면, 자본주의 진영 일부가 미국의 주도하에 신자유주의 노선으로 나왔다. 신자유주의 노선은 상황의 문제점을 해소하기는커녕 더욱 격화시켜 파국을 앞당김으로써 추진 주체가 상대적 이익을 얻자는 것이었다.

1980년대에 레이건이 신자유주의 경제정책과 함께 추진한 군사정책이 어떤 것이었던가. 그야말로 천문학적 규모의 비용이 드는 '별들의 전쟁'이었다. 경제 여건에 역행하는 군비 확장은 상대방이 먼저 손들도록 압박하는 치킨 게임이었다. 냉전의 대결 상황이 이 소모적이고 반동적인 정책을 가능하게 해준 것이다. (김기협, 《뉴라이트 비판》, 돌베개 2008, 181~182쪽)

1972년의 로마클럽보고서 《성장의 한계》를 계기로 자원과 환경 문제가 크게 부각되었고 때맞춘 석유 위기로 현실적 위기감까지 일었다. 그래서 '스태그플레이션'이란 이름을 얻은 당시의 악성 경기침체의 원인으로 자원 측면이 중시되었지만, 착취의 여지가 줄어든 노동시장의 상황 또한 하나의 중요한 측면이었다.

제2차 세계대전 이후 미국 패권을 중심으로 번영을 누려온 자본주의체제가 1970년대 들어 여러 거시적 지표에서 한계에 부딪친 것은 분명한 사실로 보인다. 1980년대 미국의 위치가 위기 상황까지는 아니더라도 뭔가 대책을 강구해야 하는 압력에 처해 있었던 것이다. 그러므로 냉전 종식은 냉전시대의 모든 문제가 해소되는 계기가 아니라 현대사회의 기본 문제들이 새로운 형태로 모습을 바꿔 나타나는 계기로 봐야겠다.

독일은 냉전 해소와 함께 통일을 이뤘는데 한국은 그러지 못한 사실을 한국의 민족주의자들은 통탄한다. 그리고 그 이유로서 '냉전의 내면화'를 흔히 지적한다. 물론 상당히 중요한 이유라고 나도 생각한다. 하지만 1990년을 전후한 이른바 냉전 종식이 당시의 인식에 비해 한계를 가진 현상이라고 본다면, 독일의 상황과 한국의 상황 사이의 차이점도 생각할 수 있다. 동유럽의 전선前線이 사라진 것과 달리 동아시아의 전선은 새로 형성되고 있지 않은가.

21세기 들어와 미국의 모습이 초라해져온 데는 중국의 흥기와 대비되는 까닭이 있었다. 1990년대 말까지도 중국은 냉전 이후의 세계 상황에 적응할 수 있을지 걱정되는 존재였다. 그런데 불과 10여 년이 지난 지금은 향후 세계의 진로에 미국 못지않은 영향력을 행사할 주체로 전 세계의 주목을 받고 있다.

한반도 상황에 대한 중국의 영향력 또한 지금까지 크게 자라나왔고, 앞으로도 더 커질 것으로 보인다. 지난 20여 년간 전 세계적 상황 변화, 특히 한반도가 처한 상황의 변화를 이해하기 위해서는 미국 패권의 성격 변화와 중국 흥기의 의미에 초점을 맞출 필요가 있다.

몰타에서 종식된 냉전은
동유럽의 냉전이었다

1948년 8월과 9월에 각각 정부를 수립한 대한민국과 조선민주주의인민공화국은 서로를 '국토 일부를 참절한 반역도당'으로 간주했다. 남쪽 헌법은 대한민국 영토를 '한반도와 그 부속도서'로 규정했고, 북쪽 헌법은 수도를 서울로 명시했다. 서로를 대화 상대로 인정하지 않는 이 극한적 대립 상태는 냉전 종식 때까지 계속되었다. 이 대립 상태의 성격을 김근식은 "북한과 대한민국"에서 이렇게 요약 설명한다.

전쟁 이후 분단의 공고화와 본격적인 체제경쟁의 가속화는 남한의 자본주의체제가 더욱 강고해지는 한편 북한 역시 사회주의체제가 보다 강화되는 방향으로 나아갔음을 의미한다. 남과 북은 서로가 상이한 체제로 더욱 멀어져갔고 남한의 반공국시에 입각한 권위주의체제와 북한의 주체사상에 입각한 유일체제는 서로가 서로를 적대하면서 이를 통해 자기 체제의 정당성을 강화시켜주는 이른바 '적대적 의존관계'로 고착돼갔다. 이제 남북의 구성원은 잠재의식 속에서조차 상대방을 적대하는 데 익숙해야 했다. 적화통일과 승공통일의 구호 속에서 남북은 그 어디서도 절충점을 찾을 수 없었다. 뿔 달린 괴물 이미지와 미제의 괴뢰 이미지가 상호 교차하면서 남과 북의 사람들은 상대방을 민족이라기보다 타도해야 할 적으로 간주하는 데 익숙했다. 남북한 당국은 상대방과의 적대관계를 내부의 정권 유지와 정적 탄압에 유용한 전가의 보도로 활용하기도 했다. 정권에 반대하는 세력과 체제불만 세력들은 곧바로 적대하고 있는 상대방과 내통한 세력으로 매도됐고 이는 곧 반체제 세력으로 낙인찍혀 정치적 탄압을 받기 일쑤였다. 결국 분단은 양측의 적대적 대결을 한층 첨예화시켰고 냉전은 이를 더욱 확대재생산하는 데 기여했다. 또한 분단의 공고화가 진전되면서 불완전한 반쪽은 자기 반쪽이 아닌 다른 한쪽에 의존하는 종속적 국제관계를 결과함으로써 외세의 영향력을 확대해가야만 했다. 자본주의와 사회주의의 가장 첨예한 대결장이 돼버린 한반도는 남과 북 공히 민족의 협력과 단합이 아니라 각 진영의 첨병역할을 충실히 수행해왔다. 남측은 미국을 필두로 한 자본주의 진영의 이해관계를 추종해야 했고 북측 역시 소련을 필두로 한 사회주의 진영의 요구를 충족시켜야만 했던 것이다. 남과 북 모두 적대적인 다른 반쪽을 압도하기 위해 전혀 다른 한쪽에 좌우되는 피동적인 지위였을 뿐 한 번도 주도적 입장에 서지 못했다. (참여사회연구소 기획, 이병천·홍윤기·김호기 엮음, 《다시 대한민국을 묻는다》, 한울 2007, 317~318쪽)

김근식이 말하는 '적대적 의존관계'는 내가 《해방일기》에서 지적한 극좌-극우 간의 '적대적 공생관계'에서 연장된 것이다. 해방에서 정부수립에 이르는 3년간의 해방공간 속에서 극좌파와 극우파는 상대방의 존재를 자기 노선의 근거로 삼아, 정상적 정치 현상을 가로막으며 각자의 지역에서 권력을 장악했다. 그 권력 위에 세워진 두 국가는 상대방의 부정을 자기 정체성의 일차적 근거로 삼으며 독재권력을 유지한 것이다.

1988년 7월 노태우 대통령의 7·7 선언(민족자존과 통일번영을 위한 대통령 특별선언)의 가장 큰 의미는 상대방의 존재를 인정한다는 점에 있었다. "북한을 경쟁과 대결이라는 적대적 대상이 아니라 통일을 위한 동반자, 즉 민족공동체의 일원으로 보아야 한다"는 이 선언은 북한을 어떤 존재로 보느냐에 앞서 남한 스스로를 어떤 존재로 보느냐 하는 점에서 획기적 전환을 담은 것이었다. 남한의 국가권력이 북한과의 대결 주체로서 존재 의미를 가진다는 40년간의 집착에서 벗어난다는 의미가 이 선언에 담겨 있었다.

돌이켜 생각하면 국가로서 대한민국의 정통성에 대한 자신감이 뒷받침된 선언이었다. 경제발전 덕분에 국민을 먹여 살리는 국가의 역할이 상당 수준 충족되었고, 1년 전의 민주화운동 결실로 민주공화국의 요건도 대폭 갖춰져 있었다. 게다가 냉전 때문에 거듭 파행을 겪던 올림픽대회가 서울에서 모처럼 성공적으로 열릴 전망이었으니 국제사회에 대한 대한민국의 체면도 크게 올라가 있었다. '반공의 보루'를 뛰어넘는 국가정체성을 당당히 내걸 수 있는 상황이었다.

그런데 당시에 나는 이 선언의 의미를 흔쾌히 받아들이지 못한 면이 있었다. 양김 대립 덕분에 불과 36.6% 지지로 당선되어 군사독재 정권의 유산을 지키고 있던 당시 정권에 대한 반감에 더해, 두 달 후로 닥쳐 있던 올림픽대회를 위한 정략적 의도를 의심했기 때문이다. 그리고 7·7 선언에 앞서 학생권과 재야에서 펼쳐온 올림픽 남북한 공동개최 운동을 정부가 탄압해온 상황을 보더라도 7·7 선언의 진정성이 의심스러웠다.

그러나 노태우 정권이 임기 말까지 '북방 외교' 노선을 유지한 사실을 이제 와서 생각하면, 당시 정략적 의도가 있었다 하더라도 크게 개의할 만큼 중요한 것이 아니었다고 여겨진다. 7·7 선언은 냉전 이후 남북관계의 출발점이라고 할 수 있다.

7·7 선언은 냉전 종식을 선포한 몰타선언보다 17개월 앞서 나온 것이다. 당시 한국사회에서는 냉전 종식의 기미가 아직 느껴지지 않고 있었으나 소련과 동유럽에서는 체제 붕괴를 향한 변화가 이미 시작되고 있었다. 올림픽대회만 하더라도 제22회 모스크바대회와 제23회 로스앤젤레스대회를 '반쪽대회'로 만든 동서 대립이 1988년에는 무너져 있었기 때문에 제24회 서울대회가 큰 성공을 거둘 수 있었던 것이다.

앞서 1990년을 전후한 냉전 종식이 동유럽에 국한된 의미를 지닌 것이었다고 언급한 바 있다. 공산권의 서울올림픽 참가 대세도 동유럽 국가들이 주도한 것이었다. 북방 외교 최초의 큰 성과였던 헝가리 수교의 상황을 강준만은 이렇게 정리했다.

7·7 선언 후, 동구권 국가 중에서 가장 먼저 외교관계를 수립한 나라는 헝가리였다. 노태우는 올림픽 개막을 불과 4일 앞둔 9월 13일 헝가리와 대사급 외교사절을 교환하기로 합의했다고 전격적으로 발표했다.

헝가리와의 외교관계 수립은 뒷거래의 산물이었다. 올림픽 개최 이전에 적어도 공산주의 국가와 공식적인 외교관계를 수립한다는 것은 상징적 의미를 지닌 것이었기에, 6공은 헝가리와의 협상을 일사천리로 진행해나갔다.

88년 6월 남한이 10억 달러의 경제원조를 해준다면, 서울올림픽을 전후해서 남한과의 공식적인 외교관계를 수립할 의향이 있다는 헝가리 정부의 제안이 있은 후, 박철언을 협상 책임자로 한 비밀협상이 3차례 진행되었다. 그리고 올림픽 개막식 4일 전에 헝가리에 6억 2,500만 달러의 상업차관을 제공하는 조건으로 외교관계를 수립하기로 합의했다.

이 과정에서 큰 역할을 한 사람이 김우중이었다. 이미 84년 헝가리를 방문해 헝가리와 일련의 사업 계획을 성사시켰던 김우중은, 이런 관계를 활용해 87년 말과 88년 초 서울과 부다페스트에 각각 무역사무소가 개설되는 데 결정적인 역할을 수행했다. (강준만,《한국현대사산책》1980년대편 3권, 인물과사상사 2003, 283쪽)

공산권 국가 중 헝가리가 한국의 첫 수교국이 된 까닭은 무엇보다 헝가리가 다른 동유럽 국가들에 비해 당시의 체제 변화를 순조롭게 겪어내고 있던 나라라는 사실에 있는 것 같다. 한국인이 헝가리의 이름을 알게 된 것은 1956년의 '헝가리 사태' 때문이었다. 스탈린이 죽은 후 너지 임레Nagy Imre (1896~1958) 수상의 '신노선' 아래 진행되던 헝가리의 자유화 운동이 소련군의 침공으로 좌절된 사태다. 이 사태가 소련과 위성국의 관계를 비방하는 자료로 서방에서 크게 활용되었기 때문에 많은 한국인이 헝가리란 이름을 처음 듣게 되었다.

그런데 이 사태 이후 1988년까지 32년간 헝가리를 이끈 카다르 야노시 Kádár János(1912~1989)의 업적이 눈여겨볼 만하다. "우리를 적대하지 않는 자는 모두 우리 편"이란 그의 말은 유명한데, 이것은 스탈린 시대 헝가리 독재자였던 라코시 마차시 Rákosi Mátyás(1892~1971)가 했던 "우리를 돕지 않는 자는 모두 우리 적"이란 말과 대비되는 것이었다.

카다르는 라코시 같은 독재자보다 너지 같은 개혁가에 가까운 성향의 인물이었고, 너지 내각에 국무장관으로 참여하고 있었다. 소련 지도부가 헝가리 침공 후 그를 선택한 것은 헝가리인의 반감을 최소화하기 위해서였다. 33년이 지난 후 죽음을 몇 달 앞둔 시점의 연설에서 그는 당시 자신이 소련의 위협에 너무 쉽게 굴복했다고 반성하고, 존경하던 동지 너지의 처형에 협조한 것이 자기 인생의 비극이었다고 말했다.

동유럽 지도자 중 가장 온건한 인물의 하나였던 카다르가 스스로 물러날 때까지 32년간 권좌를 지켰다는 사실 자체가 헝가리의 정치적 평온을 말해준다. 그는 소련의 통제를 감수하는 한도 내에서 최대한 실용적인 정책노선을 추구해 헝가리를 동유럽에서 가장 살기 좋은 나라로 이끌었다. 그리고 공산권 붕괴에 임해서도 헝가리의 체제 변화가 가장 순조로운 편이었다. 카다르가 당서기직에서 물러난 것은 한국과의 수교 발표 넉 달 전이었는데, 그 수교 방침도 그의 지도 아래 결정된 것으로 보인다.

공산권 붕괴를 위한 조건은 1970년대의 경제불황 속에서 성숙된 것이라고 에릭 홉스봄 Eric Hobsbawm은 《극단의 시대 The Age of Extremes》에서 설명한다. 불황에 대한 대응책에서 소련과 중국의 차이를 설명한 것을 보면 1990년을 전후한 공산권 붕괴와 냉전 종식이란 동유럽에 국한한 사건이었다는 생각이 더 굳어진다.

(소련과) 매우 비슷한 시장 자유화와 분권화 정책이 모택동주의 퇴조 이후 중국에서 극적인 성과를 거두고 있었다. 1980년대 중국의 GNP 성장률은 연평균 10% 가까운 것으로, 한국 한 나라에게만 뒤질 뿐이었다. (…) 만약 1980년의 러시아가 (그 시점의 중국처럼) 기껏 호강을 꿈꾼다는 것이 텔레비전 갖추는 것 정도인 농민의 비율이 80%인 나라였다면 페레스트로이카 정책이 훨씬 나은 결과를 보았으리라고 자신 있게 말할 수 있다.

그러나 소련과 중국 개혁정책 성과의 대비가 이런 시차만으로 설명될 수 있는 것은 아니다. 중국 쪽이 중앙 통제체제를 훼손시키지 않으려고 애를 썼다는 분명히 드러나 보이는 사실을 덧붙여도 설명은 충분하지 못하다. 사회체제와 관계없이 경제 성장에 유리하게 작용한 것으로 규명되고 있는 동아시아 문명전통으로부터 중국이 얼마나 큰 혜택을 얻었는지 밝히는 것은 21세기 역사가들에게 남겨줄 과제다. (Eric Hobsbawm, 《The Age of Extremes》, Vintage 1994, 483쪽)

"통일은 대박"?
민족문제는 로또가 아니다

우리의 소원은 통일 / 꿈에도 소원은 통일

이 정성 다해서 통일 / 통일을 이루자!

이 겨레 살리는 통일 / 이 나라 살리는 통일

통일이여 어서 오라 / 통일이여 오라!

1989년 7월 3일 평양의 세계청년학생축전에 참가 중이던 임수경이 기자회견장에서 이 노래를 불렀다고 한다. 아마 셋째 절이 여기 적은 것과 달랐을 것 같다. 그에 관한 생각은 뒤에 적겠다.

임수경 방북의 배경 상황을 강준만은 이렇게 설명한다.

1988년 올림픽 공동개최 투쟁을 시작으로 불붙기 시작한 통일운동은 89년 평양에서 열리는 제13회 '세계청년학생축전' 참가로 이어졌다. 북한은 아시아에서 처음 열리는 대회라는 점에 의미를 두면서 동시에 서울올림픽이 공동개최될 경우에도 대비해 1987년 봄부터 '축전준비위원회'를 발족시켜 막대한 시설 투자와 더불어 열성적인 준비를 해왔다.

대한적십자사를 통해 북한 조선학생위원회 명의의 평양축전 초청장을 받은 전대협은 89년 2월, 그해 7월 평양에서 열릴 예정이던 13차 세계청년학생축전에 참가하겠다고 공식 선언하고 산하에 '평양축전 준비위원회'를 구성했다.

전대협의 평양축전 참가와 관련해 89년 초반 정부의 반응은 우호적이었다. 예컨대 〈한국일보〉 2월 12일자에는 "대학생들 평양축전 보낸다"는 큰 제목의 기사가 실리기도 했다.

정부는 애초 평양축전 참가를 승인하려 했었지만, 1989년 3월 갑자기 방침을 바꿔 '세계청년학생축전' 참가투쟁을 탄압하기 시작했다. 전대협은 축전 참가를 위해 문교부와 여러 차례 접촉을 시도했으나, 축전 시기가 임박한 6월 초 정부가 평양축전은 반미반한의 정치 선전장이라는 이유를 들어 불허 방침을 내리자 끝내 축전 참가는 무산되는 것처럼 보였다. 어찌되었든, 이 무렵 정부의 입장은 오락가락했는데, 〈워싱턴포스트〉는 노태우 정부의 종잡을 수 없는 대북한 정책으로 한국인들이 심한 혼란을 겪고 있다고 보도하기도 했다.

또 문익환의 방북을 계기로 공안정국의 한파가 몰아치는 가운데 '지금 상황에서 통일운동에 주력하는 것이 올바른 방향인가'라는 의견이 운동권 내부에서도 제기되며, 평양축전 참가는 물 건너간 일처럼 보였다. 그러나 전대협은 "무슨 수를 써서라도 기어이 가고야 말겠다"며 결연한 의지를 보였다. (강준만, 《한국현대사산책》 1980년대편 4권, 인물과사상사 2003, 116~117쪽)

노태우 정권 '북방정책'의 '정략성'에 대한 강준만의 지적은 지당한 것이다. 1980년대 말 세계적 해빙 추세에 보조를 맞춰 민족문제 해결을 지향한다는 기본 방향은 타당한 것이었지만, 변화의 성과를 정권에 유리한 쪽으로 이용하려는 집착이 너무 강했다. 이 집착이 흐름을 왜곡시키며 혼란을 일으켰고, 그 혼란이 후에 북방정책의 좌초를 위한 조건이 되었다.

'1987년 체제'의 문제점과 한계가 지금은 심각하게 인식되고 있지만, 당시에는 이뤄지지 못한 것보다 이뤄진 것이 크게 느껴지고 있었다. 군사독재 시절로서는 상상하기도 힘든 일들의 가능성도 떠오르고 있었다.

민족문제 해결도 그 하나였다. 예민한 사람들에게는 동유럽의 해빙 분위기가 느껴지기 시작했고, 과감한 사람들은 움직이기 시작했다. 올림픽 공동개최 운동을 통해 민족문제에 대한 새로운 상황에서의 관점도 자라나고 있었다.

1989년 3월 황석영과 문익환의 연이은 방북, 그리고 석 달 후 임수경의 방북이 이 움직임을 대표한 것이다. 현직 국회의원 서경원이 1988년 8월 몰래 방북했던 사실도 뒤이어 밝혀졌다. 남한 정부는 이에 모두 사법처리로 대응했는데, 실정법을 존중하는 '법치'의 원칙 차원에서 이해할 수 있는 일이다.

그러나 평양축전 참가 불허 방침은 설명이 안 된다. 아직 열리지 않은 행사에 '반미반한' 정치 선전의 조짐이 있다면 대표단을 보내 그런 선전을 억제하도록 애쓸 일 아닌가. 거의 모든 참가국이 우리 수교국이거나 수교를 추진하는 나라들인데. 변화의 칼자루를 정권이 독점하려는 집착에 기인한 자가당착이었다.

위에 소개한 '우리의 소원' 노래의 셋째 절이 원래는 "이 목숨 바쳐서 통일"이었다. 언제부터 가사가 바뀌었는지 모르겠으나, 통일에 대한 사람들의 인식 변화가 엿보인다.

그 노래가 만들어질 때는 민족의 분단이 생살 찢기는 고통이었다. 있을 수 없는 일이 벌어지고 있는 것이라고, 당시 사람들은 느꼈다. 이 말도 안 되는 일을 되돌리기 위해서는 목숨이라도 바치고 싶은 것이 많은 사람들의 심정이었다.

그런데 이후 긴 세월 동안 고통의 성격이 바뀌었다. 살이 찢겼던 부위는 딱지를 몇 번이고 떼어내며 적어도 표면은 아물었다. 분단 직후에는 견디기 힘든 고통 때문에라도 필사적인 심정으로 매달리는 절체절명의 과제가 민족문제 해결이었다. 그런데 이제는 지금의 내 모습이 일그러진 사실을 자각하고 과거의 온전한 모습을 되찾아 당당한 미래를 맞겠다는, 보다 능동적이지만 덜 절박한 과제로 바뀌었다.

민족문제에 대한 이 사회의 인식이 약해진 사실을 한탄하기도 하지만, 나는 이를 어쩔 수 없는 현실로 받아들인다. 분단의 상처에서 당장 피가 철철 쏟아지지는 않고 있으니 목숨까지 바칠 생각이 들지 않는 것은 당연한 일이다. 헤어지기 싫은 사람들을 억지로 떼어놓는 것이 하나의 폭력이었던 것처럼, 뭉칠 마음이 없는 사람에게 뭉치기를 강요하는 것도 또 하나의 폭력이 될 수 있다.

요컨대 지금의 우리 모습을 스스로 어떻게 보느냐 하는 관점에 민족문제에 대한 태도가 달려 있다. 산업화와 민주화에 성공한 이 사회에 큰 문제가 없다고 본다면 민족문제 해결을 적극적으로 추구할 필요가 없다. 그러나 이 사회에 심각한 문제가 있고 그것이 분단 상태와 긴밀히 얽혀 있는 것이라고 본다면 민족문제 해결이 절실한 과제가 된다. 민족문제에 대한 이른바 '진보'와 '보수' 사이의 온도차가 여기에서 나오는 것이다.

1988년 7·7 선언 직후의 좌담 "민족통일운동과 민주화운동"에서도 이 온도차에 대한 인식을 알아볼 수 있다. 양건은 급박한 상황 전개를 불안한 심정으로 바라보는 '보수' 입장을 이렇게 표현했다.

양건 아까도 잠깐 말씀드렸습니다만, 통일문제의 제기가 일반 시민들이 처음 받아들일 때에는, 좀 뭐라고 할까요, 적절한 표현 같지는 않지만 느닷없다, 이런 느낌이 아니었나 생각합니다. (…) 통일문제, 분단문제가 재야운동권에서 오래 전부터 제기되어왔지만, 시민들은 그것을 그리 심각하게 받아들이지 않았던 것 같습니다. (…)

그런데 또 한편으로, 시민들 중에는 이 문제에 대해서 완전히 열려진 마음으로 받아들이지 못하는 측면도 있는 것 같습니다. 6·10 남북학생회담 문제가 나왔을 때 대한변호사협회에서 회장 이름으로 나온 성명서가 있는데, 그것이 일반 시민들의 보통 느낌을 대변하는 것이 아닌가 하는데, 이런 골자입니다. "너무 성급한 행동이다. 그렇기 때문에 반대한다." 이것이 첫 번째이고, 또 하나는 "통일논의에는 국민적 합의가 중요하다. 그렇기 때문에 학생들이 먼저 기성세대 설득부터 해야 할 것이다", 이런 반응을 보이고 있습니다. 여기서 특별히 중요한 두 번째 얘기, "기성 세대 설득부터 해야 할 것"이라는 것은 상당히 중요한 점이 아니냐 하는 생각입니다. 운동에 있어서 시민들의 고정관념을 깨뜨린다, 또 앞서 나간다라는 선도적인 역할도 중요하겠습니다만, 특히 민주화운동이란 측면에서 보면 중간층의 흐름을 누가 잡느냐는 것이 결정적으로 중요한 점이라고 생각합니다. (…) (박현채·백낙청·양 건·박형준,《창작과비평》1988년 가을호, 창비 1988.《백낙청 회화록》2권, 창비 2007, 320~321쪽에서 재인용)

양건은 보수적 입장을 '기성세대'란 이름으로 내놓고 '설득'이 가능한 대 상으로 본 것이다. 지금 독자들에게는 '기성세대'보다 '기득권층'이란 지칭이 익숙하게 느껴질 것이고, '설득'에는 한계가 있다는 생각이 들 것이다. 기득 권층의 이해관계 인식이 민족문제에 대한 태도에 어떤 영향을 끼치는지 그 동안 많이 확인되어왔기 때문이다.

폭넓은 사회적 합의에 대한 양건의 희망은 '87 혁명'의 주류 관점을 반영 한 것이었다. 그도 얼마 전 감사원장을 그만두면서는 그런 희망을 많이 접었 으리라고 짐작되나, 25년 전에는 많은 사람들이 공유한 희망이었다. 나 역시 비슷한 희망을 품고 있었다. 그에 비해 박현채는 당시에도 문제의 성격을 더 확실히 꿰뚫어 보고 있었다.

박현채　나는 조금 견해가 달라요. 6·10 회담에서 나타난 양상이란 것은 28년 전 에 나타난 양상입니다. 4·19 후에 통일을 위한 첫걸음으로 판문점 남북학생회담 제안이 있었고 6·10과 똑같은 양상의 진전을 보였습니다. 물론 내용은 달랐죠. 그 러나 큰 맥락에서 봤을 때 그것은 같은 양상이었습니다. 그럴 때 우리가 생각해야 할 것은 꼭 이런 것들이 국민적 합의를 전제로 해서 주어져야 하고 학생이나 또 각 기 작가면 작가, 음악가면 음악가, 이런 다원적인 접촉이 거부되어야 하는가에 문 제가 있다고 생각합니다. 7·7 선언에 대해 본다면 민주화와 통일이 하나라는 인식, 그로부터 통일문제를 제기하고 있다는 점에서 노태우 정권이 종래와 같은 터무니없는 방법으로 일을 처리하는 것이 아니라 재야권의 논리에 대응하는 것으로서 자기 안을 내놓았다고 볼 수 있습니다. 말하자면 통일추구 세력의 논리에 대한 대응으로서 주어진 것이 이번 7·7 선언이었습니다. 이 7·7 선언에서 제기한 바가 통일원장관 이홍구 씨가 말한 것처럼 "우리는 하나의 민족공동체이다" 이런 것이 기초한다고 했을 때, 다원적 접촉을 위한 '국민적 합의'라는 것은 반드시 필요한 것은 아니라고 봅니다. 말하자면 민족 밑에 종속하는 것이 지금 현상적으로 국가란 말이죠. (…) (같은 책, 321~322쪽)

'통일추구 세력'과 '정권'을 별개의 대응 주체로 놓고, 통일추구 세력의 논리에 정권이 모처럼 내놓은 합리적 대응으로 7·7 선언을 평가한 것이다. 두 주체의 입장에는 근본적 차이가 있지만, 이런 대응 과정을 통해 사회의 진로를 바람직한 방향으로 열어갈 수 있다는 것이다.

돌이켜보면 25년 전의 내게는 "이 목숨 바쳐서 통일"이 별로 어색하지 않았다. 민족문제에 관한 진지한 논의가 봉쇄되었던 40년 동안은 생살 찢긴 상처가 제대로 아물지도 못하고 있었던 것일까? 표현의 자유가 회복되기만 하면 분단건국 당시의 민족의식이 이 사회 구석구석에서 그대로 다시 나타날 것 같았다.

그런데 나와 함께 자란 또래들 중에도 다른 문제에 몰두해서 민족문제를 경시하는 풍조가 분명히 있었다. 나는 전부는 아니더라도 그런 풍조의 대부분이 민족문제 표출을 가로막은 반공독재의 산물이라 생각했기에 새로운 정치체제 아래서는 사라질 것이라고 믿었다. '설득'이 가능하리라 생각한 것이다.

그러나 지난 25년 동안 생각이 바뀌었다. 각자가 처한 조건과 가치관에 따라 민족문제에 대한 입장에는 상당히 큰 편차가 있고, 어떤 입장도 나름대로 존중받아야 한다고 생각하게 된 것이다. 통일의 당위성을 모든 사람에게 강요하는 것은 폭력이 될 수 있다는 생각이다.

나 자신 근년에 보수주의자를 자처해왔다. 더 좋은 세상을 만들려는 노력이 지나쳐 불필요한 고통을 불러올 위험을 감수하기보다는 지금 있는 세상의 좋은 점을 잘 지키려는 노력에 비중을 둔다. 민족문제에 대해서도 점진적 방안으로 마음이 기울어져왔다. '통일'보다 '통합'으로 인식하는 편이 낫겠다는 생각도 하게 되었다.

그러나 아무리 보수주의자의 입장에서도 '정말 이런 건 바뀌어야 하는데'라고 생각되는, 여전히 이 사회에서 인식이 아쉬운 것들이 있다. 그 대표적인 예가 바로 민족문제다. 평화, 정의, 민주주의 등 중요한 가치들이 민족문제의 미해결로 인해 큰 장애를 겪어왔다는 사실을 많은 사람들이 지적해왔음에도 아직 우리 사회에 충분한 영향을 끼치지 못하고 있다.

설득은 역시 필요하다. 설득으로 모든 것을 해결할 수는 없겠지만 많은 문제를 줄일 수 있다고 믿는다. 우리 사회의 어떤 기형적 문제들이 민족문제 미해결에 말미암은 것인지, 지금껏 쌓인 훌륭한 지적들을 드러내는 것을 이 책의 한 중요한 목적으로 삼고 싶다.

"통일은 대박"이라는 대통령의 발언 앞에서 이 필요를 더욱 절실하게 느낀다. 대통령의 딸이 된 것, 나아가 자기가 대통령이 된 것을 대박으로 여기는 사람에게는 민족문제도 복권처럼 보일지 모른다. 하지만 주어진 상황 속에서 자기 몫을 열심히 살아가는 보통 사람에게는 통일이 한 차례의 게임이나 작전으로 끝날 수 없다. 그것이 운명이라면 힘들고 괴로운 점이 있더라도 열심히 그것을 살아낼 뿐이다. 대박 같아서 달려들고, 대박 아닌 것 같아서 뱉어버릴 대상이 아니다. 목숨까지는 아니라도 정성을 바쳐 추구할 대상이다.

북한의 평화공세를
두려워한 박정희

나는 1988년 노태우 대통령의 7·7 선언을 냉전 이후 남북관계의 출발점으로 본다. 북한을 대화 상대로 인정하는 남한 정부의 자세가 이 선언을 계기로 자리 잡았기 때문이다. 그 전까지 남북한은 겉으로는 서로를 적대할 뿐이었고, 속으로는 이용할 뿐이었다. 김영삼 정부 초기, 1993~1994년에 통일원장관을 지낸 한완상은 최근《한반도는 아프다》의 머리말에서 냉전기 남북관계의 본질을 이렇게 요약했다.

그렇다면 도대체 적대적 공생관계란 무엇인가? 이 정체를 나는 이 비망록과 회고록에서 드러내 보이고 싶은 것이다.《한반도는 아프다》는 바로 이 기괴한 '적대적 공생관계'의 실제적 효력을 드러내 보여줄 것이다. 그렇다면 그 특징은 무엇인가? 도대체 이 비극적 관계가 증폭되면 어떻게 남북 대결이 첨예화되면서 그 비용도 그만큼 무거워지게 되는가를 알아야 한다. 그래서 이 관계가 갖는 비극적 특징에 우리는 주목해야 한다.

첫째, 남북 간의 대결이 심화되는 것은 양 체제 안의 권력주체가 극단주의적 정책을 선호하기 때문이다. 대체로 남쪽에 극우 수구세력이 집권하고 북쪽의 극좌 군부가 주도권을 장악하게 되면, 남북 간 냉전 대결은 극단으로 치닫게 마련이다. 즉 남북 간의 극단적 대결은 각 체제 안의 권력주체가 갖는 극단주의 정체와 연결되어 있다는 사실이다. 극단적으로 호전적 권력주체는 체제 안보의 이름으로 다른 체제와의 긴장과 대결을 부추기고 합리화한다.

둘째로, 남북 양 체제의 권력주체는 안으로 정치적 위기에 봉착하게 될 때마다, 곧 그들의 권력이 체제 안에서 도전을 받거나 위협에 직면하게 될 때마다, 이 위기를 관리하고 극복하기 위해 짐짓 상대방 체제로부터의 위협을 심각한 것으로 각색하고 과장한다. (…) 다시 말하면 반정부·반체제를 이데올로기의 적으로 범죄화하여 그들의 인권을 박탈한다. 그만큼 양 체제는 반민주적·반인권적 정권으로 퇴행하게 된다. 그만큼 민족과 국가 둘 다 잃게 된다.

셋째, 특징에 주목해야 한다. 양 체제의 강경·극단 권력은 체제 간 긴장을 고조시킴으로써 그들의 권력기반을 더욱 강화시키려 한다고 했다. 남북 간 긴장은 바로 남북 안의 강경권력이 호전적 극단주의 정책을 선택함으로써 더욱 고조된다고 했다. 그러기에 다른 식으로 말하자면, 극단세력이 집권하게 되면 두 체제 간 모순·갈등은 각 권력주체에 필요한 것이 되고 만다. 여기에 하나의 심각한 정치적 위선이 있다. 공식적으로는, 그리고 겉으로는 상대방 체제의 권력주체를 미워하고 악마화하면서도, 결과적으로는 양 체제의 극단세력은 서로 도와준다는 기막힌 역설과 위선을 우리는 여기서 확인하게 된다. (…) (한완상, 《한반도는 아프다》, 한울 2013, 9~10쪽)

7·7 선언 이전에 남북한이 서로를 대화 상대로 인정하지 않았다면 대화가 전혀 없었던 것일까? 그렇지는 않다. 민간을 통한 우회적 대화 아닌, '당국 간 대화'도 이따금 있었다. 그러나 진정한 대화가 아니라 대화의 시늉에 그치는 형국이었다. 1972년의 7·4 공동성명이 전형적인 예다.

1969년 7월 '닉슨독트린' 발표 이후 미국은 소련과 중국을 상대로 데탕트 정책을 펴며 베트남 철군 등 동맹국에 대한 군사적 책임을 줄이는 정책으로 나섰다. 이 변화에서 자신감을 얻은 북한 지도부는 무력을 앞세운 대남정책

(1968년의 1·21 사태와 울진·삼척 사태 등)을 전면적 평화공세로 바꿨다. 남한 정부는 이 상황에서 불안감에 빠졌으나 미국의 강압 아래 남북 대화에 나서는 시늉이라도 하지 않을 수 없었다.

이 상황을 김해원은 이렇게 설명했다.

북한의 위협이 점점 고조되고 있음에도 불구하고 미국은 북한과의 대화를 권유하였고, 이에 대해 박정희 대통령은 미국의 주한 미군 추가 철수조차 기정사실로 받아들일 수밖에 없었다. 미국이 중국과 북한을 소련 압박 카드로 생각하는 한 북한으로부터의 위협을 미국과 공유하기란 어려운 일이었다. 미국은 대중 관계개선, 아시아에서의 군사적 부담 경감, 대소 긴장완화를 위해 박정희 정권이 북한과의 관계개선에 나서주기를 원했으며 필요 시 압력도 행사하였던 것으로 밝혀졌다. 이는 당시 중앙정보부장이던 김형욱의 다음 기록에서도 확인할 수 있다.

"독일이나 베트남의 상황은 한국과 매우 다르다. 한국은 북한에 대해 잘 알고 있으며 독일이나 베트남 어느 쪽보다도 더 나쁜 경험을 했다. 대사가 언급한 바와 같이 한국은 군사력과 산업, 그리고 다른 모든 분야에서 좋아 보일지 모르지만 실제로는 북측과 어떠한 형태로든 접촉을 가질 만큼에 이르진 못했다. 그 같은 일을 하기엔 구조가 너무 허약해서 해체되고 말 것이다. 만약 박 대통령이 어떠한 주제로든 공식이든 비공식이든 북쪽사람들과 접촉하거나 대화를 한다면 한국 국민들은 그를 용공주의자라고 비난할 것이며 혼란이 야기될 것이다." (김해원, 《북한의 남북정치협상 연구》, 선인 2011, 75~76쪽. 여기 인용된 김형욱 발언의 출처는 "From Embassy Seoul to Department of State (1970.1.2), 'Conversation with General Kim Hyung Wook, former Director, ROK CIA'"로 표시되어 있다.)

이런 상황에서 시작된 남북 당국 간 대화의 출발점은 1971년 11월 19일 판문점에서 열린 남북적십자 제9차 예비회담장에서 한적 대표단의 정홍진이 북적 대표단의 김덕현에게 실무자 간 비밀접촉을 제의한 것이라고 한다.(같은 책, 80쪽) 이로부터 7·4 공동성명이 나오기까지 7개월간 24차례 판문점에서 접촉이 있었고, 정홍진의 평양 방문(1972년 3월 28~31일)과 김덕현의 서울 방문(4월 19~21일)이 있었으며, 이후락 중앙정보부장의 평양 방문(5월 2~5일)과 북한 박성철 부주석의 서울 방문(5월 29일~6월 1일)이 이어졌다.

그런데 대화가 시작된 직후인 1971년 12월 6일 박정희 대통령이 '국가비상사태'를 선언한 사실이 흥미롭다. 박정희는 이 선언과 함께 약 3,000자에 달하는 긴 담화문을 발표했는데, 이튿날 〈동아일보〉 기사 "국가비상사태 선언, 안보 위주로 급회전" 중 담화문 내용 일부에 대한 설명을 옮겨놓는다.

박 대통령은 안보위기론의 정당성으로 (1) 핵의 교착 상태 때문에 강대국들의 행동이 제약받는 때 북괴의 적화통일 야욕으로 인해 한반도의 국지적 긴장이 더욱 높아지고 있고, (2) 유엔에 가입한 중공이 유엔 결의로 창설된 유엔군과 언커크(UNCURK, 유엔한국통일부흥위원단)의 해체를 요구하고, (3) 미국에 우리 안보를 부탁할 수 없는 실정에다 주한 미군의 추가 감군 문제도 이미 논의 중에 있으며, (4) 이웃 일본도 중공 및 북괴와 더욱 빈번히 접촉하기 시작한 사실 등을 들었다.
담화문 중 "혹세무민의 일부 지식인들의 무책임한 안보론"을 지적하고 민주주의 수호를 위해 "응분의 희생과 대가를 지불해야 하며" 필요할 때는 "자유의 일부마저도 스스로 유보해야 한다"는 대목에 이르러 비상사태 선언 이후 언론의 자율성이 심각한 제한을 받지나 않을까 하는 우려가 없지도 않지만 민주주의에 대한 박 대통령의 신념의 표현은 이런 우려를 씻어주는 데 도움이 될 것으로 기대된다. (《동아일보》, 1971년 12월 7일)

당시의 신문기사를 지금 읽는 데는 약간의 기술이랄까, 감안이 필요하다. 위 기사에서는 "민주주의에 대한 박 대통령의 신념"에 대한 신뢰가 표명되어 있지만, 바로 옆의 사설 "국가안보와 자유민주주의"는 이런 문단으로 맺어져 있다.

한데 자유민주체제를 살리기 위한다는 이유 아래 바로 그 자유민주체제의 제 장점이 부당히 유린되는 자기모순의 사례를 우리는 여러 후진국에서 많이 보아왔다. 공산독재와 싸우는 대결 과정에서 이와 같은 자가당착적 모순에 빠지지 않도록 우리가 다 같이 반성하고 명심하지 않는다면 국가비상사태 선언이 유종의 미를 거두기 어려울 것이다. (《동아일보》, 1971년 12월 7일)

2012년 12월 24일자 〈한겨레〉 신문에 실린 한홍구의 글 "'자랑스런 동아일보'는 이렇게 추락했다" 중 1975년 초 동아일보 사태 때 "새로이 이사 겸 주필로 선임된 사람은 1971년 12월 비상사태 선포를 비판하다가 정권의 압력으로 물러난 이동욱이었다"라는 대목이 있다. 위 사설 때문에 박해를 받은 것으로 짐작된다.

이 비상사태 선언은 1971년 10월 15일 학생운동 진압을 위해 위수령衛戍令을 발동한 지 두 달도 안 된 시점의 일이었다. 그 사이에 국민이 감지할 만한 아무런 사태 변화도 없었기 때문에 사람들은 이 조치에 어리둥절했다.

국민이 모르고 있던 사태 변화는 당국 간 접촉의 시작이었다. 박정희 정권은 비밀리에 접촉을 진행하면서도 '국가비상사태'를 선언하고 필요할 때는 "자유의 일부마저도 스스로 유보해야 한다"는 엄포를 놓지 않고는 마음이 놓이지 않는 불안한 상태였다.

휴전협정 때도 입장을 서로 맞추지 못했던 남북한이 처음으로 함께 합의한 내용을 발표한 것이 7·4 공동성명이었다. 그런데 박정희 정권은 이 성명을 발표하면서도 북한의 평화공세에 대한 '굴복'이라는 불안감에 휩싸여 있었다. 그래서 이 공동성명에 뒤이어 체제 유지를 위한 극단적 조치로 유신을 선포하지 않을 수 없었던 것이다.

김해원은 당시 박정희 정권의 입장을 다음과 같이 설명한다. 그는 육군사관학교 출신의 연구자로서 국가관이 나보다 훨씬 확고한 분으로 보인다. 그의 연구에서는 대한민국 정부 입장의 정당성에 대한 회의적 시각이 가급적 배제되어 있다. 그런 관점을 감안하고 음미할 대목이다.

이와 같은 국제적 데탕트하의 국내정치적 도전과 압력은 박정희 대통령으로 하여금 남북 대화를 추진하되 다른 한편에서는 자신의 권력기반을 강화시키는 정치적 조치를 취할 수 있는 호기라는 생각을 갖게 하기에 충분하였다. 그러나 이와 같은 국가비상사태 선언 등 일련의 정치적 조치는 한반도 정세를 보다 평화적이고 안정적으로 전환시키려는 미국의 입장과는 정면으로 배치되었다. 국무부의 한 분석 자료는 "북한의 새로운 유연성에 대한 반응으로 최근 박정희 대통령은 더욱 경직된 정책노선을 택하였다"고 묘사하기도 하였던 점이 이를 뒷받침한다고 볼 수 있는 것이다.

당시 박정희 대통령에 있어서는 남북 대화 추진 그 자체보다는 북한의 평화공세를 불식시키기 위한 측면이 더 강했을 수도 있다. 왜냐하면 그렇게라도 하지 않았다면 북한의 집요하고도 일방적인 평화공세를 잠재울 수 없었기 때문이다. 따라서 박정희 대통령은 1971년 12월 6일 비상사태 선포를 조치하고 난 이후 비밀접촉에서 비로소 남북 정치회담을 제의했던 것이라 할 수 있다. (김해원, 같은 책, 79쪽)

7·7 선언에 임박한 시점의 남북접촉으로 1985년 전두환 정권의 정상회담 추진이 있었다. 7·7 선언 이전과 이후 남북 대화의 성격 차이를 분명히 확인하기 위해 다음 글에서는 1985년의 접촉 상황을 살펴보겠다.

북한 특사 접견에
'호신용 만년필'을 찾은 전두환

1988년 7월의 7·7 선언을 나는 '북방정책'의 출발점으로 본다. 사실 공산권과의 교류 확대나 남북 대화의 발전을 위한 한국 정부의 움직임은 그 몇 해전부터 있었다. 그런데 굳이 7·7 선언에 출발점으로서 의미를 부여하는 것은 북한을 대화 상대로 인정하는 남한 정부의 자세가 이를 계기로 자리 잡았다는 사실 때문이라고 앞에서 말했다. 그 전에는 북한을 적대와 이용의 대상으로만 여겨왔다는 것이다.

공산권과의 교류 확대는 기본적으로 경제발전의 성과였거니와 1980년대들어 서울올림픽 추진이 직접적 계기를 만들어줬다. IOC(국제올림픽위원회)에서의 득표 활동을 위해, 그리고 공산권의 로스앤젤레스올림픽 보이콧이 재연되지 않도록 하기 위해 한국 정부는 재계의 도움을 받아 공산권과 제3세계 국가들을 상대로 전례 없는 구애작전에 나섰다. 이 노력이 마침 동유럽 공산권의 붕괴 조짐과 맞물려 애초의 목표를 넘어서는 성과를 거두기도 했다.

이런 망외의 성과가 쌓이고 쌓여 어느 수준에 이르고 보니 공산국가와의 수교라는, 대한민국 건국 이래 상상도 못해온 사태가 시야에 들어오게 되었다. 그러자 여태까지 눈앞의 목표만을 위해 임시방편으로 꾸려오던 대對공산권 정책을 새로운 차원에서 정비할 필요가 생겼다. 이렇게 북방정책이 형성되면서 공산권에 대한 한국의 입장을 분명히 세우기 위해 7·7 선언이 나온 것이다.

공산권 국가들은 한국과의 관계 발전을 놓고 그들의 오랜 우방인 북한의 입장을 배려하지 않을 수 없었다. 7·7 선언 당시 헝가리와의 국교수립이 추진되고 있었는데, 한국이 북한의 존재를 공식적으로 인정하는 것은 헝가리만이 아니라 이후 수교를 시도할 모든 공산국가의 입장에서 국교수립의 필요조건이었다.

1983년 10월 아웅산 폭파사건이 있었다. 한국전쟁 이후 최악의 적대행위 중 하나였던 이 사건을 당하고도 한국 정부는 북한과의 적십자회담 및 체육회담을 계속했다. 그리고 1984년 9월에는 남한의 수재水災에 대한 북한의 구호물품 제공 제안을 받아들이기까지 했다. 서울올림픽 성공을 위해 북한과의 적대관계를 드러내지 않으려 애쓴 것이다. 예컨대 남북체육회담에 관해 강준만은 이렇게 적었다.

85년 10월 8일~9일 사이에 처음 열린 남북체육회담을 포함하여 모두 4차례에 걸쳐 남북 간의 체육회담은 열렸지만, 아무런 실질적인 소득을 얻지 못한 채 끝나고 말았다. 당시 올림픽조직위원장이었던 박세직과 IOC 위원장 사마란치는 애초부터 북한과의 공동개최가 성사될 것이라고 기대하지 않았다. 다만 체육회담을 진행하는 동안에는 북한이 공산권 국가들의 올림픽 참가를 저지하기 위해 노력을 기울일 수 없다는 점에 착안해 북한의 돌출행동을 통제하고자 체육회담을 진행했을 뿐이었다. 체육회담이 완전하게 실패로 돌아간 후, 박세직은 일련의 과정을 설명하면서 이렇게 말했다.

"북한은 완전히 궁지에 몰렸다. (…) 우리나라와 IOC는 3년에 걸친 인내심과 상호협조, 신중한 계획으로 북한을 고립시키는 데 성공했다. 우리가 북한을 설득하기 위해 최선을 다했다는 사실을 국제사회에 보여주었으므로 소련과 동유럽 국가들은 서울올림픽 참가 여부를 자유롭게 결정할 명분을 얻었다."(강준만,《한국현대사산책》1980년대편 2권, 인물과사상사 2003, 308~309쪽)

전두환 정권의 남북정상회담 추진도 같은 맥락에서 이해할 일이다. 그 추진에 관해서는 두 가지 기록이 있다. 하나는 손장래의 회고담 "84년 전두환-김일성 정상회담 했으면 95년 통일됐다"(《말》, 1999년 1월)인데 나는 찾아보지 않았다. 강준만이 이 글을 참고해 위의 책 301~306쪽에 서술한 것을 보면, 주미 대사관 공사를 지낸 손장래와 장면 정부 때 유엔 대사를 지낸 임창영이 나섰다는 이 사업은 정부의 정식 위임 없이 안기부 차원에서 추진한 하나의 '공작' 수준이었던 것 같다(손장래는 1985년에 안기부에서 대북 문제를 담당하는 2차장이었다).

또 하나의 기록은 2005년에 나온 박철언의《바른 역사를 위한 증언》(2책, 랜덤하우스중앙)이다. 1985년 초 안기부장을 맡은 장세동이 추진한 남북접촉은 장세동과 허담(조국평화통일위원회위원장) 특사의 교차방문과 김일성과 전두환의 친서 교환 등 1972년 7·4 공동성명을 앞둔 이후락 정보부장과 박성철 북한 부주석의 특사활동에 맞먹는 수준에 이르렀다. 안기부장 특보로 이 사업을 담당했던 박철언의 '증언'에는 그의 정치적 입장에 따른 굴절의 여지가 있기는 하지만, 접촉 내용을 깊이 드러낸 자료로서 큰 가치를 가진 것에 틀림없다.

장세동이 청와대 경호실장에서 안기부장으로 옮길 때 '특보' 자리를 만들어 청와대 비서관이던 박철언을 앉히면서 남북 간 비밀접촉 시도가 시작되었다. 그해 5월 한상일 안기부장 비서실장이 적십자회담 대표단 일원으로 서울에 온 림춘길 노동당 중앙위원회 비서국 부부장에게 접근, 통로 개설 의사를 타진하면서 접촉이 시작되었다. 그리하여 7월 11일 판문점에서 박철언과 한시해를 수석대표로 하는 첫 실무회의가 열렸다.

박철언의 회고로는 남쪽에서 접근해 간 것이고 첫 회의에서 정상회담을 제안했다고 하는데, 그 후 진행에서는 북쪽의 의지가 앞서 나간다. 7월 26일

2차 회의에서 북측이 특사 교환을 제안하고 8월 9일 3차 회의에서 합의가 이뤄지자 바로 9월 4일 북측 특사단의 서울 방문이 진행되었다. 반면 남측 특사단의 평양 방문은 9월 22일로 예정되었다가 늦춰져 10월 16일에야 이뤄졌다. 특사와 친서 교환 수준 접촉의 준비가 북측에서 먼저 되어 있었다는 사실을 짐작할 수 있다.

당시 전두환 측은 정상회담을 통해 어떤 합의를 이끌어내느냐 하는 구체적 목표 없이 만남 자체에 의미를 두고 있었다는 감이 든다. 박철언은 첫 회의에 관해 이렇게 적었다.

하지만 이날 회담에서는 정상회담을 바라보는 남과 북의 현격한 시각차를 발견할 수 있었다. 북한은 정상회담 이전에 정상회담에서 양 정상이 논의할 의제와 정상회담의 결과, 발표할 합의 선언 내용을 미리 구체적으로 정해놓자는 입장이었다. 물론 정상적인 국가 간의 정상회담이라면 북한의 주장이 맞는 말이었다. 그러나 서로에 대한 적개심으로 40년을 보내왔던 남과 북이 실무 차원에서 사전에 구체적 의제를 조정하고 세부적인 합의문 내용을 조율하다 보면, 대립과 갈등은 더 깊어지고 정상회담은 무산되고 말 것이 분명했다. 더욱이 남측의 전두환 대통령이나 북측의 김일성 주석이나 각자 자기 진영에서는 카리스마를 가지고 있는 현실을 감안할 때 결국 두 정상의 만남 그 자체가 모든 문제를 풀어가는 알파이자 오메가일 수밖에 없었다. (박철언, 《바른 역사를 위한 증언》 1권, 랜덤하우스중앙 2005, 156쪽)

박철언의 '증언'은 더러 스스로 뜻하지 않은 사실에 대한 증거능력을 보여준다. 당시 남한 권력집단이 전두환을 김일성과 대등한 수준의 카리스마 소유자로 여겨, 남북관계도 국가기관의 공식적 작용 없이 양쪽 두목의 회동으로 처리할 수 있다고 본 사실이다. 박철언에게 보고받는 전두환의 태도에서도 이 생각이 그대로 나타난다.

두 시간에 걸친 대화 내용을 비교적 소상히 보고하자, 전 대통령은 흡족한 표정을 지으면서 우리의 최고위급 회담 제의에 북한이 선뜻 응하지 못하는 배경을 나름대로 분석해서 길게 설명했다.

전 대통령은 "김일성이가 선뜻 응하지 못하고 있는 것은 내가 혜성처럼 나타나 여러 나라와 성공하기 어려운 정상회담을 계속 성공시키니까 불안해하는 것이다. 박정희와 카터 간의 회담은 완전히 실패했었다. 또 다른 나라 정상들이 만나는 경우도 내막적으로는 완전히 실패하는 경우가 대다수다. 그런데 우리는 성공한 경우가 다수이니 내 능력과 수완에 당황하는 것이다. 이승만, 박정희 시대를 겪어보고 비교하여 나를 이대로 놔두면 안 되겠다 싶어 나를 해치우려고 미얀마 사태를 벌였던 것이다. 그런데도 작년에 수해 물자를 보내준다고 했을 때, 모두들 반대하는데 실무자 의견과 달리 내가 이를 받는 걸 보며 '인물이구나!' 생각하고 얘기할 만하니 정상회담을 주선하라고 지시한 것일 것이다"라고 풀이했다. (같은 책, 157~158쪽)

첫 회의가 열린 날의 보고 장면을 그린 이 이야기에서는 정상회담 지시가 김일성에게서 나온 것이라고 하였으니, 남측에서 정상회담을 제안했다는 박철언의 주장도 분명치 않다. 아무튼 전두환은 자기가 '인물'이기 때문에 정상회담도 잘할 수 있으리란 믿음을 갖고 있었다는 사실을 알 수 있다.

보름 후 두 번째 회의에서 북측이 특사 교환을 제의한 것은 정상회담의 의제를 조율하는 과정을 갖고자 한 것이었다. 하지만 이 회의의 보고를 받는 전두환의 반응에서는 역시 준비의 필요성을 경시하고 정상회담 자체에서 '한탕'을 기대하는 심리를 읽을 수 있다.

또 특사의 교환 방문에 대해서도 전 대통령은 자신의 의견을 이야기했다. 전 대통령은 "특사들이 왕래하기 전에 정상회담과 관련해 사전에 최소한 몇 가지 문제에 대해서는 의견을 접근시켜야 한다. 그리고 완전 합의를 위해 노력해야 발전적 성과를 기대할 수 있다. 또 그것이 특사 파견을 앞둔 예의이기도 하다"고 강조했다.

그러나 "만약 그렇지 못할 경우, 두 정상이 만나 서로 자유롭게 토의하는 것도 한 방법이 될 수 있다"고 했다. 무조건 남북 정상의 만남 자체가 중요하다는 기존의 지침이 조금 변경된 듯했다. (같은 책, 161쪽)

준비를 열심히 하는 것이 '예의'이긴 하지만 준비가 잘 안 되더라도 만날 수는 있다는 정도의 생각이 '기존의 지침'에서 조금 변경된 것이라면 '기존의 지침'이란 무엇이었겠는가? 특사고 뭐고 관계없이, 남북의 '인물'끼리 무릎을 맞대기만 하면 된다는 것 아니었겠는가.

당시의 남한 집권세력에게는 서울올림픽이 하나의 전쟁과도 같은 거대한 사업이었다. 이 사업에 대한 북한의 방해공작을 피하기 위해 대화 시늉을 하는 것이 대북정책의 기조였다. 정상회담 제안은 이 기조 위에 펼쳐진 하나의 '작전'이었다. 회담 준비를 하는 동안 북한이 적대행위를 삼가게 할 수 있으면 됐지, 회담을 통해 무엇을 이뤄야겠다는 목표가 없었다.

이쪽에서 정상회담 추진을 하나의 작전으로 여기니 상대방 의도에도 의심을 갖지 않을 수 없다. 전두환은 북한 특사단 접견을 앞두고 "만약의 경우에 대비하여" 만년필 모양의 호신용 무기를 준비하도록 지시했다고 한다.(같은 책, 164쪽) 007영화를 너무 많이 본 것일까?

장세동과 박철언이 이끄는 남한 특사단이 10월 16~18일 평양을 방문하고 돌아온 직후 전두환이 정상회담의 뜻을 접었다고 박철언은 적었다. 10월 20일 부산 청사포 앞바다에서 침투하던 무장간첩선 한 척이 격침되었는데, 간첩선 침투가 북측에 회담 의지가 없음을 보여주는 증거라고 회담 반대파가 빌미를 잡았다는 것이 박철언의 견해다.

그러나 박철언이 적은 사실만 보더라도 정상회담을 더 이상 추진하지 않는다는 방침은 특사단 귀환 전에 결정되어 있었던 것으로 보인다. 전두환은 특사단의 귀환 보고를 10월 30일에야 받았다. 앞서 판문점의 실무회의 때 회의 당일에 박철언의 보고를 받던 것과 대조적이다. 특사단 귀환 보고는 이미

급한 일이 아니었고, 귀환 보고 전에 공교롭게 청사포사건이 터졌던 것이다. 아웅산사건에 구애받지 않고 추진되던 정상회담을 청사포사건 정도 때문에 포기한다는 것은 말이 되지 않는다.

한 시간 동안의 보고 장면의 일부를 박철언은 이렇게 그렸다.

이어 전 대통령은 "이번 사건도 변명과 발뺌만 한다면 김일성이 나를 평양으로 초청한 후 정치적으로 활용할 의도만 가지고 있다고 볼 수밖에 없다"라고 했다. 순간 나는 어안이 벙벙해지며 속으로 '아하, 우리가 평양에 간 사이에 무슨 일이 있었구나' 생각했다. 교전 상태에서도 평화를 위해 밀사 왕래나 정상회담이 열리고, 동·서독도 통일 직전까지 서로 간첩활동을 해왔다. 침투 중이던 간첩선 한 척을 바다에서 격침시킨 사건을 두고 그렇게 엄청난 정책 변화를 해야 하는가.

북한 특사 일행이 서울을 방문할 때, 또 우리가 평양을 방문하기에 앞서, 국무총리를 비롯한 핵심적인 관계 장관들과의 회의 때마다 느꼈던 우리 집권세력 내부의 친미 일변도, 극우적 흐름이 전 대통령에게 강하게 전달되었다는 생각이 들었다. 노신영 국무총리, 이원경 외무장관, 이규호 대통령 비서실장, 허문도 정무1수석은 말할 것도 없이 그런 성향이었고, 심지어 안기부 내에서 대북 문제를 담당해온 손장래 2차장의 경우도 개성 출신의 예비역 육군 소장으로, 5년간이나 주미 대사관 공사를 지낸 경력을 갖고 있었다.

(…) 전 대통령의 말은 계속되었다. "우리는 이미 목표를 달성하였다. 전쟁의 위험을 충분히 강조했다. 전쟁이 나면 핵전쟁으로 이어지고 모두 멸망할 것이라는 것을 알림으로써 남침 야욕을 저지했다. 회담을 하기 위해 질질 끌려다니지 말아야 한다"고 했다. 나로서는 뒤통수를 얻어맞은 기분이었다. 불과 열흘 남짓 만에 대통령의 태도가 180도 바뀌어 있었다. (같은 책, 203~204쪽)

집권세력 내부의 "친미 일변도, 극우적 흐름"이라고 했는데, 박철언은 이 책에서 자신과 '친미 수구세력'을 몇 차례 대비시킨다. '진보적 민족주의자'

를 자임하는 모습이다. 이 점은 장세동 안기부장이 자신과 공유한 것으로 박철언은 생각한 모양이다.

[1987년] 3월 24일, 장세동 부장은 전 대통령과의 대화 내용을 나에게 알려주었다. 장 부장은 전 대통령에게 보고하는 자리에서 노신영 총리의 문제가 심각하다는 보고를 했다는 것이었다.

장 부장은 정부·여권의 분열 조짐에 대비할 것을 전 대통령에게 건의하면서 "당내 민주주의의 명분 아래 경선 형식을 빌려 노신영, 이종찬, 남재희, 권정달 등이 기회를 포착할 수도 있습니다. 이들이 대미관계의 혼선을 야기하고, 내각제를 이원집정부제로 (야당과) 타협하려 할 수 있습니다. 주요 정책의 누설, 미국의 이익을 대변하는 처사를 경계해야 합니다. 여권의 분열을 막기 위해서는 후계 구도를 조속히 가시화해야 합니다"라고 건의했다고 나에게 귀띔을 해주었다. (같은 책, 250~251쪽)

"주요 정책의 누설"이 "미국의 이익을 대변하는 처사" 바로 앞에 나오는 것으로 보아 대북정책이 미국 측으로 누설되는 문제를 가리킨 것으로 생각된다. 1985년 9~10월의 특사 교환을 둘러싸고 미국 측과의 협의나 조율 과정에 대한 언급이 없고, 그해 12월 23일 '88계획 관계 한·미 협의회'가 열린 이야기가 있다.(같은 책, 207쪽) '88계획'이란 대북접촉 사업을 말하는 것이다. 미국 측에서 워커 대사, 던롭 참사관, 디레이니 CIA 거점장과 브레드너 8군 사령관 보좌관이, 한국 측에서 이상옥 외무부 차관과 안기부 3국장, 정보문화국장, 그리고 박철언이 참석한 회의였다고 하는데, 한국 측에서 단독으로 추진한 88계획을 미국 측에서 따지는 자리였을 것으로 생각된다. 88계획의 초점인 정상회담 추진은 두 달 전에 이미 꺾여 있었으니, 이 회의는 '사후 부검'의 성격이라고 할 수 있겠다.

정상회담 추진이 좌절된 후에도 박철언과 한시해 사이의 판문점 실무회의

는 계속되었다. 박철언의 기록 중에 1987년 3월 12일의 제24차 접촉과 전두
환 퇴임 직전인 1988년 2월 초의 제33차 접촉이 언급되어 있다. 정부 간 접
촉이라기보다 정보기관 간의 특별한 목적 없는 접촉 수준으로 봐야 할 것 같
다. 제24차 접촉에서 "총리회담을 제의"했다고 박철언은 적었지만, 정부 내
의 논의에 따른 정식 제안은 아니었을 것이다. 혼자 생각했거나 장세동과 의
논해본 정도의 '아이디어'였을 것 같다.

이 비밀접촉이 유지되는 동안 남한 집권세력의 북한에 대한 태도를 단적
으로 보여준 것은 1986년 가을의 '금강산댐 소동'이었다. 박철언의 비밀접촉
은 이 소동을 막는 데 아무 역할도 못했다. 이 소동에 관해 잘 정리된 글 하나
를 소개한다.

1986년 10월 30일 당시 이규효 건설부장관은 "200억 톤의 물을 담은 북한 금강
산댐이 붕괴할 경우 화천 등 5개 댐이 순식간에 파괴되고 한강 하류 전역을 급류
가 강타해 강원·경기·서울을 포함한 한반도의 허리 부분을 황폐화시키는, 상상
을 초월하는 재앙을 가져올 것"이라는 내용의 충격적인 발표를 했다.

이런 날벼락이 있는가? 북한이 1988년 서울올림픽을 방해하기 위해 물폭탄을 준
비하고 있다는 엄청난 재난 경보였다. 보수언론들은 일제히 금강산댐을 무너뜨리
면 서울이 물에 잠길 것이라고 보도했다. 어떤 신문은 '63빌딩의 절반 가까이가
물에 잠긴다'고 했고, '남산도 거의 잠길 것'이라는 전문가의 분석도 있었다. 텔레
비전에 나와 국민을 겁주던 유명 대학의 토목공학 교수들, 그분들은 당시를 기억
하고 있는지 궁금하다. 지금 생각해보면 참으로 부끄러운 짓이 아닐 수 없다.

금강산댐은 북한에서는 임남댐이라고 부른다. 1980년대 초반부터 공사를 시작
한 이 댐의 목적은 수력발전이었고, 농·공업용수, 생활용수를 공급하기 위한 것이
었다. 안기부의 초기 분석도 이 점을 주목했다. 그러나 전두환 정부는 북한의 '수
공水攻' 가능성을 부각시켰다. 당시 안기부가 어떻게 정보를 왜곡하고 과장했는지
에 대해서는 1993년 김영삼 정부의 '5공 청산' 과정에서 속속들이 드러났다. 1993

년 감사원의 감사 결과에 따르면, 안기부는 금강산댐의 저수량을 부풀렸다. 미국의 공병 수로국이 37억 톤으로 계산한 저수량을 안기부는 최소 70억 톤에서 최대 200억 톤으로 과장해서 홍보했다.

얼마나 급했던지 당시 금강산댐의 규모는 한국전력 직원 1명이 위치를 추정해 8시간 만에 계산했다고 한다. 장세동 안기부장은 이 과정에서 국민들의 대북 경각심을 고취하기 위해 최대치를 발표하도록 지시했다. 서울이 물에 잠긴다는데, 어떤 국민이 불안하지 않겠는가? 평화의 댐을 하루라도 빨리 건설하라는 보수언론의 나팔 소리도 높았다. 전국에서 규탄 시위가 줄을 이었고, 신문과 방송은 어린이 저금통까지 털어 성금에 참여하자는 선동을 마다하지 않았다. 그렇게 모아진 국민 성금이 661억 원이었다.

올림픽 이전에 대응 댐을 건설하지 않으면 큰일이 난다는 절박성, 그것은 거짓이었고, 한편의 거대한 사기극이었다. 감사원 감사에서 밝혀졌지만, 금강산댐의 저수량이 겨우 9억 톤 정도가 되는 시기는 빨라도 1989년 10월이었다. 올림픽 이전이 아니라, 올림픽이 끝난 이후였다. 감사원은 북한이 그 정도 규모를 일시에 남쪽으로 흘려보낸다 하더라도, 화천댐에 비상 배수구를 설치하면 충분히 대응할 수 있었다고 결론을 내렸다. (김연철,《냉전의 추억》, 후마니타스 2009, 108~109쪽)

"친미 일변도"를 비판한 박철언은 '자주파'였나?

노태우 정권의 '북방정책'에는 두 개의 측면이 있었다. 하나의 측면은 공산권 국가와의 관계 확대였다. 1988년의 서울올림픽이 이 측면에 유리한 계기를 만들어주었고, 뒤이어 소련과 동유럽 공산권의 붕괴에 따라 노태우의 임기 말까지 대한민국은 거의 모든 국가와 정식 외교관계를 맺게 된다. 이 측면은 큰 성공이었다.

또 하나의 측면은 북한과의 관계였다. 이 측면에서도 획기적인 발전이 이뤄지는 것 같았는데, 뒤에서 소개할 1992년 9월의 '훈령 조작 사건'을 계기로 좌절되고 말았다. 이 측면의 중심축은 1990년 9월부터 2년간 8회에 걸쳐 서울과 평양을 오가며 열린 '남북고위급회담'이었다. 임동원은 이 회담의 출범 과정을 이렇게 설명했다.

노태우 정부의 이런 전향적인 대북정책과 자세는 국제정세에 대한 예리한 판단력을 가진 외교안보 문제 전문가요 미국과의 긴밀한 협력관계를 유지해온 합리적 현실주의자 김종휘 외교안보수석비서관과, 검사 출신으로 전향적 역사의식과 예리한 판단력을 가진 서동권 안기부장의 합작품이라 할 수 있다. 또한 '민족공동체

통일방안'의 산파 역할을 한 정치학자 출신 이홍구 통일부장관이 닦아놓은 기초도 높이 평가해야 할 것이다.

1988년 서울올림픽이 끝나고, 평양이 서울의 제의를 받아들여 1989년 2월 초부터 판문점에서 남북고위급회담을 위한 예비회담이 개최되었다. 그러나 합의에 이르기까지는 무려 1년 반의 시간이 걸렸으며, 이 기간 동안 무려 8차의 예비회담을 거듭했다. 예비회담에서 합의된 주요 내용으로는, 회담 명칭을 '남북고위급회담'으로 하고 제1차 회담은 1990년 9월 4일부터 서울에서, 제2차 회담은 10월 16일부터 평양에서 개최하며, 의제는 '남북 간의 정치·군사적 대결 상태 해소와 다각적인 교류협력 실시 문제'로 결정했다. 대표단은 각각 7명으로 하고 수행원은 33명, 취재기자 50명 등 총 90명으로 구성하기로 합의했다. (임동원,《피스메이커》, 창비 2015(개정판), 134~135쪽. 이 책의 초판은 2008년 중앙북스에서 출간되었다.)

1985년부터 안기부장 특보로 '남북비밀회담'을 맡아온 박철언은 노태우 대통령 취임 후 청와대 정책보좌관에 임명되었다. 그 업무는 첫째 북방정책 추진, 둘째 대북 비밀접촉과 대북 문제 전반, 셋째 국내 정치의 중장기 기획, 넷째 당면한 주요 현안 문제에 대한 심도 깊은 판단의 네 가지였다고 한다. 박철언은 새 자리에서도 비밀회담의 대표 자리를 지켰고, 그 운영을 위한 직통전화 '88 핫라인'을 청와대 사무실에서 이용할 수 있도록 정책보좌관실 안에 '기밀실'을 만들었다.(박철언,《바른 역사를 위한 증언》 1권, 랜덤하우스중앙 2005, 299, 302~303쪽)

청와대 비서실은 정책 집행이 아니라 대통령 보좌를 위한 부서다. 그런데 정책보좌관이 회담 대표를 지속적으로 맡는다는 것은 정상적인 일이 아니었고, 이로 인해 상당한 혼선이 빚어졌다. 박철언 자신의 기록에도 1988년 7월 국회 대정부질의에서 제기된 '박철언 청와대 정책보좌관의 중국 및 소련 방문설'을 언급하며 "나의 북방정책 추진과 대북접촉에 대해 누군가가 야당에 의도적으로 정보를 흘리고" 있었다는 말이 있다.(박철언,《바른 역사를 위한 증

임동원의 《피스메이커》 내용에 관해 저자를 만날 기회가 있다면 물어보고 싶은 점 하나가 있다. 박철언의 역할에 대한 언급이 전혀 없다는 점이다. 노태우 정권에서 외교안보연구원장 직책으로 고위급회담 대표를 지낸 저자의 회고에 당시 북방정책의 기수를 자임하던 박철언의 역할이 보이지 않는다는 것이 뜻밖의 일이다.

확실한 설명을 듣지 못한 채(저자를 만나도 묻지 않는 게 예의일 것도 같다) 짐작한다면, 참모 신분의 박철언이 현장 활동에 너무 열성적으로 나섰다는 모순점을 설명하기 어렵기 때문에 서술에서 배제한 것이 아닌가 싶다. 임동원이 이 책에서 서술한 것은 행정가들의 손으로 진행된 정규적 대북관계다. 정규적 진행에서 벗어난 정치인 박철언의 '와일드카드' 역할을 배제함으로써 서술의 안정성을 지키려 한 것으로 이해된다.

박철언의 활동 폭을 놓고 당시 논란이 많았다. 그가 기록한 1989년 1월 4일의 청와대 회의 상황에도 이 문제가 나타난다.

1989년 1월 4일, 대통령 주재로 수석비서관 및 보좌관 회의가 열렸다. 나는 남북문제, 북방정책, 정책보좌 문제에 대해 보고했다. 1988년 12월 8일에 정치특보로 임명된 노재봉 특보가 북방정책 이야기를 꺼냈다. 노 특보는 "북방외교와 남북문제를 구분해서 혼동이 없도록 해야 합니다. 북방외교의 속도 조절이 필요합니다. 미국, 일본, 타이완과의 관계를 먼저 다져나가야 한다고 봅니다. 자유민주 신봉세력들이 이제는 더 이상 참을 수 없다는 자세이니 간접적인 지원을 통해 전국적으로 확산시키는 작업이 필요하다고 생각합니다"라고 전혀 동떨어진 이야기를 했다. 당시 일부 언론과 정치권에서는 나의 주도하에 추진되는 북방정책에 대하여 '용공 외교', '밀사 외교', '밀실 외교', '졸속 외교'라며 마구 비판하는 소리가 높아지고, 친미 일변도의 시각과 극우 보수주의 측에서도 우려하는 분위기가 높았다. 이를 대변하는 듯한 노재봉의 문제 제기였다. (《바른 역사를 위한 증언》 2권, 51~52쪽)

논란이 된 자기 역할을 박철언은 '대통령 지시'로 정당화했다. 1988년 12월 6일 박세직 신임 안기부장의 대통령 보고에 홍성철 비서실장과 자신이 배석한 자리에서 노태우 대통령의 발언 내용을 이렇게 인용한 곳이 있다.

"북방정책, 남북문제, 국내 정치의 중장기 판단, 당면 주요 현안에 대한 깊은 판단은 청와대 정책보좌관실에서 하니 안기부도 특보제를 강화하여 뒷받침해주도록 하라. 박철언 보좌관 팀이 남북정상회담의 비밀창구이다. 고도의 보안을 필요로 한다. 보안을 지켜줘야 한다. 또 안기부가 적극적으로 뒷받침해줘야 한다."《바른 역사를 위한 증언》2권, 47쪽)

박철언의 사조직 월계수회의 63빌딩 본부에 '북방정책연구소' 간판을 걸어놓았던 사실을 보더라도 정치인 박철언과 북방정책 담당관 박철언 사이의 경계는 모호했다. 1988년 4월에 대우그룹 김우중 회장을 만났을 때 직원들 회식이나 시켜주라며 준 봉투에 "보좌관실 직원 50여 명이 회식을 몇백 번 하고도 남을 큰돈"이 들어 있기에 정중하게 돌려줬다는 이야기가《바른 역사를 위한 증언》1권 308~309쪽에 적혀 있다. 그가 정치자금을 필요로 하는 정치인이라고 하는 세간의 인식을 뒷받침하는 이야기다. 그런데 1989년 1월 싱가포르에서 가진 '비밀회담' 이야기는 그와도 차원이 다른 것이었다.

1월 22일에 싱가포르에 도착했다. 싱가포르에서 한시해 대표와 '88계획'상의 남북 비밀회담을 갖기 위해서였다. 강재섭, 강근택, 김용환이 나를 수행하였다. 1월 26일, 보안을 위해 호텔 수영장에서 한시해와의 비밀접촉을 가졌다. 한시해 대표는 "고위당국자회담에 박 대표도 참석하십니까?"라고 물었다. 그래서 나는 "한 대표의 생각은 어떻습니까?"라며 한시해의 의견을 물어봤다.
한시해 대표는 "박 대표가 정치적으로 성장하도록 여러 측면에서 뒷받침해줄 수 있습니다. 언제라도 상의해주십시오. 이번에 10만 불 정도를 지원해줄 수 있는데 어떻습니까?"라고 조심스럽게 말했다. 내 마음속으로는 '아니! 이 양반이 돌았나?' 하는 생각이 들었다. "나에 대한 호의는 고맙지만 민족문제를 논의하는 자리에서 돈 얘기는 피차 자제하는 것이 좋겠다"고 정색을 하면서 응수했다. (《바른 역사를 위한 증언》 2권, 55~56쪽)

말도 안 되는 제안이라고 박철언은 생각했다지만, 한시해는 4년간 거의 매달 박철언과 회담을 가져온 카운터파트였다. 한시해가 이상한 사람이라서 이상한 생각을 한 것만일 수는 없다. 한시해가 자기 돈 갖고 그런 제안을 한 것일 수도 없다. 박철언이 돈으로 움직일 수 있는 사람인지 떠볼 필요가 있다는 판단을 북측에서는 하고 있었던 것이다.

돈 얘기가 나온 김에 대기업이 북방정책에 관여한 흔적도 박철언의 '증언' 중에 언뜻언뜻 살펴볼 수 있다. 대우의 김우중은 헝가리 수교에 큰 기여를 하는 등 공산권에서의 활발한 활동이 많이 알려져 있는 인물인데, 박철언과의 접촉은 많지 않았던 모양이다. 1988년 4월에 돈 봉투를 받았다가 돌려준 얘기 외에 같은 해 7월 29일에 북한을 방문할 예정인 김우중과 만나 대북정책 문제, 헝가리 투자 문제 등에 대한 이야기를 나눴다는 정도가 보일 뿐이다.(《바른 역사를 위한 증언》 2권, 30쪽) 김우중이 정부와 긴밀한 관계를 가진 것은 틀림없는 일일 텐데 다른 채널을 통한 것인지, 아니면 박철언이 말을 아낀 것인지는 판단하기 어렵다.

반면 현대그룹 정주영 명예회장과의 협력관계에 관해서는 훨씬 소상히 밝혔다. 1988년 10월 4일 프라자호텔 2085실의 만남에서는 소련 방문 계획에 대한 협조 요청과 함께 금강산 관광특구에 대한 구상을 들었다고 했다. 그리고 12월 17일과 1989년 1월 5일에 청와대 사무실로 찾아와 임박한 북한 방문에 관한 이야기를 나눴다고 했다.(《바른 역사를 위한 증언》 2권, 32, 48~49, 52쪽)

가장 흥미로운 것은 1989년 2월 2일 정주영이 북한에서 돌아왔을 때의 기록이다.

2월 2일, 정주영 회장이 귀국했다. 공항에서 동행을 요구하는 안기부 직원들을 따돌리고, 오후 1시 50분경 바로 청와대의 내 사무실로 달려왔다. 정 회장은 "허담 비서가 '박 대표에게 정중한 안부를 전해달라'고 당부하더군요. 허담 비서는 비방 방송의 중지 제의를 총리회담 예비회담에서 할 예정이라며, 팀스피릿 훈련을 중단해야 한다고 주장하여 내가 정면으로 반박했습니다. 허 비서는 군비 축소도 주장했습니다"라고 허담과의 대화 내용을 설명했다. (…)

그러나 정주영과 내가 구상·추진했던 금강산관광·개발은 엄청난 역풍에 부닥쳐야 했다. 물론 9년 후인 1998년 11월에야 역사적인 첫 금강산관광이 이루어졌으나, 당초의 구상대로였다면 1989년 7월에 첫 금강산관광이 이루어지고 대북 경협도 10년은 빨라졌을 것이다. 그러나 당시에는 전향적인 대북정책과 자주 세계 외교 시대를 향한 북방정책에 대한 안팎의 비판과 견제가 너무 심했다. 《바른 역사를 위한 증언》 2권, 57~58쪽)

정주영은 무슨 재주로 공항에서 안기부 직원들을 따돌렸을까? 안기부를 따돌리고 바로 달려온 곳이 박철언의 사무실이었다는 사실에서 추측이 가능하다. 안기부는 박철언이 3년간 몸담은 곳이었고, 청와대 보좌관 입장에서 현장활동에 관여하려면 가장 먼저 도움을 받아야 할 기관이었다. 그런데 안기부마저 따돌리고 정주영과의 관계를 혼자 챙기려고 드는 것은 참으로 '밀실 외교'라는 비판을 피하기 어려운 자세다.

그리고 금강산관광을 "정주영과 내가 구상·추진"했다고 하는 데서도 박철언의 업무에 대한 인식과 자세를 알아볼 수 있다. 실행 부서도 아닌 청와대 보좌관이 그런 사업의 구상·추진에 재벌 총수와의 합작 주체로 자신을 인식하다니, 이를 둘러싸고 혼선이 벌어지지 않을 수 없었을 것이다.

박철언은 이 책의 여러 곳에서 관계와 학계의 '친미파'와 대비되는 '자주파'로 자신을 내세운다. 나 자신도 우리 사회, 특히 엘리트계층의 '종미從美'에 가까운 지나친 친미 경향을 걱정하는 사람이지만, 미국과의 공조 필요성을 제기하는 정도의 주장을 박철언이 "친미 일변도"로 비판하는 데는 동의할 수 없다. 미국과의 관계가 가진 현실적 중요성까지 부정하는 '자주파'라면 진정한 자주의식에 입각한 것이 아니라 정치적 수사修辭에 불과한 것이기 쉽다.

박철언의 기록 내용을 검증할 다른 자료는 찾아보지 못했다. 그러나 그의 기록만 세심히 들여다봐도, 남북정상회담 추진을 최대의 과제로 내세운 그의 활동이 고위급회담을 주축으로 진행된 정상적 대북관계와 별도로 전개되었고, 이로부터 많은 혼선의 소지가 발생한 사실을 알아볼 수 있다. 강준만이 노태우 정권 북방정책의 정략성을 크게 보는 이유도 여기에 있고, 1992년 말 고위급회담이 정략적 의도로 좌초될 위험도 이런 분위기에서 자라난 것이 아닐지.

1990년을 전후한 국제정세 변화는 남북관계의 발전을 위한 초유의 기회를 가져왔다. 이 기회를 소중히 여겨 더 큰 계기를 만들기 위해 고초를 무릅쓴 사람들도 있었고 자기 직책에서 최선의 노력을 기울인 사람들도 있었다. 그러나 다른 한편으로는 "정상회담은 대박"이란 식의 정략적 사고를 갖고 모처럼의 기회를 그르친 사람들도 있었다.

고립의 위험이 짙어지던
1980년대의 북한

남북한은 오랫동안 서로를 '괴뢰'라 불렀다. 국민의 주권을 대표하는 제대로 된 국가가 아니라 종주국의 의지에 따라 움직이는 꼭두각시란 말이다. 1972 년 7·4 공동선언을 계기로 최소한의 권위를 상대방에게 인정하는 단계가 시작되었지만, 서로를 존중하지 않는 '괴뢰'관은 그 후에도 양측 지도부의 마음속에서 쉽게 사라지지 않았다.

남한을 괴뢰로 본다면 그 종주국은 의문의 여지없이 미국이다. 1945년 9 월의 남조선 점령 이래 반세기 이상 남한에 절대적인 영향력을 끼쳤다. 21세기 들어와 양상이 조금 달라지기는 했지만, 남한에 대한 미국의 영향은 아직까지도 압도적인 수준을 지키고 있다.

남한에 대한 미국의 역할과 비슷한 역할을 북한에 대해 소련이 맡았다는 것이 한국인의 통념이다. 그러나 실제로는 큰 차이가 있었다. 중국의 역할이 있었다. 미국 다음으로 남한과 큰 관계를 가졌던 일본의 역할이 미국을 대신할 수 있는 것이라고 생각한 한국인은 없었다. 반면 북한에 대한 중국의 역할은 소련과 분명한 경쟁관계에 있었다.

중국은 기나긴 역사를 통해 한국에 대해 중요한 역할을 맡아온 나라다. 개항기 이후 혼란에 빠지고 국력이 약해졌으나, 식민지시대 조선 독립운동의 최대 후원국 역할을 계속했다. 우익 임시정부는 국민당정부의 후원을 받았고 좌익 항일운동은 중국공산당에 의지했다.

해방 후 중국의 역할은 한국을 점령한 양대 맹주 미국과 소련에 밀려나 있었지만, 항일투쟁의 전우관계를 배경으로 한국에 영향력을 키울 기반조건을 갖고 있었다. 그런데 국민당정부가 대륙을 잃고 한국에서는 임시정부 세력이 몰락했기 때문에 남한과의 관계는 발전하지 못한 반면, 함께 공산블록에 들어간 북한과의 관계는 밀접해졌다.

한국전쟁을 통해 북한과 중국의 관계는 최대한 가까워졌다. 전쟁에 대한 소련의 '후원'은 막대한 인명을 바친 중국의 '참전'과 큰 거리가 있었다. 미국과의 정면대결을 불가피한 운명으로 받아들인 중국에게 한국전쟁은 남의 전쟁일 수 없었다. 인접국으로서 운명을 공유하는 '순망치한脣亡齒寒'의 관계가 전쟁으로 확인된 것이다.

전쟁이 끝난 몇 해 후 중·소 관계가 갈라지자 북한은 두 나라와의 관계를 서로 비슷하게 두는 등거리 외교를 기조로 삼았다. 정세 변화에 따라 때로는 소련을, 때로는 중국을 더 가까이했다. 수시로 비중이 달라지는 상태를 오래 겪는 동안 북한 지도부는 어느 쪽에도 절대적으로 의지하지 않는 자세를 키웠고, 이 자세 위에 '주체' 노선을 세웠다.

냉전기를 통해 소련과 중국에 대한 북한의 의존도가 미국에 대한 남한의 의존도보다 훨씬 덜했다. 의존 대상이 두 나라였다는 것도 이유의 일부지만, 중·소 두 나라 모두 스스로 체제 위기에 몰린 일이 많았다는 데 더 큰 이유가 있었다. 남한에 대한 미국의 투자만큼 큰 투자를 북한에 꾸준히 할 여유가 소련과 중국 어느 쪽에도 없었다.

1970년대 초까지 북한 경제가 남한보다 잘 돌아가고 있었다는 사실은 널리 알려져 있다. 에릭 홉스봄은 《극단의 시대》(Vintage Books 1994, 257~287쪽)에서 제2차 세계대전 종전 후 1973년까지의 세계적 호황기에 '황금시대Golden

Years'란 이름을 붙였는데, 자본주의 세계에서 좁은 범위의 선진국으로 부의 집중이 이뤄진 시기다. 제3세계 착취가 가혹하던 이 시기에는 자본주의권 후진국보다 사회주의권 후진국이 더 나은 발전 여건을 누렸고, 북한은 이 여건을 잘 활용했던 것이다. 경제 자립도가 남한보다 높았기 때문에 종주국에 대한 의존도 역시 낮출 수 있었다.

홉스봄이 같은 책 403~433쪽에서 '위기시대Crisis Decades'라고 이름붙인, 1973년 이후의 20년간 일어난 세계적 경제구조의 변화 속에서 한반도에 지각변동이 일어났다. 남한은 이 시기에 가장 큰 발전을 이룬 신흥공업국NICs의 하나로서 선진 자본주의국가의 위치에 접근한 반면 사회주의권은 전면적 침체와 혼란에 빠져들었다. 소련과 중국 모두 북한에 대한 후견국 내지 종주국 역할의 수행이 갈수록 어려운 형편이 되었다.

북한이 1990년대 후반 '고난의 행군'이란 극도의 경제난을 겪고 그 직후 중국의 국제적 위상이 급격히 강화되면서 북한에 대한 중국의 후견국 역할이 지금은 많이 회복되었다. 그러나 1980년대에 북한은 이웃 두 대국의 도움이 크게 줄어드는 상황을 겪어야 했다. 건국 후 최악의 고립 상황으로 빠져들고 있었던 것이다. 냉전 해소의 기운 속에서 남한이 '북방정책'을 채용할 때 북한의 대응 여건을 이해하기 위해서는 북한과 중·소 두 나라 사이의 관계가 당시 어떤 상태였는지 살필 필요가 있다.(김계동의 저서《북한의 외교정책과 대외관계》(명인문화사 2012) 중 제3부 "핵심 국가들과의 관계"를 중심으로 살펴본다.)

공산진영의 맹주 소련은 자신을 유럽국으로 간주하고 아시아보다 유럽에 주로 관심을 기울였다. 따라서 북한의 소련에 대한 의존도는 북한이 '소련의 위성국'이라고 교육받아온 우리의 통념에 비해 높지 않았다. 1953~1956년간 북한이 받은 원조 중 34.9%가 소련 것이고 35.4%가 중국 것이었다고 하는데(같은 책, 325쪽), 당시 두 나라의 경제수준 차이를 감안한다면 소련 원조의 비중이 작은 편이었다.

1956년 흐루쇼프가 서방과의 평화공존 노선에 나서면서 북한은 소련의

'수정주의'를 비판하는 경향을 보이기 시작했고, 이후 중·소 분쟁이 펼쳐지자 북한은 두 나라의 원조를 모두 받기 위해 중립노선을 취했으나 중국 쪽으로 많이 기울어지는 편이었다. 1962년 북한의 소련 정책에 대한 비판이 고조되면서 군사원조 중단 등 소련과 북한의 관계가 최악의 상태에 이르렀다.

그러나 1964년 흐루쇼프 실각 후 브레즈네프·코시긴 지도부가 대對서방 강경노선을 취하면서 북·소 관계가 다시 긴밀해졌다. 반면 중국의 문화혁명에서 홍위병의 북한 지도부 비판이 나옴에 따라 북·중 관계는 소원해졌다. 북한의 대對소련 교역액이 1966년 1억 7,000만 달러에서 1970년 3억 7,300만 달러로 늘어나는 동안 대對중국 교역액은 2억 300만 달러에서 1억 500만 달러로 줄어들었다. 이후 소련과의 교역은 북한의 대외교역에서 계속 50% 이상을 점하면서 1985년 17억 6,600만 달러(62.5%)에 이르렀다.(같은 책, 326~327쪽)

북·소 관계는 소련의 서방 정책이 유화노선일 때 약화되고 강경노선일 때 강화되는 경향을 보였다. 동서 간의 데탕트가 진행된 1970년대에 한·미 관계가 최악의 상태에 이르렀던 것과 마찬가지로 대결의 첨병으로서의 위치 때문이다. 1985년 고르바초프 집권 이후 소련이 개혁개방 정책에 나설 때 북한의 반응은 충분히 예측할 수 있는 것이었다.

고르바초프 집권 초기에는 북·소 관계가 원만했다. 당시 북한은 1984년 9월의 합영법(북한이 외국과의 경제·기술 교류 및 합작투자를 목적으로 제정한 법) 제정과 대남 수해 원조 등 온건한 개혁노선을 추진하고 있었다. 1985년의 해방 40주년 기념식에는 알리예프 제1부수상 등 소련 고위 인사들이 참석했고, 몇 주일 후에는 고르바초프의 오른팔로 알려진 셰바르드나제 외상이 방문했다. 그해 연말 원자력 기술을 포함한 경제기술협력협정이 조인됨에 따라 북한이 핵확산금지조약NPT, Treaty on the Non-Proliferation of Nuclear Weapons에 가입하기도 했다.(와다 하루키, 《북조선-유격대국가에서 정규군국가로》, 서동만·남기정 옮김, 돌베개 2002, 170~171쪽)

그러나 고르바초프가 태평양 경제협력체 참가 의사와 동아시아 핵무기감축 제의 등을 포함한 1986년 7월의 블라디보스토크 선언, 그리고 이를 더욱 강화하면서 한국과의 경제협력 가능성을 밝힌 1988년 9월의 크라스노야르스크 선언을 잇달아 내놓음에 따라 북한 지도부는 불신으로 기울어지게 된다. 소련을 비롯한 대다수 공산국가의 1988년 서울올림픽 참가도 북한을 불안하게 만들었고, 1990년 9월 한·소 국교정상화가 이뤄지자 북한은 "사회주의 대국으로서의 존엄과 체면, 동맹국의 리익과 신의를 팔아먹은 행위"라며 극렬한 비난을 퍼붓기에 이른다.(김계동, 같은 책, 327쪽)

1991년 12월 소련 해체를 전후해 러시아가 시장경제 정책을 전면적으로 시행하면서 북한과의 경제관계에서 시혜적 성격을 제거함에 따라 교역이 급속히 줄어들었다. 1990년 25억 7,000만 달러로 북한 대외교역의 53.3%를 점하던 것이 1991년 4억 6,000만 달러, 1993년 2억 3,000만 달러, 1995년 8,000만 달러로 곤두박질했다. 소련 해체 직후 러시아는 동맹조약인 북·러 우호협조 및 호상원조 조약의 개정을 제안하고 이를 북한이 거부하자 동맹관계를 무시한 채로 1996년 9월의 조약기간 만료를 기다렸다.(같은 책, 328~329쪽)

중국 역시 1980년대 들어 개혁개방 정책의 전개에 따라 한국과의 관계를 열어가는 등 북한 지도부를 불안하게 하는 변화를 보이고는 있었으나 동맹관계의 신뢰는 잘 유지되었다. 소련과의 관계가 불안해지는 만큼 중국과의 관계에 더욱 집착하는 추세도 보인다. 한·소 수교를 전후해 1990년 3월 장쩌민江澤民 총서기, 1991년 5월 리펑李鵬 총리, 1992년 4월 양상쿤楊尙昆 국가주석 등 중국 최고위 인사들의 방북과 김일성의 1989년 11월, 1990년 9월, 1991년 11월 연이은 방중이 두드러진다. 1992년 8월의 한·중 수교 이후 2000년 5월 김정일의 방중까지 8년간 이런 수준의 고위급 교환방문이 끊어졌던 상황과 대비된다.(같은 책, 246쪽)

한·중 수교를 전후해 중국도 북한 무역에 경화硬貨(국제 금융상 환관리를 받지 않고 금 또는 각국의 통화와 언제라도 바꿀 수 있는 화폐) 결제를 요구해 시혜적 성격을 약화시킴으로써 북한 경제난을 방관했다. 그러나 사회주의 원칙 고수를 표방하는 중국의 북한 후원 입장은 1993년 유엔에서 확인되었다. 북한의 NPT 탈퇴에 대한 제재 움직임을 안보리에서의 거부권 행사를 예고하며 가로막은 것이다. 중국은 북한과의 동맹관계를 지켰고, 자국 경제사정이 허용하는 한도 내에서 북한에 대한 지원을 계속했다.(같은 책, 246~247쪽) 그러다가 경제발전과 국제적 위상 제고에 따라 북한의 후원국 역할이 더욱 확고해진 것이다.

1981년 9월 서울올림픽 개최가 결정되면서부터 북한은 국제사회에서 수세에 몰리기 시작했다. 그리고 중국과 소련이 연이어 개혁개방 정책을 채택하면서 동맹관계를 경시하는 변화를 일으킴에 따라 북한의 고립 위험이 계속 자라났다. 이런 상황에서 북한은 소련과 중국의 요구에 따라 남한과의 대화 등 나름의 개혁개방 정책을 채용하기도 했으나 큰 성과를 거두지 못했다. 이 단계에서 극도의 호전성을 보인 두 차례 사건은 북한이 당시 상황 적응에 어떤 어려움을 갖고 있었는지 보여준다.

1983년 10월의 아웅산사건과 1987년 11월의 KAL기 폭파사건이다. 당시의 세계 상황에 전혀 어울리지 않는 극단적 호전성을 보인 이 두 사건은 아직까지도 북한의 국가 성격에 대한 국제사회의 부정적 인식을 씻어내기 어렵게 만드는 걸림돌로 작용하고 있다. 1980년대 북한의 위기의식 위에서 빚어진 사건으로 이해되기는 하지만, 위기의식이 왜 그런 극단적 방식으로 표출되었는지는 아직도 해명되지 못하고 있다. 이 사건들은 지금 시점에서도 북한의 국제사회 진출을 위해 북한이 해명해야 할 숙제로 남아 있다.

황장엽이 보여주는
1980년대의 북한

《한국민족문화대백과사전》 '황장엽' 항목의 마지막 문단은 이렇다.

황장엽이 한국으로의 망명 전까지 김일성·김정일 부자에게 충성을 맹세하면서 온갖 부귀영화를 누리다가 자신의 신변불안과 위협 때문에 정치적 망명을 택한 후 비록 말년末年에 한국에서 반反김정일 활동에 진력했다고 하나, 오늘날 북한 주민이 김일성·김정일·김정은 족벌체제하에서 온갖 고통을 감내堪耐해야 하는 근인根因 중 하나인 주체사상을 정립하는 데 적극 기여한 인물이었다는 점에서 우리 사회 일각에서는 그에 대한 비판이 적지 않게 제기되고 있다. 그러나 죽기 전까지 김정일체제의 잔혹상을 고발하고 열악하기 이를 데 없는 북한 인권상황 개선을 위해 고군분투孤軍奮鬪했던 공과를 결코 폄하貶下해서는 안 된다는 견해도 있다.

1997년 2월 베이징 한국 대사관으로 망명한 황장엽(1923~2010)은 김일성대학 총장, 조선노동당 국제비서와 총비서장, 최고인민회의 의장을 지낸 최고위급 인사일 뿐 아니라 북한의 통치이념이던 주체사상의 핵심 이론가였다. 권력 측면에서나 사상 측면에서나 북한 지도부 중심에 오랫동안 있던 74세

노인의 망명은 누구에게나 놀라운 일이었다.

70세가 되어 '마음이 바라는 곳으로 따라가도 경계선을 넘지 않게' 되었다고 한 성인聖人이 아니라도, 사람은 나이가 들수록 얕은 욕심이 잦아드는 것이 정상이다. 고희가 지난 나이에 무슨 부귀영화를 새로 바라겠는가? 사람들이 그의 망명에서 순수한 동기를 기대한 것은 오랫동안 고위직을 지낸 경력 위에 그의 나이가 겹쳐진 때문이었다. 외부에 알려져 있지 않은 북한의 실상에 대해 그가 많은 중요한 사실을 정직하게 알려줄 것을 사람들은 기대했다.

남한에 와서 그가 가장 먼저 한 일 중 하나가 회고록 집필이었던 것은 그런 기대에 부응한 일이었다. 1999년에 출간된 회고록의 머리말에 그는 이렇게 적었다.

나는 나의 삶을 마무리 지으면서 될 수 있는 대로 진실을 밝히려고 했다. 내가 미워하고 또 나를 미워하는 사람이라고 해서 사실보다 나쁘게 평가하려 하지 않았으며, 내가 사랑하고 또 나를 사랑하는 사람이라고 해서 무원칙하게 미화하려 하지 않았다. 역사는 결국 모든 것을 제자리에 갖다 놓기 마련이며 역사를 왜곡하는 것보다 더 큰 죄는 없다.

나는 나의 견해를 절대화하려 하지 않았다. 사실에 비추어 비판적으로 읽어주기 바란다. 사회공동의 이익과 관계없는 개인의 사생활이라든가 다른 나라의 내정과 관련된 문제에 대해서는 될수록 언급을 피하려고 노력했다. (황장엽,《황장엽 회고록-나는 역사의 진리를 보았다》, 시대정신 2006(개정판), 7~8쪽. 이 책의 초판은 1999년《나는 역사의 진리를 보았다》(한울)라는 제목으로 출간되었다.)

나는 북한 사정이 궁금하면서도 이 책을 읽을 생각이 들지 않았다. 정직한 기록이 아닐 것 같은 느낌 때문이었다. 그런 느낌이 든 까닭은 여러 가지이거니와, 무엇보다 제목에 쓰인 '진리'란 말이 마음에 걸렸다. 진리란 믿음의 대상이다. 진리의 주장에는 그 믿음을 공유하는 사람들과 그러지 않는 사람들 사이의 대립을 조장하는 의미가 있다. 남북 간의 경계선을 뛰어넘은 그의 망명이 대립의 초월이 아니라 새로운 대립구조로의 전환일 뿐이라는 의심이 이 말에서 떠올랐다.

결국 이 책을 읽게 된 것은 1980년대 공산권 붕괴를 앞둔 북한 상황을 살펴보는 데 필요했기 때문이다. 북한 사정을 많이 전해준 인물로 박병엽(1922~1998)이 있지만 그는 1980년대 초에 북한을 떠났기 때문에 주로 초기 북한에 대한 증언을 집중적으로 남긴 사람이다. 좀 미심쩍더라도 황장엽의 책을 "사실에 비추어 비판적으로" 읽지 않을 수 없다.

책을 펼치자마자 정말 '비판적으로' 읽어야 할 필요를 절감한다. 자신의 인격에 대한 저자의 인식이 너무 '초현실적'이기 때문이다. 탁월한 능력은 기본 중의 기본이고, 고매한 인격, 성실한 인품, 투철한 책임감, 순수한 이상주의…. 정말로 그런 특성을 다 갖춘 사람의 기록이라면 현실에 대한 참고 가치를 바랄 수 없다. 그런 깨끗한 인격자가 어떻게 더러운 현실을 똑바로 바라볼 수 있겠는가?

참고 가치가 있다고 판단한 것은 그가 거짓말을 한 것이라고 보기 때문이다. 거짓말이라면 거짓말을 할 동기가 있는 것이고, 그 동기를 이해한다면 그 거짓말이 가진 의미를 헤아릴 수 있다. 예컨대 황장엽은 자기와 맞선 사람들을 비판할 때 예외 없이 '아첨꾼'이나 '모략꾼'으로 매도한다. 사상투쟁이든 권력투쟁이든 아첨과 모략의 차원에서 이뤄지는 것으로 보는 그의 인식이 여기에 비쳐 있다. 그 자신이 어떤 자세로 투쟁에 임해왔는지 알아볼 수 있다. 이 점을 염두에 두고 그의 기록을 읽으면 투쟁의 양상을 실감나게 이해할 수 있다.

황장엽이 없는 사실 자체를 지어낸 것으로 보이는 대목은 별로 없다. 사실의 해석에서 황당하게 치우치는 문제 정도로 생각된다. 그런 해석을 그 자신이 진심으로 믿는 것이라면 '거짓말'이라고는 할 수 없을지도 모른다. 그러나 자기 반대자들을 아첨꾼으로 몰아붙이면서 자신은 아첨꾼이 아니었다고 진심으로 믿었다면 도저히 정상적인 정신상태로 볼 수 없다.

당시[1970년대 중엽] 나는 김일성의 아들과 딸을 가르치고 있었기 때문에 정치적인 기반이 확고하지는 않더라고[도] 불안해할 정도는 아니었다. 김일성은 자식들인 김평일, 김영일, 김경진 등을 위해 자주 특강을 해주었다. 또 김정일의 동생 김경희를 위해서는 아내가 그 집에 가서 살다시피 하면서 여러모로 도와주었다. 나도 이따금 중앙당에 근무하는 김경희를 찾아가 강의를 해주었다. (같은 책, 212쪽. 인용문 가운데 [ ] 표시는 내가 덧붙인 것이다. 이하 동일)

김경희·장성택 부부는 황장엽의 후원자로 여러 번 책에 나온다. 김일성과 김정일 이하 모든 중요 인물에게 잘 보이려고 그가 기울인 노력을 행간에서 끊임없이 알아볼 수 있는데 그 노력이 가장 큰 성과를 보인 상대가 김경희였고, 그것을 매우 자랑스럽게 여겼던 모양이다. 그러니까 아내가 그 집에 가서 살다시피 했다고 적었을 것이다. 김정일·김경희 남매에 대한 그의 태도를 보여주는 재미있는 대목이 있다. 1980년대 초반의 일인 듯.

하루는 김정일이 오랜만에 나를 술자리에 불렀다. 한창 연회가 무르익는데 김정일이 나더러 들으라고 말하는 것이었다.
"황 비서가 술을 한 잔 쭉 마시는 걸 보면 죽어도 여한이 없겠소."
그러자 동료들이 내 양쪽으로 달라붙어 강제로 술을 먹이려고 난리였다. 나는 입을 꼭 다물고 그들이 붓는 술을 절대로 입에 넣지 않았다. 그러자 술이 흘러 옷이 젖고 말았다. 동료들이 질려 물러나자 이번에는 김경희가 나섰다. 나는 그녀와의 관계도 있고 또 많은 사람들 앞에서 그녀가 무안해하지 않게 하려고 조금 마시는 척했다. 그걸 본 김정일이 직접 나섰다.
"모두 그만두시오. 내가 책임지고 마시게 할 테니."
김정일은 자기 자리에 있는 술병을 들어 따라주면서 덧붙였다.

"버티려면 끝까지 버텨야지, 경희가 먹인다고 드시면 됩니까."

듣고 보니 그 말이 맞아 그가 따라준 술을 눈 딱 감고 입에 털어 넣었다. 그런데 놀랍게도 그 술은 맹물이었다. 아마도 김정일은 술을 마시지 말라는 의사의 권고가 있어서, 색깔만 술과 같은 맹물을 마시고 있었던 모양이었다. (같은 책, 260쪽)

김경희가 나선 것은 왜였을까. "황장엽은 김경희 사람"이라는 평판이 파다하기 때문이었을 것 같다. 몸싸움 수준의 권주에 목숨 걸고 저항하던 그가 김경희의 잔만은 마시는 척이라도 하는 걸 보며 사람들이 얼마나 비웃었을까. 그걸 빤히 알면서도 김경희의 잔을 물리치지 못하는 황장엽. 그리고 김정일이 손수 나서자 목숨 걸고 그 잔을 털어 넣는 황장엽.

김정일과의 관계에 대한 황장엽의 인식을 우회적으로 보여주는 대목이 있다.

김정일은 김영주가 부총리에 있는 것도 껄끄럽게 생각했다. 그래서 김영주를 자강도의 어느 산골로 보내 연금시켜버렸다. 그로부터 18년이 지난 1993년, 김일성은 자기 동생의 처리 문제로 평판이 좋지 않고, 또 이제는 김정일의 경쟁상대가 안 된다는 것을 계산하여 김영주를 평양으로 불러들여 형식상의 부주석을 시켰다. 그러나 김영주는 여전히 연금 상태나 마찬가지였고, 업무에서도 철저하게 제외되었다. 김영주는 유배지에서 평양으로 돌아와 이렇게 말했다고 한다.

"형은 지지해도 정일이는 지지할 수 없다. 정일이를 망친 것은 황장엽이다."

김영주는 내가 김정일을 망친 것으로 오해할 만큼 현실파악이 어두운 편이었다.

(같은 책, 208쪽)

김정일을 '망친' 사람이라면 어찌 보면 김정일을 '만든' 사람이라는 뜻이다. 황장엽이 김정일을 극렬하게 비판하면서도 그 지도자를 자기가 만든 면이 있다는 자부심을 갖고 있었고, 그 자부심이 김영주의 말 인용을 통해 드러난 것이다. 대학총장, 당 비서, 최고인민회의 의장 등 당당한 자리에 앉아 있을 때도 그가 가장 공을 들인 일은 김일성과 김정일의 연설문 대필이었다. 의욕적으로 쓴 연설문이 윗분에게 채택되는 장면을 그릴 때마다 그가 느꼈던 희열은 남한에 와서 쓴 회고록에서도 생생하게 나타난다. 인민이 열광하던 지도자의 모습이 실은 자기가 써준 연설문을 통해 만들어진 것이라고 그는 생각한 듯하다.

황장엽은 1980년대에 대한 회고를 담은 제6장 제목을 "권력의 중심에서"로 했다. 그에게 득의의 시절이었고, 1979년 10월에 세워진 주체사상연구소는 그의 권력기반이 되었다. 1980년대에 그는 당 과학교육비서와 국제비서란 요직을 지냈으나 연구소를 잠시도 자기 손에서 놓지 않았다. 1987년 주체과학원 청사를 용악산국립공원 밑의 좋은 부지에 지을 때의 회고에는 기쁨이 넘쳐난다. 그 무렵 김정일로부터 "출신성분에 관계없이 이 땅에서 가장 수재라고 소문난 사람들만 뽑아 황 박사 직속으로 두고 이론을 연구할 수 있는 조건을 조성"해주겠다는 제안을 받았을 때의 일을 이렇게 적었다.

나는 그의 제안을 듣고 기뻐했다. 왜냐하면 그때까지만 해도 선전부의 지원을 받는 사회과학원 학자들이 계속 나와서 주체사상연구소를 집요하게 중상비방했기 때문이었다. 그래서 이 기회에 사회과학원에서 이론적으로 잘 무장된 학자들만을 뽑아 그들의 사상개조를 실현해야겠다고 결심했다.

나는 사회과학원에서 가장 실력 있고 주체과학원을 반대하는 데 앞장서온 7~8명의 학자들에게 소환장을 보냈다. 그러자 원장인 양형섭이 조직부를 찾아와서, 이렇게 하면 사회과학원은 망한다고 우는소리를 했다. 하지만 조직부 간부과에서는 이 지시는 황 비서의 지시가 아니라 김정일 동지의 지시이기 때문에 반대했다가는 큰 문제가 된다고 위협하여 양형섭을 쫓아버리듯 했다는 것이다.

그리하여 나는 학위를 받은 20여 명의 수재들을 엄선하여 그 어디에도 소속되지 않고 오직 국제비서인 나에게만 소속된 집단을 만들어, 비밀유지를 위해 당 중앙위원회 자료연구실이라고 명명하고 철학, 경제학, 정치학의 3개 분실을 두었다. 그들에게는 당 중앙위원회 직원으로서 온갖 혜택을 누리게 하는 한편, 학자로서의 특별대우를 받도록 하면서 노력 동원에도 면제되는 특권을 주었다.

사회과학원에서 주체과학원으로 온 학자들은 한 달도 안 되어 자신들의 견해를 완전히 바꾸었다. 그러자 사회과학원에서는 그들을 변절자라고 비방하기 시작했다. 자료연구실 학자들의 실력은 급격히 향상되었으며, 이들은 비단 김정일이 요구하는 일만을 하는 게 아니라 주체과학원 학자들의 이론 수준을 높이는 데도 적지 않게 기여했다. (같은 책, 265~266쪽)

주체과학원을 만들면서 경쟁기관인 사회과학원의 알짜 인재들을 빼 오다니, 그것도 주체과학원 반대에 앞장선 사람들에게 "소환장"을 보내다니, 정말 악랄한 수법이다. 사회과학원장 양형섭이 누구인가. 김일성의 고종사촌 매부다. 김정일 후계구도가 확정되기 전까지 가장 강력한 김일성의 측근 중 하나였다. 김정일을 등에 업고 사회과학원을 초토화하면서 왕년의 권력자 양형섭을 물 먹이는 장면이다. 어찌 신이 나지 않겠는가.

제6장에서 황장엽은 주체사상연구소를 발판으로 얼마나 자기 활동이 신나게 펼쳐졌는지 적기 바빠서 당시의 정세 변화에 대한 기록은 거의 없다. "중국의 개혁개방"이란 제목의 절이 하나 있는데(261~267쪽), 진짜 중국에 관한 이야기는 두 쪽도 안 되고 주체사상연구소 이야기만 잔뜩 들어 있다. "나는 북한도 하루빨리 개혁개방으로 나가야겠다는 강한 충동을 받았다"느니, "나는 틈틈이 국제부 요원들과 주체사상연구소 연구원들에게 변화하는 중국의 실상을 소개하면서, 그들의 정신을 일깨워줬다"느니 하는 말은 그저 생각나서 끼워 넣은 듯 뜬금없이 들린다. 아무 알맹이가 없다.

《황장엽 회고록》에서 알아낼 수 있는 가장 중요한 사실은 1980년대 북한의 최고위급 인사 한 사람이(그것도 조선노동당 국제비서라는 사람이!) 세계정세 변화에는 별 관심 없이 주체사상을 통해 자신의 정치적 입지를 다지는 데 몰두하고 있었다는 것이다. 현실을 더 중시한 다른 정치인들이 있었는지 모르지

만, 황장엽 같은 인물이 득의의 시절을 보낸 것을 보면 당시 북한에서는 지배
체제 확립에 바빠 현실정책 생산이 뒷전이었던 모양이다.

위기 앞에서 방향을 바꾼
북한의 연방제 통일론

앞에서 《황장엽 회고록》을 들여다본 것은 공산권 붕괴를 향한 세계정세 변화가 진행되고 있던 1980년대 상황에 북한이 어떻게 대응하고 있었는지 살펴보기 위해서였다. 그 시기에 조선노동당 국제비서 등 요직을 맡고 있던 인물의 증언이라면 당시 북한 지도부의 상황 인식을 생생하게 보여줄 수 있는 것이기 때문이다.

그 회고록에서 얻은 것은 많지 않다. 정직한 증언이 별로 없었던 탓이다. 소득이라면 북한에서 출세나 권력 획득을 위해 어떤 행태가 만연했는지 하나의 사례를 보면서 한국전쟁 이후 가장 중대한 정세 변화를 앞두고 북한 지도부가 내부 문제에만 매달려 있었다는 사실을 확인한 정도다.

북한 내부의 시각을 얻을 수 있는 길은 이처럼 제한되어 있다. 지금으로서는 외부 시각을 정리해보는 것이 최선이다. 그런 정리가 잘되어 있는 책으로 김성보의 《북한의 역사 1》과 이종석의 《북한의 역사 2》가 눈에 띈다. '청소년과 시민을 위한 20세기 한국사' 시리즈(역사비평사 2007~2014)의 일환인데, 일반인이 북한의 실상을 이해하는 데 아주 편리한 책들이다. 독자들에게 두 권 다 강력히 추천한다.

《북한의 역사 1》의 마지막 장 "글을 맺으며-북한의 역사에서 찾아본 열린 가능성"에 세 개의 중요한 질문이 제기되어 있다. (1) 북한은 소련의 위성국가였는가? (2) 북한은 어떻게 초기 경쟁에서 남한에 우위를 점령했는가? (3) 북한 체제는 왜 경직되기 시작했는가?

질문 (1)에 대해 김성보는 북한 정권이 애초부터 동유럽 위성국들에 비해 민족주의 성향이 강하고 소련의 통제 의지도 약했다고 본다. 소련은 '종주국'보다 '후원국' 역할에 머물렀다는 것이다. 그러다가 북한이 1950년대 후반부터 소련과 중국을 상대로 등거리 외교를 펼치게 된 것을 "상대적 자율성에서 절대적 자율성으로 자율성을 확장하는 과정"이라고 설명한다.

질문 (2)에서 김성보는 1950년대 말까지 북한이 자주성, 개혁성, 안정성 등 모든 분야에서 남한을 압도하게 된 이유 세 가지를 제시한다. 대중의 지지를 확보한 점, 외부 원조를 체계적으로 활용한 점, 그리고 강력한 권력구조를 창출한 점이다. 다만 이 조건들이 장기적 관점에서 유용성이 보장되는 것이 아니라는 지적이 질문 (3)으로 이어진다.

질문 (3)에 대한 김성보의 대답은 "다양성의 상실"이다. 건국 과정과 전쟁, 그리고 1955년을 전후한 대숙청 등 세 단계에서 이질적 요소를 배척하고 권력을 집중하는 과정에서 민족통일전선과 인민민주주의의 역동성을 잃어버렸다는 것이다. 역사에 비약이란 것이 있을 수는 있지만, 이는 반드시 후유증을 낳는다는 문제를 그는 지적한다.

우리 사회에서는 '공산권'에 속한 모든 국가를 '공산국가'로 인식해왔다. 그러나 '자유진영'에 속한 국가 모두가 '자유국가'가 아니었던 것처럼, 공산권 국가들의 실제 모습에도 큰 편차가 있었다. 김성보는 초기 북한 정권이 추구한 인민민주주의가 원래는 자본주의와 공산주의를 뛰어넘는 '제3의 길'이었는데, 냉전 심화에 따라 공산주의로 진행하는 하나의 중간 단계로 인식된 것이라고 본다.

북한은 노동자 계급의 반자본주의 세계혁명이 아니라 반제국주의 반봉건 근대 민주주의혁명의 과정에서 자신의 체제를 구축했다. 북한의 집권층은 애초에 인민민주주의 제도가 과도적으로 오래 지속될 수밖에 없다고 예상했다. 사회주의를 건설하기에는 사회경제적 토대가 취약하며, 북한에 남한과 전혀 이질적인 제도를 만들 경우 통일에 걸림돌이 되리라는 판단에 따른 것이었다. 그러나 국제적으로 냉전이 심화되어 자본주의 대 사회주의의 이분법적 대립이 명확해지면서, 제3의 유형으로서의 인민민주주의의 존속 의미는 점차 퇴색되었다. 사회경제적 토대가 취약하다는 근본적인 문제가 있었지만, 이는 밖으로 소련 등 공산권의 지원을 받고, 안으로 인민의 역량을 총동원하면 해결할 수 있다고 하는 사회주의 이행 급진화의 논리가 점진적 이행의 논리를 압도했다. 이웃 중국의 급진적인 사회주의 개조 정책은 북한을 더욱 자극했다. 체제경쟁에서 남한에 앞서야 한다는 경쟁심까지 더해지면서, 1950년대 중반을 지나면서 사회주의 개조에는 가속도가 붙었다. 그 과정에서 저항과 마찰이 일어나기는 했지만, 오히려 그런 갈등은 지도력을 더욱 강화하고 체제를 경직화하는 반작용을 낳았다. (김성보, 《북한의 역사 1》, 역사비평사 2011, 242~243쪽)

제2차 세계대전 종전으로 조선이 일본 지배로부터 해방될 때 조선 인민의 최대 염원은 민족국가 건설이었고, 압도적 다수가 그 방향으로 민주주의와 사회주의를 원했다. 당시 식민지배에서 해방되는 지역 대부분의 민심이 같은 방향이었다. 자본주의와 공산주의 사이의 선택은 그들에게 실제적인 문제가 아니었다. 하지만 냉전은 이들 지역에 양자택일을 강요했고 이를 거부한 일부 지역만이 '비동맹'으로 남았다. 조선은 양쪽으로 극단적 선택을 한 곳이었다.

공산권에 들어간 국가들도 공산주의혁명이 당장 가능한 것이 아니라 생각하고 과도기를 설정하는 것이 보통이었다. 이런 상황에서 취해진 정책의 성격을 파악하는 것은 간단한 일이 아니다. 위 글에서 "이웃 중국의 급진적인 사회주의 개조 정책"이 북한을 자극했다고 하지만, 원톄쥔溫鐵軍은《백년의 급진》(돌베개 2013) 70~72쪽에서 "1950년대는 극좌가 아니라, 공업화와 친자본을 추구한 시기"라고 단호하게 주장하기도 한다.

한편 이종석은 1980년대 북한 지도부가 스스로의 발전 단계를 "사회주의의 완전한 승리를 위한 단계"로 설정한 점을 중시한다. 무계급사회가 실현되어 사회주의라는 과도기가 끝나고 진정한 공산사회가 완성되기 직전의 마지막 고비로 보았다는 것이다. 개혁개방 노선에 나선 중국과의 차이를 그는 이렇게 비교한다.

사회주의 완전 승리 테제에 기초한 북한의 사회발전 구상은, 사회주의 초급 단계론을 내세우며 경제발전을 위해 개혁개방을 추진한 중국의 태도와는 대조적인 것이었다. 문화대혁명 이후 집권한 덩샤오핑을 중심으로 하는 중국 지도부는 (반)식민지 (반)봉건 사회에서 사회주의 혁명을 통해 사회주의로 이행하면서 드러난 생산력의 저발전 상황을 극복하기 위해 과감하게 자기 사회의 발전 단계를 사회주의 초급 단계로 규정하고, 그 극복을 위하여 서방의 선진 자본과 기술을 도입하는 등 적극적인 개혁개방 정책을 구사했다. 그들은 사회성격 차원에서는 사회주의 제도가 확립되었으나 경제의 저발달로 인해 인민이 사회주의 제도에 걸맞은 경제생활을 누리지 못하고 오히려 기아에 허덕이는 현실의 모순을 해결하기 위해, 생산력 발전을 사회주의 건설의 표준으로 내세운 사회주의 초급 단계론을 표방했다. 반면 북한 지도부는 낮은 생산력 수준에도 불구하고 무계급사회의 실현을 위해 나아가자고 주장했다. 중국 지도부가 볼 때, 북한의 사회주의 완전 승리 테제는 비현실적인 구호였다.

중국의 지도자 덩샤오핑은 1987년 11월 자신을 예방한 이근모 북한 정무원 총리에게 중국공산당 13차 대회에 대해 보고하면서 건국 100년까지의 경제발전 전략이 아주 중요하다고 강조했다. 21세기 중반 중국은 중등 발달 국가의 수준에 달할 것이며, 이때까지는 아직 62년이 남았다고 설명했다. 이는 사회주의 완전 승리 테제를 주장하며 조급한 성과를 추구하는 북한에게, 그들보다 경제발전이 앞선 중국조차 사회주의 초급 단계 기간으로 백 년을 상정했음을 강조함으로써 올바른 현실 인식이 필요하다는 점을 말한 것으로 해석된다. (이종석,《북한의 역사 2》, 역사비평사 2011, 127~128쪽)

1980년 10월의 조선노동당 제6차 대회는 10년 만에 열린 당대회였다. 이 대회에서 김정일이 정치국 위원 및 비서국 비서와 군사위원회 위원으로 뽑혔다. 후계체제 확립을 위한 '수령·후계자 공동통치' 시대가 이로부터 시작되었고, 김정일은 경제를 비롯한 내정을 맡게 되었다. 후계자의 권위 상승을 위해서도 경제발전의 성과가 필요하게 되었는데 현실경제는 이를 뒷받침해주지 못했다. 이를 극복하기 위해 '속도창조운동'을 일으켰는데 그 무리한 점을《황장엽 회고록》에서도 알아볼 수 있다.

김정일은 1970년대에 실권을 잡으면서 자신의 힘을 과시하기 위해 '70일 전투'라는 유명한 운동을 벌인 적이 있었다. 이 운동을 벌이는 과정에서 그의 성격이 그대로 드러났다. 그는 경제적인 고려 없이 무작정 속도전이나 전격전의 구호를 내걸고 인민들을 무리하게 내몰았다. 그래서 설비를 혹사하고 원가를 무시하여 각종 자재와 노력을 엄청나게 낭비했으며, 경제학의 초보적 이론마저 무시하여 국가 경제발전에 치명적인 차질을 초래했다.

예컨대 석탄을 캐기 위해서는 굴진이 선행되어야 하는데, 그저 높이 세운 목표의 달성만 요구하다 보니 굴진을 선행시키는 원칙을 무시하고 이미 굴진하여 확보된 탄맥의 탄만 긁어내는 일이 벌어졌다. 그런데도 생산계획을 달성한 사람들은 표창을 받았다. 하지만 굴진은 하지 않고 계속 채탄만 하다 보니 결국 석탄생산이 중지되다시피 했다. 그래도 김정일은 김일성에게 자기 공로를 과장하여 보고하기 일쑤였다. (황장엽,《황장엽 회고록-나는 역사의 진리를 보았다》, 시대정신 2006, 277쪽)

1950년대 중국의 대약진운동에 대한 비판과 너무 판박이라서 조금 미심쩍기는 하지만 문제의 성격은 제대로 나타낸 것으로 받아들인다. 1980년대 북한의 경제발전 계획이 성과를 제대로 내지 못하고 있었기 때문에 김정일의 권위를 지키고 높이기 위해 얄팍한 수법을 동원할 개연성은 분명히 있었다.

6차 당대회에서는 김정일의 전면 등장과 함께 당 지도부에서 혁명 1세대가 물러나고 혁명 2세대와 실무형 지도자들이 들어서는 세대교체가 일어났다. 새 지도부는 이념보다 현실 측면에서 역량을 발휘할 책임을 갖고 있었으니, 1980년대의 경제발전은 후계자의 권위만이 아니라 당 지도부의 신뢰가 걸린 절박한 과제였던 것이다.

그런데 경제상황은 신통치 않았다. 1978~1984년간 2차 7개년 계획의 성과는 계획기간이 끝난 지 2년 이상 지난 뒤 애초의 목적을 대충 달성한 것으로 발표되었지만 미국과 한국의 정보기관은 그 절반 수준으로 추정했다. 서방 정보기관의 성격과 능력 한계를 감안하더라도 북한 공식 발표보다 크게 낮은 수준의 실적으로 보인다. 1987년 3차 7개년 계획에 돌입하기까지 2년간의 조정기간을 둔 것이 실패를 자인하는 조치였다.(이종석, 같은 책, 122~123쪽)

3차 7개년 계획이 끝날 무렵인 1993년 12월 강성산 정무원 총리가 조선노동당 중앙위원회 보고에서 공업생산량 성장이 1.9배 목표에 못 이르는 1.5배에 그쳤다고 실패를 인정했다고 하나, 이종석은 그보다 훨씬 더 참혹한 실패였을 것으로 추정한다. 북한 주민과 국제사회에 미칠 영향을 고려하여 왜곡과 과장을 행했으리라는 것이다.(같은 책, 125쪽) 소련 해체와 공산권 붕괴가 진행된 시기라는 점을 생각하면 참혹한 실패가 당연한 일이다.

경제 부진에 겹쳐 서울올림픽 진행과 공산권의 전반적 침체에 따라 북한의 대외관계도 갈수록 불리해지고 있었다. 대내외적 위기의 심화 속에 북한의 통일정책도 변화를 겪는다.

북한의 통일정책은 분단건국 당시부터 '남조선혁명론'을 기조로 하고 있었다. 정당한 건국이 북쪽에서만 이뤄지고 남쪽을 미제의 괴뢰정권이 장악했으니 인민의 저항이 마땅히 괴뢰정권을 무너뜨릴 것이므로 이 저항을 도와주기만 하면 된다는 것이었다. 국제적으로는 '두 개의 한국'을 부정하는 원칙 아래 남한을 고립시키려고 노력했다. 그런데 1980년대에 이르게 되면 남한의 순조로운 경제발전 앞에 더 이상 내부 봉기를 바라볼 수 없게 되었다.

이종석은 1980년 6차 당대회에서 김일성이 제시한 '고려민주연방공화국' 통일 방안을 북한 통일정책의 큰 변화의 출발점으로 본다. 북한의 연방제 제안은 1960년에 시작된 것이고 1973년에는 '고려연방공화국'이란 이름도 나왔다(그래서 남한 반공정권은 일체의 점진적 평화적 통일방안이 북한의 연방제 주장을 따라가는 것이라 하여 탄압하기도 했다). 그런데 1980년에 나온 방안은, 종래의 연방제가 통일에 이르는 과도기 체제로서 제시된 것이었음에 반해 연방제를 최종적 통일 형태로 제시했다는 점에 특징이 있는 것이었다.(같은 책, 136~143쪽)

연방제가 과도기 체제라면 그 다음의 최종적 선택이 과제로 남아 있다. 1960년대 북한의 제안은 "연방제를 시행하기만 하면 인민이 우리 체제를 선택할 것"이라는 자신감을 바탕에 깔고 있는 공세적인 것이었다. 그런데 1980년에 와서 김일성이 내놓은 방안은 체제경쟁의 승리에 대한 자신감을 접어놓은 것이었다. '두 개의 한국'을 부정하는 원칙은 지키고 있었지만, 실질적으로는 자본주의 사회로서 남한의 존재를 항구적으로 인정한다는 점에서 '남조선혁명론'을 포기하는 의미가 있는 방안이었다. 이종석은 이 방향 전환이 이후 남한의 체제경쟁 승리 양상 속에서 북한 입장을 방어하는 이론적 방파제가 된 역설을 지적한다.

그런데 흥미로운 것은 '고려민주연방공화국' 통일 방안이 1980년대 말부터 불어닥친 사회주의 진영의 몰락 속에서, 대남 분야에서 위기에 처한 북한 체제를 지키는 이론적 방파제 역할을 했다는 사실이다. 1970년대의 고려연방제가 남북한의 빠른 통일과 그것을 위한 여러 조치들을 상징하고 있었다면, 고려민주연방제는 오히려 남북한이 실질적으로 분단된 두 개의 국가임을 인정하고 장기적으로 평화공존하자는 주장이었다. 따라서 이 방안은 남북이 서로 상대방의 제도를 실질적으로 인정한다는 것을 전제로 한다. 바로 이런 점 때문에, '고려민주연방공화국' 통일 방안은 애초에 공세적 차원에서 남한 당국에 제안된 것이었음에도, 동독 붕괴로 인해 한반도에서 남한 주도의 흡수통일론이 나돈 1990년대 이후의 위기 상황에서 결과적으로 북한 체제를 보호·유지하는 이론적 수비수 역할을 할 수 있었다.

(이종석, 같은 책, 142쪽)

박정희의 남북 대화 회피에서
노태우의 포용정책까지

냉전 후 미국 대외정책의 기조는 '봉쇄containment'에서 '개입engagement'으로 바뀌었다. 봉쇄정책은 접촉과 교류를 줄임으로써 상대방을 괴롭히려는 목적으로 군사적 논리를 주축으로 하는 것인 반면, 개입정책은 접촉과 교류를 늘림으로써 상대방에 대한 영향력을 키우려는 목적으로 외교적 논리에 기울어진 것이다. 그리고 봉쇄정책은 이쪽에 대한 상대방의 영향을 줄이는 데 중점을 두는 소극적인 것인 반면, 개입정책은 상대방에 대한 이쪽의 영향을 키우는 데 중점을 두는 적극적인 것으로 볼 수 있다.

반공독재 시절 한국은 미국의 공산권에 대한 태도가 온건한 쪽으로 기울 때마다 대결정책에 대한 집착으로 한·미 관계에까지 어려움을 겪곤 했다. 정권의 정당성을 공산권과의 대결에 의존하는 현실 때문이었다. 군사독재가 끝난 1987년 이후 한국의 대북정책이 맹목적 대결주의에서 벗어나게 된 것은 자연스러운 일이었다. 북한에 대한 유연한 태도는 햇볕정책으로 발전하게 된다.

김근식은 《대북포용정책의 진화를 위하여》(한울아카데미 2011) 42쪽에서 대북포용정책의 개념적 연원을 미국의 탈냉전 이후 개입정책에서 비롯되는 것으로 설명했다. 여기서 '개입'이라는 번역어의 적절성을 잠깐 짚어본다. 'engagement'의 원래 뜻은 관계를 만들고 접촉면을 키운다는 것이다. 대북관계의 '지렛대'란 말을 흔히 하는데, 지렛대를 크게 만드는 것이 바로 'engagement'다. 일방적이고 공격적인 느낌의 '개입'보다는 오히려 '포용'이 더 적절한 것 같다.

대결은 곧 경쟁이다. 냉전 후 유일한 슈퍼파워가 된 미국이 적극적 개입정책으로 돌아선 것은 경쟁에서 초연한 위치에 이르렀기 때문이었다. 남한이 북한에 대해 포용정책을 발전시키게 된 것 역시 40여 년의 체제경쟁에서 확고한 우위를 점했다는 자신감 덕분이었다.

남북 간 체제경쟁이 펼쳐져온 양상을 살펴보면 1990년대 이래 남한의 포용정책이 어떤 의미를 가진 것인지 절실하게 느낄 수 있다. 1960년대 말까지 남북 간에 말도 섞이 않고 지내던 시절에는 경쟁의 양상을 깊이 살필 만한 장면도 나타나지 않는다. 1970년대 들어 세계적 데탕트의 전개에 따라 남북 대화가 시작되면서 경쟁의 무대가 제대로 차려진다.

홍석률은 1970년대 초에 나타난 경쟁 양상 중 북쪽의 '남조선혁명론'과 남쪽의 '자유의 바람'을 대비시킨다.

남북 대화 과정에서 북한이 보여준 행태는 남쪽에서 혁명적 분위기를 조성하는 데 실질적인 목표를 두었다기보다는 지극히 자기만족적인 측면이 있었다. 예컨대 북의 언론들은 남북 대화를 보도하며 '남조선 인민'들이 "수령님의 크나큰 사랑과 배려에 무한히 고무되면서 북과 남 사이의 교류를 열렬히 바란다"고 보도하였다. 〈로동신문〉은 남쪽의 주민들이 북한 대표단 가슴에 달려 있는 김일성 초상 배지를 보고, "저걸 보십시오. 김일성 장군님의 사진을 달았어요. 건장하시구만요"라고 수군대고, 배지를 보지 못한 사람들은 가던 길을 멈추고 다시 돌아와 보고 갔다고 보도했다. 이뿐만이 아니다. 남북공동성명이 발표되던 날 신문에 김일성 사진이 나오자 남쪽 주민들이 이를 보기 위해 신문 가판대로 모여들었으며, 사람들이 '김일성 만세'를 부르는 일이 늘어났다는 보도도 있었다. (…) 심지어 남쪽에서 온 적십자 대표단이 김일성 생가를 방문하기를 원했고, 김일성을 위대한 인물이라 칭송했다고 전했다.

이와 같은 북한 관리의 언급과 언론보도에 대해 그 진위 여부를 이야기하는 것은 우스운 일이다. 남쪽에 있는 사람들은 누구나 이것이 결코 '있을 법한' 이야기가 아니라는 것을 잘 알 것이다. 그럼에도 불구하고 북의 정부와 언론은 내외적으로 남쪽 사람들이 북의 지도자와 주장을 지지하는 것처럼 선전하였다. 결국 이 같은 선전은 남쪽 주민들도 김일성을 열광적으로 숭배하는 것처럼 이야기하면서 김일성을 우상화하고, 이를 통해 북한 주민들을 통제하는 자기만족적 행위라 할 수 있다. (홍석률, 《분단의 히스테리》, 창비 2012, 260~261쪽)

예컨대 1972년 4월 19일 김덕현이 북한 관리로서는 처음으로 합법적으로 남한을 방문했을 때 그의 야간 일정은 대단히 조밀하게 짜여 있었다. 4월 20일 저녁 일정을 살펴보면, 세검정 안가에서의 만찬을 시작으로 서울에서 제일 높은 건물인 3·1 빌딩 스카이라운지에서 잠시 휴식을 취한 후, 오진암이라는 요정에서 밤늦게까지 술자리가 이어졌다. 자정이 넘어 4월 21일 새벽 1시 40분경 이후락 부장이 직접 모는 차를 타고 김덕현은 풍전호텔 고고클럽으로 인도되었다. 새벽에 숙소인 조선호텔로 돌아온 후에도 소규모 술자리를 갖고, 새벽 4시 30분에야 잠이 들었다. 후일 이후락은 미국 CIA 한국지국장에게 김덕현의 서울 체류를 설명하며 "처음에는 냉혈적이던 그가 시시각각 녹아나서 떠날 때는 여심에 도취되는 등 매우 재미를 보고 갔다"고 했다. 북의 적십자 대표단이 왔을 때도 양상이 비슷했다. 북의 대표단을 워커힐호텔로 데려가 무희들이 다리를 번쩍번쩍 들어올리는 캉캉춤을 보여주었는가 하면, 고고클럽에 데려가기도 했다. 남쪽의 '자유'를 맛보여주기 위해서였다.

당시 남측이 북쪽에 불어넣으려고 한 '자유'는 대체로 이러한 것들이었다. 남쪽 인사들은 이처럼 다분히 속물적인 자유의 분위기를 북에 보이려 했고, 북쪽 사람들이 이를 맛보면 이념적인 세뇌 상태에서 벗어나 인간적(?)인 본성과 감성을 되찾을 수 있을 것이라 기대했던 것 같다. 이는 남북 대화의 쟁점이었던 인도주의와 통일(정치) 논쟁과도 서로 연결되어 있다. 남쪽에서 '인간적'이라는 의미는 종종 욕망을 솔직하게 드러내는 것을 의미하기도 한다. (같은 책, 265~266쪽)

"제 눈에 안경"이란 말 그대로다. 북측은 '혁명' 빼고는 말할 것이 없고, 남측은 '향락' 외에는 보여줄 것이 없다. 북측 대표단은 돌아가 "우리가 보여주니까 남쪽 사람들도 혁명에 눈을 뜬다"며 자기들끼리 좋아하고, 남측에서는 "우리가 보여주니까 북쪽 사람들도 자유에 눈을 뜬다"고 신이 났다.

1970년대 초의 남북 대화는 형편에 떠밀려 마지못해 벌인 것이었다. 각자 자기 가치기준 위에서 자기 진영을 향한 선전에만 바쁘지, 상대방 입장을 이해하려는 진지한 노력은 잘 보이지 않는다. '대화'란 이름이 무색하다. 그래도 양쪽 국력이 꽤 비슷하게 어울린 시점의 접촉으로서 본격적 체제경쟁의 출발점이라고 할 수 있는 상황이다.

국제무대에서는 이런 '자기만족적' 관점이 마음대로 통하지 않는다. 강대국들의 데탕트 정책은 남한과 북한이 그때까지 적대시하기만 하던 반대진영 국가들과 관계를 개선하도록 요구했기 때문에 남북 간의 치열한 외교경쟁이 벌어지게 되었다.

1970년에서 1975년 사이에 남한의 수교국이 81개국에서 93개국으로 늘어나는 동안 북한의 수교국은 35개국에서 88개국으로 늘어났다. 남한 수교국이 12개 늘어났을 뿐인데 북한 수교국은 53개나 늘어난 것이다. 남한 수교국이 아직 더 많기는 하지만, 이 외교경쟁의 승리자가 북한이라는 것은 분명한 사실이다. 서방진영의 핵심국가들이 남한 입장을 배려해서 북한에 대한 냉담한 태도를 유지하는 데도 불구하고 북한은 이 기간에 종래의 고립 상태를 크게 벗어날 수 있었다.

이 외교경쟁을 통해 남북 양측은 종래의 '하나의 한국' 주장에서 한 걸음

씩 물러섰다. 남한은 '북진통일'을 주장하던 이승만의 몰락을 계기로 북한을 절대적으로 무시하던 관점에서 벗어나 있었는데, 1970년대 초 데탕트 상황에서 북한의 존재를 인정하는 입장을 적극적으로 표명하는 계기를 맞았다. 1973년 6월 박정희 대통령의 '6·23 선언'이다.

6·23 선언은 공산권과의 호혜평등 외교를 추구할 것과 함께 남북한 동시 유엔 가입을 제안했다. 당시로서는 놀랄 만큼 적극적인 태도였다. 19개월 전인 1971년 11월 김대중이 유엔 동시가입을 처음 제안했을 때 박정희는 "민족의 통일을 위한 염원을 무시"하는 것이라고 비판했다. 불과 5개월 전인 1973년 1월에도 남한 외무부는 재외공관에 내린 지침에서, 남북 모두가 "통일 이전 가입을 원치 않으며", "동시가입은 남북분단을 항구화시킬 우려가 있다는 점에서" 한국 정부가 반대한다는 것을 분명히 했다.(같은 책, 327~334쪽)

홍석률은 6·23 선언이 한 달 전 북한의 WHO(세계보건기구) 가입에 의해 촉발된 것으로 해석한다. 북한이 어차피 유엔본부에 항구적 거점을 갖게 되어 종래의 봉쇄정책이 실효성을 잃게 된 바에야 선제적 조치로 주도권을 쥐겠다는 의도로 중앙정보부에서 기획한 것이라는 전직 중앙정보부 관리들의 증언을 인용한다.

한편 김해원은 북측이 당시의 정세 변화를 자기네에게 유리한 것으로 판단하고 있었기 때문에 마음속으로는 '남조선혁명론'을 고수하면서도 유연한 대외전략에 나설 수 있었다고 설명한다.

70년대 초에 있어 북한은 앞에서 설명한 것처럼 국제환경의 변화가 자신에 유리한 것으로 판단하여 고무되었던 입장이었다. 따라서 미국의 베트남에서의 철수와 닉슨 독트린을 남조선혁명 달성에서 유리한 요소로 판단하였을 가능성이 높았다. 예컨대 70년 11월 초 노동당 제5차 전당대회 총화보고에서 김일성은 국제정세의 호조로 혁명의 '만조기'에 들어섰다고 현 정세를 진단하고, 호치민의 월맹 해방군이 민족해방전쟁을 성공리에 마무리 짓고 있으며 미군은 한반도에서도 철수하지 않을 수 없는 상태에 있다고 판단하였다. 또한 남한에 대해 "내부의 계급적 모순이 첨예화되어 있고 따라서 인민대중의 혁명적 진출이 적극화되어 있는 상황"으로 평가하였던 것이다.

이에 따라 남북 간의 대화 분위기가 조성되었던 70년과 71년 2년 동안 북한은 적극적인 평화공세로 미·중 긴장완화에 적응하며 통일문제에서 주도권을 잡고, 이를 궁극적으로는 주한 미군을 완전 철수시킬 계기로 활용하고자 하였다. 베트남으로부터 미군 철수 사례는 북한이 한반도에서도 이와 유사한 상황이 발생하리라는 희망을 가지기에 충분하였던 것이다. 따라서 이 시기 북한은 60년대 후반 울진·삼척사태, 1·21사태 등과 같은 이전의 대남 무장공비의 직접침투 방식을 지양하는 모습을 보여주었다. 이와 같은 북한의 평화공세는 동맹국들에 대한 안보책임을 줄여가고자 하였던 닉슨 정부의 정책을 이용하려는 입장에서 충분한 개연성을 가지는 것으로 보여진다. (김해원, 《북한의 남북정치협상 연구》, 선인 2011, 70~71쪽)

1970년대 초의 남북 대화는 피차 전략적 동기에 따라 접근한 것이었고, 상대방과의 절충에 따라 길을 찾아 나가겠다는 진정한 '대화'의 의미는 갖지 못했다. 그러나 대화의 시늉이라도 하면서 직접적 경쟁의 양상을 드러내 보이지 않을 수 없었다.

상대방의 존재를 원천적으로 부정하던 단계에서 벗어나 경쟁을 드러내는 단계로 접어들면서 남북 모두 체제 단속의 수준을 높일 필요를 느끼게 되었다. 그 결과 남한에서는 1972년 10월 '유신' 쿠데타가 일어나고 북한에서는 1972년 12월 '사회주의헌법'을 채택했다.

남쪽의 유신이나 북쪽의 사회주의헌법이나 모두 체제 강화를 노린 것이었지만 억지스러운 면은 유신이 더했다. 공산권 국가들이 어느 정도 사회주의 정착 단계에 들어설 때 건국 초기의 인민민주주의헌법을 사회주의헌법으로 바꾸는 것은 일반적인 현상이었다. 북한의 경우 김일성 개인숭배와 주체사상의 강화 현상이 덧붙여지기는 했지만, 기본 축은 사회주의체제의 안정에 있었다. 반면 남한의 유신체제는 '체제의 발전'으로 설명할 길이 도저히 없는 조치였다.

김근식은 개입정책의 성립 조건을 몇 가지 열거했는데, 그중에는 적대적 세력 간의 '대화'를 위한 일반적 조건으로 볼 만한 것들도 있다.

그러나 개입정책이 항상 어디서나 가능한 것은 아니다. 정책으로서 추진하기 위한 필요조건이 있는데 주체국과 대상국 간 접촉이 초기에 낮아야 하고, 관계개선과 교류 확대를 대상국이 매우 필요로 해야 하고, 대상 국가는 주체국이 주도하는 국제질서를 자신이 원하는 바를 가능케 하는 자원으로 간주해야 한다. 여기에 더하여 개입정책이 효과적으로 작동하기 위해서는 대상 국가의 정책 결정이 매우 중앙집권적이어야 하고, 주체 국가의 대내적 지지 확보가 바탕이 되어야 하며, 대상 국가에 대해 과도한 '야심찬 목표'가 아니라 '적당한 목표'를 추구해야 한다. (김근식, 《대북포용정책의 진화를 위하여》, 한울아카데미 2011, 44쪽)

"대내적 지지 확보" 같은 것은 개입정책만이 아니라 어떤 대외정책의 추진에도 필요한 것이다. 그런데 남북 대화가 시작되는 단계에서, 그 대화의 성공을 위해서라는 이유로 언론의 자유를 비롯한 제반 자유를 봉쇄하는 친위쿠데타를 일으킨 목적이 무엇인가. 내부의 지지를 포기하는 조치였다. 언론과 표현의 자유 없이 국민의 지지가 어떻게 일어날 수 있는가.

박정희 정권에게 남북 대화를 발전시킬 뜻이 없었음을 보여주는 가장 확연한 증거가 유신 선포였다고 나는 생각한다. 북한과의 경쟁에 자신이 없었고, 자신이 없는 가장 큰 이유가 체제의 안정성 문제였다. 서울에 온 북한 대표에게 남쪽의 우월한 면을 보여준다고 기껏 데리고 다니는 곳이 요정이고 호텔이고 고고클럽이라니, 남한의 현실에 얼마나 자신감이 없었단 말인가. 남북 대화를 강요하는 국제정세로부터 국내사회를 차단하기에 급급한 태도가 유신 선포로 나타난 것이었다.

세계적 데탕트에 이끌려 남북이 시작한 '대화'는 1973년 8월 북측의 일방적 성명을 끝으로 중단되었다. 다시 대화 재개의 시도가 나타난 것은 1980년 1월 이종옥 정무원 총리와 김일 조국평화통일위원회 위원장 명의로 남한 국무총리 등에게 보낸 편지였다. 박정희가 죽은 후의 혼란을 이용하려는 의도였던 듯, 몇 차례 실무회담 끝에 남한 국무총리가 '서리'이기 때문에 자격이 안 된다는 우스꽝스러운 이유로 접촉이 중단되었다.(김계동,《북한의 외교정책과 대외관계》, 명인문화사 2012, 198쪽)

1981년 9월 서울올림픽 개최가 결정되면서 체제경쟁과 외교경쟁에서 남한의 우위가 확인되었다. 이제 10년 전과 달리 남한 정부는 자신감을 갖고 북한을 상대하게 되었기 때문에 1983년 10월의 아웅산사건을 겪고도 이듬해 북한의 수해물자 지원 제의를 받아들일 수 있었다. 공산권의 침체와 붕괴 등 국제정세의 변화는 북한의 개방을 요구했다. 전두환 정권 말기에 시작된 북방정책은 1987년의 민주화를 거치며 포용정책(개입정책)으로 발전할 조건을 갖추게 되었다. 1988년 이후 노태우 정권의 대북정책은 10년 후 햇볕정책으로 만개할 포용정책의 성격을 가진 것이었다.

한반도 문제에 대한
중국의 '의도'는 무엇?

북핵 문제 해결을 위한 6자회담이 2003년 8월 베이징에서 열리면서부터 한반도 문제에 대한 중국의 역할이 부각되기 시작했다. 그 후 중국의 역할은 계속 커졌다. 남북한, 미국과 함께 중국이 주연 자리를 굳히면서 일본과 러시아는 조연 위치로 물러선 느낌이다.

중국의 역할 성장은 남북관계에 국한된 것이 아니다. 2008년 미국의 서브프라임모기지 사태를 계기로 중국은 미국과 함께 세계의 변화를 좌우하는 양대 축, G-2의 자리에 올라섰다. 역동적 변화를 계속하고 있다는 점에서 미국보다도 훨씬 큰 임팩트를 가질 것으로 주목받고 있다. 그 바로 옆에 있는 한국은 경제발전을 비롯한 모든 면에서 중국의 존재와 변화에 큰 영향을 받을 것이 분명해지고 있다.

중국은 건국 이래 60여 년간 북한과 가까운 관계를 가장 꾸준히 지켜온 나라다. 중국의 국가 성격과 변화 방향이 한반도에 끼칠 영향은 전 방위에 걸치겠지만, 그 영향이 다른 영역에 앞서 남북관계에서 가장 먼저 구체적으로 나타날 것이 예상된다. 그러므로 남북관계에 대한 중국의 입장과 역할을 정확히 이해하는 것은 이 사회의 매우 중요한 과제다.

가장 먼저 검토하고 싶은 것이 북·중 관계의 성격이다. 중국은 '항미원조抗美援朝' 전쟁에 많은 피를 쏟은 '혈맹血盟'이었고, 지금까지 북한에게 최대의 후원국이다. 북한이 문제를 일으킬 때마다 중국이 왜 제재하지 않느냐고 쳐다보고, 심지어 북한의 행동이 중국의 양해 아래 이뤄지는 것 아니냐는 의심까지 하곤 하는 것이 이 관계 때문이다.

우리가 이런 관점을 갖는 것은 우리의 한·미 관계 경험 때문이다. 남한이 북한처럼 도발을 행한다면 미국의 제재를 받을 것이고, 그런데도 도발을 행한다면 미국의 사주 또는 양해가 있을 것으로 우리는 생각한다. 그러나 적어도 6자회담 개시 이후의 상황에서는 북·중 관계의 성격이 한·미 관계와 다른 것이라는 사실이 분명하다.

이 차이에는 두 가지 원인이 있는 것으로 보인다. 첫째는 냉전기에도 우리가 미국을 받든 것처럼 북한이 소련이나 중국을 종주국으로 받들지 않았다는 것이다. 북한은 두 후원국과 등거리 외교를 기조로 지나칠 정도로 '자주성'을 내세워왔다. 국가 이데올로기로 '주체사상'을 내세울 정도였다. 그리고 소련도 마찬가지지만, 냉전기의 중국은 미국이 한국에 대해 행사한 것과 같은 압도적인 힘을 갖고 있지도 않았다.

또 하나의 원인은 21세기 들어와 중국의 위상이 상승, 강화하면서 '동맹' 관계에 집착하지 않는 쪽으로 국제정책이 발전하고 있다는 사실에 있다. 6자회담 개시 직후인 2003년 10월 '화평굴기和平崛起'란 말이 나타났다. 원로학자 정비젠鄭必堅이 개인적으로 쓴 말이었는데, 뒤이어 후진타오 주석과 원자바오 총리가 이 말을 쓰면서 내외의 관심을 모으는 화두가 되었다. 이 점에 대한 생각을 좀 길게 적겠다.

'굴기'란 무엇인가. 꿈틀대고 일어선다는 말이다. 19세기 중엽 이래 치욕과 고난의 역사를 헤치고 대국으로 일어서는 중국의 모습을 개천에서 날아오르는 용의 모습으로 그린 말이다. 그런데 이 굴기가 경쟁 상대를 타도하고 패배자에게 고통을 주는 투쟁의 방식이 아니라 모두에게 도움이 되는 발전을 이루는 방식이라는 뜻에서 '화평'을 붙인 것이다.

'굴기'는 중국인에게 강한 호소력을 가진 말이다. 2,000여 년간 천하를 호령해온 제국이 원래의 자리를 찾는다는 선언이다. 실제로 중화제국의 역사 중에는 제국 질서가 무너지고 오랑캐의 침략을 당한 치욕과 고난의 시대가 여러 번 있었다. 19세기 이후 '서세동점'의 역사를 또 한 차례의 그런 시대로 볼 수도 있는 것이다.

'화평굴기'란 말이 나온 지 반년이 안 되어 중국 지도부는 '화평발전'이란 말로 이것을 대신했다. '굴기'라면 세계질서의 구조를 바꾼다는 야심적인 뜻을 풍기기 때문에 외부의 경계심을 늦추기 위한 선택으로 보인다. 그러나 쓰기는 '화평발전'이라 써도 읽기는 모두 '화평굴기'라고 읽게 되었다.

'화평'이란 말에 진심이 담겨 있는지도 의심의 대상이다. 가장 가까운 동맹국 북한을 대하는 태도가 이 의심을 판별하는 리트머스 시험지가 될 수 있다. 이런 의심을 피하기 위해서도 중국은 6자회담에서 북한을 일방적으로 비호할 수 없었다.

2008년 1월 베이징대학교 광화관리학원 신년포럼 "중국의 경제개혁 30년: 평가와 전망"의 내용을 발판으로 만든 《중국개혁 30년》의 서문에 개혁개방시대 중국의 변화가 이렇게 정리되어 있다.

덩샤오핑이 일으킨 중국 경제개혁은 이미 30년의 역사적 과정을 거쳤다. 뒤돌아보면, 30년 전 개혁을 시작할 당시 우리는 최소한 두 가지 사건을 예상하지 못했다.

첫째, 개혁 과정이 이렇게 길어지리라고 예상하지 못했다. 개혁의 지도자는 처음에는 약 5~10년이면 개혁을 완성하리라 생각했다. 80년대 중반까지만 해도 많은 개혁가들이 90년, 늦어도 95년에는 개혁이 마침표를 찍을 거라고 낙관적으로 예측했다. 하지만 30년이 지난 지금도 중국은 여전히 개혁 중이고, 이 개혁이 언제 끝날지 우리는 아직도 그 답을 내놓지 못하고 있다.

둘째, 중국 경제의 발전 속도가 이렇게 빠르고 개혁의 성과가 이렇게 클 줄 예상하지 못했다. 80년대 초, 덩샤오핑은 2000년이 되면 국민소득이 두 배 늘어나리라는 목표를 제시했지만, 많은 사람들이 의심하는 태도를 보였을 뿐만 아니라 '무모'하다고까지 했다. 하지만 실제로 중국 경제는 덩샤오핑의 예상보다 훨씬 빠르게 발전했다. 지난 30년, 중국의 1인당 GDP는 매 10년이 되기도 전에 두 배나 증가, 2007년에는 2,500달러에 도달했다. 중국의 경제총량 순위는 78년 세계 13위에서 2007년 4위로 상승했다. 중국의 수출입이 세계무역에서 차지하는 비중은 78년 23위에서 2007년 3위로 상승했다. 애초에 우리는 30년 후 위안화의 환율이 국제적인 경제 문제로 부상하리라곤 예측하지 못했다. (장웨이잉 외, 《중국개혁 30년》, 이영란 옮김, 산해 2009, 8~9쪽)

30년간 연평균 9.7% 성장, 놀라운 현상이다. '한강의 기적'도 이렇지는 못했다. 게다가 중국처럼 덩치 큰 나라가 이런 거대한 변화를 일으켰다면 중국 지도자들의 의지와 관계없이 세계질서의 구조 변동이 일어나지 않을 수 없는 일이다.

2001년 WTO(세계무역기구) 가입 때까지만 해도 중국은 자본주의 도입에 발버둥치는 '실패한 사회주의국가'의 하나로 보였다. 그런데 불과 2년 후 '화평굴기'가 나온다. 중국을 내려다보던 서방의 눈길이 마주보는 각도로 바뀌었고, 10년이 지난 지금은 쳐다보는 각도로 올라와 있다.

중국이 6자회담을 주도하고 나선 때가 바로 국제사회에서 그 위치가 크게 바뀌고 있던 시점이었다. 2000년까지 북한을 바라보고만 있던 중국이 북핵 문제를 계기로 후원국 역할을 적극적으로 수행하러 나선 것이다. 북한에 대한 중국의 태도를 더듬어보면 북한, 한반도, 그리고 동북아 질서에 대한 중국 정책의 궤도를 그려낼 수 있다.

1980~2012년간 북한과 중국 최고위 인사들의 상호 방문 상황은 이렇다.

1980. 10. 리셴녠 부주석 방북

1981. 12. 자오쯔양 총리 방북

1982. 4. 덩샤오핑 군사위 주석, 후야오방 총서기 방북

1982. 9. 김일성 방중

1983. 6. 김정일 방중

1984. 5. 후야오방 총서기 방북

1984. 11. 김일성 방중

1985. 5. 후야오방 총서기 방중

1989. 11. 김일성 방중

1990. 3. 장쩌민 총서기 방북

[1990. 9. 한·소 수교]

1990. 9. 김일성 방중

1990. 11. 연형묵 총리 방중

1991. 5. 리펑 총리 방북

1991. 11. 김일성 방중

1992. 4. 양상쿤 국가주석 방북

[1992. 8. 한·중 수교]

[1993. 3. 북한 NPT 탈퇴선언]

[1994. 7. 김일성 사망]

[1995. 11. 장쩌민 주석 방한]

[1998. 9. 김정일 국방위원장 체제 공식 출범]

1999. 6. 김영남 최고인민회의 상임위원장 방중

2000. 5. 김정일 방중

[2000. 6. 남북정상회담]

2001. 1. 김정일 방중(푸둥 지구 등 경제발전상 시찰)

2001. 9. 장쩌민 주석 방북

[2002. 10. 제2차 북핵 위기]

[2003. 3. 후진타오 주석 취임]

[2003. 8. 6자회담 개막]

2003. 10. 우방궈 전인대 상무위원장 방북

2004. 4. 김정일 방중

2005. 10. 후진타오 주석 방북

2006. 1. 김정일 방중

2008. 6. 시진핑 부주석 방북

2009. 3. 김영일 총리 방중

[2009. 5. 북한 제2차 핵실험 / 유엔 안보리 북한 제재 결의안 채택에 중국 동참]

2010. 5. 김정일 방중

2010. 8. 김정일 방중

2011. 5. 김정일 방중

[2012. 12. 김정일 사망]

(김계동,《북한의 외교정책과 대외관계》, 명인문화사 2012, 245~259쪽에서 발췌·정리.

[ ] 표시는 내가 덧붙인 것이다.)

1990년을 전후해 상호 방문이 잦았던 것은 공산권 붕괴의 위기 앞에서 서로 격려하며 대책을 의논하기 위해서였을 것이다. 1992년 한·중 수교 이후 8년간 최고지도자의 상호 방문이 끊어진 것은 두 나라의 관계에서 가장 긴 공백이다. 그러나 이 시기에도 밀접한 친선관계가 지속된 사실을 김계동은 이렇게 정리했다.

중국은 한반도에서 영향력 확보와 경제발전을 위해 대북한 '변방 외교'와 대남한 '실리 외교'의 이중 정책을 구사한 반면, 북한은 중국에 대한 '전통적 친선관계'의 지속을 강조하였다. 그럼에도 불구하고 한·중 수교 이후 북한의 중국에 대한 신뢰감이 약화되었기 때문에 양국관계는 과거와 같은 수준의 동맹관계를 유지하지 못하였다. 특히 1995년 4월 평양축전 중 평양·타이완 전세기 운항 및 2002년 아시안게임 개최지 선정 당시 북한의 대만 지지 입장, 로동신문 북경 특파원에 대한 중국의 추방 결정, 1995년 11월 장쩌민 주석의 방한 등이 북·중 관계에 긴장을 야기하였다.

이러한 갈등요인에도 불구하고 북한의 중국과의 이념적 동질성을 강조하면서 미국과의 갈등 및 경쟁관계에 중국을 활용하는 정책을 모색하였다. 미국과의 관계개선이 제대로 추진되지 않는 상황에서 북한이 가장 부담 없이 지원받을 수 있는 국가는 중국이기 때문에 중국과의 유대관계 강화를 도모한 것이다. 특히 경제적으로 식량, 코크스탄, 비료, 원유 등 주요 물자를 중국에서 우호적인 가격으로 구입하기 위한 경제 외교에 치중하였다. 중국은 1994년 7월 김일성 사망 당시 곡물 10만 톤을 지원한 이후, 많은 양은 아니지만 거의 매년 곡물, 코크스탄, 원유 등을 지원하였다. (같은 책, 248쪽)

1990년대 후반 북한과 대만의 접근에서 '홧김에 서방질'이란 말을 떠올리지 않을 수 없다. '너희가 남한이랑 놀면 우리는 대만이랑 놀겠다!' 당시의 북·중 관계를 비쳐 보여주는 거울이라 할 수 있다. 북한의 '하나의 한국' 주장을 중국이 존중하지 않겠다면 자기네도 '하나의 중국' 주장을 존중할 수 없다는 것이었다. 북한의 곁눈질이 중국에게는 무척 괘씸한 일이었을 텐데 (중국은 물자 지원 등 가장 노릇을 하고 있지 않았는가!) '사랑싸움'이 '파경'을 들먹일 정도로 험한 지경에 이른 것이었다.

북한과 중국의 '혁명 1세대'는 항일전쟁 이래의 '혁명 동지'로 굳게 맺어진 사이였다. 마오쩌둥과 저우언라이周恩來가 자리를 지키고 있을 때 이 동지관계가 양국관계의 기조였다. 중국이 개혁개방시대에 접어들면서 북한의 후계체제를 비판적으로 봄에 따라 동지관계의 힘이 약해졌다.

그러다가 공산권 붕괴의 위기가 닥치자 '사회주의 동지'의 측면이 부각되었다. 1990년대에는 중국 자신이 새로운 상황에의 적응에 바빠 북한의 요구에 충분히 응해주지 못하면서 최소한의 동지관계를 지켜왔다. 그러다가 2000년대 들어 중국이 국제사회에서 능동적 역할을 맡을 만큼 위상이 강화되자 새로운 차원에서 북한과의 관계를 펼쳐나가게 되었다.

위에 말한 《중국개혁 30년》을 보더라도 개혁개방시대 중국의 변화에 대한 해석은 중국 안팎에서 아직도 이론이 분분하다. 중국의 변화가 워낙 크고도 빠른 것이어서 변화가 진행 중인 지금 시점에서 분명한 해석을 얻는다는 것이 어려운 일 같기도 하다. 그러나 그 변화가 세계정세의 변화, 특히 한반도 상황의 전개에 미칠 영향이 갈수록 크게 느껴지는 만큼, 해석의 범위를 최대한 넓게 탐색할 필요는 확실하다.

6자회담 이래 북한 문제에 대한 중국의 태도는 21세기 중국의 대외정책이 어떤 특성을 가지는지 살펴볼 수 있는 하나의 시금석이기도 하다. 중국의 '의도'에 대해 많은 견해가 우리 사회를 떠돌고 있다. 그중에는 중국이 '동맹국'이란 이름의 '종주국' 위치를 굳히려 한다는(극단적으로는 동북 4성 편입까지) 이야기가 일각에서 많이 나오는데, 나는 다른 방향의 가능성을 더 세심히 살펴볼 필요가 있다고 생각한다.

'굴기'의 의미에 비쳐보는 것이다. 중국이 일어선다면 (1) 과거 미·소 양극체제를 복원하며 소련의 위치를 대신하겠다는 것일까? 아니면, (2) 1990년대 이래 미국이 맡아온 위치를 빼앗겠다는 것일까? 그것도 아니라면, (3) 전통시대 천하체제를 복원하려는 것일까?

내게는 (3)이 가장 그럴싸한데, 내가 생각해도 동의할 이들이 많지 않을 것 같다. 그런데도 이쪽으로 끌리는 것은 40여 년 전부터 중국사를 공부하고 20여 년 전부터 문명의 성격을 궁리해온 이력 때문일 것이다. 이 생각은 관계된 조사를 더 해서 나중에 정리할 것으로 남겨두고, 우선 여기서는 (1)과 (2)를 그럴싸하게 보지 않는다는 사실만 밝혀둔다.

냉전시대 사고를 벗어나지 못하는 사람들은 (1)을 많이 생각한다. 한·미·일과 북·중·러의 진영 대결 추세를 논하는 이야기가 지금도 많이 떠돌고 있다. 중국의 북한 흡수 가능성도 이런 맥락에서 나오는 이야기다. '동아시아에서는 냉전이 아직 끝나지 않았다'는 이야기인데, 냉전은 국지적 현상으로 성립할 수 없는 것이다. 만약 한 지역에서 진영 대결이 벌어진다면 대결이 가져오는 손실을 그 지역 사람들만 오래 감내하려 들지 않을 것이고, 지역 밖에서도 대결 해소를 향한 압력이 쏟아질 것이다.

(1)보다는 (2)가 더 그럴싸하다. 미국이 누려온 패권을 부러워한 중국인이 많다. G-2의 위치에 올라선 이제 미국의 패권을 빼앗기까지는 않는다 하더라도 함께 누리기 바라는 것이다. '대중화주의大中華主義'가 중국에서 하나의 거센 추세로 일어나온 것은 사실이다.

그러나 미국식 패권을 중국이 빼앗거나 나눠 갖는 것은 현실적으로 불가능한 일이다. 그 중요한 측면 중 하나인 에너지 소비 수준만 놓고 봐도 그렇다. 과거 수십 년간 미국인은 세계 평균의 5배 이상(다른 선진산업국의 두 배 이상) 에너지를 소비해왔다. 세계 인구의 5분의 1을 점한 중국의 에너지 소비 수준이 아직도 세계 평균에 미치지 못하고 있는데, 만약 이것이 미국 수준을 따라가게 된다면 지구의 자원과 환경 문제가 걷잡을 수 없게 될 것이다. 몇십 년 뒤의 일로 걱정하던 재앙이 몇 년 후의 일로 닥치게 될 것이다. 미국 사회는 문명사회로서는 이례적으로 외부 문제와 장래 문제에 대해 둔감한 사회이기 때문에 '미국예외주의'에 입각한 패권을 키워온 것인데, 중국의 대중화주의가 아무리 거세다 하더라도 그런 길을 따라갈 수는 없다.

미국이 못 가지고(소련도 별로 못 가졌고) 중국이 가진 것이 '문명의 전통'이다. 이 차이가 장래 현실에 큰 작용을 하리라고 내가 생각하는 것이 단순히 '희망사항'일지, 앞으로 두고 볼 일이다. 북핵과 한반도 문제에 대한 2003년 이래 중국의 태도에서 이 검증의 실마리를 찾아보려 한다. 일단은 중국이 북한에 대해 과거에 가졌던 관계를 지키려는 것보다 국제사회의 새로운 위상에 따른 역할을 추구하는 목적을 가지려는 것으로 가정해둔다.

유기론적 세계체제 형성의
가능성을 바라본다

앞에서 중국의 '전통시대 천하체제 복원' 가능성을 언급했다. 너무 앞서 나가는 것 같다는 생각도 들기는 했다. 현상을 객관적으로 살펴볼 만큼 살펴본 뒤에나 주관적 해석을 내놓을 수 있는 것 아닌가.

그래서 그런 해석의 가능성만 일단 제시해놓고 상황 전개로 돌아갔다가 책 후반부에 가서 집중적으로 해석을 시도할 생각을 했다. 그런데 다시 생각해보니 해석의 큰 줄기를 먼저 내놓고, 그런 해석의 가능성을 상황 전개에 비추어 함께 검토해나가도록 읽는 분들에게 청하는 편이 나은 점도 있겠다는 생각이 들었다.

우선 '전통시대 천하체제 복원'이란 말에 내가 무슨 뜻을 담은 것인지부터 설명해야겠다. 오해를 불러일으키기 쉬운 말이기 때문이다. 설명이 없다면 독자들은 조공과 책봉으로 맺어진 중화제국의 '패권'체제를 떠올리기 쉬울 것 같다.

'천하체제'란 말에서 내가 초점을 두는 의미는 유기론적 관계다. 근대 세계체제의 원자론적 관계와 대비시키는 뜻이다. 이 차이를 1860년대 동아시아 상황에서 확인할 수 있다.

1856~1860년의 제2차 중영전쟁에서 패퇴한 중국은 열강의 '개방' 압력에 직면했다. 개방의 원리로 제시된 것이 '만국공법萬國公法'이었다. 헨리 휘튼 Henry Wheaton의 국제법 이론서 《Elements of International Law》를 선교사 윌리엄 마틴William Martin이 중국어로 번역한 《만국공법》이 1864년 출간되었는데, 이 제목이 동아시아에서 '근대적 국제질서'의 대명사로 통하게 된 것이다. 이 책은 이듬해 일본에서도 간행되었고, 1868년에는 일본어 번역판도 나와 큰 영향을 끼쳤다. 당시 중국인이 이 책을 받아들인 태도를 이삼성은 이렇게 설명했다.

《만국공법》의 출간은 청나라 조정이 나서서 서양 국제법을 학습했음을 증거한다. 청조는 초판 300부를 각 지방 관아에 배포토록 하였다. 당시 중국 관료집단은 서양 국제법 학습에 소극적이거나 저항적인 태도를 보여 제대로 배포되거나 보급되지 않았다. 이것은 《만국공법》이 발간된 지 10년이 지난 후에까지도 서양제도를 옹호하는 저술의 도입이나 유포에도 중국 관료층이 저항한 것과 같은 맥락으로 해석된다. 그만큼 아편전쟁 후 중국 지도층 일반이 서양의 규범과 제도를 인식하는 태도에는 한계가 있었다. 1880년 일본을 방문한 윌리엄 마틴의 발언은 유의할 만하다. "중국인은 서양 국가들을 보고 익히지만 서양제국의 정치제도를 채택하여 자국의 체제를 바꾸는 것을 전혀 생각하고 있지 않다. 중국의 개항은 일본보다 십 년 정도 빨랐음에도 불구하고, 서양 문화의 흡수가 일본보다 훨씬 뒤떨어져 있다." (이삼성, 《동아시아의 전쟁과 평화》 2권, 한길사 2009, 305~306쪽)

전쟁의 패배로 인해 강요된 질서이기 때문에 반감을 느낀 면도 있고, 천하체제의 기득권을 위협받기 때문에 반발한 면도 있을 것이다. 이런 이해관계를 넘어 천하체제와 만국공법체제 사이의 이론적 타당성을 비교할 수 있을까?

이삼성은 위 책 308쪽에 "서양제국의 정치행동이 '도리道理'에 의해 좌우되는 것으로 무력이 유일의 법이 아니라는 것을 이 번역을 통해 중국인이 이해하길 바란다"는 말을 마틴의 회고록에서 인용했다. 번역자인 마틴은 만국 공법만이 '도리', 즉 일반적 원리를 가진 것이라고 생각했던 것이다. 그러나 이 견해를 수긍한 중국인은 많지 않았던 것 같다.

마틴의 믿음은 계몽주의적 믿음이었고, 그 내용은 원자론적 세계관이었다. 19세기로 접어드는 시점에서 존 돌턴John Dalton이 발표한 원자론은 개인의 인권을 중시하던 당시의 계몽주의 사조와 딱 맞아떨어졌다. 모든 물질이 독립적 원자로 구성되었다고 보는 원자론에 맞춰 모든 사회가 독립적 개인으로 구성되었다고 보는 관점이 힘을 얻었다. 이 관점은 19세기를 풍미하면서 개인주의와 자유주의를 뒷받침해주었고, 사회과학의 형성에도 영향을 끼쳤다. 19세기 후반부에는 물리학계에서 원자론이 사라졌지만 그 영향을 받은 사상과 제도는 살아남았다. 국제사회가 독립적 국가로 구성된다고 하는 '만국공법' 사상도 그중 하나였다.

동아시아의 전통적 천하체제는 이에 비해 유기론적 특성을 가진 것이었다. 어느 구성원도 절대적 독립체가 아니었다. 큰 나라에게는 '자소字小'의 책임이, 작은 나라에게는 '사대事大'의 책임이 있었다. 크고 작은 나라들이 지속적인 상호책임 관계로 얽혀 있었다. 각 나라의 내부도 원자화된 개인의 단순한 집합체가 아니라 본분에 따라 역할을 맡는 군군신신君君臣臣의 유기적 조직체를 이루고 있었다. 우리가 흔히 '봉건적'이라고 하는 사회체제다.

하급자의 충성과 상급자의 승인(및 보호)을 교환하는 봉건관계를 근대인은 '인신 예속'이라 하여 미개한 제도, 심지어는 사악한 제도로까지 여겨왔다. 개인의 인권과 자유를 절대시하는 관점이다. 이 관점에서 본다면 천하체제의 해체는 '만국평등' 이념의 자랑스러운 승리일 것이다.

그런데 우리는 '만인평등' 이념이 구호만으로 실현되지 않는다는 사실을 경험해왔다. 오히려 이 구호는 현실의 불평등을 가려놓음으로써 강자를 견제하고 약자를 보호할 필요를 부정하여 세상을 정글 상태로 만드는 데 이용되어왔다. '만국평등'도 마찬가지였다. 개항기 조선이 겪은 상황을 돌아보자.

1876년 일본의 강요로 맺은 강화도조약의 제1조가 "조선은 자주의 나라로 일본과 평등한 권리를 가진다"는 것이었다. 막 배워온 만국공법 원리를 구사하고 나선 것이다. 1895년 청일전쟁에 승리한 일본이 시모노세키조약의 제1조로 내세운 것도 "청국은 조선국이 완전한 자주독립국임을 인정한다"는 것이었다. 일본은 '조선의 독립'을 위해 전쟁을 치른 것인가?

일본이 조선의 자주독립을 주장한 것은 조선을 천하체제에서 떼어내고 조선 땅에 마음대로 '진출'하기 위해서였다. 조선의 '독립'에는 중국과 떨어져 일본의 영향 아래 들어간다는 뜻이 들어 있었다. 이완용이 독립협회 간부를 지내고 독립문 현판을 쓴 것도 우연한 일이 아니었다.

이삼성의 같은 책 310~311쪽에는 "백 권의 만국공법은 많은 대포만 못하고, 몇 장의 화친조약은 한 광주리의 탄약만 못하다"는 후쿠자와 유키치福澤諭吉의 말이 인용되어 있다. 일본인들은 만국공법의 '만국평등'이 가식에 불과하다는 것을 이해했던 것이다. 그런데도 대對조선 정책에 이것을 들고 나온 것은 일본의 국익에 부합하기 때문이었다.

만국공법 원리는 "만국의 만국에 대한 투쟁"의 제국주의 논리에 활용된 것이다. 원래는 좋은 원리였는데 시대상황 때문에 악용된 것이라고 볼 수 있을까? 꼭 그렇지만도 않다는 것이 내 생각이다.

현실의 국가들 사이에는 강약의 차이가 있다. 그 차이를 부정하면 무한경쟁의 길이 열린다. 무한경쟁의 폐해는 보호받지 못하는 약자의 고통에 그치지 않고 국제사회 전체의 손해를 가져온다.

서세동점의 위세 앞에 동아시아 천하체제가 무너진 후(이슬람 세계의 전통적 국제관계도 비슷한 형편으로 무너졌다) 전 세계를 만국공법 원리가 휩쓸었다. 수많은 새 국가가 그 틀에 맞춰 세워져 자주독립의 실질적인 조건에 관계없이 형식적 주권을 갖게 되었다. 한반도에도 두 개 국가가 그 틀에 맞춰 만들어졌다. 나는 최근에 자오팅양趙汀陽의 《천하체계》(길 2010)를 흥미롭게 읽었는데, 서양의 근대 정치철학이 국가 단위에 묶여 '세계정치'를 성립시키지 못한 데 반해 중국의 전통 정치철학이 국가를 넘어 '천하'의 운영 원리를 탐구한 데서 향후 세계질서의 형성을 위한 교훈을 얻을 수 있다는 저자의 주장에 격하게 공감한다.

원자폭탄의 기본 원리를 발견했던 아인슈타인도 1945년 히로시마와 나가사키의 원폭 투하에 충격을 받고 '세계정부'의 필요성을 말했다. 구성원의 권리와 책임을 조정해주는 세계정부 없이는 인류가 자기 파괴의 길을 피할 수 없다는 것이었다.

그런 세계정부는 아직 나타나지 않고 있다. 1945년 당시 세계정부의 필요성을 느낀 것은 아인슈타인만이 아니었고, 그 노력이 유엔으로 모였다. 그러나 유엔은 냉전의 소용돌이에 휩쓸려 유의미한 세계정부로 발전하지 못했고, 세계는 패권이 횡행하는 무정부 상태에 머물렀다.

1990년을 전후한 냉전 해소를 계기로 '세계화'의 바람이 거세게 일어났다. 그러나 그 세계화는 경제적 세계화일 뿐, 정치적 세계화가 아니었다. 신자유주의를 표방한 이 경제적 세계화는 세계질서의 강화를 바라보는 것이 아니라, 국가 기능의 약화를 통해 무정부 상태를 더욱 심화하는 방향으로 진행되어 왔다.

2008년 서브프라임모기지 사태를 계기로 신자유주의 세계화의 바닥이 드러났다. 재정적자를 동력으로 패권을 유지해온 미국이 그 역할을 더 이상 지탱하기 어렵게 된 것이다. 패권체제의 구조조정을 겪거나 패권체제를 세계정부체제로 바꿀 지점에 와 있다.

지난 150년간 세계를 지배해온 '만국공법'이란 이름의 패권체제에 지금의 세계인은 익숙해져 있다. 세계정부체제로의 전환보다는 패권체제의 구조조정이 더 쉽게 떠오르는 대안이다. 그러나 1945년에 비해서도 지금 세계정부의 필요성은 더 절박하다. 자원과 환경의 벽이 코앞에 닥쳐 있기 때문이다.

이런 판국에 '초강대국'으로 떠오르고 있는 나라가 중국이다. 중국이 어떤 나라인가. 유기론적 세계질서인 천하체제를 2,000년간 운용해온 나라다. 중국의 득세가 유기론적 세계질서로의 전환을 가져올 가능성을 생각하게 된다.

사실 근대 이전엔 세계 어느 곳에서나 유기론적 사회질서가 보편적인 것이었다. 원자론적 질서는 인류의 긴 역사 속에서 예외적 현상이었다. 인간이란 존재가 원자론보다는 유기론으로 더 잘 설명되는 존재라는 점을 생각할 일이다. 인류사회가 농업사회에서 산업사회로 이행하는 과정에서 급격한 기술 발달로 인해 일시적으로 환원주의적 원자론이 풍미한 과도적 단계의 하나가 우리가 생각해온 '근대'일지도 모른다.

그래서 나는 산업혁명 이후의 200여 년을 '근대'라기보다 '가假근대'라고 불러도 되지 않을까 하는 생각을 갖고 있다. 안정된 농업사회 단계를 '중세'로 보고 안정된 산업사회 단계를 '근대'로 본다면, 지난 200여 년(동아시아에서는 150년) 기간을 중세에서 근대로 넘어오는 과도기로 볼 수 있지 않을까 하는 것이다.

패권체제 시대에는 '문명전통'을 적게 가진 나라들이 패권을 누리기 쉬운 조건이 작용한 것 아닌가 하는 생각도 든다. 영국과 독일은 근대 이전에 유럽문명의 주변부에 있던 나라들이다. 미국과 소련은 더 말할 나위도 없다. 인류문명의 일반 원리와 어긋나는 방향으로 이른바 근대문명이 전개되었기 때문에 문명의 관성이 약한 지역이 변화에 쉽게 적응할 수 있었으리라는 생각이다.

근대의 역사관은 진보주의, 역사는 진보한다는 믿음을 기조로 삼아왔다. 고대보다 중세가, 중세보다 근대가 더 나은 시대라는 믿음이다. 이 믿음이 '근대화'란 말에 담겨 있었다. 더 좋은 시대로 나아가는 것이 근대화이므로 어느 사회에나 주어진 보편적 과제로 인식되었다. 이 믿음 위에서 근대 이전의 모든 유기론적 질서가 '봉건의 잔재'로 타기되었다.

근대적 세계관과 가치기준을 의심하는 '탈근대' 담론이 몇십 년 전부터 자라나왔다. 이것 역시 근대체제의 한계를 드러내는 것이 아닐까 생각된다. 이

제 근대문명을 지고지상의 문명으로 보는 주장은 뉴라이트처럼 신자유주의에 집착하는 세력에서나 지키고 있다. '근대화'는 세계정세의 변화에 발맞추기 위한 하나의 상대적 과제로 인식되기에 이르렀다.

어느 민족 어느 국가에게나 자존심은 있다. 중국의 '대중화주의'는 중국인의 자존심 표출인데, 그중에는 패권체제 시대의 관념에 얽매여 중국의 패권을 추구하는 경향도 있지만, 영국, 독일이나 미국, 소련의 패권과 다른 차원의 '문명전통'에 대한 자부심도 크게 잠재해 있다고 본다. 후자가 크게 나타날 경우, 진행 중인 중국의 변화가 유기론적 세계질서의 형성으로 이어질 가능성이 있다고 본다.

2부

합의
의
서막

합의의 서막

1991년
유엔 동시가입의 의미

1990년대 초 냉전 해소에 따른 한반도의 상황 변화를 주체적으로 모색하는 가장 지속적인 노력이 남북고위급회담이었다. 그 전의 남북 정부 간 지속적 대화로는 1972년 남북공동성명에 따라 만들어진 남북조절위원회가 있었다. 조절위원회는 1972년 10월부터 1973년 6월까지 공동위원장회의 3회와 본회의 3회를 열었다.

조절위원회의 남측 공동위원장이 중앙정보부장이었다는 사실에서 이 회담의 성격을 어느 정도 짐작할 수 있다. 1990년 9월부터 1992년 9월까지 8차에 걸친 고위급회담은 양측 총리를 수석대표로 여러 분야의 대표가 참석하는 전면적 정부 간 회담이었다. 이 회담을 통해 1991년 12월 남북기본합의서가 만들어졌고, 그 직전 남북한의 유엔 동시가입도 이 회담을 배경으로 이뤄진 일이었다.

고위급회담의 진행 상황은 당시 외교안보연구원장으로(회담 진행 중 통일원차관으로 옮김) 회담에 참여했던 임동원의 《피스메이커》 제2부 "탈냉전의 새로운 남북관계 모색"(111~236쪽)에 잘 정리되어 있다. 그의 기록은 첫 회담을 보름 앞둔 1990년 8월 20일 대표단 구성의 공식 발표로 시작된다. 남측 대표단은 강영훈 총리와 홍성철 통일원장관, 정호근 합참의장, 김종휘 청와대 외교안보수석, 이진설 경제기획원차관, 이병용 안기부장 특보, 그리고 임동원이었다.

1988년 여름 서울올림픽으로 고조됐던 긴장과 흥분이 가라앉으면서 고위급회담 추진이 시작되었다. 1988년 11월 16일 북한 총리 연형묵이 부총리급을 단장으로 하는 남북고위급 정치·군사회담을 제의한 데 대해 남한 총리 강영훈이 12월 28일 남북관계 개선에 관한 문제를 포괄적으로 다룰 남북고위당국자회담을 제의함에 따라 1989년 2월 8일 예비회담이 시작된 것이다.

19개월의 준비기간을 거쳐 열리는 회담인데도 회담의 실현 자체에 당사자들이 마지막 순간까지 의혹을 품고 있었던 것은 회담의 위상과 규모가 워낙 컸기 때문이었을 것이다.

회담을 일주일가량 앞두고 대표단과 전략요원들이 한 식당에 모여 저녁식사를 한 적이 있다. 아직도 북측이 대표단 명단을 통보해오지 않아 모두들 초조한 상태였다. 이 자리에서 홍성철 장관이 좌중의 의견을 물었다. "과연 북측 대표단이 서울에 올 것인가?" 하는 물음에 "온다" 또는 "안 온다"로 택일하여 대답하라는 것이었다.

20여 명의 회담 핵심 요원 중 80% 이상은 "북측 대표단이 오지 않을 것"이라는 부정적인 답변을 했다. 8·15를 전후하여 남북 간의 긴장이 고조된 상황에서 북측 정무원 총리가 서울에 나타난다는 것은 도저히 상상할 수 없는 일이라는 것이었다. 이에 비해 "합의한 대로 서울에 올 것"이라고 대답한 사람은 나와 김종휘 수석을 포함하여 4명에 불과했다. (임동원,《피스메이커》, 창비 2015, 136쪽)

회담 나흘 전에 명단을 보낸 북측 대표단은 연형묵 총리와 김광진 인민무력부 부부장(대장), 안병수 조평통 서기국장, 백남준 정무원 참사실장, 김정우 대외경제사업부 부부장, 최우진 외교부 순회대사, 김영철 인민군 소장으로 구성되었다. 남측 대표단의 명단을 연구하고 그에 맞춰 대표단을 구성하느라 시간을 끌었을 것이다. 임동원은 남측 대표단 중 "나를 제외하고는 모두가 직책에 따르는 당연직 대표"들이었다고 했는데(같은 책, 132쪽), 법령에 따른 당연직은 물론 아닐 테고 예비회담에서 합의한 각 분야를 대표하는 책임자라는 뜻으로 이해된다. 그렇다면 임동원 자신은 회담 실무를 총괄하는 간사 역할이었을 것이다. 임동원의 북측 상대역은 최우진 순회대사였다.

고위급회담의 가장 큰 성과는 1991년 12월 제5차 회담에서 채택한 남북기본합의서였다. 이 합의서의 의미는 뒤에서 세밀히 들여다볼 것인데, 여기서는 그 직전에 이뤄진 유엔 동시가입의 의미를 먼저 살펴보겠다.

1990년 9월 초순의 제1차 고위급회담에서 유엔 가입 문제를 협의할 남북 대표 접촉을 갖기로 결정한 데 따라 임동원과 최우진이 두 달 동안 세 차례 회담을 가졌다. 북측은 '하나의 한국'을 일관되게 주장해왔고, 남북의 별도 가입은 "분열을 국제적으로 합법화"하는 '분단 고착'의 길이라고 계속해서 반대했다.(같은 책, 143~146쪽) 그러나 결국 동시가입에 동의하게 된 경위를 임동원은 이렇게 설명했다.

문제 해결의 물꼬를 튼 것은 한반도를 둘러싼 전략적 정세의 변화였다. 소련과 동구권 국가들이 시장경제와 민주주의체제로 전환하게 되고, 서독이 동독을 흡수통일하고, 중국에서는 개혁개방이 가속화되는 등 국제정세의 지각변동에 따라 북한은 정치·사회·심리적으로 감내하기 버거운 체제 위기와 흡수통일에 대한 공포증에 시달리게 된다. 엎친 데 덮친 격으로 오랜 동맹국이었던 소련과 중국의 태도도 돌변했다. 1990년 9월 예두아르트 셰바르드나제 소련 외상이 평양을 방문하여 한국과의 수교방침을 통보하자 북한 지도부는 심한 충격을 받게 된다. (…)
경제 위기가 다가오는 상황과 때를 같이하여 중국이 1991년 5월에 유엔 가입에 대한 한국의 입장을 지지하기로 확정하자 마침내 북한의 고집이 꺾이게 된다. 평양을 방문한 중국의 리펑 부총리가 한국의 유엔 가입에 거부권을 행사하지 않기로 한 중국공산당 정치국의 결정을 김일성 주석에게 통보하며 북한도 남한과 함께 가입할 것을 권고하였고, 결국 북한도 중국의 권고를 받아들여 종전의 입장을 180도 전환하게 된다. (같은 책, 147~148쪽)

이승만 정권은 대한민국의 국가 정통성을 유엔에 의지하려 했다. 냉전을 시작하면서 미국이 유엔을 소련 봉쇄정책에 이용할 때 미소공동위원회를 통한 소련과의 협의를 회피하고 유엔에 상정했기 때문에 1948년 남한의 5·10 선거는 명목상 유엔 감시하에 실시되었고, 대한민국 정부가 수립되었을 때 유엔은 그것을 합법적으로 수립된 정부로 인정했다. 이승만은 이것을 마치 한반도의 유일한 정부로 승인받은 것처럼 왜곡해 선전하며 '북진통일' 정책의 근거로 삼았다. 그래서 '유엔데이'(10월 24일)를 국정공휴일로 지정하기까지 했다.

유엔의 인정을 더욱 확실한 것으로 만들기 위해 이승만 정권은 유엔 가입을 열심히 추진했다. 그러나 안보리에서 소련의 거부권을 피해 갈 길이 없었다. 국제여론도 분단 상태의 한국 단독가입을 지지하지 않았다. 그래서 1958년 이후로는 한국 가입안 상정이 중단되었다.

북한은 초기에 유엔을 적대시했다. 남한의 단독건국이 유엔에 의지해서 진행되었을 뿐 아니라 미국이 한국전쟁 참전을 '유엔군'의 이름으로 했기 때문이다. 1949년부터 1958년까지 몇 차례 유엔 가입을 신청하기는 했지만 기본적으로 유엔의 권위를 인정하지 않는 입장이었다. 1960년대 들어 '자주외교'를 내세우면서 유엔을 더욱더 무시하는 태도로 나갔다. 1961년 유엔총회에서 제3세력 국가들이 추진한 남북 대표 초청 결의안이 통과되었으나 북한은 유엔의 권능을 인정한다는 조건을 받아들이지 않음으로써 이 초청을 거부했다.

1970년대 초 세계적 데탕트 속에 유엔에 대한 북한의 태도가 바뀐 것을 김계동은 이렇게 설명했다.

세계적인 데탕트가 시작되면서 1970년대 초반 유엔 내부의 변화도 일어났다. 1971년 제26차 유엔총회에서 중국이 대만을 축출하고 유엔 안전보장이사회 상임이사국 지위를 획득하는 것을 미국이 반대하지 않음에 따라 1951년 유엔에 의하여 침략자로 규정되었던 중국이 유엔에 가입하게 되었다. 서방측이 거의 독점적으로 누려오던 유엔에서의 지위가 중국의 가입으로 약화되기 시작하면서 한국과 미국은 1971년과 1972년에 유엔에서의 한반도 문제 토의를 연기함으로써 재량상정 방식에서 더욱 후퇴한 불상정 방식을 채택하였다. 한국 정부는 당시 진행 중이던 남북적십자회담과 7·4 공동성명 채택에 따른 한반도 화해의 분위기에서 한반도 문제가 유엔에서 토의되는 것이 바람직하지 않다는 논리를 전개하였다. 김일성은 이에 대하여 강력히 비난하면서, 이러한 전술 뒤에는 '음흉한 목적'이 숨어 있다면서 "미국 제국주의자들이 조선에 대한 침략 정책을 가리고 남조선 위정자들이 미제 침략군을 남조선에 계속 주둔시키려는 전술"이라고 주장했다.

이러한 상황에서 1973년 6월 23일 '평화통일외교정책선언'에서 한국 정부가 남북한 유엔 동시가입을 반대하지 않는 입장을 밝히자, 북한은 같은 날 발표한 '조국통일 5대 강령'에서 단일국호에 의한 유엔 가입을 주장하면서 유엔을 인정하는 동시에 유엔 외교를 시작하였다. 1973년 7월 북한은 유엔에서의 옵저버 자격을 획득하였고, 이어서 1973년 9월 5일에는 유엔본부 상주 대표부를 개설하였고, 제네바에 있는 유엔 사무국에도 상주 옵저버 대표부를 설치하였다. 뿐만 아니라, 이 시기부터 세계보건기구 등 각종 유엔 산하기구 및 전문기구, 정부 간 국제기구 등에도 가입하기 시작하였다. (김계동, 《북한의 외교정책과 대외관계》, 명인문화사 2012, 420~421쪽)

유엔 회원국도 아닌 남한에서 유엔데이를 법정공휴일로 삼은 기이한 제도가 철폐된 것이 이 시점이었다. 중국이 상임이사국이 되고 북한이 유엔 활동을 시작하면서 "아, 이제 유엔마저 빨갱이 동네가 되는구나!" 한탄한 것인지. 1973년 6월의 6·23 선언에서 '동시가입 불반대' 입장을 공표하기는 했어도 유엔 독점이 깨어진 데 대한 아쉬움이 느껴진다.

북한의 유엔 접근에 따라 1973년부터 1975년까지 세 차례 총회에 한반도 문제가 상정되었다. 유엔에 대한 북한의 요구는 지금까지의 한국 개입을 중단하라는 것인데, 1973년에는 유엔한국통일부흥위원회UNCURK 해체에 주력하고 유엔군사령부UNC 문제는 강하게 내세우지 않았다. UNCURK 해체에는 남한도 동의했기 때문에 이 의안은 표결에 부치지 않고 '합의성명consensus statement'으로 발표되었다.

1974년과 1975년 총회에서는 치열한 대결이 있었다. 1974년에는 유엔사 해체와 외국군 철수를 요구한 북한 제안이 정치위원회에서 부결된(48:48) 반면 남한 제안이 정치위원회와(61:42) 총회를(61:43) 통과한 남한 승리였다. 그러나 1975년에는 남한 제안과 북한 제안이 모두 통과했는데, 북한이 제3세계 대표들의 압도적 지지를 받은 결과였다.

1970년대 이후 유엔은 북한의 중요한 외교무대가 되었지만 미국의 영향력이 큰 유엔에 대한 북한의 반감은 사라지지 않았다. 북한이 유엔에 나서게 된 결정적 계기는 대만에 대한 중국의 당당한 승리였다. 북한의 '하나의 한국' 주장은 중국의 '하나의 중국' 주장과 같은 틀이기 때문에 중국이 대만을 몰아낸 것처럼 북한이 남한을 몰아낼 것을 북한은 바랐다. 남한에 대해 최대한 유화적인 입장을 보일 때도 유엔 가입에 대해서만은 개별가입을 반대했다.

그러다가 결국 공산권 붕괴 앞에서 동시가입에 동의한 것은 북한 대외정책의 가장 큰 변화라고 할 수 있다. 유엔에 가입한다는 것은 40년 전의 적국 미국과도 새로운 관계를 받아들일 수 있다는 입장을 무엇보다 분명히 보여준 일이다. 1990년대 초의 위기를 맞아 북한은 나름대로 국제정세 변화에 순응할 태세를 갖추고 있었던 것이다.

"정상회담 성사를 위해
고위급회담을 지연시켜라!"

공산권 붕괴에 따라 '전방위 수교' 시대가 열렸다. 서로 승인하지 않고 지내던 자유진영과 공산진영 국가들이 서로 수교하는 새로운 환경에 남한은 바로 적응해나갔다. 1990년 9월 소련 수교에 이어 1992년 8월 중국 수교에 이름으로써 남한은 몇몇 특수 국가를 제외한 거의 모든 국가와 외교관계를 맺게 되었다.

북한도 1991년 가을 유엔 가입을 계기로 외교관계를 크게 넓힐 수 있었지만, 미국과 일본이 숙제로 남아 있었다. 이 두 나라와의 관계가 북한에게는 대단히 중요했다. 평화 보장을 위해서는 미국과의 관계가 필수적이었고, 일본과의 수교는 경제 회복과 발전을 위한 열쇠였다. 남한과 고위급회담 등 대화에 적극적으로 나선 중요한 하나의 목적이 미국, 일본과의 수교를 원활히 하는 데 있을 정도였다. 중·소의 남한 수교와 미·일의 북한 수교는 대등한 과제였는데, 북한이 뒤처져 있었기 때문에 다급한 입장이었다.

남북 간의 관계개선은 경제력·군사력·외교력 등 모든 방면에서 열세에 있던 북한에게 더 절박한 과제였다. 그런데 남측에서 열심히 매달리고 북측에서 느긋하게 튕기는 한 가지 과제가 있었다. 정상회담이었다.

전두환 시절부터 남한 정권은 남북정상회담을 원했다. 국민의 통일에 대한 열망에 부응하고 안보에 대한 불안을 해소시킬 수 있는 정상회담은 정권에 대한 국민의 지지를 확보하기 위한 최상의 열쇠였다. 북측에서는 '국민의 지지'가 그렇게 절박한 과제가 아니었고, 따라서 정상회담을 남측의 양보를 얻어내기 위한 카드로 쓸 수 있었다.

고위급회담의 출범 단계에서 정상회담이 논의되던 상황을 임동원은 이렇게 회고했다.

[제2차 회담 후] 지금까지 전향적 태도를 취하며 협상의 조속한 타결을 주도해왔던 우리 정부의 협상사령탑에서 갑자기 '대북불신론'을 제기하며 지연전술을 지시한 것이다. 우리는 왜 갑자기 이런 지시를 하는지 이해할 수가 없었다. 결국 남북 대표 접촉이 열리긴 했으나 아무런 성과도 이루지 못했다.

석 달가량이 지난 뒤에야 [1990년] 10월 초 서동권 안기부장이 비밀리에 평양을 방문하고 11월 초에는 북측에서 노동당 대남 사업 담당 비서 윤기복이 서울을 방문하여 각각 상대방 정상을 만나 남북정상회담 개최 문제를 협의했으나 실패했다는 사실을 알게 되었다.

우리 정부는 처음부터 남북고위급회담에서 정상회담 개최를 제의했고, 뒤이은 비밀접촉을 통해 "고위급회담에서 채택될 남북합의문서에 두 정상이 만나 직접 서명하고 관계개선을 촉진시킬 방안을 협의하기 위해 정상회담을 개최하자"고 제의했다 한다. 그러나 북측은 "정상회담에서는 통일문제를 비롯한 고차원적인 민족문제를 협의해야 하며, 그러기 위해서는 먼저 남북고위급회담에서 일정한 성과를 거두어야 한다"고 주장했다 한다. (…) 북측은 우리 측이 정상회담 개최에 열을 올리면 올릴수록 더욱 고자세가 되어 '고려민주연방제 통일방안' 수용만을 요구했다는 것이다. 북측이 정상회담 개최를 사실상 거부하자 남측의 협상사령탑은 지연전술로 협상의 조기타결을 바라는 북측을 압박하고자 한 것으로 보인다. (임동원,
《피스메이커》, 창비 2015, 154~155쪽)

남북 대화에 임하는 북한의 입장을 이해하기 위해 척 다운스Chuck Downs 의 《북한의 협상전략》이란 책을 찾아보았다. 미 국방부 직원이라는 저자가 도입부에 "북한과의 협상은 난해하고도 불쾌하기로 정평이 나 있다. 이 책의 독자라면 협상 과정이 생각보다 훨씬 더 불쾌하다는 사실을 알게 될 것"이라 쓴 것을 보면 한쪽으로 지나치게 치우친 서술이 아닐까 의심이 든다. 북한과 의 대화가 실패하기를 바라면서 대화에 나서고, 대화 실패의 책임을 북한 측 에 미루려 드는 국방부 관리의 입장을 생각하게 되는 것이다.

도입부의 이런 대목에 그런 입장이 노골적으로 드러나 있다.

국제사회는 협상 테이블에서 당근을 제공하여 북한의 행동을 바로잡아보려 노력 하고 있지만, 전쟁이 발발하면 그들의 군사적 우위는 서방측 군대를 압도하게 될 것이다. 서방측 협상자들에 의한 부분적 양보 조치가 북한의 군사력을 강화시키는 결과만을 초래한 것이다. (척 다운스,《북한의 협상전략》, 송승종 옮김, 한울아카데미 1999, 25쪽)

우리는 '벼랑 끝 전술'이란 말에 익숙하다. 어떤 말에 익숙해지면 그 의미 가 자연스러운 것으로 느껴진다. 그런데 그런 말을 어떤 사람들이 어떤 의도 로 만든 것인지 유의할 필요가 있다. 북·미 대화에서 미국 대표로 나선 관리 들 중에 척 다운스 같은 태도가 하나의 강력한 유형일 것으로 생각된다. 그런 사람들이 북한을 '대화가 어려운 상대'로 규정하기 위해 기울인 노력도 감안 할 필요가 있다. 북한이 '대화가 쉬운 상대'라고 주장하는 것이 아니다. 일부 미국 관리들의 무책임한 유형화를 맹목적으로 받아들이지 않도록 조심해야 겠다는 뜻이다.

이 점을 감안하고 다운스의 책을 읽으면 참고할 내용이 없지 않다. 이런 내 용도 중요한 것으로 보인다.

그러나 협상의 역사를 보면 서방측 대표들은 비타협적 입장을 고수할 수 있는 재량권을 가지고 있지 못하였음을 알 수 있다. 만일 협상단이 사소한 문제를 둘러싸고 싸움을 벌였다면 워싱턴은 이들의 태도를 용납하지 않았을 것이다. 서방측 대표단은 민주사회에서 표출되는 광범위한 여론의 흐름에 부응하지 않으면 안 되었다. 협상대표들의 상관인 정책 결정자들은 명확한 입장 표명을 회피했고 때때로 평화를 지킨다는 명분으로 마지막 순간에 저자세를 보였다. 그러나 협상자들이 확고한 결의를 가지고 군사적 행동을 보일 때면 북한 측은 어김없이 굴복하였다. (같은 책, 35쪽)

정치가 공개된 국가와 그렇지 않은 국가 사이의 협상이란 한쪽 패만 펼쳐 놓고 노는 카드게임과 마찬가지다. 상대방 패를 읽고 치는 선수는 마음 놓고 베팅을 할 수 있다. 다운스는 그것이 안타까운 것이다.

그러나 국제정치와 카드게임은 비슷한 점이 있어도 근본적으로 목적이 다른 것이다. 카드게임에서는 당장의 승부 외에 다른 것을 생각할 필요가 없다. 반면 국제정치는 포괄적이고 장기적인 효과를 살펴야 하는 것이다. 당장 손해 보는 것 같아도 국민의 승인 아래 입장을 취해나가면 어떤 상황이 펼쳐지더라도 당당히 대응할 수 있다. 꼼수를 써서 목전의 이익을 얻더라도 상대방과 자국민의 신뢰를 얻지 못하면 입장이 약해지게 마련이다.

다운스의 지적에서 더 중요한 점은 "광범위한 여론의 흐름에 부응"하지 않으면 안 된다는 문제에 있다. 여론에는 두 측면이 있다. 국민의 원하는 바를 표현한다는 점에서 존중받아야 하는 측면과, 대중의 이해 부족을 드러낸다는 점에서 개선되어야 하는 측면이다. 국제정치의 중요한 협상은 전반적 상황 변화를 가져올 수 있는 것인데, 아직 닥치지 않은 상황에 대한 대중의 인식에는 미흡한 점이 있기 쉬우므로 두 번째 측면을 중시할 필요가 있다.

앞서 언급한 한완상의 책에는, 1993년 말 통일원장관에서 물러날 무렵을 회고하는 대목이 있다.

이즈음 미국은 북한에 채찍을 쓰려고 하는 것 같았다. 그렇다고 북한을 벼랑 끝으로 몰고 가려는 것은 아니었다. 미국은 채찍의 한계를 잘 알고 있었다. 그래서 항상 외교적 노력이 소진될 때까지 인내심을 발휘하면서 고심하는 듯했다. 한국의 냉전 강경세력은 이런 클린턴 정부의 고민을 이해하지 못했다. 아니, 이해하려 하지 않았다. 그렇다고 현실적 대안이 있는 것도 아니었다.

주한 미8군 사령관 게리 럭은 전쟁불사 같은 강경책이 비현실적임을 잘 아는 현명한 장군이었다. 전쟁이 일어나면 미국이 승리할 것이 확실하지만, 치러야 할 대가와 비용이 엄청나다고 강조했다. 그래서 한반도에서 전쟁을 벌이지 않는 것이 곧 승리하는 것이라고 말했다. 한국군 장성 중에는 왜 그와 같이 지혜로운 장군이 없는지 안타까웠다. 전쟁을 안 하는 것이 승리라는 논리는 평화가 무력으로 이뤄지지 않는다는 지혜를 깨달았을 때에야 비로소 이해할 수 있는 진리다. (한완상, 《한반도는 아프다》, 한울 2013, 179쪽)

그의 회고에는 강고한 '냉전 강경세력'에 대한 안타까움이 거듭거듭 표출된다. 냉전 강경세력의 근거는 어디에 있는가? 다수 국민의 북한에 대한 불신 내지 혐오감이다. 이 불신과 혐오감은 오랜 냉전기 동안 언론 자유가 없는 독재상황 속에서 조성된 것이다. 민주화시대가 되었다면 오도된 의식이 척결되어야 할 것인데, 이 의식을 더욱더 조장해서 정치적으로 이용하는 세력이 있다. 개선되어야 할 여론이 현실을 지배하는 상황은 민주화의 미숙성을 보여준다는 점에서도 문제가 있거니와, 사라진 지 오래된 냉전의 유령에 붙잡혀 시대의 변화에 발맞추지 못한다는 것도 심각한 문제다.

이런 상황에서 집권세력이 정상회담이라는 이벤트에 집착하는 것은 충분히 이해가 가는 일이다. 우리 국민의식의 표피를 '반공'이 덮고 있다면, 그 바닥에는 민족의식이 깔려 있다. 그래서 평소에는 북한을 불신하고 혐오하는 다수 국민도 '통일'의 가능성이 떠오르기만 하면 열광하게 마련이다. 정치세력에게는 국민의 지지를 일거에 끌어올릴 수 있는 정략적 '대박'이기도 하거니와, 실제로 반공의 의식 표피를 깨뜨릴 수 있는 묘책이기도 하다.

남북정상회담의 정치적 효과를 노린 전두환은 1985년부터 박철언의 이른바 '88 라인'을 가동했다. 정상적 대화와 별도의 정보기관을 통한 정상회담 추진이 노태우 집권기에도 계속된 사실을 앞서 인용한 임동원의 회고에서 알아볼 수 있다. 우리 측 '협상사령탑'이란 대통령을 가리킨 말이다. 협상을 늦추라는 지시가 왜 나온 것인지 협상단 간사가 석 달 후에나 알 수 있었다니, 협상의 최대 목적이 정상회담에 있었단 말인가?

남한 집권세력에게 정상회담에는 두 개의 측면이 있었다. 하나는 민족문제 해결이라는 공적 측면이고, 또 하나는 집권세력의 지지 획득이라는 사적 측면이다. 전두환 이래 남한 집권세력의 정상회담 추진 과정에서 어떤 때는 공적 측면이 컸고 어떤 때는 사적 측면이 컸다. 이 사적 측면은 북한 측의 이용 대상이었다. 이 측면을 이용해 북한 측은 유리한 '뒷거래'를 벌일 수 있었다.

2000년 정상회담을 놓고 뒷거래 문제가 제기된 것은 제기한 사람들이 뒷거래의 성격을 잘 알기 때문이었을 것이다. 결국 특검까지 시행해 크게 잘못된 일이 없음이 밝혀졌는데, 아마 노태우의 북방정책을 놓고 특검을 벌였다면 훨씬 건지는 것이 많았을 것이다. '대북송금사건'에 대해 임동원은 이렇게 회고했다.

[2000년] 5월 6일, 박지원, 이기호와 함께 나는 김보현으로부터 현대의 대북경협 사업 합의 내용을 보고받았다. (…) 그리고 현대는 사업독점권에 대한 대가로 4억 달러를 북측에 미리 지불하기로 이면합의하고, 합법적인 대북송금을 위해 즉각 통일부에 사업승인을 신청한 후 자금 확보에 나서려는 것으로 보인다는 내용이었다. 또한 정상회담 성사를 위해 정부도 이에 적극적으로 협조해줄 것으로 기대하고 있다는 것이었다. (…)

며칠 후 (…) 대통령은 현대와 북측의 처사에 대단히 불쾌하다는 반응을 보였다.

(…)

"현대가 정상회담 개최를 이용해서 북측과 미리 합의해놓고 정부를 물고 들어가려는 것 아닙니까! 이런 식으로 하면 우리가 정상회담을 돈 주고 사는 것으로 오해받을 수 있다는 것을 그 사람들은 왜 모른답니까! (…) 정상회담 후에 순리에 따라 국민과 세계의 축복을 받아가며 당당하게 추진할 수도 있는 일을 가지고 왜 북측에 끌려다니며 굳이 정상회담 전에 합의하려고 서두르는 것입니까."

(…) 그러나 현대가 이미 저질러놓은 일을 쉽사리 없던 일로 만들 수는 없는 노릇이었다. 아무리 현대가 우리 정부의 사전승인 없이 일방적으로 추진한 일이라 해도 북한과 이왕 합의한 이상 정부가 나서서 취소시킬 수 있는 성질이 아니었다. 3년 후 집권한 노무현 대통령이 특별검찰을 임명하여 조사하도록 했던 이른바 '대북송금사건'은 이렇게 잉태되었던 것이다. (임동원, 같은 책, 34~36쪽)

대통령에게 보고하는 자리에 이기호, 박지원과 임동원 자신이 있었다고 밝힌 것은 대통령 발언의 사실성을 확실히 하기 위해서일 것이다. 아무래도 다소간의 '마사지'는 있을 수 있다고 생각한다. 정상회담 추진과 나란히 진행되고 있던 현대의 사업 추진 내용을 정부 측에서 전혀 모르고 있었다고 보기는 힘들다는 말이다. 그래도 북측에 대한 인센티브 제공을 정부 부담으로 하지 않고 기업에게 맡겼다는 것은 정도를 지키고자 노력한 것으로 인정된다.

그에 비해 노태우 정권에서 정상회담 성사를 위해 고위급회담에 '지연전술'을 쓴 것은 정도에서 크게 벗어난 태도였다. 냉전 해소의 격변 상황에 서둘러 대응하지 않고 대화를 지연시킨 결과가 무엇이었는가. 사적인 동기에 그처럼 얽매이지 않고 당당히 진행해나갔다면 김영삼과의 권력투쟁 과정에서 '훈령 조작' 같은 황당한 일이 일어날 수 있었을까? ('훈령 조작' 사건에 대해서는 뒤에서 상세히 살펴보겠다.)

김영삼 역시 정상회담을 열심히 추진했다. 예정된 날짜를 앞둔 김일성의 죽음으로 정상회담이 불발된 후 김영삼 정권의 대북정책이 극단적으로 강경해지는 과정에서도 정상회담의 성립 여부가 크게 작용했다. 정상회담은 남북관계에서 하나의 중요한 변수였다.

소련 쿠데타가 도와준
'남북기본합의서'

1990년을 전후한 세계정세 변화에 맞춰 한반도 냉전을 종식하려는 노력의 가장 큰 성과가 1991년 12월 13일 남북고위급회담에서 채택된 '남북 화해와 불가침 및 교류협력에 관한 합의서'였다. 그 직전의 남북한 유엔 가입, 그 직후의 '한반도 비핵화 공동선언'과 어울려 당시의 남북관계는 화해와 평화의 길로 성큼성큼 나아가고 있었다.

기본합의서의 내용은 지금까지도 제대로 지켜지지 않고 있다. 하지만 특별한 정치적 장애가 없을 때는 그 준수를 통해 남북관계 발전의 지표로 작동하는 그야말로 '기본' 합의서의 가치를 가진 것이라는 사실을 그동안의 경험이 보여준다.

1990년 9월 첫 고위급회담이 열릴 때부터 기본합의서 채택은 기정사실이나 마찬가지였다. 제1차 회담에서 남측은 8개 항목으로 된 '남북관계 개선을 위한 기본합의서(안)'을 제시했는데, 결국 채택된 합의서는 북측이 요구한 '불가침'을 강조한 정도로, 애초의 제안에서 크게 바뀌지 않은 내용이었다.

빤한 결론을 확인하는 데 1년 넘는 시간이 걸린 것은 앞에서 얘기한 '지연전술' 때문이었다. 북한에게는 고립을 탈피하기 위해 남북관계 개선이 극히 절실한 과제였다. 이 점을 이용해서 노태우 정권은 정상회담 추진을 고위급 회담 진행에 연계시켰던 것이다.

1990년 10월 평양에서 열린 제2차 고위급회담에서 남측은 최초의 제안을 '남북 불가침과 화해·협력에 관한 선언'으로 수정 제시했다. 북측의 '불가침' 주장을 받아들여 최종 합의서 내용에 도달한 셈이다. 그런데 그 후 회담 진행이 막힌 상황을 임동원은 이렇게 회고했다.

사실 우리 측의 관계개선 기본합의서 내용과 북측의 수정안 내용은 많이 근접해 있었다. 명칭도 나중에 채택된 문서 명칭인 '남북 사이의 화해와 불가침 및 교류협력에 관한 합의서'와 근사한 것이었다. 북측에서는 분명히 합의를 원했기 때문에, 우리 측에서 협상할 의사만 있었다면 얼마든지 타결할 수 있는 상황이었다.

그러나 정상회담 개최를 원했던 우리는 '불가침'을 문제 삼아 지연전술을 구사함으로써 협상 타결의 좋은 기회를 스스로 포기했다. 큰 실책을 범한 것이다. 결국 정상회담도 성사시키지 못한 채 기본합의서의 채택이 1년이나 지연되는 파행적인 결과를 초래하게 됐다.

그 후 부속합의서를 채택했을 때는 이미 노 대통령의 집권 말기였고, 대통령 선거전이 본격적으로 불붙기 시작하여 우리 정부가 남북관계 개선을 위한 일련의 의욕적인 사업을 펼칠 만한 상황이 아니었다. 전향적인 대북정책을 추진했던 노태우 정부는 남북합의 사항을 실천에 옮길 수 있는 시간을 영영 잃어버리게 된 것이다.

(임동원,《피스메이커》, 창비 2015, 156~157쪽)

왜 북측은 이때 정상회담 제안에 응하지 않았을까? 고위급회담에서 일단 성과를 거둔 후 더 차원 높은 목적을 위해 정상회담을 열어야 한다는 것이 북측 입장이었다고 임동원은 설명했다.(같은 책, 155쪽) 물론 타당한 이야기다. 그러나 남쪽 정권에서 고위급회담까지 지연시킬 정도로 애타게 바라는 일이라면 제공할 수 있는 온갖 인센티브를 제공하려 했을 것이다. 그리고 한 번 만나고 그만두는 게 아니라 계속 만날 거라면 차원 높은 목적을 기다릴 것 없이 우선 만나고 보자는 것도 충분히 타당한 이야기다.

남측에서 애타게 바라는 일이니 값을 최대한 올려야겠다는 속셈도 있었을 법하다. 그러나 내부 체제문제에 대한 고려 때문에 신중한 태도를 취할 필요가 컸을 것이다.

권리가 크면 책임도 크기 마련이다. 권력을 독점하는 유일지도체제는 인민의 절대적 신뢰를 필요로 한다. 선거에 의지하는 남한 정권은 선거 때만 지나고 나면 상황을 빙자해서 공약을 뒤집는 일을 스스럼없이 할 수 있지만, 유일지도체제 정권이 그런 짓을 한다면 상황을 제대로 예측하지 못한 잘못이 신뢰를 갉아먹을 것이다. '정상'이라 해서 다 같은 정상이 아니다. 북한의 최고지도자가 나서려면 인민의 기대를 충족시킬 수 있는 확고한 전망이 필요하다. 절대적 지도자와 상대적 지도자의 차이다.

1991년 2월로 예정되었던 제4차 회담은 팀스피릿 군사훈련 등의 이유로 북한이 불발시켰고, 8개월이 지난 10월에야 열리게 된다. 고위급회담을 통한 남북관계 개선에 대한 북한의 필요는 갈수록 더 절박해졌다. 소련과 중국의 정책 변경에 따른 대내외적 위기가 심화되고 있었고, 미국의 북한 핵 개발 의혹 제기도 대외관계의 어려움을 더했다. 오랫동안 반대해온 유엔 동시가입을 수용한 것은 이 위기에 대응하기 위한 부득이한 선택이었다.

1991년 10월 고위급회담 재개의 배경으로 임동원은 중국의 역할을 중시한다.

북한이 협상타결을 서둘게 된 데는 중국의 영향력을 간과할 수 없다. 나는 그해 11월 초 방한했던 중국의 한 탁월한 북한 문제 전문가로부터 이에 관한 중요한 정보를 입수하여 상부에 보고한 바 있다. 익명을 요구한 그의 정보에 따르면, 김일성 주석은 이해 10월 초에 10일간(10.4~13) 중국을 방문, 경제특구를 시찰하며 덩샤오핑을 비롯한 중국 최고지도자들로부터 세 가지 권고를 받았다고 한다.

즉 북한도 중국처럼 사회주의체제를 유지하면서 개방과 경제개혁을 추진함이 바람직하며, 외국의 자본과 기술을 도입하려면 한반도의 평화적 환경 조성이 필수적이니 조속히 남북협상을 타결 짓고, 또한 주한 미군 핵무기 철수의 호기를 활용하여 북한의 핵 개발 의혹도 해소할 것을 권고받았다는 것이다. 그리고 김일성 주석은 중국에서 돌아오는 즉시 노동당 정치국 회의를 소집하여(10.16) 남북협상의 조속한 타결과 비핵화 합의, 그리고 나진·선봉 경제특구 설치에 관한 모종의 결단을 내렸다는 것이다. (같은 책, 158~159쪽)

북한이 유엔에 가입한 상황에서 임기가 1년 남짓 남은 노태우 정권이 더 이상 정상회담을 위한 지연전술에 매달릴 수는 없었을 것이다. 1년 전에도 빤했던 결론은 그 사이에 더 빤해졌고, 10월 하순의 제4차 평양회담에서 12월 중순의 제5차 서울회담에 이르기까지 이 결론을 확인하는 작업이 순조롭게 진행된 결과 '남북기본합의서'의 탄생에 이른다.

위 인용문에서 "주한 미군 핵무기 철수"라 한 것은 당시 미국 부시 정부의 해외 핵무기 철수 정책의 일환으로 주한 미군의 핵무기를 전량 철수하기로 한 결정을 말하는 것이다. 남한에는 1957년부터 미국 핵무기가 배치되어 1970년대 초에는 700여 기에 이르렀던 것으로 알려져 있다. 1970년대 후반 카터 행정부 하에서 크게 감축되어 1989년 부시 행정부 출범 때는 약 100기가 배치되어 있었다고 한다.

이 무렵 북한 핵 개발 의혹이 떠오른 배경은 소련의 해체였다. 소련이 보유하던 핵무기와 핵 기술이 통제를 벗어나 무책임한 세력의 손에 들어갈 위험은 스릴러의 인기 소재가 될 정도로 사람들 마음속에 심각하게 떠오른 문제였다. 그런 무책임한 세력의 한 예로 북한이 등장한 것이다. 1989년까지 북핵 문제가 제기되지 않고 있던 상황을 미국 언론인 돈 오버도퍼Don Oberdorfer는 이렇게 설명했다.

89년 1월 부시 행정부 출범 당시, 북한의 핵 개발 추진 가능성을 우려하는 사람들은 위성 사진을 검토할 수 있는 권한을 보유한 소수 관리들뿐이었다. 심지어 에너지부 소속의 한 분석가는 영변에 세워지고 있는 건물들이 화학섬유 공장일 수도 있다는 의견을 제시할 정도였다. 북한 정부가 영변 시설을 너무 쉽게 노출시킨 것도 의문점이었다. 날씨가 맑은 날에는 평양 공항에서 이·착륙하는 비행기 안에서도 영변 핵 시설의 윤곽을 육안으로 확인할 수 있었다. 미 정부 관계자들은 까다롭고 잘못 건드리면 오히려 심각한 사태를 야기할 수 있는 북한 핵 문제를 본격적으로 규명할 의사가 없었던 탓에 이와 같은 몇 가지 의문점을 구실 삼아 어떠한 조치도 취하려 하지 않았다. (돈 오버도퍼,《두 개의 한국》, 이종길 옮김, 길산 2002, 382쪽. 2014년에 개정판이 발간되었으나 이 책에서는 2002년판을 참조함)

북한이 미국 핵무기가 남한에 배치되어 있는 상황을 이유로 IAEA(국제원자력기구)를 앞세운 미국의 핵사찰 압력을 거부한 것은 너무나 지당한 일이었다. 미국은 핵무기의 남한 배치를 공식적으로 확인하지 않는 것이 기본방침이었지만, 그 사실을 과시할 때도 있었고, 실제 사용 가능성까지 공언하는 일도 있었다.

월남 패망 후 미국은 안보에 대한 불안 때문에 전전긍긍하고 있던 남한 정부를 달래준다는 명목하에 경우에 따라 핵무기를 사용할 수도 있다며 공공연하게 북한을 위협했다. 1975년 6월 제임스 슐레진저 국무장관은 남한에 미제 핵탄두가 배치돼 있다는 사실을 공개적으로 시인하면서 다음과 같이 선언했다. "우리가 전술 핵무기를 반드시 사용해야 하는 상황이 전개된다면 (…) 실제 그 사용 여부를 고려하게 될 것이다." 이어 그는 다음과 같이 덧붙였다. "미국이 어떤 반응을 보일지 시험하는 것은 결코 현명치 못한 행동이다." 그로부터 1년 후인 1976년 2월 핵무기 탑재가 가능한 미군 전폭기 부대가 잠시나마 남한에 배치됐고 이 사실은 언론을 통해 대대적으로 보도됐다. 게다가 그해 6월 처음으로 실시된 팀스피릿 연례 합동 군사

훈련의 일정도 대규모 병력 이동과 핵무기 사용훈련으로 구성돼 있었다. (같은 책, 385쪽)

남한에 전술 핵무기를 잔뜩 쌓아놓고 그것을 쓸 수도 있다고 이따금 위협까지 하는 터에 북한의 핵 개발을 일방적으로 가로막을 수는 없다. 핵확산금지조약NPT의 기본 원리도 보유국의 기득권에 대한 최소한의 보상으로 미보유국에 대해 핵무기 사용의 위협을 하지 않는 데 있다. 북핵 문제 제기를 위해서는 이 문제를 해결해야 했다.

그런 참에 1991년 8월 소련에 쿠데타가 일어나고 소련 붕괴 조짐이 보이면서 소련 보유 핵무기의 관리 문제가 심각해지자 핵무기 감축과 통제 강화를 유도하기 위해 미국이 솔선해서 감축에 나서게 되었다. 이때 남한 배치 핵무기 철수 방침이 정해졌다.

미군 사령관들은 남한에 핵무기를 배치해야 하는 현실적 이유가 전무하다는 데에 의견을 같이했다. (…) 다음 해[1991년] 봄 합참의장을 역임한 아시아 전문가 윌리엄 크로 제독은 대북한 협상조건의 일환으로 남한 내 핵탄두 철수를 거론했다.
크로 제독은 다른 이들이 쉬쉬하면서 감추었던 이야기들을 다음과 같이 공개적으로 지적했다. "미군의 기동성을 감안해볼 때 대한민국의 핵우산 보장을 위해 반드시 남한에 핵탄두를 배치할 필요는 없다."
주한 미국 대사와 군 지휘관들이 이구동성으로 이렇게 건의했음에도 불구하고 워싱턴 정부는 결정을 내리지 못했다. 육군 중장으로 퇴역한 후 부시 대통령의 안보담당 보좌관으로 부임한 브렌트 스카우크로프트는 평양이 응분의 조치를 취하지 않고 있는데 덥석 선물을 안겨줄 수 없다는 이유를 들어 핵무기 철수에 강력하게 반대했다. (…)
[1991년 8월 소련 쿠데타사건 이후] 부시 대통령은 보좌관들과 협의한 후 남한에서 나머지 핵무기도 완전히 철수시키기로 비밀리에 결정했다. 또한 한 걸음 더 나

아가 북한 측의 요구대로 핵탄두를 보관했던 군산의 미군 기지에 대한 북한의 사찰을 원칙적으로 허용하기로 결정했다. 남한에 배치된 핵무기 문제를 해결하지 못한 채 수개월간 지지부진한 협상을 이끌어야 했던 리처드 솔로몬 동아시아 및 태평양 담당 차관보는 "급변하는 소련의 국내 정세 덕분에 간신히 남한 내 핵 문제를 해결할 수 있었다"고 말했다.

부시 대통령은 공식 결정을 내리기에 앞서 유엔총회에 참석차 미국을 방문했던 노 대통령을 만나 핵무기의 한반도 배치 여부를 떠나 남한에 핵우산을 제공하겠다는 미국의 의지는 변함없다고 재차 다짐했다.

12월 핵무기 철수가 완료되자 노 대통령은 "지금 이 순간, 대한민국 그 어디에도 핵무기는 단 하나도 존재하지 않는다"는 내용의 공식 발표를 했다. 미국의 핵무기 철수는 이후 북한에 지대한 영향을 미쳤고 한반도에 타협과 화해의 시대를 앞당기는 데에 큰 기여를 했다. (같은 책, 386~389쪽)

남한 배치 핵무기의 철수는 남북기본합의서가 나올 수 있었던 중요한 조건이었고, 철수가 실현된 결정적 계기는 소련 붕괴의 조짐이 드러난 1991년 8월의 쿠데타사건이었다. 남북기본합의서의 필요성을 남북이 함께 인정하고 그 내용에도 합의하고 있으면서도 사소한 이유로 늦어지고 있던 것이 소련 붕괴를 눈앞에 두고서야 매듭을 지을 수 있었던 것이다. 1991년 12월 10일 판문점에서 쉐라톤호텔로 향하는 차 안에서 북한 대표단의 최우진이 "도장을 갖고 왔다"고 자신 있게 말한 것은(임동원, 《피스메이커》, 218쪽) 합의서 채택을 위한 모든 조건이 충족되어 있음을 확신했기 때문이었다.

서문과 4장 25조로 구성된 기본합의서의 요점을 임동원은 이렇게 정리했다.

- 남북화해를 위해 상대방 체제의 인정·존중, 내정 불간섭, 비방·중상 중지, 파괴·전복 행위 금지, 국제무대에서의 협력, 그리고 현 정전 상태를 남북 사이의 평화 상태로 전환하고 그때까지 정전협정을 준수한다.

- 남북 불가침을 위해서 무력 불사용 및 불침략, 분쟁문제의 협상을 통한 평화적 해결, 불가침의 경계선은 정전협정 규정과 지금까지 쌍방이 관할해온 구역으로 하고, 불가침의 보장을 위해 여러 가지 군사적 신뢰조성 조치와 군비감축을 실현한다.
- 남북 교류협력을 위해서 경제·과학·기술·문화·예술·보건·체육·보도 등 여러 분야의 교류협력 실현, 자유왕래와 접촉, 이산가족 상봉 및 재결합, 끊어진 철도·도로 연결 및 해로 항로 개설, 우편·전기통신 교류 등을 실현한다.

(임동원, 같은 책, 176쪽)

냉전 최후의 보루,
일본

1990년 10월에서 1992년 10월까지 8차에 걸친 남북고위급회담이 열리는 동안 북한은 또 하나 일련의 중요한 회담에 임하고 있었다. 1991년 1월에서 1992년 11월 사이에 열린 일본과의 수교회담이었다. 북한과 일본의 관계 정상화에 해방 후 가장 가까이 간 접촉이다.

건국 과정에서 북한은 남한과 달리 친일파 처단을 철저히 했기 때문에 남한보다 일본에 더 적대적 태도를 취했을 것으로 흔히 생각한다. 그런데 반대로 볼 측면이 있다. 북·일 접근에 북한의 '국민감정'이 결정적 장애가 되는 일이 없었다. 오히려 일본 쪽의 국민감정이 문제가 되곤 했다. 1991~1992년의 수교회담 파탄에도 '이인혜 문제'가 크게 작용했다.

일본과의 관계를 놓고 남북을 비교해본다면, 남한의 국민감정이 훨씬 더 강렬해 보인다. 이것은 남한의 친일파 처단이 미흡한 데 이유가 있는 것으로 나는 이해한다. 친일파와 그 후손들이 남한에서 부와 권세를 누려온 데 대한 대중의 불만이 일본과의 사이에 갈등이 일어날 때마다 그 위에 겹쳐 작용하기 때문이다. 예컨대, 일본 측의 망언에 대해 대통령이 단호한 태도를 취하지 않는다면, 대통령이 친일파거나 친일파 후예일 것이라는 의심이 바로 떠오르는 것이다.

이에 비해 북한은 실용적 기준으로 일본을 대해온 셈이다. 그 차이가 가장 두드러졌던 것은 친일파를 정권의 축으로 삼으면서 정략적 '반일'을 내세운 이승만 시절이었다. 이승만 정권은 일본과의 협력을 거부한다는 평계로 재일동포를 내팽개쳤다. 반면 북한은 재일동포 지원 사업을 꾸준히 펼쳤기 때문에 1955년 5월 결성된 친북한 성향의 재일본조선인총연합회(조총련)에 재일동포의 80%가 가입하기에 이른다.

1959년 12월 시작된 재일동포 '귀환' 사업을 통해 약 8만 8,000명의 재일동포가 북한으로 건너가기도 했다. '귀환'에 따옴표를 친 것은 그 의미가 엄밀하지 못한 점이 있기 때문이다. 그들 대다수는 남한 지역에 고향을 둔 사람들이었다. 이 북송 사업을 다룬 책의 한국어판 저자 서문에 테사 모리스-스즈키는 이렇게 적었다.

《북한행 엑서더스》를 집필하면서, 나는 '귀국repatriation'이라는 어휘에 대해 심사숙고했다. '귀국'은 조국으로 돌아가는 것을 의미한다. 재일조선인들에게 북한은 물론 '조국fatherland' 한국의 일부분이었지만, 그들 대다수가 태어난 땅은 아니었다. 이러한 점에서 볼 때, 그들은 자신들에게 친숙한 조상의 도시와 마을로 '돌아가는 것returning'이 아니라 매우 낯선 사회를 향해 떠나는 것이었다. (테사 모리스-스즈키,《북한행 엑서더스》, 한철호 옮김, 책과함께 2008, 7쪽)

북송 재일동포 중 90% 이상이 남한지역 출신으로 추정된다. 재일동포 중에 남한지역 출신이 원래 압도적으로 많다. 식민지시대에 살 길을 찾아 고향을 떠난 사람들이 북한지역에서는 만주 방면으로, 그리고 남한지역에서는 일본으로 많이 향했기 때문이다. 해방 후 남한지역으로 돌아온 재일동포 중에는 일본으로 도로 밀항해 간 사람들이 많았다. 전쟁 후의 일본도 살기 힘든 곳이었지만 남한지역은 그보다도 더 힘들고 위험한 곳이었기 때문이다. 특히

4·3 항쟁기의 제주도에서 일본으로 돌아간 사람들이 많았다. 그렇게 돌아간 사람들 중에 많은 수가 10년 후 북송선에 올랐다.

김일성이 1957년 9월 최고인민회의 연설에서 일본과의 수교가 양국 간 호혜와 아시아의 평화에 이바지할 것임을 역설했다고 한다.(김계동,《북한의 외교정책과 대외관계》, 명인문화사 2012, 346쪽) 이는 당시의 이승만 정권보다 전향적인 태도였는데, 역시 '친일파 콤플렉스'의 유무에 따른 차이일 것이다. 물론 일본은 미국의 허락 없이 '침략자' 북한과 수교할 수 없는 입장이었지만 정경 분리의 원칙을 내세워 북한과의 교역을 늘려나갔다. 그래서 냉전기 동안 자유진영 국가 중 북한의 가장 큰 교역상대국이 되었다. 특히 1971년 1월 '일·조 무역촉진에 관한 합의서' 채택 후로는 미수교 상태라도 상당히 안정된 관계가 오랫동안 유지되었다.

북·일 관계는 남한이 1980년대 중반까지 소련 및 중국과 거의 아무런 관계도 갖지 않고 지낸 것과 다른 양상이었다. 기본적인 이유는 북한이 일본의 자본과 기술을 필요로 하는 데 있었다. 미국과 일본에 부속된 남한 경제와 달리 북한 경제는 소련과 중국의 지원만으로 지탱할 수 없었다. 특히 식민지시대에 일본이 건설한 중공업시설 운영을 위해 기술과 부품이 절실하게 필요했다. 한편 일본은 정치·군사적으로는 미국에 예속되어 있으면서도 경제 면에서는 자신의 헤게모니를 추구하면서 정경 분리 원칙을 내세웠다.

1990년을 전후한 냉전 종식 단계에서 남한이 '전방위 외교'에 나설 때 공산국가의 남한 수교를 더 이상 가로막을 길이 없는 북한으로서는 스스로 전방위 외교에 따라 나설 수밖에 없었다. 남한이 수교하고자 하는 공산국가들(특히 중국)은 종래의 동맹국 북한에 대한 체면 때문에라도 남북 화해 노력을 조건으로 내거는 일이 많았다. 서울올림픽 직전의 7·7 선언은 공산국들의 남한 접근에 걸림돌을 치우기 위한 것이었다. 노태우 대통령은 7·7 선언에서 남북 간의 교류 증진과 함께 북한이 미국, 일본 등 남한의 우방과 관계개선을 원할 경우 적극 협력하겠다고 제안했다.

북한은 7·7 선언에 대해 '두 개의 한국' 획책이라며 냉담한 반응을 보였다. 그 직후에 헝가리가 남한과의 수교 방침을 발표하자 격렬한 항의와 비난을 퍼부었다. 그러나 시간이 지남에 따라, 특히 1990년 한·소 수교에 임해서는 남한의 북방정책 성공을 현실로 받아들이지 않을 수 없었고, 새로운 대응 방법을 강구하게 되었다. 그래서 미국과의 대화를 시도하면서 일본과의 수교를 추진하게 된 것이다.

북·일 수교 추진의 출발점이 된 것은 1990년 9월 하순 일본 자민당과 사회당 의원단의 평양 방문 때 조선노동당과 함께 발표한 3당 공동선언이었다. 주요 내용은 이런 것이었다.

1. 식민지 지배 35년 및 전후 45년에 대한 보상
2. 가능한 빠른 시일 내에 국교관계 수립
3. 교류협력 발전과 위성통신 이용, 직항로 개설
4. 재일조선인의 법적 지위 존중
5. 조선은 하나, 남북 대화에 의한 평화통일 인정
6. 핵 위협 제거
7. 국교수립 실현을 위한 정부 간 교섭 권고
8. 상호 당적 관계 강화 및 협조 발전

(김계동, 같은 책, 349쪽)

그 후 연말까지 베이징에서의 예비회담을 거쳐 1991년 1월 30일 평양에서 개막된 수교회담의 의제도 대략 이 범위의 것이었다. 3월에는 도쿄에서 제2차 회담이 열렸고, 제3차에서 제8차까지의 회담은 1992년 11월 초순까지 베이징에서 열렸다.

1991년 8월의 제4차 회담에서 11월의 제5차 회담까지는 회담의 성공 전망이 밝았다. 북한이 유엔 가입과 핵안전협정 서명 방침을 밝힌 시점이었다.

북한이 배상 대상에서 전후 45년을 제외하고 식민지배 36년으로 한정하는 데 동의한 것도 성공을 믿었기 때문일 것이다. 그러나 그 후 진행이 지지부진 하다가 결국 북핵 문제 앞에서 좌초하고 말았다. 수교회담은 2000년 4월에 재개될 때까지 7년 반 동안 중단되었다. 1991~1992년 수교회담에서 북·일 간 입장 차이를 김계동은 이렇게 정리했다.

> 8차례의 수교회담을 통해 북한과 일본은 주요 현안에 대해 다음과 같은 의견 차이 를 노정하였다.
> 첫째, 기본 문제인 구한말 조약(을사보호조약 등)과 합병조약의 유·무효 문제에 대하 여 북한은 한반도에서의 정통성 확보 및 보상범위의 확대를 위하여 구 조약의 무 효를 주장했으나 일본은 한·일 기본 조약의 해석 틀 내에서 보상 방식을 찾았다.
> 둘째, 보상원칙 및 범위와 관련하여 북한은 교전국으로서의 보상, 식민지 지배에 대한 보상, 전후 45년의 피해와 손실에 대한 보상을 주장한 반면, 일본은 교전국으 로서의 보상과 전후 보상에 대해 거부하는 한편 식민지 지배 보상도 재산청구권 문제로 취급되어야 한다는 입장을 견지하였다.
> 셋째, 기타 문제로서 북한이 제기한 재일 한국인의 법적 지위 문제와 일본이 제기 한 일본인 처의 본국 왕래 문제 및 이은혜 문제가 있었으나, 수교회담의 본질적 장 애요인으로 작용할 가능성은 낮은 것으로 평가되었다. (같은 책, 351쪽)

이 글에서는 '일본인 처 본국 왕래 문제'와 '이인혜 문제'를 크게 중요하지 않은 주변적 문제로 보았지만, 당시 일본 언론에서는 크게 부각된 문제였다. 일본 정계에는 북한과의 관계 정상화를 서두르자는 협상파와 이에 반대하는 강경파가 나뉘어 있었는데, 강경파가 선정적인 방식으로 언론에 문제를 터뜨 리는 경향이 있었다. 일본인 처란 1960년을 전후해 북송선에 탄 재일동포를 따라간 일본인 부인을 말한다. 당시에는 일본경제도 아직 어려울 때여서, 경 제 사정이 괜찮고 귀환 동포를 우대해준다는 북한으로 따라간 일본인 부인이 많았다. 모국은 그 후의 경제발전으로 풍요로운 사회가 되었는데 남편을 따라간 새 조국에서 빈곤과 억압에 시달리게 된 이 여인들의 운명은 매우 특이한 것이다. 그리고 이인혜란 KAL기 폭파범 김현희가 납치된 일본 여성에게 일본어를 배웠다고 폭로한 인물로서, 북한에 납치된 일본인을 대표하는 이름이 되었다.

근년 일본의 우경화라 하여 내외의 걱정을 모으는 현상의 초점이 헌법 개정운동에 있다. 패전 후 미국의 강압 아래 제정된 '평화헌법'을 바꿔 군사적 주권을 가진 '보통국가'가 되자는 움직임이다. 평화헌법을 폐지하자는 이 운동에 군국화 반복의 위험이 있고, 일본 군국주의의 피해국 입장에서는 전쟁범죄에 대한 반성이 보이지 않는다는 점에서 걱정을 넘어 분노까지 일으킬 일이다. 그런데 가만 생각하면, 저지른 지 70년이나 되는 전쟁범죄에 지금까지 매달려 있다는 것도 뭔가 잘못된 일이다. 그리고 평화헌법이 일본의 군국주의에 대한 반성을 가로막는 가면이나 방패 역할을 해온 것이 아닌가 하는 생각도 든다.

평화헌법은 좋은 것이고 그것을 폐지하자는 것은 나쁜 짓이라는 흑백론을 넘어, 일본 전후체제의 구조적 문제점을 살펴볼 필요가 있다. 미국의 일본현대사 연구자 존 다우어는 "샌프란시스코 체제: 미·일·중 관계의 과거, 현재, 미래"(《프레시안》 2014년 3월 18일)에서 전후 일본의 미국에 대한 예속성을 지적했다. 평화헌법이 표방하는 '평화국가'가 사실은 미국에 대한 군사적 예속을 전제로 한 '예속적 독립'을 뜻한다는 것이다.

제2차 세계대전 종전 후 미국이 일본 처리를 주도해서 '샌프란시스코 체제'를 만들었다. 일본과의 강화회담에 일본 군국주의의 가장 큰 피해자인 한국과 중국이(남한과 국민당 정부까지도) 배제된 것을 다우어는 이 체제의 가장 치명적인 결함으로 지적한다. 일본의 비무장은 평화국가의 보장에 앞서 미국의 통제력 확보에 목적이 있었던 것이다. 21세기의 새로운 상황 앞에서도 일본이 군사적 측면에 집착하는 것은 군사적 주권에 굶주려 있기 때문이다.

한반도의 주변 4대국 중 일본이 앞으로의 변화에 대해 가장 대결적 태도를 보일 염려가 크다. 냉전체제 구축에 맞춰 만들어진 샌프란시스코 체제에서 아직도 벗어나지 못하고 있다는 점에서 냉전의 후유증에 가장 깊이 시달리는 나라이기 때문이다. 최근 자위권 확장을 통해 평화헌법을 벗어나려는 움직임을 보며, 한편으로는 군국주의로의 회귀가 걱정되면서도 다른 한편으로는 진정한 '보통국가'가 되어 냉전체제의 마지막 보루 역할에서 어서 벗어나기 바라는 마음도 든다.

미국은
왜 핵무기를 지키는가?

1830년대에 출간된 카를 폰 클라우제비츠Carl von Clausewitz(1780~1831)의 《전쟁론》은 지금까지도 전쟁에 관한 뛰어난 저술로 중시되고 있다. "전쟁은 다른 수단에 의한 정치의 연장延長"이란 말은 나처럼 그 책을 읽어보지 못한 사람들에게도 널리 알려져 있다.

그런데 클라우제비츠의 동년배 중 전쟁에 관한 글로 오랫동안 더 큰 권위를 누린 사람이 하나 있다. 앙투안 앙리 조미니Antoine-Henri Jomini(1779~1869). 조미니의 글은 19세기 후반 내내 각국 사관생도들의 가장 중요한 참고서 노릇을 했다. 그런데 오늘날 조미니의 이름은 거의 잊힌 반면 클라우제비츠의 이름은 여전히 쟁쟁하다. 이 역전 현상을 린 몬트로스L. Montross는 이렇게 설명했다.

"이렇게 된 결과는 (…) 조미니가 전쟁의 체계를 세운 반면 클라우제비츠는 전쟁의 철학을 세운 것이라는 사실로 설명할 수 있을 것이다. 조미니의 업적이 새로운 무기의 출현으로 인해 퇴색된 반면 클라우제비츠의 사상은 그 무기의 뒤에서 작동하는 전략에 계속해서 영향을 끼치고 있다." (L. Montross, 《War through the Ages》,

Harper&Row 1960, 〈위키피디아〉 'Carl von Klausewitz' 항목에서 재인용)

조미니와 클라우제비츠가 전쟁의 성격을 논한 것은 나폴레옹전쟁의 경험 위에서였다. 전쟁은 인류가 문명 초기부터 벌여온 오래된 활동이지만, 19세기 초엽의 나폴레옹전쟁을 계기로 실제 성격이 크게 바뀌었다. 두 사람이 청년기에 겪은(한 사람은 프랑스군에서, 또 한 사람은 프러시아군에서) 전쟁의 성격은 그들이 소년기까지 듣던 것과 크게 다른 것이었기에 이 새로운 전쟁의 성격을 논하는 일에 나선 것이었다.

나폴레옹전쟁으로 시작된 '근대적 전쟁'의 특성은 오랫동안 계속되었다. 조미니가 천착한 전술적 특성은 약 100년간, 제1차 세계대전 때까지 큰 틀을 지켰다. 한편 클라우제비츠가 정리한 전략적 내지 철학적 특성은 아직까지도 상당한 유효성을 지키고 있는 것이다.

근대적 전쟁의 가장 큰 특성은 대량살상이다. 중세의 전쟁에서는 전투원, 즉 군인이 전쟁의 주체였다. 전쟁은 전투원끼리 상대방을 쓰러트리고 자신이 쓰러지지 않으려는 노력을 통해 진행되었다. 그런데 근대적 전쟁에서는 적군 전투원이 아니라 적군이 존재하는 공간이 공격 대상이 되었고, 전투원은 전쟁의 주체가 아닌 객체가 되었다. 근대의 군인은 적과 맞서는 '전사戰士'가 아니라 지휘관이 원하는 공간을 확보하기 위한 도구가 된 것이다.

대량살상, 대량파괴는 대량생산과 짝을 이루는 근대문명의 특성이다. 생산과 파괴가 서로 반대인 것 같지만, 사실 대량생산은 자연파괴를 전제로 하는 것이라는 점에서 파괴적 성격이 서로 이어진다. 폭약과 대포 등 군사기술의 발달에 따라 이 특성은 갈수록 더욱 심화되었다. 폭약의 발달은 결국 핵무기에 이르고 대포의 발달은 미사일에 이르렀다. 오늘날에 와서는 보이지도 않는 곳에서 누군가의 손가락이 버튼을 누르는 데 따라 한 도시가 통째로 파괴되고 그 안의 모든 생명이 소멸할 수 있는 지경에 와 있다.

인간 사이의 다툼은 문명 발생 이전부터 있었던 것이다. 무리 지어 사는 동물은 같은 종 내에서 서로 죽이지 않는 것이 일반적이라고 하는 학설이 맞다 한다면, 다툼이 의도적인 살상을 수반하게 된 것은 문명 발생에 따른 현상이라고 볼 수 있겠다. 아무튼 전쟁의 잔혹성이 문명 발달에 따라 더욱 심해진 것은 분명한 사실이다.

근대문명에서 전쟁의 잔혹성이 극도에 이른 것이 그 귀결이다. 인도주의를 근대문명의 특성 중 좋은 것으로 꼽는데, 근대문명의 잔혹성이 거울에 비쳐진 그림자일 뿐이다. 가장 대표적인 인도주의 운동인 적십자운동은 1859년 솔페리노 전투의 참상에 앙리 뒤낭이 충격을 받은 데서 시작한 것이다. 부상자가 전면적으로 버려지거나 학살당하는 잔혹성이 근대 이전 전쟁의 역사에 없던 것이기에 충격적이었던 것이다. 인간 존중의 정신이 짓밟히는 일은 언제나 있어왔지만 근대 이전에는 그런 일이 개별적인 사건일 뿐이었는데, 근대 들어 인간 파괴가 일반적 현상이 되어버리는 데 대한 반동으로 인도주의가 발생한 것이다.

제2차 세계대전이 제1차 세계대전과 다른 점 하나가 적군의 '악마화'에 있었다. 일본은 연합군을 '귀축鬼畜'이라 불렀고, 연합군은 독일군과 일본군의 비인간적 만행에 치를 떨었다. 이 악마화는 극도로 잔혹해진 전쟁 수행방법을 정당화하기 위해 필요했던 것이다. 핵무기 개발이라는, 그야말로 악마적인 작업이 그런 분위기 속에서 가능했다.

전쟁이 끝날 무렵에 열린 포츠담회담에서 원자폭탄이 모습을 나타냈다. 회담 개막 전날인 1945년 7월 16일 미국의 시험 폭발이 성공했던 것이다. 원자폭탄이 일본을 항복시키기 위해서보다도 미·소 대결의 도구로 더 큰 의미를 가진 것이었다는 사실을 회담 진행 과정에서 확인할 수 있다. 트루먼은 도착 직후 처칠에게 시험 폭발 사실을 알린 반면 스탈린에게는 일주일이 지난 후에야 밝혔다. 소련을 압박하는 무기로 원자폭탄을 내놓은 것이다.

독일 항복 직전인 1945년 3월 15일, 독일 동부 오라니엔부르크의 한 공장에 미군이 엄청난 폭격을 퍼부은 일이 있다. 1,506톤의 고성능폭탄과 178톤의 소이탄으로 철저히 파괴했다는데, 바로 우라늄 정제공장이었다. 소련군의 그 지역 진주가 임박하자 그 탈취를 가로막기 위해 이례적인 집중폭격을 행한 것이다. 핵무기 개발은 독일에서 1939년 가장 먼저 시작되었는데 급박한 전쟁 상황 때문에 잘 진척되지 못하고 있다가 전쟁 막바지에 연합군의 경쟁적 탈취 대상이 되고 말았다. 미·소 핵 경쟁은 여기에서 시작된 것이다.

미국이 원자폭탄 제작에 먼저 성공한 것은 프랑스와 영국의 기술을 전수받은 위에 독일의 핵기술을 더 많이 탈취하고, 막강한 경제력이 뒷받침했던 덕분이다. 원자폭탄은 전쟁의 개념을 바꿔놓는 무기였다. 미국이 시험 폭발 성공을 공표한 이튿날 발표된 포츠담선언은 "신속하고 철저한 파괴prompt and utter destruction"의 위협 아래 일본의 무조건 항복을 요구했다. 뒤이어 히로시마와 나가사키에서 폭탄의 위력을 과시하자 소련은 군사적 열세를 자인하지 않을 수 없었다. 1949년 가을 시험 폭발에 성공할 때까지 소련은 모든 분쟁 현장에서 미국에 밀리게 되었다.

냉전기를 통해 핵무기는 미·소 대결의 도구로서 일차적 의미를 가지고 있었다. 미·소의 엄청난 보유량 앞에서 다른 나라들의 핵무기에는 큰 의미가 없었다. 그러나 아무리 작은 분량이라도 핵무기 보유는 전략적 입장의 최소한의 대칭성을 보장해준다. 대량파괴에 대한 보복수단이 되기 때문이다. 북한의 핵무기 개발도 여기에 목적이 있다.

핵확산금지조약NPT의 실제 목적은 핵무기 보유국의 전략적 우위를 보장하는 것이었다. 조항 중에는 모든 가입국이 궁극적인 핵무기 전면 폐기를 위해 "성의를 다해 협상에 임할" 의무를 명시한 곳이 있지만 보유국들이 구속력을 인정하는 기색이 전혀 없다. 보유국 스스로 핵무기를 폐기한 사례는 남아프리카공화국이 아파르트헤이트 철폐와 유엔 복귀에 임해 시행한 경우 하나뿐이다.

미·소 대결의 종식에 따라 핵무기 대량보유의 필요성도 소멸했다. 그러나 핵무기 철폐가 바로 이뤄질 기미는 보이지 않는다. 1차적 장애는 미국인의 집착이다. "핵무기 없는 세계"를 제창한 오바마 대통령의 2009년 프라하선언 이후에도 미국인의 여론은 반반으로 갈려 있다고 한다.(〈위키피디아〉 'Nuclear Weapons' 항목 참조)

핵무기에 대한 집착을 정당화해주는 논리도 개발되어왔다. 핵무기의 존재가 잠재적 파괴세력에 대한 억지력으로 평화를 보장해준다는 '핵 평화nuclear peace 이론' 같은 것이다. 최근에는 더 세련된 '안정-불안정 패러독스 이론'도 나왔다. 핵무기 보유국 간의 갈등이 전면적 대결로 터질 위험을 줄인다는 면에서 '안정stability'의 효과를 갖지만, 바로 그 이유로 인해 소규모 충돌은 더 쉽게 일어날 수 있으므로 '불안정instability'의 측면을 갖는다는 것이다. 한반도 상황과 관련해 이 이론에서 주목할 점은, 보유국과 미보유국 간의 갈등이 핵무기의 존재 때문에 증폭되는 경향을 가진다고 하는 점이다.

미국인들의 집착에도 불구하고 냉전 종식은 핵무기 철폐로 여론이 돌아서는 계기가 되었다. 헨리 키신저나 조지 슐츠 같은 냉전시대의 대결주의자들이 좋은 예다. 키신저는 이런 말을 했다.

"억지력의 고전적 정의는 도발자와 악한들이 행위의 결과를 두려워하게 만드는 것이다. 자살폭탄이 횡행하는 세계에서는 그런 계산이 통하지 않는다."

또 슐츠는 이런 말을 했다.

"어떤 자들이 자살공격에 나서는지 생각해보라. 그리고 그런 자들 손에 핵무기가 들어간다고 생각해보라. '억지력'이란 개념이 성립할 여지가 없다."

전략적 비대칭성을 고착시키는 NPT가 최소한의 효력을 가질 수 있는 것은 미보유국에 대한 보상 조항이 있기 때문이다. 보유국이 미보유국에 대해 핵무기 사용의 위협을 하지 못한다는 것이다. '사용'은커녕 '위협'도 못 하게 하는 것은 위협만으로도 치명적 효과를 일으킬 수 있는 핵무기의 특성 때문이다. 보유국끼리는 위협을 통해 억지력을 작동시킬 수도 있겠지만, 미보유국이 위협을 받는 것은 그 자체로 극한 상황을 구성하게 된다.

존재하지 않는 핵무기 개발 혐의로 일으킨 이라크전쟁은 NPT와 IAEA의 신뢰를 크게 손상했다. 미국의 패권주의 앞에 국제질서가 유린당하는 상황이 적나라하게 펼쳐진 것이다. 북핵 문제 해결이 어려운 중요한 원인 하나가 이런 상황에 있다.

총기 소유가 자유롭고 총기사건을 많이 겪는 미국 사회에 이런 우스개가 있다. "총기사건 피해자가 피해를 입는 두 번째 큰 이유는?" 답은 "본인이 총을 안 갖고 있었기 때문"이다. 그러면 가장 큰 이유를 물을 차례다. 그 답은 "본인이 총을 갖고 있었기 때문"이다.

냉전 종식 이후 북한의 국제사회 진입에 가장 큰 걸림돌 노릇을 해온 것이 핵무기 문제다. 북한은 주권 수호를 위해 핵무기를 개발해왔다고 주장한다. 그런 주장을 할 만한 근거가 전혀 없지도 않다. 이라크전쟁을 앞둔 시점에서 부시 미국 대통령의 "악의 축" 주장은 그런 근거를 부각시켜주기도 했다. 핵무기 문제의 성격을 이해하기 위해서는 북한과 미국의 정책을 나란히 놓고 상대적으로 파악할 필요가 있다.

"전쟁은 정치의 연장延長"이란 클라우제비츠의 말을 다시 생각해본다. 주권국가들의 각축으로 국제정치가 형성되고 있던 19세기 초반의 클라우제비츠에게는 약탈적 성격의 종래 전쟁과 달리 국가 목적의 합리적 추구방법으로서 근대전쟁의 새로운 모습이 놀랍게 보였을 것이다. 그러나 그로부터 180년이 지난 지금 세상에서는 전쟁이 너무나 일상적인 상황이 되어버린 탓일까? 60여 년 전에 시작된 전쟁을 아직도 종결짓지 못하고 있는 한반도에서는 거꾸로 "정치가 전쟁의 연장"이 되어버린 듯하다.

팀스피릿 훈련 재개는
NPT 탈퇴선언의 충분조건이었다

1985년 12월 북한이 핵확산금지조약NPT에 가입한 것은 소련으로부터 경수로 핵발전소를 제공받는 데 따른 조건이었다. 당시 북한의 핵무기 개발 가능성을 NPT 실행기구인 국제원자력기구IAEA에서 전혀 생각하지 않고 있었다는 사실은 가입 후 절차 진행을 IAEA 측에서 서두르지 않은 것에 비추어 확실해 보인다.

당시 북한 지도부들이 NPT 서명으로 인해 떠안게 될 의무에 대해 어느 정도 진지하게 검토했는지는 분명치 않지만 훗날 NPT의 탈퇴를 둘러싸고 국제사회의 압력이 얼마나 가열될지에 대해서는 짐작하지 못했던 것이 확실하다. NPT에 서명함으로써 북한은 핵무기를 외국으로부터 들여오거나 제조하지 않을 것이며 그 진위의 확인을 위해 보유하고 있는 모든 원자력 시설에 대한 국제사찰을 받아들이기로 동의했던 것이다. 이 같은 약속은 훗날 미국과 유엔, 그리고 국제사회의 북한의 핵개발 규제를 위한 개입을 정당화시켰다.

NPT에 의거해 북한은 사찰의 주체인 IAEA와 핵 안전 협정 및 서명을 위해 18개월의 기한을 허용받았다. 약속된 18개월이 끝나갈 무렵이 87년 중반, IAEA는 평양에 송부한 협정문서 양식이 잘못됐다는 사실을 깨달았다. 포괄적 사찰 양식이 아닌 개별시설 사찰에 관한 협정 양식을 보냈던 것이다. 전적으로 IAEA측의 실수였기 때문에 평양은 그로부터 18개월의 협상시한을 추가로 인정받았다. (돈 오버도퍼, 《두 개의 한국》, 이종길 옮김, 길산 2002, 380~381쪽)

이렇게 연장된 마감 시한인 1988년 12월까지 북한이 IAEA와의 협상을 위한 아무런 조치를 취하지 않은 것이 1989년 초에 '북핵 문제'의 싹을 틔우는 조건이 된 것으로 보인다. 아무런 새로운 사실도 발견된 것이 없는 상태에서 북한의 핵무기 제조능력에 관한 이야기가 떠돌게 된 것이다.

[1989년 5월] 남한 관리들을 상대로 브리핑을 실시하기에 앞서 무기통제 및 군축국 소속의 한 관리는 자신의 상관에게 다음과 같이 보고했다. "본인은 일단 남한에게 자체적인 핵 개발 계획에 착수해서는 안 된다는 사실과 행여 우리가 제공하는 정보를 외부에 흘린다면 결코 국익에 도움이 되지 않는다는 점을 주지시킬 필요가 있다고 생각한다." 결과적으로 두 번째 우려는 곧이어 현실로 나타났다. 기밀유지를 위해 최선을 다했건만, 90년대 중반 북한이 핵무기 제조능력을 확보할 가능성이 있다는 경악할 만한 소식은 어느새 언론에 누설됐고 그 후 미국과 전세계 언론들은 앞을 다투어 이 놀라운 기사를 실었다.
필자의 기사가 〈워싱턴포스트〉지에 보도된 후 주유엔 북한 대표부는 핵무기 개발을 전면 부인하고 필자의 기사가 "사실 무근의 거짓말"이라고 비난하는 보도자료를 즉시 배포했다. 그 같은 부인에도 불구하고 미 정보부 자료에 근거한 보도에 대한 신뢰감과 그 심각성 때문에 북한 핵 개발 계획은 정계뿐만 아니라 일반 대중 사이에서도 크나큰 파장을 불러일으키지 않을 수 없었다. (같은 책, 383~384쪽)

1989년 시점에서 앞으로 6~7년 후 북한이 핵무기 제조능력을 확보할 가능성이 있다고 하는 것이 왜 "경악할 만한 소식"이었을까? 핵무기 제조는 예전 같은 고급기술이 아니었다. 웬만한 나라는 마음만 먹으면 몇 해 안에 확보할 수 있는 기술이었다. 그래서 그 확산을 막기 위해 NPT가 필요하게 된 것 아닌가.

"기밀유지를 위해 최선"을 다했다고 오버도퍼는 말하지만 일부러 누설한 혐의가 짙다. 제조능력을 확보할 가능성 자체는 "경악할 만한 소식"이 아니다. 북한에게 그럴 의지가 있다는, 곁들여진 추측이 놀라운 것이다. 추측일 뿐이지만 "미 정보부 자료"에 근거한 것처럼 보이기 때문에 '추측' 아닌 '정보'로 보이는 것이다. 북한 대표부가 "사실무근"이라고 부인한 대상은 이 추측이다. 자기 능력을 부풀려 과시하려는 경향을 가진 북한은 자기네가 안 가진 능력을 가졌다고 서방 언론이 떠들 때 능력 유무를 명확히 밝히지 않는 것이 정상이다.

관료들은 일거리를 필요로 한다. 너무 많으면 지겨워하지만 일거리가 없어서 자기 자리가 없어질 걱정처럼 무서운 것이 없다. 몇 해 후 북한의 NPT 탈퇴선언 때의 상황을 국무부 코리아데스크에서 일하던 케네스 퀴노네스 C. Kenneth Quinones가 설명하는 가운데 이런 대목이 있다.

> 당시 핵 전문가들은 북한이 필요했다. 소련이 붕괴하자, 군축국과 군사정치국, 핵 문제 담당 특별보좌관실 그리고 국방부와 중앙정보국이 북한 문제를 수중에 넣기 위해 치열한 경쟁을 했다. 자신들의 밥그릇을 지키기 위한 싸움이었다. 1993년 1월 [3월], 북한이라는 작은 나라가 소비에트 연방을 대신하여 미국 정부의 광대한 핵 확산 금지체제의 관심의 초점으로 떠오르게 되었다. (케네스 퀴노네스, 《2평 빵집에서 결정된 한반도 운명》, 노순옥 옮김, 중앙M&B 2000, 113쪽)

1989년 당시 핵무기와 관련한 북한의 문제는 그 전 해 12월까지 IAEA와의 협상을 위한 조치를 취하지 않은 것 하나뿐이었다. 미국 과학자들이 새로운 발견이 있을 때 이런 말을 한다는 우스개가 있다. "이거 암이랑 무슨 관계

없을까?" 암과 관계가 있으면 거의 무제한 연구비 지원을 바랄 수 있기 때문이다. 1989년 초 미국 정부 일각의 관리들과 언론인들은 이런 질문을 떠올리고 있지 않았을까? "이거 핵무기랑 무슨 관계없을까?"

'북한의 핵무기 위협'! 많은 미국 관리들과 언론인들에게 매력적인 주제였다. 수십 년간 증오와 경멸의 대상으로 선전되어온 미지의 작은 나라가 미·소 대결이 해소되고 있던 그 시점에서 문젯거리로 떠오르는 것은 '세계경찰'의 새로운 역할을 위해 맞춤한 소품이었다. 석유자원에 대한 야욕이 빤히 들여다보이는 '이라크 때리기'에 비해서도 '북한 때리기'는 자유와 평화의 사도로서 미국의 역할을 내세우기에 더 좋은 주제였다.

1993년 3월 NPT 탈퇴선언을 계기로 북핵 문제가 국제사회의 정식 의제로 등장하게 된다. 탈퇴선언 자체가 북한 '핵 야욕'의 증거가 된 것이다. 그 시점 이전 북한의 핵무기 개발 시도는 미국의 막강한 정보력과 집요한 노력에도 불구하고 뚜렷이 밝혀진 것이 없었다. 의혹이 처음 제기된 1989년은 물론이고 1993년까지도 핵무기 개발 작업은 구체화되지 않고 있었던 것으로 보인다.

NPT 탈퇴선언이 나오게 된 경위를 살펴보면 그 선언이 핵무기 개발의 진정한 의지를 담은 것인지 판단하는 데 도움이 된다. 정욱식과 김종대의 글에 이렇게 설명되어 있다.

어렵게 합의된 남북기본합의서는 미국의 북한 핵 개발 의혹 제기 및 국내 보수파들의 호응, 대선을 앞둔 민자당 정권의 대북 지연 전술, 대선 두 달 전에 발표된 '남한조선노동당' 간첩사건 발표 등이 맞물리면서, 기본합의서의 잉크가 마르기도 전에 사문화될 위기에 처하기 시작했다. 결정적 이유는 팀스피릿 훈련 재개에 있었다. 1991년 12월 말 남북기본합의서와 한반도 비핵화 선언이 채택될 수 있었던 결정적 배경 가운데 하나는 한·미 양국이 1992년 팀스피릿 훈련을 중지할 수 있다는 입장에 있었고, 실제로 92년 1월 7일 노태우 정부는 중지 방침을 공식 발표했다. 북한도 같은 날 국제원자력기구IAEA에 가입해 핵 사찰을 받겠다는 입장을 공식 천명했다.

그러나 한·미 양국은 10월 8일 워싱턴에서 열린 한·미 연례안보협의회의에서 "남북 상호 핵 사찰 등 의미 있는 진전이 없을 경우 1993년 팀스피릿 훈련을 실시하기 위한 준비조치를 계속해나갈 것임"을 천명했다. 이는 안기부 간첩단 사건 발표 이틀 후이자, 통상 팀스피릿 훈련 발표보다 3개월 정도 빠른 것으로, 이에 따라 발표 시점에 대한 의혹이 제기됐다. 11월 초로 예정되어 있었던 남북공동위원회 개최를 저지하려는 의도에서 나왔을 공산이 크다는 것이다. 이를 뒷받침하듯 이 훈련의 재개 발표는 한국 측의 요청으로 이뤄진 것으로 알려졌다.

북한의 반발은 예견된 것이었다. 발표 수위는 점차 높아지면서도 거기에는 지푸라기라도 잡고 싶은 심정이 담겨 있었다. 10월 12일에는 한·미 양국의 발표를 비난하면서 철회를 요구했고, 12일 후에는 팀스피릿 훈련 강행시 남북 대화의 동결을 경고했다. 11월 2일에는 이 훈련 재개시 "핵안전조치협정 이행에 새로운 엄중한 난관이 조성되게 될 것"이라며 IAEA 사찰 거부를 경고했고, 11월 3일에는 남북공동위원회 제9차 회의 불참을 통보했다. 그러면서도 11월 말까지 팀스피릿 훈련 재개 방침을 철회하면 12월에 공동위원회 회의를 열 수 있다고 말했다. 11월이 지나도 한·미 양국 입장에는 변함이 없자, 12월 15일을 새로운 시한으로 제안했고, 그래도 호응이 없자 이듬해 1월 29일 남북 대화 중단을 선언하고 말았다. (정욱식·김종대, "한반도 군축과 군비통제의 새로운 접근", 진보신당 정책용역보고서 2011, 35쪽)

1991년 9월에서 연말까지 한반도 긴장 해소를 위한 조치가 잇달아 이뤄졌다. 남북 유엔 동시가입에 이어 9월 28일 미국의 '해외 배치 전술핵무기 철수 및 폐기 선언'이 나오고, 이를 뒷받침하는 노태우의 '비핵화 선언'이 나왔다. 그 발판 위에서 12월 13일 남북기본합의서가, 12월 31일에 '한반도 비핵화 선언'이 채택되었다. 그리고 이에 호응하듯 북한은 12월 28일 '나진·선봉 자유무역지대의 설치'를 발표했고, 1992년 1월 7일 남한은 팀스피릿 훈련 중지

방침을 공식 발표했다.

정례적 한·미 합동 군사훈련이 1969년 '포커스레티나Focus Retina'란 이름으로 시작한 것은 주한 미군 감축에 대비한 조치였다. 1976년 '팀스피릿Team Spirit'으로 이름을 바꾼 후 10만 명 이상 병력이 참가하고 중폭격기와 미사일 등 핵 공격능력을 갖춘 부대가 참가하는 세계 최대의 군사훈련이 되었다. 한·미 측에서는 이것을 방어훈련이라고 주장하지만 북한은 침공훈련으로 간주하고 엄청난 경계심을 보인다. 이 훈련 때마다 경제활동에 큰 지장이 있을 정도로 비상태세를 갖춘다고 하니 단순한 비방으로만 볼 수 없다. 그리고 핵 공격능력의 훈련은 NPT 조약이 금지하는 '미보유국에 대한 핵 위협'으로 볼 수도 있는 것이다.

중단 없이 계속되어오던 훈련이라면 한 차례 더 한 뒤에 중단될 희망이라도 가질 수 있다. 하지만 중단됐던 훈련을 재개한다니, 어떤 조건을 충족시켜야 이것을 다시 중단하겠다는 것인가? 더구나 통상적 발표보다 석 달이나 빠른 시점에서 발표했다는 사실에도 강력한 메시지가 담겨 있었다.

북한은 팀스피릿 중단을 대화의 필요조건으로 여겼다. 때문에 그 재개 발표는 북한을 대화의 장에서 쫓아내기 위한 충분조건이었다. 북한은 시한을 연장해가며 재개 방침의 취소를 구걸하다시피 요청했다. 북한의 협상 자세로 선전되고 있는 '벼랑 끝 전술'이 전혀 아니다. 이런 애절한 요청을 무시하니까 남북 대화 중단과 핵 사찰 거부를 경고한 것이다.

팀스피릿 재개 방침 발표는 1992년 9월에 있었던 '훈령 조작 사건' 직후에 나온 것이다. 남북 대화를 중단시키려는 의지를 누군가가 드러낸 것인데, 아무리 생각해도 미국 쪽보다는 한국 쪽에 의심이 간다. 훈령 조작은 물론, 팀스피릿 재개의 결정권도 한국 쪽에 있었기 때문이다. 한·미 합동 군사훈련은 애초 한국 쪽 요구에 따라 시작되었고 미국은 안보동맹에 따른 의무로 받아들인 것이었으며, 1992년의 중단도 한국 쪽 요청에 따른 것이었으므로 재개 역시 한국 쪽 요청 없이 미국이 일방적으로 결정할 일이 아니었다.

한완상은《한반도는 아프다》에서 몇 차례에 걸쳐 이인모 씨 북송 발표 직후에 북한의 NPT 탈퇴선언이 나온 사실에 아쉬움을 표하며 뒤통수를 맞은 것 같다는 배신감까지 토로한다. 그로서는 통일원장관에 취임한 지 겨우 보름 만에 북한의 강경한 조치를 맞았다는 것이 무척 안타까웠을 것이다. 이인모 씨를 무조건 북송하겠다는 모처럼의 결단이 무색해진 것이 더욱 안타까웠을 것이다.

그러나 냉정하게 생각해보면, 이인모 씨 북송과 NPT 탈퇴선언은 차원이 다른 문제다. 북측은 팀스피릿 재개에 대한 대응책으로 이미 탈퇴선언을 준비해놓고 있었으며, 김영삼 정부 출범 보름 후까지 팀스피릿과 남북 대화에 대한 남측의 태도 변화를 기다려본 다음에 발표한 것이다. 그 보름 동안 남측이 보낸 메시지가 충분하지 못했기 때문에 탈퇴선언이 발표된 것이었다.

치졸하고 악랄했던
미국의 북한 왕따 (1)

미·소 냉전 해소로 종래의 자유진영과 공산진영 국가들 사이에 교차 승인이
활발하게 이뤄졌다. 이 흐름 속에서 남한도 거의 모든 '적성국'과 수교하게
되었는데, 그중 중요한 상대가 물론 소련과 중국이었다. 그런데 북한은 이 흐
름을 제대로 타지 못했다. 미국 및 일본과 수교에 실패한 것이 결정적 좌절이
었다.

중국과 소련에게는 남한과의 수교가 새로운 세계정세 앞에서 외면할 수
없는 과제였다. 무엇보다도 남한과의 교역이 두 나라의 경제활동에서 큰 비
중을 차지할 수 있는 것이기 때문이었다. 반면 북한과의 수교는 미국과 일본
에게 그만큼 절박한 과제가 아니었다.

북한 개방은 경제적으로 크게 중요한 것이 아니더라도 정치적으로는 큰
의미를 가진 것이었다. 고립 상태를 벗어나 국제사회에 들어오게 하는 것이
세계평화를 위해 바람직한 일이었기 때문이다. 더구나 북한의 고립 상태 유
지는 남한까지 불안한 상태에서 벗어나지 못하게 하는 것이기 때문에 개방
의 필요가 컸다.

그럼에도 북한이 고립 상태에 머물러 있게 된 책임이 북한 자신에게 있다

는 선전이 우리 사회에서 많이 유행했다. 주체사상이라는 유사종교에 주민을 묶어놓고 변화를 거부하면서 지배집단의 권력 유지에만 집착해왔다는 선전. 남한, 미국과 일본이 아무리 개방의 기회를 줘도 지배집단의 이해관계에만 매달려 주민을 도탄에 빠트려왔다는 선전.

이런 선전이 몽땅 거짓말이라고 단정하지 않는다. 북한 지도부가 저지른 잘못이(잘못된 믿음에 의해서든, 잘못된 판단에 의해서든) 상당히 크다고 생각한다. 아마 외부의 다른 어느 주체보다도 더 큰 책임이 북한 지도부에 있을 것이다.

그러나 모든 책임이 북한 지도부에게 있다는 선전은 분명 과장된 것이다. 그 선전을 그대로 받아들인다면 북한의 연착륙은 불가능한 것이고, 유일한 변화의 길은 붕괴뿐이다. 붕괴와 흡수통일을 바람직한 길로 생각하는 세력이 미국과 남한에서 큰 힘을 갖고 있고, 그 세력이 과장된 선전을 열심히 퍼트려온 것이라고 나는 본다. 보다 평화로운 다른 변화의 길을 찾기 위해서는 북한 지도부의 책임이 어디까지인지, 미국과 남한의 책임은 어떤 것인지 엄밀하게 따져볼 필요가 있다.

몇 해 후에 다가올 '고난의 행군' 상황이 1991년 시점에서도 빤히 내다보이고 있었다. 소련과 중국이 오랫동안 시행해온 시혜적 교역방법을 경화 결제로 바꾸면서 북한 경제는 발전은커녕 유지가 불가능한 상황에 빠져들고 있었다.

남북한 유엔 가입, 남북기본합의서 채택, 한반도 비핵화 선언 등 1991년 후반에 이뤄진 일련의 성과는 분명히 한반도에서도 북한 개방과 냉전 해소의 방향을 가리키고 있었다. 이 방향을 향해 여러 나라의 노력이 합쳐졌고, 그중 북한의 노력도 적지 않았다.

1992년 연초의 팀스피릿 훈련 중단 방침 발표는 남한과 미국도 이 방향에 적극 협력하겠다는 신호였다. 그런데 9개월 후 이 신호가 뒤집혔다. 10월 8일 한·미 연례안보협의회의에서 팀스피릿 재개 방침을 서둘러 발표하자 북한은 즉각 남북 대화 중단과 핵 사찰 거부 방침을 경고했고, 결국 1993년 3

월 12일 NPT 탈퇴선언에 이르게 된다.

과연 그 9개월 사이에 어떤 일이 있었던 것인가. 일단 미국 쪽 사정을 국무부 관리 케네스 퀴노네스의 회고록《2평 빵집에서 결정된 한반도 운명》(이하 《한반도 운명》)에서 꽤 소상히 살펴볼 수 있다. 퀴노네스는 1964년 주한 미군 근무 이래 한국 관련 연구와 관직에 종사해왔고 1990년대에 국무부 코리아데스크를 담당하면서 13회에 걸쳐 북한을 방문하는 등 북한 문제 전문가로 활동한 인물이다. 비한국계 미국인으로는 한국어에 가장 능통한 사람의 하나이기도 하다.

1990년을 전후해 남한과 소련, 중국의 관계가 발전하는 동안 미국 정부는 북한에 대한 태도를 별로 바꾸지 않았다. 관리들의 북한인 접촉에도 엄격한 제한이 있었다는 사실을 퀴노네스의 책에서 알아볼 수 있다.

'미소 외교'는 정책의 변화라기보다는 전술적인 수정에 불과했다. 1982년 이전만 해도 미국 외교관이나 정부 관리가 북한 측 인사와 접촉하는 것은 금지돼 있었다. 그러다 1982년에 새로운 규칙이 도입됐다. 이제 미국 외교관은 북한 관리들이 참석할 것으로 예상되는 리셉션에 참석할 수 있게 되었다. 단, 주최 측이 제3자인 경우, 즉 북한이나 미국 정부가 아닌 경우에 한해서였다. 기타 사소한 모임, 저녁식사와 같은 행사에 참가하기 위해서도 국무부의 사전허가가 필요했다.

설사 사교모임에 참석해서도 미국 외교관들이 먼저 북한 사람들과 접촉을 시도할 수는 없었다. 북측 인사가 먼저 날씨나 건강 또는 그 비슷한 비정치적인 화제로 정중하게 접근해오면 답례의 차원에서 응대할 수는 있었다. 다시 말해서 평양에서 온 미스터 김이 "워싱턴의 날씨는 어떻습니까?" 하고 물어오면 워싱턴의 미스터 스미스는 "좋습니다" 하고 대답하는 식이었다. 그들이 미소를 띠고 물으면 우리도 미소를 지은 채 대답했다. 한국 측 동료들이 우리가 미소 외교의 한계를 벗어나는지 아닌지 눈을 부릅뜨고 감시하고 있었다. 그런 상황은 1982년에서 1992년까지 10년간 줄곧 똑같았다. (케네스 퀴노네스,《한반도 운명》, 노순옥 옮김, 중앙M&B 2000, 30~31쪽)

"한국 측 동료"란 남한 관리나 외교관을 말하는 것이다. 미국 관리들이 남한 관리들의 눈치를 보았다니, 기분좋아할 일인가? 미국 정부의 대북한 접촉 제한 방침에 한국 정부의 입장이 전혀 작용하지 않은 것은 아니겠지만, 결정적 요인일 수는 없다. 북한 따돌림은 미국 정부의 방침이었고, 외교계 기준으로 몰상식하다는 비판을 받을 그 방침을 변명하는 데 한국 입장이 이용된 것으로 보인다. 1982년 이전에는 북한인 앞에서 미소도 짓지 못하게 했다니, 미국 외교관들에게도 고역이었을 것이다.

우발적 접촉에 대해서도 이런 제한이 있었으니, 공식접촉에 대해서는 말할 나위도 없다.

한반도 핵 위기의 경우, 초기에 명확하게 제시된 유일한 정책이라고는 미국 외교관은 북한인과 얘기를 나누면 안 된다는 것뿐이었다. 북·미 간에는 대화 채널도, 상호 신뢰감도, 공통의 만남의 장도, 아무 것도 없었다. 그들은 우리를 미워했고 우리도 그들을 미워했다. 어쩌다가 우리가 북한인과 얘기라도 하면 미국 정부와 한국 정부는 우리를 마치 우방을 배반하고 적과 손을 잡으려는 수상쩍은 인물로 간주했다. (같은 책, 11쪽)

미국 정부의 한반도 통일정책 역시 단순하기는 마찬가지였다. 한국의 입장을 지지하고 북한을 외교 통상 면에서 고립시키며 북한과 대화하지 않는다는 것이었다. 국무부 내에서는 그 방침에 아무도 반대를 할 수 없었다. 공식 입장에 반대한다는 것은 단순히 기분을 거스르는 차원이 아니라 '팀 플레이어'가 아닐지도 모른다는 의심을 받게 했으며, 상관의 화를 돋구는 행위이기 때문이다. 관료조직에서 '팀 플레이어'가 아니라는 것보다 더 큰 죄악은 없다. (같은 책, 30쪽)

1992년 1월 뉴욕에서 열린 북·미 고위급회담은 위와 같은 미국 정부의 기본 방침을 크게 뛰어넘은 것이었다. 1991년 하반기에 진행된 한반도 해빙 무드에 따라 이 회담이 열리게 되었지만, 후속 회담 개최 가능성을 배제하는 등 미국은 결코 전향적인 태도가 아니었다. 당시 〈워싱턴포스트〉지 논설위원이 었던 돈 오버도퍼는 이렇게 적었다.

92년 1월 21일 오전 10시 보좌관을 대동한 김용순 국제부장이 국무부 정무차관 아놀드 캔터가 이끄는 미국 대표단을 만나기 위해 리무진을 타고 주유엔 미국 대 표부에 도착했다. 북한 사회에 대한 극도의 혐오감과 핵 위협으로 인한 군사적 반 감까지 겹친 전례 없는 회담 성격으로 인해 미국 관료들은 회담 성사 여부는 물론 캔터 정무차관의 발언 범위를 둘러싸고 치열한 논쟁을 벌였다. 캔터 차관의 설명 에 따르면 당시 워싱턴 각료들이 마침내 합의에 도달한 결론은 '일단 회담을 개최 한다. 그러나 캔터는 강경한 입장을 고수한다'였다.

캔터 '발언요지'는 사전에 부서 간 합동위원회의 심의를 거쳐 작성됐고 남한과 일 본 정부에도 회람 검토케 했다. 결과적으로 말하면 캔터는 미리 준비한 발언요지 를 그대로 읽어 내려간 것이다. 그러나 기계적인 내용 전달을 최대한 우호적이고 유화적으로 표현한 것은 전적으로 캔터 자신의 뜻이었다. 준비된 발언요지에는 IAEA 핵 사찰 허용과 핵무기 개발 계획 포기를 촉구하는 내용만 있었을 뿐 캔터 에게는 이에 대한 대가로 북한이 무엇을 기대할 수 있는지 언급할 수 있는 권한이 없었다. 특히 미국과의 관계를 '정상화'할 수 있다는 표현은 절대로 입에 담아서는 안 된다는 구체적인 지시까지 받은 터였다. 그는 북한에 대한 유인책으로 앞으로 양국의 대화 가능성에 대해 막연하게 시사했지만 앞서 말했듯 한국과의 사전 약 속에 따라 후속 회담 개최 가능성을 배제해야 했으므로 금번 회담이 '향후 전개될 북·미 협상 과정의 시작'을 의미하는 것은 아니라는 점을 분명히 짚고 넘어갔다.

(…) 장시간에 걸친 비공개 대화 끝에 김용순은 후속 회담 재개를 위한 원칙적 합 의나 그것이 불가하다면 최소한 회담을 마무리 짓는 공동성명서를 발표해야 한다 고 강력히 주장했다. 캔터가 이 두 가지 요구를 모두 거절하자 김용순은 실망한 듯 한 기색을 보였지만 화를 내지는 않았다. 그로부터 1년 후 평양과 워싱턴 간의 긴

장이 한층 고조됐을 때 김용순은 베이징의 외교 채널을 통해 캔터에게 문제 해결을 위한 회담을 가지자는 개인서한을 보냈지만 미 행정부는 이것 역시 거절했다.

(돈 오버도퍼, 《두 개의 한국》, 이종길 옮김, 길산 2002, 397~398쪽)

마지막 문단에서 북한 대표가 "화를 내지는 않았다"는 말이 무슨 뜻인가? 당연히 화를 낼 만한 일이었다는 말이다. 회담을 한다고 만나서 문제 해결을 못한 것은 물론, 해결을 위해 더 만나자는 것도 거절하고, 그렇다면 오늘 만나 어떤 얘기를 나눴다는 사실이라도 함께 발표하자는 요청까지 거절했다. "어쩌다 당신을 만나주고 있지만, 당신은 내 대화 상대가 못 돼. 우리 뜻이 이런 거니까 전해 받아. 전해줄 뜻은 이것뿐이니까 그만 만나." 미국 정부는 캔터 대표에게 이 메시지를 전달하고, 다른 아무 얘기도 하지 말라고 한 것이다.

퀴노네스는 이 회담의 문제점을 이렇게 지적했다.

캔터와 김용순 간의 회담은 어떤 진전을 기대하기에는 너무 많은 제약조건을 달고 있었다. 외교관들의 노력은 워싱턴의 관료주의를 극복하기에는 역부족이었다. 즉, 이 회담은 베이징 접촉의 확대판에 불과했다. 협상은 없었다. 각자 본국의 상관이 미리 지시한 주문을 단순히 전달했을 뿐 양측이 달성한 것이라고는 의견 차이를 확인한 것밖에 없었다. (케네스 퀴노네스, 같은 책, 35~36쪽)

미국 정부가 대화 발전을 위한 아무런 의지 없이 '뉴욕회담'에 임했다는 사실을 미국의 국무성 관리와 언론인 모두가 증언한 것이다. 임동원은 이 회담에 관해 이런 기록을 남겼다.

이 회담이 끝나고 며칠 후 미 국무성 북한정보분석관 로버트 칼린과 주한 미국 대사관 정무 담당 참사관이 통일원차관인 나를 집무실로 방문하여 회담 결과를 설명해주었다. (…)

미국은 북한이 원칙적으로 국제사찰을 수용하는 정치적 결정을 내린 것에 대해서는 긍정적으로 평가하지만 북·미 고위급회담의 개최에는 부정적인 것이 분명해 보였다. 또한 북한이 '지연전술'을 사용할 것이므로 많은 어려움이 있을 것으로 전망하고 있었다. (임동원, 《피스메이커》, 창비 2015, 185~186쪽)

뉴욕회담 얼마 후 북한에서 최고인민회의가 핵안전조치협정 체결을 승인하고(4월 9일) IAEA에 최초보고서를 제출한(5월 4일) 것을 보면 북한은 미국의 요구에 따라 핵 문제를 해결하기로 정책을 결정해놓았던 것이 분명하다. 그런데도 미국은 '지연전술'을 의심하는 등 불합리한 이유로 북한의 대화 요청을 거부하고 있었던 것이다.

북한에 대한 미국의 '봉쇄정책'이 이 단계에서도 집요했다는 사실을 북한의 최초보고서 이후 사찰 과정을 받아들이는 과정에서 다시 확인할 수 있다.

이 보고서의 내용 중 특히 놀라운 것은 "이미 약 90그램의 플루토늄을 추출했다"고 밝힌 사실이다. 미국 정보기관조차 북한이 핵물질을 재처리했으리라고는 전혀 예상하지 못했기 때문에 이는 큰 충격이 아닐 수 없었다. 그들은 보고서의 내용에 주목하며 "그렇다면 90그램이 아니라 핵폭탄을 제조할 수 있는 킬로그램 규모의 플루토늄을 이미 추출했을지도 모른다"는 의혹을 제기했다.

이해 5월 11일부터 16일까지 한스 블릭스 IAEA 사무총장 일행이 북한을 방문, 영변 핵 시설을 시찰했다. 블릭스 총장의 시찰 결과보고는 (…) 결론적으로 "북한이 핵무기를 개발하고 있다는 명확한 증거는 없다"고 밝혔다. (…)

그러나 미국은 "북한이 자진신고한 플루토늄 추출량(90그램)을 분석한 결과 그것은 세 번에 걸쳐 재처리되었으며 총 148그램으로 추정된다. 북한이 신고한 내용과는 '심각한 불일치'가 생겼다"고 주장하여 사태는 다시 악화되어갔다. 이에 북한은 미국에 대해 직접협상을 통해 해결하자고 요구했으나 미국은 이를 묵살했다.

당시 미국에서는 부시 대통령이 재출마한 대통령 선거전이 한창 진행되고 있었다.

부시 행정부는 "핵확산금지조약의 국제적 의무를 이행하는 데 대한 '보상'이란 있을 수 없으며 투명성이 완전히 보장되기 전에는 미북 간의 양자회담은 불가하다"는 강경자세를 견지했다. (같은 책, 187~188쪽)

전혀 의심하지 못하고 있던 플루토늄 추출 사실을 정직하게 신고했는데, 오히려 더 많이 추출한 게 아닌가 의심하고 나선다. 그리고 90그램이 아니라 148그램이니까 "심각한 불일치"라고 우긴다. 정확한 실상은 모르지만, 148그램을 90그램이라고 속일 이유가 도대체 무엇일까? 측정방법의 차이로 생긴 사소한 기술적 문제인 듯한데 미국은 이것을 갖고 북한 보고서의 실효성을 문제 삼고 있으니, 이건 유치원 애들도 아니고….

임동원의 책에서는 미국 정책에 대한 비판적 관점을 직설적으로 드러내지 않으려고 애쓴 흔적이 도처에 보인다. 왜 그렇게 애쓴 건지 이해가 갈 듯도 하고 말 듯도 하다. 여기서도 대통령 선거전 얘기를 불쑥 끼워 넣은 것이 억지스러운 미국의 대북정책에 대한 간접적 설명으로 이해된다. 1992년 중 미국 정부는 북한 봉쇄라는 대원칙에 맞춰 북핵 문제에 대한 입장을 정한 것이라고 보는 내 견해를 임동원도 함께 가진 것이라고 짐작한다.

치졸하고 악랄했던
미국의 북한 왕따(2)

1992년 1월 22일, 뉴욕의 유엔 미국대표부로 북한의 김용순 노동당 국제비서가 찾아가 캔터 국무부 차관을 만난 뉴욕회담은 당시 진행되고 있던 한반도 해빙의 흐름 속에서 이뤄진 일이었다. 그런데 이 회담에서 보인 미국의 경직된 태도가 이후 북핵 문제의 난항을 예고했다.

"서울 불바다" 발언에까지 이르게 될 북핵 문제의 난항에 물론 북한의 책임이 크다. 그러나 북한의 책임만은 아니다. 북한의 입장을 어렵게 만든 미국과 남한 정부의 책임을 살펴본 다음 그에 비추어 북한의 책임을 평가하는 것이 순서일 것 같다. 앞 글에 이어 미국의 관리, 학자와 언론인의 진술을 통해 미국 입장의 문제점부터 살펴보겠다.

뉴욕회담 후 북한은 NPT 규정에 따른 IAEA 사찰을 받아들이는 일련의 조치를 취했다. 가장 중요한 조치가 5월 4일에 제출한 최초보고서였다. 이 보고서는 규정의 요구보다 훨씬 상세한 내용을 담고 있었고, 특히 90그램의 플루토늄을 추출해놓았다는 것은 미국 정보기관이 파악하지 못하고 있던 사실이었다.

북한의 이 적극적인 공개를 학자이자 언론인인 리언 시걸Leon Sigal은 '보여

주고 말하기show and tell' 정책으로 해석한다. 자기네의 협상 의지를 입증할
만큼을 공개하고 나머지 정보는 협상수단으로 쓰기 위해 보류해둔다는 것이
다.(리언 시걸,《미국은 협력하려 하지 않았다》, 구갑우·김갑식·윤여령 옮김, 사회평론 1999, 61
쪽) 그런데 대다수 미국 관리들은 북한의 전략을 '속이고 후퇴하는' 것으로
오판했다고 시걸은 비판한다.

　북한이 최초보고서에서 모든 진실을 말하지는 않았더라도 거짓을 말하지
는 않았다고 하는 시걸의 관점이 타당한 것으로 보인다. 그런데 미국 측은 거
짓을 찾아내는 데만 몰두했고 최초보고서를 북핵 문제 해결의 출발점으로
받아들이려 하지 않았다. 이 시점에서 미국 정부의 분위기를 시걸은 이렇게
설명했다.

　부시 행정부의 정책은 일종의 '당근과 채찍' 정책으로 표현된다. (…) 그러나 곧 완
전한 채찍 정책으로 복귀하였다. 이것은 북한의 경제적 쇠퇴와 심화되는 정치적
고립을 이용하여 굴복을 강요하면서 북한의 핵 프로그램을 중단시키기 위한 사찰
을 실시하여 IAEA와 남한 사찰단의 접근을 확보하려는 강압 외교였다. 한 관리는
그 당시의 정책을 "계속 미소를 지으면서 북한을 압박하고 북한을 외길로 몰아가
는 것"이라고 묘사했다. 캔터 국무차관은 행정부가 "해결책을 모색하기 위해서 북
한에 어떠한 구체적인 유인책 또는 동기를 제공하거나 북한 관리와의 정치적 회
담을 개최하는 것마저도 거부하는 강경노선"을 채택했다고 후일 밝혔다.(같은 책, 60
쪽. 이 책은 번역과 편집에 아쉬운 점이 많아서 내 판단에 따라 글을 고쳐서 인용하며, 고친 곳을 일일이
표시하지 않았다.)

　최초보고서 제출 이후 미국 측 '트집 잡기'와 북한 측 반발이 이어지는 가
운데 팀스피릿 재개 문제가 제기된 상황을 이렇게 설명했다.

　언제나 그랬듯이 팀스피릿 문제는 한·미 연례안보협의회가 개최되기 바로 전에

주요한 현안으로 제기되었다. 한·미 연례안보협의회는 1992년 10월 8일 워싱턴에서 개최되기로 예정되어 있었다. 서울이 회담 후에 발표할 성명의 초안을 제출했을 때 워싱턴은 이것을 놓고 부처 간 논쟁에 휩싸였다. 서울이 제안한 내용은 "(남북 간) 상호사찰체제의 완수를 위한 중대한 진전이 이루어지지 않는다면" 팀스피릿을 재개하겠다는 것이다. 북한의 최대 관심사가 팀스피릿의 재개라고 생각하는 국무부 한국담당 부서는 그 결정을 격렬히 반대했다. 그리하여 성명의 문구를 완화시키는 데 성공했다. 또한 IAEA가 북한과 성과를 낼 수 있는 시간을 가질 수 있도록 준비 작업을 지연시키려고 노력했다.

그러나 체니 국방장관은 훈련의 재개를 원했다. 국무부 한국전문가는 팀스피릿이 군사적 채널에서 발생했기 때문에 국방부가 미국 정부 내의 "문제들을 때려 부술 수 있는 쇠망치를 가지고 있었다"고 말한다. "많은 사람들은 팀스피릿을 위협수단으로 사용하는 것을 선호했고, 우리가 위협수단을 사용함으로써 한국의 요구를 만족시켰을 때 이익 또한 명백했다." 그와 국무부의 여타 한국전문가들은 "우리는 위협수단을 필요로 하지 않는다. 처음부터 그랬다. 이러한 사실을 명백히 밝힌다면 북한은 반발할 것"이라고 주장했다. "비교적 적은 수의 사람들이 이러한 주장을 이해했으나 다른 사람들을 설득할 수 없었다." 카트만은 "사람들은 해결책이 아니라 위협수단을 찾고 있었다. 이것이 이곳의 사고방식이었다"고 설명한다. "경고의 목소리는 그보다 낮았다." 팀스피릿을 반대하는 고위관리인 그레그 주한 미대사는 이러한 결정을 미리 듣지 못했다고 말한다. (같은 책, 69~70쪽)

팀스피릿 등 한·미 합동 군사훈련이 안보에 대한 위협이라고 하는 북한 주장에 대해 남한과 미국은 군대 유지를 위한 훈련일 뿐이라고 아직도 주장한다. 그러나 이 글을 보면 미국 관리들은 모두 팀스피릿을 북한에 대한 '위협수단'으로 인식하고 있다. 나는 군사기술에 정통하지는 못하지만 '세계 최대'라는 규모를 보더라도, 또 '월남 패망' 직후 확대된 상황을 보더라도, 그것이 단순한 훈련을 넘어 정치적 의미를 가진 것은 분명한 일이다.

팀스피릿 재개 방침이 제기될 무렵 남한 정부의 입장에는 상당한 혼선이 있었던 것으로 보인다. 남한의 외교·군사 분야에 종사하는 사람들은 대부분 냉전기의 대결의식을 벗어나지 못하고 있었고, 전향적 북방정책은 뿌리를 내리지 못하고 있다가 노태우 정권의 레임덕 현상에 따라 흔들리고 있었던 것으로 생각된다.

1992년 10월의 한·미 연례안보협의회에서는 팀스피릿 재개 가능성이 조건부로 제기되었다. 두 나라의 대통령 선거 기간 중에는 온건한 방향으로의 조정이 불가능했고, 두 나라에 들어선 새 정권 역시 온건한 정책을 앞세울 형편이 되지 못했다고 시걸은 본다.

팀스피릿 중단은 일단 계획이 개시되자, 처음에 그 계획에 반대하는 것보다 훨씬 어려웠다. 한 가지 이유는 새로운 대통령들이 국방문제에 대해 온건해 보이는 것을 바라지 않았기 때문이다. 빌 클린턴과 마찬가지로 김영삼은 해외에서 풍파를 일으키기를 원치 않는 국내 개혁주의자였다. 더 중요한 것은 두 사람 모두 군부로부터 의심받고 있다는 것이었다. 김영삼은 군 수뇌부의 숙청에 몰두하고 있었으나 군부와 다른 충돌을 바라지 않았다. (…)
클린턴 행정부의 국방부 고위관리들은 팀스피릿이 군사적으로 불가결하다고 생각하지 않았다. 그들은 북한의 적대적 대응을 우려했으나, 그보다는 중단에 대한 남한의 적대적 대응과 이로 인한 워싱턴에서의 정치적 불화가 중요했다. (같은 책, 72쪽)

팀스피릿을 재개하면 북한의 적대적 대응을, 재개하지 않으면 남한의 적대적 대응을 미국 정부는 예상하고 있었던 것이다. 김영삼 정부가 '통미봉남通美封南'이라 하여 북·미 간 직접 대화를 몹시 꺼리던 상황을 생각하면 수긍이 가는 예상이다. 노태우 정권 말기와 김영삼 정권 초기의 남한 정부의 입장과 태도는 나중에 살펴보겠다.

미국은 대외관계에 있어서 외교적 전통보다 군사적 전통이 강한 나라다.

그리고 국민의식 중에도 '미국예외주의' 경향이 강해서 외부세계에 대한 이해력이 매우 빈약하기 때문에 정치계도 외교력보다 군사력을 앞세우는 경향이 있다. 외교관의 역할을 자임하는 국무부 관리들에게는 이런 경향이 크나큰 질곡으로 느껴질 수 있는 것이었다.

북한인들과 다시 한 번 회동을 하자는 방안도 논란의 대상이 되었다. 가능성의 타진만 가지고도 워싱턴과 서울의 관료들은 두 파로 나뉘었다. 소위 온건파들은 외교접촉 그 자체가 당근이나 채찍으로 쓰여서는 안 된다고 주장했다. 오히려 그들은 이런 대화를 정치와 무관한 차원에서 보아야 한다고 믿었다. 즉, 두 정부 간에 문제가 있으면 다른 수단을 쓰기 전에 우선 문제를 풀기 위해 서로 대화를 해야 한다는 것이었다. 내게는 이것이 상식인 것 같았다. 그러나 다른 사람들, 특히 국방부와 합동참모본부에서는 북한이 외교적 대화에 미국을 끌어들이기 위해 일부러 나쁜 짓을 한다고 주장했다. 따라서 이 상황을 두고 북한 외교관과 얘기를 하는 것 자체가 서울과 평양 모두에 양보로 받아들여질 수 있다는 논리가 지속됐다. (케네스 퀴노네스, 《한반도 운명》, 노순옥 옮김, 중앙M&B 2000, 120쪽)

미국 관계와 정치계의 많은 사람들이 북한을 상대할 가치가 없는 존재로 여긴 데는 북한에 대한 증오심과 경멸감이 한몫한 것으로 보인다. 1950~1953년 전쟁에서 체면 없이 물러난 후 많은 미국인들에게 북한을 거꾸러트려야 할 상대로 보는 시각이 남았다. 1990년을 전후한 공산권 붕괴에 임해 북한도 동유럽 공산국들과 마찬가지로 굴복할 것으로 기대하고, 북한이 굴복하지 않자 자멸할 것으로 보는 관점이 유행했다. 미국 언론계와 학계를 통틀어 최고의 북한 전문가로 명성을 누려온 셀리그 해리슨Selig S. Harrison은 이렇게 말한다.

1996년 1월 21일 앤서니 레이크 백악관 안보보좌관은 백악관 상황실에 나를 포함한 6명의 민간 전문가를 초청했다. 레이크는 남한 출장을 계획하고 있었다. 한반도 관련 업무를 다루는 관리 8명이 그 토론에 참석했다. 나는 그 자리에서 북한이 독립된 국가로서 계속 생존해나갈 것이라고 얘기했다. 레이크를 비롯한 관리들은 모두 나의 의견을 무시했다. 그들 대부분은 북한이 경제적 어려움과 붕괴에 대한 두려움 때문에 스스로 미국에 의존할 수밖에 없을 것이라고 주장했다. 나는 핵 동결 합의에 따라 경제제재를 완화하지 않으면 북한이 핵무기 프로그램을 재개할 것이라고 경고했다. 그들은 나의 경고에 냉소를 보냈다.

(…) 김일성이 사망하고 기근이 오기 전에도, 소련이나 동구권 공산주의 체제가 무너진 이래, 미국과 남한, 일본에서는 북한이 붕괴할 것이라는 예견이 한반도에 대한 사고를 지배하고 있었다. 손쉽게 북한을 동독과 비교하는 관행은 북한 역시 남한에 흡수되어 독일 통일 과정을 재현하게 될 것이라는 믿음을 광범위하게 퍼지게 했다. 그러나 그런 비교는 남북한이 동족상잔의 전쟁을 치렀다는 역사적 현실을 무시한 것이다. 빌리 브란트 서독 총리는 '동방정책'을 시작할 때 그런 쓰라린 갈등의 역사를 극복하지 않아도 되었다. (셀리그 해리슨, 《코리안 엔드게임》, 이홍동·김태호·류재훈·이재훈 옮김, 삼인 2003, 45~46쪽)

대외관계에서 외교적 관점보다 군사적 관점을 앞세우는 경향이 북한에 대해 전형적으로 나타나는 것이다. 이런 경향이 2000년대 부시(자식) 대통령 집권기에 특히 강하게 나타나는 데 환멸을 느낀 투철한 보수주의자 클라이드 프레스토위츠Clyde Prestowitz는 미국이 "변덕스럽고 부주의하고 믿을 수 없고 이기적인 나라"가 된 이유 세 가지를 지적한다.

- 도덕적 우월주의: 미국적 가치에 동조하는 국가는 우방으로, 반대하는 국가로 적으로 규정하는 것.
- 패권적 일방주의: 입으로는 국제법과 규범의 준수를 외치면서도 실제로는 자국의 가치와 국익에 따라 일방적으로 행동하는 것.

- 공세적 현실주의: 국제사회 안정의 기제인 주권 개념을 무시하고 잠재적 위협이 되는 국가들에 대해서는 선제공격을 통해 위협의 근원을 제거해야 한다는 입장. (클라이드 프레스토위츠, 《깡패국가》, 김성균 옮김, 한겨레신문사 2004, 13~14쪽 요약)

북한의 NPT 탈퇴선언이 팀스피릿 재개 방침에 대한 필연적 반응이었다는 점을 오버도퍼는 이렇게 설명했다.

놀라운 점은 양국의 국방장관이 연례회담 자리를 빌려 팀스피릿 훈련을 재개하겠다는 폭발성을 지닌 내용을 발표하면서도 이에 앞서 워싱턴 정부의 부처 간 정책위원회에 통보나 조언을 구하지 않았다는 사실이었다. 워싱턴의 한반도 전문가들이나 도널드 그레그 주한 미국 대사에게 이 예기치 않은 결정은 마른하늘에 날벼락과 같은 것이었다. 그레그 대사는 훗날 이날의 발표가 자신의 재임기간 중 저질러진 대한 정책의 "가장 중대한 실수"였다고 평했다.

북한 정부의 입장에서 92년의 팀스피릿 훈련 취소는 미국과의 관계 진전을 의미하는 가장 분명한 가시적인 증거였으며 그 같은 미국의 양보는 북한 군부에 매우 유리하게 작용했다. 미국 정부는 한·미 양국의 연례 실전훈련을 자국의 안보에 대한 중대한 위협으로 간주하는 북한의 두려움에 냉소를 보냈다. 그러나 대규모 미군의 추가지원 병력의 해상과 공중을 통한 남한 도착, 핵무기 탑재능력을 갖춘 전폭기들의 비무장지대 인근 비행, 중무장한 한·미 지상군의 부대 이동 등은 북한에 강력한 위협을 주기에 충분한 것이었다. 약 20년 전 팀스피릿 훈련을 구상한 사람들이 애초에 희망한 것이 바로 이런 효과였다. (…)

북한 정부는 한·미 양국의 팀스피릿 훈련 재개는 "북남 관계의 진전에 제동을 걸고 북남 대화를 위기로 몰고 가기 위해 획책된 범죄적 행위"라고 규정했다. 그로부터 몇 주 후 북한은 팀스피릿 훈련 재개를 이유로 들면서 공동핵통제위원회 회담을 제외한 모든 채널의 남북 대화를 중단한다고 선언했다. 그리고 얼마 지나지 않아 핵통제위원회 회담마저 중단했다. 북한은 팀스피릿 훈련 재개 결정이 "미

합의
의
서막

159

국이 핵 공격 위협을 포기하겠다고 한 약속을 저버리는 도발행위"라고 단언하며 IAEA 핵 사찰을 거부할 수 있다고 처음으로 경고했다. (돈 오버도퍼,《두 개의 한국》, 이종 길 옮김, 길산 2002, 407~408쪽)

〈워싱턴포스트〉지 최고의 북한 전문가였던 셀리그 해리슨과 돈 오버도퍼, 제1차 북핵 위기 당시 〈뉴욕타임스〉지 국제 담당 논설위원이었던 리언 시걸과 국무부 코리아데스크에서 중요한 역할을 맡았던 케네스 퀴노네스, 그리고 열렬한 공화당 지지자를 자처하는 클라이드 프레스토위츠의 진술을 인용했다. 결코 '종북' 편향으로 고른 증인들이 아니다. 미국에서도 북한 문제에 진지한 관심을 가진 전문가들의 의견은 1990년대 초 '제1차 북핵 위기'에 미국의 책임이 크다는 쪽으로 모인다는 사실을 확인할 수 있다.

그럼에도 불구하고 미국 정책이 한반도에 대해서는 물론, 미국 자신에 대해서도 바람직하지 못한 결과를 가져오는 잘못된 방향으로 결정된 까닭이 무엇일까. 전문가들의 냉철한 판단이 정책 결정자들에게 외면당한 이유가 무엇일까. 두 층위에서 문제를 찾을 수 있다. 하나는 미국의 군사산업이 정책 결정에 개입하는 메커니즘이고, 또 하나는 미국의 전통적인 '애국심 patriotism'이다. 두 가지 문제는 그동안에도 계속 작용해왔고, 앞으로도 작용할 것이 예상되므로 더 치밀한 고찰이 필요해 보인다.

북한의 핵무기 개발,
미국이 바란 것이었을까?

제1차 북핵 위기의 실상은 어떤 것이었을까. 당시 북한은 핵무기 개발에 어떤 의지를 갖고 있었고, 어떤 작업을 진행하고 있었을까.

핵무기와 관련된 중요한 정보는 어느 나라에서나 최고급 기밀로 취급한다. 20년이 지난 지금까지도 1993년 시점 북한 핵무기 사업의 정확한 실상은 밝혀지지 않고 있다. 그러나 그동안 알려진 사실도 적지 않고, 이를 근거로 대략의 실상은 파악할 수 있다. 당시 미국이 북한의 핵무기 개발 가능성을 세계평화에 대한 중대하고 긴박한 위협으로 간주하여 대화를 거부하는 극한적 제재 정책으로 나간 것이 현명하지 못하거나 또는 악의적인 과잉반응이었다는 사실 정도는 분명히 밝혀져왔다.

북한은 1950년 이래 미국의 핵 공격 위협을 계속해서 받아왔다. 1980년대까지 북한의 재래식 군사력이 남한보다 우월하다는 평가가 미국과 남한에서 지배적이었고, 남한의 열세를 메우기 위해 미국 핵무기의 존재가 필요한 것으로 인식되었다. 남한에는 1957년 이래 다량의 미국 핵무기가 배치되어 있었던 반면 북한에는 소련 핵무기가 배치된 적이 없었다.

한반도 내에서 핵무기의 불균형 상태가 수십 년간 계속되었지만, 소련 붕괴 때까지는 미·소 간의 핵균형 덕분에 큰 문제가 되지 않았다. 그런데 소련이 무너지자 문제가 심각해졌다. 소련의 수십 분의 1에 불과한 중국 핵 능력으론 미국과의 핵균형이 불가능했다. 1990년대 들어서는 재래식 군사력에 있어서 남한의 열세 주장도 설득력이 없게 되었다. 그런 상황에서 미국 핵무기의 남한 배치는 누가 봐도 평화에 대한 위협이었다. 그래서 1991년 하반기에 남한 배치 핵무기 철수에 이어 '한반도 비핵화 선언'이 나오게 된 것이다.

남한이나 북한이나 독자적 핵 능력 확보 의지를 1970년대부터 드러냈다. 그러나 남한의 핵 능력 확보를 누구보다 미국이 꺼렸고, 북한의 핵 능력 확보를 누구보다 소련이 싫어했다. 종주국으로서의 통제력 상실을 뜻하는 것이었기 때문이다. 미국이 남한의 핵발전 기술을 제공하면서 핵무기 개발을 틀어막은 것처럼 소련은 1985년 북한의 핵발전 확장을 포함하는 경제기술협력 협정을 맺으면서 북한의 NPT 가입을 요구했다.

1991년까지 소련은 북한에게 핵발전 기술과 핵우산을 제공하면서 북한의 핵무기 개발을 가로막았다. 설령 북한이 핵무기 개발을 그 기간에 추진했다 하더라도 소련의 눈을 피하면서 해야 했다. 그리고 두 나라의 가깝고 깊은 관계를 감안하면 소련의 눈을 피해 북한이 할 수 있는 일은 거의 없었을 것이다. 남한이 미국의 눈을 피하면서 핵무기 개발을 할 수 없었던 것과 크게 다르지 않은 상황이었다.

1991년 후반 소련 해체가 진행되면서 상황이 달라졌다. 소련은 더 이상 북한에게 핵우산을 제공하지 못하고, 북한의 핵무기 개발을 감시하지도 못하게 되었다. 한편 미국에게는 러시아와 우크라이나, 카자흐스탄 등이 물려받은 소련 핵무기의 통제가 중대한 과제가 되었다. 소련 핵무기를 물려받은 여러 나라의 핵무기에 대한 집착을 누그러트리기 위해 전 세계에 배치했던 미국 핵무기를 철수할 필요가 있었고, 남한 배치 핵무기 철수는 그 일환이었다. 핵전쟁 수행을 핵심 내용으로 하는 팀스피릿 훈련의 1992년 중단도 이 맥락에서 필요한 일이었다.

1991년 하반기 중 남북한 동시 유엔 가입에서 남북기본합의서 채택, 한반도 비핵화 선언으로 이어지는 한반도 해빙 현상의 배경에는 미국이 소련 핵무기의 통제를 위해 호전적 태도를 삼가야 했던 조건이 작용하고 있었다. 그런데 1년이 지나 소련 해체에 따른 제반 문제가 정리되고 나자 미국이 유일한 초강대국으로서 위세를 뽐내는 데 거리낄 것이 없게 되었다. 1992년 10월 이후 미국이 팀스피릿 재개 방침을 비롯해 북한에 대해 고압적 태도를 취하게 된 것도 1년 사이의 상황 변화가 작용한 것이었다.

북한은 이런 상황 변화를 어떻게 받아들이고 있었을까.

북한은 1948년 건국 당시부터 정통성에 자신감을 갖고 있었다. 해방 때 조선 인민이 갖고 있던 민족 독립과 민주주의, 사회주의에 대한 염원을 제대로 실현시키는 건국의 길을 걸었다고 자부했으며, 같은 길을 걷지 못한 남한을 '해방'의 대상으로 여겼다. 그래서 '해방전쟁'을 일으켰던 것이고, 전쟁 후에도 '하나의 조선'을 일관되게 주장했다.

'하나의 조선' 주장을 보류한 유엔 동시가입은 분단 후 남한에 대해 가장 유연한 태도를 보인 것이다. 건국 이래 최대의 동맹국이었던 소련의 몰락을 현실로 받아들인 결과였다. 중국에게는 핵우산을 비롯한 소련의 보호자 노릇을 대신해줄 역량이 없었다. 유일한 초강대국이 된 미국이 제시하는 조건에 따라 새로운 국제질서에 적응하는 길밖에 다른 선택이 없었다. 그 길을 거부할 경우 군사적 안전이 보장되지 않음은 물론, 경제의 어려움도 '고난의 행군'을 예상하지 않을 수 없는 상황이었다.

북한은 1991년 10월 김일성의 중국 방문 이후 이 길을 따라 움직였다. 유엔 가입에 이어 남북 대화를 통해 기본합의서를 도출했다. 그해 연말 남북 핵협정이 체결되던 상황을 돈 오버도퍼는 이렇게 서술했다.

김일성의 지시 때문이었는지 북측 대표단은 평소와는 다르게 순순히 타협에 응했다. 남한 측 대표단은 협상 결과에 매우 만족했지만 훗날 남한의 일부 관리들은 당시 북한을 너무 심하게 몰아붙였던 것이 오히려 화근이 된 것이 아닌가 하는 생각을 품었다. 12월 가조인된 후 2개월이 지나 핵협정을 발표시키는 조인식을 마치고 평양에서 개성으로 향하는 승용차 안에서 북한의 김영철 소장은 남한의 박용옥 소장에게 협정 문안의 90%가 남한 측 주장에 따라 작성된 것인 만큼 "이것은 당신네 협정이지 우리 협정이 아니다"라고 불평했다. 그 순간 박용옥은 북한이 협상 과정에서 양보한 사항들을 과연 실제로 이행할 것인지 의구심이 들기 시작했다.

남한 대표의 불안감과는 달리 김일성은 그믐날 조인된 남북 핵협정을 위대한 승리라고 평가했다. 그는 자신이 얼마나 기쁨에 젖어 있는지를 증명이라도 하려는 듯 헬리콥터를 판문점에 보내 협상 대표단을 개선장군 모시듯 평양으로 데려왔다.

(돈 오버도퍼, 《두 개의 한국》, 이종길 옮김, 길산 2002, 394~395쪽)

북한에게는 40여 년간 미국 군사력, 특히 핵무기가 세상에서 가장 두려운 존재였다. 소련 해체가 진행되던 시점에서 남한 배치 핵무기의 철수는 오랜 공포로부터 벗어날 희망을 보여주었다. 남한 쪽이 보기에도 무리한 조건을 북한 대표들이 순순히 받아들이고, 그것을 김일성이 기뻐한 것은 핵무기의 위협에서 벗어난다는 희망 때문이었다. 이 희망을 꺼트릴 짓을 할 생각이 이 시점에서 북한 측에 없었을 것이 분명하다.

북한은 1992년 5월 초 IAEA에 최초보고서를 제출했다. 이 보고서가 정직하지 못한 것이라는 의혹을 미국이 제기함으로써 한반도 상공에 먹구름이 끼기 시작했고, 5개월 후 팀스피릿 재개 방침이 나오면서 사태가 마구 악화되기 시작했다. 북한의 IAEA 보고서에는 어떤 문제가 있었던 것인가?

문제의 초점은 최초보고서 중 플루토늄 90그램을 추출해놓았다는 내용이었다. 북한은 보고서 제출 직후 방문한 IAEA 시찰단에게 이 90그램을 내놓았다. 미국에게 모든 정보를 의존하던 IAEA는 미국의 요구에 따라 이 90그램의 추출방법과 경위를 완벽하게 파악하려고 했다. 그리고 실험실에서 추출했다고 하는 북한 측 설명을 믿으려 하지 않았다.

이 90그램의 플루토늄은 핵무기 1기를 제조하기 위한 4~7킬로그램에는 턱없이 부족한 양이었다. 그러나 이미 플루토늄 생산에 성공했다면 어느 정도 생산됐는지 과학적 확인이 어렵기 때문에 은닉 가능성이 대두됐다.

시험실에서 소량의 플루토늄을 추출하는 것이 가능하기는 했지만 IAEA 전문가들은 북한이 생산 과정 점검을 위해 실험공장을 만들지 않고 엄청난 건설비가 드는 거대한 공장부터 세우는 것은 논리에 맞지 않는다고 생각했다. 그러나 북한은 파일럿 플랜트의 존재를 계속해서 부인했고 의혹은 점점 커져갔다. (같은 책, 401~402쪽)

북한이 제출한 플루토늄의 정밀분석 결과 1989년, 1990년, 1991년 세 차례에 걸쳐 추출작업이 행해진 사실을 확인했는데도 북한 측은 1990년 한 차례 추출한 것이라는 주장을 계속했기 때문에 불신의 근거가 되었다. 이 점에서 북한은 사실의 일부를 감춘 것으로 보인다. 왜 그랬을까?

미국이 요구하는 개방의 길로 나설 결정을 내리기는 했으나 북한은 반세기 가까이 적대적으로 대해오던 미국의 '선의'를 무조건 믿을 수는 없었을 것이다. 1992년 1월 뉴욕회담에서도 미국이 북한을 냉랭하게 대한 사실을 앞에서 설명했다. 모든 요구에 응할 자세를 성의껏 보여줬는데도 불구하고 그처럼 냉랭하게 대한다면 미국의 진정성을 어떻게 믿을 수 있겠는가. 긴박하게 진행 중인 소련 해체에 대응하기 위해 점잖은 시늉을 하는 게 저 정도라면, 그런 시늉을 할 필요가 없어진 뒤에는 어떤 태도로 나올지 걱정하지 않을 수 없었을 것이다.

그래서 북한은 IAEA가 요구하는 공개를 하고 사찰을 받아들이되 종래 IAEA 활동의 관행에 비추어 최소한의 공개만을 할 방침을 세운 것으로 생각된다. 모든 나라들이 받아들이는 기준에 따라 공개할 것을 공개하면서 그 기준 밖의 활동내용을 비밀로 남겨두는 것을 최소한의 주권 수호를 위해 필요한 일로 보았을 것이다.

그런데 문제는 IAEA의 사찰 기준이 바로 이 시점에서 바뀌고 있었다는 데 있었다. 소련의 견제가 사라진 이제 미국은 IAEA를 자기네 산하기관으로 여기게 되었다. 이라크의 핵무기 개발 작업을 IAEA가 파악하지 못한 사실이 걸프전 때 밝혀지면서 권위가 실추된 IAEA는 완전히 미국의 손아귀에 들어가고 말았다.

평양은 아마도 이러한 핵 사찰의 성격을 걸프전 이전 IAEA에서 근무했으며 92년 북한 원자력부 안전 연락사무소 소장으로 부임했던 한 인사의 제한된 경험으로만 판단했을 것이다. 하이노넨은 걸프전 이후 과학기술의 괄목할 만한 발전과 미세한 방사성 물질 시료에서 정확한 분석 결과를 이끌어낸 쾌거에 대해서 이야기하며 "그들은 핵 사찰 기술이 이처럼 놀라운 발전을 계속했다는 사실을 몰랐다"고 말했다. 당시 북한 핵 사찰팀의 책임자였던 빌리 타이스는 이렇게 말했다. "북한은 IAEA의 분석능력을 터무니없이 과소평가했다. (…) 우리가 동위원소 분석까지 실시하리라고는 짐작하지 못했을 것이다. 북한은 우리가 그 사실들을 어떻게 알아냈는지를 도통 이해할 수 없었으므로 모순되는 사항을 하나하나 지적했을 때 미처 그럴듯한 설명을 준비하지 못한 듯 보였다. 발견된 사실을 하나씩 알려줄 때에도 북한은 사전에 숙지한 획일적인 대답만 되풀이했다. 몰래 옳지 않은 행동을 하고 있더라도 우리에게는 그것을 명백하게 밝혀낼 수 있는 능력이 있다는 사실을 일깨워주기 위해 보다 강경한 태도를 보여야만 했다. (같은 책, 403~404쪽)

이 서술에는 오해가 있는 것 같다. "걸프전 이후 과학기술의 괄목한 만한 발전"이라 하는데, 한두 해 사이에 무슨 대단한 기술 발전이 있었겠는가. 걸프전 이후 바뀐 것은 기술이 아니라 IAEA의 정책이다. 동위원소 분석이 새로 개발된 기술이겠는가. 소련의 견제가 있던 시절에는 미국이 IAEA를 냉대했기 때문에 동위원소 분석을 할 예산이 없었을 것이다. 이제 IAEA를 마음대로 활용할 수 있게 되자 미국이 예산도 제공하고 정보도 제공하면서 사찰을 엄격하게 하도록 몰아붙인 것이다. 걸프전 이전의 관행과 전혀 다른 엄격한 사찰 기준에 첫 번째로 걸려든 것이 바로 북한이었다.

북한은 힘들더라도 IAEA 사찰을 받아들이려고 노력하고 있었다. 그런 중에 팀스피릿 재개 방침이 나왔다. 그렇게 노력하는데도 미국과 남한이 거꾸로 가고 있으니 어쩌란 말인가. 팀스피릿을 재개할 경우 자기네도 더 이상 협력할 수 없다고 북한은 여러 차례에 걸쳐 경고했다. 그리고 팀스피릿이 재개되자 NPT 탈퇴를 선언했다.

1993년 NPT 탈퇴 당시에 북한의 핵기술이 핵무기 제조에서 멀리 떨어져 있었다는 사실은 분명히 밝혀져왔다. 북한의 국제질서 진입 노력을 그 시점에서 미국이 도와줬다면 북한이 핵무기 개발 시도를 포기할 가능성이 컸으리라는 데 이의를 제기할 사람은 별로 없으리라고 믿는다. 그런데 미국은 도와주지 않았고, 그 결과 북한은 참혹한 '고난의 행군' 시기를 겪어내며 핵무기를 만들어냈다. 미국은 이런 결과를 예측하지 못했던 것일까, 아니면 예측했기 때문에 그런 정책을 폈던 것일까?

미국 군사주의자들이
필요로 했던 '불량국가' 북한

시어더 포스톨Theodore Postol이란 사람이 있다. 1946년생으로 MIT에서 원자력공학 학위를 받은 후 연구소, 의회, 국방성을 거쳐 1980년대 말부터 스탠포드대학 등 학계에서 군사기술 관련 연구에 종사해온 사람이다. 1992년 걸프전에서 패트리어트 미사일 적중률에 대한 정부와 업계의 선전이 거짓된 것이라고 지적하고 나선 후 미국 미사일방어망MD, Missile Defense 사업의 앙숙 노릇을 해왔다.

MD란 적이 발사한 미사일을 요격하는 방어방법이다. 엄청난 속도로 비행하는 미사일을 요격한다는 것은 "총알로 총알을 맞히는" 것과 같이 어려운, 고도의 기술과 엄청난 비용을 필요로 하는 일이다. 사업이 채택만 된다면 방위산업에게는 황금알을 낳는 거위고 정·관계에도 특급 떡고물이 쏟아질 수 있으므로 미국 집권세력에게는 대단히 유혹적인 사업이다. 개념도 명쾌해서 국민에게 선전하기도 쉽다. 누가 미국으로 미사일을 발사해도 MD로 막아주겠다는데, 세금 좀 잡아먹는다고 반대할 국민이 많겠는가.

MD에는 두 가지 중요한 문제점이 있다. 그 하나는 효과적인 MD가 만들어질 경우 군사적 균형이 근본적으로 무너져 세계평화에 위협이 된다는 점이다. 1949년 소련의 핵실험 성공 이후 세계가 핵전쟁을 피할 수 있었던 것은 미·소 간의 핵균형 덕분이다. 미국이 MD 구축에 성공해 보복의 위험을 걱정할 필요가 없게 된다면 외부의 적에게 마음 놓고 핵무기를 사용할 수 있게 된다. 미국이 꼭 나쁜 나라라서 이런 걱정을 하는 게 아니다. 군사력의 비대칭 상태가 전쟁을 유발하기 쉽다는 것은 군사학의 기본이다.

그런데 이 문제를 대다수 미국인은 심각하게 여기지 않는다. 미국이 절대적인 힘을 가지는 것이 미국인에게 좋은 일이라고, 세계평화가 깨지든 말든 미국이 이기기만 하면 된다고 생각하는 사람이 많다. 그러니 미국 정치계에서도 이 문제가 무시되기 쉽다.

또 하나 문제는 이와 달리 미국인들이 심각하게 여기고 따라서 미국 정치계에서도 무시할 수 없는 것으로, 아무리 세금을 쏟아부어도 효과적인 MD 구축이 불가능하다는 사실이다. 포스톨 같은 MD 반대자들은 이 문제의 지적에 주력해왔다.

걸프전쟁에서 이라크의 대표적 공격력이 스커드 미사일이었다. 부시(아버) 대통령은 스커드 요격에 사용된 패트리어트 미사일 제조업체 레이시언 Raytheon사 공장을 방문한 자리에서 요격 성공률이 97%를 상회했다고 자랑했고, 미 육군도 요격 성공률이 사우디아라비아에서 80%, 이스라엘에서 50%에 달했다고 공식 발표했다. 그런데 포스톨은 의회의 한 위원회에서 이렇게 증언했다.

"이들 예비적 연구에서 나타난 증거에 따르면 요격 성공률은 10%에도 훨씬 미치지 못하는 것으로 보인다. 심지어 0%일 가능성도 있다."

나중에 의회 소위원회에서 채택한 보고서에는 이런 대목도 있었다.

"패트리어트 미사일 체제는 걸프전에서 미국 국민들이 믿도록 오도된 것과 같은 대단한 성과를 거두지 못했다. 이라크가 발사한 스커드 미사일 중 패트리어트 미사일로 요격에 성공한 것이 몇 개를 넘어선다고 볼 만한 증거가 거의 없고, 그 몇 개에조차 의문의 여지가 있다. 미국 국민과 의회는 전쟁 중부터 전쟁 후까지 행정부와 레이시언사를 대표하는 사람들의 일방적 성공 주장에 오도되어왔다." (《위키피디아》, 'Theodore Postol' 항목)

미사일 요격이란 이론적으로는 가능한 것이다. 총알로 총알을 맞히는 것이 이론적으로 가능한 것과 같이. 그런데 공격미사일 발사에 비해 월등한 기술이 필요하고, 설령 그런 기술이 확보된다 하더라도 엄청난 비용이 든다. 아무리 충분한 기술을 갖추고 있다 하더라도 유의미한 성공률을 가진 요격미사일 발사에는 표적으로 하는 공격미사일 발사보다 최소한 백 배 이상의 비용이 든다는 것이 전문가들의 상식이다.

이런 상식을 내가 파악한 것은 크레이그 아이젠드래스Craig Eisendrath 등의 《미사일 디펜스》를 번역한(천희상과 함께) 덕분이다. 2002년에 나온 책이지만 MD 사업의 기본 성격을 살피는 데는 충분히 도움이 된다. 이 책에 이런 대목이 있다.

미사일방어망의 역사를 뒤돌아보면, 각 시기는 분통이 터질 정도의 유사성으로 그 직전의 시기를 되풀이한다.

• 첫째, 이러저러한 미사일방어망 개발에 참여하고 있는, 과학자·무기연구소·방산업체·싱크탱크·정치인의 연합 그룹들이 있다. 이 연합 그룹들은 서로 반주를 맞춰가며 군사적 위협을 과장한다. 그러면서 개발 중인 미사일방어망의 조기 배치를 위해 비현실적인 주장들을 늘어놓는다. 그들은 종종 경쟁적으로 치열한 로비 활동을 벌여 백악관과 의회에서 자신들이 내세우는 미사일방어망에 대해 어느 정도 지지를 얻어낸다.

• 예산이 책정되고, 무기연구소·방산업체와 대형 계약을 맺는다. 정치인들에게

는 선거 운동 자금과 지역구 일자리가 약속된다. 계속 연구와 실험이 늘어나고, 무기 연구소와 방산업체는 그 결과들을 왜곡한다. 부정적인 연구 및 실험 결과는 정치적으로 은폐된다. 미사일방어망이 배치 단계로 접근하면, 그로 인한 군축협정과 대외관계에 대한 잠재적 해악도 무시된다.

• 옹호자들의 주장과 달리 그 미사일방어망이 기대 이하라는 것이 마침내 밝혀지고, 예산이 대폭 삭감된다. 또다시 과학자·무기연구소·방산업체·정치인의 연합 그룹들에 의해 새로운 미사일방어망 아이디어가 제출된다. 그리고 이 역사의 새로운 시기가 다시 시작된다. (크레이그 아이젠드래스·멜빈 A. 구드먼·제럴드 E. 마시, 《미사일 디펜스》, 김기협·천희상 옮김, 들녘 2002, 32쪽)

1969년 시작된 미·소 간의 제1차 전략무기제한회담SALT I, Strategic Arms Limitation Talks I에서 MD가 핵심적 의제가 된 것은 위에 말한 두 가지 문제점 (군사적 불균형을 초래할 위험과 엄청난 비용) 때문이었다. 그래서 탄도탄요격미사일 ABM, Anti-Ballistic Missile 조약이 1972년 두 나라 사이에 체결되었다.

ABM 조약을 뒷받침한 원리는 MADMutually Assured Destruction('상호확증파괴' 로 흔히 번역되는데 만족스럽지 못하다. '공멸의 공동인식'이 더 정확할 것 같다)였다. 어느 쪽이 선손을 걸든 양쪽 다 감당할 수 없는 피해가 분명히 예상되기 때문에 억지력이 작동하는 군사력 균형 상태를 말하는 것이다. 1970년대 초 데탕트 상황의 ABM 조약 체결은 MAD가 평화 유지를 위한 최선의 현실적 원리라는 데 양측이 동의한 결과였다.

ABM 조약의 적용 대상은 전략무기에 대한 요격기술이었다. 전술무기에 대한 요격기술은 그 제약을 받지 않았다. 1980년대 레이건 행정부가 들어섰을 때, 힘을 숭상하는 레이건은 그때까지 우세해진 요격기술을 발판으로 전략방어구상SDI, Strategic Defense Initiative을 발표했다. ABM 조약을 형식적으로만 존중하면서 실질적으로는 MD 개발을 통한 군사력 무한경쟁을 선언한 것이었다.

반대자들이 '별들의 전쟁'이라고 조롱한 SDI가 1983년 발표되었을 때 소련은 격렬하게 반대했다. SDI 폐기는 소련의 가장 중요한 외교목표가 되었다. 1986년 레이캬비크Reykjavik 정상회담에서 레이건이 고르바초프에게 SDI가 완성된 후 소련에게도 나눠줌으로써 불균형을 피할 생각이라고 말하자 고르바초프는 진지한 제안으로 받아들일 수 없다고 대꾸했다.

미국이 냉전 해소 직후 일으킨 걸프전쟁(1991년)의 목적 하나가 군사기술 업그레이딩에 있었다고 보는 비판적 시각이 있다. 실제로 미국은 최신 군사기술의 과시에 큰 노력을 기울였고, 패트리어트 요격기술을 부각시키기 위해 안간힘을 썼다. 그러나 포스톨을 비롯한 비판자들의 지적과 몇몇 관계자들의 내부고발로 인해 애초 주장했던 높은 성공률을 깎아내리지 않을 수 없었다. 이 실패가 부시의 재선 실패에 일부 원인이 되었다고 한다.

MD 사업에 냉담한 클린턴 행정부는 MD 사업을 축소하려 했다. MD 추진 세력은 MD 사업의 현상유지를 위해 혼신의 힘을 기울였다. 2001년 부시(자식) 행정부가 들어서자 MD 사업 부활의 길이 열렸다. 2001년 12월 부시는 ABM 조약 폐기를 소련의 조약 승계국인 러시아, 벨로루시, 우크라이나와 카자흐스탄에 통보했고, 6개월 후 조약이 폐기되었다. 미국 역사에 극히 드문 일방적 조약 폐기 조치였다. 그 후 MD 사업은 거침없이 확장되었다.

1972년 ABM 조약 협상에 참여했던 존 라인랜더John Rhinelander는 이 조약의 폐기로 "이 세계가 핵 확산의 효과적 억지를 위한 법적 장치를 상실했다"고 한탄했다. ABM 조약은 냉전기 군비경쟁 억제를 위한 가장 효과적인 장치였고, 그 폐기는 핵무기의 자유경쟁 선언이었다. 이 조치가 9·11 테러 직후에 취해졌기 때문에 부시 정부가 뉴욕 테러를 조작했다고 하는 음모론 중에는 ABM 조약 파기가 테러 조작의 중요한 이유 중 하나라는 주장도 나왔다.

ABM 조약의 중요성을 깊이 인식하지 못하는 사람들도 조약 파기가 핵군축 방침에 어긋나는 방향이라는 사실 정도는 알아볼 수 있었다. 이런 사람들을 무마하기 위해 부시 정부는 '불량국가rogue states'의 위협을 제시했다. 무책임한 국가나 테러 세력의 핵 위협에 대비해야 한다는 것이었다. 여기에 꼭 들어맞는 모델로 북한이 이용되었다.

1993년 제1차 '북핵 위기' 때 민주당은 백악관을 장악하고 있었지만 의회에서는 열세였다. 어떤 정책의 추진을 위해서도 공화당의 전면적 반대를 피해야 했다. MD 사업을 마음대로 축소시키지 못하고 최소한 현상유지를 허용해야 했던 것도 그 때문이었다.

북한의 국제사회 진입을 도와주는 것이 세계평화를 위해 바람직하다는 인식이 클린턴 행정부 일각에 있었지만, 강한 힘을 갖지 못했다. 한편 세계평화를 바라지 않는 세력의 견제는 강했다. 북한과의 대화를 주장하는 국무부 관리들과 이에 반대하는 국방부 관리들 사이의 갈등 배경에는 미국의 군사정책에 대한 근본적 의견대립이 작용하고 있었다. 북한이 결국 국제사회 진입에 실패하고 '불량국가'의 대열에 들어선 것은 미국 군사주의의 승리였다.

남북 대화의 독약,
팀스피릿 훈련

남북 간의 화해 전망을 가장 극적으로 보여준 장면은 2000년과 2007년의 정상회담이다. 그러나 실질적으로 가장 긴밀한 접촉이 이뤄진 것은 1990년 9월에서 1992년 9월 사이에 3박 4일씩 여덟 차례 열린 고위급회담이었다. 남북 총리를 수석대표로 하는 대규모 대표단이 서울과 평양을 오가며 2년간 회담을 이어간 것은 남북 간의 화해와 관계 발전을 위한 양측의 노력이 최대한 서로 어울린 일이었다.

이 노력의 결과 1991년 12월 제5차 회담에서 기본합의서(남북 사이의 화해와 불가침 및 교류협력에 관한 합의서)가 채택되었다. 한반도 평화를 위해, 그리고 민족 재통일의 희망을 위해 남북의 정권이 이뤄낸 최고이자 최대의 성과였다. 기본합의서 채택 후에는 그 실행을 위한 노력이 이어졌다. 그러나 1992년 9월 중순의 제8차 회담 이후 고위급회담이 중단되고 기본합의서의 실행 노력도 중단되고 말았다.

비록 바로 실행되지는 못했으나 이 기본합의서는 이후 남북관계 전개를 위한 하나의 지표 노릇을 해왔다. 양측 정권이 협력을 거부하는 상황에서는 합의서가 무시되었지만, 협력을 지향하는 상황이 오면 이 합의서를 재출발의 기준으로 삼을 수 있었던 것이다. 아직까지도 남북 간 화해와 협력을 위한 '기본' 원칙을 가장 포괄적으로 담은 문서로서 가치를 지니고 있다. 이 합의가 이뤄진 과정을 더듬어봄으로써 그 가치를 다시 한 번 확인하고자 한다.

김해원은 《북한의 남북정치협상 연구》 129쪽에서 "1988년 12월 28일 강영훈 국무총리가 북한 정무원총리 연형묵에게 '남북고위당국자회담'을 제의한 데 대해 북한이 이를 변칙 수용함으로써 이루어졌다"고 고위급회담의 출발점을 설명한다. 남북관계 자료와 연구물 중에는 남측의 주도권을 강조하면서 북측의 행위를 가려놓아 균형 잡힌 이해에 어려움을 주는 것이 많다. 강영훈의 제의는 40여 일 전인 11월 16일 연형묵의 부총리급 고위급 정치군사회담 제안에 대한 대응으로 나온 것이었다.

남한 정부는 서울올림픽을 무사히 치러낸 후 그 시점까지 큰 성과를 거둬온 '북방정책'의 초점을 남북 대화에 옮겨 맞출 단계에 와 있었다. 그런데 이시점에서 북한이 고위급회담에 나선 뜻이 어디에 있었는지에 대해서는 적절한 설명을 아직 찾아보지 못했다. 국제관계에서 수세에 몰린 북한이 하나의돌파구를 모색한 것이 아닐까 짐작해본다.

부총리급이든 총리급이든 고위급회담을 열자는 데 남북의 뜻이 맞았지만, 실제로 회담을 여는 데는 적지 않은 시간이 걸렸다. 1989년 2월 8일 첫 예비회담으로부터 1년 반이 지난 1990년 7월 26일 제8차 예비회담에 이르러서야 겨우 '남북고위급회담 개최에 관한 합의서'가 이뤄지고, 이에 따라 1990년 9월 4일 첫 본회담이 열리게 된다.

왜 이렇게 시간이 오래 걸렸을까? 여러 가지 요인이 얽혀서 작용했을 텐데, 한 가지 특히 분명한 요인이 있었다. 팀스피릿 훈련이다. 예비회담만이 아니라 본회담에서도 팀스피릿은 계속 지연 요소로 작용했다. 예비회담과 본회담의 날짜만 살펴봐도 이 점이 분명하다.

제1차 예비회담 1989. 2. 8

제2차 예비회담 1989. 3. 2

제3차 예비회담 1989. 10. 12

제4차 예비회담 1989. 11. 15

제5차 예비회담 1989. 12. 20

제6차 예비회담 1990. 1. 31

제7차 예비회담 1990. 7. 3

제8차 예비회담 1990. 7. 26

제1차 본회담(서울) 1990. 9. 4~7

제2차 본회담(평양) 1990. 10 17~20

제3차 본회담(서울) 1990. 12. 11~14

제4차 본회담(평양) 1991. 10. 22~25

제5차 본회담(서울) 1991. 12. 10~13

제6차 본회담(평양) 1992. 2. 18~21

제7차 본회담(서울) 1992. 5. 5~8

제8차 본회담(평양) 1992. 9. 15~18

해마다 봄이 오면 대화가 중단되는 것이다. 그랬다가 1989년에는 10월에, 1990년에는 7월에, 1991년에는 10월에야 회담이 재개되었다. 1992년에만 봄을 타지 않았는데, 그 해에는 팀스피릿 훈련이 없었다는 사실을 독자들은 기억할 것이다.

대화 중단과 재개가 거듭되는 상황을 김해원은 이렇게 설명했다.

'팀스피릿' 훈련과 관련한 치열한 공방에도 불구하고 남북 쌍방은 차기 회담을 1989년 4월 12일 개최하기로 합의하였다. 그러나 북측이 회담 개최에 임박하여 회담연기를 제의하는 바람에 결국 제3차 예비회담은 7개월 뒤인 1989년 10월 12

일 판문점 평화의 집에서 공개리에 진행되었다. 남측 송한호 수석대표는 지난 1, 2차 예비회담에서 팀스피릿 훈련 문제를 들고 나와 회담의 진전을 가로막고 회담을 일방적으로 장기간 공전시킨 데 대해 북측에게 책임을 추궁하면서 온당치 못한 대화 자세의 시정을 요구하였다. (김해원, 《북한의 남북정치협상 연구》, 선인 2011, 135쪽)

남북한은 1990년 1월 31일 개최된 제6차 예비회담에서 제7차 회담일자를 3월 7일 개최키로 합의한 바 있으나 북측은 2월 7일 남북체육회담 제7차 본회담을 끝으로 2월 8일 이른바 남북국회회담 준비접촉·남북고위급회담 예비회담·남북적십자 실무대표 접촉 북측 대표단 명의의 연합성명을 발표, 모든 대화를 중단하였다. (…) 남측은 6월 25일 대북전통문을 통해 남북고위급회담 제7차 예비회담을 7월 3일에 개최하자고 수정제의하였으며, 이에 북측이 동의해옴으로써 5개월 만에 남북 대화가 다시 열리게 되었다. (같은 책, 140~141쪽)

북측은 책임연락관 접촉을 연기시킨 후 곧이어 제4차 남북고위급회담의 개최를 연기하는 성명을 발표하였다. 북한은 1991년 2월 18일 평양방송을 통해 발표된 남북고위급회담 북측 대표단 성명에서, 남측의 걸프전쟁과 관련한 경계태세와 팀스피릿 합동 군사연습 실시로 25일 평양에서 개최될 예정인 제4차 남북고위급회담이 예정대로 열릴 수 없게 되었다고 일방적으로 선언하였다. 북측은 성명에서 남측이 "남조선 전역에 비상전시체제를 선포하고 사상 유례없는 공포분위기를 조성하고 있다"고 사실과 다른 주장을 했는가 하면 팀스피릿 합동 군사훈련에 대해서도 "위험한 전쟁접경에로 끌어가고 있다"고 비난하였다. (같은 책, 147쪽)

　　김해원이 대화 중단의 책임을 북측에 씌우고 싶어 한다는 사실은 마지막 인용문에서 특히 분명하게 드러난다. 남한 정부는 한반도 평화를 위해 대화를 추구하는데 북한이 별 것 아닌 꼬투리를 잡아 대화를 회피한다는 것이다. 핵 공격을 핵심 내용으로 하는 세계 최대의 연례 군사훈련이 자신을 겨냥

하여 벌어지는 것을 별 것 아닌 일로 볼 수 있을까? 고위급회담과 그 예비회담이 팀스피릿 계절마다 중단된 자취를 보며 북한이 얼마나 팀스피릿을 싫어하고 무서워했는지 새삼 실감이 난다. 김해원의 주장처럼 북한이 대화를 회피하는 자세였다면 왜 애당초 회담에 임했겠는가? 북한은 예비회담 재개를 앞둔 1990년 5월 31일 군축제안에서 팀스피릿 중단을 요구했다. 그 후의 회담에서 완전 중단이 어렵다면 일시적으로라도 중단해달라고 요청한 것은 그야말로 '애걸'이었다. 팀스피릿 중단을 얼마나 간절히 원했는지 다음 글에서 더 자세히 알아볼 수 있다.

북한은 제1차 본회담에 앞선 90년 5월 31일 '조선반도의 평화를 위한 군축제안'을 내놓았다. 전반적인 내용은 88년에 발표한 '포괄적 평화방안'과 흡사한 것이었지만, 10개항에 걸친 항목에서 직통전화 개설 및 비무장지대의 평화지대화 등 남북 신뢰조성을 앞에 배치한 것이 주목되었다. 그러나 군사훈련에 대한 시각 차이는 현저했다. 남한은 군사훈련 실시를 전제로 상호 통보와 참관을 신뢰구축 조치로 제시한 반면에, 북한은 대규모의 군사훈련 실시 자체를 중단해야 한다고 맞섰다. 이는 한·미 연합군의 팀스피릿 훈련 중단을 겨냥한 것으로, 이에 따라 팀스피릿은 이후 기본합의서 협상은 물론이고 남·북·미 3자관계의 최대 변수로 등장했다. 북한은 90년 7월 8차 예비회담과 서울에서 열린 9월 1차 본회담에서 자신의 군축 제안을 바탕으로 군사문제를 풀자고 요구했다. 또한 팀스피릿 훈련을 영구히 중단하는 것이 어렵다면, 회담 활성화 차원에서 2~3년간이라도 중단해달라고 요구했다. 남한은 노태우 정부의 '민족공동체통일방안'에 기초한 8개항의 '남북관계 개선을 위한 기본합의서(안)'을 제시하면서 교류협력과 신뢰구축 우선론을 제시했다. 그러자 북한은 남한 측의 선 신뢰구축론에 대한 반박 논리를 내놓았다. 90년 12월에 열린 3차 본회담에서 북한은 남한의 제안이 극히 일반적인 방향만 밝힌 '신뢰조성 우선론'이라고 비판하면서 군축을 중심으로 한 군사문제 해결을 요구했다. 91년 10월 4차 본회담에서도 군축을 신뢰구축 이후로 보는 것은 문제의 핵심을 피하는 소극적인 태도라고 비판했고, 91년 12월에 열린 5차 본회담에서도 남측이 제시한 신뢰구축 단계만도 10여 년이 걸린 유럽식 경험을 적용하는 것은 한반도의 실정에 맞지 않는다고 주장했다. (정욱식·김종대, "한반도 군축과 군비통제의 새로운 접근", 진보신당 정책용역보고서 2011, 35쪽)

북한은 '군비축소'의 선행을 요구한 반면 남한은 '신뢰구축'이 이뤄진 후에 군비축소가 가능하다고 맞섰다. 그래서 고위급회담의 1차 목표인 기본합의서에도 북한은 '불가침선언'을 꼭 넣자고 주장한 반면 남한은 '화해와 협력'만을 넣자고 주장했다. 남한이라 해서 군비축소를 반대할 입장은 아니었다. 그러나 군비축소가 북한에게 더 절박한 과제였기 때문에 흥정 카드로 삼으려 한 것이었다.

1991년 12월에 채택된 기본합의서 이름에 화해, 불가침, 교류협력이 다 들어간 것은 양측 주장을 절충한 결과였다. 그보다 1년 전인 1990년 12월의 제3차 회담에서 이와 거의 같은 내용을 북측이 제안했다. 그런데 남측이 '불가침'을 넣으면 안 된다고 고집해서 타결이 1년 늦어진 사실을 임동원은 아쉬워한다.

북측은 지난번 평양회담 2일차 회의에서 우리 측이 수정제의한 바 있는 '남북 간의 화해와 협력을 위한 공동선언'과 북측이 제의한 '불가침선언'을 통합하여 '남북 불가침과 화해·협력에 관한 선언'이라는 하나의 문건으로 채택하자는 수정안을 제시했다.

사실 우리 측의 관계개선 기본합의서 내용과 북측의 수정안 내용은 많이 근접해 있었다. 명칭도 나중에 채택된 문서 명칭인 '남북 사이의 화해와 불가침 및 교류협력에 관한 합의서'와 근사한 것이었다. 북측에서는 분명히 합의를 원했기 때문에, 우리 측에서 협상할 의사만 있었다면 얼마든지 타결할 수 있는 상황이었다. (임동원, 《피스메이커》, 창비 2015, 156쪽)

1년이 지난 후 남측은 '불가침'을 받아들였다. 1992년도 팀스피릿 훈련 중단도 결정했다. 그리고 북한에게 '불감청不敢請이언정 고소원固所願'인 남한 배치 핵무기 철수가 이뤄졌다. 유엔 동시가입, 기본합의서에 이어 연말에는 남북 핵협정까지, 일련의 한반도 긴장완화 조치가 일사천리로 진행되었다. 앞에서 인용한 돈 오버도퍼의 핵협정 체결 상황에 대한 소감처럼, 북한은 남한 관리들이 놀랄 만큼 이 진행에 적극적인 태도를 보였다.

1992년 1월 21일 김용순 노동당 국제비서와 아놀드 캔터 국무부 차관의 뉴욕회담에 북한은 어떤 기대를 걸고 있었을까. 미국과의 첫 고위급회담을 가지면서 유엔 회원국이 된 보람을 느끼지 않았을까. 40년 전의 전쟁 이래 북한의 존재를 위협해온 숙적을 상대로 시비를 따지기보다는 적대관계의 종식을 간절히 바라고 있었으리라는 것을 반년 이상 이어지고 있던 북한의 행보에서 짐작할 수 있다. 소련의 붕괴와 중국의 노선 선회 등 동맹관계의 변화도 적대관계의 해소를 바라는 북한의 입장을 더욱 절박하게 만들고 있었다.

그런데 미국은 이 회담에서 극히 냉담한 입장을 보였고, 뒤이어 미국의 압도적 영향을 받는 IAEA가 북한에 대해 고압적이고 적대적인 태도를 취했다. 보고서 내용에 대한 불신을 이유로 특별사찰을 요구한 것은 IAEA 역사상 없던 강압적 정책이고, 핵무기 미보유국의 불이익을 보상하는 NPT 조약정신과도 배치되는 조치였다. 이 문제가 제기되어 있는 상태에서 1992년 10월 팀스피릿 재개 방침 발표는 1년 남짓 계속되어온 북한의 국제사회 진입 노력에 결정적인 타격이었다.

북한이 이 방침 철회를 위해 지극정성을 다하는 과정에서 얼마나 팀스피릿 훈련을 무서워했는지 다시 한 번 실감할 수 있다. 북한은 NPT 탈퇴 이유로 IAEA의 특별사찰 요구를, 남북 대화 중단 이유로 팀스피릿 훈련 재개를 나란히 제시했지만, 그 과정을 살펴보면 팀스피릿 문제가 더 결정적인 것이었음을 알아볼 수 있다. 팀스피릿 재개 방침만 나오지 않았다면 특별사찰 요구에는 훨씬 더 끈기 있는 대응자세를 보였을 것이다.

핵확산금지조약(NPT),
북한에게만 가혹했다

1993년 '북핵 위기'의 빌미가 된 핵확산금지조약NPT에 어떤 문제가 있었는지 살펴보겠다.

1968년 작성되어 1970년 3월 발효에 들어간 NPT는 이름 그대로 핵무기의 확산 금지에 목적을 둔 조약이다. 이 조약의 효력은 애초 25년간으로 규정되었다가 1995년의 총회 결정으로 무기한 연장되었다. 현재 189개국이 가입해 있는데, 가입했다가 탈퇴한 나라가 하나 있다. 북한이다. 유엔 회원국으로서 가입하지 않고 있는 나라는 북한 외에 넷이다. 인도, 파키스탄, 이스라엘과 남수단이다. 2011년 독립한 남수단은 NPT에도 곧 가입할 것이 예상되지만, 나머지 세 나라는 가입에 문제를 가진 나라들이다.

NPT는 한마디로 불평등조약이다. 핵무기 제조능력을 이미 갖고 있는 나라들을 핵보유국으로 인정하고 그 밖의 미보유국은 핵 능력을 갖지 못하게 하는 것이 조약 목적이다(1970년 출범 때는 미국, 소련, 영국만이 핵보유국으로 인정받았고, 1992년 프랑스와 중국이 가입하면서 추가로 인정받았다). 미보유국에게 현실을 받아들이도록 요구함으로써 현상유지를 꾀하는 이 조약이 확산금지의 효과를 어느 정도 발휘해왔다는 사실은 인정된다. 출범 당시에는 향후 20년 후 25개국

이상이 핵 능력을 갖게 될 것으로 예상되고 있었으나 그 갑절의 기간이 지난 지금까지 핵무기 보유국은 10개 안쪽에 머물러 있다.

핵무기는 현대세계에서 군사력의 가장 중요한 요소다. 따라서 그 보유 여부는 정치·외교에도 엄청난 힘의 차이를 가져온다. 따라서 미보유국이 보유국과의 힘의 격차를 감수하게 하려면 당연히 미보유국이 손해 보지 않게 해주는 반대급부가 필요하다. 가장 중요한 반대급부로 두 가지가 있다. 하나는 원자력의 평화적 이용을 위한 기술을 핵보유국이 적극적으로 제공하는 것이고, 또 하나는 핵무기가 미보유국에 대한 군사적 위협에 이용되어서는 안 된다는 것이다.

두 가지 반대급부가 있다면 미보유국이 굳이 핵 능력 확보를 위해 애를 쓸 필요가 없다. 이론적으로는 그렇다. 그러나 칼을 휘두르지 않기로 약속하더라도 실제로는 칼자루를 쥔 입장과 칼날을 쥔 입장이 다르다.

게다가 이 약속은 당연한 원칙으로 인식되면서도 아직 NPT 조문으로 명문화되어 있지 않다. 그래서 원칙에 어긋나는 태도가 적지 않게 나타나는데도 제재가 되지 않는다. 북한에 대한 미국의 위협이 가장 대표적인 사례지만 그것만이 아니다. 2003년에 제프리 훈 영국 국방장관이 필요할 경우 이라크에 대한 핵 공격에 찬성한다고 BBC 인터뷰에서 말한 일이 있고, 2006년에 자크 시라크 프랑스 대통령이 프랑스에 대한 테러지원국의 권력 중심부를 파괴하기 위해 소규모 핵 공격을 행할 수 있다고 말한 바 있다.

미국의 북한에 대한 핵 공격 위협은 1976년 팀스피릿 훈련 개시와 함께 일상화되었다.

월남 패망 후 미국은 안보에 대한 불안 때문에 전전긍긍하고 있던 남한 정부를 달래준다는 명목 하에 경우에 따라 핵무기를 사용할 수도 있다며 공공연하게 북한을 위협했다. 1975년 6월 제임스 슐레진저 국무장관은 남한에 미제 핵탄두가 배치돼 있다는 사실을 공개적으로 시인하면서 다음과 같이 선언했다. "우리가 전술 핵무기를 반드시 사용해야 하는 상황이 전개된다면 (…) 실제 그 사용 여부를 고려하게 될 것이다." 이어 그는 다음과 같이 덧붙였다. "미국이 어떤 반응을 보일지 시험하는 것은 결코 현명치 못한 행동이다." 그로부터 1년 후인 1976년 2월 핵무기 탑재가 가능한 미군 전폭기 부대가 잠시나마 남한에 배치됐고 이 사실은 언론을 통해 대대적으로 보도됐다. 게다가 그해 6월 처음으로 실시된 팀스피릿 연례 합동 군사훈련의 일정도 대규모 병력 이동과 핵무기 사용훈련으로 구성돼 있었다. (돈 오버도퍼,《두 개의 한국》, 이종길 옮김, 길산 2002, 385쪽)

여기서 주의할 점은 실제 공격이 아닌 '위협'까지 NPT의 규제 대상이 된다는 것이다. '전략무기'로서 핵무기의 특성 때문이다. 실제 공격을 통해서만 효과를 거두는 무기는 '전술무기'다. 반면 위협만을 통해서도 효과를 거둘 수 있다는 것이 전략무기의 특성이다. 북한이 핵 능력을 가졌다는 사실만으로 '위기'를 구성하는 것도 이 특성 때문이다.

핵무기를 만들고 있다는 의미에서 '핵 능력'을 가진 나라는 열 개 미만이다. 그러나 마음만 먹으면 단시일 내에 핵무기를 만들 수 있는, '잠재적 핵 능력'을 가진 나라는 그 몇 배가 된다. 북한의 핵무기 보유가 남한, 일본, 대만 등 주변국의 핵무기 개발 의지를 촉발하는 데 북핵 위기의 가장 큰 위험이 있다.

NPT의 궁극적 목표는 핵무기의 완전 철폐에 있다. 미보유국의 핵무기 개발 의지를 원천적으로 없앨 수 있는 길이다. NPT 조문 제6조가 이 목표를 가리키는 것이다. 해석에 논란이 있는 조문이므로 〈위키피디아〉의 'NPT' 항목에서 원문을 옮겨놓는다.

The states undertake to pursue negotiations in good faith on effective measures relating to cessation of the nuclear arms race at an early date and to nuclear disarmament, and towards a treaty on general and complete disarmament under strict and effective international control.(조약국은 조속한 시일 내의 핵군비경쟁 종식과 핵무장 해제의 효과적 수단을 강구하기 위한 회담에 성의를 가지고 임해야 하며 엄격하고 효과적인 국제통제하의 보편적이고 완전한 핵무장 해제조약 체결을 위해 노력해야 한다.)

미보유국들은 이 조문을 엄격하게 해석해서 보유국들이 이 조문을 어겨왔다고 주장하는 반면, 보유국들은 느슨하게 해석하면서 이 조문의 요구에 부응해왔다고 주장한다. 한편 인도는 이 조문이 충분히 엄격하지 못해서 조약 자체가 불공정하다는 것을 NPT 가입거부 이유로 내세운다. 2007년에 인도 외무장관이 이렇게 말했다고 한다.

인도가 NPT에 가입하지 않는 이유는 핵 확산 금지에 성의가 없어서가 아니라, 그 조약에 결함이 있고 보편적, 무차별적 확인과 처리의 필요를 인정하지 않기 때문이다. (《위키피디아》, 'NPT' 항목)

NPT는 앞서 말했듯, 불평등조약이다. 출범 당시 25년의 조약기간을 정한 것은 그동안에 핵무기를 전면 철폐함으로써 이런 불평등조약의 필요성을 없애겠다는 의지의 표명이었다. 25년이 된 1995년에는 핵군비경쟁의 주역이던 소련이 사라졌으므로 이 목표의 실현에 접근한 상황이었다. 핵무기의 전면 철폐를 위한 다음 단계로 넘어갈 수 있는 기회였다. 그런데 미국은 NPT의 무기한 연장을 주장하고 총회에서 관철시켰다.

NPT의 목적 달성을 방해하는 것으로 가장 많은 비판을 받아온 나라가 미국이다. 가장 큰 비난을 모은 것이 미국 핵무기의 NATO 배치였다. 남한 배치 핵무기와 달리 독일, 이탈리아, 터키 등 NATO 소속 여러 미보유국에 배치된 핵무기는 필요할 때 배치되어 있는 국가의 통제를 받게 되어 있다.

이것이 핵무기와 관련 기술의 양여와 수령을 금지하는 NPT 제1조와 제2조의 위반이라는 비판이 일찍부터 제기되어왔다. 이에 대해 미국과 NATO의

해명은 이렇다. 평상시에는 핵무기가 미국의 통제하에 있으므로 양여된 것이 아니고, 필요할 때, 즉 전쟁이 일어났을 때는 NPT가 이미 깨어진 상황이므로 구애받을 필요가 없다는 것이다. 그러나 비판자들은 평상시에도 핵무기 운반과 작동훈련 등 관련 기술이 양여된 것임을 지적한다.

NPT가 금지한다는 '핵 확산'은 기술보유국에서 미보유국으로의 무기와 기술 이전을 말하는 것이다. 가입하지 않은 나라의 독자적 핵무기 개발에 대한 직접 제재는 없다(그런 제재는 유엔 안보리의 할 일이다). 다만, 조약에 가입하고 준수하는 미보유국에 주어지는 혜택, 즉 평화적 핵기술의 양여와 선제 핵 공격의 금지가 적용되지 않을 뿐이다.

그런데 이런 기준도 지켜지지 않는다. 미국은 2006년에 '미국·인도 평화원자력협조법'을 제정했다. 그리고 2008년 여러 나라의 반대를 무릅쓰고 IAEA의 '인도 안전조치기준 협정' 승인을 받아냈다. 원자력기술과 원전을 인도에 마음 놓고 팔아먹게 된 것이다.

이런 조치를 끌어내기 위해 인도는 22개 핵발전소 중 14개를 '민간용'으로 지정, IAEA의 사찰 대상으로 내놓았다. 이에 모하메드 엘바라데이 IAEA 사무총장은 인도를 "비확산 체제의 중요한 파트너"라고 치켜세웠다. 북한에 요구한 엄격한 사찰과는 천양지판이다.

1974년 핵실험에 성공했던 인도의 앙숙 파키스탄은 1998년에야 핵실험에 성공했으나 10여 년이 지난 지금까지 약 100기를 비축, 인도와 대등한 핵군비를 갖춘 것으로 알려졌다. 파키스탄의 핵무기 개발은 알카에다 상대의 동맹관계로 미국의 묵인을 받았기 때문에 가능한 것이었다. 알카에다 자체도, 후세인의 이라크도 미국과의 동맹관계를 통해 군사력을 키웠던 사실에 비춰보면, 미국은 참으로 세계평화를 막기 위해 꾸준히 애써온 나라다. 근년 알카에다에 대한 파키스탄의 애매한 태도가 문제가 되면서야 파키스탄이 인도와 같은 식의 안전조치 협정을 맺는 것을 미국이 가로막고 나섰다.

미국의 세계평화 위협에 대한 비판이 모이는 또 하나의 초점이 이스라엘

옹호다. 이스라엘이 1958년 이래 핵무기를 개발해왔다는 것은 '공개된 비밀'을 넘어 '공개된 사실'이 되었는데도 미국은 IAEA의 개입을 가로막아왔다. 2009년에야 IAEA 총회에서 이스라엘의 사찰 수용과 NPT 조약 가입을 요구하는 결의안을 채택했는데, 너무나도 당연한 내용의 이 결의안이 찬성 49 대 반대 45(기권 16)로 겨우 통과되었다고 한다.

1992년의 북한에게
핵무기란 무엇이었나?

남한이 미국에게 안보를 전적으로 의존하는 데 비해 주체적인 안보자세를 취한 북한이 더 일찍부터 핵무기에 강한 매력을 느끼고 있었으리라는 것은 당연히 짐작되는 일이다. 1960년대부터 북한이 중국에게 핵무기 기술 이전을 요청했다고 하는 돈 오버도퍼의 이야기는 확실한 근거를 제시하지 않아도 충분히 있었을 법한 일로 보인다.

1964년 중국이 최초의 원자폭탄 실험에 성공하자 북한은 이번에는 중국에 지원을 요청했다. 김일성 주석은 베이징에 대표단을 파견해 핵 개발 지원을 요청함과 동시에 마오쩌둥 중앙위원회 주석 앞으로 서한을 보내, 목숨까지 바쳤던 혈맹인 만큼 핵무기 제조기술 또한 공유해야 한다고 역설했다. 두 명의 중국 관리와 중국 사정에 정통한 한 일본인 전문가는 마오쩌둥이 이를 단호하게 거절했다고 증언했다. 중국 외교부에서 한반도 문제를 전담했던 전직 관리는 "중국 지도부는 핵무기 개발이 막대한 자금이 소요되는 사업인 데다가 작은 나라인 북한에는 굳이 핵무기가 필요하지 않다고 생각했다"고 말했다. 그 후 1974년 김일성은 다시 한 번 중국에 도움을 요청한 것으로 알려졌다. 당시 남한의 핵 개발 계획 추진 상황이 김일성의 심경에 영향을 미쳤을 가능성도 있다. 어쨌든 과거와 마찬가지로 74년의 요청도 성공을 거두지 못했다. (돈 오버도퍼,《두 개의 한국》, 이종길 옮김, 길산 2002, 378~379쪽)

물론 그럴싸하기 때문에 근거 없이 떠도는 이야기일 수도 있다. 핵무기 기술이라면 아무리 동맹관계라도 쉽게 나눠줄 대상이 아니다. 보유 여부가 동맹의 성격 자체를 근본적으로 바꾸는 것이기 때문이다.

오버도퍼가 말하는 중국에 대한 북한의 핵 기술 이전 요청이 사실이든 아니든, 소련과 중국 어느 쪽에도 절대적으로 안보를 의존하지 않고 있던 1960년대의 북한이 핵무기 기술 확보의 '꿈'이라도 꾸기 시작한 것은 이해할 만한 일이다. 그 꿈을 이루기 위한 실제 노력은 언제 어떻게 시작되었을까. 1980년대 들어 외부로부터의 관찰이 시작되었다.

북한이 정확하게 언제부터 그리고 왜, 국가적 사업으로 독자적인 핵 개발 계획에 착수했는지에 대해서는 추측만 난무할 뿐 정확히 알려진 사실은 없다. 82년 봄 CIA는 미국의 첩보위성 카메라에 포착된 북한의 준비 작업이 1979년경부터 개시됐을 것이라는 추측을 내놓았다. 소련 해외정보부 관리의 말에 따르면 1970년대 후반 김일성은 과학원·군부·사회 안전부에 핵무기 개발 계획에 착수할 것과 영변에 있는 기존 시설을 빠른 시일 내에 확대시킬 것을 지시했다.

81년 평양을 방문한 동독 공산당 소속 국제부의 한 고위급 대표는 귀국 후 정치국에 다음과 같은 보고서를 제출했다. "북한은 원자력발전소를 도입하는 데에 지대한 관심을 보이고 있다. 그 열의로 볼 때 핵 기술을 군사적으로 이용할 가능성을 결코 배제할 수 없다." 북한의 관리들과 수차례에 걸친 비공식 회담 끝에 신중하게 작성된 이 보고서는 지금까지 핵무기 개발에 대한 북한의 의지를 지나치게 과소평가했다고 평하며 다음과 같이 덧붙였다. "그들은 단도직입적으로 '우리는 핵무기가 필요하다'고 말했다." (같은 책, 379쪽)

북한의 핵 사업은 1985년 소련과의 경제기술협력협정 체결을 계기로 크게 확장됐다. 소련이 대형 원자로를 제공하는 조건으로 북한의 NPT 가입을 요구한 것을 보면 핵무기 재료를 획득할 만한 성격과 규모의 시설을 북한이 이때 비로소 갖추게 된 것이다. 이 협정이 고르바초프 집권 직후에 체결된 사실이 주목된다. 그 이전 소련의 동맹국 통제가 엄격하던 시절 같으면 북한의 핵 능력 확보 가능성을 더 철저하게 차단했을 텐데, 동맹국에 대한 책임을 줄이려는 고르바초프 노선 때문에 이 협정을 체결하게 된 것 아닌가 생각된다.

1985년까지는 북한이 아무리 핵무기 개발의 '꿈'을 가졌더라도 꿈 차원을 벗어나기 어려웠을 것이다. 핵무기의 이론은 연구하더라도 재료 획득이 불가능했다. 1985년까지 소련은 북한에게 핵우산을 제공하는 대신 독자적 핵 능력 개발을 철저하게 차단하고 있었다. NPT나 IAEA의 개입 없이 동맹관계 안에서 핵 문제를 관리하고 있었던 것이다. 그런데 이제 북한의 NPT 가입을 요구한 것은 자기네가 관리자 역할을 벗어나겠다는 뜻이었다.

1990년 9월의 한·소 수교는 북한-소련 동맹관계에 큰 타격이었다. 소련 제2인자 셰바르드나제 외무장관이 평양으로 달려와 동맹관계를 변함없이 지키겠다고 다짐했지만, 남한의 주동맹국 미국과 일본이 꼼짝 않고 있는데 소련이 남한과 수교를 한다니! 북한은 이제 핵우산을 비롯한 소련의 군사적 지원을 믿을 수 없게 되었다.

냉전형 동맹관계의 해체는 북한에게는 생존의 위기를 의미했다. 왜냐하면 그간 북한의 안보와 경제는 상당 부분 소련과 중국에 의존하고 있었기 때문이다. 위기에 직면한 북한은 무엇보다 비대칭전력인 핵무기 개발에 박차를 가했다. 당시 북한 외교부장이던 김영남의 표현을 빌리자면, "소련이 남조선과 외교관계를 맺으면, 이때까지 동맹관계에 의거했던 '일부 무기들'도 자체로 마련하는 대책을 세우지 않을 수 없다"는 것이다. 그러나 북한은 핵 개발을 군사적 용도로 활용하는 동시에 고립을 탈피하기 위한 외교적 협상 카드로도 활용하는 전략을 구사했다. (장달중·이정철·임수호,《북미 대립-탈냉전 속의 냉전 대립》(이하《북미 대립》), 서울대학교출판문화원 2011, 32쪽)

김영남은 북한 지도부에서 강경파의 대표자다. 소련의 '배신'에 치를 떨며 "일부 무기"의 자체 개발 필요성을 주장한다는 말을 뒤집어보면 그때까지는 동맹관계를 믿고 핵무기를 스스로 마련하려 하지 않았다는 것이다. 소련에 의지할 수 없게 될 때를 대비해서 약간의 개발 노력을 시작했을 수는 있지만 소련이 그 노력의 범위를 제한하고 있었을 것이다. 실제로 북한이 소량의 플루토늄을 추출하기 시작한 것이 이 무렵의 일이었던 것으로 밝혀졌다.

동맹국의 핵우산에 의지하던 냉전기 상황을 벗어난다면 북한의 안보 유지를 위해 어떤 길이 있나. 미국 등 자본주의 진영과의 적대관계를 계속하면서 이제는 동맹국 아닌 내 손으로 안보를 지켜나가겠다는 김영남의 선명노선도 하나의 길이다. 그런 길을 위한 얼마간의 대비도 있었을 것이다. 그러나 현실적인 어려움을 생각하지 않았을 수 없다. 핵무기 독자개발의 어려움만이 아니다. 동맹국의 지원이 사라지면 북한 경제도 버틸 수 없는 형편이었다.

보다 현실적인 길은 동맹국들의 뒤를 따라 새로운 상황에 순응하는 것이었다. 미국과 오랜 적대관계라고 하지만, 미국과 적대관계에 있어보지 않은 공산국가가 있는가? 동유럽 국가들처럼 자본주의를 전면적으로 수용하는 길만 있었던 것도 아니다. 중국처럼 사회주의 깃발을 지키고 1당 독재를 유지하는 길도 있었다.

1991년 하반기 중 유엔 가입에서 남북기본합의서와 핵협정에 이르기까지 일련의 조치는 북한이 현실에 순응해 새로운 국제질서를 받아들일 결정을 내렸다는 사실을 보여준다. 강한 집착을 보여온 '하나의 한국' 원칙까지도 접어놓았다. 1992년 1월 미국과의 뉴욕회담에서도 관계개선에 대한 강한 기대감을 보였다. 남한 배치 핵무기 철수와 팀스피릿 훈련 중단이라는 미국 측의 긴장완화 조치 실행에 고무된 것이 분명했다.

1991년 10월 김일성의 중국 방문을 계기로 북한이 개방노선을 확정한 것으로 보인다. 그 전에 유엔 가입 등 개방을 향한 조치가 있었던 것을 보면 개방노선이 이미 설정되어 있었던 것은 분명하다. 그러나 중국 최고지도자들과의 회담을 통해 지지와 지원을 약속받으면서 구체적 개방노선을 확정했을 것이다. 그렇다면 그 개방노선은 동유럽과 같은 급격한 개방이 아니라 중국 같은 점진적 개방을 향한 것이었음이 틀림없다.

1992년 중 북한의 개방 노력을 미국이 오만한 태도로 좌절시킨 데는 정신병 수준의 '미국예외주의'도 한몫했겠지만, 그보다 합리적인 이유를 굳이 찾아본다면 북한의 개방이 중국식이 아니라 동유럽식이 되기 바란 때문이라고 볼 수 있겠다. 당시 미국인들은 중국 개혁개방 노선의 성공 가능성을 낮게 보고 있었고, 결국은 소련과 동유럽 국가들의 뒤를 따를 것을 기대하고 있었다. 톈안먼 사건(1989년)을 중국 붕괴의 전조로 본 것이다.

1991년 가을에도 미국 정부에는 북한에 대해 강압외교를 선호하는 경향이 있었다. 이 경향을 견제하는 데 중국의 역할이 있었다.

곧 강압외교에 대한 가장 큰 장애물이 나타났다. 제임스 베이커 미 국무장관은 1991년 11월 중순에 서울에서 개최된 아시아태평양경제협력회의에서 이 지역의 지지를 확보하기 위해 노력했다. 그는 중국 전기침[첸치천] 외교부장의 공개적인 반대에 부딪쳤다. 언제나처럼 전기침은 강압이 아닌 "대화"가 북한을 다루는 방법이라고 주장했다. (리언 시걸,《미국은 협력하려 하지 않았다》, 구갑우·김갑식·윤여령 옮김, 사회평론 1999, 55쪽)

1991년 중 미국의 해외 배치 핵무기 철수 등 유화적 정책은 공산권과 소련의 붕괴라는 거대한 변화 앞에서 잠재적 반발을 줄이기 위한 것이었다. 팀스피릿 훈련 중단 방침도 같은 맥락에서 이해할 수 있다. 그런데 1992년 들어 소련 해체가 끝나고 소련 보유 핵무기의 관리·통제 방법이 확보되자 유화적 정책이 더 이상 필요하지 않게 되었다. 중국을 견제하기 위해서도 북한의 개방노선을 좌절시키는 강압노선으로 끌리게 된 것으로 이해된다.

중국이 권한 중국식 개방노선이 좌절되었을 때 북한의 선택은 두 갈래뿐이었다. 미국이 요구하는 동유럽식 개방으로 가는 길과 그에 대항해 자기네 체제를 지키는 길. 전자의 경우 바람직한 결과를 바라기 어렵다는 사실을 동유럽 국가들이 이미 보여주고 있었다. 한편 후자의 길을 위해서는 두 가지 조건이 필요했다. 중국의 지지와 핵무기. 중국의 지원 없이는 북한 경제가 '고난의 행군' 정도가 아닌 철저한 파탄을 피할 수 없었다. 그리고 중국의 지지로도 안보가 충분치 못한 상황에서 자체 핵무기는 안보의 필수 요소였다.

1993년 시점에서 북한의 '잠재적 핵 능력'은 독일이나 일본은 물론, 한국이나 대만보다도 뒤떨어진 상태였다. 1992년 2월 로버트 게이츠 CIA 국장이 하원 외무위원회 답변 중 북한이 핵무기를 확보한 지 1년이 넘었다고 말해서 세상을 놀라게 한 일이 있다. 이것이 말도 안 되는 소리라는 사실은 바로 밝혀졌지만, 북한이 몇 년 후면 핵무기를 가지게 될 것이라는 예상이 미국 정부의 강압정책을 뒷받침하기 위해 줄지어 나왔다. 북한의 첫 핵실험은 10여 년이 지난 2006년 10월에야 있었다.

1992년 5월 북한이 IAEA에 최초보고서를 제출할 때 잠재적 핵 능력의 일부라도 감춰놓으려 한 것은 이해할 만한 일이다. 자기네 개방노선을 미국이 좌절시키려 들 조짐이 몇 달 전 뉴욕회담을 비롯해 거듭거듭 나타나고 있었다. 아직 유치한 수준이라도 핵 능력의 씨앗을 '주권의 보루'로서 지킬 필요가 있었다. 개방노선의 관문인 NPT를 포기할 생각은 없어도, IAEA의 통상적 운영 기준에 맞춰 꼭 필요한 범위의 정보만을 제공하는 것이 북한으로서는 이 시점에서 합리적인 방침이었다.

그런데 IAEA는 종래 어느 NPT 회원국들에게도 요구하지 않던 엄격한 요구를 북한에 들이댔다. 북한 입장에서는 "엿장수 마음대로"란 볼멘소리가 나오지 않을 수 없는 상황이었다.

(…) 안전조치는 피사찰국의 동의와 협력을 요구한다. IAEA는 미신고 핵 시설의 감시는 차치하고 탐지하기에도 역부족이다. 비밀장소를 탐지하고 그 정보를 공유하기 위해서는 회원국과의 협력이 필요하다.

NPT의 산물인 IAEA는 원자력을 촉진시키면서 핵무장을 억제하려는 자기모순에 사로잡혀 있다. 설립 초기에 많은 회원국들은 강제적인 사찰을 주권 침해로 간주하고 강제적인 사찰 권한을 IAEA에 부여하는 것을 반대했다. 재정적으로 큰 역할을 담당하는 일본 및 독일과 같은 국가들은 안전조치를 엄격하게 관철시키는 데 비용을 지불하는 것을 주저했다. (…)

1990년에 이르러, IAEA는 북한에서 원하지 않았던 방식으로 그리고 미국의 최고 정책 결정자들이 단지 막연히 요구하던 방식으로 변화하기 시작했다. 이라크의 핵 폭탄 프로그램을 탐지하지 못했다는 비난 속에서 명성을 회복하고자 했던 것이다. IAEA는 미신고 핵지역에 대한 특별사찰을 실시할 권한을 주장하였고, 핵 시설을 설치 및 개조할 때 더 적시에 보고해야 하는 필요조건을 마련하였고, 방사선 샘플을 채취하고 분석하는 새로운 기술을 도입하였으며, 예상되는 위반을 단속하기 위해 회원국들의 정보를 사용하는 새로운 내부적 절차들을 채택했다. 안전조치의 신축적 실행이 장차 핵을 보유하려는 국가들에게 불행한 선례가 될 것이라는 두려움 때문에, IAEA는 북한에 그 새로운 규칙을 관철하기로 결정했다. 따라서 IAEA는 사찰단에 추가적 접근을 허용할 경우의 대가를 요구하는 평양과 충돌노선을 걷게 되었다. (같은 책, 36~37쪽)

1992년 9월
'훈령 조작 사건' (1)

시대정신에 부합하면서 동력도 충분히 확보했던 것으로 보이는 1990년대 초 남북관계 변화의 움직임이 1992년 말 갑자기 중단되어버린 것이 무슨 까닭이었을까? 아직까지도 걸핏하면 남북관계를 중단과 퇴행으로 몰아가곤 하는 장애 요소의 존재를 확인하기 위해 1992년 9월 제8차 고위급회담에 파탄을 몰고 온 '훈령 조작 사건'을 자세히 살펴볼 필요가 있다. 당시 통일원차관으로 회담에 참석했던 임동원은 《피스메이커》에서 회담 직후의 조사 내용을 이렇게 설명했다.

나는 발·수신된 모든 전문을 안기부로부터 제출받았다. 일련번호가 표시된 9월 17일자 평양 발신 전문 4건과 서울 발신 전문 3건 등 총 7건의 3급 비밀 전문의 사본이 입수되었다.

제1호 전문은 정원식 총리의 지시로 내가 평양에서 새벽 0시 30분에 발송한 '청훈 전문'이었다. 그런데 같은 시간에 평양에서 발송된 제2호 전문이 있었다. 202(이동복)가 102(엄삼탁 안기부 기조실장)에게 보낸 이 전문의 내용은 놀랍게도 "청훈 전문을 묵살하고, '이인모 건에 관하여 3개 조건이 충족되지 않는 한 협의하지 말라'는 내용의 회신을 보내달라"는 내용이었다. 또한 이 전문에는 "전문을 보고 난 후 파기하라"는 조치사항도 표기되어 있었다.

이에 따라 제3호 전문이 오전 7시 15분에 서울에서 평양으로 발신되었는데, 문제의 "3개 조건이 충족되지 못하면 협의하지 말라"는 내용의 것이었다. 사실 이 전문은 공식 전문이 아니라 102가 202에게 보낸 SVC(서비스)가 표시된 사신私信이었다. 그러나 정 총리와 내가 평양에서 본 전문에는 102와 202, 그리고 'SVC'라는 표기가 없었기 때문에 우리는 대통령의 재가를 받고 보내온 정식 훈령으로 속아 넘어갔던 것이다.

이날 오후 4시 15분에는 서울에서 수석대표 앞으로 또 하나의 전문(제7호)이 발신되었다. 이 훈령은 이미 정해진 협상전략대로 "2개 조건만 관철되면 남북적십자 접촉을 즉각 재개하는 데 합의하여 발표하고 돌아오라"는 내용이었다. 이는 실제로 북측이 동의했던 내용이었다. 이 전문은 대통령의 정식 훈령이었지만, 차석대표이자 이 문제에 관한 협상 책임자인 나에게는 물론, 수석대표인 정 총리에게도 전달되지 않았다. (임동원,《피스메이커》, 창비 2015, 223~224쪽)

고위급회담의 남한 대표단 대변인 이동복은 당시 국무총리 특보란 명함도 갖고 있었지만, 실제 역할은 안기부장 특보였다. 평양에서 회담이 열릴 때 대표단과 서울 사이의 통신을 안기부가 맡고 있었는데, 이동복은 이를 이용해 수석대표 정원식 총리가 보낸 청훈請訓 전문을 가로챈 '청훈 차단', 자신이 원하는 내용을 대통령의 훈령처럼 대표단에게 내놓은 '가짜 훈령 조작', 그리고 대통령이 뒤늦게 보낸 훈령을 감춘 '진짜 훈령 묵살'을 저질러 대표단의 임무 수행을 방해했던 것이다.

간이 얼마나 큰 사람이기에 이런 짓을 저지를 수 있었을까? 단독범행이 아니었다는 사실은 분명하다. 단독범행을 주장한 이동복은 아무런 처벌도 받지 않았고 그의 범행 성공을 도운 것으로 보이는 이상연 안기부장과 엄삼탁 기조실장의 책임도 밝혀지지 않았다. 심지어 안기부장 특보(차관급)와 남북회담 대표로서 이동복의 신분과 역할도 유지되었다. 사건 며칠 후 열린 고위전략회의(총리, 통일부총리, 안기부장, 청와대 비서실장, 통일부차관과 이동복 참석) 상황을 임동원은 이렇게 회고했다.

사실 그가 어째서 이토록 무리한 짓을 저질렀는지에 대해서는 묻지 않아도 모두들 알 수 있다는 분위기였다. 8·15 이산가족 방문단 교환 사업을 파탄시킨 것이나, 이번에 훈령 조작으로 또다시 이산가족 방문단 교환을 파탄시킨 것에 대해 모두들 '정권 재창출'을 위한 것이라고 생각하는 것이 분명했다. 이는 '안보 불안과 긴장 조성으로 남북관계가 파행되는 것이 특정 대통령 후보의 당선에 유리하다'는 일부 안기부 간부들의 구시대적 판단에 따른 조직적 활동의 소산일 터였다. 이는 단순히 노태우 대통령의 레임덕 현상이 얼마나 심각했는지를 보여주는 좋은 사례라 하기에는 민족의 운명에 미친 영향이 너무나 큰 중대 사건이었다. 그러나 모두들 그러한 사정에 대해 드러내놓고 논의하기를 꺼리는 눈치였다. 정작 당사자인 이동복 특보도 자기 혼자 저지른 일인지, 그렇지 않은지에 대해 아무런 변명이나 자기방어도 하지 않은 채 시종 창백한 얼굴로 앉아 있을 뿐이었다. 정원식 총리는 결국 "본인의 부덕의 소치"라는 한마디 말로 회의를 마쳤다. (같은 책, 227~228쪽)

이 전략회의가 열리기 전날인 9월 22일 국회 외무통일위원회에서 이부영 의원의 '폭로'로 청훈 조작 사건이 부각된 것이 전략회의의 배경인데, 이 사실을 임동원은 위 책에서 서술하지 않았다. 임동원 자신, 아니면 그와 문제의식을 공유하는 관계자 누군가가 이부영 의원 측에게 정보를 제공했을 것으로 짐작된다.

통일원 남북관계 '폭로성 심문'

22일 통일원 회의실에서 열린 외무통일위원회의 통일원에 대한 국정감사는 남북대화 통일정책에 대한 안기부의 관여 문제를 최대의 쟁점으로 부각시켰다.

이날 이례적으로 이동복 남북고위급회담 남쪽 대변인을 증인으로 출석시킨 가운데 민주당·국민당 소속 의원들은 △안기부 소속으로서 고위급회담 대변인을 맡고 있는 상황의 부적합성과 대변인의 사퇴 의사 △고위급회담 과정에서의 '월권' 행위 여부 △북한 핵 문제에 대한 발언들의 문제점 등을 집중적으로 거론했다. (…)

안기부 쪽에 대한 공세의 포문은 이동복 대변인을 증인으로 신청한 민주당 이부영 의원이 공식적으로는 남북고위급회담 남쪽 대변인, '국무총리 특별보좌관'으로 돼 있는 이 대변인이 실제로는 '안기부장 제1특보'라는 사실을 공개하면서 열렸다. 청문회를 방불하게 하는 1문1답 식의 진행 방식으로 들어간 이 의원은 "안기부장 특보가 고위급회담 대변인을 맡으면 조직 간의 마찰을 빚을 수 있으므로 당연히 대변인의 소속은 통일원이어야 하지 않겠느냐"고 추궁했다. 특히 이 의원은 "지난 9월 제8차 고위급회담 당시 정부 쪽에서는 북에 가 있는 대표단에게 이인모 씨 송환과 관련해 기존의 동진호 선원 송환 요구를 빼도 좋다는 훈령을 보냈는데, 이 대변인이 이 훈령을 무시하고 원래 입장을 고수해 이 부분에 대한 협상이 결렬되지 않았느냐"고 따졌다. (…)

민주당·국민당 의원들은 이부영 의원이 처음부터 강성으로 나오자 좀 더 공세의 수위를 높이고 나섰다.

정대철 의원(민주)은 "이 대변인의 신분이 노출됐으므로 남북 대화에 비효율적이고, 북에서 오해할 수 있다"고 전제한 뒤 "결론적으로 고위급회담 대변인을 계속하려면 안기부 쪽 직책을 사퇴하고, 그렇지 않으면 대변인을 사퇴하라"고 집요하게 추궁했다.

이어 발언권을 얻은 조순환 의원(국민)은 "오늘 이 대변인이 안기부장 특보라는 사실을 처음 알고 솔직히 놀랐다"고 털어놓은 뒤 "이런 권위주의 시대의 소산은 용납될 수 없다"며 안기부 쪽 직책의 사퇴를 촉구했다. 그는 이어 북한 핵의 생산 가능성에 대한 견해를 물었다.

이 대변인은 사퇴공세가 거듭되자 "나의 선택에 의해 이뤄진 직분이 아니라, 필요하다고 해서 대표단에 들어가고 그러면서 대변인으로 일하라고 해서 하는 것"이라고 말하고 "겸직 신분이 지장 있다는 견해에 대해선 다르게 생각한다"고 해명했다. (《한겨레신문》, 1992년 9월 23일)

배후관계도 밝혀지지 않았고 형사처벌은커녕 인사 조치조차 따르지 않았지만 이 정도 기본 사실을 밝혀내기 위해 임동원은 공직에서 물러나도 좋다는 비장한 결심을 했다고 한다. 실제로 그는 몇 달 후 통일부차관직을 물러나게 된다. 나중에(1995년 2월) 그가 아태평화재단 사무총장으로 취임할 때 김대중 이사장이 환영사에서 이 점을 지적했다고 한다.

"이런 유능한 분을 사무총장으로 영입하게 되어 대단히 기쁩니다. 그러나 그 못지않게 제가 높이 평가하고 싶은 것은 소위 '훈령 조작 사건'이 생겼을 때 이를 계속 추궁한 불굴의 용기와 정의감입니다. 차라리 재야에서 민주화 투쟁을 하기는 쉬워도 공직사회에서 정의를 위해 투쟁한다는 것은 참된 용기가 필요한 법입니다."(임동원, 같은 책, 246쪽)

1992년 9월 17일 평양에서 이동복이 그토록 '소신껏' 일을 저지를 수 있었던 까닭이 무엇일까? 당시 노태우에서 김영삼으로의 권력 이동이 순탄하지 못했던 사정이 무엇보다 먼저 떠오른다. 김영삼 정권의 대북정책이 강경노선을 향한 사실을 보면 상당히 그럴싸한 설명이다. 그러나 퇴임까지 다섯 달이나 남은 현직 대통령을 그렇게까지 물 먹이는 짓이 선거를 석 달 앞둔 후보의 영향력으로 가능한 것이었을까? 이 사건에 작용한 다른 요인은 없었을지, 다음 글에서 짚어보겠다.

1992년 9월
'훈령 조작 사건' (2)

훈령 조작 사건은 이동복이 혼자 저지른 일일 수 없는 일이라고 생각한다. 권력집단의 범죄행위가 드러났을 때 "개인의 일탈"로 미뤄버리는 '꼬리 자르기'는 통상 사용되는 수법이다. 정말로 개인의 일탈로 인한 단독범행인지, 조직범죄를 감추기 위한 꼬리 자르기인지는 범죄의 동기와 수단을 검토하면 대개 판별된다.

예컨대 윤창중 추행 사건은 동기가 개인적인 것이고 조직의 도움 없이 혼자 저지른 것이므로 단독범행이 분명하다. 반면 청와대 직원들의 검찰총장 '찍어내기' 관여는 동기도 개인적인 것이 아니고, 불법 조사를 각 개인의 힘만으로 행한 것이 아니다. 확실한 증거가 없더라도 조직범죄의 의심을 벗어나기 힘들다.

회담 결렬을 목적으로 한 이동복의 훈령 조작을 '소신 관철'이라는 개인적 동기만으로 설명하기에는 너무나 엄청난 짓이다. 대통령 중심제 국가에서 대통령의 훈령을 차단하고 조작하다니, 이보다 더 심한 '국기 문란' 행위가 있을 수 있을까. 그 결과인 남북관계 파탄이 몰고 올 국가적 규모의 이해관계 변동은 한 개인이 바라볼 수 있는 수준이 아니다.

그리고 이동복의 범죄는 혼자 힘으로 목적을 달성할 수 없는 일이었다. 이상연 안기부장과 엄삼탁 기조실장이 할 일을 않거나 안 할 일을 해줘야 회담 결렬을 위한 조건이 이뤄지는 것이었다. 그 밖에도 부수적 역할을 맡은 사람들이 더 있었을 것이다. 이동복이 결국 아무런 처벌을 받지 않은 것도 범행의 진짜 주체인 배후세력의 힘 덕분일 수밖에 없다.

이 조직범죄에 참여한 사람의 대부분은 크게 드러나지 않는 역할을 맡은 반면 이동복은 현행법에 저촉되는 행위를 감출 수 없는 방법으로 저지르는 역할을 맡았다. 총대를 멘 것이다. 그에게 총대를 지운 것은 어떤 세력이었을까?

너무나 대담한 범죄였던 탓에 당시 사람들은 이 사건이 미국의 네오콘 세력과 CIA를 배경으로 한 것이 아닌가 하는 의문을 갖기도 했다. 그리고 지금 와서 생각하면 미국, 특히 부시 정권이 북한을 "악의 축"으로 몰아붙여 가면서까지 북한의 고립을 풀어주지 않으려고 기를 쓴 사실을 놓고 볼 때, 미국의 의도에 대한 의심이 떠오른다.

그러나 당시는 냉전 해소로 인해 네오콘의 기세가 가장 수그러들었을 때였다. 남북관계 개선 분위기를 돕기 위해 1992년 팀스피릿 훈련까지 취소되었다. 그리고 미국 대통령 선거 와중에서 적극적 공작이 어려울 때였다. 특별한 증거가 없는 한 미국의 입김이 이 사건에 결정적인 작용을 했을 가능성에는 고려할 여지가 크지 않다.

노태우에서 김영삼으로의 권력 이동 과정에서 불거진 갈등으로 보는 시각이 훨씬 더 많았다. 앞에서 소개한 임동원의 회고도 거기에 초점이 맞춰져 있다. 과연 당시의 김영삼 세력이 진행 중인 고위급회담의 결렬을 바라고 있었을까?

그 시점까지 김영삼이 냉전체제 극복과 남북관계 개선에 관해 전향적 태도를 보인 일은 여러 차례 있었다. 1993년 2월 대통령에 취임하면서 한완상을 통일부총리에 임명하자 남북관계 개선을 원하는 평화주의자들이 큰 기대를 걸었다.

운동권 학생들의 '사상의 은사'였던 리영희도 김영삼에게 큰 기대를 걸었다. 한완상이 부총리를 할 때에 통일정책 평가위원으로 위촉된 것을 계기로 하여 93년 4월 13일에 가진 〈서울경제신문〉과의 인터뷰에서 리영희는 스스로 "'문민시대'라는 말을 되풀이해 사용"하면서 "김영삼 정부의 통일정책에 상당한 신뢰"를 보였다. "김영삼 대통령의 통일관은 이전 정권의 그것과는 상당히 다른 것 같습니다. 특히 북한의 핵확산금지조약 탈퇴라는 상당히 어려운 조건에서도 이인모 씨 북송을 결정할 수 있었다는 점은 높이 평가할 만합니다." (강준만, 《한국현대사산책》 1990년대편 1권, 인물과사상사 2006, 268쪽)

그러나 김영삼이 평생의 라이벌로 여긴 김대중이 남북관계 해결에 신명을 바친 진지함에 비하면 그의 남북관계 이해는 피상적인 것이었고 그와 관련된 태도는 정략적인 것이었다. 오히려 김대중에 대한 콤플렉스가 그를 반동적인 태도로 몰고 간 측면도 느껴진다.

(김영삼은) 93년 12월 한완상을 물러나게 했으며, 이후 대북정책은 정반대 방향으로 치닫게 되었다. 이런 오락가락 문제와 관련, 〈문화일보〉 기자 김교만은 "김영삼 대통령 스스로 남북문제에 대한 철학적 기반이나 장기적 비전이 없었다"며 "따라서 누가 김영삼 대통령에게 영향력을 미치는가에 따라 대북정책은 달라질 수밖에 없다"고 진단했다.

한완상의 퇴진은 그가 영국에서 귀환한 김대중의 '아시아태평양평화재단'에 백두산 천지 사진을 선물로 보낸 게 원인이었다는 주장도 제기되었다. 이 사실을 보고받은 김영삼이 화를 냈다는 것이다. 한완상의 경질은 김영삼의 통보가 아니라 경질 1시간 전 비서실장 박관용으로부터 연락을 받아 이루어졌다. (같은 책, 337쪽)

1990년 1월의 3당 합당으로 만들어진 민자당 내에서 벌어진 노태우와 김영삼 사이의 갈등과 힘겨루기에 관해서는 당시에도 알려질 만큼 알려져 있었거니와, 20년 넘게 지난 이제 그 마지막 단계의 양상을 노태우의 회고로 다시 확인해본다.

나는 대권 후보가 너무 일찍 부각되는 것은 우리 현실로 보아 바람직하지 않다고 판단했다. 김 대표 측에서는 대권 후보가 조속히 가시화되기를 바라고 있었다. 그들은 합당을 했으면서도 우리 측을 확고하게 믿는 자세는 아닌 듯했다. '이용만 당하고 있다가 시간이 지난 후에 버림을 당하는 게 아닌가' 하는 의구심을 갖고 있었다. 그들은 기회만 있으면 직접간접으로 김 대표를 차기 대권 후보로 보장받으려고 했다. 국민들에게도 이를 기정사실화하려고 애썼다. (…)
합당 목적에 있어서도 서로 간에 근본적인 차이가 있었다. 나와 여당은 국정을 원만히 수행해 국가를 발전시키기 위한 것이었으나 그들은 차기 정권을 담보받는 것이 첫째 목적이었다. (노태우, 《노태우 회고록》 상권, 조선뉴스프레스 2011, 500~501쪽. 밑줄은 내가 친 것)

합당 2년 후인 1992년 시점에서 노태우는 정국 주도권이 차기 후보에게 넘어가는 것을 늦추기 위해 안간힘을 쓰고 있었다. 밑줄 친 단어들이 보여주는 것처럼 근 20년이 지난 시점까지도 노태우의 의식 속에서 '그들'과 '우리 측'은 구분되어 있다.

김영삼은 여당 대표로서, 그리고 1992년 5월 이후에는 여당 대통령 후보로서 현직 대통령과 별개의 권력 거점을 갖고 있었다. 그는 후보 선출에 이르는 과정에서도 노태우의 '우리 측'과의 대립을 통해 입지를 확장해왔고, 후보가 된 후에도 노태우 정권과의 차별성을 부각시키는 데 힘썼다.

문제의 제8차 고위급회담이 진행 중이던 9월 16일에 회담 대표로 평양에 가 있는 정원식 총리의 경질을 공개적으로 주장한 것이 그 대표적 사례다. 그 시점에 그런 주장을 내놓다니 주장의 타당성에 관계없이 김영삼의 악착스러움을 보여주는 일이다. 노태우는 이틀 후 민자당 탈당으로 이에 응수했다. 훈령 조작이 저질러지고 있던 바로 그 시점의 일이다.

9월 23일의 고위전략회의에서 훈령 조작 사건 중 최소한 이동복의 범죄 행위가 밝혀졌음에도 불구하고 응분의 조치가 취해질 수 없었던 것은 대통령 선거 상황 때문이었다. 권력을 참월당한 노태우 입장에서도 민자당의 선거 패배를 불러올 조치는 취할 수 없었던 것이다. 민자당 탈당을 통해 극단적 조치의 위협을 풍기기는 했지만 그 위협을 실행할 수는 없었다. 도끼 가진 자가 바늘 가진 자를 못 당한다는 얘기대로다.

김영삼이 훈령 조작의 물의에도 불구하고 이동복을 계속 기용한 것을 보면 이동복의 범죄에 김영삼 측의 비호가 있었을 개연성은 분명하다. 그렇다면 김영삼은 1992년 가을, 대통령 선거를 몇 달 앞둔 시점에서 고위급회담의 결렬을 정말로 바라고 있었던 것일까?

노태우 정권의 북방 외교에 정략성이 있었다고 하는 강준만의 지적은 옳다. 그 성과를 자신의 것으로 내세우고 정권 유지에 이용하려 한 정략적 의도는 분명하다. 그러나 그 자세가 전적으로 헌신적인 것이 아니었다 하더라도 세계적 변화에 부응함으로써 남북관계의 발전을 바라보았다는 점을 평가해 줘야 한다. 정략적이기는 했어도 반동적인 것은 아니었다.

김영삼도 북방정책에 대한 기본자세는 노태우와 같은 틀이라고 나는 본다. 남북관계가 순조롭게 발전해준다면 그것을 자기 공로로 내세우고 싶었을 것이다. 다만 정략성이 도를 지나쳤다. 노태우가 북방 외교의 성과를 다 따먹는 것을 가로막아야 자기 몫이 늘어날 수 있다는 생각에서 이동복의 훈령 조작을 비호한 것이라고 나는 짐작한다.

물론 김영삼이 당시 남북관계를 파탄내야 한다고 작심하고 있었던 것은 아니라고 나는 믿는다. 당장 진행 중인 고위급회담에 일시적으로 제동을 걸 정략적 의도 정도를 갖고 있었을 것이다. 남북관계의 파탄을 더 분명히 원하는 세력이 김영삼의 정략적 의도를 이용함으로써 훈령 조작 사건을 일으킨 것일 수도 있다.

어떤 세력이었을까? 군부와 안기부의 대결주의 세력이 얼른 떠오른다. 그런데 이번에 이동복의 이력을 검토하면서 새로 떠오른 생각이 있다.

1937년생의 이동복은 한국일보 기자로 사회활동을 시작했고, 1971년 남북적십자회담사무국 회담운영부장으로 들어갔다가 1972년부터 10년간 남북조절위원회 대변인을 맡았다. 남북조절위원회 남측 부대표였던 한국일보 장기영 사장이 끌어들인 것이라 한다. 1988년 13대 총선에 출마했다가 낙선한 뒤 2년간 국회의장 비서실장을 지내고 1991년에 안기부장 특보로 들어가 대북정책에 다시 종사하게 되었다.

1971년 이래 대북정책 전문가로 활동해온 이동복의 경력 중 특이한 대목 하나가 내 눈길을 끌었다. 통일원 대화사무국장을 그만둔 1982년부터 1988년 총선 출마 때까지 6년간 삼성그룹에서 근무한 대목이다. 1993년 6월 10일자 〈시사저널〉의 "돌아온 '남북회담 실세'" 기사를 살펴보자.

중앙정보부 남북 대화사무국장을 맡고 있던 그는 전두환 전 대통령이 중앙정보부를 약화시키는 차원에서 대화사무국을 통일원으로 편입시키자 초대 국장을 맡았다. 그러나 당시 이범석 국토통일원장관과 갈등이 계속되면서 그는 보따리를 싸서 나와버렸다.

자연인으로 돌아온 그를 찾아온 사람은 당시 삼성그룹 이병철 회장이었다. 이 회장은 영어를 잘하고 기획력과 추진력이 강한 이 씨를 그룹회장 고문으로 앉혔다. 이후 그는 삼성항공 부사장, 삼성의료기 사장을 역임했다. 그러나 기업인으로 지내는 동안에도 남북회담에 대한 열정은 식지 않아 '삼성에 있으면서도 삼청동 남북회담사무국 쪽만 쳐다보고 있었다'고 한다. (《시사저널》, 1993년 6월 10일)

"삼성에 있으면서도 삼청동 남북회담사무국 쪽만 쳐다보고 있"는 것이

"영어를 잘하고 기획력과 추진력이 강한" 일반 인재들에게 바랄 수 없는 그만의 채용 자격이었을 것이다. 당시 대기업도 사업전략 결정을 위해 남북관계 전문가를 필요로 하고 있었다.

그런데 1992년 당시 경쟁기업 대우와 현대가 대북관계 사업에 엄청난 투자를 하고 있던 데 반해 삼성은 큰 노력을 보이지 않고 있었다. 그 후 남북관계의 퇴행은 대우의 몰락과 현대의 쇠퇴를 위한 배경조건이 되었다. 결과적으로 본다면 오늘날 삼성이 누리는 독보적 지위를 차지하는 데 1992년 이후의 남북관계 파탄이 큰 도움이 된 것이다.

그때는 대기업이 국가 중대사에 주동적으로 개입한다는 것을 상상하기 힘든 때였다. 쟁쟁한 재벌이 권력자의 의지에 따라 해체되어버리는 것을 본 지 얼마 되지 않을 때였다. 정권의 비호만을 업고 재벌의 꿈을 부풀리는 사업가들이 난무하던 때였다. 당시 사람들은 재벌을 권력에 기생하는 존재 정도로 보고 있었다. 이동복의 경력 중 '삼성 6년'이 눈에 띄어도 무심히 지나치기 쉬웠을 것이다.

지금은 그때와 다르다. 대통령이 "권력은 시장으로 넘어갔다"고 실토하는 세상이다. 삼성 엑스파일과 김용철 변호사의 증언을 보며 누구도 '삼성 공화국'의 실체를 떠올리지 않을 수 없는 세상이다. 삼성의 철저한 '인맥 관리'가 20년 전에는 없었겠는가? 1982년에서 1988년까지 삼성 임원을 지낸 이동복이 1992년에 삼성과 아무런 커넥션이 없었으리라고 상상하기 어렵다.

'1987체제' 안에서 가장 큰 권력을 획득한 것이 대기업이다. 이제 돌아보면 1992년 시점에서도 삼성, 현대, 대우의 3대 재벌은 국가권력에서 풀려난 상황을 각자 나름대로 활용하는 길을 모색하고 있었다. 현대와 대우는 남북관계 전개에서 맡을 역할에 기업의 명운을 걸고 있었고, 정주영은 대통령 선거에 후보로 나서서 비록 스스로 당선을 바라보지는 못하더라도 판세에 엄청나게 큰 영향을 미치고 있었다.

선출된 권력의 향배에 관해서도 제대로 밝혀지지 못하고 있는 사실이 많이 있다. 하물며 선출되지 않은 권력의 움직임에 관해 알려진 것은 빙산의 일각도 못 된다. 군사독재가 끝난 대한민국의 진로에 대기업이 작용한 몫에 비해 그 실상은 너무나 가려져 있다. 확실한 증거가 없더라도 이동복과 삼성의 커넥션 같은 것은 그 개연성을 짚어둘 필요가 있다.

3부

핵
위기

출범 벽두에 뒤통수를 맞은
문민정부의 햇볕정책

1991년 여름 이후 북한은 노선의 큰 변화를 보였다. 이 변화를 무엇보다 확실하게 보여준 것이 1992년 4월의 헌법 개정이었다. 정통성을 중시하는 북한에서 헌법은 남한보다 훨씬 큰 권위를 가지고 있었다. 1992년의 개헌은 20년 만에 이뤄진 것이었다.

1948년 9월에 제정된 북한 헌법은 네 차례 부분 개정을 겪으며 1972년까지 시행되었다. 이것을 '인민민주주의 헌법'이라 하고 1972년 12월에는 '사회주의 헌법'이 새로 제정된 것으로 본다. 건국 초기의 사정에 맞춘 임시적 헌법으로부터 완성 단계의 사회주의국가로 넘어왔다는 뜻이다.

사회주의 헌법이 20년간 개정 없이 시행된 것은 김일성 통치체제의 안정성을 비춰 보여주는 사실이다. 김일성의 80회 생일을 며칠 앞두고 최고인민회의 제9기 3차 회의에서 헌법을 개정할 때 개헌의 필요성은 두 측면에서 제기되어 있었다. 하나는 '김일성 이후'를 대비하는 것이었고, 또 하나는 냉전 종식 등 세계정세 변화에 대응하는 것이었다.

《북한의 당·국가기구·군대》라는 책에 1992년 헌법의 내용상 특징 일곱 가지가 이렇게 설명되어 있다.

첫째, 주체사상의 강조를 들 수 있다. (…)

둘째, 주권소재의 범위가 확대되었다. 구헌법 제7조에서는 "조선민주주의인민공화국 주권은 로동자, 농민, 병사, 근로 인테리에게 있다"라고 규정했으나, 신헌법 제4조는 "조선민주주의인민공화국의 주권은 로동자, 농민, 근로 인테리와 모든 근로인민에게 있다"라고 하여 '병사' 대신 '모든 근로인민'으로 대체시켰다. (…)

셋째, 통일 저해 문구가 삭제되었다. 통일 헌법 제정을 위한 쌍방 간의 노력에 걸림돌로 작용해온 헌법상의 문구를 삭제하여 유연성을 보여주고 있다. 구헌법 제5조는 "조선민주주의인민공화국의 북반부에서 사회주의의 완전한 승리를 이룩하며 전국적 범위에서 외세를 물리치고 민주주의적 기초 위에서 조국을 평화적으로 통일하며 완전한 민족적 독립을 달성하기 위하여 투쟁한다"라고 규정하여 사회주의적 흡수통일을 천명하였으나, 신헌법 제9조에서는 "조선민주주의인민공화국은 북반부에서 인민정권을 강화하고 사상·기술·문화의 3대혁명을 힘있게 벌려[벌여] 사회주의의 완전한 승리를 이룩하여 자주, 평화통일, 민족대단결의 원칙에서 조국통일을 실현하기 위하여 투쟁한다"로 바꿔 시비가 되었던 '전국적 범위에서 외세를 물리치고'라는 문구를 삭제하였다. (…)

넷째, 당의 우위를 재확인하고 있다. (…)

다섯째, 대외관계의 유연성을 강조하고 있다. 지구촌 시대인 21세기에 적응하기 위한 방편으로 쇄국정책에서 벗어나 조심스런 개방정책을 펴려는 뜻을 신헌법에 담고 있다. 1972년 헌법에서 1개 조항(해외동포권리옹호)만을 두었던 것을 1992년 헌법에서는 기존의 조항과 더불어(신·구헌법 제15조) 3개 조항을 신설하고 있다. (…)

여섯째, 법률문제를 강조하였다. 당 우위의 국가에서는 당강령이나 당규약이 우선되기 때문에 사실상 실정법은 유명무실하다. 그런데도 법에 대한 조항을 대폭 강화한 것은 대중을 동원하고 조직하는 데 필수적 무기로 법을 활용하기 때문이다. (…)

일곱째, 국방 관련 규정을 강화하였다. 신헌법의 외양적 특징 중 가장 대표적인 부분이 제4장 국방의 장 신설이다. 구헌법에서는 제14조에서 포괄적으로 규정하였던 국방의 문제를 신헌법에서는 별도의 장으로 격상시켜 구헌법 제14조의 규정을 세분화하여 확대하였다. (…) (세종연구소 북한연구센터 엮음,《북한의 당·국가기구·군대》, 한울 아카데미 2011, 247~251쪽)

이 헌법은 그 후 1998년과 2009년에 개정을 겪게 되지만, 1992년 시점에서는 그때까지 20년간 개정 없이 시행되어온 것처럼 앞으로도 20년간은 개정 없이 시행되기를 바라는 자세로 개정에 임한 것이었으리라고 생각된다. 그런 신중한 개헌에 위의 셋째와 다섯째 항목처럼 남북관계와 대외관계에 대한 고려가 들어 있는 것을 보면 국제사회 진입을 위한 국가노선이 확고하게 세워져 있었음을 알 수 있다.

북한의 이러한 노선 변화는 장기적 통일 전망은 차치하고, 당장 남북 간의 대립을 완화하여 한반도 평화를 가져올 계기를 가져오는 것이었다. 이 계기를 완성하여 평화를 실현할 역할의 또 하나 주체가 남한이었다. 남한은 1987년의 군사독재 종식 후 냉전대립을 탈피하는 북방정책을 추진해왔고, 서울올림픽 이후 북방정책의 초점이 남북관계에 맞춰졌다. 그래서 1991년 북한의 노선 변화가 드러나자 곧바로 유엔에 나란히 가입하고 남북기본합의서 채택 등 남북 대화 발전을 볼 수 있었던 것이다.

그런데 북한과의 대립 완화와 북한의 국제사회 진입을 환영하는 남한 정부의 자세가 정말 확고한 것이었을까? 북한의 노선 변화가 명확해졌을 때 이상한 기류가 일어나기 시작했다.

과거에도 '평화공세'란 것이 있었다. 내심으로는 평화를 원하지 않으면서도 상대방이 받아들이지 않을 것이라는 믿음 위에서 마음에 없는 화해 제안을 남발하는 선전공세를 말하는 것이다. 북방정책을 일종의 평화공세로 여긴 세력이 남한에 있었다. 북한이 정말로 화해 제안에 호응할 태세를 보일 때 그들은 태도를 바꾸게 되어 있었다.

이 세력의 존재를 한국에서 살아온 사람이라면 누구나 안다. 그런데 지금 시점에서 이 세력을 어떤 이름으로 부를지 망설여진다. '보수', '수구', '반공', '대결', '냉전' 등 여러 이름이 쓰여왔는데, 맥락에 따라 지칭하는 범위에도 얼마간의 차이가 있다. 이 글에서는 혼란의 여지가 적은 말로 '반북세력'이란 말을 쓰겠다. 북한과의 대화를 반대하거나 대화를 승인하더라도 극히 엄격한 태도를 주장하는 입장이란 뜻이다.

이승만 이래 독재정권은 반공주의를 정권옹호에 이용하면서 반공세력을 열심히 조직했다. 정권 안에서도 반공주의자들이 권력을 점유했다. 그래서 평화와 통일을 원하는 국민에 비해 소수이면서도 강한 조직력을 갖게 되었고, 냉전 해소로 '반공' 명분이 물러선 뒤에도 '반북'세력으로 이어졌다. 그리고 불공정한 체제의 혜택을 누려온 '기득권층'은 체제 변화를 두려워하는 마음에서 빠른 변화를 가로막는 이 세력을 후원하는 경향을 보여왔다.

한완상은 회고록《한반도는 아프다》에서, 1993년 2월부터 12월까지 김영삼 정부의 초대 통일원장관을 지내는 동안 "냉전수구 세력"에 의해 자신이 추구하던 노선이 좌절된 일을 거듭거듭 아쉬워한다. 가장 가까운 업무파트너인 차관을 고르는 과정에서부터 이 문제가 나타난다.

그는 임동원 차관을 유임시키고 싶었다고 한다. "북한에 고향을 둔 군 장성 출신이었지만 외교관다운 세련됨도 갖춘 인물로 합리적이고 온건한 대북정책을 선호"하는 사람이었기 때문이다. 그러나 "정부 안팎의 냉전수구 세력이 강하게 반대한다는 이유" 때문에 김영삼이 교체를 결정했다고 한다. 몇달 전의 '훈령 조작 사건'에 강하게 반발했기 때문일 것이다.

김영삼은 다른 외부 인사를 차관으로 추천했으나 한완상은 이를 사양하고 내부 인사 중 송영대를 골라 차관으로 삼았다고 한다. 바람직한 자세다. 장관인 자신이 관계 경력이 없는데 차관까지 외부 인사로 하기보다 내부 인사를 발탁하는 것이 당장은 좀 불편하더라도 장기적 업무 추진을 위해 좋은 길이다. 그런데 그는 회고록에서 이 결정을 후회한다.

그런데 그때 나는 가장 중요한 요소를 간과했다. 냉전근본주의적 가치관을 갖고 있는지 확인해보아야 하는데 그러지 못했던 것이다. 통일에 대한 문제의식·목적의식·비전·철학은 나와 비슷하거나 같아야 했다. 그 비전을 실천하는 데 도움이 되는 수단을 선택하는 문제에서는 내 생각과 달라도 좋다. 다를수록 서로 소통하며 배울 수 있으니 말이다. 그러나 목적과 비전이 다르면 통일 업무를 추진하는 데 지장이 올 수 있으니 더 신중히 고려했어야 했다. (한완상,《한반도는 아프다》, 한울 2013, 60~61쪽)

차관으로 발탁하면서 아무런 확인이 없었을 리는 없다. 적어도 골수 '냉전수구파'가 아니라는 사실 정도는 확인했을 것이다. 그러면 지나간 뒤에 후회하는 까닭이 무엇인가? 한완상은 당시 골수 냉전수구파가 아닌 합리적 관료이기만 하다면 충분히 함께 일할 수 있으리라는 생각을 가졌을 것 같다. 하지만 대한민국 정부에서는 합리적 관료가 출세는커녕 신분 유지를 위해서라도 냉전수구파의 노선에 맞출 압력을 받는다는 사실을 생각지 못한 듯하다. 그 노선에 맞추지 않은 임동원이 눈앞에서 튕겨나가고 있지 않은가.

1987년의 민주화로 권력에 의한 반공·반북 노선이 정리될 기회가 왔을 때 노태우 정권의 북방정책은 적절한 방향을 가리키는 것이면서도 변화를 위한 기반 조성을 소홀히 했다. 강준만이 북방정책의 정략성을 지적하는 것도 이 때문이다.(《한국현대사산책》 1980년대편 4권, 인물과사상사 2003, 140~145쪽) 박철언 등 북방정책 추진세력이 사회 내의 평화·통일 운동을 육성하려는 노력 없이 국민의 염원과 세계정세 변화를 권력 확보에 이용하려고만 들었기 때문에, 그 기회주의적 행태에 비하면 오히려 전통적 반공세력의 애국심이 더 돋보이는 분위기가 정부와 정치권에 형성되기까지 했다. 강준만은 당시 안기부장 박세직의 말을 인용한다.

"박[철언] 보좌관은 대북 문제를 혼자 독점하려 했습니다. 또 안기부를 도외시하는 분위기가 역력했습니다. 그러다 보니 큰 마찰이 있었죠. 그는 과정을 생략하고 문제를 풀려고 했습니다. 심지어 미리 결론을 내려놓고 시나리오에 따라 일을 추진하려 했습니다." (강준만, 《한국현대사산책》 1980년대편 4권, 인물과사상사 2003, 143쪽)

1991년 말까지 남한의 반공세력은 힘든 시간을 지내야 했다. 반공세력의 양대 보루가 청와대와 미국인데, 대통령은 북방정책에 매달려 있고 미국은 소련 해체의 대비책 강구에 바빴다. 미국 핵무기가 철수되고 옛 공산국과의 수교가 늘어나고 북한과 기본합의서가 체결되는 상황에서 다수 국민은 한반도 긴장완화를 환영하고 있었다.

1992년 들어 반격의 조건이 갖춰지기 시작했다. 1월의 뉴욕회담에서 미국의 냉랭한 태도는 남한 반공세력의 입장을 존중한 것이었다.

미국 관리들은 북한을 향해 내밀 수 있는 '당근'이 무엇이며 휘두를 수 있는 '채찍'은 무엇인가를 하나하나 검토하는 동시에 91년 가을부터 북한과 고위급회담 개최의 가능성에 대해 논의하기 시작했다. 북한과의 직접 대화라는 의제는 워싱턴 행정부 내에서 엄청난 논란을 불러일으켰지만 결국 지지파 쪽이 남한과 그 문제를 협의해도 좋다는 승인을 얻어냈다. 남한 정부는 미국이 북한과의 직접 대화를 후속 회담으로 연결하지 않고 단 한 차례로 그친다는 조건하에 이를 찬성했다. (돈 오버도퍼, 《두 개의 한국》, 이종길 옮김, 길산 2002, 395~396쪽)

뉴욕회담을 일회성으로 제한하는 남한 정부의 입장은 누가 주도한 것이었을까? 북방정책 추진세력이었을까, 아니면 전통적 반공세력이었을까? 몇몇 요직만을 차지하고 있던 북방정책 추진세력보다는 여러 부처에 두루 깔려 있던 반공세력이 주도한 것이기 쉽다. 그리고 북방정책 추진세력도 이런 점에서는 다른 주장을 내지 않았을 것 같다.

1993년 초 미국에서는 클린턴 행정부가, 남한에서는 김영삼 행정부가 출범했다. 민주당 클린턴 행정부는 공화당 부시 행정부에 비해 북한에 대해 온건한 정책을 펼 가능성이 크게 보였고, '문민정부'를 표방한 김영삼 정부는 대통령 취임사에서부터 민족문제에 대한 감동적 메시지를 내놓고 있었다.

칠천만 국내외 동포 여러분, 저는 역사와 민족이 저에게 맡겨준 책무를 다하여 민족의 화해와 통일에 전심전력을 다하겠습니다. 그러나 이 시점에서 우리에게 필요한 것은 감상적인 통일지상주의가 아닙니다. 통일에 대한 국민적 합의입니다. 김일성 주석에게 말합니다. 우리는 진심으로 서로 협력할 자세를 갖추지 않으면 안 됩니다. 세계는 대결이 아니라 평화와 협력의 시대로 나아가고 있습니다. 다른 민족과 국가 사이에도 다양한 협력이 이루어지고 있습니다. 그러나 어느 동맹국도 민족보다 더 나을 수 없습니다. 어떤 이념이나 어떤 사상도 민족보다 더 큰 행복을 가져다주지 못합니다. 김 주석이 참으로 민족을 더 중요하게 생각한다면, 그리고 남북한 동포의 진정한 화해와 통일을 원한다면, 이를 논의하기 위하여 우리는 언제 어디서라도 만날 수 있습니다. 따뜻한 봄날 한라산 기슭에서도 좋고, 여름날 백두산 천지 못가에서도 좋습니다. 거기서 가슴을 터놓고 민족의 장래를 의논해봅시다. 그때 우리는 같은 민족이라는 원점에 서서 모든 문제를 풀어갈 수 있을 것입니다.

남북관계의 발전에 대한 기대감을 한껏 끌어올린 이 메시지가 나온 지 꼭 보름 후 북한의 NPT 탈퇴선언이 나왔다. 한완상 통일원장관이 이인모 씨 무조건 북송 방침을 발표한 바로 이튿날이었다. 오랫동안 논란이 된 이인모 문제에 대한 획기적 조치를 발표하고 북측의 화답을 바라던 한완상은 NPT 탈퇴선언에 뒤통수를 맞은 느낌이었다고 회고했다. 그가 앞장섰던 '햇볕정책'은 여기서부터 힘을 잃게 된다.

한완상의 '햇볕' 씨앗은
왜 싹을 못 틔웠나?

앞에서 "문민정부의 햇볕정책"이란 말을 썼다. '햇볕정책' 하면 대개 김대중 대통령을 떠올린다. 그리고 그 실행에 앞장선 임동원을 떠올린다. 햇볕정책은 '국민의 정부' 것이었다. 그런데 김영삼의 문민정부에도 햇볕정책이란 것이 있었다고 말할 수 있을까?

김영삼 정부의 초대 통일원장관(부총리)을 지낸 한완상의 회고록 《한반도는 아프다》에 "'햇볕정책'을 처음 제시하다"란 절이 있다.(93~96쪽) 그는 1993년 2월에서 12월까지 10개월간 자신이 햇볕정책을 추진했다고 주장한다. 그가 유화적 대북정책을 추진하면서 나그네 옷을 벗기는 데 강풍보다 햇볕이 효과적이라고 하는 이솝우화를 인용한 것은 사실이다.

대북정책 논의에 이 우화가 인용된 사례를 〈네이버 뉴스라이브러리〉로 검색해보니 〈한겨레신문〉 1993년 5월 5일자 "'핵무기 재배치 용의' 물으려다 뒤늦게 삭제" 기사 중 이런 대목이 처음이었다.

여성계 대표로 북한을 다녀온 적이 있는 이우정 의원(민주)은 "나그네의 옷을 벗기는 것은 강풍이 아니라 따뜻한 햇볕"이라는 이솝우화를 인용하며 "대북정책은 인도주의와 민족공동체 입장에 서야 한다"고 주장했다. (《한겨레신문》, 1993년 5월 5일)

열흘 후 같은 신문의 한완상 통일원장관 인터뷰기사 "남북관계 어디로 가나"에 햇볕 이야기가 나온다. 신문에는 늦게 실렸지만 이 인터뷰는 이우정의 5월 4일 국회 발언보다 며칠 앞선 5월 1일에 이뤄진 것이다.

이원섭 북한 핵 문제와 관련해서는 정부가 지나치게 미국의 대처 방식에 이끌려 가고 있다는 지적이 있습니다. 해결 방식에서도 경협 등을 추진해 핵 문제를 해결할 수 있지 않느냐는 주장도 있습니다.

한완상 민족복리와 공존공영 등 현 정부가 내세우고 있는 정책의 기조는 우리 민족의 반쪽인 북한의 옷을 한파보다는 따뜻한 햇볕으로 자발적으로 벗도록 하는 것입니다. 이런 원칙이 핵과 연계돼 주춤하는 듯 보이지만 전체를 보면 그렇지 않습니다. 이인모 씨 방북 허용 조치에서도 알 수 있듯이 정부는 인도적 차원과 문화교류 차원의 각종 남북접촉은 가급적 허용하고 있습니다.

경협을 핵과 연계시켰다고 하지만 이는 대규모 자본투자와 합영에 한한 것일 뿐이며, 그 외 물자교환·임가공 형태의 교역은 지금도 활발히 이뤄지고 있습니다. 지금 이 순간에도 제3의 지역에서 우리 기업인들이 북한 당국자와 만나 상담을 하고 있을 겁니다. (《한겨레신문》, 1993년 5월 15일)

두 달 후 김대중 전 대통령 후보가 영국에서 돌아올 때 햇볕 이야기가 또 나왔다.

그는 공항에서 "우리가 통일에 실패하면 다른 민족에 뒤처져 몰락하고 말 것"이라고까지 단언했다. 이미 지난 달 6일 런던대학에서 행한 "북한에 대한 새로운 접근"이란 연설과 지난 1일 이스라엘 히브리대학에서 있었던 "새로운 대북정책의 필요성"이란 강연을 통해 알려진 것처럼 그는 통일 분위기 조성을 위해서는 우선 북한을 보는 '시각'이 달라져야 한다는 견해를 갖고 있다. 냉전체제가 끝나고 세계적으로 공산주의가 퇴조한 마당에 우리의 대북 시각도 적대와 경쟁이 아니라 호혜와 협조의 방향으로 바뀌어야 한다는 것이다.

런던대학에서는 "나그네의 외투를 벗기는 것은 강한 바람이 아니라 뜨거운 햇볕"이라는 이솝우화를 인용하기도 했다. 그러면서 "북한이 변하지 않고 있다"는 국내의 '보수적' 주장에 대해서는 유엔 가입과 교차승인 수용 사실을 들어 반박하고, 우리 쪽에서 이런 변화를 인정해야 한다는 주장을 펴고 있다.

우리는 중국·러시아와 수교했는데 북한은 미국·일본과 아직도 국교 정상화를 이루지 못한 사실을 들어, 북한이 느끼는 위기감을 인식해야 한다는 것이다. 그는 우리가 만일 대북강경론만을 고집할 경우 북한 안의 군부를 중심으로 한 강경파가 득세할 명분만 제공해 남북관계를 오히려 긴장 국면으로 후퇴시킬 것이라고 전망했다. ("김대중 귀국 이후 4: '통일' 대학강의 채비", 〈한겨레신문〉 1993년 7월 6일)

5월 1일 한완상이 인터뷰에서, 5월 4일 이우정이 국회에서, 그리고 6월 6일 김대중이 런던대학 연설에서 같은 우화를 제시한 것이다. 당시 진보개혁 서클 내에서 많이 이야기되고 있던 이 우화가 산발적으로 표출된 것으로 보인다. 이 단계에서는 아직 '햇볕정책'이란 명확한 표현은 신문에 보이지 않고, '햇볕론'이란 표현으로 나타나고 있었다.

1993년 당시 통용되지 않고 있던 '햇볕정책'이란 말에 한완상이 회고록에서 집착한 것은 회고의 신뢰성을 떨어뜨린다는 점에서 유감스러운 일이다. 앞에 말한 1993년 5월 15일자 〈한겨레신문〉 인터뷰기사를 언급하며 이런 내용을 인용해놓았는데, 실제 신문기사에는 나타나지 않는 내용이다.

햇볕정책의 힘으로 북한을 바람직한 방향으로 변화시킬 수 있다고 믿는다. 북한이 냉전의 두꺼운 옷을 벗게 되면 우리도 냉전의 옷을 함께 벗을 수 있다고 생각한다. 그간 군사권위주의 정권들은 '냉전강한풍'으로만 북한을 변화시키려고 했다. 그러나 강경한 냉전 대결 정책은 남북관계를 오히려 악화시켰고 두 체제에 뿌리 내린 반민주 세력에게 힘을 몰아주는 결과를 가져왔다. 남북 당국자들이 상대방에게 강경하게 대응하면 할수록 서로 강해지는 적대적 공생의 역설적 비극이 연출되었던 것이다. 그리고 그렇게 강경세력이 기득권을 강화하면 그 체제는 필연적으로 폐쇄적인 반민주·반인권·반민족 체제가 될 수밖에 없다. (한완상,《한반도는 아프다》, 한울 2013, 94쪽)

햇볕정책의 의미를 잘 설명한 글이고, 당시에 한완상이 이런 생각을 갖고 있었으리라고 생각되기는 한다. 그러나 남한의 강경세력 전체에 대한 이처럼 직설적 비판이 담긴 글을 그 시점에서 어디에 발표할 수 있었을지는 얼른 이해되지 않는다.

이 의문으로부터 한완상의 '실패'의 이유에 대한 생각이 이어져 나온다. 그가 진보적 입장에서 유화적 대북정책을 추진하다가 북핵 위기 앞에서 김영삼의 강경한 대북 적대정책에 밀려 튕겨져 나온 것으로 널리 이해되어왔다. 그가 정부에서 물러난 두 달 후 〈한겨레신문〉의 분석기사에는 한완상의 실각에 대한 진보진영의 배신감까지 비쳐 보인다.

김영삼 정부 1년 (3) 대북정책 / 현실 못 읽는 강경론 '혼선'

김영삼 대통령은 취임 초기의 한때를 제외하고는 대체로 강경한 대북한 노선을 걸어왔다.

대통령 개인의 보수적인 대북관과 우리 사회의 일정한 기득권층 이익을 반영한 그의 대북정책은 진보세력의 공격대상이 됐을지언정 그 자체의 강성을 문제 삼는 사람은 많지 않은 것 같다. 오히려 문제는 김 대통령의 대북정책, 나아가 통일정책이 '강경을 위한 강경'으로 치우칠 때가 많아 상황 전개를 위한 유연성을 잃어버렸으며, 종종 내각과는 전혀 동떨어진 '불일치'를 드러냄으로써 혼선을 자초했다는 데 있다.

(…) 북한의 핵 문제로 남북관계가 얼어붙어 있을 때 북한의 두터운 옷을 벗기는 데는 따뜻한 햇볕이 필요하다며 '햇볕론'을 주창했던 한완상 통일부총리는 김 대

통령과 기득권층의 따가운 눈총을 견디지 못하고 지난해 12월 개각 때 도중하차하고 말았다. 정부의 많은 당국자들은 이때 평소의 이념적 성향을 넘어서 대통령이 스스로 임명한 각료를 믿지 못하고 여론에 이리 밀리고 저리 밀려서는 내각이 무슨 일을 하겠느냐며 분개심까지 표출했다.

(…) 그러나 집권 1년을 통해 드러난 김 대통령의 대북정책·대외정책 운영은 현실과 유리된 강경노선의 기조 아래 내각의 발목을 잡고 북한과 미국에 먼저 큰소리를 쳐놓고도 결국은 미국을 뒤따라가는 일을 되풀이했다는 평가를 벗어나기 어렵다. (〈한겨레신문〉, 1994년 2월 20일)

이 상황을 이제 다시 돌아보며 김영삼 개인의 책임을 넘어 당시 한완상이 대표하던 유화적 대북정책의 한계와 문제점을 더듬어보고 싶다. '북핵 위기'가 남북관계의 장애물로 제기되고 있던 상황인데, 한완상은 문제의 성격을 어떻게 인식하고 있었던가? 북한의 NPT 탈퇴선언에 대해 한완상이 어떤 생각을 갖고 있었는지, 그 직후 평양을 방문하고 서울에 온 세계교회협의회 박경서 박사를 4월 20일 만난 소감에서 얼마간 알아볼 수 있다.

북한 당국의 이야기를 전해 듣고 솔직히 따지고 싶은 마음이 굴뚝같았다. 정말로 김 대통령이 수구 냉전 세력으로부터 공격받지 않길 북한 당국이 바랐다면, 어떻게 우리가 리인모 씨 북송을 발표한 바로 다음 날 핵확산금지조약 탈퇴를 선언할 수 있단 말인가. 설사 강경한 군부와 당 간부들이 그날 탈퇴선언을 하기로 오래전에 결정했다손 치더라도, 어떻게 우리가 리인모 씨의 조건 없는 북송을 발표하자마자 그런 강경 조처를 그대로 밀어붙일 수 있단 말인가. 특히 김일성 주석이 김영삼 대통령의 취임사를 읽고 감동받은 것이 사실이라면, 탈퇴선언이 김 대통령이나 통일부총리인 내게 엄청난 족쇄로 작용하리라는 것을 몰랐단 말인가. 아니면 김 주석의 힘이 정말 빠져나갔다는 말인가. 보고를 듣는 내내 이런 의문들이 계속해서 나를 괴롭혔다.

사실 북의 그런 탈퇴선언 같은 악재가 없었다면, 새 정부가 북·미나 북·일 관계개선에 도움을 줄 수도 있었을 것이다. 이미 노태우 정부 때 북방외교를 추진하면서 모스크바·베이징과 외교관계를 수립했고, 또 평양이 워싱턴·도쿄와 관계가 정상화되기를 바란다고 밝혔기 때문이다. 나는 노태우 정부보다 더 평화 지향적인 정책을 추진하는 것이 새 정부의 마땅한 사명이라 믿었기에, 미국과 관계개선을 바라는 평양의 요구를 적극 수용해야 한다고 생각했다. 초기에는 김 대통령도 어떻게든 북한을 고립시키지 않겠다는 강한 의지가 있었다. 그런데 박 박사의 보고를 들으며 내 마음속에서 당혹감과 분노가 끓고 있었다. '어떻게 이럴 수가 있단 말인가.' 언젠가 북한 고위층을 만난다면 꼭 이 문제를 따져보리라 다짐했다. (한완상, 같은 책, 82~83쪽)

"당혹감과 분노"를 느꼈고, 북한 당국자에게 따지고 싶은 마음이 들었다고 한다. "어떻게 이럴 수가 있단 말인가!" 북한의 NPT 탈퇴선언이 있을 수 없는, 이해할 수 없는 일이라고 거듭거듭 강조한다. 심지어 김일성의 권력 누수까지 생각하고 있었다.

한완상은 NPT 탈퇴선언의 이유와 그 중요성을 정말로 모르고 있었단 말인가? 중단됐던 팀스피릿 훈련의 재개가 북한에게 던져주는 배신감과 위협이 이인모 송환 같은 '상징적' 조치와 차원이 전혀 다른 것이라는 사실을 이해하지 못했단 말인가? 이인모 송환 결정은 참 잘한 일이다. 하지만 그런 수준의 상징적 조치를 넘어 북한이 탈퇴선언을 재고할 만한 진지한 노력을 전혀 보여주지 않은 채로 북한의 탈퇴선언에 배신감을 토로한다는 것은 너무 자기중심적인 반응으로 보인다. 더구나 그것을 근거로 북한 정권의 성격이나 상황에 의심을 일으킨다는 것은 대북정책의 수장으로서 불안한 자세다.

이것은 한완상 개인의 문제라기보다 당시 남한 사회의 상황 인식이 일반적으로 갖고 있던 한계가 투영된 것이 아니었나 생각된다. 북한의 붕괴를 원하는 반북세력은 말할 것도 없고, 화해와 평화를 바라는 진보진영에서도 북한에게 '고난의 행군' 같은 상황을 겪어낼 능력이 없다고 보는 견해가 지배적이었다. 그처럼 북한을 얕잡아보는 분위기로 인해, 상징적 조치 하나만 던져주면 북한이 적극 호응해오리라는 안이한 전망이 가능했던 것 같다.

　한완상의 실패 원인 일부는 북한에 대한 오판에 있었다고 하겠다. 그러나 더 중요한 오판은 김영삼에 대한 것이었다. 그는 회고록에서 김영삼에 대한 직접 비판을 최대한 자제하면서 박관용 비서실장 등 측근들에게 반북정책의 책임을 씌웠다. 하지만 아무리 김영삼의 독선적이고 독단적인 면모가 아직 국민에게 널리 알려지지 않은 때라 하더라도, 그만큼 가까이서 보좌하고 있던 한완상이 김영삼의 본색을 전혀 모르고 있었을 리는 없다. 한완상은 과연 어떤 근거로 김영삼이 자기 노선을 지지해주리라는 기대를 가졌던 것일까? 불발로 끝난 '김영삼 독트린'의 회고 내용에서 이해의 실마리를 찾을 수 있다.

1993년 5월 초, 나는 그동안 통일원 자문위원인 고려대 최상룡 교수와 두어 차례 의논했던 문제를 내 나름대로 정리해 보고하기로 했다. (…)

그래서 나는 '통일과 개혁에 대한 진언'이라는 제목 아래 '김영삼 독트린'이라고 이름 붙인 '한반도 탈냉전 몇 평화선언'(가칭) 문건을 만들었다. (…)

사실 '김영삼 독트린' 문건을 작성하기에 앞서, 나는 한반도 냉전체제 해체와 그에 따른 평화정착을 위한 과감한 정책 비전을 제시함으로써 김 대통령이 세계 어느 지도자보다 평화를 진작시킨 지도자로 부각되었으면 하는 바람을 갖고 있었다. 핵 문제 때문에 다시 세계의 화약고로 인식되고 있는 한반도의 불안한 상황이 오히려 김 대통령을 세계적인 평화지도자로 부상시킬 수 있는 기회라고 생각했다. 남북관계 개선으로 핵 문제 해소에 기여한다면, 오늘의 한반도 위기가 노벨 평화상을 받을 만한 지도력을 탄생시킬 수 있다고 판단했다. 바로 그런 점에서 '김영삼 독트린'이 빛을 발할 수 있다고 생각했던 것이다.

그런데 문건을 보고하러 청와대로 들어갔을 때 대통령은 다소 지쳐 보였다. 간단하게 요약하기 쉽지 않은 내용을 짧은 시간에 설득력 있게 설명하는 것이 쉽지 않았다. 부시와 고르바초프의 탈냉전 선언을 김 대통령의 독트린으로 발전시켜야 한다고 말하려는 순간, 얼핏 보니 대통령은 조는 듯했다. 그래서 다른 기회에 다시 하기로 마음먹고 보고를 중단한 채 씁쓸한 기분으로 되돌아 나왔다. 김영삼 독트린의 비전은 맥이 빠지고 말았다. 이 비전이 바로 노벨상의 정신인데…. (같은 책, 91~93쪽)

김영삼이 얼마나 이기적인 인간인지 한완상은 충분히 이해하고 있었던 것 같다. 그리고 '노벨상' 같은 미끼라면 그의 이기심을 충족시킬 수 있으리라는 희망을 갖고 있었던 듯하다. 그런데 '노벨상' 소리만 들으면 자다가도 벌떡 일어날 줄 알았던 김영삼이 '김영삼 독트린' 얘기에 왜 졸음에 빠지게 되었을까? 너무 지쳐서? 글쎄… 다른 이유도 있지 않았을까?

북한의 '숨겨진 의도'에
집착하는 미국

지금까지 1993년의 '제1차 북핵 위기'에 관한 이야기를 했다. 북한이 냉전 해소의 조류를 타는 데 실패한 고비였고, 20년이 지난 지금까지 북한이 특이한 고립 상황에 빠져든 출발점이다. 21세기 초 한반도 긴장 상태의 뿌리가 거기에 있다. 긴장 해소를 위해서는 1993년 사태 안에서 긴장의 원인을 검토할 필요가 있다.

이 사태의 내용을 정밀하게 다룬 책이 있다. 《북핵위기의 전말》의 공저자 세 사람(조엘 위트, 대니얼 폰먼, 로버트 갈루치)은 당시 미국 국무부와 국가안전보장회의NSC에 근무하면서 대對북한 정책 결정과 협상에 종사한 이들이다. 사태 일선에서 업무를 담당하면서 파악한 상황을 3인이 서로 확인하면서 서술했기 때문에 정확성도 믿을 만하고 번역도 훌륭하다. 학술서 같은 빽빽한 판형으로 본문만 500쪽이 넘는 분량이지만, 세밀한 검토를 원하는 독자들에게는 아주 좋은 자료다.

다만 이 책을 읽는 분들에게는 저자들이 가진 관점의 한계에 유념할 것을 권하고 싶다. 대북한 관계에 임하는 미국 관리의 입장을 대결파와 유화파로 구분한다면 세 사람은 유화파에 가까운 편이다. 그런데도 북한을 무조건 '믿을 수 없는 상대'로 보는 등 북한에 대한 이해가 피상적이라는 데 대결파와 큰 차이가 없었다는 점을 20년이 지난 지금은 쉽게 알아볼 수 있다. 그것이 당시 미국인의 통념이었고, 그 통념을 이해하는 것이 '북핵 위기'의 성격을 파악하는 데 중요한 열쇠의 하나다.

예컨대 1993년 3월 북한의 NPT 탈퇴선언이 나왔을 때의 반응을 이렇게 적고 있다.

북한의 3월 12일 NPT 탈퇴선언 이후 미국, 한국, 일본뿐만 아니라 전 세계가 왜 북한이 그런 결정을 내렸는지, 북한 지도부의 의도가 무엇이었는지에 대해 궁금해 했다. 일본의 사쿠마 마코토 통합막료회의 의장은 북한은 "매우 독특한 나라"라고 했다. 또 다른 일본 관리는 국제사회가 당면한 과제는 북한이 "정신을 차리도록" 하는 것이라고 말했다. 그러나 한승주 외무장관이 서울에서 언급한 대로 "북한의 입장에서 볼 때 이번 행동은 철저한 계산에 의한, 이유 있는 행동이었다."

한 장관의 견해를 뒷받침할 증거는 많았다. 김정일은 북한을 이끄는 실세였으며 북한의 안보 및 외교력 강화를 위해 핵 개발 프로그램을 활용하는 것에 깊이 관여했다. 그러나 미국 및 한국과의 관계개선을 위한 김정일의 노력은 별로 진전을 거두지 못했다. 9월 이후 남북 대화는 단절되었다. 더욱이 미국은 북한의 대화 제의를 번번이 거절했다. 1992년 팀스피릿 훈련 중단이 김정일에게 성과였던 만큼 1993년 훈련 재개는 매우 큰 실망이었다. 설상가상으로 IAEA가 미국의 정찰위성 사진을 공개함으로써 발목이 잡힌 상태였다. 반면 북한의 군부는 북한이 핵 안전 조치를 준수하지 않았다는 증거를 확보하게 될 핵 사찰을 강력히 반대하고 있었 다. 한국의 한 관리의 표현에 따르면, 이와 같은 정보의 공유는 북한에게 "뛰어봤 자 벼룩"이라고 말하는 것과 마찬가지였다. 그냥 망신으로 끝나면 그나마 다행이 었다. 최악의 경우 북한은 안보에 직접적인 위협을 받을 수도 있었다. (조엘 위트·대 니얼 폰먼·로버트 갈루치, 《북핵위기의 전말》, 김태현 옮김, 모음북스 2005, 39~40쪽)

앞 문단을 보면 미국 관리들은 북한의 의도를 일본인과 한국인에게 묻고 있었다. 북한이 핵무기를 생각한 것은 일본이나 남한이 아니라 미국 때문이었고, 그래서 미국에게 대화를 요구한 것인데, 미국 관리들은 미국이 당사자라는 생각을 하지 않고 있었던 것이다.

일본 관리들의 응답은 요컨대 북한은 워낙 이상한 나라니까 이쪽 마음에 안 들게 행동할 때 합리적 의도를 이해하려고 애쓸 필요 없이 그저 두들겨 패면 된다는 것이었다. 일본 관리들이 그런 생각만 갖고 있었는지는 의문이다. 북한의 위협을 실제로 걱정하는 일본 관리라면 그보다는 더 실제적인 생각을 갖고 있었을 텐데, 미국 관리들이 원하고 쉽게 이해할 만한 방식으로 대충 대답한 것이 아닐까 싶다. 미국이 그런 식의 북한관을 바탕으로 강압정책을 쓰는 것이 일본에게 유리하다는 정도 생각을 했을 것 같다.

대결주의 성향의 한국 관리들도 일본 관리들과 비슷한 대답을 했을 것이다. 그런데 외무장관 한승주는 "이유 있는 행동"으로 이해할 것을 촉구했다. 한승주는 안기부장 김덕과 함께 당시 한완상 통일원장관의 대북 유화정책을 지지하던 정부 내 핵심 인물이었다.

저자들은 한승주의 촉구를 타당한 것으로 받아들였다. 일본 관리들의 손쉬운 답변에 비해 현실 이해에 도움이 되는 면을 많이 찾았다. 그러나 김정일의 정치적 입장에 해석의 중점을 두는 등 그 이해의 범위가 넓지 못한 것은 한승주의 설명방법 때문인지 저자들의 이해력 때문인지 알 수 없다.

둘째 문단에서 미국과 IAEA 사이의 "정보의 공유"를 언급했는데, 이 공유에 대한 북한의 비판을 저자들은 진지하게 생각지 않는 것으로 보인다. IAEA가 특정 국가에서 정찰사진 같은 정보를 제공받는 것은 특정한 나라에 편향적으로 의존하지 않고 모든 나라를 공평하게 대하는 독립성과 공정성의 원칙에서 벗어나는 것이다. 예컨대 미국은 막강한 정보력으로 이스라엘 등 여러 나라의 핵 시설에 관한 정보를 갖고 있는데, 북한 관계 정보만 선별적으로 제공한 것이다. IAEA가 미국 정부기구 아닌 국제기구라면 가입국들이 공적 경로를 통해 제공하는 수단에 의해서만 정보를 확보해야 한다. 미국이 제공한 정찰사진을 근거로 특별사찰을 요구하는 것은 북한 입장에서 불공정한 조치로 볼 수 있는 것이었다.

정찰사진 제공은 미국 정부 내에서도 국익을 해치는 것 아니냐는 논란이 있었다. 사진을 국제기구에 제공할 경우 미국이 어떤 수준의 정보를 어떤 범위에서 수집해왔는지 국제사회에 드러나기 때문이다. 그럼에도 불구하고 사진을 제공한 것은 북한 압박이 미국 국익에 맞는 것이라고 판단한 것이고, 또 IAEA를 국제기구 아닌 미국 정부기구처럼 여기는 생각도 비쳐 보인다. 미국은 유일한 슈퍼파워가 된 후 국제기구를 지나치게 조종하려는 경향이 생겼다. 걸프전쟁 때도 유엔 감시기구가 전화 감청권을 갖고 있었는데, 감청 기술과 설비가 없었기 때문에 미국 CIA에 감청 작업을 맡겨서 큰 스캔들을 일으킨 일이 있다.

게다가 '특별사찰'이란 것이 IAEA 규약에 있기는 하지만 그 전에 한 번도 시행된 일이 없는 제도였다. 통상 시행되는 정규사찰과 임시사찰은 가입국이 신고한 시설을 대상으로 하는 것이다. 신고되지 않은 핵물질이 존재한다고 의심이 갈 때 신고되지 않은 시설도 사찰할 수 있도록 규정한 특별사찰은 하나의 '최후수단'으로서, 실제로는 '의심' 정도가 아니라 '확증'이 있는데도 문제가 해결되지 않을 때라야 동원되는 것이다. 의심이 간다 해서 아무 데나 뒤져보겠다고 특별사찰을 들이댄다면 북한 아니라 어느 나라인들 반발하지 않겠는가.

일본 원폭 투하에 충격을 받은 아인슈타인은 "인류와 문명을 구할 수 있는 유일한 길은 세계정부의 창설에 달려 있다"고 했다. 인간에 의한 인간의 파괴를 억제하기 위해서는 세계정부가 필요하다는 것이었다. 나는 그 주장에 깊이 공감한다. 최근 20여 년간의 '세계화'는 정치적 세계화 없는 경제적 세계화만으로 세계의 무정부 상태를 더욱 심화시켰다. 자원과 환경의 적절한 통제, 그리고 공정한 국제질서의 유지를 위한 세계정부의 필요는 갈수록 절실해지고 있고, 세계정부는 조약과 국제기구의 발전을 통해 형성될 것이다.

국제기구의 강화를 바라기는 하지만, 공정성을 확보하지 않은 채로 무소불위의 권한을 키우는 것은 강대국에게 이용당하는 길이다. 권력 아닌 권위를 키워야 올바른 세계정부의 역할이 가능하다. 핵 확산을 막는 것이 IAEA의 목적이라 하더라도 무절제하게 특별사찰을 휘둘러 공정성의 원칙을 훼손시키면 권위가 손상된다. 그런데 소련 붕괴 이후 미국이 '세계경찰'을 자임하면서 국제기구를 너무 적극적으로 활용하려 든 것은 IAEA의 문제만이 아니다.

《북핵위기의 전말》로 다시 돌아와, 북한의 NPT 탈퇴선언에 미국 관리들, 특히 유화파 관리들이 크게 당황한 것으로 보인다. 앞에 인용한 것처럼 일본과 남한 측 의견을 타진했을 뿐 아니라 중국의 태도를 살폈을 것이다. 탈퇴선언 한 달 후인 4월 15일 스태플턴 로이 주중 미국 대사가 탕자쉬안唐家璇 중국 외교부 부부장을 찾아가 미국의 대북대화 제의 전달을 부탁하는 장면이 재미있다.

탕 부부장은 별다른 말을 하지는 않았지만 한 중국 관리는 "바로 우리가 기다리던 것"이라고 말했다. 그러나 이제 누가 움직일 차례인가? 미국은 대화 메시지를 중국에 전달한 것으로 할 일을 다했다고 생각했다. 북한은 매체를 통해 대화 의지가 있음을 암시한 것으로 충분하다고 주장했다. 결국 중국을 움직여야 했는데, 중국은 늘 그렇듯이 이번에도 애매한 방식으로 문제를 처리했다. 우선 중국은 일본에 미국의 대화 의지가 진지한 것인지 확인했다. 대답은 "그렇다"였다. 그런 다음 중국은 공식적으로 중재자 역할을 거절했다. 그러면서도 "비공식적으로" 미국의 제안을 북한에 전달했다. 중국은 이 첨예한 분규에 휘말리기를 원치 않았다. 그래도 날로 악화되는 북핵 위기를 해결하는 데 긍정적인 역할을 하고자 했다. 중국은 이런 입장을 일주일 후 한승주 외무부장관이 방콕에서 첸치첸 외교부장을 만난 자리에서 다시 한 번 전달했다. (같은 책, 48쪽)

20년 전 중국의 위상은 지금과 비교도 안 되게 취약했다. 북한에 대한 미국의 횡포를 견제해줄 다른 나라가 없는 상황에서 나서고 싶은 마음은 있었겠지만, 겉으로 드러나는 움직임을 삼가며 때를 기다리고 있었던 것이다. 미국이 대화 의사를 밝히자 "바로 우리가 기다리던 것"이라고 하지 않는가. 미국이 대화 자체를 거부해온 태도에 대한 비판의 뜻이 은근히 담겨 있는 말이다. 그리고 드디어 기다리던 때가 왔는데도 서둘러 나서지 않는다. 실제로는 중재자 역할을 하면서도 공식적으로는 역할을 부인한다. 대화가 진행되다가도 어떤 상황이 벌어질지, 뒷전에서 대비하며 기다리고 있겠다는 것이다.

북한은 NPT 탈퇴선언으로 미국을 곤경에 몰아넣었다. 14개월 전의 뉴욕 회담 이래 대화를 거부해온 미국이 대화에 나서지 않을 수 없게 된 것이다. 대화 거부 정책을 주장해온 미국 관리들이 책임을 느껴야 할 장면이다. 그들은 이 책임을 희석시키기 위해 북한에게 진정한 대화 의지가 있는 것이 아니라고 주장했다.

그럼에도 불구하고 북한이 과연 외교적 해결에 대해 진지한지를 의심하고 대화의 시작이 공갈에 굴복하는 것처럼 비춰질 수 있다고 우려하는 이들이 적지 않았다. 부수장위원회[관련부서 차관회의] 참석자들은 또 북한이 보내는 신호를 분석하느라 애를 먹었다. 하루 전[4월 6일] 평양방송은 핵 문제가 "미국과 북한의 협상을 통해 해결돼야 하는" 문제라고 주장했다. 그러나 또한 한국전쟁의 기억을 상기시키면서 유엔 안보리가 행동을 취할 경우 "예상치 못한 결과"가 발생할 수 있다는 경고와 함께 유엔을 비난했다.

이러한 불확실성 때문에 부수장위원회의 분위기는 즉각적인 대화에는 반대하는 쪽으로 기울었다. 비밀중재를 통하는 방법이 있었다. 또 사실 이 방법은 나중에 위기 해결에 중요한 역할을 했다. 그러나 그 당시에는 이 방법을 보류하기로 했다. 대신 중국의 산파 역할을 요청함으로써 중국이 성공적인 위기 해결에 가지게 될 이해를 높이는 방법을 사용하기로 했다. 그러는 가운데 회의 참석자들은 제재조치는 보류하기로 했는데, 이는 다음 날 유엔 안보리 의장성명서가 발표될 예정이었으므로 타당한 것이었다. 또 유엔이 추가 행동을 취하기 전에 북한에게 대응할 시간을 주는 것이 마땅했다. (같은 책, 45~46쪽)

북한의 대화 의지를 깎아내리는 것이 대결파의 태도였다. 북한과 대화에 나서는 것이 미국의 체면을 손상시키는 일이고, 이것이 북한이 대화를 요구하는 유일한 목적이라는 것이다. 유화파는 이와 달리 북한에게 분명한 협상 의지가 있다고 본다. 《북핵위기의 전말》 저자들은 이 점에서 확실한 유화파 입장이었다.

이러한 상황을 종합할 때 북한이 결국 협상에 나설 것임을 암시한다. 그러나 다른 한편으로 북한이 어떻게든 향후 체제 안전을 위해 핵무기를 보유하려는 강한 의지를 가지고 있다는 주장도 있었다. 조약에서 탈퇴함으로써 북한은 자신들에게 주어진 마지막 법적 굴레를 벗어버리게 되는 것이다. 이 주장에 따르면 북한은 계획적으로 IAEA를 속이고 계속 핵 프로그램을 진행하는 가운데 임시로 사찰을 수용하면서 시간을 벌었다는 것이다. 그러나 북한이 IAEA의 기술적 능력을 간과하여, 더 이상 속일 수 없는 상황이 되자 그 논리적 귀결인 조치, 즉 NPT 탈퇴를 선언했다는 것이다. 만일 이 주장이 사실이라면 위기 해결을 위한 외교적 노력의 성공 가능성이 거의 없게 된다. (같은 책, 43~44쪽)

협상의 필요성을 인정하면서도 북한의 '감춰진 의도'로 인해 좋은 성과를 거두지 못할 걱정에서 벗어나지 못하고 있다. 미국과의 협상 필요가 북한에게 얼마나 절박한 것인지 아직 파악이 되지 않고 있는 것이다. 그것이 파악되어 '포괄적 해법'이 거론되는 것은 훨씬 시간이 지난 뒤의 일이다.

'북핵 위기North Korean Nuclear Crisis'란 말 자체에 미국 측의 과장된 관점이 반영되어 있다. 말이야 어떻든 미국 측이 이것을 하나의 '위기'로 인식해서 지금까지 거부해온 대화에 나서게 된 것은 문제 해결의 출발점이 될 수 있었다. 그러나 이 시점에서 미국 정부의 유화파까지도 북한의 대화 의지를 제대로 파악하지 못하고 있는 것을 볼 때, 대화 진행이 쉽지는 않을 것 같다.

김영삼이 원한 것은
'북핵 위기'의 지속이었던가?

북한은 1991년 중엽 유엔 가입 결정으로 시작해서 개방정책을 꾸준히 추진했다. 남한과 미국이 남한 배치 핵무기 철수, 팀스피릿 훈련 중단 등 이에 호응하는 조치를 취하면서 얼마 동안 북한의 국제사회 진입이 순조로워 보였다. 그러다가 1992년 중엽 IAEA 사찰을 계기로 역풍이 일어나기 시작했고, IAEA의 특별사찰 요구, 팀스피릿 훈련 재개방침 발표, 남한의 훈령 조작 사건 등 북한의 개방에 불리한 일이 이어지다가 1993년 3월 북한의 NPT 탈퇴 선언에 이르렀다.

북한의 개방을 미국이 반가워하지 않는 기색은 1992년 1월 뉴욕회담에서부터 나타났다. 미국 정부에서 북한에 대한 적대정책을 1992년 중에 공식적으로 결정한 것 같지는 않다. 오랜 기간의 적대관계에서 오는 관성 등 지엽적 요소들이 북한의 개방정책을 흔쾌히 받아들이는 데 소소한 장애를 일으키는 상황이었던 것으로 보인다. 예를 들어 행정부 교체 시점에서 각 부서의 업무 확보 노력도 '북핵 위기' 양성에 한몫했다. 1992년 말에서 1993년 초에 걸친 워싱턴 상황을 퀴노네스는 이렇게 설명했다.

국무부에서는 거의 매일 소그룹 회의가 열렸지만, 북한 문제는 서서히 동아태국의 관할을 벗어나고 있었다. 북한의 비협조와 국제원자력기구의 강경한 입장은 핵 문제를 국제화시켰고 자연히 북한 문제는 핵 확산 금지 전문가들의 수중으로 넘어가기 시작했다.

당시 핵 전문가들은 북한이 필요했다. 소련이 붕괴하자, 군축국과 군사정치국, 핵 문제 담당 특별보좌관실 그리고 국방부와 중앙정보국이 북한 문제를 수중에 넣기 위해 치열한 경쟁을 했다. 자신들의 밥그릇을 지키기 위한 싸움이었다. 1993년 1월, 북한이라는 작은 나라가 소비에트 연방을 대신하여 미국 정부의 광대한 핵 확산 금지체제의 관심의 초점으로 떠오르게 되었다.

새 정부가 출범했다. 외교보다 국내문제를 우선하겠다는 공약을 내걸고 당선된 클린턴 정부는 연방정부의 대폭 축소를 요구했다. 국무부의 구조조정, 국방부의 대폭 축소 등 온갖 소문이 난무했다. 국무부 부서들도 자신의 존속이 미국 정부의 성공적 국가 운영에 필수 불가결하다는 것을 새 정부에 설득시키기 위해 '당면 최대 이슈'를 잡는 데 여념이 없었다.

(…) 1993년 1월 하순이 되자 북한 및 핵 문제 관련 외교 전문과 뉴스 브리핑을 심사하는 부서가 20개가 넘었다. (케네스 퀴노네스, 《한반도 운명》, 노순옥 옮김, 중앙M&B 2000, 113~114쪽)

기원전 109년에 한나라 군대가 고조선을 침공했다. 그에 앞서 기원전 113년에 한나라는 남월南越을 정복했다. 고조선과 남월이 무슨 일을 일으킨 것도 아닌데 왜 한나라는 그 시점에서 연거푸 원정군을 일으켰을까?

키워놓은 군사력을 쓸 데가 필요했기 때문이다. 한나라에게 최대의 강적은 북방의 흉노였다. 기원전 202년 고조가 흉노 정벌에 실패하고 곤욕을 치른 이래 한나라는 '돈으로 평화를 사는' 정책을 오랫동안 취했는데 무제(기원전 141~87년)가 대결정책으로 전환했다. 기원전 119년의 정벌에는 전마 20만 필을 동원할 정도였다. 기세가 꺾인 흉노는 서쪽으로 달아나 한 갈래가 훈족

Huns이란 이름으로 유럽인을 공포에 떨게 만들기도 했다.

흉노 주력이 달아난 후 한나라는 키워놓은 군사력을 쓸 곳을 찾아 남쪽의 남월과 동쪽의 고조선을 정벌한 것이다. 정벌당하는 입장에서는 '마른하늘에 날벼락'이었다. 이번에는 소련 상대로 키워놓은 미국 정부의 군사력을 쓸 곳을 찾을 필요가 있었던 것이니, 한반도는 2,000여 년 만에 다시 날벼락을 맞는 셈이다.

1993년 초까지 미국 정부 내에서 밥그릇 놓고 옥신각신하는 상황이었다는 데서 거시적 차원의 적대정책이 결정되지 않고 있었음을 알아볼 수 있다. 대북정책의 한·미 공조에서 한국이 주도권을 쥘 수 있는 상황이었다. 사실 그때까지 노태우 정부의 북방정책이 성과를 거둘 수 있었던 것도 대북정책에 대한 미국 측의 압박이 없었던 덕분으로 볼 수 있겠다.

1993년 초에 들어선 클린턴 정부는 대외정책 전반, 특히 대북정책에 있어서 전임 정부의 기조를 그대로 물려받았다고 퀴노네스는 말한다.(같은 책, 115~116쪽) 한·미 공조에서 미국이 강한 주도권을 행사하지 않는 상황이 계속된 것이다. 남한 입장이 미국의 대북정책에도 강한 영향을 미칠 수 있는 상황이었다. 남한 정부는 어떤 입장을 보였던가?

1993년 2월 25일 김영삼 대통령의 취임사에는 노태우의 북방정책은 저리 가라 할 정도로 북한에 대해 포용적인 내용이 담겨 있었다.

널리 알려진 김영삼의 말 중에 "머리는 빌릴 수 있어도 몸은 빌릴 수 없다"는 것이 있는데, 인기가 떨어졌을 때는 "너무 여러 사람 머리를 빌리다 보니 정신착란증에 빠져버렸다"는 야유도 나왔다. 취임사는 김영삼이 아니라 한완상의 생각을 담은 글이었고, 김영삼은 내용에 동의해서가 아니라(이해는 했는지 의문을 품는 사람들도 있다) 정치적 쓸모 때문에 '빌려' 쓴 것이었다.

1987년의 민주화운동 때까지 김대중과 김영삼은 같은 '민주화 투사'의 표상으로 국민에게 받아들여지고 있었고, 1990년 3당 합당 후에도 김영삼에 대한 지지자들의 기대는 크게 줄어들지 않았다. "호랑이 잡으러 호랑이굴에 들어간다"는 말이 먹혀들었던 것이다. 철학이 없이(대학에선 철학을 전공했다던데!) 기술에만 의존하는, 성공이 아니라 승리만을 추구하는 그의 한계가 드러난 것은 대통령직에 오른 뒤였다.

정치가로서 김영삼의 한계를 가장 명확히 드러낸 것은 IMF 사태였지만, 그보다 더 큰 해악을 끼친 것이 남북관계의 파탄이었다고 나는 생각한다. IMF 사태처럼 당장 극적인 결과를 보여준 것이 아니지만, 민족사회의 실질적 피해는 훨씬 더 큰 것이었다고 생각한다.

남북관계의 발전과 한반도의 평화가 김대중에게는 그 자체로 중요한 목적이었다는 사실을 누구나 인정한다. 반면 김영삼에게는 수단일 뿐이었다. 냉전 해소의 대세를 이용할 생각으로 한완상을 비롯한 화해주의자들을 포섭해서 취임사까지 작성하게 했지만 수지타산이 맞지 않으면 언제든 내다 버릴 하나의 '옵션'일 뿐이었다.

취임 초의 김영삼은 화해주의자와 대결주의자를 함께 쓰며 경쟁을 시킨 셈이다. 1993년 말 한완상의 퇴진으로 대결주의가 승리하기까지의 과정을 훑어보기 전에 1993년 11월 23일 워싱턴에서 열린 한·미 정상회담에서 일어난 일을 살펴본다. 김영삼의 심중에서 화해주의가 완전히 퇴치된 상황에서 그의 행동양식을 확인하는 것이다.

대통령 집무실에서의 단독회담은 김영삼 대통령이 볼멘 목소리로, 미국이 일방적으로 결정하고 한국에 통보한 일괄타결안을 포함한 북한에 대한 포괄적 접근 방식에 대한 반대의사를 밝히는 것으로 시작됐다. (…)

클린턴 대통령, 레이크 안보보좌관, 크리스토퍼 국무장관은 입을 딱 벌렸다. 일반적으로 우방국과의 정상회담은 사전에 철저하게 조율되고 준비되기 마련이었기 때문이었다. 클린턴 대통령은 포괄적 접근 방식을 옹호했지만 김 대통령은 이미 결심을 굳힌 상태였다. 아예 상대방의 말을 듣지도 않는 것처럼 보였다. 레이크 보좌관과 크리스토퍼 장관이 끼어들려 했으나 김 대통령은 완강했다. 그는 결국 "포괄적"이라는 표현 때문에 언론이 오해한 것일지도 모른다고 인정했다. 레이크 보좌관은 후일 그때 정종욱 수석을 흘낏 바라보았는데 그렇게 참담한 표정의 얼굴은 처음 보았다고 회고했다.

클린턴 대통령이 안보보좌관들에게 다른 표현을 찾아볼 것을 제안하자 두 보좌관은 동의어들을 찾다가 결국 "철저하고 광범위한thorough and broad" 접근방식이라는 다소 우회적인 표현을 찾아냈다. (…) 김 대통령은 회의장을 떠나면서 측근에게 "우리가 원하는 것을 얻었다"고 말했다. 회의장 밖에서 소식을 들은 허바드는 몇 주에 걸친 힘겨운 외교를 했지만 허를 찔렸다는 생각에 분을 참지 못했다. (조엘 위트 · 대니얼 폰먼 · 로버트 갈루치, 《북핵위기의 전말》, 김태현 옮김, 모음북스 2005, 135~136쪽)

이 장면에서 김영삼이 말한 "우리가 원하는 것"이 무엇이었을까? 북핵 위기의 해결방안을 봉쇄하는 것이었을까?

책략을 좋아하고 승리에 집착하는 김영삼의 성향으로 보아 그럴 수도 있었을 것 같다. 당장 얼마나 기분이 좋았겠는가. 한국이 미국의 눈치만 봐왔는데, 미국이 결정한 정책을 자기 손으로 뒤집어놓을 수 있었으니. 미국이 자기 눈치를 보게 만들어준 북핵 위기가 해결되지 않고 마냥 계속되는 것이 그가 원하는 것이었을까?

정말 그렇게는 생각하고 싶지 않다. 정치적 득실 때문에 한반도 평화를 해치는 짓을 저지르는, 그런 '폴리티컬 애니멀'을 국민이 대통령으로 뽑았다는 사실을 믿고 싶지 않다. 그러나 IMF 사태를 겪어보고, 이명박 정권의 4대강 사업과 천안함 사태를 겪어보고, 또 세월호 사태를 겪은 지금은 한국에서는 일어나지 못할 일이 없다고 체념하게 되었다. 　＼

고려 후기, 원나라의 지배(간섭)를 받던 시기의 일 하나가 생각난다. 당시 고려에서는 노비 신분을 '일천즉천—賤則賤', 즉 부모 중 한 쪽이 노비면 자식을 노비로 정하는 제도가 있었다. 이것은 노비의 인구 비율을 늘리는 만큼 국가 기반을 무너트리는(노비는 국가가 아니라 주인의 이익만을 위해 일하므로) 결과를 가

저온다. 그래서 '전민변정田民辨整', 즉 토지와 노비의 소유 집중을 완화하는 것이 언제나 중요한 개혁 과제였지만 기득권층의 반발로 계속 좌절되고 있었다.

그러다가 모처럼 상당한 성과를 거둔 것이 1301년에 설치된 전민변정도감이었는데, 정동행성征東行省의 원나라 관리 활리길사闊里吉思가 추진한 것이었다. 그는 노비 판정에 '일량위량一良爲良'의 기준으로 노비 수가 줄어드는 정책을 취했다(엄밀한 의미에서는 '일량위량'이 아니지만 그에 준한 효과를 가져오는 기준이었다고 한다). 그러자 고려 조정에서 그의 소환을 원 조정에 주청해(고려 습속을 침해한다는 이유로) 그가 소환되고 개혁정책이 중단되었다. 모처럼 원나라가 고려 자신을 위해 좋은 정책을 추진한 것이 고려 기득권층의 반발로 좌절된 일이다.

김영삼과 클린턴의 정상회담 직전 한국 대표단의 회의 장면에서 대결주의의 승리를 확인할 수 있다.

클린턴 대통령과의 정상회담 직전 한국 대표단은 김 대통령이 묵고 있는, 백악관에서 길 하나 건너 있는 영빈관 블레어하우스에 모였다. 이 자리에는 김 대통령과 한승주 외무장관, 정종욱 외교안보수석 및 김 대통령의 측근은 아니었지만 영향력이 커지고 있던 노련한 정치인 박관용 비서실장 등이 참석했다.

놀랍게도 유종하 주유엔 대사도 자리를 함께 했다. 소신 있는 외교관인 유 대사의 별명은 독일 셰퍼드였다. 그는 종종 "한 번 물면 절대 놓지 말아야 한다"고 말하곤 했기 때문이다. 이전 정권에서 외무부 차관을 지낸 유 대사는 예산문제를 놓고 재무부의 항복을 받은 일로 유명했다. 외무부장관 자리를 놓고 한승주 장관과 다투었던 그는 명목상으로 한 장관의 부하직원이었지만 1993년 동안 북한에 대한 강경한 입장을 주장하는 메시지를 비밀리에 청와대에 보내곤 했다. 특히 김 대통령처럼 국내 보수진영의 비판에 예민한 박관용 비서실장과 뜻이 잘 맞았다. 그를 오라고 한 것은 한승주 장관이 아니라 박관용 비서실장이었다. 한 장관은 유 대사를 보고 깜짝 놀랐다.

블레어하우스에서 짧은 시간 동안 열띤 논쟁이 벌어졌고, 결론이 내려졌다. 한승주 장관은 미국과의 합의에서 합의된 포괄적 접근 방식을 설명했다. 그러나 유종하 대사는 북한에 대한 당근, 특히 팀스피릿 훈련 중단과 같은 큰 당근은 남북한 상호사찰에 연계시켜야 한다고 주장하며 대북강경책을 옹호했다. 박관용 비서실장은 유 대사의 입장을 지지했다. 그의 관심은 김 대통령의 미국 방문이 국내정치에 미칠 영향에만 쏠려 있었다. 김 대통령은 듣기만 했다. 그러나 유 대사의 주장은 한국이 운전대를 잡아야 한다는 것이었으므로 김 대통령의 마음에 분명 와 닿았을 것이다. (같은 책, 134~135쪽)

미국은 북한의 개방정책에 인색한 태도를 보였고 일부 미국 관리들은 없는 '북핵 위기'를 만들어내려고 애썼다. 하지만 북한에 대한 적대정책이 국가정책으로 세워져 있는 것은 아니었다. 북한이 'NPT 탈퇴' 카드로 미국 정책의 모순점을 찌르자 결국 '포괄적 해법'으로 문제 해결에 나서게 되었다. 그런데 이 단계에서 남한이 끼어들어 판을 엎어버린 것이다.

'포괄적 해법'이 어떤 과정을 통해 어떤 내용을 갖추고 만들어지게 되었는지 다음 글에서 살펴보겠다.

미 국무부의
'한국통' 퀴노네스의 고역

북한은 1993년 3월 12일 NPT 탈퇴를 선언했다. NPT 탈퇴에는 3개월의 유예기간이 규정되어 있다. 6월 12일 이전에 탈퇴선언을 취소하지 않으면 공식적 탈퇴가 되는 것이다. 결국 북한이 6월 11일에 북·미 공동성명과 함께 탈퇴 연기를 발표함으로써 위기가 한 차례 수습된다. 그 과정을 일단 살펴보겠다.

"한 번 만들어진 조직은 그 유지와 확대를 위해 움직이는 경향을 가진다." 소련과의 대결을 위해 만들어진 미국의 정보·군사 기구들은 냉전 해소 후 필요가 없어지거나 줄어들었다. 그러나 축소와 폐지에 저항하는 추세는 자연스러운 것이었고, 새로운 존재의의를 찾아내려는 노력이 일어났다. 이것이 북핵 위기 형성의 배경 일부가 되었다.

부서의 기능에 따라 선호하는 정책의 방향이 다른 것도 밥그릇 문제로 생각할 수 있다. 국방부가 대결을 좋아하고 국무부가 대화를 좋아한 것은 자기네 업무를 늘려주는 방향이기 때문이었다.

클린턴 행정부 내에서의 관료조직 간의 갈등 또한 부시 행정부의 그것과 유사했다. 국무부는 핵 확산 금지체제에 초점을 두었다. 반면 국방부장관실은 북한의 플루토늄 추가확보를 저지하는 데 집중했다. NPT는 핵물질 재처리는 금지하지 않았으므로 국방부는 재처리 포기를 약속한 한반도 비핵화 공동선언과 그에 따른 남북 상호사찰에 초점을 두었다. 그리고 국방부는 더 많은 것을 원했다. 4월 7일 부수장위원회 회의에서 국방부의 프랭크 위즈너 정책 담당 차관은 북한의 핵 프로그램이 완전히 폐기되었다는 보증이 있어야 한다고 주장했다. 이는 NPT, 국제적 안전의무 및 남북한 공동선언에서 다루어지지 않은 내용이다. (조엘 위트·대니얼 폰먼·로버트 갈루치,《북핵위기의 전말》, 김태현 옮김, 모음북스 2005, 46쪽)

부시 행정부의 말기인 1992년에서 클린턴 행정부 초기인 1993년에 걸쳐 미국 정부의 공식적 대북정책은 대결과 대화 어느 쪽으로도 절대적으로 기울어져 있지 않았다. 그래서 각 부서 관리들의 성향이 있는 그대로 주장과 활동에 나타나고 있었다.

국무부 관리들은 북한과의 대화를 거부해온 냉전시대 이래의 제약이 풀리기를 바랐다. 그들이 당시 북한에 대해 깊고 정확한 이해를 갖고 있지는 못했던 것으로 보이는데, 그것도 대화 제약이 풀리면 향상을 기대할 수 있는 일이었다. 그러나 당장 대결주의자들과의 정책 경쟁에서는 논거의 부족으로 어려움을 겪지 않을 수 없었다.

코리아데스크 담당자였던 케네스 퀴노네스의 회고록《한반도 운명》에는 국무부 실무자로서 저자가 겪던 고충이 가득 담겨 있다. 한국어에도 능통한 그는 1992년 연말에 로버트 스미스 상원의원의 평양 방문을 수행했기 때문에 몇 달 후 북핵 문제가 제기되었을 때 북한 인사들과의 대화에 나서기에 적격인 인물이었다. 그러나 대화를 열기 위해서는 저쪽에서 접근해오기를 기다려야 했다.

5월 중순, 상황은 어느 정도 진정되었다. 그러나 유엔에 파견된 우리 외교관들이나 다른 일반인들이 도움을 요청할 때를 대비해 나는 늘 전화통 옆에 붙어 있었다.

어느 날 점심, 내가 막 샐러드를 한 숟갈 입에 물었을 때였다. 코리아데스크에서 15년 동안 근무한 조 앤이 사무실 문 앞에 나타나 놀란 표정으로 말을 더듬었다.

"자, 자기가 부, 북한 대사라며 어떤 사람이 통화를 하고 싶다는데요. 이름이 허 뭐라는데… 어떻게 할까요?"

그녀 못지않게 놀란 나도 말을 더듬었다. 미소 외교[북한인과 마주치면 미소만 짓지, 이야기는 하지 말라는 국무부 방침]가 아직 유효할 때였다. 직속상관은 모두 점심 먹으러 나갔고, 최소한 한 시간 안에는 돌아오지 않을 게 분명했다.

순간적으로 평양에서 이미 여러 명의 북한 관리들을 만난 마당에 허종 대사와 한 번 더 만나는 것이 대수겠는가라는 생각이 들었다. 나는 전화를 받았다. 1월 카터 센터에서 만난 이후 처음 하는 통화였다. 처음에 약간 머뭇거리던 그도 평상시의 태도로 돌아왔다. 그의 얘기는 믿을 수 없는 요구로 시작됐다.

"나는 우리 정부로부터 귀 정부에 양측 정부가 서로 만나 쌍방의 문제를 논의할 수 있는지 여부를 알아보는 권한을 위임받았습니다."

나는 좀 더 구체적으로 말해보라고 했다. '무슨 주제로 어느 선에서 언제 어디서?'

그는 양측 정부가 핵 문제를 논의한다는 원칙에만 동의한다면 세부적인 내용은 추후에 결정할 수 있을 것이라고 대답했다. (케네스 퀴노네스, 《한반도 운명》, 노순옥 옮김, 중앙M&B 2000, 134~135쪽)

NPT 탈퇴 유예기간을 한 달 남겨놓고 북한 측이 미 국무부에 접촉을 해온 것은 "나 좀 말려달라"는 뜻 아니겠는가. NPT 탈퇴의 직접 이유는 IAEA의 '특별사찰' 요구였다. IAEA에 대한 미국의 압도적 영향력은 삼척동자도 아는 것인데, IAEA가 창설 이래 처음으로 특별사찰을 들고 나온 것이 누구 때문이겠는가. 허수아비인 IAEA와 말이 통하지 않으니 실질적 주체인 미국 나오라고 한 것이 NPT 탈퇴선언이었다. 그런데 두 달이 지나도록 미국이 대화에 나서지 않으니 이야기 좀 하자고 연락을 취한 것이다.

유엔 북한 대표부 부대사 허종이 퀴노네스에게 전화를 걸 때까지 미국 측에 아무런 대화 노력도 없었다는 사실은 퀴노네스의 서술로 보아 분명하다. 노력이 있었다면 그가 동원되지 않았을 가능성을 생각하기 힘들다. 한편 걸려온 전화를 받는 데까지 망설인 것을 보면 실무자급의 사소한 접촉까지 철저하게 봉쇄되어 있었던 것이다. 인용문 중 "1월 카터 센터에서 만난" 일이 언급되어 있는데, 퀴노네스가 카터 센터에 출장 갔을 때 허종이 그곳에 와 있는 것을 알고 국무부에 전화해 허락을 받고서야 만났던 것이다.(같은 책, 122쪽) 허락을 받지 못했다면 여러 사람 있는 자리에서 미소만 짓고 지나쳐야 했을 것이다.

일단 연락이 오자 일은 일사천리로 진행되었다. 퀴노네스는 허종의 전화를 받은 이튿날 뉴욕으로 가서 허종의 상급자인 김종수 부대사를 만났고, 핵문제 협상을 위한 북·미 회담을 두 주일 후에 유엔 미국 대표부에서 열기로 단 10분 만에 의논이 끝났다. 북한의 NPT 탈퇴를 비난하면서 대화를 거부할 명분이 미국 쪽에 없었던 것이다.

그래서 강석주가 이끄는 북한 대표단과 로버트 갈루치Robert L. Gallucci가 이끄는 미국 대표단이 6월 2일 만났고, 이 회의로부터 6월 11일의 북·미 공동성명이 도출되었다. 성과에 이르는 과정에서 실무접촉을 맡았던 퀴노네스는 양측 간의 이해 수준이 너무나 낮다는 사실을 절감한다. 예컨대 북한 측이 미국 정부의 공식 발표보다 언론에 나타나는 평론가들의 '사적 논평'을 더 중시하는 경향을 보이는 것을 의아해했는데, 알고 보니 'private'란 말의 의미에 대한 오해 때문이었다고 한다.

나는 아직도 북한인들이 대화 도중 'private'이란 단어의 정의를 내려달라는 질문을 받았던 것을 분명히 기억한다. 북한 사람들은 미국인들이 서로 뭔가를 private한 것으로 하자고 약속할 때 그것이 '비밀의' 또는 '극비의'라는 뜻으로 이해하고 있었다. 나는 'private'이란 단어가 '개인적인' 또는 '공식적인 정부 관리와는 아무 상관없는'이란 뜻으로도 쓰인다고 설명했다. 이 모든 것이 어찌 보면 우습고 사소한 것처럼 보인다. 그러나 당시처럼 상대방에 대한 무지로 팽팽히 긴장해 있던 상황에서 이런 상대적으로 작은 장애물들을 먼저 치우지 않고는 본질적인 문제에 접근조차 시도할 수 없었다. (같은 책, 168쪽)

온갖 시시한 문제들이 퀴노네스의 실무자 노릇에 어려움을 보태주었다. 북한 대표단을 회담장에 데려오는 것부터 만만한 일이 아니었다.

막상 회담을 하려니까 전혀 예상치 못한 세부사항이 자꾸 불거져 나왔다. 세관은 북한 대표단이 외교관 신분을 이용해 마약이나 위폐 또는 무기를 밀반입하려고 할지 모른다고 걱정했다. 나는 외교관인 북한 대표단의 몸수색을 하는 것은 안 된다고 그들을 설득해야만 했다. 짐을 열어보거나 검사하는 일도 있을 수 없다. x레이는 통과시키지만 열어볼 수는 없다고 못 박았다. 이민국에서는 입국을 허가하기 전에 대표단의 사진을 찍고 지문을 채취해야 한다고 했다. 결국 카메라는 눈에 띄지 않는 곳에 설치했고 지문은 입국절차를 서둘러 간신히 모면했다.
유엔 주재 미국 대표부의 보안 담당자는 북한 대표단 중 누군가가 회의장을 빠져나가 아래층에 있는 기밀문서를 훔쳐볼지도 모른다고 걱정을 했다. 비밀 유출을 막기 위해 회의장 출입구와 회의장으로 올라가는 엘리베이터에 무장 해병을 배치하겠다고 했다. 나는 무장군인의 배치는 절대로 안 된다고 빌다시피 그를 설득했다. (…) 관료들은 외교관으로서 나의 임무를 순전히 북한 사람들의 자존심이나 달래주는 의전상의 장식품 정도로밖에 평가하지 않았다. 더 긴 안목을 갖지 못한 이 사람들이 놓친 것은 그들이 더 실질적인 진행을 방해하기 전에 이런 복잡한 예상문제들을 내가 사전에 예방하고 해결했다는 사실이다. 결국 그것이 내 일이었고, 나는 내 일을 효율적이고 외교적인 방식으로 진행한 것을 자랑스럽게 생각한다. (같은 책, 144~146쪽)

북핵 문제를 놓고 북한을 상대하는 주체는 남한과 미국, 그리고 IAEA의 3자였다. 북한을 상대하는 미국 실무자로서 퀴노네스는 수시로 한국 입장에 신경 쓰는 모습을 보여주는 반면 IAEA에 대해서는 크게 주의를 기울이는 기색이 없다. 1993년 6월 북·미 고위급회담을 시작하는 단계에서도 퀴노네스는 한국의 반응에 주의를 기울이고 있었다.

한국 정부는 마지못해 마지막 카드인 북·미 회담을 받아들였다. 결국 북한을 외교적으로 포용하기 위한 끈질긴 노력과 상당한 경제지원이라는 당근에 대해 북한이 되돌려준 것은 무기제조용 플루토늄의 생산을 숨기려는 속셈밖에 없었던 셈이다. 그런데도 미국은 이런 잘못된 행동에 벌 대신 상을 주려 한다는 것이 한국인들의 시각이었다. 그것도 평양이 줄기차게 요구해왔던 북·미 고위급회담이라는 상을. 워싱턴 주재 한국 대사관과 유엔 한국 대표부는 우리의 일거수일투족을 주시했다. 협상 전략 수립에 영향력이 있는 미국 정부 내 모든 부서가 중대한 로비 대상으로 떠올랐다. 미국 대표단의 개개인 역시 면밀한 주시의 대상이 되었다. 북한데스크로서 미국과 북한 정부 간 대화유지 책임을 맡고 있던 나도 자연히 주목의 대상이 되었다. 나는 한국 대사관에 모든 것을 투명하게 밝히라는 지시를 상관으로부터 받았다. 다시 말해 친구인 한국이 모든 것을 알게 하라는 것이었다. 한국 대사관이 모르는 사실을 북한이 언론에 흘리면 내가 그동안 한국 대사관과 쌓아온 신뢰가 깨질 수도 있다는 것이었다. 그 이후 5년 동안 내가 남북한 모두로부터 신뢰를 유지할 수 있었던 것은 바로 이 투명성 덕분이었다. 불행하게도 미국 정부 내 정책 결정자급의 일부 인사들은 이 투명성 원칙을 어기고 협상의 일부를 한국 측에 숨김으로써 한·미 정부 간의 상호 신뢰에 손상을 입히기도 했다. (같은 책, 138쪽)

1993년 6월의 북·미 고위급회담은 좋은 성과를 낳았다. 북한은 NPT 탈퇴선언의 카드로 미국을 회담장에 끌어내어 북한의 주권을 존중하고 무력행사를 하지 않겠다는 약속을 받아냈다. 미국도 '거의 아무런 양보 없이' 북한을 NPT에 잔류시킬 수 있었다. '거의 아무런 양보 없이'라고 따옴표를 친 것은 여기 동의하지 않는 사람들이 있기 때문이다. 위 인용문에 나온 것처럼 회담 자체가 북한에 대한 '상'이라고 여기는 사람들이다.

그런 사람들에게는 북한의 주권을 존중하고 무력행사를 하지 않겠다는 약속이 엄청난 양보처럼 보일 것이다. 퀴노네스를 위시한 실무자들의 공로를 무엇보다 높이 평가하는 점은 그런 사람들의 반대를 쉽게 물리칠 길을 찾아낸 것이다.

6월 10일 목요일 아침이었다. 시한이 불과 하루 앞으로 다가왔다. 워싱턴에서 믿을 수 없을 정도로 신속하게 회신이 왔다. 미 대표부에 가자 대표단원 두 명이 나를 기다리고 있었다. 나와 성명의 초안을 작성하기 위해 온 것이었다. 나는 북한이 원하는 것은 북·미 공동성명으로 미국 정부는 북한에 대해 무력행사를 하지 않을 것과 북한의 주권을 존중할 것을 구체적으로 명시해야 한다고 그들에게 말해주었다. 나는 유엔 헌장 처음 몇 페이지를 훑어보았다. 유엔 헌장 몇 구절만 바꾸면 그대로 성명이 될 것 같았다. 결국 유엔 헌장에 서명한 나라로서, 또 북한의 유엔 가입을 찬성한 나라로서, 우리는 잃을 것이 하나도 없었다.

내 친구 하나가 워싱턴의 국가안보회의에 전화를 걸어 통과 또는 승인 요청을 했다. 그는 천천히 자기 앞에 놓여 있는 컴퓨터 모니터에서 깜빡거리는 초록색 글자들을 읽었다. 그 단어들이 듣는 사람을 놀라게 한 모양이었다.

"도대체 어떻게 우리가 북한을 상대로 그런 말들을 공개적으로 할 수 있단 말인가. 미국이 북한의 주권을 존중할 것이라고 암시하다니 북한 사람들한테 완전히 넘어간 것 아닌가."

친구와 나는 그들의 입을 막을 답을 갖고 있었다. 우리는 그 말들이 실제로 유엔 헌장에 있는 말을 그대로 따온 것이라고 말했다. 미국 정부에 무슨 새로운, 과격한, 유별난 것을 요구하는 게 아니었다. (같은 책, 172~173쪽)

유엔 회원국이 다른 회원국에게 주권 존중하겠다, 무력행사 않겠다, 새삼스럽게 약속을 할 필요부터 없는 일이었다. 유엔 헌장만 지키면 되는 일이었다. 그런데 그런 정도 약속을 "북한 사람들에게 완전히 넘어간 것"으로 보는 것이 많은 미국 관리들의 인식이었다. 그들에게 유엔 헌장을 기억시켜준 것이 퀴노네스 등 실무자들의 큰 공로였다.

100일도 안 되어
마음이 바뀐 김영삼

1993년 3월 12일 북한의 NPT 탈퇴선언으로 비롯된 긴장은 탈퇴가 이뤄지기까지의 유예기간 만료 직전에 북한의 탈퇴 보류 선언으로 한 고비를 넘겼다. 갈루치 국무부 차관보를 단장으로 하는 미국 대표단은 북한의 상황이나 의중을 확실히 파악하지 못하고 있었지만 북한이 원하는 양보를 해줌으로써 위기를 넘기고 다음 단계 대화의 장을 열 수 있었다.

미국의 '양보'는 엄밀한 의미에서 양보가 아니었다. "북한의 주권을 존중하겠다", "선제적 무력행사를 하지 않겠다"는 내용을 공동성명에 넣은 것뿐이다. 이것은 유엔 회원국끼리 함께 지킬 유엔 헌장에 다 들어 있는 내용이다. 회담 대표단은 회담 결과에 대한 강경파의 불평을 막기 위해 바로 이 점을 지적했다. 그러나 현실에 있어서 미국이 북한을 상대로 유엔 헌장을 지키겠다고 명언한 것은 지금까지 북한을 대하는 태도와 전혀 다른 것이었고, 북한에게는 매우 만족스러운 것이었기 때문에 NPT 탈퇴를 유보한 것이다.

내용은 차치하고 미국이 북한과 '공동'성명서를 발표했다는 것 자체가 북한에게 큰 소득이었다. 1992년 1월의 뉴욕회담에서는 거부당했던 일이다. 남한의 대결주의자들이 긴장하는 모습에서도 그 의미를 알아볼 수 있다.

한편, 워싱턴과 평양 사이의 성공은 서울의 우려와 맞부딪쳤다. 이런 우려는 한국을 북한의 침략으로부터 방어하겠다는 미국의 대한방위 의지에 의구심을 불러일으켰다. 솔직히 말해 이런 우려 밑바닥에는 잘 드러나지 않는 또 다른 우려가 감춰져 있었다. 핵 문제 해결을 위해 필요한 북한과 미국의 신뢰구축은 미국의 대한반도정책에 한국이 차지하고 있던 서울의 입지를 약화시킬 것이라는 우려 말이다.

이러한 우려는 1993년 6월, 미국과 북한 두 정부가 협상하기 전에 북·미 공동성명 내용을 검토하고자 하는 서울의 태도로 나타났다. 그래서 한 한국의 외교관이 이른 아침에 성명문 내용을 보자고 내 호텔로 전화를 한 것이다. 나중에는 또 미국이 성명문 내용에 부적절한 단어, 즉 '공동'이란 단어를 삽입시켜 이 성명을 1972년 7월 4일 최초의 남북공동성명과 같은 수준의 것으로 만들었다고 우려를 표했다. 뿐만 아니라 당시 한국 대사관과 유엔 대표부에서 표시한 수많은 우려를 보면 한국은 미국이 먼저 급한 불을 꺼놓고 실제로 평양과 대화할 때는 미국이 한국의 에이전트처럼 행동해주기를 바랐다. 그런 기대는 비현실적이었다. 그럼에도 불구하고 김영삼 정부의 이런 우려는 그 후 더 심해졌다. 특히 미국과 북한이 핵 문제에 관해 서로 수용할 수 있는 해결에 근접하자 더욱 그랬다.

반면 여타 국가들, 특히 유엔 안전보장이사회와 일본은 최초의 북·미 협상 결과에 대해 안심하고 만족했다. 국제원자력기구는 미국 대표단장의 '전면적인' 핵 사찰 입장을 견지한 데 대해 치하했다. 또 모든 나라의 대표들도 다음 회담은 언제 열릴 예정이냐고 물어왔다. (케네스 퀴노네스, 《한반도 운명》, 노순옥 옮김, 중앙M&B 2000, 179~180쪽)

한국 측의 감춰진 우려를 알아보는 것이 퀴노네스의 '한국통' 자격을 확인할 수 있는 대목의 하나다. 한국의 대결주의자들에게는 미국의 대외정책에서 우선순위를 확보하는 것이 국내의 정치권력 유지를 위해서도 중요한 일이었다. 1980년 광주민주화운동에서 미국의 역할에 대한 의혹과 불만감이 1987년 이후 반미감정의 형태로 한국 내에 자라나고 있었다. 미국의 확고한 지지가 없으면 야당을 지지하는 반미감정이 더 힘을 얻을 위험이 있었다.

대표단장 갈루치 역시 6월 11일의 합의에 대한 국제사회의 반응이 좋았다고 회고한다. 미국 내 반응은 갈라져 나타났지만, 미국이 아무런 양보도 하지 않은 것이므로 반대 의견에는 근거가 없는 것이라고 일축한다. 그리고 한국의 색다른 반응에 주의를 기울인다.

미국의 의견은 엇갈렸다. 〈뉴욕타임스〉는 공동성명서 채택을 환영했다. 그러나 또 하나의 유력지인 〈워싱턴포스트〉는 달랐다. 칼럼니스트 랠리 웨이머스는 북한이 5월에 실험한 탄도 미사일에 핵탄두를 탑재했을지도 모른다고 경고했다. 그녀는 미 행정부가 "북한의 NPT 완전이행을 위한 일정을 정하고 IAEA 사찰 허용을 요구하며 유엔의 제재조치를 선행해야 한다"고 촉구했다. 그와 같은 비판에 대해 갈루치는 성명서에 담긴 약속은 미국의 양보를 의미하는 것이 아니라고 강조했다. 그리스를 방문 중이던 워렌 크리스토퍼 국무장관도 같은 취지의 말을 했다.

국제적 반응도 조심스러웠다. 중국은 회담에서 이루어진 "초기 단계의 진전"을 높이 평가했다. 일본도 비슷한 반응을 보였다. 미야자와 일본 총리는 총리로서 잡힌 많은 공식 일정을 취소하고 집이나 집무실에서 뉴욕협상의 결과를 기다리는 것이 좋을지를 물을 정도였다. (…)

모든 당사국 중에서 한국이 가장 기뻐해야 했을 것이다. 6·11 공동성명서는 북·미 협상을 적극 촉구한 한국의 입장이 옳았음을 입증했다. 한승주 외무장관의 반응도 미국과 일본 정부의 성명과 같은 맥락이었다. (…) 그러나 서울은 달랐다. 서울에서는 북핵 위기를 거치는 동안 오랜 동맹국인 한국과 미국 양국관계를 곤경에 빠뜨린 여러 번의 시험 중 그 첫 번째 무대가 막을 올리고 있었다. (조엘 위트·대니얼 폰먼·로버트 갈루치,《북핵위기의 전말》, 김태현 옮김, 모음북스 2005, 75~76쪽)

이 무렵 김영삼 대통령의 남북관계에 대한 태도를 가장 극명하게 보여준 것이 6월 4일의 '취임 100일 기자회견'이다. 이 회견에서 "핵 가진 자와는 악수할 수 없다"는 말이 나왔다. "핵 가진 자"가 미국을 가리킨 말이 아닌 바에는 100일 전과 영판 다른 태도다. 김영삼 정부에서 남북관계를 맡고 있던 한완상은 이 사태를 어떻게 받아들였나?

1993년 6월에 접어들자 김 대통령의 취임 100일 기자회견 내용에 비상한 관심이 모아졌다. 2월 25일 취임식 때 "어느 동맹국도 민족보다 나을 수 없습니다"라는 평화 선언은 북한 당국에도 신선한 충격을 안긴 바 있다. 실제로 김일성 주석은 이 구절을 여러 번 읽었다고 한다. 그런데 6월 4일 '100일 회견' 때 김 대통령이 "핵 가진 자와는 악수도 하지 않겠다"는 강경 방침을 천명할 것이라는 얘기가 들려왔다. 대학 후배이기도 한 청와대 이경재 대변인에게 사실을 확인한 나는 그런 발언이 나온다면 남북관계를 불필요하게 악화시킬 것이라고 경고했다. 대통령이 직접 극단적인 발언을 해서는 안 된다는 것이 나의 평소 소신이었기 때문에 더욱더 이 대변인에게 신신당부했다. (…)

나는 이 대변인에게 여러 번 전화로 확인했다. 그러나 이 대변인은 잘 안 된다고 대답했다. 그래도 최선을 다해 그 표현만큼은 바꾸도록 힘써달라고 부탁했다. (한완상, 《한반도는 아프다》, 한울 2013, 103~104쪽)

2월 25일 취임사는 한완상이 중심이 되어 작성한 것이었다. 남북관계만이 아니라 국정 전반에 걸친 개혁에서 한완상이 중요한 역할을 맡으리라는 전망이 그래서 떠돌고 있었다. 그런데 100일 후의 회견문 내용은 한완상에게 "들려왔다"고 한다. 통일부총리보다도 '개혁 전도사' 한완상에 대한 신임을 김영삼이 그 사이에 거둔 것으로 볼 수 있다.

취임 당시 김영삼의 한완상에 대한 신뢰는 절대적인 것으로 보였다. 자랑스럽게 내건 '문민정부'의 이름도 한완상의 아이디어로 알려졌다. 취임 초 하늘을 찌를 듯하던 김영삼의 지지도는 한완상 같은 재야 인물들을 포섭한 데서 온 '개혁'에 대한 기대감 덕분이었다.

한완상 등 재야 출신 개혁파 인사들은 김영삼이 국민의 지지를 모으기 위해 자기네를 필요로 하는 만큼 자기네가 원하는 일을 할 수 있게 해줄 것으로 기대했을 것이다. 서로 이득을 보는 원원의 관계를 생각할 수 있는 상황이었다. 이런 거래관계가 소기의 목적을 달성한 뒤에는 잘 해소되어 각자의 길로 돌아갈 수 있다. 그런데 100일도 안 되어 아직 목적 달성이 안 된 시점에서 벌써 파탄을 보이기 시작하는 것이 어찌된 일일까?

한완상의 회고 중에는 1993년 5월 말께 김영삼에게 서둘러 찾아가 보고를 올린 일 하나가 적혀 있다. 북한을 방문해 4월 10일 김일성을 만난 재미 조동진 목사가 찾아와 해준 이야기를 보고한 것인데, 조 목사의 이야기 중에는 한완상의 유화정책을 뒷받침해줄 만한 김일성의 태도가 그려져 있었다.

나는 곧바로 청와대로 들어가 조 목사와 김 주석이 함께 찍은 사진과 오찬 식단을 보여주고 두 사람의 대화 내용을 보고했다. 김 주석이 대통령의 취임사에 감동을 받았다는 얘기를 비롯해 그가 했다는 말을 전했다. 가만히 듣기만 하던 김 대통령의 첫 반응은 이랬다. "믿을 수 있는가?" 그는 진지하게 듣는 것 같지 않았다. 나는 김 주석이 말한 10대 강령이 김 대통령의 취임사에 대한 정중하고 사려 깊은 반응이라는 점을 재차 강조했다.

이인모 씨 북송 발표 다음날 핵확산금지조약 탈퇴선언을 하는 상황을 막지 못하는 등 김 주석에게 아쉬움이 컸던 때였지만, 우리는 그때 조 목사에게 토로한 김 주석의 메시지를 좀 더 전략적으로, 또 좀 더 신중하게 분석했어야 했다. (같은 책, 72쪽)

'100일 회견'의 강경한 내용을 한완상이 저지하기 위해 애쓰던 때의 일이다. 김일성을 최근 만난 사람에게 고무적인 이야기를 듣고 "곧바로" 청와대에 들어간 것이다. 김일성이 김영삼에게 호감을 갖고 있으니 유화정책을 쓰면 성과를 거둘 것이라고 설득하기 위해.

김영삼이 "믿을 수 있는가?" 물은 대상은 직접적으로는 조동진 목사이지만, 간접적으로는 한완상 본인을 가리킨 말로 볼 수 있다. 조동진이 전하는

이야기를 충분히 검증하고 와서 자신을 설득하려 하는 것인지 "믿을 수 있는
가?" 물은 것이다.

한완상의 기록에서 그 직전 상황을 본다면 5월 14일의 국가조찬기도회가
있다. 1,200명이 하얏트호텔에서 가진 이 모임에서 한완상은 개회 기도를 맡
았고, 김영삼의 연설에 대해서는 "남북관계에 대한 언급은 없었으나 개혁 의
지는 뚜렷했고 힘이 있었다"고 적었다.(같은 책, 97~98쪽) 그 시점까지는 김영삼
의 심경 변화를 알아챈 것이 없었던 모양이다.

그러면 그 후에는 어떤 일이 있었는가? 5월 20일에 남한이 "남북 총리회
담을 뼈대로 한 대북 제안"을 했는데 북한이 5월 25일 전통문을 보내 부총리
급 특사 교환을 역으로 제안해왔다. 그 전통문의 취지를 한완상은 이렇게 해
석했다.

이즈음에서 특사 교환 제의에 나타난 몇 가지 흥미로운 점에 주목할 필요가 있다.
첫째, 핵 문제를 위시한 큰 문제들을 포괄적으로 풀어가자는 북한 당국의 의지가
엿보였다. 정상회담을 포함해서 민족 당사자 간의 회담에서 모든 주요 당면 문제
를 포괄적 획기적으로 풀어가자고 했다. 이는 김 대통령의 취임사에 대한 대응이
기도 했다. 또 미국에 요구해온 포괄적 대화를 남쪽과도 할 용의가 있다는 것은 의
미 있는 변화였다. 여기서 포괄적이라 함은 일괄타결의 가능성을 시사한 것이다.
이때 미국도 이미 포괄적 타결을 진지하게 고려하기 시작했다. 그만큼 북의 제안
은 현실합리적인 제안이었다. 둘째로 이미 전임 노태우 정부에서 남북이 합의한
것을 새롭게 실천해나가자는 의지가 엿보였다. 남북이 직접 대화를 하자는 뜻이니
긍정적인 메시지였다. 셋째로 총리 대신 부총리급이 만나자는 것은 각기 최고위급
의 뜻을 제대로 전달할 실세 간의 회담이 중요하다는 의미로 읽혔다. 이것은 그간
총리회담이 최고위의 뜻을 제대로 반영하지 못했음을 지적한 것이기도 하다. 그런
데 역설적으로 북한 당국은 핵확산금지조약 탈퇴선언으로 남쪽 부총리의 입지를
크게 좁혀놓았다는 사실을 모르고 있는 듯했다. (같은 책, 100쪽)

내용 중에 납득이 잘 안 가는 점들이 있다. 첫째로 꼽은 "포괄적으로 풀어가자는 북한 당국의 의지"를 놓고 북한의 태도를 매우 높이 평가했는데, 그런 평가를 위한 충분한 근거가 있었던 것인가?

이 시점에서 북한은 6월 12일의 NPT 탈퇴 유예기간 만료를 앞두고 미국 정부와 접촉, 6월 2일부터 북·미 회담 일정을 잡아놓고 있었다. 미국 측에서는 북한이 접근해올 때 남한과의 대화부터 복원하라는 요구를 전제조건처럼 내놓고 있었다. 5월 25일의 특사 교환 제안에는 북·미 회담을 성사시키기 위한 목적도 있었던 것이다. 그런 취지의 제안에서 남한을 비난하지 않고 대화를 바라다는 뜻을 밝히는 것은 당연한 일이다. 그처럼 당연한 내용을 넘어 북한의 태도를 적극적으로 평가할 만한 구체적 내용이 이 전통문에 담겨 있었던가?

한완상은 북한의 이 제안을 "현실합리적"인 것으로 판단한 근거로 북한이 일괄타결의 가능성을 시사하는 "포괄적 대화"를 미국만이 아니라 남한과도 나눌 용의를 보였다는 점을 지적한다. 이에 덧붙여 그때 미국도 포괄적 타결을 진지하게 고려하기 시작했다고 적었다. 한완상의 이 대목 회고 중에서 가장 납득하기 어려운 점이다.

'포괄적 타결'이란 말이 북·미 대화와 관련해 많이 쓰이게 되는데, 1993년 6월의 뉴욕회담 때까지는 아직 나오지 않고 있었다. 6월 11일의 뉴욕회담 타결에 대해 미국 수석대표 갈루치도 실무자 퀴노네스도 실질적으로 아무런 양보도 하지 않은 것으로 회고했고, 7월부터 시작된 제네바회담의 성과에 대해서도 별다른 전망을 갖지 않고 있었다. '포괄적 타결'이란 말의 출발점이 된 '경수로 제공' 제안은 7월 16일 제네바회담의 두 번째 모임이 북한대표부에서 열렸을 때 나왔다.

갈루치는 이 제안이 점심식사 자리에서 나왔다고 회고했지만(조엘 위트·대니얼 폰먼·로버트 갈루치, 같은 책, 87쪽), 오전 회담 중 나왔다고 하는 퀴노네스의 회고가 세밀한 정황 설명을 곁들인 점으로 보아 더 정확한 것으로 보인다.

그때 갑자기 강석주가 우리를 깜짝 놀라게 하는 발언을 했다. 핵 위기를 해결하기 위해 평양이 '관대한' 제스처를 취할 준비가 되어 있다고 말한 것이다. 그는 미국이 팀스피릿을 종식하고 북한과의 관계를 정상화한 후 북한에 두 개의 경수로를 제공하기만 하면 된다고 말했다. 그러면 북한이 국제원자력기구와 협조하고 핵안전협정 약속을 지키겠다는 것이다. 그러나 특별사찰만은 여하한 상황에서도 절대로 받아들일 수 없다고 했다. 평양은 그런 모욕적인 주권 침해는 절대로 동의할 수 없다고 단호하게 선언했다. 평양의 관대한 제스처 발언을 듣는 순간 우리는 어리벙벙해졌다.

'강석주가 제정신일까. 도대체 어떻게 이런 것을 생각할 수 있었을까. 핵확산금지조약 준수는 거부하면서 미국에게 수십억 달러의 경수로를, 그것도 하나도 아니고 두 개씩이나 요구할 수 있단 말인가.'

처음에 우리는 그저 웃으면서 농담을 했다. 너무나도 터무니없는 아이디어였기 때문이다. 동시에 우리는 엄청난 스트레스를 받았다. 도대체 어떻게 이렇게 말도 안 되는 아이디어를 워싱턴 상관들에게 보고한단 말인가. 그들은 너무 우스워서 말도 안 나온다고, 당장 꺼지라고 할 게 틀림없었다. (케네스 퀴노네스, 같은 책, 195~196쪽)

'경수로 제공'에 관해서는 나중에 다시 살펴보겠지만, '포괄적 타결'의 열쇠가 될 이 제안이 당시 미국 측에게 어떻게 보였는지 유념해둔다. 결국은 북한과의 타협을 위한 기본 요소가 될 이 제안의 타당성을 미국 측에서는 전혀 이해하지 못하고 있었던 것이다.

7월 16일까지 미국 측은 '포괄적 타결'의 가능성을 전혀 생각지 못하고 있었다. 그 가능성을 북한 측이 열어준 것이 7월 16일의 일이었다. 그런데 한완상이 5월 25일의 북한 전통문 이야기를 하면서 '포괄적'이란 말을 거듭 쓰는 것은 이해할 수 없는 일이다. 회고문을 쓰는 시점에서 혼동을 일으킨 것일까? '포괄적 타결'의 의지는 북한의 태도를 해석하고 평가하는 데 매우 중요한 기준이기 때문에 이에 관한 혼동이 있다면 증언의 신뢰성에 큰 문제가 된다.

북한의 특사 교환 제안에서 '부총리급'을 규정한 것은 남한 특사로 한완상을 지명하는 것이나 다름없는 일이었다. 한완상의 유화노선에 대한 호감을 표시한 것일 수도 있는데, 한완상 본인은 이것이 일종의 '죽음의 키스'였다고 말한다. 남한의 대결주의자들("보수 세력")을 더욱 격분시키고 단결시키는 전략적 착오라는 뜻이다.(한완상, 같은 책, 100~101쪽)

한완상은 1993년 연말까지 10개월간 통일부총리 자리를 지키지만, 정부 출범 100일이 되는 6월 초까지는 이미 김영삼의 신임을 잃은 것으로 보인다. 6월에서 7월에 걸쳐 퀴노네스가 관찰한 남한 정부의 입장은 한완상의 뜻에서 벗어난 것이었다.

남북 대화 재개를 북·미 회담의 재개에 연결시키려는 [미국 측의] 고리는 남북 대화와 북·미 회담 모두에 심각한 장애물이 됐다. 평양은 국제원자력기구와의 대화 재개는 고려해보겠지만 서울과의 대화 재개 책임은 북한에만 있는 게 아니라고 주장했다. 강석주는 서울이 문제라고 되풀이해서 우겼다. 그러다 보니 미국 대표단은 우방인 서울 편을 들지 않을 수 없었다. 이 와중에 핵 문제는 남북의 경쟁과 적대감 때문에 옆길로 밀려나고 말았다.

서울은 이 상황을 즐기는 것 같았다. 한편 북한은 핵확산금지조약에서 탈퇴하지 않았고, 미국은 국제사회의 지원을 받아 핵안전협정의 전면적 이행을 평양에 밀어붙였다. 게다가 워싱턴은 평양에 대해 서울과의 대화 재개도 촉구했다. 다른 한편, 문제를 남북 대화와 연결시키자 워싱턴과 평양의 관계가 복잡해졌다. 국제적 문제인 핵확산금지조약 문제가 지역적인 문제인 남북 대화 이슈와 뒤섞이자 자연히 핵 문제 협상에 외교적 정체현상이 발생했다.

1993년 7월, 이런 상황의 잠재적 위험을 정확하게 예측할 수 있는 사람은 아무도 없었다. 서울은 그것이 평양을 외교적으로 목 졸라 결국은 평양으로 하여금 양보하게 할 것이라고 확신했다. (케네스 퀴노네스, 같은 책, 192쪽)

북한과의 대결 상태가 해소되지 않기를 바라는 사람들은 남한에 1993년 이전에도 있었고, 지금도 있다. 김영삼 정부 출범 때는 그런 사람들이 정책 결정에 지나치게 큰 영향을 끼치지 않게 될 희망이 있었고, 그 희망을 대표하는 인물이 한완상이었다. 그런데 석 달이 지난 후에는 그 희망이 사라진 것으로 퀴노네스의 눈에 비쳐지고 있었던 것이다.

북한,
"적대적 반응이 무시당하는 것보다 낫다"

1993년 7월 제네바 북·미 회담의 미국 대표단 단장이었던 로버트 갈루치는 7월 16일 회의 당시 북한 측이 내놓은 '경수로 제공' 조건이 가진 의미를 충분히 이해하지 못했다고 회고했다.

> 당시에는 분명치 않았지만 돌이켜보면 경수로 제안을 북한이 내놓았다는 것은 북한이 핵폭탄을 제조할 수 있는 흑연 감속 핵 프로그램을 포기할 의사가 있음을 처음으로 암시한 것이었다. 1993년 7월의 경수로 제안은 이후 일 년여에 걸쳐 위기를 종식시키기 위해 진행된 협상의 토대를 마련했다. 북한이 경수로를 제공받는 대신 핵 확산 금지 의무사항을 이행하고 기존의 핵 시설을 파기하겠다는 것이다. 그러나 당시에는 미국 측 대표단이 이를 명확하게 파악하지 못했다. (조엘 위트·대니얼 폰먼·로버트 갈루치, 《북핵위기의 전말》, 김태현 옮김, 모음북스 2005, 91~92쪽)

갈루치는 북한 측이 이 제안을 내놓던 장면도 소상하게 회고했다.

> 강석주는 [한 달 전의] 뉴욕회담에서 이 문제를 띄운 적이 있었지만, 당시는 북한

의 NPT 복귀문제가 더 시급하고 중요했기 때문에 제대로 논의되지 못하고 흐지부지했다. (…)

강석주는 우선 경수로 기술에 대한 북한의 관심이 오래 된 것임을 과거를 짚어가며 설명했다. 그리고 흑연 감속 원자로의 경우 원료로 쓰이는 농축우라늄의 공급을 위해 외국에 의존할 필요가 없기 때문에 북한으로서는 다른 선택의 여지가 없었음을 강조했다. 그렇지만 현재의 시설을 고집하는 한 이에 대한 우려가 가시지 않을 것임을 알고 새로운 제안을 하는 것이라고 설명했다.

대신 북한이 원하는 것은 새로운 원자로가 제공될 것이라는 미국의 확실한 약속이었다. 그동안 북한은 핵 프로그램을 동결할 것이며 IAEA가 이를 감시하도록 허용하겠다고 했다. 일단 새로운 원자로가 설치되면 북한은 NPT 이행을 다시 선언할 것이었다. 그 과정에서 북한은 IAEA와 "불공정" 문제를 해결하고 안전조치로의 복귀를 위한 논의를 하게 될 것이었다.

잘 차린 점심식사를 하는 동안 강석주는 자신들의 새로운 제안은 미국과의 관계개선을 원하는 김일성 주석의 지도력 덕분에 가능했다고 강조했다. 북한은 또한 북한의 군부가 많은 양의 사용 후 연료를 보유하는 한편 폭탄 제조기술을 완성할 경우 어떻게 될지 모른다는 우려를 표현함으로써 간접적으로 미국을 협박하기도 했다. 내부적으로 통제가 어려울 수 있다는 고전적 협상술을 발휘하여 북한 측의 한 참석자는 "그렇게 되면 미국과의 관계개선을 희망하는 쪽에 큰 문제를 안겨줄 것"이라고 말했다. (같은 책, 87쪽)

미국 대표단에 실무자로 참여하고 있던 케네스 퀴노네스도 경수로 제안이 나왔을 때 대표단이 진지하게 받아들이지 않고 있던 상황을 회고했다. 오전 회의에서 나온 경수로 이야기를 갈루치가 강석주에게 점심시간 중 더 들은 뒤 대표단에 돌아왔을 때의 이야기다.

우리는 강석주가 자신의 관대한 제안(2기의 경수로 요구)을 진지하게 밀어붙이고 있다는 사실을 깨달았다. 우리들 대부분은 믿을 수 없어했고 몇몇은 분노를 표시하기도 했다. 일부는 긴장을 풀기 위해 농담을 하는 사람도 있었다. 갈루치가 어떻게 했으면 좋겠느냐고 의견을 물었다. 우리 북한 전문가는[퀴노네스 자신을 농담조로 가리킨 말인 듯] 그 제안이 긍정적인 진전이라고 주장했다. 그것은 북한이 국제원자력기구와의 협조를 다시 생각해볼 마음이 있다는 표시였다. 그러자 문제는 두 개의 경수로라는 엄청난 대가에 있다고 다른 사람들이 말했다. 재빨리 우리는 평양으로 하여금 국제원자력기구 및 사찰에 협조하고 남북 대화를 재개하려 하려는 우리의 안건으로 다시 초점을 돌리는 방법을 생각해냈다.

다시 회의실로 돌아간 갈루치는 강석주에게 미국 대표단은 현재 두 개의 경수로 요구에 대해 당장 대답할 수 있는 입장에 있지 않다고 말했다. 우선 본국 정부와 장시간 의논해야 했다. 우리는 북측에게 도대체 누가 경수로 비용을 지불할 것으로 생각하느냐고 여러 번 물었다. 강석주는 즉각 그리고 반복적으로 미국이 무이자 대출을 해주면 북한이 전액을 갚을 것이라고 설명했다. 갈루치는 미국은 국제원자력기구 규정을 지키지 않는 나라에는 핵발전소에 필요한 장비의 공급을 금지하는 국제협약을 이미 체결한 상태라고 설명했다. 결국 우리는 워싱턴과 상의해서 다음 회담 때 관대한 요구에 대해 가능한 것과 가능하지 않은 것을 알려주겠다고 약속했다. (케네스 퀴노네스,《한반도 운명》, 노순옥 옮김, 중앙M&B 2000, 200쪽)

제네바에서 이 제안이 나온 바로 이튿날 워싱턴을 방문 중이던 한완상 통일부장관이 피터 타노프 미국 국무부 정무차관을 만났을 때 경수로 제안 이야기를 들었다고 한다.

타노프 차관에게 나는 우선 7월 14일부터 제네바에서 진행 중인 2차 북·미 회담과 관련해 궁금한 것부터 물어보았다. 이번 회담에서 북쪽이 뜻밖에 제안한 경수로 건설기술 제공 문제에 대해 의견을 나누고, 북한과 핵 문제 해결을 위한 대화를 어느 정도 오래 끌 수 있는지도 잠깐 얘기했다. (…)

물론 당시 2차 북·미 회담에서 가장 놀라운 뉴스는 북한이 미국에 '경수로 기술 제공'을 요구했다는 사실이다. 북한은 일찍이 경수로 지원을 약속했던 소련이 해체되는 바람에 경수로 건설이 무산되었다. 미국도 이 제의를 원천적으로 거부할 것 같지는 않았다. 경수로만으로는 핵무기를 제조할 수 있는 재료(플루토늄)를 생산하기 어렵기 때문이다. 타노프도 일단 북한의 제의를 긍정적으로 평가한다고 했다. 다만, 경수로 제공은 엄청난 재정지원도 해야 하는 까닭에 선뜻 나설 의향이 없고, 핵 문제가 해결된 뒤에나 검토해볼 수 있다고 했다.

내가 보기에 미국은 설사 북핵 문제가 해결된다 해도 엄청난 재정지원을 할 뜻은 없는 듯했다. 그 '공'은 결국 우리 정부로 넘어올 가능성이 컸다. 북한으로서는 경수로가 세워지면 핵무기 개발 의혹으로부터 비교적 자유로워지는 동시에 심각한 전력난도 극복할 수 있다고 판단한 것 같았다. (한완상, 《한반도는 아프다》, 한울 2013, 122~124쪽)

한완상의 회고 중에는 회고 시점에서의 관점이 뒤섞여 내용의 정확성에 불안감을 주는 대목이 더러 있다. 이 대목도 그렇다. 제네바 현장의 미국 대표단 멤버들이 경수로 제안의 현실성을 실감하지 못하고 있던 시점에 타노프 차관의 설명을 듣고 "미국도 이 제의를 원천적으로 거부할 것 같지는 않"다고 어떻게 판단할 수 있었는지, 그리고 북한이 미국의 "무이자 대출"을 얘기하고 있던 시점에 어떻게 재정지원의 부담이 한국으로 넘어올 걱정을 하고 있었는지, 이해하기 어렵다.

이 시기 북핵 문제에 관한 한국과 미국 관리와 언론인들의 서술에서 북한 경제사정에 관한 설명에 아쉬움을 느낀다. 정보 획득이 어려웠기 때문이겠지만, 북한의 대외정책을 이해하는 데 큰 허점이다. 정확한 정보를 얻는 것은 지금도 어려운 일이지만, 공산권 붕괴의 결과 북한의 경제사정에 큰 어려움이 있으리라는 것은 당시에도 이해할 수 있는 일이었다. 그 어려움은 1990년대 후반의 '고난의 행군'으로 확인되었다.

1991년 북한의 유엔 가입 등 개방정책에는 "하나의 조선" 등 건국 이래 국가노선의 원칙을 포기하는 의미가 있었다. 그럼에도 불구하고 개방정책으로 나선 절대적 이유는 소련과 중국의 군사적·경제적 보호가 사라지면서 국가 유지가 어려워졌다는 판단에 있었다. 가장 심각한 문제가 에너지였다. 소련과 중국이 시혜적 기준으로 에너지를 공급하던 정책을 거두면서 모든 산업이 중단될 위기를 맞게 되었다.

핵 사업에는 에너지 공급과 핵무기 제조의 두 갈래 길이 있다. 1991년 개방정책에 나서고 있던 북한의 핵 사업이 에너지 공급에 기본 목적을 두고 있었다는 데는 정황상 의문의 여지가 없다. 부차적 목적으로 핵무기 제조를 바라봤을 수는 있다. 그렇다면 그 부차적 목적의 비중은 얼마나 큰 것이었을까?

1991년 이전, 소련과 중국의 보호가 약해지고 있는데 북한 지도부가 아직 개방정책을 결심하지 않은 단계에서는 핵무기의 매력이 강했을 것이다. 초강대국 미국과의 적대관계를 해소할 길을 바라보지 못하는 채로 '자주국방'의 길을 생각했을 것이다. 하지만 막상 동구 공산권의 해체를 바라보며, 혼자 힘으로 미국과 맞설 결의를 유지할 수 있었을까?

세계정세의 변화로부터 오는 개방의 압력과 주권 수호의 의지 사이에서 북한은 중국식 개방정책을 모델로 삼았다. 동유럽 국가들처럼 주권(특히 경제 주권)이 흔들리는 길을 따라갈 마음이 없었다. 중국이 한 것처럼 최소한의 군사주권과 경제주권을 지키고 싶었다. 그런데 당시 미국은 중국에게도 인권을 지렛대로 더 강도 높은 개방, 즉 주권 약화를 요구하고 있었다. 중국식 '미지근한' 개방을 새로 개방하는 그 인접국에까지 허용할 분위기가 아니었다.

1985년 소련은 경수로 제공을 조건으로 북한의 NPT 가입을 요구했다. 개혁개방 노선을 바라보는 입장에서 시혜적 에너지 공급과 핵우산 제공을 철회하기 위한 대비책으로 이해할 수 있다. 그런데 경수로 약속을 지키지 못한 채로 해체 단계에 접어들었다. 북한은 자체 기술로 건설할 수 있고 원료를 조달할 수 있는 흑연 감속로를 만들지 않을 수 없었다.

흑연 감속로는 북한산 우라늄을 연료로 쓸 수 있고, 사용 후 재처리를 통해 무기용 플루토늄을 쉽게 뽑아낼 수 있다. 북한은 NPT 가입신청을 한 상태에서 플루토늄 추출 작업을 시도했고, 그 사실을 1992년 5월 IAEA에 제출한 최초보고서에 밝혔다. 그런데 북한이 제출한 플루토늄을 IAEA가 미국에 맡겨 분석한 결과 한 차례 작업으로 추출했다는 북한 주장과 달리 세 차례에 걸쳐 추출한 것으로 동위원소 분석 결과 밝혀졌고, 이를 토대로 북한이 더 많은 플루토늄을 뽑아놓고 일부만 내놓은 것이라는 의혹이 제기되었다. 그것이 1992~1994년 '제1차 북핵 위기'의 출발점이었다.

확정적 증거를 갖지 않은 채로 추측컨대, 북한의 보고 내용에는 미국과 IAEA가 지적한 대로 은폐·축소가 있었을 것 같다. 북한은 NPT 가입에 따른 IAEA와의 관계를 IAEA의 통상적 운용 기준에 따라 예측했을 것이다. 에너지 확보를 위해 진행하는 핵 사업에 약간의 비용과 노력을 더 들여 무기용 핵연료 추출을 시도하면서, 그 내용의 일부만 IAEA에 통보해도 별 문제가 없을 것으로 생각했을 것이다. 2006년에야 핵실험에 이른 결과를 보더라도, 1992년 시점의 플루토늄 추출은 실제 핵무기 제조에서 아득하게 먼 단계에 있었다.

그런데 IAEA가 북한의 예측을 벗어난 반응을 보였다. 제출받은 시료의 동위원소 분석을 의뢰한 것부터 전에 없던 일이었다. 게다가 헌장 조문에만 들어 있는 채로 수십 년간 시행된 일이 없는 '특별사찰'을 들고 나온 것은 분명히 '주권 침해'의 성격을 가진 일이었다.

모든 조약은 주권 침해의 성격을 가진 것이다. 가입국들이 특정한 목적을 위해 주권 일부를 보류하거나 양보하겠다는 약속을 하는 것이 조약이다. 민주사회의 시민이 사회의 안전을 위해 행동의 자유 중 일부를 보류, 양보하는 것과 마찬가지 이치다.

NPT는 핵무기의 위협을 억제하려는 목적으로 가입국에게 핵 사업 내용 공개를 요구하는 조약이다. 어느 조약이나 마찬가지로 이 요구가 모든 가입국에게 공정하고 공평하게 적용되어야만 조약이 실효성을 가질 수 있다. 특정 국가에게만 강하게 적용될 경우 해당 국가는 조약을 받아들일 동기를 잃는다.

문제가 된 특별사찰은 극한적인 상황에 대비하는 제도였다. 대상국의 동의 없이 IAEA가 일방적으로 사찰대상 시설을 선정한다는 것은 매우 심각한 수준의 주권 침해다. 대상국이 완성된 핵무기를 감추고 있는 정황이 분명하다든가 하는 '위기' 상황에나 시행을 검토할 제도였고, 수십 년간 시행을 검토할 필요가 없던 제도였다. 1992년 2월 로버트 게이츠 CIA 국장이 하원 외무위원회 답변 중 북한이 핵무기를 확보한 지 1년이 넘었다고 말한 것처럼 황당한 추측이 난무한 것은 IAEA의 특별사찰 요구를 뒷받침하기 위한 것이었다.

특별사찰 요구에 대해 북한의 NPT 탈퇴선언은 정당하고 타당한 대응이었다. 그런데 막상 이 선언이 나오자 북한이 세계의 주목을 받게 되었고, 그 결과 미국 정부에서도 대對북한 정책을 다시 검토할 분위기가 이뤄졌다. 그때까지는 북한에 대한 관심이 적어서 군사·정보 계통의 일부 관리들이 대북한 정책에 강한 영향을 끼치고 있었는데, 이제 더 넓은 범위의 관리들이 북한 문제를 함께 검토하게 되면서 특정 성향 관리들의 영향력이 상대적으로 줄어들게 되었다.

NPT 탈퇴선언에 이르는 과정에서 북한 지도부는 미국 정부의 적대와 무시 앞에 좌절감을 느꼈을 것이다. 개방정책을 추진하고 싶어도 유일한 슈퍼파워 미국이 가로막는 데는 당할 길이 없었다. 미국은 같은 유엔회원국인 북한에 대해 대화를 거부하고 무력행사의 위협을 가하는 등 유엔 헌장조차 도외시하고 있었다. IAEA를 통한 미국의 압박에 순응한다 하더라도 어떻게 하면 활로를 찾을 수 있을지, 미국은 아무런 언질도 주려 하지 않고 있었다.

그런데 탈퇴선언 하나가 상황을 바꿔놓았다. 국제사회가 북한의 진로를 걱정하게 되었고, 미국 정부에서도 대북한 정책의 우선순위가 올라가고 다양한 관점이 제기되는 분위기가 되었다. 그 결과 탈퇴 유예기간인 3개월이 채워지는 시점에서 탈퇴 보류를 조건으로 미국이 유엔 헌장을 지키는 수준의 보장을 해주기에 이른 것이다. 미국 정부 내에는 이 보장을 지나친 양보로 보는 시각이 있었다. 하지만 대표단은 이 보장이 당연한 것이며 아무런 양보도 아니라는 관점을 취했다. 북한 지도부는 이것을 내심 미국 측의 큰 양보로 받아들이고 안도의 한숨을 내쉬었을 것이다.

이 과정에서 북한 지도부가 새로 배웠거나 절실하게 확인한 교훈이 하나 있었다. 핵무기의 극히 희미한 그림자라도 비쳐 보이기만 하면 국제사회와 미국 정부의 태도가 크게 달라진다는 사실로부터 국제관계에서 핵무기가 얼마나 큰 자산인지를 깨달은 것이다. 물론 핵무기에 대한 반응은 적대적인 것이다. 하지만 무시당하는 것보다 얼마나 더 나은가. '북핵'이 거론되기 전과 달리 미국이 유엔 헌장을 지켜주겠다고 나서지 않는가. 상대방의 사랑을 잃었을 때 잊혀버리기보다는 미움을 받고 싶다는 연인의 마음 그대로다.

이 교훈 위에서 북한이 '포괄적 해법'을 구상할 수 있었다. '북핵'이 이슈화된 상황을 이용해서 자기네 진로를 확보하겠다는 것이다. 진로 확보를 위한 지상과제는 미국과의 외교관계 수립이었다. 미국과의 관계만 정상화되면 국제사회 진입에 아무 장애가 없었다. 일본에게는 북한과의 관계 설정을 위한 동기가 충분히 쌓여 있었고, 북·미 대결이 해소되면 남한에서도 민족주의 정서가 대결주의 전통을 쉽게 극복할 것이 예상되고 있었다.

미국과의 관계 정상화가 도랑 치는 일이라면 '북핵' 이슈화 덕분에 가재 잡는 일까지 바라볼 수 있게 되었다. 미국의 적대적 태도가 북한에게 '외우'라면 '내환'으로 경제난이 있었다. 북핵 문제 해결을 계기로 원조든 차관이든 외부 지원으로 경수로를 확보할 수 있다면 경제난 극복의 큰 조건이 될 수 있었다.

수십억 달러로 예상되는 '경수로 제공'은 미국도 국제사회도 꿈도 꾸지 않고 있던 것이었다. 그러나 결국 1994년 10월 제네바합의가 이 조건을 중심으로 이뤄지게 되는 것은 '북핵'의 이슈화 덕분이었다. 대결주의자들이 만들어내고 키워낸 '북핵 위기'가 북한에게 유리한 조건을 만들어준 것이다. 경수로 제공 비용의 70%를 남한이 부담하게 된 것은 위기를 키우는 데 남한 정부의 역할이 그 정도 비중이었기 때문일까?

북한은 1993년 6월 초 미국과의 뉴욕회담에서 경수로 제공 중심의 포괄적 해법을 제시했지만, 다음 달 제네바회담에서 더 구체적으로 다시 제시할 때까지 미국 정부에서는 아무도 그것을 진지하게 검토하지 않고 있었다. 이제부터 제네바합의가 이뤄질 때까지 15개월간은 이 포괄적 해법이 북핵 문제 논의에서 중심이 된다.

IAEA,
미국 말을 안 들을 때도 있다!

1992년 1월 22일 북한 노동당 김용순 국제비서와 미국 국무부 아놀드 캔터 차관이 만난 뉴욕회담은 북·미 간 최초의 고위급 공식접촉이었다. 반년 전부터 유엔 가입 등 개방노선에 나선 북한에 대해 미국은 국제핵안전 지침 준수, 미사일 수출 중단, 한국과의 대화 촉구, 테러리즘 포기, 한국전쟁 때 미군 전사자의 유해 송환 등 요구사항만 있었을 뿐, 관계를 맺을 아무런 의지를 보이지 않았다. 캔터는 김용순의 후속 회담 계획 요청과 회담을 마무리하는 공동성명서 발표 요구를 모두 거부했다. 미국 정부의 지침 때문이었다.

북·미 고위급 접촉이 다시 이뤄진 것은 1993년 6월 초순, 다시 뉴욕에서였다. '제1차 북·미 회담'이라 불리는 이 회담에는 강석주 유럽 담당 외교부 부부장과 로버트 갈루치 국무부 정치·군사 담당 차관보가 대표로 나섰다. 회담 결과 6개항으로 이뤄진 공동성명서가 6월 11일에 발표되었다. 미국은 북한의 주권을 존중하고 무력행사를 하지 않겠다는 약속을 하고, 북한은 3개월 전 선언한 NPT 탈퇴를 유보하기로 했다.

북한 입장에서는 17개월 전과 비교할 수 없는 큰 성공을 거둔 것이었다. 유엔 헌장을 통해 간접적, 원론적으로만 표시되어 있던 관계를 당사자에게 확인받은 것이다. 17개월 전 너무나 싸늘하게 퇴짜맞았던 후속 회담이 바로 이어지게 되었다. 착하게만 굴 때는 주어지지 않던 기회가 NPT 탈퇴선언 한 방 덕분에 주어진 것이었다. 나쁜 행동이 상을 받는다는 이치는 미국이 북한에게 가르쳐준 것이었다.

1992년 1월 이후 미국이 북한과 대화를 이어나갔다면 북한이 NPT 탈퇴선언도 하지 않고 '북핵 위기'를 만들어내지 않았을까? 장담할 수 없는 일이지만, 나는 그런 가능성이 컸다고 본다. 탈퇴선언 이후 북한이 요구한 것은 한마디로 '미국과의 대화'였다. 미국이 대화를 거부해온 것은 북한과의 관계에 아무런 보장도 해주고 싶지 않기 때문이었고, 그것이 북한에게는 생존에 대한 큰 위협이었다. 1993년 6월, 북한에 대해 유엔 헌장을 지키겠다고 한 약속, 미국 대표단에서 아무런 양보도 아니라고 한 그런 약속을 1992년 중에 해주었다면 적어도 그 시점에서 NPT 탈퇴선언은 나오지 않았을 것이다.

1993년 6월의 뉴욕회담은 북·미 간 대화를 시작한다는 선언이었다. 그리고 본격적 대화는 다음 달 제네바에서 열린 '제2차 북·미 회담'으로 시작된다. 7월 14일에서 19일까지 열린 제네바회담의 성과에 대해 퀴노네스는 이렇게 회고했다.

핵 위기는 뉴욕과 제네바에서 열린 1, 2차 회담에서 해결되지 않았고, 2차 회담 후 오랜 교착 상태가 이어졌다. 그럼에도 불구하고 지금 되돌아보면 귀중한 진전이 있었음을 알 수 있다. (⋯) 북한의 핵확산금지조약 탈퇴라는 위기의 직접적인 원인이 연기되자 양측은 서로에 대해, 그리고 대화를 하는 방법에 대해 배울 수 있는 시간을 벌었던 것이다. 이런 진전은 협상의 궁극적인 성공에 대단히 중요한 바탕이 되었다.

양측 정부의 정책입안자들은 공개된 성명 뒤에 숨은 뜻을 알게 되었다. 북한이 주장하는 주권의 방어가 워싱턴의 영향력 있는 정책입안자들의 눈에 무력행사를 하겠다는 위협으로보다는 자신들의 불안한 체제에 대한 신경질적인 반응으로 비쳐지기 시작했다. 한편 북한 지도자들도 북한 핵 프로그램 및 사찰과 관련된 미국의 항의가 국제사회의 우려를 반영하고 있다는 사실을 깨닫기 시작했다. (…)

우선, 양측 정부의 관료들은 새로운 현실과 절차에 적응하기 시작했다. 그들은 포용의 새로운 규칙을 받아들이기 시작했고 견제의 방편으로 오랫동안 견지해온 냉전의 파괴적인 규칙들을 뒤로 제쳐놓았다. 대화와 몇몇 선택된 관리들의 정기적인 만남은 기본적인 필수조건이었다. 간단히 말해서 대화가 차츰 양보가 아닌 필요로 인식되기 시작했다.

서울은 이런 시각에 동의하지 않았다. 그리고 워싱턴의 많은 사람들도 여전히 냉전시대 인식으로 대화를 생각했다. 그러나 핵 위기를 평화적으로 해결하려는 미국 관리들은 서울의 과민반응에 신경 쓰기보다는 북·미 대화를 더 강조하게 되었다.

(케네스 퀴노네스,《한반도 운명》, 노순옥 옮김, 중앙M&B 2000, 215~216쪽)

양측에 인식의 변화가 일어났다고 퀴노네스는 회고하지만, 변화의 크기가 북한보다는 미국 쪽이 훨씬 더 컸다. "국제사회의 우려"를 북한 측이 이 회담을 통해 비로소 깨우친 것이라고 생각되지 않는다. NPT 탈퇴선언이 바로 '국제사회의 우려'를 일으키기 위한 것이었고, 그 덕분에 미국과 회담을 할 수 있게 되지 않았는가.

미국 쪽 인식에는 정말로 큰 변화가 일어났다. 대화가 없는 상태에서는 온건한 정책을 원하는 관리들도 정보 부족 때문에 제대로 주장을 내세울 수 없었다. 북한이 못마땅한 일이 있다 해서 "전쟁 불사"를 성명이나 언론을 통해 외칠 경우, 북한이 진짜로 전쟁을 원하는 것으로 보는 강경파의 해석에 온건파가 반론을 제기할 근거가 없었다. 대화를 양보로 여기는 봉쇄정책이 미국 국민을 북한에 대한 이해로부터 격리시키고 있었던 것이다. 1993년 6~7월의 지속적 대화는 미국 사회에 북한에 대한 이해의 길을 열어주었다.

제네바회담 이후 미국 정부 분위기에 대한 퀴노네스의 회고를 보면 온건파의 입장이 강경파에 맞설 만큼 자라나 있는 것으로 보인다.

중앙정보국과는 달리 [국무부] 정보조사국은 북한 문제를 이데올로기와 냉전의 시각에서가 아니라 실용주의적 관점에서 인식하고 있었다. (…) 더 나아가 정보조사국 내의 온건파들은 북한 지도부가 북한을 개방하려는 의도를 갖고 있다고 확신했다. 그들은 평양이 이미 10년 전에 이 일을 시작했다고 주장했다. 그 증거로 북한의 1991년 남북 대화의 놀라운 진전, 나진·선봉 자유무역지대의 설치, 그리고 무엇보다도 유엔 가입을 들었다. 이런 인식을 감안할 때 북한의 잠재적 핵 위협을 다루기에 가장 좋은 방법은 그들을 포용하고 협상하는 것이라는 결론을 내렸다. 핵 프로그램에 대해서 온건파들은 프로그램의 진짜 의도가 흥정용이지 실제로 핵무기로 무장하려는 것이 아니라는 입장을 견지했다. (…)

미국의 수많은 강경파들은 절대 동의할 수 없다고 떠들어댔다. (…) 워싱턴 관료사회에는 목소리 크고 독단적인 강경파일수록 중앙정보국, 국방정보국, 국가안보국에 몰려 있었다. 그들은 북한이 이미 몇 기의 핵무기를 보유하고 있다고 주장했다. 평양이 국제원자력기구와 협조하기를 거부하는 것도 핵무기를 더 많이 만들기 위해서라고 했다. (…)

내가 보기에 강경파 진영의 시각은 독단적인 냉전시대 사고로, 심히 왜곡되어 있었다. 물론 이것은 가장 안전한 입장이었다. 북한을 '불합리하고, 사악하며, 음모에 가득찬, 공산주의 침략자'로 규정하기만 하면 미국과 한국에 대한 충성심은 절대 의심받지 않았다. (…) 현재의 진전 상황이 과거의 문맥인 침략, 전쟁, 테러리즘의 프리즘을 통해 인식됐다. 따라서 지금 북한이 하는 모든 일은 과거 행동의 연장으로만 간주됐다. 북한의 변화는 그 가능성조차 과소평가되거나 완전히 무시되기 일쑤였다. (같은 책, 209~211쪽)

강력하고 거대한 기구인 CIA의 수장이 이 강경파를 대표하듯, 북한이 핵무기를 이미 보유하고 있는 것으로 판단한다는 증언을 의회에 내놓고 있었다. 온건파 입장을 뒷받침해주는 국무부 정보조사국은 CIA와 비교가 안 되게 약소한 기관이었지만(북한 문제 전문가의 수도 백여 명 대 대여섯 명이었다고 퀴노네스는 말한

다) 1993년 6~7월의 북·미 회담을 통해 온건파의 입장이 살아났다. 북한을 무시하거나 부정적으로만 보던 분위기에서 벗어나는 흐름이 미국 정부 내에서 뚜렷해진 것이다.

제네바의 제2차 북·미 회담 성과에 대한 미국 수석대표 갈루치의 회고를 퀴노네스의 회고와 비교해보면, 온건파를 자처하는 퀴노네스와 달리 갈루치는 중립적인 입장에서 시작했다가 회담 진행에 따라 온건파 관점으로 끌려온 것을 알아볼 수 있다.

결국 북한의 진심이 무엇이었는지 확실하지 않다. 분명한 것은 평양이 심각한 에너지 문제를 겪고 있으며 이를 새로운 원자로로 해결할 수 있다는 것이었다. 7월이 되자 연말까지로 계획된 제3차 7개년 계획에 따른 1,000억[1,000만?]킬로와트 전력 생산을 달성하지 못할 것임이 분명해졌다. (…) 오랫동안 북한을 지켜본 전문가들은 북한의 원자로 제안이 정말 에너지 문제에 관한 것인지, 아니면 핵무기 프로그램을 진행하기 위한 지연작전과 같은 다른 무엇을 위한 것인지에 대해 깊이 고심했다.

의도가 무엇이든 갈루치 대표는 이 제안에 따르면 북한이 기존 핵 시설을 모두 폐기해야 한다는 점에서 고려할 가치가 있다고 생각했다. 우선 상관을 설득할 필요가 있었다. 부수장위원회의 핵심 멤버인 피터 타노프 국무차관과 프랭크 위즈너 국방차관과의 전화통화에서 갈루치는 강석주의 제안이 가진 장점을 설명했다. 한동안 침묵이 흐른 후 위즈너는 "이것이 몇백만 달러가 필요한 제안이 아닌가?"라고 물었다. 갈루치는 "아니죠. 수십억 달러지요"라고 대답했다. 위즈너는 북한에 어떤 약속도 하지 말라고 했다.

강석주가 모호한 태도를 보인 데다가 원자로 제공에 들어갈 엄청난 비용은 갈루치를 곤란하게 만들었다. 결국 그는 새로운 원자로 도입을 "지원"한다는 데까지 가기로 결정했다. 그의 입장은 전향적이기는 했지만 여전히 모호했다. (…)

합의에 도달하지는 못했지만 미국과 북한은 추가 회담의 길을 열어놓는 차원에서 회담을 마무리했다. 미국의 입장에서 북한이 IAEA 및 남한과 회담을 진행하겠다는 약속을 받는 것이 IAEA의 권한을 보호하고 주요 동맹국과의 관계를 공고히 하기 위한 임시방편이었다. 이는 또한 위기 해결을 위한 외교적 노력이 효과가 있음을 증명함으로써 국내에서 지지를 받기 위한 미 행정부의 접근법이기도 했다. 미국은 9월 말 북한과 추가 회담이 있을 것으로 기대했지만 실제로 양측은 거의 1년간 다시 만나지 못할 운명이었다. (조엘 위트·대니얼 폰먼·로버트 갈루치,《북핵위기의 전말》, 김태현 옮김, 모음북스 2005, 92~94쪽)

첫 문단에 보이는 것처럼 갈루치는 회담 과정을 통해 북한의 에너지 문제가 얼마나 심각한 것인지 알게 되었다. 그러면서도 북한의 제안이 진짜 에너지 문제 해결이 아니라 지연작전을 위해서 나온 것이라고 보는 강경파의 관점을 아주 떨쳐버리지는 못했다. 확신이 없는 상태에서 그는 "추가 회담의 길을 열어놓는 차원"에서 제2차 회담을 끝냈다. 북한의 제안을 더 진지하게 검토할 길을 막지는 않되, 북한의 경수로 도입을 "지원"한다는 정도로.

미국은 아직 '포괄적 타결'을 진지하게 검토하지 못하는 단계에서 공을 IAEA와 남한에게 넘겼다. 북한이 양측과 관계를 제대로 풀어나가는 것을 확인한 뒤에 미국이 대화를 계속하겠다는 것이었다. 그런데 IAEA와 남한 어느 쪽도 북한에게 협조적이지 않았고, 제3차 북·미 회담은 1년이 지난 1994년 8월에야 열리게 된다. 여기서는 IAEA 쪽 사정을 살펴보고 남한 쪽 문제는 다음에 다룰 텐데, 퀴노네스가 분통을 참지 못한 대목 하나만 우선 옮겨둔다.

나는 김영삼 대통령이 북한과 미국 간의 관계완화를 복잡하게 하고 지연시키는 것을 최우선과제로 삼고 있다고 확신했다. 그것이 핵 문제 해결을 방해해도 상관없는 듯 보였다. 게다가 김 대통령은 평양이 미국과의 회담에서 조급하고 좌절감을 느끼게 만들기 위해서라면 무슨 일이라도 할 작정을 한 것 같았다. 김 대통령이 그렇게 행동한 이유는 아직도 잘 모르겠다. (케네스 퀴노네스, 같은 책, 268쪽)

7월에 제네바를 떠나면서 갈루치는 제3차 회담이 9월 말쯤 열릴 것을 기대하고 있었다. 그 기대가 깨어지던 상황을 그는 이렇게 회고했다.

그러나 [1993년 7월] 이후 4개월간 워싱턴은 IAEA 및 서울과 책임을 나누어 다자간 협조체제를 유지하는 것이 정치적으로 필요한 일일지 몰라도 현실적으로 악몽에 가까운 일임을 뼈저리게 깨닫게 될 것이었다. 클린턴 행정부는 위기를 외교적으로 해결하려고 노력하는 가운데 점차 한국과 IAEA 내부정치의 인질이 되고 있었다. 한국과 IAEA는 여러 면에서 북한과 대화할 준비가 되어 있지 않았던 것이다. 첫째, 양자 모두 내부의 정치적 문제와 관료주의의 저항에 직면해 있었다. 둘째, 양자 모두 과거 북한과 상대하여 좋은 결과를 얻은 경험이 없었다. 셋째, 북한의 협력을 유도하기 위해 제시할 수 있는 당근이 없었다. 게다가 북한은 미국과의 대화를 지속하기 위해 억지로 IAEA 및 남한과의 대화에 임했기 때문에 상황은 더욱 나빠졌다. 그 결과 미국의 삼면 외교전략은 양면에서 늪에 빠져 허우적거렸고, 움직이지 못하는 상태에서 국내적으로 점점 거세지는 비난여론에 직면했다. 그 상황에서 벗어나는 데는 많은 시간과 노력이 필요했다. 뿐만 아니라 클린턴 행정부는 국력의 다른 요소, 즉 군사력의 사용에 대해 심각하게 고려하는 상황이 됐다.

(조엘 위트·대니얼 폰먼·로버트 갈루치, 같은 책, 96쪽)

IAEA와 남한에게는 북한에게 제공할 당근이 없었다는 것이 문제의 초점이었다. 북한이 원하는 것, 즉 '체제 보장'을 쥐고 있는 것은 미국이었고, 그래서 미국과 대화하고 싶어 한 것이다. 어렸을 때 '묵찌빠' 놀이 하던 생각이 난다. 부하들을 모두 이긴 뒤에야 대장과 시합을 붙을 수 있는 방식. IAEA와 남한은 미국의 부하인 셈이었다.

미국은 북한과 '대화'는 겨우 하게 되었지만, '협상'까지 하는 것은 아직도 내키지 않았다. 북한이 경수로만 확보되면 모든 문제가 해결된다고 하는 것이 솔깃하기는 한데, 수십억 달러가 드는 그 과제를 어떻게 처리할지, 대책을 바로 세울 수 없었다. 그래서 대화의 길은 계속 열어놓되, IAEA와 남한을 통한 간접적 압력을 통해 향후의 대화과정에 대한 통제력을 쥐고 있으려 한 것이다.

책임지는 일을 가급적 회피하거나 늦추려는 전략을 미국 관리들은 다들 알고 있었다.

[1993년] 10월 13일 부수장위원회는 한완상·한승주 두 한 장관이 제안한 포괄적 접근법에 따라 중요한 조치를 취했다. 회의 직전 샌디 버거 안보부좌관을 만난 갈루치는 "지금까지 우리의 입장은 북한의 의무사항만 강조하고 우리의 역할은 드러내지 않는 것이었지만 북한은 이를 눈치 챘다"고 말했다. 그는 "이제 그런 방식은 효과가 없을 것"이라고 결론지었다. (같은 책, 118쪽)

1992년 5월 북한이 IAEA에 최초보고서를 제출했을 때 IAEA가 북한에게 어려움을 주도록 미국이 압력을 넣은 것은 명백한 일이다. 시비의 단초였던 동위원소 분석을 IAEA가 의뢰해서 미국이 행했다고 하지만 의뢰를 하도록 미국이 시킨 정황이 분명하다. 칼집에서 꺼내본 적이 없는 '특별사찰'을 끄집어내게 한 것도 미국 뜻에 따른 것이 아닐 수 없다.

미국은 북한에게 어려움을 안김으로써 북한의 개방정책을 더 화끈한 동유럽식으로 이끌고 싶었을 것이다. NPT 탈퇴선언이라는 반발은 예상하지 못한 것 같다. IAEA를 통한 압력에 북한이 굴복하지 않으면 어떻게든 때려잡을 수 있을 것이라고 쉽게 생각하고 있었던 모양이다. 그런데 막상 반발이 나오고 국제사회의 관심을 모으자 처리가 쉽지 않았다. 대표적 문제가 '특별사찰'이었다. 북한은 특별사찰이 명백한 주권 침해라며 그것만은 절대 안 된다고 버텼는데, 정말로 파국이 일어난다면 특별사찰 요구는 국제사회의 이해를 받기 어려운 것이었다.

6월 11일 공동성명서 채택을 앞둔 뉴욕회담의 막바지 협상 장면을 퀴노네스는 이렇게 회고했다.

오후 내내 우리는 특별사찰 문제와 씨름했다. 강석주는 특별사찰 얘기만 나와도 불같이 화를 냈다. 그는 북한에서 국제원자력기구의 특별사찰은 절대로 있을 수 없다고 주장했다. 그것은 북한의 주권을 침해하는 처사라고 했다. (…) 북한에게는 주권이 문제였다. 미국에게는 국제 핵 확산 금지체제를 유지하는 것이 문제였다. 타협은 불가능해 보였다. 순식간에 회담은 결렬될 것 같았다. 그러나 이제는 시간이 없었다. 모두 필사적으로 해결책을 찾았다.

마침내 우리는 양측이 각자 좋을 대로 해석할 수 있는, 그러나 양측 대표단이 같은 의미로 쓸 수 있는 '암호'를 하나 찾아냈다. '전면적인full scope'이란 단어였다. (…) 이런 용어의 우산 아래 우리는 북한이 보유하고 있는 핵물질의 재고를 국제원자력기구가 조사할 수 있는 특별사찰에 포함시켰다. 북한은 이것을 알고 있었다. 하지만 평양 지도자들이 국가주권 침해로 간주하는 특별사찰이라는 단어를 거론하지 않아도 되니까 그들에게는 안심이었다. (케네스 퀴노네스, 같은 책, 177쪽)

나는 이것이 속임수였다고 생각한다. '특별사찰'은 IAEA 헌장에 명시된 하나의 제도 이름이다. 비슷한 뜻의 다른 단어로 바꿀 수 있는 것이 아니다. 1993년 6월 11일 북·미 공동성명서의 문면은 미국이 IAEA의 특별사찰 요구를 지지하지 않는다는 것이 되었다. 이에 대한 미국 정부 내 강경파의 반대를 회피하기 위해 속임수를 쓴 것이다.

특별사찰의 포기로 IAEA를 조종하기도 힘들어졌다. 명색이 국제기구인 IAEA에 가했던 무리한 압력을 주워 담기가 어렵게 된 것이다. 미국이 포기했다 해서 IAEA가 바로 따라 포기한다면 국제기구의 독립성을 어디 가서 주장할 수 있단 말인가.

IAEA는 자신들의 권한을 방어하면서 미국의 외교적 노력을 저해하지 않기 위해 조심했지만 전자에 더 치우치는 우를 범했다. 1993년 5월 이루어진 제한된 사찰을 훨씬 넘어서 1992년 안전조치 협정에 포함된 보다 광범위한 임시 및 정기사찰을 수행해야 한다는 IAEA 내부의 압력이 특히 안전조치 강경론자들을 중심으로 거세지고 있었다. 북한은 그와 정반대의 논리에서 IAEA의 접근을 제한하려고 들었다. 즉 사찰 활동의 계속은 안전조치 협정에서 비롯된 것이 아니라 북·미 회담의 결과였다는 주장이었다. 이에 따라 "안전조치의 계속성"의 정의를 놓고 끝없는 설전이 시작되었다.

IAEA와 북한의 대립이 계속되자 미국의 입장이 곤란해졌다. 미국 정부 내 전문 기술자들은 IAEA의 감시 장비만 정기적으로 관리한다면 북한의 핵심 시설들이 가동되지 않도록 감시할 수 있다고 생각했다. 따라서 5월 사찰과 같은 제한된 활동으로도 미국의 단기적 목표를 달성할 수 있다는 것이었다. 그러나 정치적으로 더욱 중요한 것은 미국이 지나친 간섭을 자제하는 것이었다. 물론 미국의 입장이 IAEA에 중요한 영향을 미치는 것은 틀림없었지만 미국은 IAEA의 독립적 권한을 존중할 필요가 있었다. (조엘 위트·대니얼 폰먼·로버트 갈루치, 같은 책, 98쪽)

원래부터 북한 핵 활동에 대한 감시는 1992년 5월의 사찰 수준으로 충분했던 것이다. 그런데 북한이 제출한 보고 내용의 흠을 찾아 특별사찰까지 끄집어낸 것이 IAEA의 누가 원한 일이었는가. 미국이 앞장서서 문제를 벌여놓고는 이제 IAEA의 고집불통 때문에 미국 입장이 곤란하게 되었다고 한탄하기에 이르렀다.

북한은 IAEA를 미국의 꼭두각시로 여기고 있었다. 그래서 꼭두각시 임자를 찾아가 얘기를 해서 '특별사찰'을 배제한 공동성명서를 작성, 발표했는데도 꼭두각시가 계속 귀찮게 구니까 한마디로 짜증이 난 것이다. 반면 IAEA 측에서는 미국의 무리한 압력에 따라 움직였던 일이 아무리 후회가 되더라도 독립된 국제기구의 위상을 스스로 포기할 수는 없었다. 그 위상을 지키기 위해서는 태도를 누그러트리라는 미국의 눈치를 일부러라도 무시해야 했다.

더욱 중요한 것은 IAEA가 확대된 "안전조치의 계속성"을 위한 사찰을 요구한 것이 클린턴 행정부에 새로운 부담을 주었다는 점이다. 핵 확산 금지체제를 위한 국제기구로서 IAEA의 권위를 유지하기 위해서는 그 입장을 존중해야 하기 때문에 미 행정부는 IAEA에게 8월 사찰과 같은 제한적 사찰에 만족하라고 촉구할 수 없었다. 결국 북한이 포괄적인 사찰에 합의하도록 설득해야 하는 새로운 과제가 생겼다. 이 과제를 완수하는 데 거의 8개월이라는 시간이 소요됐다. (같은 책, 102~103쪽)

위트·폰먼·갈루치는 《북핵위기의 전말》 98쪽에서 IAEA의 엄격한 태도를 "양날의 칼"에 비유했다. 북한의 양보를 얻어내는 도구이지만, 한계선을 넘을 때 위기를 키운다는 문제점을 지적한 비유다. 이 비유를 보더라도 미국 관리들이 IAEA를 손쉬운 이용 대상으로 여기는 관점이 있음이 분명하다. 조작을 급하게 바꾸려면 이용이 불편할 때도 있기 마련이다.

북한의 '핵무기 없는 핵 카드',
누가 만들어줬나?

1990년대 초반의 세계정세 변화 방향과 그에 임하는 북한의 사정과 자세에 대해 나는 내 나름대로의 관점을 갖고 있다. 이 주제에 집중해온 연구자 중에 나와 다른 관점을 보이는 분들이 많이 있는데, 내 관점이 그분들과 다른 점에 대해 조심스럽지 않을 수 없다. 더구나 일반 독자들에게 설명하는 입장에서는 내 주관에 매몰되어 독자를 오도할 위험을 피하도록 주의를 기울일 필요가 있다.

장달중(서울대 정치외교학부 교수)·이정철(숭실대 정치외교학과 교수)·임수호(삼성경제연구소 소석연구원)의《북미 대립》은 내가 이 책에서 설명하려는 상황의 대부분을 주제로 삼고 있고, 나는 거기 담긴 정보와 해석을 많이 활용하고 있다. 그러면서도 내 나름의 설명을 내놓을 필요를 느끼는 것은 그 기본 시각에서 다소의 편향성을 느끼기 때문이다.

냉전 해소로 빚어진 상황이 그 책에는 이렇게 서술되어 있다.

단극질서로의 재편을 위해 미국이 들고 나온 것은 전 지구적 개입global activism정책이었다. 이것은 유일 초강대국 미국 자신은 물론 여타 국가들의 정책과 행동 방향까지도 미국적 규범에 따르도록 바꾸어놓고자 함을 의미하는 것이었다. 자연히 서로의 정통성에 대한 암묵적 합의를 바탕으로 전개되었던 냉전 게임의 룰이 유지되기 어렵게 되었다. 이제 역사의 흐름은 선과 악의 절대적 기준에 의한 싸움으로 바뀌어 전개되기 시작했다.

냉전의 종식은 공산권의 정치지배가 결코 정당한legitimate 것이 아니었다는 사실을 분명하게 드러냈다. 공산독재 치하의 민중들은 그들을 지배했던 정권이 비록 '사악evil'하지는 않았다 할지라도 '정당하지 않은illegitimate' 정권이었다는 사실을 알게 되었던 것이다. 이 때문에 냉전의 종식으로 전개되기 시작한 미국적 가치는 민주주의와 자유라는 이상과 표리관계를 이루고 나타나기 시작했다. 이러한 변화는 미국의 힘이 결코 정당하지 않은 나라와의 '국경'에서 멈추지 않을 것임을 예고하는 것이었다. 미국의 입장에서 탈냉전기의 불확실성은 바로 이러한 미국적 질서를 전 지구화시킬 수 있는 기회였던 것이다.

따라서 심각한 경제 위기 속에 냉전 엔드게임에 몰린 북한 지도자들은 이제 국경에 멈추지 않고 밀려들어올 탈냉전의 파장이 그들의 운명에 어떤 영향을 미칠지 두려워하지 않을 수 없었다. 북한에게 탈냉전기의 불확실성은 미국과 전혀 다른 의미로, 다시 말해 체제의 '생존 위기'로 다가왔던 것이다. 말할 필요도 없이 이러한 탈냉전의 파장이 몰고 올 가장 심각한 도전은 체제의 정통성에 대한 시비였다. 앞서 언급했듯이 냉전시기에는 체제의 정통성에 대한 시비가 테스트 게임의 룰에서 배제되어 있었다. 그러나 그들은 루마니아의 차우체스크[차우셰스쿠] 처형이나 동독 지도자들에 대한 가혹한 처벌 등을 목격하며 정통성이 없는 지도자에 대한 민중의 단죄가 현실로 나타날 수 있음을 피부로 느끼지 않을 수 없게 되었다. 북한도 이제 더 이상 국경에 멈추어 서지 않을 미국적 질서의 역사적 행진에서 반역사적anti-historical 세력으로 무대에서 사라질지도 모른다는 두려움에 휩싸이지 않을 수 없게 되었던 것이다. (장달중·이정철·임수호,《북미 대립》, 서울대학교출판문화원 2011, 9~11쪽)

이 글에서 불안하게 느껴지는 것은 '정당성'과 '정통성'의 차이에 대한 확실한 설명이 없다는 점이다. 정당성은 정권의 역할에 대한 객관적 평가다. 아무리 좋은 의도를 갖고 정권을 운용하더라도 국민에게 불필요한 고통을 가져온다면 정당성이 부인될 수 있다. 한편 정통성은 내부 구성원들이 가지는 주관적 인식의 대상이다. 국민에게 '고난의 행군'을 강요하는 정권의 정당성을 외부에서 비판할 수는 있지만, 정통성은 체제 내부의 문제다.

물론 정당성에 대한 심각한 의문은 정통성 시비가 쉽게 일어날 수 있는 배경조건이 된다. 따라서 셋째 문단에서 "체제의 정통성에 대한 시비"를 말하는 데는 아무 문제가 없다. 그러나 다음 문단의 '정통성' 언급에는 논리의 비약이 있다. 현실의 승패가 도덕적 가치까지도 좌우하는 것처럼 만드는 비약이다.

정당성과 정통성의 이 혼동이 단순한 실수가 아니라는 점을 "이제 역사의 흐름은 선과 악의 절대적 기준에 의한 싸움으로 바뀌어 전개되기 시작했다"고 냉전 이후의 세계정세 변화 방향을 규정하는 데서 확인할 수 있다. 인용 내용은 미국 '네오콘'의 관점이다. 1990년대에서 2000년대에 걸쳐 미국 대외정책에 큰 작용을 한 관점이지만 2000년대 후반으로 넘어오면서는 이라크 개입정책 실패를 계기로 정책에 대한 영향력을 잃고 말았다. 2010년대에 들어선 시점에서는 세계정세의 변화를 파악하기에 너무 협소한 관점이라고 생각된다. 예컨대 국제사회에서 중국의 역할 증대 같은 것을 담을 수 없는 관점이다.

이런 관점의 제약이 북한의 움직임을 해석하는 데 어떤 편향성을 일으킬 수 있지 않을까 조심스럽게 살펴보지 않을 수 없다. 이런 대목도 되씹어보게 된다.

코너에 몰린 북한이 들고 나온 카드는 미국을 직접교섭의 상대로 끌어들이는 것이었다. 1993년 3월 북한의 NPT로부터의 탈퇴의사 통보는 미국과의 직접거래를 위한 카드였다. 이른바 '가마우지 외교'의 시작이었다. 북한의 눈에는 미국과 거래가 성사되면 일본과 남한은 저절로 따라올 것으로 보였던 것이다. 우리 식 사회주의로 내부단속을 하는 동시에 핵 카드로 미국을 중립화시키려는 북한의 벼랑 끝 전술의 시작이었다. 체제의 붕괴 혹은 변화를 전제로 한 미국과 남한의 공세적 냉전 엔드게임에 맞서 북한은 핵이라는 특별한 카드를 이용하여 생존을 보장받고 고립에서 벗어나는 나름의 냉전 엔드게임을 작동하기 시작한 것이다. 핵 위기는 바로 이러한 두 가지 서로 다른 냉전 엔드게임의 충돌이었다. (같은 책, 16~17쪽)

'가마우지 외교', '벼랑 끝 전술'처럼 특정한 해석의 결과물인 용어jargon를 논고의 시작 단계에서 너무 쉽게 쓰는 것이 그 특정한 해석을 너무 당연하게 여기는 태도로 보인다. '핵 카드'란 말이 후에는 널리 쓰이게 되었는데, 과연 1992년 5월 IAEA에 최초보고서를 제출하고 사찰을 받아들이는 단계에서도 북한이 '핵 카드'를 협상무기로 의식하고 있었을까?

나는 전후 사정을 검토한 결과 1992년 5월에는 북한이 '핵 카드' 같은 것을 의식하지 않고 있었다는 판단을 하게 되었다. IAEA가 통상적 방식으로 자기네를 대해줄 것이라는 가정 하에 미국의 핵 위협을 제거하는 '한반도 비핵화'를 바라본 것이었다. 그런데 IAEA가 동위원소 분석이라는 안 하던 짓을 하고 '특별사찰'이라는 극단적 조치로 북한의 순조로운 국제사회 진입을 가로막자 대안을 찾지 않을 수 없었다. 어려운 사태를 만든 주체인 미국의 태도를 바꾸는 데 노력을 집중하고 '핵 카드'를 협상무기로 들고 나온 것이 1993년 중 찾아낸 대안이었다. '가마우지 외교'나 '벼랑 끝 전술'이란 표현이 설령 이 대안에는 적합한 것이라 하더라도 그것을 그 이전의 북한 정책에까지 적용하는 것은 무리한 일이다.

미국이 주도하는 국제사회의 적대적 환경에 대응하기 위해 북한이 모험적 정책을 구사하는 것은 1993년 이후 거듭거듭 일어나는 일이다. 미국과 남한의 대결주의 세력은 그것을 빌미로 더욱 강경한 적대정책을 주장하는 에스컬레이션 현상을 일으킨다. 그 과정에서 북한 정책의 모험성을 편향적으로 강조·과장하는 논설이 많이 생산되어왔다. 1993년 이전 북한의 핵무기 개발 의지 역시 소급해서 과장의 대상이 되었다.

북한의 핵실험이 2006년에야 이뤄지는 것을 보더라도 1990년대 초 북한의 기술은 핵무기에서 아득하게 멀리 떨어져 있었다. 그 시점에서 김영남이 "이때까지 동맹관계에 의거했던 '일부 무기들'도 자체로 마련하는 대책"을 이야기한 것은 수십 년간 제공받아온 핵우산의 철거를 앞두고 당혹감을 토로한 것이지, 구체적인 계획을 밝힌 것은 아닐 것이다. CIA 등 미국 정보기관이 북한의 핵무기 개발이 코앞에 닥쳤다느니, 이미 보유하고 있는 것으로 보인다느니, 북한의 핵 능력을 엄청나게 부풀려 선전한 것은 북한에 대한 압박 정책을 뒷받침하기 위해서였다. 김영남의 발언도 북한의 핵무기 개발 의지를 과장해서 부각시키기 위해 편향적으로 해석된 일이 많다.

1993년 이전 북한에게 핵무기 개발 의지가 전혀 없었다고는 나도 생각하지 않는다. 그러나 구체적이고 현실적인 계획에는 이르지 못하고 있었으리라는 생각이다. 북한의 의지를 보여주는 증거는 플루토늄 추출뿐인데, 설령 폭탄 제조에 충분한 분량이었다 하더라도 그것만으로는 핵무기 제조와 거리가 멀다. 하물며 운반수단과 정밀보조체계를 필요로 하는 실제 '핵전력'은 바라보기도 힘든 아득한 곳에 있었다.

이 무렵 김일성이 여러 자리에서 북한에게 핵무기 제조를 위한 능력도 없고 의지도 없다고 한 말이 많이 인용되는데, 능력이 없었던 것은 분명한 사실이고, 능력이 없다면 의지가 있더라도 미약한 것일 수밖에 없다. 언젠가 장래에 핵무기를 자체개발할 '가능성'을 열어두려는 막연한 목적의식을 갖고 플루토늄 추출 등 최소한의 준비를 계속해나가겠다는 정도의 소극적 핵 정책이었을 것으로 추측된다. 추측일 뿐이다. 하지만 당시로는 실현 가능성이 아득하던 핵무기 개발에 국가의 명운을 걸지는 않았으리라는 점에 근거한 합리적인 추측이다.

1993년 6~7월 뉴욕과 제네바에서 열린 제1, 2차 북·미 회담 이후의 교착 상태를 장달중·이정철·임수호는 이렇게 설명했다.

1993년 6·11 합의 이후 핵 문제는 다시 장기교착 국면으로 돌입했다. 핵 문제 해결에서 배제된 한국은 북·미 협상에 제동을 걸면서 남북 대화 우선론을 관철시키고자 했으며, 6·11 합의문을 통해 불공정성을 비판받은 IAEA는 추락한 위신을 대북 사찰의 강화를 통해 보완하고자 했다. 이에 반해 북한은 통미봉남의 전략하에서 남북 대화에는 형식적으로만 응했으며 NPT 탈퇴를 유보한 특수지위를 내세워 IAEA 사찰은 안전조치의 연속성을 유지하는 수준의 제한적 사찰만을 허용할 수 있다는 입장을 굽히지 않았다. 사실상 클린턴 행정부는 북한과 한국 및 IAEA의 사이에 끼어 이러지도 저러지도 못하는 형국이었다. 이러한 가운데 1994년 봄부터 한반도에서는 빠른 속도로 위기가 재연되기 시작했다. (같은 책, 73쪽)

앞서 인용한 퀴노네스의 회고처럼 북한은 IAEA의 '특별사찰'을 용납하지 않았기 때문에 미국 대표단은 'special inspection'이란 말을 쓰지 못하면서 대신 'full scope'라는 말을 합의문에 집어넣음으로써 IAEA 측의 체면을 세워주려고 했다. 그러나 이것으로 IAEA의 체면이 서지는 못했다. 1993년 2월 25일 IAEA 이사회에서는 '특별사찰'이라는 특정한 제도의 발동을 결의했고, 그것이 보름 후 북한의 NPT 탈퇴를 촉발했다. 원인이 된 제도의 이름을 똑바로 지목하지 못하고 비슷한 말로 얼버무릴 수 있는 일이 아니었다. 위트·폰먼·갈루치는 《북핵위기의 전말》 71쪽에서 미국 대표단이 "공동성명서에 과거 IAEA 사찰 요구가 불공정했다는 북한의 주장을 존중하여 안전조치의 '공정한' 적용을 명시하기로 한 것"이라고 분명히 설명했다. IAEA의 특별사찰 요구의 불공정성 인정이 6월 북·미 합의의 기반이었다.

IAEA가 일으킨 갈등은 장달중·이정철·임수호가 정확하게 파악했다. 그런데 같은 시기 남한과의 갈등 책임을 북한이 남북 대화에 형식적으로만 응한 '통미봉남' 전략에 씌우는 것은 편향적 해석으로 보인다. 대화 노력이 진정성을 가진 것인가, 형식적인 것인가를 어떤 기준으로 판단했다는 말인가.

지난 번 인용한 퀴노네스의 회고 중에 "나는 김영삼 대통령이 북한과 미국 간의 관계완화를 복잡하게 하고 지연시키는 것을 최우선과제로 삼고 있다고 확신했다"고까지 남한의 무책임한 태도에 통탄한 대목이 있다. 당시 한국 통일부장관이던 한완상의 회고록《한반도는 아프다》중에도 김영삼이 취임 100일 기자회견에서 "핵 가진 자와는 악수하지 않겠다"고 하는 등 대결정책에 치우친 면이 지적되어 있다. 북한은 미국의 안전보장과 국제사회 진입에 국가의 명운을 걸고 있었다. 남한과의 대화 노력이 그 목적에 도움이 된다면 마다할 여유가 없었다. 김영삼 정부가 북한의 절박한 사정을 이용하려고 고압적인 자세로 임했기 때문에 대화가 어려운 것이었다. 그런데 '통미봉남'처럼 편향적 해석을 함축한 용어를 이 대목에 적용하는 것은 상황을 있는 그대로 이해하는 데 방해가 된다.

'북핵 위기'에 관한 서술 중에는 위기의 책임을 북한 측에 씌우는 것이 많다. 압박정책을 뒷받침하려는 의도가 드러나 보이는 무리한 논설도 그중에 많이 보인다. 장달중·이정철·임수호의《북미 대립》은 학술적 기준이 잘 지켜진 작품이고, 사건의 설명이나 자료 제시에서 안심하고 활용할 좋은 내용이 많다. 그러나 위에서 몇 대목 예시한 것처럼 거시적 관점에서 편향된 해석을 너무 쉽게 받아들이는 경향이 보인다. 북핵 문제가 정치외교적 현안으로 떠올라 있는 것이기 때문에 일방적 주장이 너무 많이 쏟아져 나오는 상황에 휩쓸린 것 같다.

1992년 이전에 북한은 '핵 카드'를 대외정책에 사용한 일이 없는데 미국이 IAEA를 통해 무리한 압박을 가한 결과 '핵무기 없는 핵 카드'가 만들어진 것으로 나는 본다. 줄곧 거절당해온 고위급 북·미 회담을 갖게 되고 '경수로 제공'이라는 엄청난 당근을 바라볼 수 있게 된 것이 이 핵 카드 덕분이었고, 국제적 고립과 경제난이라는 위기상황 앞에서 지푸라기 잡는 심정으로 핵 카드에 매달리게 된 것으로 보는 것이다.

핵무기를 갖지 않은 북한은 핵 카드를 스스로 만들어낼 능력이 없었다. 북한이 갖고 있던 약간의 불투명성을 미국이 IAEA를 통해 부각시키며 '위험 없는 위기'를 만들어내는 바람에 '핵무기 없는 핵 카드'가 북한 손에 쥐어진 것이다. 그것이 오해와 실수의 결과일 뿐이었을까, 아니면 누군가가 '북핵 위기'의 성립을 바라고 의도적으로 획책한 것이었을까?

평화를 등진다고 스스로 표방하는 정치세력은 없다. 대립과 갈등을 부추기는 자들도 더 큰 평화를 위한 것이라고 강변한다. 그러나 현실 속에는 정치적 이익이나 금전적 이익을 위해 평화를 해치는 자들이 존재한다. '북핵 위기'에 북한의 책임도 물론 있겠지만, 북한의 입장과 사정이 외부에 잘 전해지지 못하는 상황을 이용해서 책임을 북한에게만 뒤집어씌우며 위기를 키워온 세력이 미국에도 있고 남한에도 있었다. 북핵 위기의 실상을 이해하기 위해서는 편향적 시각을 담은 통념에서 벗어나려는 노력이 가장 먼저 필요하다.

"체제 보장만 해달라.
모든 문제를 해결해주겠다"

'경수로 제공'이 1993년 7월 제2차 회담 이후 북·미 회담의 초점이 되는데, 경수로의 의미에 대한 간결한 설명을 옮겨놓는다.

경수로는 본래 산화중수소, 다시 말해 중수重水를 사용하는 원자로와 구분하기 위해 붙여진 이름으로 에너지를 발생시키는 핵반응의 속도를 조절하기 위해 일반 물을 사용하는 원자로다. 경수로는 영변에서 가동 혹은 건설 중인 흑연 감속 원자로에 비해 훨씬 정교한 장치였다. 당시 북한의 기술 수준으로는 경수로 개발능력이 없었으므로 거의 모든 기술과 부품을 해외에서 수입해야 할 형편이었지만 경수로는 흑연 감속 원자로에 비해서 성능이 월등했다. 영변에서 유일하게 가동 중인 5MW급 원자로는 별 탈 없이 돌아간다고 가정할 때 생산할 수 있는 전력량은 미국의 대형 빌딩 5개에 전기를 공급할 수 있는 정도의 양에 불과하다. 이에 비해서 표준형 경수로 2기만 있으면 2,000MW의 전력을 생산할 수 있는데 이는 워싱턴 시 전역에 전력을 공급할 수 있는 규모다. (돈 오버도퍼, 《두 개의 한국》, 이종길 옮김, 길산 2002, 429쪽)

불빛이 가득한 남한과 온통 캄캄한 북한이 대비되는 야간 위성사진이 생각난다. 남한의 전력 생산용량이 8,000만 kw에 육박하는 것으로 알고 있다. 북한이 간절하게 바란 경수로는 200만 kw 용량의 것이었다. 오버도퍼는 북한이 경수로를 추구해온 사실도 정리했다.

북한의 경수로 제의는 미국 측 대표단에게는 대단히 생소한 이야기였지만 북한 정부가 경수로 도입을 추진하기 시작한 것은 사실 꽤 오래전 일이었다. 80년대 중반 북한이 소련에게 요구한 소련제 원자로가 바로 경수로형이었다. 결국 경수로형 원자로 제공과 관련한 소련과 북한의 협상은 실패로 돌아갔지만 북한 지도부는 현대적인 원자력시설에 대한 관심을 떨쳐버릴 수가 없었다.
92년 5월 북한을 방문한 한스 블릭스 IAEA 사무총장은 북한으로부터 경수로를 도입하고 그에 필요한 농축 우라늄 연료를 해외에서 안정적으로 공급받을 수 있도록 도와달라는 요청을 받았다. 블릭스는 힘닿는 데까지 돕겠다고 약속했다. 그로부터 두 달 후 북한의 김달현 부총리는 서울을 방문해 비무장지대 인근의 북한 지역에 남북 협력으로 경수로를 설치하고 양국 모두에 전력을 공급하자고 제안한 바 있었다. 이 계획은 남한 측이 필요한 자금과 기술을 거의 조달하도록 돼 있었다. 당시 공개되지 않고 비밀에 부쳐졌던 김달현의 제안은 그해 말 남북관계가 악화되면서 뒷전으로 밀렸고 결국 흐지부지되고 말았다. (같은 책, 430쪽)

1985년 북한은 소련에게 경수로 제공을 약속받고 NPT 가입을 신청했다. 기술과 원료를 확보하고 있던 흑연 감속로를 경수로로 대체할 방침을 세웠던 것이다. 그런데 소련이 약속을 지키지 못한 채로 붕괴에 이르렀고, 새로운 제공자가 필요하게 된 북한은 IAEA에도 남한에도 손을 벌렸다. 호응을 얻지 못한 채로 있던 차에 미국이 '북핵 문제'를 집요하게 제기하고 나서자 그렇다면 당신네가 해결해달라고 제안을 꺼낸 것이다.
이른바 '북핵 문제'는 북한이 경수로 제공을 누구에게든 받았다면 일어나지 않았을 문제라고도 볼 수 있다. 1993년 7월의 제안에서도 경수로만 제공해주면 핵 사업과 관련된 문제를 깨끗이 정리하겠다는 조건을 제시했다. 그런데 당시 미국 대표단은 경수로의 의미를 제대로 파악하지 못하고 있었다. 오버도퍼는 당시 미국 대표단의 태도를 이렇게 설명했다.

제네바 회담에서 북한이 다시 한 번 경수로 문제를 제기했을 때 갈루치는 국무부와 국방부 고위급 인사들로부터 받았던 언질, 즉 북한에 대해서 어떤 약속도, 특히 재정적 약속을 하지 말라는 경고를 상기했다. 7월 19일 엿새 일정의 회담 마지막날 갈루치는 미국은 "북한의 경수로 도입을 지지하며 (…) 조선민주주의인민공화국과 함께 경수로를 확보할 수 있는 방법을 모색할 것이다"라는 내용의 공식 선언문을 채택하기로 합의했다. 단, 경수로 제공은 핵 문제 해결을 위한 '마지막 해결책'으로 검토한다는 조건을 달았다. 훗날 갈루치는 이 모호한 선언문 내용을 일컬어, 경수로를 제공한다는 "약속의 의미를 내포하지 않도록 일곱 차례나 수정한 다음에야 겨우 합의에 이른 표현"이라고 말했다. (같은 책, 431쪽)

미국 측은 "약속의 의미를 내포하지 않도록" 고심해서 모호한 표현을 짜냈지만 북한 측은 대만족이었다. 한 달 전 뉴욕의 제1차 회담에서도 마찬가지였다. 북한의 주권을 존중하고 무력행사를 하지 않겠다는, 유엔 헌장 내용을 넘어서지 않는 약속 정도만으로 아무런 실질적 양보 없이 북한의 NPT 탈퇴 보류를 얻어냈지만 북한 측은 그때도 대만족이었다.

미국 대표단의 입장을 생각해보라. 아무런 양보도 아무런 약속도 하지 못하게 하면서 회담장에 내보내는 것은 병사에게 총알도 주지 않으면서 전쟁터에 내보내는 것과 마찬가지다. 정부 요직의 윗사람들은 북한과의 관계를 어떻게 풀어나갈지 아무 생각도 없이, 상황에 떠밀려 대표단을 보낸 것이었다.

회담을 시작할 때는 수석대표 갈루치도 별 생각이 없었다. 어떤 협상조건을 허용해달라고 윗선에 요청하지도 않았다. 그런데 막상 북한 대표들과 이야기를 나누다보니 북한이 원하는 것이 무엇인지, 어떻게 해야 회담의 성과를 바라볼 수 있을지, 감이 잡히기 시작했다. 그래서 뉴욕에서도 유엔 헌장 범위 안이니까 아무런 양보도 아니라는 입막음 아래 북한 측이 원하는 이야기를 해줬다. 그리고 제네바에서도 구체적인 약속을 해주지 않는 한도 내에서 북한의 요청이 장차 논의될 수 있는 길을 열어놓았던 것이다.

1993년 7월 제네바에서의 제2차 회담을 끝낼 때 미국은 북한의 경수로 획득을 지지한다는 뜻을 밝혔을 뿐, 그 획득을 도와줄 구체적 방법의 의논은 제3차 회담으로 미뤘다. 그리고 북한이 IAEA 및 한국과의 관계를 잘 풀어나갈 것을 회담 재개의 조건으로 설정했는데, 그 조건이 잘 충족되지 않았다. 그래서 1년 넘게 지난 1994년 8월에야 제3차 회담이 열려 '포괄적 타결'을 보게 되는데, 그 과정에서 미국은 군사적 해결책을 검토하는 상황을 겪고 남한에서는 '불바다' 소동이 일어나는 등 북핵 위기의 '위기성'이 부각된다.

미국이 1년 동안 북·미 회담 재개를 의도적으로 지연시켰다는 증거는 없다. 그러나 결과를 놓고 본다면 그 기간의 '위기성' 부각 덕분에 포괄적 타결에 따르는 재정적 문제를 해결할 수 있었다는 사실이 눈길을 끈다. 막대한 경수로 건설비용의 대부분을 남한과 일본에게 떠맡기는 것이 북핵 위기의 부각 없이 가능했을까? 미국이 회담 재개를 일부러 늦춘 것은 아니라 하더라도, 재정 대책이 세워지기 전까지는 재개를 서두를 입장이 되지 못했으리라는 점은 이해할 수 있다.

북한은 제2차 회담에서 원하는 해결 방향을 분명히 밝혔다. 그리고 회담 재개가 늦춰지자 비공식 루트를 통해 더 구체화한 '포괄적 타결' 방안을 미국에 알렸다. 10월 중순 게리 애커먼 하원의원의 평양 방문을 수행한 케네스 퀴노네스를 통해서였다.

애커먼을 수행했던 한국어를 구사할 줄 아는 국무부 소속 북한 담당자 C. 케네스 퀴노네스는 북·미 회담 성사에 일익을 담당한 인물이었다. 북한 외교부는 양국 현안을 놓고 퀴노네스와 오랜 대화를 나눈 끝에 일련의 해결책을 정리한 서류 한 장을 그에게 건넸다. "북한은 NPT에 잔류하고 IAEA가 실시하는 정기적인 사찰을 수용할 용의가 있으며 IAEA가 요구한 '특별사찰' 문제를 토의하기로 한다. 그 대가로 미국은 '팀스피릿' 훈련 중단과 대북한 경제제재 조치를 철회하는 동시에 오랫동안 지체됐던 3차 회담을 재개한다"는 내용이었다. 이러한 북한의 주고받기식 제안은 그들의 협상태도에 근본적인 변화가 생겼음을 의미했다. 당시까지만 해도 북한은 '일괄타결'식의 동시다발적 포괄 협상보다 합의를 향해 한 단계씩 나아간다는 전략을 구사하고 있었다. 북한 외교부는 이 제안이 북한 최고 지도부의 승인을 받은 것이라고 밝혔다. (돈 오버도퍼, 《두 개의 한국》, 이종길 옮김, 길산 2002, 434쪽)

퀴노네스는 이때 평양에서 받은 문서 내용을 《한반도 운명》 242~243쪽에 밝혀놓았는데, 이와 대조해보면 오버도퍼의 요약은 정확치 못하다. 무엇보다 미국 측 의무 중 "핵 문제 해결을 위해 북한에 경수로 제공 책임을 질 것"이 빠져 있다. 퀴노네스가 밝힌 문서 내용은 이듬해 여름 제3차 회담을 거쳐 '제네바합의'로 이뤄질 내용을 거의 그대로 담은 것이었다. 퀴노네스는 이 문서가 구속력 없는 극비문서인 '비非문서'라고 설명했다.

북한 측은 평양 체류기간 중 나를 이용하려고 애를 많이 썼다. 미스터 리는 수시로 국제원자력기구 사찰에 대한 미국의 입장, 팀스피릿 및 그와 관련된 주제를 놓고 우리의 생각을 떠봤다. (…) 그래서 결국 나는 문서로 그 내용을 작성해서 보여주기 전에는 이제 워싱턴의 그 누구도 그가 하는 말을 믿지 않을 것이라고 말했다.

우리가 판문점으로 떠나던 날 아침 일찍, 리는 내게 '비문서' 한 장을 건네주었다. 그는 내가 비문서의 외교적 개념을 설명해주기 전에는 그 어떤 문서도 남길 수 없다고 우겼다. 그는 처음에는 웃으면서 물었다. "어떻게 문서가 비문서가 될 수 있단 말입니까?"

비문서란 정부 간에 교환되는 극비문서라고 나는 설명해주었다. 따라서 이 문서가 만에 하나 외부에 유출될 경우, 예를 들어 대중에 누출될 경우 정부는 모두 비문서의 신빙성을 부인할 수 있었다. 간단히 말해서 리가 내게 비문서를 줄 수 있지만 혹시 누출될 경우 북한은 이 문서 자체를 부인할 수 있었다. 리는 그 아이디어가 그럴 듯하다고 생각했다. 그는 핵 문제에 관한 문제의 비문서를 작성하느라 북한 대표단이 밤을 새웠다고 생색을 냈다. 문서를 받아들면서 나는 그에게 북한 정부의 어느 선까지 그 문서에 담긴 내용을 승인했느냐고 물었다. 리는 '최고지도자'도 비문서의 내용에 만족했다고 나를 안심시켰다. 나 역시 문제의 비문서를 누구에게도 유출시키지 않고 바로 미국 정부에 전달하겠다고 약속했다. (케네스 퀴노네스, 《한반도 운명》, 노순옥 옮김, 중앙M&B 2000, 241~242쪽)

미국 정부가(적어도 국무부가) 북한과의 대화를 원하고 있었음을, 이 시점에 퀴노네스를 평양에 보낸 사실이 보여준다. 이듬해 6월 평양 방문을 앞둔 지미 카터 전 대통령에게 퀴노네스가 브리핑을 해주지만 수행은 허용되지 않았다.

오후 늦게 크리크모어 대사는 국무부에 다시 와서 내게 이번 방북에 동행해줄 것을 요청했다. 우리는 그것이 가능한지 알아보기 위해 한국과장에게 물었다. 그러나 핵 문제에 관한 나의 지식과 북한인들과의 친분 때문에 나는 카터 일행과 동행할 자격이 없다는 사실을 알았다. (같은 책, 275쪽)

카터 방북 당시 특사가 아닌 개인 자격이었고 그 방북에 대해 미국 정부가 아무런 공식 책임을 갖지 않는다는 특별한 사정도 작용한 것이었겠지만, 북·미 회담 대표단 멤버인 퀴노네스의 평양 방문은 1993년 10월 당시에도 미국 측이 북한 측과의 소통을 바라지 않고 있었다면 금지할 논리가 있는 것이었다. 퀴노네스의 경위 설명을 볼 때 '비문서'는 북한 측이 줘서 그냥 받아온 것이 아니라 그가 문서의 형식까지 설명해가며 요청해서 받아낸 것이었다.

오버도퍼는 이 비문서에 담긴 북한의 포괄적 타결 제안이 "그들의 협상태도에 근본적인 변화가 생겼음을 의미"한다고 봤다. 복잡한 협상을 최대한 간단하게 만들려는 노력은 북한이 협상의 목적을 분명히 정해놓았다는 사실과 그 목적을 절실하게 추구한다는 사실을 함께 보여준다. 불확실한 상태가 오래가는 것이 견디기 힘들었던 것이다.

그러나 이 비문서 교부를 북한 측 협상태도 변화의 결정적 계기로 볼 일은 아니다. 포괄적 협상의 절대적 키워드인 '경수로'를 북한 측은 6월 뉴욕의 제1차 회담과 7월 제네바의 제2차 회담에서 거듭거듭 꺼냈던 것이다. 뉴욕에서는 미국 측의 아무도 귀담아듣지 않았고, 제네바에서는 깜짝 놀라서 어쩔 줄 몰라 했다. "불가침 약속과 에너지원 확보를 통해 우리 체제를 보장해달라. 그러면 당신네가 제기해온 모든 문제를 해결하겠다"는 내용의 포괄적 타결안을 북한 측은 뉴욕회담 이전부터 세워놓고 있었고, 미국이 귀를 기울여주는 데 따라 차츰 구체화해가고 있었던 것이다.

미국 정책을 거스르는 한국,
이것이 '자주성'인가?

소련과 공산권의 몰락이 '체제경쟁'의 패배에 기인한 것이라고 흔히 말하는데, 체제경쟁의 초점은 경제력에 있었다. 제2차 세계대전이 끝난 후의 세계는 호황을 위한 조건을 갖추고 있었다. 오랜 전쟁기간 동안 기술은 크게 발전해 있었던 반면 그 기술을 이용한 자원 개발이 부진했기 때문에 미개발 자원을 쉽게 찾을 수 있었다. 공산주의체제든 자본주의체제든 경제체제를 운용하는 데 어려움이 적은 조건이었다.

1970년대 들어 대결을 완화하는 군비축소 등 '데탕트' 국면이 나타난 중요한 하나의 이유가 자원의 한계가 드러나기 시작하면서 소모적 경쟁을 지양할 필요에 있었다. 그런데 불황이 길어지며 1980년대로 접어들자 자본주의 진영에서 신자유주의 노선이 일어났다. 경쟁 완화를 통한 공생을 포기하고 경쟁 격화를 통해 '승자의 싹쓸이'를 노린 노선이었다.

그 결과 이뤄진 '냉전 종식'의 경제적 의미는 공산권의 해체로 그 지역의 자원(인적·물적)을 자본주의적 착취 대상으로 재편하는 데 있었다. 소련과 동구권 국가들은 이 재편 과정을 겪었다. 반면 중국, 베트남, 쿠바 등 소련 중심 경제체제에서 비교적 벗어나 있던 공산국들은 이 운명을 피할 수 있었다. 북한도 이 그룹에 들고 싶었을 것이다.

그러나 1980년대 중 개혁개방 정책을 궤도에 올려놓고 있던 중국과 베트남에 비해 북한은 훨씬 더 큰 어려움을 안고 있었다. 그 어려움의 중심에 있던 것이 에너지 문제였다. 경제발전은커녕 체제 유지를 위해서도 꼭 필요한 에너지 공급의 전망이 막막했다.

원자로 건설이 국가적 과제가 되었는데, 기술도 자금도 부족했다. 우선 기술 획득을 위해서라도 NPT에 가입해서 IAEA의 도움을 받아야 하는데 IAEA가 도와주기는커녕 적대적 태도만 보이다가 1993년 2월에 이르러서는 종래 발동한 적이 없던 '특별사찰'을 요구하고 나섰다. 북한 입장에서는 불공정한 주권 침해였다. 그래서 NPT 탈퇴를 선언했다.

북한에 대한 IAEA의 엄격한 태도는 미국이 시킨 것이었다. 그런데 북한에게 압박을 가하는 단계에서 IAEA의 태도를 그렇게 유도해놓은 것이 얼마 후 북한과 대화를 해야 할 단계에 와서는 스스로에게 족쇄가 되었다. IAEA에게는 일관성을 지킬 필요가 있었고 미국은 IAEA의 독립성을 형식적으로라도 존중해줘야 했기 때문이다.

미 정부 관리들은 사석에서 IAEA의 고지식한 태도에 반감을 표출했다. 애초와는 달리 이것이 지역, 정치적 측면이 더욱 부각된 분쟁으로 번졌다고 판단한 갈루치는 지난 5월 IAEA의 태도를 "중세적, 혹은 탈무드적인 매우 경직된 자세"라고 묘사했다. 그리고 북한의 행동에 블릭스[IAEA 사무총장]가 어떻게 대응할지 미 행정부로서도 모르는 실정이라고 덧붙였다. 갈루치로서는 블릭스에게 이렇다 할 압력을 가할 수 있는 처지가 아니었다. 미국이 전 세계가 금과옥조로 여기고 있는 비핵화에 간섭하는 것으로 비칠지 모른다는 우려 때문이었다. 마침 필자가 그 무렵 어떤 모임에서 만난 국방부 고위관리는 블릭스를 가리켜 총체적인 결과는 안중에도 없이 IAEA의 위상 보호에만 혈안이 돼 있는 '광신자'라고 평했다. 이어 도널드 그레그 전 주한 미 대사는 IAEA 사찰단을 일컬어 "북한에 어떠한 혜택도 제공하지 않은 채 고통스러운 조사만 강행하려 드는 꽉 막힌 항문병 전문의들"이라고 몰아붙일 정도였다. (돈 오버도퍼, 《두 개의 한국》, 이종길 옮김, 길산 2002, 457쪽)

1993년 7월 제2차 북·미 회담을 끝낼 때 미국은 제3차 회담 전에 북한이 IAEA 및 남한과 관계를 먼저 풀어나갈 것을 요구했다. 그때까지 IAEA의 요구에 불공정한 면이 있었다는 사실을 미국은 암묵적으로 인정했다. 그런데 국제기구로서 권위를 지켜야 하는 IAEA 입장에서는 자기 조치의 불공정성을 인정할 수 없었던 것이다. 그래서 북한과 IAEA 사이의 관계는 잘 풀려나가기 어려웠고, 제3차 북·미 회담이 늦어지는 하나의 요인이 되었다.

추상적 권위를 지켜야 하는 IAEA와 달리 남한은 북핵 문제 해결에 누구 못지않게 큰 이해가 걸려 있는 당사자 입장이었다. 세계의 다른 나라들이 핵 비확산을 더 중시하더라도 남한은 한반도 평화를 더 중시해야 하는 입장이었다. 북한에 대한 IAEA의 조치에 불공정한 문제가 있으면 앞장서서 지적해야 할 입장이었다. '민족의 대의' 같은 추상적 가치가 아니라, 남한 5,000만 주민이 '불바다'의 공포를 겪지 않도록 하기 위해, 미국이 북한과의 대화에 더 성의를 보이도록 다그쳐야 할 입장이었다.

그런데 앞서도 언급했지만, 김영삼은 1993년 6월 4일 취임 100일 기자회견에서 "핵 가진 자와는 악수도 하지 않겠다"는 대북 강경노선으로 나왔다. 두 가지 측면에서 대결주의적인 태도였다.

북한이 "핵 가진 자"였나? 핵무기를 갖고 있지 않다는 것이 북한의 공식 입장이었는데 미국이 이것을 믿지 못하겠다고 의혹을 제기하고 있는 장면이었다. 김영삼은 아무런 증거 없이 이 의혹을 사실로 받아들인다는 입장을 보인 것이다. 의혹을 제기한 미국 관리들도 마음속으로는 다른 생각을 갖고 있었다고 돈 오버도퍼는 정리했다.

원자로 밀폐용기에서 나오는 증기를 위성 감시망으로 관찰한 CIA는 북한의 원자로가 89년에 최장 110일간 가동이 중지된 상태였다는 것을 알아냈다. 그 정도면 연료봉 8,000개 중 절반가량을 교체, 충분히 플루토늄을 추출할 수 있는 기간이었다. 그러나 북한은 원자로 가동 중지 기간이 고작해야 60일이며 제거한 연료봉은 손상된 몇 개에 불과하다고 주장했다. (…) 이러한 CIA의 추정을 근거로 93년 12월 국가정보평가서는 북한이 이미 폭탄 제조를 시작했을 가능성이 '농후하다'고 주장했다. (…) 이 보고서가 나오자 국방장관과 CIA 국장을 비롯한 고위관리들에게서도 같은 기조의 발언들이 무수히 쏟아져나왔다(훗날 북한의 핵 위기가 해소된 후 CIA는 자체 관측을 재평가한 뒤, 북한이 주장한 60일이 사실이었을지도 모른다고 결론을 수정했다. 만일 그렇다면 이론상 북한이 플루토늄을 보유하고 있었을 가능성은 훨씬 낮았다고 볼 수 있다).

당시 일각에서는 원자력과학자협회 자료집에 실렸던 표현 그대로 미국의 정보평가를 그저 '겁주기용 시나리오'에 불과하다고 생각하는 사람들이 많았다. 한마디로 북한이 그만한 수의 연료봉을 인출하기에는 시일이 너무 촉박했을 뿐만 아니라 (…) 재처리 공정이 원활히 이루어졌을 리도 만무하다고 확신했다. (…) 행정부 내에서도 논란이 분분했고, 앤서니 레이크 미 국가안보 담당 보좌관에 의하면 대통령에게 같은 날 전달된 CIA와 국무부의 평가 보고서가 서로 극과 극을 달린 경우도 있었다고 한다. (같은 책, 452~453쪽)

북한이 핵무기를 갖고 있었다고 치자. 그 이유로 악수를 하지 않겠다는 것은 국가 안보를 위험하게 하는 또 하나 대결주의적 측면이었다. 다른 나라들은 '세계평화'를 위해 북한 핵 사업의 비판에 중점을 두더라도, 남한만은 악수가 아니라 포옹까지 하겠다고 달려들어 북한을 누그러트리는 노력을 해야 했다. 때리는 시어머니 옆에서 말리는 척하는 시누이 노릇을 해야 했다. 북한이 정말로 핵무기를 갖고 있었고 그것을 써야 할 입장에 몰린다면 첫 번째로 '불바다'를 걱정해야 하는 것이 남한 아니겠는가.

북한이 핵무기를 갖고 있지 않았음을 김영삼은 확신하고 있었으리라고 나는 믿는다. 핵무기가 있을 수 있다고 생각하면서 그런 모험적 태도로 나간 것이라면 정말 나쁜 대통령이다. 이완용도 울고 갈 그런 나쁜 대통령의 존재를 믿고 싶지 않다.

김영삼의 이 발언 방침을 알게 된 한완상은 이런 걱정들을 했다고 한다.

첫째, 대통령이 이런 발언을 하는 순간 북한 당국은 더 강경한 대남전술을 쓰고 싶은 유혹에 빠질 것이 분명했다. (…)

둘째, 취임사에서 천명한 민족 당사자 원칙과 민족 상호존중 원칙이 휴지가 될 수도 있었다. 그것도 스스로 폐기하겠다는 우스운 꼴이 되고 만다. (…)

셋째, 대통령은 주변 냉전 수구 세력의 손에서 앞으로 더 벗어나기 어렵게 될 것이다. 그렇게 되면 미국의 새 정부와 마찰을 빚을 가능성도 배제할 수 없다. (…)

넷째, 이미 핵무기를 엄청나게 많이 가진 강대국들에는 침묵하면서 유독 같은 민족인 북한의 핵에 대해서만 반대한다는 비난을 피할 수 없다. 무엇보다 북한이 핵무기를 갖고 있는지조차 불분명한 시점에서, 북한이 이미 핵무기를 갖고 있다고 속단하는 대통령의 발언은 감정적이고 신중치 못한 경솔한 발언으로 오해받기 쉽다.

다섯째, 지난 반세기 남북관계의 악화는 곧 국내정치의 반민주적 성향 강화로 이어졌다. (…) 스스로 문민정부를 자임하는 현 정부가 반공의 강경 깃발을 내세운다면 심각한 자가당착이 아닐 수 없다. (한완상, 《한반도는 아프다》, 한울 2013, 104~105쪽)

퀴노네스의 관점에서는 민주화의 자부심을 가진 김영삼 정부가 한·미 관계의 종속성을 극복하려는 의지를 가진 것도 상황을 어렵게 만든 하나의 요인이었다.

수십 년 동안 미국 관리들, 특히 국방부 관리들은 서울의 권위[주의]적인 정부와 상대하는 데 익숙해 있었다. 서울로 하여금 미국 정책의 관점을 받아들이게 하고 싶으면 백악관이나 국무부, 또는 국방부에서 고위급 대표를 서울에 보내 한국 고위층 인사와 슬슬 잡담이나 하면 됐다. 대부분의 경우 각료급 인사가 몇 번 왔다

갔다 하고 나면 서울은 워싱턴의 뜻에 따르기 마련이었다. 그러면 한국 대통령은 해당 장관과 여당 책임자들을 불러 새로운 상황에 대해 설명하고 그들로 하여금 새 정책노선에 대한 여론을 환기시키게끔 했다.

1992년 한국은 이런 종류의 자문을 거부하기 시작했다. 김영삼 대통령은 1960년 이래 최초의 문민 대통령이었다. 게다가 한국은 1980년대 이후부터 새로운 자신 감을 갖췄다. (…) 이런 이유로 김영삼 대통령은 민주주의 사회에서의 정상적인 정 치라는 유권자의 요구에 부응해야만 하는 상황에 있었다.

그러나 워싱턴 관료사회는 서울의 이런 새로운 현실을 무시했다. 미국 인터 에이 전시 중 일부는 김 대통령의 여론에 대한 과민반응에 정치적 이기주의 이상의 의 미를 두지 않았다. 오히려 그들은 늘 하던 대로 하자고 우겼다. 다시 말해서 한국 정부는 그냥 전에 하던 대로 워싱턴의 현명한 충고에 따르면 된다는 식이었다. (케 네스 퀴노네스,《한반도 운명》, 노순옥 옮김, 중앙M&B 2000, 261쪽)

1993년 11월 23일 백악관을 방문한 김영삼이 미국이 추진해온 포괄적 타 결안에 제동을 걸어 클린턴을 당황하게 한 것이 미국에 대한 종속성을 거부 하는 가장 극적인 제스처였다. 민족자주성을 앙양한 훌륭한 일로 볼 수 있을 까? 자주성을 내세우는 데도 적당한 방법과 방향이 따로 있다는 사실을 떠오 르게 하는 고려 후기 몽골간섭기의 한 가지 일, 개혁을 추진하던 원나라 관리 의 소환을 획책한 일을 앞서 소개했다.

몽골간섭기의 현상 또 하나를 이 대목에서 생각한다. 고려 지배층의 '안전 불감증'이다. 토지와 노비의 소유가 권력자에게 집중되는 것이 국가구조에 심각한 위협이라는 문제는 일찍부터 인식되고 있었다. 그래서 새 왕이 즉위 할 때마다 '전민병정田民辨正'의 개혁을 시도했지만, 얼마 후 토지와 노비가 옛 권력집단으로부터 새 권력집단으로 옮겨지고 나면 개혁이 흐지부지 실종되 는 일이 거듭됐다. 나라가 망할까봐 걱정하는 기색이 별로 보이지 않았다. 공 민왕에 이르러서야 개혁다운 개혁이 추진되었다.

안보를 외부세력에게 맡겨놓은 사회의 종속성이 안전불감증으로 나타나는 것이다. 외적의 위협도, 민심의 불안도 종주국의 힘이 다 틀어막아 줄 것이므로 지배층은 안보의 책임에 얽매일 필요 없이 특권을 누리기만 하면 되는 것이었다.

한국사회의 안전불감증은 심각한 문제다. 온 사회를 충격과 비통에 몰아넣은 세월호 사태의 원인에도 모든 층위에서 안전불감증이 작용했다. 이 문제를 종속성의 관점에서 점검할 필요가 있다. 일본과 미국에 대한 종속성을 갖고 살아온 20세기 백 년간의 경험이 안전에 무관심한 사회 분위기를 키워온 것 아닌가.

1993~1994년의 '제1차 북핵 위기'에서 한국 정부는 갈등을 증폭하는 역할을 맡았다. 1993년 11월의 정상회담에서 보인 것처럼 미국 정책에 대한 한국의 도전은 문제 해결을 어렵게 만드는 방향이었다. 미국이 결국 문제를 해결해줄 것을 확고히 믿기 때문에 어떤 결과에 대해서도 걱정할 필요가 없었다. 미국이 나를 존중해주는 것밖에는 아무런 다른 생각이 없었다. 현실의 어려움은 어른들 몫이니까, 마음 놓고 떼를 쓰는 어린애와 같은 정책이었다.

북·미 회담의 발전을 가로막은
한·미 군부의 역기류

1993년 7월 19일 제네바에서 제2차 북·미 회담이 끝날 때 양측 대표단은 두 달 후 제3차 회담의 재개를 기대하고 있었다. 하지만 재개의 조건인 북-IAEA, 북-남 관계가 순조롭게 풀리지 않음에 따라 회담 재개가 늦어졌다. 그런 가운데 북한 측이 '일괄협상안'을 점차적으로 구체화해서 내놓음에 따라 미국도 포괄적 타결을 차츰 더 진지하게 고려하게 되었다.

10월 중순 평양을 방문한 케네스 퀴노네스를 통해 '비문서' 형태로 제안 내용을 보낸 데 이어 11월 11일 북한 협상단 대표 강석주가 '일괄협상안'을 발표하자 며칠 후 미국 정부도 포괄적 타결안을 검토하기로 외교안보장관회의에서 결정한다. 이 과정과 이에 대한 남한 정부의 반응을 오버도퍼는 이렇게 정리했다.

뉴욕에서 무려 15차례에 걸쳐 중간급 회담이 열리고 많은 서한이 평양과 워싱턴 사이를 오간 뒤 11월 15일 미 행정부는 마침내 자체적으로 마련한 '일괄협상안'을 협상 테이블에 올려놓기로 결정했다. 1단계 의제의 핵심은, 북한이 IAEA 정기사찰을 다시 수용하고 남한과의 대화를 재개하며, 그 대가로 미국은 94년 팀스피릿 훈련을 취소하고 오랫동안 미뤄져온 제3차 북·미 협상을 재개한다는 것이었다. 3차 회담에서 논의될 2단계 협의 사항은 말썽 많은 영변의 핵폐기물 처리장 두 곳에 대한 IAEA의 사찰, 북한에 대한 국가 인정, 교역 및 투자를 둘러싼 한·미·일 3국의 양보 등이었다.

이 사건은 사태의 추이를 예의주시하고 있던 〈워싱턴포스트〉지의 제프리 스미스 기자에게 즉각 포착됐다. 그 보도는 미국의 북한에 대한 양보, 그중에도 특히 대북한 정책에 있어 남한을 주변국으로 전락시킨 사실에 신경을 곤두세우고 있던 남한에게는 마른하늘에 날벼락이었다. 김영삼 대통령이 북한에 대한 미국의 제안에 경악을 금치 못한 것에는 지극히 개인적인 이유도 포함돼 있었다. '일괄협상'은 그해 봄 그의 오랜 맞수인 김대중이 공개적으로 내세운 제안과 모든 면에서 흡사했던 것이다. 그 누구도 아닌 김대중이 '일괄협상'을 지지한다면 김 대통령은 더 생각할 것도 없이 자동적으로 이에 반대한다는 것을 의미했다. (돈 오버도퍼, 《두 개의 한국》, 이종길 옮김, 길산 2002, 437~438쪽)

많은 미국 관리와 언론인들은 김영삼의 행동에 김대중에 대한 질투심 내지 견제심리가 크게 작용했다고 보았다. 김영삼의 극단적 태도를 달리 이해할 길이 없기 때문에 그런 추측을 하게 된 것이라고 생각한다.

1992년 초 통일부차관에서 물러나 1995년 초 아태재단 사무총장을 맡기까지 3년간 현장을 떠나 있던 임동원은 회고록 《피스메이커》에서 이 기간에 일어난 일에 대한 기록을 극히 간략하게 했다. '제1차 북핵 위기'의 양상을 그는 이렇게 정리했다.

1993년 11월에 클린턴 행정부가 북한의 '일괄타결안'을 수용하려 했을 때도 김영삼 대통령은 이에 정면으로 반대하여 협상을 파탄시키는 결과를 초래한다. 이에 반발한 북한은 5메가와트급 원자로에서 미국이 금지한 '사용 후 연료봉' 추출을 시도하고, 급기야 미국은 이를 저지하기 위하여 군사 공격을 추진함으로써 한때 한반도의 전쟁 위기까지 치닫는 이른바 1994년 봄의 '제1차 북핵 위기'가 조성된다. 이때 지미 카터 전 미국 대통령이 평양을 전격 방문하여 김일성 주석과의 회담을 통해 문제해결의 돌파구가 마련되고 이를 계기로 미국과 북한은 다시 제네바에서 포괄적인 주고받기식 협상을 추진하게 된다.

김영삼 대통령은 다시 1994년 10월 중순 〈뉴욕타임스〉와의 인터뷰를 통해 마무리 단계에 있던 제네바합의 내용에 대한 반대 의사를 밝힌다. "붕괴에 직면해 있는 북한과 타협한다는 것은 북한 정권의 생명을 연장시키는 결과를 초래할 뿐이며, 한국과는 달리 북한과의 협상 경험이 적은 미국이 북한에 속고 있다"고 주장한 것이다. 이에 미국 정부는 "대중적 인기에 연연하지 않는 참된 지도자의 모습을 보이라"며 김영삼 정부에 불쾌감을 표명한 것으로 알려졌다. 확실한 비전도 없이 무책임한 여론에 좌우되는 것을 우려한 것이다. (임동원, 《피스메이커》, 창비 2015, 275~277쪽)

김영삼 정부 내에서 입지가 좁아지고 있던 한완상 통일부장관은 1993년 10월 9일 안보장관회의에서 '일괄타결안' 이야기를 꺼내던 상황을 이렇게 회고했다.

내친 김에 나는 대북전략에 대해 지금은 북·미 간 일괄타결로 핵 문제를 풀어야 할 때라고 강조했다. 김 대통령은 내 말에 긴장하는 듯했다. 달가워하지 않는 표정이 역력했다. 내 발언이 런던에서 날아온 DJ의 발언과 비슷하다 여겼기 때문일 것이다. 김 대통령은 DJ에 관해 언급하는 것 자체를 체질적으로 싫어했다.

그러나 그날 내 발언은 일괄타결을 고려하는 클린턴 행정부의 기류를 감지했기 때문에 나온 발언이었다. 또한 나는 근본적으로 북·미 간 일괄타결이 한반도 핵 문제를 풀 수 있는 열쇠라고 판단했다. 북한은 이를 끈질기게 요구해왔고 최근에는 미국도 이 문제를 신중하게 검토하는 듯했다. 김 대통령도 이런 정황을 한승주 외무장관을 통해 들었을 법한데 여전히 완강해 보였다. (한완상, 《한반도는 아프다》, 한울

2013, 148쪽)

김영삼이 대북정책에서 김대중을 의식했다는 것은 사실이었던 모양이다. 그런데 한완상은 "런던에서 날아온 DJ의 발언"이라 했는데, 김대중은 당시 미국을 방문 중이었다. 7월 초 영국에서 돌아왔다가 10월 하순 다시 출국해서 독일과 러시아를 거쳐 미국으로 갔던 것이다. 《김대중 자서전》에 미국에서의 활동 상황이 적혀 있다.

10월 1일에는 컬럼비아대학 동아시아연구소 교수단 초청으로 강연을 했다. 나는 이 자리에서도 남북통일은 흡수 통일 형식으로 이뤄져서는 안 되며 단계적으로 추진해나가야 한다고 강조했다. (…)

나는 미국 체류 중에 북핵 문제를 일괄타결 방식으로 풀 것을 강력하게 권고했다. 즉 북한이 핵 개발을 완전히 포기하는 대신 미국은 북한과의 외교 및 경제 협력에 나서야 한다는 것이었다. 한·미 합동으로 펼치는 팀스피릿 훈련도 그만둘 것을 촉구했다. 일괄타결안이야말로 북한 핵 위험을 제거하는 가장 효과적이면서도 설득력이 있는 대안임을 설파했다. (김대중, 《김대중 자서전》1권, 삼인 2010, 629쪽)

1993년 10월 중 팀스피릿 훈련 중단 방침이 한·미 간에 논의된 상황이 위트·폰먼·갈루치의 책에는 이렇게 설명되어 있다.

남한의 요구사항을 관철시키는 유일한 방법은 강력한 협상 카드를 준비하는 것이었다. 애초에 한국과 미국의 전략은 북한이 NPT에 남고 국제 안전조치를 수용하기로 약속하면 대신 팀스피릿 훈련을 취소하겠다고 약속하는 것이었다. 그러나 10월 15일로 예정된 회담 직전 한국의 관계 장관들은 특사 교환을 실현하기 위한 최선의 방법은 핵 문제와의 연계를 끊는 것이라 판단했다. 따라서 북측 특사가 서울에서 김영삼 대통령을 만난다면 팀스피릿 훈련을 중단하겠다고 북한에 제안하자는 것이었다. 이 새로운 접근법은 국내정치적 효과도 노리고 있었다. 즉 한국이 중요한 외교 문제에 있어 미국에 주도권을 내어주었다는 비판에 대처할 수 있었던 것이다.

처음에 미국은 이런 전략의 변화에 주저했다. 부수장위원회가 한국의 관계 장관 회의 직후 이 제안 내용을 받았을 때 갈루치 차관보는 팀스피릿 훈련이 군사적으로 별 소용이 없으며 예산도 부족하다고 지적했다. 합참의 마이크 라이언 중장은 팀스피릿 훈련의 규모를 줄이면 되는 것이며 미국은 원래의 전략을 계속 고수해야 한다고 반박했다. 국방부의 민간인 지도자들은 제3차 북·미 회담이 성공적일 경우 팀스피릿 훈련 취소를 발표할 수 있다는 입장이었다. 결론을 내릴 수 없자 미국은 한국에게 팀스피릿 훈련 중단을 제안하지 말 것을 촉구했다. 결국 새로운 협상 무기가 없었기 때문에 10월 15일 남북회담은 성과를 거두지 못했다.

그러나 며칠 후 백악관은 마지못해 북한이 특사 교환 및 IAEA가 요구하는 사찰 활동에 합의한다면 팀스피릿 훈련 중단을 고려할 수 있다고 전했다. 이러한 정책의 변경을 반대하는 사람들을 감안하여 북·미 회담이 만족스럽게 마무리된 후에 이와 같은 발표를 하기로 했다. 허바드는 뉴욕에 있는 허종 차석대사를 통해 미국의 새로운 입장을 전달했다.

한국의 입장에서 미국의 제안은 한 단계 발전한 것이지만 아직 부족했다. 팀스피릿 훈련의 중단 발표가 "만족스러운" 북·미 회담 이후에 이루어진다는 것은 특별 사찰 문제에 진전이 있은 이후에야 가능하다는 것으로 북한에게는 받아들이기 어려운 것이었다. 게다가 한국은 당분간 열리지 않을 북·미 회담이 아니라 가능한 빨리 특사 교환이 이루어지기를 희망했다. 이에 따라 관계 장관들은 기발한 방안을 생각해냈다. 곧 북·미 회담 이전에라도 북측 특사가 서울에 오면 팀스피릿 훈련을 중단하겠다는 내용의 비밀 양해각서를 체결한다는 것이었다. 물론 공식적인 발표는 북·미 회담 이후에 이루어질 것이었다. 그러나 10월 25일 남북 접촉은 이 문제를 다루지도 못하고 끝났다. 다음 일정은 11월 4일로 정해졌다. 그러나 예정된 만남은 이루어지지 못했다. (조엘 위트·대니얼 폰먼·로버트 갈루치,《북핵위기의 전말》, 김태

현 옮김, 모음북스 2005, 106~107쪽)

팀스피릿 중단은 북한이 정말 간절하게 요구해온 것이므로 10월 9일 회의에서 그 논의가 나왔다면 남한도 북한과의 타협을 원한 것으로 볼 수 있는 중요한 지표다. 김영삼은 "핵 가진 자와 악수할 수 없다"며 북한을 외면하는 척하고 있으면서도 정상회담으로 이어질 수 있는 특사 교환에는 강한 집착을 갖고 있었다.

남한 정부는 남북 대화 진전을 북·미 회담 진행의 전제조건으로 삼도록 미국에게 줄곧 요구했다. 그러면서 스스로는 북한에 대해 강압적인 태도를 취함으로써 북·미 회담에도 걸림돌이 되었던 것이다. 북한 문제 해결에 주도권을 쥐겠다고 고집하면서 실제로는 문제 해결을 어렵게 만든 자가당착의 원인은 '북한 붕괴론'에 있었다. 뒤에서 북한 붕괴론의 내용과 성격을 한 차례 집중적으로 검토해보겠다.

1993년 11월 들어서서의 상황을 한완상은 이렇게 회고했다.

사실 이때 미국 정부는 새로운 대북정책을 신중히 고려하고 있었다. 미국은 외교안보 담당 차관급 회의에서 북한과 포괄적 접근책을 논의하고 있었다. 10월 초 청와대에서 김 대통령이 주재한 통일안보회의에서 논의한 내용이 미국에도 알려진 것 같았다. (…) 애커먼 의원이 김일성 주석을 만나고 와서 북한도 포괄적 접근을 선호한다고 알린 것도 새로운 대북정책에 참고가 되었을 것이다.

결국 미국은 차관급 회의에서는 포괄적 접근책을 상부에 건의한 데 이어 11월 15일 열린 외교안보 장관급 회의에서는 포괄적 접근법을 마침내 승인했다. (…) 한마디로 미국 정부는 지금까지의 대북정책이 성공을 거두지 못했음을 인정하고 일괄타결 같은 포괄적 대북정책을 활용하기로 뜻을 굳힌 셈이다.

그런데 우리 정부에서는, 특히 청와대 안에서는 여전히 미국의 이런 흐름과 사뭇 다른 기류가 흐르고 있었다. 미국의 포괄적 대응방안에 대해 정부는 북한에 지나치게 양보하는 것이라고 보았다. 더 가혹한 채찍을 들어야 하는데 당근을 들고 있다고 판단했다. (…)

이런 와중에 클린턴 행정부가 북핵 문제 포괄적 접근안을 승인했다고 〈워싱턴포스트〉가 보도했다. 그러자 청와대는 긴장했다. 당시 김 대통령은 클린턴 대통령과 정상회담을 위해 미국을 방문할 준비를 하느라 예민한 상태였다. 김 대통령과 주변 참모들은 미국의 새로운 대북 접근책이 한국 정부의 안보 정책을 무시하는 것으로 속단하고 분노하는 것 같았다. 그래서 이번 한·미 정상회담에서 김 대통령 특유의 뒤집기로 미국의 정책을 바꾸려고 결심한 듯했다. (한완상, 같은 책, 163~164쪽)

둘째 문단에서 성공을 거두지 못했음을 인정했다고 하는 "지금까지의 대북정책"이란 북한이 자발적으로 핵 문제 해결에 나설 의지가 없다는 전제 아래 펼쳐온 정책이었다. 6월 뉴욕회담 이래 북한이 포괄적 타결 의지를 일관성 있게 표명하자 11월 15일에 이르러 미국도 장관급 회의에서 북한의 제안을 원칙적으로 받아들이는 결정을 한 것이다.

1992년 1월 뉴욕회담을 미국은 북한에 대한 요구를 전달하는 자리로만 간주했다. 캔터 대표는 북한 측 요구를 귓등으로만 들으라는 지침을 받았다. 일체의 공동발표를 거부하고 차후의 회담 계획도 거부했다. "너랑 안 놀아!" 하는 뜻만을 밝히는 자리였다.

17개월이 지난 1993년 6월 북·미 회담에 미국이 나서게 된 것은 북한의 NPT 탈퇴선언 때문이었다. 탈퇴를 유보시키는(취소가 안 된다면) 것 외의 아무런 목적도 없었다. 그런데 뉴욕과 제네바의 회담을 거치면서 북한의 요구를 인식하게 되었고, 드디어 북한의 제안을 진지하게 다룰 정부 차원 결정에 이른 것이다. 이제 회담다운 회담을 바라볼 수 있게 되었다.

미국 정부가 북·미 대화에 임하는 태도를 바꾸려는 이 무렵에 이에 역행하는 기류가 일어나기 시작한다. 이 기류는 한·미 양국의 군부 쪽에서 나타났다. 1993년 11월 1일 유엔총회의 대북결의안 채택이 기폭제 노릇을 했다.

블릭스 IAEA 사무총장이 북한과의 협조가 원활치 않다는 보고를 한 뒤 유엔 총회는 북한에게 IAEA와의 협조를 촉구하는 결의안을 140 대 1로 통과시켰다. 반대 한 표는 북한 자신의 것이었고, 중국은 기권했다.

11월 4일 한·미 국방장관 회담(연례안보회의)에서는 1994년 팀스피릿 훈련에 관한 어떤 결정도 당분간 유보한다는 방침을 결정했다. 북한과의 대화를 가로막지 않는다는 뜻이었다. 그러나 이 회담을 전후해서 양국 국방장관은 긴장을 증폭시키는 언론플레이를 했다.

권영해 한국 국방장관은 11월 2일 기자회견에서 북한의 핵 개발 계획에 대한 우려와 함께 군사조치도 불사하겠다고 발표했다. 그리고 서울에서 막 돌아온 애스핀Les Aspin 미국 국방장관을 만난 로이터통신은 "어쩌면 우리는 '위험구역'으로 들어가고 있는지 모른다"는 "미 국방부 고위관리"의 발언을 보도했다. 11월 5일 〈워싱턴포스트〉에는 "대對북한 경제봉쇄를 단행하고 북한과의 대화를 중단하며 미 국민들에게 아시아의 군사적 위기 상황에 대해 설명하라"고 클린턴에게 촉구하는 칼럼이 실렸다. 이를 계기로 미국 언론의 '북한 때리기'가 시작되었다.

이틀 뒤[11월 7일] 클린턴은 NBC에서 방영되는 "Meet the Press"에 출연해 "북한이 핵폭탄을 개발하는 것을 결코 방관하지 않을 것"이라고 선언하며 북한의 핵무기 개발을 저지하기 위해서라면 군사적 행동도 불사할 것이라는 의지를 표현했다. 불난 집에 부채질 하는 꼴이었다. 그로부터 몇 주 동안 수많은 미국 관리들은 북한이 이미 적어도 1개 이상의 핵폭탄을 제조하는 데 성공했을지 모른다는 추측을 남발했고 그제야 백악관은 클린턴이 실언을 했다고 해명했다.

북한은 갑자기 미국 언론의 최대 관심사로 떠올랐다. NBC와 월스트리트저널지가 미국 전역을 대상으로 공동 실시한 여론조사 결과, 응답자의 31%에 달하는 사람들이 현재 당면한 가장 심각한 외교문제로 북한의 핵무기 개발을 꼽았다. 제시된 문항 중 최고로 높은 수준이었다. (돈 오버도퍼, 같은 책, 435~437쪽)

북·미 회담의 진행을 가로막는 또 하나 악재가 이 무렵부터 자라나기 시작했다. 패트리어트 미사일의 한국 배치 방침이었다.

패트리어트 미사일 배치 문제가 처음 검토되기 시작한 것은 93년 12월부터였다. 주한 미군 사령관인 게리 럭 장군이 전쟁이 발발하거나 북한이 노동 미사일을 발사해 미군 기지를 폭격할 경우를 대비해 이를 건의했던 것이다. 그의 건의는 국제 핵 사찰 재개를 둘러싼 북한과의 협상이 자칫 와해될 수 있다고 우려한 국무부의 반대로 잠정적으로 보류됐다. 그러나 〈뉴욕타임스〉지 소속 국방부 출입기자 마이클 고든에 따르면 그가 남한을 현지 취재한 뒤 패트리어트 미사일 배치 가능성에 대한 정보를 입수하고 돌아왔을 때 "백악관은 완전히 공포에 빠진 상태"였다고 했다. 백악관은 지난 10월 소말리아에 파견됐던 평화유지군의 경우처럼 행여 행정부가 미군이 절대적으로 필요로 하는 군사 장비를 제공하지 않았다는 비난을 사게 될 것을 우려했던 것이다. (같은 책, 443~444쪽)

북한 문제에 대한 미국의 정책이 바뀌고 있던 이 시기에 그 변화에 대한 반발이 한·미 정부 내에서 일어나고 있었다. 그런 마당에 11월 23일 한·미 정상회담에서 김영삼이 미국의 '포괄적 타결' 방침을 격렬하게 반대하고 나선 것이었다. 이 행위 하나로 김영삼은 제1차 북핵 위기에서 김일성 못지않은 중요한 역할을 자리매김한다.

한반도 평화를 위해 애써준
미국 대사들, 그레그와 레이니

1993년 10월부터 1996년 2월까지 주한 미국 대사로 근무한 제임스 레이니 James T. Laney는 특이한 배경의 인물이었다. 예일대학에서 경제학을 공부하던 중 육군에 입대해 정부 수립을 전후한 시기에 한국에서 복무했는데 이때의 경험으로 신학·성직의 진로를 결심했다고 한다. 학부를 마친 후 예일 신학대에서 공부하고 감리교 목사가 된 후 1959년에서 1964년까지 한국에서 선교사로 활동했다.

1964년 한국을 떠나면서 목회직에서 연구직으로 진로를 바꾸고 예일대 대학원에서 기독교윤리학으로 학위를 받은 후 1966년 밴더빌트 신학원 교수로 부임했다가 1969년 애틀랜타에 있는 에모리대학의 캔들러 신학대학 학장으로 자리를 옮기고 1977년부터 1993년까지 총장을 지냈다. 그리고 총장을 그만둔 뒤 주한 대사로 온 것이었다.

한국과의 관계를 대단히 중요하게 여긴 레이니는 총장 재임 시절에도 한국과 관계된 일에 많은 성의를 보여주었다. 1993년 7월 그가 주한 대사로 임명되어 상원 인준을 기다리고 있을 때 워싱턴에서 그를 만난 자리를 한완상 통일부장관은 이렇게 회고했다.

그는 17년간 총장으로서 대학의 연구 기능을 크게 높여 3,000여 개 미국 대학 중에 20위 안에 드는 명문대로 키웠다. 그는 그러는 와중에도 늘 한국을 잊지 않았다. 특히 한국의 민주화와 한반도의 평화를 위해 꾸준히 노력한 까닭에 정계나 기독교계 지도자들 중에 친구가 많다. 김대중·김영삼 전 대통령은 말할 것도 없고 김관석·문익환·문동환·박형규·강원용 목사가 모두 그의 친구들이다. (…)

그 역시 주한 대사인 자신에게 미국 정부가 전적인 권한을 줄지 염려하는 듯했다. 그에게는 이른바 '애틀랜타 인맥'이 있었다. 마틴 루서 킹 목사 계열의 흑인 지도자인 앤드루 잭슨 목사 등이 그의 친구요 동지였다. 에모리대학교 인맥도 그에게는 큰 자산이었다. 상원 국방위원장 샘 넌 의원과 지미 카터 전 대통령도 그의 지기다. 에모리대학교 총장 시절 그는 카터를 국제정치학 교수로 초빙하고 부설로 카터 센터를 설립해 세계평화 중재자로 뛸 수 있는 기반을 제공하기도 했다. (한완상,《한반도는 아프다》, 한울 2013, 127~129쪽)

카터야 워낙 잘 알려진 인물이지만, 샘 넌Samuel Augustus Nunn Jr.에 대해서는 약간의 설명을 붙이고 싶다. 에모리대학 출신으로 1972년부터 1996년까지 상원의원을 지낸 넌은 1987년부터 8년간 상원 국방위원장을 맡았고, 클린턴 행정부 내내 유력한 국방장관 후보로 물망에 올랐다. 2000년 대선 때도 고어가 승리할 경우 그의 입각이 널리 예상되고 있었다. 중도보수 입장이고 걸프전쟁 반대 등 합리적 태도를 널리 인정받은 인물이다. 상세한 곡절을 모르는 채로 얼른 생각할 때, 레이니의 주한 대사 등용에도 넌 의원의 역할이 있었을 것 같다.

드러난 경력만 보더라도 레이니의 대사 부임을 한완상이 얼마나 반가워했을지 짐작이 간다. 한국의 진보진영 및 기독교계와 좋은 관계를 갖고 있고 평화 지향 의지가 강한 레이니가 한국 사정을 미국 정부에(적어도 국무부에) 알리는 위치에 있다면 자신이 추구하는 '햇볕정책'을 위한 한·미 공조에 큰 도움이 될 것으로 기대했을 것이다. 나아가 DJ-YS로 갈라져온 한국의 진보진영에 화해와 협력의 분위기를 키우는 데도 기대감을 가졌을 것 같다.

그런데 10월에 레이니가 부임할 때는 김영삼 정부 내에서 한완상의 위치가 이상하게 되어 있었다.

1993년 10월 하순 마침내 제임스 레이니 주한 미국 대사가 부임했다. (…) 나를 포함해 지인 몇몇이 초청인으로 나서 11월 5일 서울 하얏트호텔에서 환영연을 준비했다. (…)

그런데 얄궂은 일이 생겼다. 청와대의 주돈식 정치 담당 수석이 전화로 레이니 대사 환영연에 가느냐고 물었다. 뜻밖의 질문이었다. 간다고 대답했더니 우물쭈물하면서 가지 않는 것이 좋겠다고 했다. 그것이 김영삼 대통령의 뜻이라고 했다. (…) 한 나라의 부총리가 차관급인 미 대사의 환영연에 가는 것은 격이 맞지 않는다고 대통령이 얘기했단다. 화가 치밀었다. 그래서 나는 부총리가 아니라 레이니 대사의 친구로서 초청인을 맡았다고 분명히 말했다. 중간에서 말을 전하는 주 수석도 꽤나 곤혹스러웠을 것이다.

나로서는 대통령의 속내를 도무지 알 수 없었다. 대통령이 야당 총재로 외롭게 투쟁할 때 레이니는 에모리대학교 총장으로서 그를 미국에 초청해 강연을 맡기기도 했다. 그때도 내가 강연 원고를 작성해주었다. 김 대통령도 한국의 민주화 투쟁을 미국 정계와 민간에 알릴 수 있게 해준 레이니를 내내 고마워했다. (…) 최근 미국의 대북정책에 불만이 있다는 걸 감안하더라도 이해하기 어려운 행동이었다. 그러나 결국 나는 대통령의 뜻을 존중해 행사에 참석하지 않기로 했다. (…)

나는 초청인들에게 공무로 바빠 환영연에 참석할 수 없다고 통보하고 씁쓸히 뉴스로 소식을 전해 들었다. 순간 문득 두 가지 일이 머리를 스쳤다.

하나는 레이니 대사 부임 직전 주간지 〈뉴스 피플〉에서 레이니 박사와 한국의 깊은 인연을 소개한 기사였다. "한반도 통일 문제에 뚜렷한 입장을 표시하고 있는 김대중 전 총재, 한완상 부총리와 교감을 나눠 두 사람에 대한 통일정책을 뒷받침할 것으로 보인다. 레이니 대사가 김대중 전 민주당 대표와 한 부총리와의 특수한 관계로 인해 두 사람이 추진하고 있는 통일문제에 상당히 진솔한 대화와 의견교환이 오갈 것이라는 전망이 나오고 있다."

(…) 새삼 기억에 떠오른 또 하나는 레이니 대사가 에모리대학교 총장 시절 김 전 총재에게만 명예박사 학위를 주고 김 대통령에게는 주지 않았다는 사실이다. 혹시 이 일로 김 대통령의 자존심이 상했다면, 레이니 대사 환영연을 성대하게 준비하는 것이 못마땅했을 것이고 거기에 내가 초청인이 된 것도 불편했을 듯했다. 하여튼 씁쓸한 일이었다. (같은 책, 174~177쪽)

명예박사 안 준 게 서운해서 성대한 환영연이 못마땅했다니, 이건 김영삼을 너무 치사한 인간으로 보는 것 같다. 아무튼 김영삼을 오랫동안 가까이서 보좌해온 사람이 이런 생각을 떠올릴 수 있었다는 사실은 특기할 만한 것이다. 그에 비하면 김대중의 정책적 입장이 너무 부각되는 것을 꺼렸다는 것은 현직 대통령으로서 이해할 만한 일이다.

그런 것들보다 더 중요한 이유는 몇 주일 후 한·미 정상회담(11월 23일)에서 파열음을 일으킬 김영삼의 불만이었을 것이다. 김영삼은 당시 대북 강경론자들 사이에 유행하던 '북한 붕괴론'에 휩쓸려 있어서 북한을 쉽게 곤경에서 풀어주려는 포괄적 타결안에 반대였고, 나아가 그런 방향의 결정을 미국이 일방적으로 내리고 한국에게는 따라올 것을 강요하는 현실에 불만을 갖고 있었다. 아무리 결함이 많은 사람이라도 김영삼은 자기 나름의 자주성을 가진 사람이었다.

레이니의 기용은 미국 정부에서 포괄적 타결안이 진지하게 검토되기 전에 이뤄진 결정이었다. 그러나 민주당 정권인 클린턴 행정부는 주먹보다는 가급적 말로 하겠다는 기본노선을 갖고 있었고, 그 노선에 따른 레이니의 기용은 대북 유화정책으로 이어질 수 있는 것이었다. 클린턴과의 대면에서 한 판 '뒤집기'를 벼르고 있던 김영삼은 클린턴의 대리인 레이니에게도 자신이 만만한 상대가 아니라는 경고를 보내고 싶었을 것이다.

외교관으로서 대사의 역할에는 본인의 능력과 의지에 따라 큰 편차가 있다. 레이니의 전임자로 1993년 2월에 3년여의 한국 근무를 끝내고 서울을 떠난 도널드 그레그도 역할이 큰 미국 대사의 하나였다. CIA 출신으로 군사·정보 분야 전문가이기도 한 그레그는 팀스피릿 재개 방침이 제대로 된 논의를 거치지 않고 군부 쪽에서 나와버렸다며 자신의 재임기간 중 미국의 정책 가운데 "가장 큰 실수 중의 하나"라고 했다.(셀리그 해리슨,《코리안 엔드게임》, 이홍동·김태호·류재훈·이재훈 옮김, 삼인 2003, 326쪽) 후임자도 결정되기 전에 그레그가 그만둔 이유가 이 문제에 대한 반발에 있었을지도 모를 일이다. 그레그는 그 후 여러 차례(최근에는 2014년 2월) 북한을 방문하며 북한의 순조로운 국제사회 진입을 돕는 일에 애쓰고 있다.("6번째 북한 다녀온 전 주한 미국 대사 도널드 그레그", 〈중앙일보〉, 2014년 4월 18일, "누가 북한을 '악마'로 만들었나", 〈프레시안〉, 2015년 8월 21일)

미국의 주한대사는 다른 곳 대사와 달리 주재국과의 관계를 주둔군사령관과 나눠 맡고 있다. 그래서 리스카시 사령관이 (국무부가 참여한) 본국 정부의 결정 없이 팀스피릿 재개 가능성을 표명한 데 그레그 대사가 불만을 품은 것처럼 혼선을 빚을 수 있었다. 샘 넌 상원 국방위원장을 배경에 둔 레이니 대사는 이런 혼선을 피하면서 북핵 문제의 원만한 해결을 위한 자신의 관점을 본국 정부에 전달하기 위해 꾸준히 노력했다. 부임 몇 달 후 그의 활동의 일각이 위트·폰먼·갈루치의 책에 그려져 있다.

> 짐 레이니 주한 미 대사는 미국 정부가 위기관리 능력을 높이지 못하면 북핵 해결이라는 새로운 목표와 한반도의 평화와 억지유지라는 종래의 목표 사이에 사로잡혀 헤어나기 어려울 것이라고 보았다. 물론 두 가지 다 중요했다. 그러나 레이니 대사가 보기에 클린턴 행정부는 전자에만 지나치게 집중하여 후자에는 충분한 신경을 쓰지 않는 것으로 보였다. (…)
> 레이니 대사는 미 행정부가 이러한 문제를 해결하기 위해 두 가지 조치를 단행해야 한다고 말했다. 첫째, 북한과의 신중한 접촉을 위해 갈루치보다 눈에 덜 띄는

새로운 인물을 임명해야 한다. (…)

위기관리를 위한 정책을 전담하는 총책임자를 임명해야 한다는 레이니 대사의 두 번째 권고가 더 많은 지지를 받았다. 다른 부처들도 이와 비슷한 견해를 가지고 있었던 것이다. (…)

이와 별도로 레이니 대사는 국무부 관리들에게 한반도 정책 총책임자를 임명하자는 주장을 계속했다. 그의 제안에 호응이 없자 그는 오랜 친구이자 외교안보 문제에 관심과 활동이 큰 샘 넌 상원의원을 찾았다. 조지아 주 동쪽, 고속도로에서 약간 벗어난 간이식당에서 넌 의원을 만난 레이니 대사는 자신의 생각을 설명했다. 조지아 주 출신 민주당 의원인 넌은 레이니 대사를 백악관 비서실장 맥 맥라티에게 연결해주었다. 맥라티를 만난 레이니 대사는 "제발 한반도 정책을 총괄할 사람을 임명해주시오. 내리막길은 정말 위험하단 말이오"라고 말했다. 마침내 레이니 대사의 말이 통했다. 백악관으로부터 전화를 받은 크리스토퍼 국무장관은 갈루치 차관보를 불렀다. 그리고 미국 정책의 일관성과 효과적인 정책조정을 위한 방법을 찾아보라고 지시했다. (조엘 위트·대니얼 폰먼·로버트 갈루치, 《북핵위기의 전말》, 김태현 옮김, 모음북스 2005, 202~203쪽)

상원 국방위원장과의 친분을 이용해 백악관을 설득, 국무장관에게 전화를 하게 만들다니, 직업외교관이나 직업관료라면 할 수 없는 일이다. 레이니는 신념과 의지를 가진 인물이었다. 1994년에 그가 주한 대사로 있었던 것은 한반도 평화를 위해 다행한 일이었다. 그의 공헌은 카터 전 대통령을 평양으로 보내는 장면에서 가장 두드러지게 나타날 것이다.

"엉클 샘의 젖통에 착 달라붙어 있는" 남한 수구세력

김영삼 정권 대북정책의 배경으로 많이 거론된 것이 '북한 붕괴론'이다. 북한
의 붕괴가 임박했다는 점을 염두에 두고 북한에 관한 정책을 선택해야 한다
는 주장이었다. 남북 대화에는 치명적인 주장이었다. 상대가 곧 쓰러질 것이
라는 가정 하에 대화를 제대로 할 수 있는가? 또 그런 속셈을 드러내면서 북
한을 대하는데, 북한 쪽이 신뢰를 갖고 대화에 임할 수 있겠는가? 김영삼 정
권이 들어서기 직전 고위급회담을 파탄시킨 '훈령 조작' 사건 같은 것을 저
지를 수 있게 해준 것이 북한 붕괴론이었다.

김영삼 정권의 북한 붕괴론을 김연철은 이렇게 정리, 설명했다.

북한 붕괴론은 예나 지금이나 '보수적 기대'의 이데올로기다. 정부의 대북 강경정
책과 만나서 생긴 일종의 관변 논리이기도 하다. 당시 김영삼 정부는 김일성 사후
노골적으로 흡수 통일 의지를 밝히곤 했다. 1994년 8월 15일 김영삼 당시 대통령
은 광복절 경축사에서 "통일은 갑자기 올지도 모른다"며 "철저한 준비를 해야 한
다"고 강조했다. 그때부터 급변 사태 대비의 필요성이 강조되었다. 모든 국책 연구
기관들은 통합 대비 연구에 매진했다. (…)

북한 내부 권력 투쟁 가능성이 근거도 없이 난무했다. 이럴 때에는 정보 수집과 판단 기능을 갖고 있는 정부의 역할이 중요하다. 그러나 당시에는 정부가 오히려 북한 붕괴론을 조장했다. (…)

권력 투쟁설 혹은 붕괴론은 김영삼 정부 입장에서 남북관계 악화의 책임을 북쪽에 떠넘기는 핑계 거리이기도 했다. 1994년 8월 17일 이홍구 당시 통일 부총리는 기자 간담회에서 "남북관계가 풀리지 않는 가장 큰 이유는 핵 문제가 아니라 북한 체제의 불투명성 때문"이라고 말했다. 북한의 내부 사정 때문에 남북 대화가 이루어지지 않는다는 것은 잘못된 진단이며, 이런 진단은 어리석은 처방으로 이어질 수밖에 없었다. 그 처방이란 '기다리는 전략'이다. 김영삼 정부는 그렇게 이제나 저제나 북한이 붕괴하기를 기다렸다. 클린턴 행정부가 핵 문제 해결을 위해 북한과 외교를 하고 있을 때, 김영삼 정부는 관중석으로 비껴 앉아 하염없이 기다렸다. (김연철, 《냉전의 추억》, 후마니타스 2009, 114~116쪽)

후에 햇볕정책의 기수로 나설 임동원은 노태우 정부의 통일부차관으로 있었는데, 그때도 그는 남북관계 발전에 적극적인 입장이었다. 1992년 1월 김용순·캔터의 뉴욕회담 직후 미국 국무성의 로버트 칼린Robert Carlin이 상황을 설명하러 통일부를 방문했을 때 임동원은 자기 견해를 이렇게 밝혔다고 회고했다.

"내가 북한 대표들과의 대화를 통해 감지한 바에 의하면, 북한은 체제 위기에 처하여 '생존전략'을 추구하고 있으며, 가장 중요한 외교적 목표를 미국과의 적대관계 해소와 외교관계 수립에 두고 있는 것이 분명해 보입니다. 북한이 국제 핵사찰 수용을 지연시키는 것은 미국과의 직접협상을 유도하여 '미국이 북한에 대해 핵 위협을 가하지 않겠다'는 법적인 안전보장을 받아내려는 것입니다. (…) 북한은 끝까지 핵 문제를 대미관계 개선을 위한 협상 카드로 사용하려 할 것입니다. (…)" (임동원, 《피스메이커》, 창비 2015, 186쪽)

북한의 NPT 탈퇴선언 1년 전의 시점인데 마치 그 후 북한의 태도를 미리 예견한 듯한 내용이다. 임동원은 과거 사실의 회고에 매우 엄정한 태도를 지키는데, 그 엄정성을 감안하지 않는다면 사후의 생각을 끼워 넣은 것이 아닌지 의심도 들 만큼 정확한 통찰이다.

임동원도 북한의 "체제 위기", 즉 붕괴 가능성은 인정하고 있었다. 동구권 붕괴에 이어 소련 해체가 진행되고 있을 때였다. 중국도 1989년 6월 톈안먼 사태의 타격에서 벗어나지 못하고 있을 때였다. 북한의 양대 동맹국이 혼란과 침체에 빠진 상태에서 동유럽 공산국들과 달리 북한만이 버텨낼 수 있을 것이라고 아무도 장담할 수 없는 상황이었다. 게다가 유일 지도체제의 지도자 김일성은 80세의 고령이었다. 그 시점에서 북한의 붕괴 가능성을 생각하는 것은 상식적인 일이었다.

그러나 가능성일 뿐이었지 필연성은 아니었다는 사실이 그동안 확인되었다. 북한의 외부세력 중에는 북한의 붕괴를 앞당기려고 애쓴 세력도 있고 막으려고 애쓴 세력도 있었다. 붕괴를 원하는 쪽에서는 앞당기려고 애쓰고, 원하지 않는 쪽에서는 막으려고 애쓴 것이다.

임동원은 북한 붕괴가 바람직하지 않은 일이라는 전제 아래 그 위험을 피하는 길을 모색했다. 김영삼 정부에서 햇볕정책을 시도한 한완상도 그랬다. 반면 김영삼을 비롯한 붕괴론자들은 북한의 붕괴를 촉진하려고 애썼다. 미국 정부 일각, 특히 군사·정보 분야에는 북한의 붕괴를 원하는 일군의 관료집단이 있었다. 북한의 붕괴를 막으려는 정책노선이 국무부를 중심으로 미국 정부 내에서 나타나는 것은 1993년 6월 북·미 회담이 시작된 뒤의 일이었다.

미국 군사·정보 분야의 대결주의 경향은 '네오콘'의 흐름이다. 냉전 승리의 여세를 몰아 미국의 1극 패권체제를 세우겠다는 이 흐름은 아이젠하워가 지적했던 '군산복합체'의 의지를 대표하는 것으로도 볼 수 있다. 냉전이 종식된 세계에 새로운 긴장의 씨앗을 뿌리려는 세력이 미국 내에 나타나는 것은 자연스러운 일이었다.

반면 북한 붕괴론을 앞세운 남한 일각의 대결주의 추세는 그리 자연스러운 것이 아니다. 북한을 둘러싼 긴장의 완화는 한반도 평화를 위해 절실하게 필요한 것이었다. 그런데 남한의 집권세력이 집요한 대결주의 추세를 보인 이유가 무엇일까?

1948년 무렵 분단건국 추진세력이 남한에서 득세하던 상황과 비교해본다. 통일건국은 민족의 염원이었고 분단건국은 전쟁의 위험을 가져오는 일이 분명했다. 그럼에도 분단건국 추진세력이 강한 힘을 가질 수 있었던 것은 특권구조 때문이었다. 기존의 특권층인 친일파는 통일건국이 이뤄질 경우 특권을 빼앗기거나 심지어 박해를 받을 위험에 처해 있었다. 미국에 의존하는 분단건국을 통해 미래의 특권층이 되고자 하는 친미파가 과거의 특권층과 손잡음으로써 막강한 재력과 폭력을 갖춘 세력을 이뤘던 것이다.

1987년 군사독재 종식을 계기로 남한 사회에서 민주화의 상당한 진척이 이뤄졌지만, 독재시대의 특권구조에는 큰 변화가 없었다. 이른바 '1987체제'의 한계였다. 남북관계의 발전에는 민족국가의 완성을 통해 체제 변화를 이끌어낼 소지가 있었고, 그 변화는 특권구조의 약화를 향할 공산이 컸다. 군사세력을 대신해 특권구조의 보루가 된 자본세력이 거대언론과 정부를 앞세워 남북관계 발전을 가로막는 일에 나섰다. 분단구조의 모순이 특권구조의 모순을 지탱해주는 역할 때문에 '수구'세력이 지키는 대상이 된 것이다.

남한의 수구세력은 북한의 국제사회 진입을 어렵게 만드는 대결주의 노선의 목적으로 '흡수통일'을 흔히 내세웠다. 대결주의 노선의 반민족성에 대한 비판과 반감을 무마하기 위해 '통일'이란 말을 앞세운 것이다. 북한은 어차피 무너지게 되어 있으니 그것을 떠안는 준비에 모든 자원과 노력을 집중해야 한다는 주장이었다. 쇠약한 상태로 오래 있으면 병원비가 많이 나올 것이므로 목을 졸라 숨을 끊어주어야 한다는 주장까지 나왔다.

흡수통일의 예로 독일을 많이 거론한다. 눈부신 경제발전을 구가하고 올림픽까지 당당히 치러낸 1990년대 초의 상황에서 남북한 관계를 동서독 관계에 비교한 것은 그럴듯한 발상이었다. 독일의 통일이 얼마나 큰 부담을 가져왔는지는 당시까지 깊이 인식되지 않고 있었고, 한국경제의 바탕이 얼마나 취약한 것인지도 IMF사태가 닥치고야 깨닫게 된다.

하지만 아무리 1993~1994년의 세계가 '자본주의의 승리'에 도취되어 있었다 하더라도, 남한 위정자들이 강압적 대북정책이 몰고 올 실제적 위험에 눈감은 것은 이해하기 힘든 일이다. 남한 특권세력의 미국에 대한 의존적 자세가 국가와 사회의 명백한 위험도 묵살할 만큼 심화된 것이라고밖에 생각할 수 없다.

언론인과 학자로 다년간 한국 사정을 연구해온 셀리그 해리슨은 1971년에 윌리엄 포터 당시 주한 미국 대사에게 들은 노골적인 표현을 기억한다.

"그들(한국인들)은 '엉클 샘'의 젖통에 착 달라붙어 있어요. 당연히 우리를 놔주고 싶지 않은 거지요." (셀리그 해리슨, 《코리안 엔드게임》, 이홍동·김태호·류재훈·이재훈 옮김, 삼인 2003, 280쪽)

그리고 20여 년 후 제임스 레이니 대사에게 들은 말을 함께 내놓는다.

"당신이 샴쌍둥이처럼 얽히게 됐을 때, 한쪽이 다른 한쪽에게 얼마나 영향을 미치는지를 아는 건 쉬운 일이 아닐 것입니다. 샴쌍둥이가 건강하다고 생각하지 않습니다. 건강한 관계가 아니지요. 우리는 어리석게도 서로 계속 의존하게 만들면서 긴장관계를 악화시키고 있어요." (같은 책, 282쪽)

붕괴는 폭력적 현상이다. 붕괴 당사자만이 아니라 주변에도 피해가 일어난다. 남한 수구세력이 북한 붕괴론에 쏠리는 것은 위험한 상황에서도 미국에 의존할 수 있다고 믿기 때문이다. 이 믿음의 중심에 '작계(작전계획) 5027'이 있다. 이에 대한 해리슨의 설명을 옮겨놓는다.

전쟁이 '오해와 부주의'로 빚어질 수 있는 위험성은 작전계획(이하 '작계') 5027의 근본적인 변화로 증폭되어왔다. 작계 5027은 한반도에서 새로운 분쟁 발생 시 미 국방부가 공식적으로 취하게 될 행동 시나리오이다.

작계 5027은 1953년 휴전 이후 10년 동안 한국전쟁의 재발 상황을 가정했다. (…) 미군과 남한군은 수도 서울을 가로지르는 한강까지 단계적으로 후퇴한다는 것이다. 그러나 1973년 미국은 새로운 '전진 방어' 개념을 도입했다. 이 개념에 따르면 미군은 B-52폭격기를 동원한 24시간 폭격을 통해 북한의 서울 북부 진출을 막고 (…) 9일 만에 전쟁을 끝낸다는 것이다. 이런 새로운 전략에 따라 비무장지대 남쪽에 미군과 남한군 포병부대가 전진 배치됐고 이에 대응해 북한도 포병부대를 전진 배치했다. 이 포진은 현재까지 그대로 유지되고 있다.

북한의 1개 주요 도시[개성] 점령을 상정한 1973년의 전략 변경은 한층 더 극적인 1992년의 전략 변경으로 길을 열어주었다. 이 작계 5027-92는 미 제3 해병사단과 남한군 제1 해병사단이 북한 동해안의 원산에 상륙한 뒤 서쪽으로 진격해 평양을 점령하고 이와 동시에 미군과 남한군 보병부대들이 비무장지대를 넘어 북진해 이들을 지원하도록 되어 있다. (…) 작계 5027-92에서 중요한 사항은 북한군이 남침을 준비하고 있다는 것을 시사하는 첩보가 있을 경우 이에 대응해 실제 전쟁이 발발하기 이전인 '교전 발생 전 단계'에서부터 전투태세를 갖춘 미군과 남한군을 전방 진지에 투입한다는 것이다. (같은 책, 205쪽)

이름은 '전진 방어'라고 하지만 실제로는 '공격' 계획의 성격을 가진 것이다. 그래서 이 계획 자체가 북한을 위협하는 데도 쓰였다. 1993년 3월 남한의 이병태 국방장관이 국회 답변에서 미국과의 협의 없이 이 계획의 내용을 폭로했는데, 이병태는 북한의 도발적인 성명에 대응하는 '억제책'으로 계획 내용을 밝혔다고 주장했다.

1998년 10월에는 주한미군사령부 기획참모부장 에이어즈 중장이 기자들에게 이 계획 내용을 알려주면서 (취재원을 밝히지 않는 조건으로) 북한에 대해 더욱 위협적인 내용을 두 가지 덧붙였다. 하나는 남한이 점령정부 수립의 목적을 갖고 있다는 것이고, 다른 하나는 북한이 공격해올 "모호한 징후"만 발견되어도 선제공격이 가능하다는 것이었다. 해리슨은 에이어즈가 작계 5027-98 수정본 내용을 밝힌 것으로 설명한다.

미군과 남한군이 실제 교전 발생에 대비해 예비적으로 이동하는 '교전 발생 전 단계'에 대해 언급한 작계 5027-92와 같이 에이어즈 중장이 제시한 작계 5027-98의 수정 계획은 "북한군의 남침 전 단계, 초기 침공의 저지, 역공을 위한 재편 그리고 대규모 북한 침공"이라는 미군과 남한군의 4단계 작전을 추가로 담고 있다. "최종 단계에서는 미 해병군단의 모든 전력이 투입될 것이다. 북한의 저항이 분쇄된 이후 미군과 남한군은 북한의 국가 기능을 폐지하고 남한의 통제 아래 북한을 재편하게 된다. 이 모든 일이 종료되었을 때 북한은 어떤 종류의 군사 행동도 저지르지 못하게 되고, 우리는 그들 모두를 궤멸시킬 것이다." (같은 책, 205~207쪽)

1990년대 중후반 북한이 겪은 '고난의 행군'을 생각한다면 붕괴론이 아주 허망한 것은 아니었다. 동유럽 공산국 중에는 더 건강한 모습을 보이다가 무너진 나라들도 있었다. 그리고 미국과 남한은 북한의 붕괴를 촉진하기 위한 여러 가지 정책을 펼쳤다. 그런데도 북한이 끝내 무너지지 않은 이유가 무엇일까?

쉽게 설명할 수 없는 일이다. 한 가지 지적할 수 있는 것은 중국의 도움이다. 이 무렵에는 중국의 힘이 아직 약했고 인권문제 등으로 국제사회에서 수세에 몰려 있었다. 1994년 6월의 긴장 상황 속에서 중국은 북한 옹호로부터 한 발짝 물러서기도 했다. 대整북한 제재 결의에 거부권을 행사하기 어렵다는 뜻을 북한에 전함으로써 북한이 타협적인 태도를 취하도록 압력을 가한 것이다. 미국과 남한의 권유에 따른 제스처였다.

그런 상황에서도 북한의 붕괴를 막으려는 중국의 의지는 굳건했고, 북한이 필요로 하는 도움을 제공했다. 20년이 지난 지금 중국의 국력은 크게 향상돼 있고 국제적 위상도 당당해졌다. 그리고 북한의 붕괴를 막으려는 의지는 변함없는 것으로 보인다. 이런 상황에서 '통일 대박론'이니 뭐니 하며 북한의 붕괴 가능성을 풍기는 자들은 뭐를 알고 하는 얘기일까, 아니면 그저 습관일 뿐일까?

북한은 이라크처럼
만만한 나라가 아니었다

독재정치가 정책 결정의 일관성을 유지할 수 있기 때문에 경제개발에 유리하다는 이야기를 많이 한다. 그러나 1990년대에 한국과 함께 "아시아의 용"으로 꼽힌 대만, 말레이시아 등 신흥산업국NICs의 1960~1990년간 경제발전 실적은 한국과 놀랄 만큼 비슷했다. 독재와 경제통제가 심하지 않은 나라에서는 호황기의 성장률이 한국만큼 높지 않더라도 1972년, 1980년 등 불황의 충격이 덜했기 때문에 장기적으로는 비슷한 수준의 성장을 이룬 것이다. 동아시아·동남아시아 지역의 발전 조건이 어느 나라에나 비슷하게 작용한 것이다.

근대국가의 첫 번째 특징은 국가 기능이 엄청나게 커진 것이다. 한편으로는 경제활동의 양상이 복잡해지고, 또 한편으로는 국가가 모든 국민을 일일이 직접 상대하게 된 결과다. 권력 분립은 민주주의 원리 이전에, '만기친람萬機親覽'이 기술적으로 불가능하기 때문에 필요한 것이다. 노골적 독재가 아니라도 지나친 대통령중심제가 재난구조 같은 국가 기능에 장애를 일으킨다는 사실이 세월호 사태에서 확인되었다.

권력 분립이 없으면 국제관계에서도 불이익을 감수해야 한다. 일본이 고

종에게 을사조약을 강요할 때 고종은 신민臣民의 의견을 알아봐야 한다고 사태 진행을 늦추려 했지만, 모든 권한을 가진 황제에게 신민의 의견을 물을 필요가 어디 있냐는 반박을 받았다. 대한제국을 황제독재체제로 만들어놓았기 때문이다. 박정희 정권이 일본과의 국교정상화 때 헐값으로 배상청구권을 팔아넘긴 것도 독재정권이기 때문이었다. 독재정권에서는 정권의 이익을 위해 국익을 내다버린 일이 일상적으로 일어났다.

1993년 6월 이후 북·미 회담 진행에 따라 '유일지도체제'로만 알았던 북한 내부에도 어떤 형태의 권력 분립이 존재하는 것이 아닌가 하는 생각이 관찰자들에게 떠오르기 시작했다. 처음에는 강경파와 온건파의 대립 정도를 상정했는데, 시간이 지남에 따라 군부의 존재가 갈수록 분명히 부각되어갔다.

미국 정부에서도 국방부의 강경론이 국무부의 온건론과 맞서는 일이 많다. "망치를 쥔 자의 눈에는 모든 것이 못대가리로 보인다"는 어느 심리학자의 말처럼 군대를 관장하는 국방부가 군대 쓸 일 많게 되기를 바라는 것은 자연스러운 일일지도 모른다.

그런데 북한의 군부는 미국의 국방부와 차원이 다른 존재다. 원래 공산국가에서 군의 정치적 의미는 엄청나게 크다. 당과 함께 인민의 의지를 직접 받드는 기구로서 정부의 일부가 아니라 정부 전체와 대칭을 이루는 존재다. 해방 후 한반도에 미군과 소련군이 진주했을 때 소련군 지도부의 정치적 역량은 '전투 기술자'에 불과한 미군정 지도자들과 극명한 대조를 보여주었다. 전역 후에도 정치가와 행정가로 역량을 발휘할 소련 장군들과 달리 미군 장군 대다수는 연금을 타먹거나 방위산업체에서 대접받는 것 외에 할 일이 없는 사람들이었다.

10여 년 전 중국에 처음 갔을 때 들은 우스개가 하나 있다. 여러 사람 보는 앞에서 물에 빠진 사람이 있을 때 누가 구하러 뛰어들까? 인민해방군 병사라는 대답이다. 공산당원은 눈치만 보고 있지만 병사는 군복을 입고 있어서 책임을 피할 수 없었다는 얘기다. 당도 군도 믿지 못하게 된 세태를 냉소하고 있으면서도 그 바닥에는 인민의 신뢰를 받아야 할 당과 군의 위상에 대한 인식이 깔려 있다.

공산국가에서 군의 비중이 큰 한 가지 이유는 건국과정에서 군의 역할이 크기 때문이다. 그런데 건국 후 안정 상태가 오래 가면 군의 역할이 축소되는 경향이 있지만, 북한의 경우 공산권의 붕괴에 따라 국가의 존립 위기가 닥치면서 군의 역할이 다시 커졌다. 1980년 제6차 당대회에서 김정일이 제2인자로 나설 때는 중앙위원회 위원, 정치국 상무위원, 비서국 비서, 군사위원회 위원 등 여러 부문으로 동시에 진출했다. 그러나 실제 권력계승 단계에서는 인민군 최고사령관(1991년)과 국방위원장(1993년)으로 군 장악에 치중했고, 1998년 개헌으로 국방위원장 직을 국가 최고위직으로 만들어 죽을 때까지 지키며 '선군정치先軍政治'를 표방했다.

1993~1994년 '북핵 위기' 속에서 북한은 "전쟁 불사"의 태도를 견지했다. 미국이 볼 때 가소로운 태도였다. 막상 터지기만 하면 며칠 안에 초토화될 나라가! '당랑거철螳螂拒轍'이 바로 그런 경우를 위해 만들어진 말로 생각되었을 것이다. 군사력이 북한과 큰 차이 없는 이라크를 가볍게 쳐부순 기억이 아직도 생생했다.

1991년 1~2월간 40여 일에 걸친 미국 주도의 공격으로 2만 명 이상의 이라크군과 10만 명 이상의 이라크 민간인이 목숨을 잃는 동안 이라크군 공격에 의한 연합군 전사자는 190명(미군 113명)에 불과했다. 미국 의회는 걸프전쟁의 비용을 약 611억 달러로 추산했는데, 그중 미국의 부담은 100억 달러 미만에 그쳤다. 이라크인에게는 끔찍한 '전쟁'이 미국인에게는 한 판의 가벼운 '게임'이었다.

1992년 1월 김용순과 캔터의 뉴욕회담에서 미국의 무성의는 상식 이하였다. 어떤 얘기가 오고갔다는 사실을 확인하는 공동성명도 거부하고 추후의 회담 약속도 거부했다. 미국의 요구사항을 전달하는 것 이상 아무 의미도 북한과의 만남에 두지 않은 것이다. 이런 어처구니없는 오만은 냉전 승리에 이은 걸프전쟁의 경험에서 나온 것이었다. '무조건 항복'을 하지 않는다면 미국이 계속 무시할 것이고, 미국에게 무시당하는 정권은 저절로 무너질 것이며, 설령 무너지지 않더라도 가볍게 처부술 수 있다는 속셈이었다.

1992년 내내 IAEA를 통한 북한 압박은 뉴욕회담에서 보인 태도의 연장선 위에 있는 것이었다. 그런데 그것이 지나쳤다. 1993년 3월 북한이 NPT 탈퇴를 선언하자 IAEA의 불공정한 조치가 드러났다. 핵연료의 재처리는 NPT의 금지사항이 아니었는데 이것을 이유로 역사상 유례없는 특별사찰을 요구한 것은 명백히 무리한 조치였고, 북한의 NPT 탈퇴가 현실화한다면 미국과 IAEA가 핵 확산 금지체제를 약화시킨 결과가 되는 것이었다. NPT의 원리는 몇몇 나라의 핵무기 보유 특권을 지켜주는 대신 미보유국의 불이익을 최소화하는 보장에 있는 것인데, 무리한 특별사찰 요구는 이 원리에 어긋나는 것이기 때문이다. 그래서 NPT 탈퇴를 막기 위해 1993년 6월부터 북·미 회담을 열게 된 것이었다.

미국이 IAEA를 조종한다는 북한의 주장을 미국과 IAEA 모두 부인했다. 그러나 IAEA에 대한 미국의 영향력이 크다는 것은 부인할 수 없는 사실이다. 국제기구로서 IAEA의 독립성을 미국도 존중하는 시늉은 했지만, 미국에게 꼭 필요한 일이 있을 경우 IAEA가 미국의 뜻을 벗어나 움직일 가능성은 생각할 여지가 별로 없었다. 미국이 국제기구를 이용한 노골적 사례로 걸프전쟁 이후 이라크 무기사찰을 위해 만들어진 유엔특별위원단UNSCOM, United Nations Special Commission을 들 수 있다.

UNSCOM은 1991년 4월 안보리 결의로 만들어졌다. 사전 예고 없이 이라크 내의 어느 곳이든지 찾아가 조사할 수 있고, 어떤 시설이든지 마음대로 사찰할 수 있고, 필요하다고 판단하는 어떤 자료라도 제출받을 수 있는 권한이 주어졌다. 요컨대 이라크 주권을 깔아뭉개는 권한을 가진 기구였다.

UNSCOM이 '미국의, 미국에 의한, 미국을 위한' 기구라는 사실은 첫 3년간 예산을 유엔 아닌 미국에게 타 쓴 사실에서 분명하다. 1994년부터 유엔 예산을 받게 되었지만 장비, 인력 등을 미국에 의지하는 상태가 계속되었다. 예컨대 위원단이 수행하는 도청 작업에서도 해독을 미국 정보기관에 맡겨 위원단이 필요로 하는(위원단이 필요로 한다고 미국 측이 판단하는) 내용만을 미국 측에서 뽑아 넘겨주는 방식이었다. 1998년 12월의 이라크 공습 때 미군이 이 도청자료를 활용한 사실이 밝혀지면서 이라크의 반발만이 아니라 국제적 비난을 모으고 이듬해 해체되었다.

그때 리처드 버틀러 UNSCOM 단장이 이라크가 사찰에 협조하지 않는다며 위원단을 철수시켜 미국의 공습을 위한 평계를 만들어준 반면, 모하메드 엘바라데이 IAEA 사무총장은 이라크의 사찰 협조가 충분하다는 보고서를 냈다. IAEA가 그래도 UNSCOM 같은 날라리는 아니었던 셈이다. 하지만 정도의 차이일 뿐, 미국의 영향력에서 완전히 자유로운 유엔기구는 없었다. 북한에 대한 IAEA의 지나치게 엄격한 태도는 미국의 뜻에 따른 것이었다.

이라크를 짓밟고 사담 후세인을 제거하려는 노력을 계속하는 가운데 북한도 같은 방식으로 처리하고 싶은 마음을 가진 사람들이 미국 정부, 특히 군부 내에는 많이 있었을 것이다. 이라크의 경제난을 외면하는 저유가정책의 결과 후세인이 참지 못하고 쿠웨이트를 침공하자 그것을 빌미로 이라크를 장악한 것처럼, 북한을 곤경으로 몰아넣으면 뭔가 빌미가 될 사건을 저지를 것이라는 기대감을 가진 사람들이 있었을 것이다.

1993년 6월 이래 북·미 회담을 진행하는 배후에서도 그런 마음은 사라지지 않았고, 1994년 봄 북핵 위기의 다른 해법이 보이지 않게 되자 북한 공격의 분위기가 미국 정부 내에 짙어졌다. 1994년 5월 18일 윌리엄 페리 국방장관과 존 샬리카쉬빌리 합참의장은 해외주둔군 사령관 일부를 포함한 모든 4성 장군을 국방부 회의실에 모았다. 제2의 한국전쟁을 위한 병력, 병참, 물자 등의 동원계획을 검토하기 위해서였다.

그 다음 날 페리·샬리카쉬빌리·럭[주한 미군사령관]은 군 최고통수권자인 클린턴에게 회의 결과를 전달하기 위해 백악관으로 향했다. 그것은 아시아에서 점증돼 가고 있는 무력 충돌 가능성이 몰고 올 심각하고 중대한 결과에 대한 공식적인 보고였다. 이 보고 내용에 따르면 한반도에서 전쟁이 발발할 경우 최초 3개월간 미군 사상자 5만 2,000명, 한국군 사상자 49만 명은 물론이며 여기에 더해 엄청난 숫자의 북한군과 민간인 사상자가 발생할 것이라고 추산했고, 군비는 610억 달러를 넘어설 것으로 보이지만 그중 극히 일부만을 동맹국들의 지원금으로 충당할 수 있을 것이라고 관측했다. 또한 이와 같은 끔찍한 비극은 취임 16개월째인 클린턴 행정부에 심각한 위기를 초래할 것이며 국내외적으로 클린턴이 품고 있던 다른 계획과 야망들은 뒷전으로 밀려나야 할 판이었다.

사태의 중대성을 실감한 클린턴은 이튿날인 5월 20일 한반도에서의 위기 상황을 논의하기 위해 외교·안보 담당 보좌관 회의를 소집했다. 한반도 위기 상황에 촉각을 곤두세우고 있던 대다수 언론인들과 전문가들은 이 회의 후 미 정부가 오랫동안 미뤄온 제3차 북·미 고위급회담을 재개하자는 이야기를 꺼내는 등 외교적 해결 쪽으로 방향을 틀자 적잖이 놀랐다. (돈 오버도퍼, 《두 개의 한국》, 이종길 옮김, 길산 2002, 463~464쪽)

북한군의 전투력이 미국의 공격을 막은 것이었다! 병력과 무기 수준에서 북한군은 걸프전 개전 당시의 이라크군과 큰 차이가 없었다. 그러나 미군 수뇌부는 북한군이 이라크군처럼 쉽게 패주하지 않을 것으로 판단했다. 미군과 한국군 사상자를 50만 명 이상으로 예상한다면 북한군 사상자는 100만 명, 거의 '전멸'에 이르도록 항전할 것을 예상한 것이다.

그리고 걸프전쟁처럼 전쟁비용을 분담해줄 상대가 없었다. 사우디아라비아와 쿠웨이트는 전쟁을 지지했고, 전쟁비용의 3분의 2를 지불했다. 그런데 남한과 일본은 전쟁을 지지할 리가 만무했다. 이라크의 스커드 미사일이 이스라엘과 사우디아라비아에 가한 위협과 전혀 다른 차원의 피해를 두 나라가 입을 것이 분명했다. 김영삼 정권이 '북핵 위기'의 외교적 해결을 방해하고는 있었지만, 전쟁을 감당할 용의는 있을 수가 없었다.

결국 북한을 전쟁 위험에서 구해낸 것은 그 군대의 힘이었다. 북한이 GDP의 4분의 1을 군사비로 쓴다 해도 그 절대 액수는 남한 군사비의 몇 분의 1에 불과하다. 북한군의 힘은 군사비가 아니라 전멸을 불사하는 임전태세에 있는 것이었다. 이런 임전태세는 국가나 지도자에 대한 추상적인 '충성'만으로 세워지는 것이 아니다. 군 스스로를 국가의 '주체'로 여기는 주체의식이 필요하다. 그런 의식은 평상시에도 모든 정책 결정에서 군의 입장을 배려하고 군의 의사를 존중하는 관행을 통해서만 키워지는 것이다. '선군정치'의 필요성이 여기에 있다.

미국에서나 남한에서나 북한을 적대시하는 사람들은 북한 지도자를 미치광이로 여기고 북한을 예측 불가능한 나라로 보려는 경향이 있다. 그렇게 봐야만 그쪽 태도에 상관없이 적대적 태도를 취할 수 있기 때문이다. 평화를 원하는 사람들은 북한의 입장을 합리적으로 해석하도록 노력해야 한다. 미국과 남한의 주류 언론이 그동안 그려준 북한의 모습에 비하면 그런 노력의 여지가 많이 있다.

'선군정치'는
'호전성'을 뜻하는 것이 아니다

남한과 미국의 대對북한 강경파는 북한에 대한 적대정책의 근거로 '호전성'을 내세워왔다. 1950년의 남침을 비롯해 그런 주장의 근거를 북한이 만들어준 것도 많이 있다. 그러나 7·4 공동성명(1972년) 이후로는 호전성의 수준이 크게 달라졌다. 그 후의 북한 도발은 아웅산사건, 민항기 폭파 등 1회성 사건으로 나타나, 그 이전의 무장공비 파견 같은 지속적인 공세와는 차이가 있다.

그런데도 이 변화가 잘 인식되지 못하는 까닭은 북한의 폐쇄성에 있다. 남한, 미국, 일본 등 '자유진영' 사회에는 북한 정보의 공급이 막혀있기 때문에 대북 강경파의 '북한 호전성' 주장이 제대로 검증되기 어렵다. 1990년대 말부터는 '선군정치'가 호전성의 증거로 많이 제시되어왔다. 북한의 식량난에 구호물자를 보내면서도 그 물자가 인민 구호에 쓰이지 않고 군사력 증강을 위해 빼돌려질 것을 의심하며 외부 감시의 강화를 주장, 원조 사업을 어렵게 만든 일이 많이 있었다.

북한 호전성의 주장은 지금까지도 대북한 정책 결정에 작용하고 있다. 그 가장 큰 근거인 '선군정치'의 실제 성격을 앞글에 이어 검토해보겠다.

김진환은 《북한위기론》(선인 2010) 247~248쪽에서 선군정치의 출발점을

살펴보며 (조선노동당) 당력사연구소에서 펴낸 두 권의 책에 선군정치의 출발
점이 서로 다르게 기록된 대목을 옮겨놓았다.

> 김정일동지께서는 주체84(1995)년 1월 1일 금수산기념궁전을 찾으시어 위대한 수
> 령님께 경의를 표시하신 후 조선인민군의 한 구분대(다박솔중대)를 찾으시었다. (…)
> 다박솔중대에 대한 력사적인 현지지도는 선군의 기치를 높이 추켜들고 총대에 의
> 거하여 주체의 사회주의위업을 끝까지 완성하려는 김정일동지의 확고부동한 의
> 지의 표시였으며 <u>위대한 선군정치의 첫시작이었다.</u> (당력사연구소, 《조선로동당력사》, 조
> 선로동당출판사 2004, 533~534쪽)

> 김정일동지께서는 주체84년 1월 1일 (…) 다박솔중대에 대한 력사적인 현지지도
> 는 선군의 기치를 더 높이 추켜들고 총대에 의거하여 주체의 사회주의위업을 끝
> 까지 완성하려는 김정일동지의 확고부동한 의지의 표시였으며 <u>위대한 선군정치</u>
> <u>를 보다 높은 단계에서 실현해나가는 력사적계기로 되었다.</u> (당력사연구소, 《조선로동당
> 력사》, 조선로동당출판사 2006, 533쪽)

(김진환, 《북한위기론》, 선인 2010, 248쪽. 밑줄 친 부분은 김진환의 강조)

2006년의 책은 1995년 정초의 현지지도에 대한 2004년 책 내용을 토씨까
지 그대로 옮겨놓다가 "선군정치의 첫 시작" 대목만을 바꿔놓은 것이다. 이
차이 때문에 선군정치의 출발점을 1995년으로 보는 관점과 그 이전으로 보
는 관점이 갈라지고, 앞당겨 보는 관점 중에는 1960년대 말까지 끌어올리는
것까지 있다. 김진환은 1990년을 전후한 체제 위기를 계기로 1990년대 초에
시작된 것으로 본다.(김진환, 같은 책, 249~250쪽)
　김진환의 관점은 1990년 이후 김정일의 권력승계 과정에서 군 통수권 확
보를 중심으로 삼은 점에 큰 근거를 둔 것이다. 1990년 5월 국방위원회 격상
과 함께 제1부위원장에 임명되고 1991년 12월 최고사령관에 임명되었다가

1993년 4월 국방위원장에 추대되는 과정이 같은 책 250~251쪽에 설명되어 있다. 김일성의 사망을 앞둔 몇 년 동안 김정일의 위치는 군부를 중심으로 확보된 것이 분명한 사실이다.

그러나 본격적 선군정치가 1990년경부터 시작되었다고 보기에는 힘든 점이 있다. 김진환 자신도 같은 책 254쪽에서 "국가예산 중 국방비 비율이 1980년대 후반에 비해 선군정치를 시작한 1990년대 초반에 오히려 떨어졌다는 사실 등을 볼 때 군대의 물질적 토대 강화는 쉽지 않았던 것 같다"고 했다. 그는 물질적 결핍을 극복하기 위해 벌인 '군민일치軍民一致' 운동을 이 시기의 선군정치 내용으로 보는데(같은 책, 254~256쪽), 진정한 '선군정치'라면 예산부터 당당히 할당받아야 할 것 아닌가. 선군정치의 뜻은 나타났지만 아직 실행할 여건이 되지 않은 상황으로 보인다.

1990년경부터 시작된 북한의 체제 위기는 군사적 위기보다 경제적 위기였다. 경제 위기의 초점은 대외교역의 붕괴에 있었다.

이미 1980년대 중반 양국 경제관계 변화로 북한의 대소 무역수지는 빠르게 악화되고 있었다. 나아가 소련은 1989년 7월 15일을 기점으로 북한의 물자공급 불이행 시 같은 협정으로 연계된 원자재의 대북 수출통제까지 실시했다. 세 달 전 서울에 무역사무소를 연 것과 대비되는 모습이었다.

또한 1990년 4월 '조·소 경제 및 과학기술협의회'에서 소련은 1991년부터 양국 무역을 완전히 국제가격에 따라 진행하며 결제도 경화로 할 것을 요구했다. 이 결과 1990~1991년 사이 양국 무역액은 22억 달러 이상 줄어들었다. 여기에 동유럽 시장 붕괴 충격까지 더해져 북한의 무역총액은 1990년 약 45억 6,000만 달러에서 1991년 약 25억 9,000만 달러로 떨어졌다. 불과 1년 사이에 무역규모가 '반 토막' 난 셈이다. (같은 책, 187~188쪽)

소련에 이어 중국도 1991년 중 조·중 무역에 국제시장가격과 경화 결제를 요구해왔다. 가장 큰 타격이 에너지 분야에서 나타났다.

당시 북한이 소련으로부터 전체 코크스원료탄 수입 중 30%, 코크스 수입 중 75% 정도를 의존했으므로, 이러한 우호가격이 금속·화학공업 유지에 중요한 기여를 했음은 분명하다. 그러나 1991년부터 결제 방식이 바뀌면서 소련으로부터의 코크스원료탄과 코크스 수입은 도합 30만 톤 수준으로 떨어진다. 금속·화학공업의 비정상적 운영은 불가피했다.

또한 원유의 대북 공급가격은 중국의 경우 그들의 세계시장 판매가격과 비교할 때 1980년 이전은 17~32%, 1986~1990년은 평균 58% 수준에 불과했다. 소련의 공급가격은 1986~1990년 국제시세 대비 평균 57% 수준이었다. 그러나 1991년 이후 양국 모두 원유를 국제시장가격으로 공급함으로써 공급단가는 1990~1991년 중국은 2.1배, 소련은 2.5배 수준으로 급상승했다. 결국 결제능력을 갖추지 못한 북한의 대소 원유수입은 1990년 44만 톤에서 1991년 4만 톤으로 급감했고, 1992년부터는 원유도입을 아예 포기해야 했다. (같은 책, 189~190쪽)

경제를 의존해온 두 나라 중 하나는 해체의 길을 걷고 있었고, 또 하나는 시장경제 도입에 박차를 가하고 있었다. 이런 상황에서 북한 정책의 우선순위도 개혁개방을 통해 경제를 지탱하는 방향에 놓이지 않을 수 없었다. 소련·중국과의 관계 약화는 군사적 위기도 가져오는 것이었지만 그것은 아직 뚜렷이 나타나지 않고 있었다. 1990년대 초반 북한의 군사비 축소는 경제 위기에 대한 의식이 더 심각했기 때문이었다.

1991~1992년에 북한은 남한과 미국에 대해 전례 없이 유화적인 태도로 나왔다. 1991년 중에는 이 태도가 잘 받아들여지는 것 같았다. 그런데 1992년 들어 1월 뉴욕회담에서 미국의 냉담한 태도에 이어 5월부터 IAEA를 통한 강압이 쏟아지고, 가을에는 팀스피릿 재개 방침의 때 이른 발표에 이어 훈령 조작 사건으로 남북고위급회담까지 파탄을 맞았다. 이 과정을 통해 군사적

위기에 대한 북한 지도부의 의식이 더 심각해졌다.

1990년경 총체적 위기 앞에서 경제 위기 극복에 중점을 두면서 군사 부문이 소홀해지는 데 대비하기 위해 '군민일치' 같은 구호로라도 군의 중요성을 강조할 필요가 있었다. 군사적 위기의식이 깊어지는 데 따라 '선군정치'의 구호가 무게를 더해가고, '북핵 위기' 속에서 압도적인 중요성을 갖게 된 것이 아닐까. 이재봉은 1998년 북한의 대남정책 관계 원로 간부에게 들은 말을 이렇게 소개했다.

"우리가 군사제일주의로 나라를 지키겠다는 것이지, 군국주의나 무력 통일을 지향하자는 것은 아니다. 지금 우리 공화국은 큰 어려움에 처해 있다. 미제와 일제가 손잡고 공화국을 압박하고 있다. 남조선에서는 주한 미군도 모자라 일본군까지 불러들이려 하고 있지 않은가. 그리고 우리가 곧 붕괴할 것이라고 떠드는데, 이러한 막중한 위기를 돌파하고 살아남기 위해서는 군대를 앞세우지 않을 수 없다." (이재봉, 《이재봉의 법정증언》, 들녘 2015, 131쪽)

1994년 7월 김일성이 죽을 때 북한의 위기는 정상적 방법으로 감당할 수 없는 다각적이고 심중한 상황이었다. 경제 위기는 '고난의 행군'을 예고하고 있었고, 미국의 위협은 제네바협정으로 해소시킬 수 있는 수준이 아니었다. 이 상황에서 김정일이 살을 베이더라도 체제의 뼈대를 지키기로 결심한 것이 '선군정치' 노선으로 보인다. 1996년 12월 김정일의 "조선노동당 중앙위원회 책임일군들과 한 담화" 중에는 당의 일군보다 군의 일군을 더 앞장세워야겠다는 뜻이 보인다.

"사회의 당 조직들이 맥을 추지 못하고 당 사업이 잘되지 않고 있는 기본 원인은 당중앙위원회 일군들을 비롯한 당일군들이 일을 혁명적으로 하지 못하는 데 있습니다. (…) 지금 사회의 당일군들이 군대 정치일군보다 못합니다. (…) 나는 1960년

대부터 수령님의 사업을 보좌해드렸습니다. 그런데 지금 나의 사업을 똑똑히 도와주는 일군이 없습니다. 나는 단신으로 일하고 있습니다. 당중앙위원회 책임일군들이 나의 사업을 도와주지 못할 바에는 있으나마나 합니다. (…) 수령님께서 창건하시고 강화 발전시켜오신 우리 당이 오늘에 와서 맥을 추지 못하는 당이 되면 어떻게 되겠습니까. (…) 중앙당 일군들이 인민군대의 일군들보다 혁명성이 떨어져서는 안 됩니다." (《월간조선》 1997년 4월호, 김진환, 같은 책, 357쪽에서 재인용)

'선군先軍'은 '후로後勞'를 함축한 말이다. 김정일은 조선노동당 총비서와 군사위원회 위원장 직책을 함께 갖고 있었다. 그런데 외부에 '김정일 위원장'으로 알려지게 된 것은 그가 그 직함을 더 앞세웠기 때문이다. 그는 당의 지도자보다 군의 수장으로서 역할을 앞세우며 노동당도 노동자 인민도 군의 모범을 따르도록 요구한 것이다. 이재봉이 위 글에서 인용한 〈로동신문〉 1999년 6월 16일자 논설에도 이 뜻이 밝혀져 있다.

"우리 시대는 제국주의와 반제 자주 세력이 가장 격렬하게 맞서고 있는 투쟁의 시대이다. 제국주의와의 장기적인 대결 속에서 사회주의 위업을 완성하자면 마땅히 군사가 중시되어야 한다. (…) 제국주의와의 사상적 대결은 힘의 대결에 못지않게 간고한 투쟁이다. 이 첨예한 대결전에서 승리하자면 혁명성이 강하고 사상적 신념이 투철한 전위부대가 있어야 한다. 그 담당자가 바로 혁명군대이다. 군대가 사상적으로 무장 해제되면 사회주의의 지탱점이 허물어지게 된다. 설사 인민들이 정치사상적으로 준비되지 못하였다 하더라도 군대가 견결하면 사회주의가 무너질 수 없다. 동유럽의 여러 나라들에서 사회주의가 와해되던 과정이 이것을 증명해주고 있다." (이재봉, 같은 책, 136~137쪽에서 재인용)

바르샤바조약과 코메콘으로 군사·경제적 통합성을 유지해온 동유럽 공산권은 제2차 세계대전 이후 '공산세계'의 중심이었다. 소련과 중국 다음으로 북한에게 많은 원조와 협력을 제공해온 나라들이 그곳에 있었다. 그런 나라들이 2~3년 사이에 줄줄이 무너져 내리는 것을 보며 북한은 그 전철을 밟지 않도록 신경을 곤두세우지 않을 수 없었다. 선군정치는 당과 군의 관계를 일원적으로 관리한다는 점에서 북한이 희망을 걸 수 있는 노선이었다. 김진환은 북한에서 일원적 당·군 관계가 유지될 수 있었던 이유를 이렇게 정리했다.

첫째, 소련·중국에서는 당 내 여러 세력이 정치권력을 번갈아 장악하는 바람에 당의 군사노선과 영군제도 역시 권력의 전환점마다 급변했다. 이에 비해 북한에서는 1960년대 들어 항일무장투쟁집단이 당 내 권력을 독점함으로써 군사노선과 영군제도의 일관성을 유지할 수 있었다.

둘째, 소련·중국의 경우 당의 군사노선과 영군제도의 비일관성 탓에 당의 군대영도력이 지속적으로 약화됐다. (…) 반면 북한에서는 1962년 12월 확립한 '자위적 군사로선'에서 벗어나지 않은 채, 부대 당위원회 중심의 영군제도가 발전하면서 당의 군대영도력이 갈수록 강화됐다. 특히 항일무장투쟁집단은 당과 군대 안의 반대세력을 모두 제압한 1969년에서야 정치위원 제도를 도입함으로써 소련·중국이 겪은 폐해를 피할 수 있었다.

셋째, 당 내 권력을 놓고 경쟁하는 세력이 군대 내 파벌과 각각 연결될 때 당·군 관계 다원화는 심화된다. 중국에서는 지역별로 전개된 혁명전쟁, 군구제도와 야전군체제, 지역주의 등이 인민해방군 내 파벌을 성장시킨 요인들이다. (…) 이에 비해 당 최고지도자가 며칠간의 현지지도로 직할통치할 수 있는 '작은 단일민족 국가' 북한에서 군대파벌이 성장할 여지는 많지 않았다.

넷째, 전쟁의 유산이 달랐다. 소련의 경우 격렬한 반혁명전쟁에서 승리하기 위한 트로츠키의 선택이 이후 당의 군대 지배를 구조적으로 제약했다. (…) 반면, 항일무장투쟁집단은 한국전쟁을 치르며 당 내 권력 경쟁세력의 영향력을 약화시켰고, 이는 전후에 일원화된 당·군 관계로 손쉽게 나아가는 기반이 됐다. (김진환, 같은 책,

와다 하루키가 설명하는 '유격대국가'로서 북한의 국가 성격도 일원적 당·군 관계와 깊은 연관성을 가진 것으로 이해된다.

1974년 3월 "생산도 학습도 생활도 항일유격대식으로"라는 새로운 구호가 김정일에 의해 만들어졌다. 김일성은 1년 뒤 "최근 당중앙이 내건 구호는 대단히 훌륭하다"고 하여 김정일을 지지했다. 최종적으로 이 구호는 1980년 제6차 당대회에서 이루어진 김일성 보고에서 제출되어 정식으로 승인되었는데 이로써 유격대국가의 영속적인 기본구호로 자리 잡았다.

유격대국가는 국가 이데올로기이자 국가상이라고 할 수 있다. 북조선의 지도자는 유격대국가의 창출을 기대하면서 인민에게 이러한 국가상을 주입, 교화시켰다. 그런데 그 결과 인민은 물론 지도자 자신도 실제로 이러한 국가에 살고 있는 것처럼 사고하며 행동하기에 이르렀다. 따라서 유격대국가는 부분적인 또는 절반의 현실이 되었다. (와다 하루키, 《북조선─유격대국가에서 정규군국가로》, 돌베개 2002, 298쪽)

대개의 공산국가에서는 건국 과정에서 컸던 군의 역할이 차츰 줄어들면서 체제의 구성요소로서 중요성도 흐려지는데, 북한에서는 군의 중요성이 유지되었다. 공산권의 변경에 자리 잡고 미국과의 대결 상태가 계속된 것이 그 일차적 이유일 것이다. 와다 하루키는 김일성 사후 김정일이 유격대국가에서 정규군국가로 국가 성격을 바꿨다고 보는데, 일원적 당·군 관계를 더 한층 강화하기 위한 노력으로 이해할 수 있다.

부친의 사후 후계체제 마련에 부심하던 때 김정일은 자신이 조선인민군 최고사령관 자리에 있다는 사실을 출발점으로 삼을 수 있었다. (…) 1997년 9월 그를 노동당 총비서로 추대한 인민군 당원대표회의 보고에서 인민군 총정치국장 조명록은

"무려 16만 6,000여 리의 머나먼 로정을 이어가시며 2,150여 개의 인민군 부대들과 최전선 초소들을 찾으시었다"고 밝혔다. (…) 방문지가 2,150여 개에 이른다는 것은 육군으로 치면 16개의 군단 사령부, 26개의 사단 사령부, 41개의 여단 사령부는 물론 모든 연대 사령부를 방문하고 대대 수준의 주둔지까지 방문했다는 것이다. 이는 믿기 힘든, 가히 놀랄 만한 이야기라 할 수 있다. (…)

물론 이 과정에서 김정일은 선물을 가지고 가서 장병들을 물질적으로도 즐겁게 했을 것이다. 그리고 최고사령관이 몸소 찾아와서 장병과 함께 식사를 한다는 것 자체는 틀림없이 장병들을 감격시켰을 것이다. (…) 최고사령관과 함께 사진을 찍는다는 것은 바로 운명을 함께 하겠다는 선서를 의미한다. 이런 과정을 통해 김정일은 군대를 장악하는 데에 상당 정도 성공했다고 인정할 수 있다. (같은 책, 304~305쪽)

미국·남한과 전면전을 벌일 경우 북한군이 몇 주일 이상 저항을 계속할 수 있으리라고 생각하는 사람은 (북한 밖에는) 없다. 그러나 궤멸되기 전에 남한과 일본, 특히 서울에 상당한 타격을 가할 수 있다는 사실은 분명하다. 이 사실이 1994년 6월의 위기를 막아주었고, 지금까지도 억지력을 발휘하고 있다.

대북 강경론 중에는 북한이 남한·미국의 도발 없이도 자기네 군사력이 더 쇠퇴하기 전에 이판사판으로 달려들 위험을 지적하며 그런 위험을 제거하기 위해 선제공격을 가해야 한다는 주장도 있다. 그런 주장은 1994년의 경험을 무시하는 것이다. 북한에게 경제 위기와 군사 위기가 겹친 최악의 체제 위기였다. 그런 위기에도 이판사판으로 나가지 않고 그 취약한 군사력을 억지력으로 활용해서 동유럽과 이라크의 운명을 피했다. 그런 경험을 가진 북한이 왜 자멸의 길을 택하겠는가?

카터와 클린턴의
'짜고 치기'?

2012년 9월 8일부로 지미 카터 전 미국 대통령(재임기간 1977~1981년)이 한 가지 기록을 경신한 것이 있다. 대통령 퇴임 후 기간 31년 7개월 16일을 채움으로써 1964년 10월 20일 사망한 31대 대통령 허버트 후버(재임기간 1929~1933년)의 기록을 넘어선 것이다.

긴 퇴임 기간의 내용이 충실하다는 점에서도 두 사람은 닮았다. 재임 중 인기가 폭락했다가 퇴임 후 되살아난 카터를 "미국 최고의 전임 대통령"이라고 부르기도 하는데, 후버도 비슷한 평가를 받았다. 대공황의 책임을 뒤집어쓰고 쫓겨나듯 백악관을 떠난 그가 트루먼에서 아이젠하워 행정부에 걸쳐 행정개혁위원회(후버위원회)를 이끈 업적이 높은 평가를 받고, 그가 쓴 윌슨 대통령의 전기 《The Ordeal of Woodrow Wilson》도 좋은 평가를 받았다.

카터의 퇴임 후 활동을 상징하는 것이 2002년의 노벨평화상이다. 2009년 오바마가 수상하면서 "미국 대통령이면 아무나 받는 건가?" 생각될 정도로 권위가 떨어진 면이 있지만, 카터에 앞서 이 상을 받은 미국 대통령은 시어도어 루스벨트와 우드로 윌슨 둘뿐이었다. 카터의 수상이 특히 두드러지는 것은 퇴임 후 20년이 지난 시점에서 받았다는 사실이다. 나머지 세 사람은 재임 중에 받았다. 카터의 수상은 역대 평화상 중 가장 충실한 내용을 갖춘 것의 하나로, 그의 수상이 노벨평화상의 권위를 높여주었다는 말까지 듣는다.

주 상원의원과 주지사 경력밖에 없던 지방정치인 카터가 1976년 대통령에 당선된 것은 워터게이트사건에 따른 미국민의 '새 정치' 열망 덕분이었다. 그런 배경 위에서 대통령 재임 중 카터는 교육과 에너지 정책의 전면 개혁과 파나마운하 반환, 주한 미군 철수 등 '미국의 숙제'를 푸는 일에 적극적으로 나섰으나 엄청난 역풍을 맞았다. 1979년이 카터에게는(미국에게도) 끔찍한 해였다. 1월의 이란 무슬림혁명으로 인한 에너지위기 속에서 3월에 스리마일 핵발전소 사고가 터졌다. 이란혁명이 11월 대사관 인질사태로 번져나간 데 이어 12월에는 소련의 아프가니스탄 침공이 시작되었다. 참신성에 대한 기대감이 관리능력에 대한 실망으로 돌아서면서 '레이건 시대'의 문이 열리게 된다.

퇴임 후 카터센터를 통한 카터의 인권·평화 노력은 네오콘과 신자유주의가 미국을 지배하는 동안 미국의 '양심의 횃불' 노릇을 했다. 지금도 이스라엘의 팔레스타인인 탄압과 가자 공격을 앞장서서 비판하고 있다. 질병 퇴치와 주거환경 개선에서 국제분쟁 조정에 이르는 카터의 광범위한 활동의 중요한 성과 한 가지가 1994년의 '북핵 위기' 해결이었다.

두 가지 인연이 1994년 카터의 북한 문제 개입을 도와주었다. 6월 15일 평양 도착 후 가장 먼저 만난 김영남 외교부장이 "우린 그때부터 각하가 좋았더랬습니다" 하며 호감을 표했다고 한다.(조엘 위트·대니얼 폰먼·로버트 갈루치, 《북핵위기의 전말》, 김태현 옮김, 모음북스 2005, 271쪽) 카터가 대통령 재임 시 추진한 주한 미군 철수 정책을 가리킨 말이다. 미국 정치인 중 북한 지도부의 가장 큰 신뢰를 받을 수 있는 인물이 카터였다. 김일성은 일찍부터 카터의 평양 방문을 청하고 있었고, 카터도 1993년부터 평양 방문의 뜻을 표명하고 있었다.

그보다 더 공교로운 또 하나의 인연은 당시 주한 대사 레이니를 통한 것이었다. 신학자로서 에모리대학 총장을 오래 지낸 레이니는 앞서 소개한 것처럼 한국과 깊고 넓은 인연을 가진 사람이었다. 그런데 레이니는 총장 시절인 1982년 카터센터를 에모리대학에 만드는 데 도움을 주고 카터와 개인적 친분을 맺고 있었다. 카터가 평양으로 향하게 된 경위를 위트·폰먼·갈루치는 이렇게 설명했다.

미국의 제39대 대통령을 지낸 지미 카터는 한반도, 핵무기, 그리고 개인 차원의 외교 등에 모두 일가견이 있는 사람이었다. 대통령 재임 시에 거의 독단적으로 주한 미군의 철수에 나섰다가 결국은 포기해야만 했다. 또 1978년 개인외교로 이집트와 이스라엘 간의 화해에 성공한 캠프데이비드 정상회의 이후에는 김일성과 박정희와의 3자회담을 비무장지대에서 하겠다고 나서기도 했다. 그 제안으로 인해 정부에서는 그야말로 거의 난리가 났다. 그러나 핵 기술에 관한 한 그는 거의 전문가였다. 그 스스로 원자력공학을 전공했었고 미국 해군의 원자력화에 성공한 신화적인 하이먼 릭오버 제독 휘하에서 잠수함병으로 복무하기도 했다. 그래서 그는 핵이라면 치를 떨었다.

카터 대통령이 임기 중과 퇴임 후에 한 여러 가지 활동은 북한과 코드가 맞았다. 김일성은 그를 '의인'이라고 부르며 카터 행정부 초기 여러 경로를 통해 그와 접촉하려고 노력했었다. 카터가 퇴임 후 국제분쟁 해결사로 나서자 북한은 해마다 카터센터에 초청장을 보냈다. 첫 번째 초청장이 왔을 때 부시 행정부는 그를 말리느라 애를 먹었다. 그 다음 해에는 그의 보좌관만 갔다. 1993년 2월 카터는 또다시 초청장을 받았지만 크리스토퍼 국무장관은 핵 문제가 해결되기 전에는 가지 말라고 만류했다. 그 이후에도 북한은 세 번씩이나 초청을 거듭했지만 매번 거절당했다.

1994년 봄에 일어난 일련의 사태는 카터 전 대통령으로 하여금 뭔가 해야만 한다는 확신을 주었다. 그해 5월 짐 레이니 주한 미 대사가 샘 넌 의원과 리처드 루가 의원의 방북을 주선한 후 애틀랜타로 날아왔다. 카터센터가 위치한 에모리대학교의 총장을 지내기도 한 레이니 대사는 카터 전 대통령의 오랜 친구였다. 그는 카터 전 대통령을 만나 일역을 맡으라고 촉구했다. (…) 카터의 주목을 특히 끈 것은 "이 위기를 진정시켜 제2의 한국전쟁을 막는 결정을 할 수 있는 유일한 인물"인 김일성과 직접 통신할 수 있는 방법이 없다는 점이었다. 레이니 대사의 회동 후 6월 1일 카터 전 대통령은 클린턴 대통령에게 전화를 하여 우려를 표명했다. 곧 갈루치가 전 대통령에게 브리핑을 하러 날아갔다. (같은 책, 246쪽)

카터의 평양 방문은 '개인 자격'이었다. 미국 정부로부터 아무런 공식 위임을 받은 것이 없었다. 그래서 그의 입장이 클린턴 행정부와 다른 것인지 여부가 언론의 관심을 모았다. 카터는 김일성과의 회담이 끝난 후 정부를 대표해 그에게 브리핑을 해줬던 갈루치에게 전화해서 회담 내용을 간략하게 얘기해준 다음 바로 CNN과 인터뷰할 것이라고 알렸다. 정부 입장을 듣지 않고 바로 방송으로 자기 생각을 발표한 것이었다.

[주한 미군 증강 방침을 의논하는 외교·국방 장관급] 회의는 이미 한 시간 넘게 진행되고 있었다. 그때 대통령의 비서가 회의실로 들어와 평양에서 카터 전 대통령이 전화를 했다고 말했다. 클린턴 대통령이 자리에서 일어서려고 의자를 뒤로 밀 때 비서가 얼른 카터가 통화를 원하는 것은 갈루치라고 말했다. 갈루치는 어색한 표정으로 자리에서 일어나 옆방으로 갔다. 수화기를 드는 순간 갈루치는 카터의 독특한 목소리를 알아들었다. 카터는 김일성이 사찰단의 잔류를 허용할 의향이 있다고 하면서 대신 대화를 재개하고 제재를 철회하는 것이 어떠냐고 물었다. 대통령과 장관들이 옆방에 모여 있다고 전하면서 갈루치는 대답했다. "저의 생각은 중요한 게 아닙니다."
카터는 대통령이 결정을 내리면 자신에게 전화해서 알려달라고 했다. 갈루치는 워싱턴에서 평양으로 전화를 할 방법이 없으므로 다시 전화를 해달라고 했다. 근 20분에 달한 통화가 끝날 무렵 카터는 갑자기 생각난 것과 같은 말투로 곧 CNN에 나갈 것이라고 말했다.
통화가 끝난 후 갈루치는 회의실로 돌아와 통화내용을 애써 정확히 전달했다. 가장 먼저 나온 질문은 그 내용에 관한 것이 아니었다. 안보보좌관 토니 레이크가 먼저 물었다. "자네, CNN에 나가지 말라고 말했겠지, 아닌가?" 아니라고 갈루치가 대답했다. 그러고는 그렇게 말했어도 들을 분위기가 아니었다고 변명하듯 말했다. 갈루치 옆에 앉아 있던 크리스토퍼가 다시 물었다. "좌우간 하지 말라고 말이나 했나?" 갈루치는 다시 아니라고 대답했다. 싸늘한 침묵이 흘렀고 갈루치는 몸 둘 바를 몰랐다. (…)

[잠시 후 연 기자회견 말미에] 대통령이 자리를 뜬 후 갈루치가 세부사항에 대한 질문을 받았다. 갈루치는 극도로 말조심을 했다. "카터 대통령이 받은, 북한이 북한과 국제사회 사이에 존재하는 매우 심각한 문제에 대해 건설적 해결책을 찾고자 한다는 조짐"을 환영한다고 했다. 첫 질문은 뒤쪽 멀찌감치에서 나왔다. "당신은 카터 대통령이 CNN에 나가 자신이 한 거래를 설명하는 것을 말리려고 하지 않았나요?" 잠시 망설인 끝에 갈루치는 그러지 않았다고 답했다. 이 간단한, 그러나 사실인 대답에 따라 카터와 클린턴 사이에 불화가 있는 것이 아니냐는 관측이 잠시나마 진정되었다. 갈루치의 실수가 전화위복이 된 셈이었다. (같은 책, 278~281쪽)

카터가 평양에 있는 동안 미국 행정부와 전직 대통령 사이는 불편한 것으로 보였다.

한국 측을 어느 정도 안심시킨 후 백악관이 할 일은 카터를 통제하는 일이었다. 구체적으로 카터의 기자회견에 대한 백악관의 반응을 설명하고 카터로 하여금 더 이상 미국 정부의 정책과 어긋나는 행동을 취하지 못하도록 했다. 전직 대통령에게 그 정도의 말을 하려면 갈루치 정도로는 부족했다. 안보보좌관인 토니 레이크가 적격이었다.

평양에 미처 새벽이 오기 전에 카터와의 전화가 연결되었다. 카터는 침대 끝에 걸터앉아 미국 정부의 입장에 대한 레이크의 설명을 듣고 나서 강하게 반발했다. 북한에게 연료봉의 재장전과 사용 후 연료봉의 재처리를 하지 말라는 것은 씨도 먹히지 않는다고 말했다. 게다가 김일성과 강석주에게 재처리는 NPT체제에서 허용된다고 벌써 말했는데 그것을 어떻게 취소하느냐고 했다. 그리고 제재를 계속 추진하는 것도 반대했다. 북한이 도청하고 있었을 것이 틀림없는 이 통화는 매우 냉랭하게 진행됐다. 통화가 끝난 후 카터는 크게 낙담한 표정이었다. (같은 책, 283쪽)

카터의 전화가 왔을 때의 회의장 모습을 오버도퍼도 적대적인 분위기로 그렸다.

갈루치의 전갈이 전해지자 각료실은 폭탄을 맞은 듯 발칵 뒤집혔다. 사찰단의 체류 허용을 빼면 사실 카터가 거둔 성과는 그다지 새로울 것이 없었다. 그러나 카터 전 대통령의 CNN 즉석 회견은 사람들에게 불쾌감을 자아냈다. 1년 이상을 끌어온 문제에 관해 중대한 결정을 내리려는 와중에 그런 소식은 행정부를 당혹스럽게 만들었다. 그중 한 참석자는 카터의 처신을 '매국행위'나 다름없다고 말했다. 일각에서는 미국이 제재와 병력 증강의 '방아쇠를 막 당기려는 순간' 북한이 들고 나온 지연전술일지도 모른다고 우려가 터져 나왔다. 그러나 이러한 비난에도 불구하고 클린턴과 고어 부통령은 덮어놓고 카터를 비난하기보다는 실질적 대응책을 모색하는 것이 급선무라는 입장을 표명했다. (돈 오버도퍼, 《두 개의 한국》, 이종길 옮김, 길산 2002, 483쪽)

이 문제에 계속 관여해온 퀴노네스도 비슷한 분위기로 파악했다.

처음에 워싱턴 관리들은 카터 전 대통령의 방북과 성공을 달가워하지 않았다. 전에 그랬던 그대로 외교정책을 담당하는 중요한 관리들(국가안보회의의 토니 레이크, 샌디 버거, 댄 폰먼, 국무부의 보브타노프 차관, 보브 갈루치 차관보)은 떨떠름해하며 회의감을 표했고, 세부사항을 놓고 왈가왈부했다. 1993년 8월 이후 그들이 추구해온 것(핵 동결, 남북회담)이 달성됐는데도 관리들은 이를 수용할 자세가 되어 있지 않았던 것이다.

(케네스 퀴노네스, 《한반도 운명》, 노순옥 옮김, 중앙M&B 2000, 276쪽)

인용한 세 권의 책 모두 당시 미국 관리들의 반응을 면밀하게 관찰한 것이다. 미국 정부는 카터의 방북에 기대를 걸기보다 불안한 마음으로 마지못해 허용했다는 점, 미국 정부와 카터 사이의 연결을 갈루치 한 사람만이 맡았다는 점, 김일성과의 회담 후 카터가 전화로 알려준 내용을 정부 관리들이 반가워하지 않았다는 점, 카터의 일방적인 CNN 회견에 관리들이 분노하거나 당황했다는 점 등이 공통된 내용이다.

정황으로 볼 때 이런 모습이 모든 사실을 담은 것인지 의심이 든다. 카터와 클린턴 사이에 갈루치 외의 다른 교감 통로가 있었던 것이 아닐까? 카터의 역할로 인해 미국의 대북정책에 획기적 전환이 일어나게 되는데, 그럴 가능성을 정부 수뇌부가 전혀 생각지 못하고 있다가 카터의 일방적 발표에 떠밀려 그런 정책 전환에 이르게 되었다는 설명은 납득하기 어렵다. 김일성의 태도에 따라 그런 방향으로 나갈 수도 있다는 '예비 시나리오' 정도는 마련하고 있었다고 보는 것이 합리적 추측일 것이다. 감정을 억제하고 현실적으로 대응해야 한다는 클린턴 대통령과 고어 부통령의 의견에 따라 카터의 역할을 긍정적으로 받아들이는 시늉이라도 하게 되었다는 오버도퍼의 설명이 이 추측에 부합한다.

이런 예비 시나리오가 있었을 경우 있는 그대로 밝히기 어려운 사정이 여러 가지 있었다. 첫째, 남한의 김영삼 정권이 순순히 받아들였겠는가. 북한과의 '포괄적 협상'에 반대하기 위해 1993년 11월 정상회담에서 외교 관행을 벗어나는 '행패'를 벌인 김영삼이 북한을 이렇게 쉽게 풀어주는 것을 용납할 리가 없었다. 카터가 '남북정상회담'이라는 큼직한 선물을 만들어줬기 때문에 김영삼을 가라앉힐 수 있었다. 그런 선물을 확보해놓기 전에 북한과의 협상 가능성을 알려줬다면 김영삼이 어떤 반응을 보였을지 상상해보라.

둘째, 대북정책의 전환은 일관성 결여의 비난을 피할 수 없었다. 제1차 '북핵 위기'는 북한이 피하기 위해 갖은 애를 다 쓰는데도 미국이 마구잡이로 몰아붙여 조성한 것인데, 막상 파국이 시야에 들어오자 전쟁을 감당할 수 없다는 사실이 확인되었다. 더구나 중간선거가 닥쳐 있었다. 선거를 앞두고 유화책으로 돌아선다는 것은 미국에서 엄청난 정치적 손해다. 카터를 앞세워 어쩔 수 없이 정책을 바꾸는 것처럼 눈가림이라도 할 필요가 있었다. 그러나 결국 클린턴의 민주당은 중간선거에서 참패를 겪게 되는데, 나약한 대외정책이 주요 패인의 하나로 꼽혔다.

카터와 클린턴 사이에 모종의 '짬짬이'가 있었다는 추측을 확인할 만한 자료는 찾지 못했다. 그러나 향후 진행을 살핌에 있어서 그 가능성을 염두에 두어야겠다는 생각을 한다.

미국의 '종북주의자'
셀리그 해리슨

셀리그 해리슨은 미국의 가장 뛰어난 한반도 전문가의 한 사람이다. 〈워싱턴 포스트〉 도쿄 지국장으로 있던 1972년 미국 언론인으로는 처음 북한을 방문한 이래 북한을 여러 차례 방문하며 변화를 살펴왔다.

1994년 6월 카터·김일성의 만남에 관해서는 해리슨의 설명에 특히 주목할 필요가 있다. 그 만남의 바로 며칠 전에 해리슨이 김일성을 만나 비슷한 범위의 주제를 놓고 이야기를 나눈 적이 있기 때문이다.

지미 카터의 평양 방문은 클린턴 대통령을 임기 중 아마도 가장 치명적이었을 전쟁 위기로부터 구했다. (…) 그러나 정황을 종합해보건대 클린턴과 그의 보좌관들은 카터가 가는 것을 원하지 않았고, 그의 평양 방문을 마지못해 받아들였다. 갈루치와 페리는 두드러진 예외였을 뿐이다. 카터 전 대통령이 일시적인 핵 동결에 합의함으로써 유엔의 제재정책을 중단시키고 협상이 재개되도록 했음에도, 그들은 이에 대해 감사하게 생각하기는커녕 화를 냈다.

지금도 보좌관들의 상당수는 핵의 참화로부터 자신들이 구원받았다는 사실을 인정하길 거부하고 있다. 앤서니 레이크 전 백악관 안보보좌관은 2000년 6월 18일

대화를 나눌 때 유엔의 제재 조치라는 위협이 효과적이었다며 옹호하려고 했다. 그는 왜 북한이 당시 핵 동결에 동의했는지에 대한 "빗나간 논쟁"이 있었다고 얘기를 꺼냈다. "카터가 한 일인가 아니면 제재가 한 일인가. 그러나 그것은 잘못된 논쟁이었습니다. 둘 다였지요." 그러나 이 장에서 다루겠지만 그 논쟁은 잘못되지 않았다. "카터가 한 것이었다." 왜냐하면 카터야말로 비생산적인 제재 위협과는 무관했기 때문이다. 게다가 그가 평양에 도착했을 때는 중국이 유엔 안보리에서 미국의 제재 결의안에 공개적으로 반대하겠다는 입장을 보였다는 점에서 제재 위협이 점점 그 실효성을 잃어가던 상황이었다. (셀리그 해리슨, 《코리안 엔드게임》, 이홍동·김태호·류재훈·이재훈 옮김, 삼인 2003, 337~338쪽)

해리슨은 당시 정부 고위관료 중 페리 국방장관과 갈루치 국무차관보만이 카터의 역할을 환영했다고 보았다. 카터가 클린턴에게 방북의 뜻을 알렸을 때 클린턴은 갈루치를 보내 브리핑을 해주게 했고, 카터는 김일성을 만난 후 평양에서 전화했을 때 다른 사람 아닌 갈루치를 찾아 용건을 말했다. 갈루치는 클린턴과 카터 사이의 비공식 '특사'였던 셈이다. 카터의 전화가 왔을 때 클린턴이 "그는 갈루치와 얘기하길 원할 걸세"라고 말한 것을 갈루치가 기억했다고 하는데(같은 책, 343쪽), 앞서 인용한 《북핵위기의 전말》 278~281쪽에 그려진 장면과는 차이가 있다.

해리슨은 카터의 역할에 대한 반대자의 대표로 레이크 안보보좌관을 예시했다. 반대 이유는 유엔 제재를 통해 북한을 굴복시켜야 한다는 것이었다. 위에 소개한 대화에서는 레이크가 (타협이 아니라 협박을 해야 한다는) 원래의 주장을 굽혀 타협과 협박이 합쳐져 효과를 일으켰다는 말을 하고 있는데, 자기가 주장했던 협박도 한몫을 했다는 것이다. 하지만 "카터가 한 것이었다!" 한마디로 반박하는 해리슨의 말에서 레이크를 한심해 하는 마음이 느껴진다.

윌리엄 페리 국방장관은 북미관계에서 중요한 역할을 맡을 사람이므로 어떤 사람인지 살펴보도록 《시사상식사전》(박문각 펴냄) 내용을 옮겨놓는다.

클린턴 행정부에서 미국 국방장관과 대북정책조정관North Korea Policy Coordinator
을 지낸 인물.

윌리엄 페리는 스탠퍼드대에서 수학을 전공한 뒤 펜실베이니아주립대에서 수학
박사학위를 받았으며 주로 통신 및 군기술 분야의 경영진으로 있다가 1977년 카
터 행정부에서 기술 담당 국방차관으로 임명된 군수통권자[?]다. 카터 행정부 때
그는 스텔스비행기 개발을 적극 추진하는 데 앞장섰기 때문에 '스텔스 기술의 아
버지'로 불렸다.

스탠퍼드대 교수와 국제안보 군축연구소장을 역임했으며 빌 클린턴의 1차 임기
때인 1993년 국방부 부副장관으로 기용됐으나, 전임 애스핀 장관이 소말리아 사태
등으로 중도하차하면서 장관이 됐다. 페리는 클린턴 재선과 함께 장관직을 사임했
었으나 1998년 8월 북한의 대포동 미사일 발사와 금창리 핵의혹시설 문제 등으로
사태가 복잡해지자 클린턴 대통령이 그해 11월 대북정책 전반을 검토할 조정관으
로 임명했다.

그때까지 페리는 1994년 영변 핵 시설을 둘러싼 위기 때 북한 폭격론을 입안했다
는 이유로 강경론자로 알려져 있었다. 그러나 이후 그의 행보는 '온건한 합리주의
자'라는 평을 들었으며 클린턴 정부 시절 미국과 북한 간의 관계를 조정하는 데 큰
역할을 했다. 특히 그가 1999년 5월 대통령 특사 자격으로 북한을 방문한 후 이를
바탕으로 같은 해 10월 제출한 '페리 보고서'는 이후 미국 대북정책 방향의 지침
서가 되었다. 2000년 9월 대북정책조정관직을 사임했으며 이후 스탠퍼드대학의
명예교수로 있다.

1994년 북핵 위기의 진행과정에서 페리는 북한 폭격 가능성과 그에 따른
전면전의 대책을 강구하는 작업을 주도했다. 대결정책을 선호하는 군부의 입
장을 대표하는 '강경론자'로 보일 수 있는 역할이다. 그런데 막상 전면전의
전망을 검토하면서 미국 정부가 감당할 수 없는 노선이라는 사실이 밝혀졌
으니, '합리주의자'의 역할을 한 셈이다. '유엔 제재'의 강경노선을 주장하면

서 그에 따른 전면전의 위험을 묵살한 레이크 보좌관 같은 사람들을 주저앉히는 데는 최상의 방법이었다. 해리슨은 페리의 당시 입장에 대해 2000년 5월의 인터뷰에서 이런 설명을 들었다고 한다.

"나 역시 그랬지만, 몇몇 사람들은 그것[카터의 방북]을 활용해야 한다고 느꼈어요. 그러나 다른 사람들은 그것이 정부와는 무관한 독자적인 것이어야 한다고 생각했지요. 크리스토퍼 국무장관과 레이크 안보보좌관은 둘 다 불안해했습니다. 문제는 그에게 대통령의 특사로서의 권한을 부여할 것인가 하는 것이었습니다."(셀리그 해리슨, 같은 책, 340쪽)

카터가 김일성과의 회담 직후 전화로 갈루치에게 회담 내용을 '통보'만 한 후 바로 가진 CNN과의 회견에는 유엔을 통한 제재 방침에 대한 비판의 뜻이 있는 것이었다.

카터의 CNN 인터뷰는 유엔의 제재 전략에 대한 공개적인 비난을 담고 있었다. 국가안보회의에 참석 중인 몇몇 인사들은 이에 자극을 받아 백악관이 김일성과 카터의 합의를 즉각 거부해야 한다고 주장했다. 그러나 클린턴과 고어를 포함한 다른 인사들은 수용할 만한 동결 조건들에 대해 말하기 시작했다. 고어는 물었다. "우리가 이 레몬으로부터 레모네이드를 만들 수 있겠습니까?" 마침내 카터는 미국이 북한과 협상을 재개할 것이라는 얘기를 들었다. (같은 책, 344쪽)

핵연료 재처리에 대한 사찰 요구를 무리한 것으로 보는 것이 카터가 제재 전략에 반대한 중요한 이유였다. NPT 규정에는 재처리 제한이 없다. 재처리를 규제하려 드는 것은 미국의 정책일 뿐이었고, 북한이 재처리를 하지 않기로 약속한 것은 남북 비핵화 공동선언뿐이었는데, 그것은 남북한 사이의 약속이었다. 미국이나 유엔이 끼어들 일이 아니었다.

카터 전 대통령은 재처리가 NPT에서 금지하는 활동이 아니라면 미국이 어떻게 북한의 재처리를 막을 수 있는가 하고 반문했다. 이 말을 들은 갈루치는 아연해하지 않을 수 없었다. 1977년 4월 카터 행정부 출범 초기에 새 행정부 비확산정책으로서 바로 재처리를 중단하기로 했었던 것이다. (…) 아시아에서는 모든 국가들로 하여금 재처리를 못하게 하려고 했는데 그에 따라 일본과 갈등을 빚은 후 포기한 적도 있다. (…)

"각하 말씀이 옳습니다"라고 갈루치는 대답했다. NPT는 재처리를 금지하지 않고 있었다. 다만 남북 비핵화 공동선언에서 재처리를 하지 않기로 약속했을 뿐이었다. 그래도 갈루치는 바로 카터 행정부 시절에 미국이 동맹국을 포함한 여러 선진국들에게 재처리를 반대하는 정책을 취했고, 북한을 포함한 핵 확산 잠재국들의 재처리를 중지시키려고 노력했다는 점을 상기시켰다. 카터는 이 점을 완전히 납득한 것 같지 않았다. 그래서 카터 방북기간 중 바로 이 점 때문에 클린턴 행정부에게 커다란 골칫거리를 만들게 된다. (조엘 위트·대니얼 폰먼·로버트 갈루치,《북핵위기의 전말》, 김태현 옮김, 모음북스 2005, 246~247쪽)

북한은 카네기국제평화재단 선임연구원으로 있던 해리슨에게 초청의 뜻을 5월 중순 전해왔고, 6월 4일 평양에 도착한 해리슨은 6월 9일에 김일성과 면담했다. 김일성이 해리슨을 불러 만난 이유가 무엇이었을까?

해리슨은 4월 말 유엔 주재 북한 대표부 김정수 차석대사를 두 차례 만나 핵 문제를 토론하고 재처리시설 가동 중단을 앞당기는 쪽으로 협상해야 한다는 자기 의견을 평양에 전해달라고 했다. 평양 도착 후에도 김일성 면담 전에 북한 관리들과 핵 문제를 토론했다. 평양의 협상파(강석주 등)가 북한에 우호적인 미국 전문가 해리슨의 의견을 김일성에게 추천한 것으로 보인다.

김일성과 만났을 때 협상을 위해 재처리에 관한 북한 측의 몇 가지 조치가 필요하다는 의견을 말하자 김일성이 보인 반응을 해리슨은 이렇게 설명했다.

김일성은 놀랐을 뿐만 아니라 충격을 받은 듯했다. 그는 강석주를 돌아보며 7분 동안 얘기를 했고 통역은 침묵한 채 앉아 있었다. 마침내 김일성은 나를 돌아보면서 말했다. "매우 흥미 있군요. 만약 그것이 당신들의 우려를 해소하는 데 도움이 된다면 우리는 그렇게 할 수 있어요. 우리가 경수로를 제공받을 수 있도록 확고히 보장하는 데 합의한다면 우리는 확실히 그렇게 할 수 있소. 그러나 당신 나라가 당신들의 결정을 지킬 수 있을지 우리가 어떻게 확신할 수 있겠소? 당신네들이 관계를 정상화할 것이라고 우리가 어떻게 믿을 수 있겠소? 나의 동지들은 외교관들이 이들 문제를 해결할 방법을 찾을 수 있을 것이라고 나에게 확신을 줬소."(셀리그 해리슨, 같은 책, 351~352쪽)

카터의 방문은 미국의 태도에 대해 북한의 신뢰를 확보할 수 있는 최상의 기회였다. 해리슨은 귀국 후 〈워싱턴포스트〉(6월 13일)의 인터뷰 기사를 통해 북한 문제에 대한 의견을 발표하고 6월 15일에는 국무부의 허버드를 찾아갔다. 한반도 담당 관리들에게 평양 사정을 전해주기 위해서였다. 위트·폰먼·갈루치는 이렇게 소감을 적었다.

해리슨이 털어놓은 이야기는 한편으로는 짜증나는 이야기였지만 자세히 생각하면 그리 나쁜 소식은 아니었다. 첫째, 김일성은 미국과의 관계가 그렇게 나쁘다고 생각하지 않는 것 같더라고 했다. 아마 그런 척하거나 아니면 잘못 알고 있을 것이었다. 둘째, 김일성은 북한의 핵 프로그램과 새로운 경수로의 맞교환 이야기를 다시 꺼냈다고 했다. 흥미로운 것은 그 거래에 대한 약속만 해도 북한 프로그램의 일부, 특히 재처리시설을 포기할 의사가 있다고 했다. 뿐만 아니었다. 해리슨이 미국에 돌아온 후 북한인들은 그에게 IAEA 사찰단이 "제대로 행동한다면" 영변에 남아 있을 수 있다고 전했다고 한다. (조엘 위트·대니얼 폰먼·로버트 갈루치, 같은 책, 261쪽)

해리슨의 이야기가 국무부 관리들의 마음을 바로 움직이지는 못했다. 그러나 바로 다음날 카터가 전해줄 소식을 받아들이고 대응책을 마련하기 위한 마음의 준비는 실무진에게 시켜줬을 것이다.

결국 해리슨이 가지고 온 메시지는 미국의 정책에 영향을 미치지 못했다. 북한이 외교적 해결에 끝까지 저항함으로써 협상이 결국 실패로 끝나고 연료봉 교체까지 감행한 상태에서 북한에 대해 회의적인 시각을 갖는 것은 당연했다. 게다가 급격히 돌아가는 상황에서 해리슨이 접촉한 사람은 백악관 상황실과는 거리가 먼 사람이었다. 해리슨의 이야기가 백악관에 전달되기까지 시간이 많이 걸렸다. 게다가 해리슨이라는 인물 자체도 문제였다. 그는 북한을 포용해야 한다는 주장을 오래 견지해온 사람이었기 때문에 그의 말은 신빙성이 떨어졌던 것이다. 수개월 후 위기가 수그러들고 외교적 접촉이 재개되어 합의에 이른 다음에야 북한이 그때 상당히 진지했었다는 것을 알게 되었다. (같은 책, 262쪽)

카터의 귀국 전인 6월 20일 레이크 안보보좌관이 몇 명의 민간 전문가를 초청해 관리들과 함께 토론을 벌인 자리를 해리슨은 이렇게 그렸다.

회의의 분위기는 카터 방북의 결과에 대한 환호보다는 미국이 속아 넘어갔다는 우려가 지배적이었다. 갈루치는 나에게 핵 동결에 대해 김일성이 정확히 무엇이라고 말했는지를 상세하게 답해줄 것을 요청했다. 나의 답변이 카터와의 통화 내용과 일치한 데 대해 만족해하는 듯 보였다. 그 토론에 참석했던 많은 이들은 북한이 유엔의 제재를 피해보기 위해 단지 시간을 끌고 있다고 보았다. 카터가 연 돌파구에 따라 곧바로 협상을 재개할 것을 촉구하면서 내가 끼어들기 전까지 토론은 30분 동안 남한에서 미군을 어떻게 증강할 것인가에 초점을 맞추고 있었다. 도널드 그레그 전 주한 미국 대사도 나와 같은 견해를 피력했다. 그때 클린턴이 회의실로 들어와서, 나와 그레그를 쳐다보고는, 6월 14일 PBS의 시사토론 프로그램 '맥닐·레러 뉴스 아워'에서 우리들의 얘기를 들었다고 말했다. 그는 "당신들 견해에 동

의합니다"라고 분명히 말했다. (셀리그 해리슨, 같은 책, 344~345쪽)

위트·폰먼·갈루치는 해리슨이 "북한을 포용해야 한다는 주장을 오래 견지해온 사람이었기 때문에" 그의 말에 신빙성이 떨어졌다고 했다. 워싱턴 관료들에게 '종북주의자'로 찍혔다는 얘기다. 이 점을 의식한 듯 해리슨은 2002년에 낸《코리안 엔드게임》의 제1부에 "북한은 붕괴할 것인가?"란 제목을 붙여 대북 강경론자들의 '북한 붕괴론'을 반박했다.

해리슨이 그 책을 낼 때는 북한이 '고난의 행군'에서 겨우 벗어나기 시작할 때였고 국제사회에서 중국의 위치도 아직 불안할 때였다. 그 시점에서 해리슨이 어떤 이유로 북한은 소련이나 동구권과 같은 길을 걷지 않을 것으로 전망했는지, 이어서 살펴보겠다.

북한 붕괴론의
'확인사살'이 아직도 필요한가?

1927년생의 셀리그 해리슨은 〈워싱턴포스트〉 도쿄 지국장으로 있던 1972년 평양을 방문해 김일성을 인터뷰하면서 북한 사정에 가장 정통한 서방 언론인의 하나로 꼽히게 되었다. 그 후 언론계를 떠나 국제관계 연구에 나서면서 최고급 북한 전문가가 되었다. 1994년 6월, 사망 한 달 전의 김일성과의 세 시간에 걸친 면담으로 그는 북한과의 관계개선을 추진하는 미국 지식인으로서 현실적 존재감을 보여주기도 했다.

해리슨의 논설에 반대하는 사람들은 그의 역할이 북한의 대변인에 불과한 것이라고 비판하기도 하지만, 반대로 북한에 대한 그의 지식과 이해를 높이 평가하는 사람도 많다. 나는 후자의 의견을 가진 사람이지만, 설령 그가 "북한의 대변인"이라 하더라도 그것 역시 매우 소중한 역할로 인정해야 할 것이다. 1970년대부터 지금까지, '북한의 대변인'이 너무 적다는 사실 때문에 불필요한 어려움과 위험을 얼마나 많이 겪어왔는가.

해리슨의 논설 중 '북한 붕괴론'의 반박에 특별한 가치가 있다고 나는 본다. 소련 해체와 동구권 붕괴 이래 북한 붕괴론이 끈질기게 떠돌면서 여러 나라의 정책 결정에 큰 영향을 끼쳐왔다. 대결정책에 치우치게 한 영향뿐만 아니라 포용정책에도 많은 편향성을 일으켰다. 근년 들어 미국의 관계, 학계와 언론계에서는 많이 퇴조했지만, 한국의 이명박·박근혜 정권에서는 '최후의 발악'을 하고 있는 것처럼 보이기도 한다.

북한 붕괴론의 '확인사살'이 필요하다고 나는 본다. 미국에서 북한 붕괴론이 잦아든 데는 두 가지 이유가 있다. 하나는 두 차례 지도자의 죽음에도 불구하고 큰 동요가 없다는 사실을 통해 체제의 안정성이 확인된 것이고, 또 하나는 북한 사정에 관한 정보 공급이 (아직도 아주 원활하지는 않지만) 그동안 크게 늘어났다는 것이다.

그럼에도 불구하고 남한 정권이 북한 붕괴론에 집착하는 것은 정권의 수구성 때문이다. 남한 정책의 수구성이 남북관계의 발전을 가로막고 한반도 평화에 불필요한 위험을 가져오는 것은 전에도 있었던 일이고 요즘도 있는 일이다. 정책의 수구성을 극복하기 위해 필요한 과제의 하나가 북한 붕괴론의 청산이다.

북한 붕괴론을 비판적으로 검토하는 출발점으로 해리슨의 《코리안 엔드게임》을 살펴본다. 북한 붕괴론이 성행하던 1990년대의 여건 속에서 해리슨이 이에 반대한 논거가 어떤 것이었는지 이 책에서 살펴볼 수 있다. 그 논거의 타당성을 확인할 수 있다면 그 후의 변화된 여건 속에서 북한 붕괴론의 붕괴를 당연한 일로 볼 수 있다.

해리슨은 책의 앞머리에서 북한 붕괴론의 존재를 지적하고 그에 대한 자기 의견을 요약해서 내놓았다.

북한이 붕괴할 것인가—그리고 미국이 그 붕괴를 촉진시켜야 할 것인가—에 관한 논란은 줄곧 미국의 대(對)한반도 정책 결정을 마비시켜왔다. 이 논란을 해결할 수 없었기 때문에 미국은 평양에서 벌어지는 일을 주시하고 '제한된 개입[포용]' 정책의 가능성을 열어두면서, 시간만 보내왔다. 장기적이면서도 일관된 정책 목표가 부재한 가운데 역대 행정부들은 자기 나름의 목적을 추구하는 평양이 조성한 위기에 말려들어 임시변통책을 내놓곤 했다.

논란은 점점 단순화되어 경직된 논리를 선택하는 양상으로 진행되었다. 한쪽은 내부적으로든 외부적으로든 북한이 붕괴한다는 쪽으로 나아갔고, 다른 쪽은 김정일 체제가 조금도 바뀌지 않은 채 생존한다는 쪽으로 나아갔다. 그러나 그 중간 정도가 가장 가능성이 크다는 것이 이데올로기에 눈멀지 않은 현실적 평가이다. 북한이 생존은 하지만 노동당 체제와 그 지도력의 성격이 크게 바뀐 다음에야 그렇게 될 수 있다는 것이다. (셀리그 해리슨, 《코리안 엔드게임》, 이홍동·김태호·류재훈·이재훈 옮김, 삼인 2003, 43~44쪽)

이에 이어 클린턴 행정부에서 북한 붕괴론이 득세한 상황을 설명했다.

북한 붕괴에 대한 기대감은 클린턴 행정부 8년 동안 지속적으로 높아졌다. 특히 김일성 사망과 이후 밀어닥친 기근과 경제적 침체가 이를 부풀렸다. 1994년 10월 워싱턴이 평양과 제네바합의를 체결했을 때 공화당이 이에 대해 공격해오자 백악관과 국무부는 북한이 곧 붕괴할 것이라는 예측을 내세워 공개적으로 대응했다. 한 관리는 핵 동결 대가로 민간 경수로를 지어주는 것을 반대하는 비판자들에 대해, 경수로를 건설하는 데 10년이 걸릴 것인데 "그동안 북한 정권이 붕괴할 것이 거의 틀림없으며, 그때가 되면 북한은 이미 남한에 흡수돼 존재하지 않을 것"이라고 대답했다. (…)

1996년 1월 21일 앤서니 레이크 백악관 안보보좌관은 백악관 상황실에 나를 포함한 6명의 민간 전문가를 초청했다. 레이크는 남한 출장을 계획하고 있었다. 한반도 관련 업무를 다루는 관리 8명이 그 토론에 참석했다. 나는 그 자리에서 북한이 독립된 국가로서 계속 생존해나갈 것이라고 얘기했다. 레이크를 비롯한 관리들은 모두 나의 의견을 무시했다. 그들 대부분은 북한이 경제적 어려움과 붕괴에 대한 두려움 때문에 스스로 미국에 의존할 수밖에 없을 것이라고 주장했다. 나는 핵 동결 합의에 따라 경제제재를 완화하지 않으면 북한이 핵무기 프로그램을 재개할

것이라고 경고했다. 그들은 나의 경고에 냉소를 보냈다. (같은 책, 44~45쪽)

해리슨은 북한이 동구권 국가들처럼 쉽게 무너지지 않는 기본 이유로 민족주의와 유교적 전통 두 가지를 제시했다.

북한의 민족주의적 상징주의의 핵심 주제는 다음과 같다. 미국은 전략적 이유로 일본이 한반도에 대한 지배권을 부활시키려는 것을 돕고 있으며, 미국의 아첨꾼인 남한은 단기적인 경제적 이익을 위해 일본의 침략을 번듯이 용인하고 있다는 것이다. 남북한이 공유하는 역사 인식은 이런 논리를 강력하게 뒷받침해준다. 북한뿐 아니라 남한 사람들도 미국이 1905년 필리핀에 대한 자신의 지배권을 인정받는 대신 일본이 조선을 병합하도록 묵인해준 것을 비난한다. 그로부터 40년 뒤 미국이 소련과 함께 한반도를 분단시킨 것에 대해서도 마찬가지다. 북한은 남한이 분단 이후 미국과 일본에 휘둘려 민족적 대의를 배신했다고 본다. 평양은 남한 정부의 초기 지도자 중 많은 사람이 일본에 협력한 적이 있으며, 북한 지도자들이 항일 빨치산 전사로서 결점 없는 민족주의자들인 것과 대비된다고 주장한다. (같은 책, 54~55쪽)

한민족이 중앙집권적 관료기구를 갖추고 유교적 가치에 입각한 통일정부를 구성한 것은 1,200년 이상 거슬러 올라간다. (…) 독일은 1945년 분단될 때 통일된 기간이 1세기도 채 안 되었다. 독일 사람들의 문화적·정치적 기질은 매우 지방분권적이어서 주요 도시들은 모두 최고 상표의 소시지나 최고의 오페라하우스를 가지려고 경쟁했다. 반면 매우 동질적인 조선에서는 피라미드형 행정기구의 정점에 왕이 있었고, 지방 정부는 왕정의 지부에 불과했으며, 문화적 규범은 모두 서울에 의해 결정되었다. (…) 양반계층이 된 주요 가문들은 왕조 내부의 경쟁에서 쫓겨나지 않는 한 영구적으로 수도에 거주했다. 신성불가침한 사적 소유권이란 개념은 없었다. 왕이 변덕을 부릴 때마다 사람들의 경제생활이 박살나곤 했다. (같은 책, 70~71쪽)

유교적 윤리관에서 보면, 이상적인 지도자는 모범적인 행동이나 현명한 가르침과 같은 도덕적 영향력을 통해 나라를 다스려야 하지, 야만적인 강요에 의해 나라를 다스려서는 안 된다. 지도자는 현명함을 백성들에게 전수하고, 백성은 그 진리를 기계적으로 암기해 옳은 것을 배운다. 김일성은 조선시대 왕들처럼 백성들에게 야만적으로 강요하는 수단을 조직적으로 이용했다. 하지만 그의 백성들은 고위 당국이 내려주는 것을 기계적으로 받아들일 준비가 되어 있었고, 김일성은 이를 활용해 그들이 자발적으로 자신의 통치를 받아들이게 했다. (…) 이들을 결합시킨 사적 유대는 과거 봉건시대의 양반적 전통을 연상시킬 만큼 강력한 것이었다. 김일성은 후원자인 소련에게 배운 민주집중제와 과거 전통으로부터 내려온 유교적 가치, 문화적 유산 등을 성공적으로 결합해 전통적인 정치학의 분류법이 통하지 않는 새로운 체제를 만들어냈다. (같은 책, 72~73쪽)

민족이나 민족주의를 놓고 "상상의 공동체"니 "발명된 전통"이니 하는 말이 근래 유행하는데, 민족의 실체가 근세까지 불안정한 상태에 있던 지역과 사회에나 적용되는 말이다. 1990년을 전후해 무너진 동유럽 공산권 지역에는 1878년 베를린회담에서 세르비아, 몬테네그로와 루마니아의 독립이 결정될 때까지 완전한 주권국가가 존재하지 않았다. 오스트리아, 터키, 러시아 세 제국이 각축을 벌일 뿐이었다. 제2차 세계대전이 끝나고 공산정권이 세워진 나라들 중 70년 이상의 '민족국가' 전통을 가진 나라가 없었다. 그런 곳의 민족주의, 예컨대 '범슬라브주의Pan-Slavism'에는 '상상의 공동체'나 '발명된 전통'의 측면이 크다.

분단 이후 남한 정권이 민족주의를 등지는 일이 많았고 경제와 문화가 외부 영향에 노출되어왔음에도 불구하고 강고한 민족의식이 아직 살아 있다는 사실에 놀라는 외국인이 많다. 한국인 자신에게는 당연한 것처럼 느껴지지만, 1,000년 넘는 민족국가 역사를 배경으로 하는 한국 민족주의에는 분명히 남다른 점이 있다.

그런데 지난 70년간 남북 간 상황의 차이를 감안한다면, 북한인의 민족주의가 어떤 것이겠는가. 동유럽 국가들이 투항할 조건이라 해서 북한도 투항할 것을 기대할 수 없다. 게다가 투항 상대가 누구인가. 동유럽 공산국들은 미국에 대해 북한처럼 직접적인 '원한'을 갖고 있지 않았다. 그때까지 40여 년간 소련과의 관계 중에는 밝은 면도 있고 어두운 면도 있었을 것이다. 가까운 소련보다 먼 미국을 더 싫어하거나 두려워할 이유가 별로 없었다.

그러나 북한은 달랐다. 소련이 공산권 맹주로 버티고 있는 동안에도 소련에 전폭적으로 의지하던 동유럽 국가들과 달리 '주체'사상을 세운 것은 북한 체제가 사회주의 못지않게 민족주의에도 의지했기 때문이다. 민족주의 측면은 위기 상황일수록 부각되기 마련이다. 동유럽과 비슷한 수준의 압력으로는 무너지지 않을 특성을 북한 체제는 갖고 있었다.

민족주의와 함께 북한 체제를 버텨준 또 하나의 요소로 해리슨은 유교적 전통을 꼽았다. 유교적 전통 때문에 북한 체제가 유기체적corporatism 특성을 갖게 되었다고 그는 본다. 북한의 유기체적 특성은 브루스 커밍스가 "The Corporate State in North Korea"(Hagen Koo ed., 《State and Society in Contemporary Korea》, CornellUniversityPress 1993)에서 지적한 것이다(커밍스의 글을 옮긴 두 권의 책에서 'corporate state'를 '기업국가'로 번역한 것을 보았다. 'corporatism'의 의미에 우리 사회가 익숙지 못한 사실을 보여주는 일이다. '조합주의'나 '합의주의'로 많이 번역되어왔는데 나는 대부분 경우 '유기체론'이 더 정확할 것으로 본다).

해리슨은 유기체적 특성을 북한 체제의 결속력을 강화하고 저항력을 확보해준 요소로 제시하면서 군국주의 일본에서도 나타났던 '아시아적 조합주의'의 의미에 대해 여운을 남겼다.

커밍스는 일본이 유럽의 파시스트 강국에 합류했지만 천황체제는 대중 정당이나 명확한 이데올로기가 없기 때문에 진짜 파시즘은 아니라고 지적한다. 그것은 일본의 유교적 유산에 의해 깊은 영향을 받은 아시아적 조합주의 체제였다. 북한 체제

역시 맑스-레닌주의를 과거 정치의 유교적 유산과 뒤섞은 독특하면서도 나름의
마력을 가진 사회주의적 조합주의 체제로 표현하는 것이 가장 합당할 것이다. (같
은 책, 73쪽)

유기체적 특성의 근거를 '유교적' 전통보다는 '봉건적' 전통으로 설명하는
편이 더 적절할 것 같다. 개인주의에 입각한 '근대적' 세계관에 경쟁하는 것
이 유기체론이기 때문이다. 유교적 전통이 그리 강하지 않았던 일본 경우를
설명하는 데도 봉건적 전통으로 이해하는 편이 적합하다. 산업혁명과 계몽
사상에서 출발해 19세기 세계를 석권한 '근대주의modernism'는 유기체적 전
통질서를 파괴함으로써 하나의 '세계체제'를 만들어왔다. 정치에서는 자유주
의, 경제에서는 자본주의가 근대주의의 대표적 표현이었다.

자유주의와 자본주의가 강한 힘을 누린 20세기 세계에서 유기체론은 파시
즘 등 전체주의 체제에서 단편적으로 모습을 나타냈다. 개인주의가 지배적
위치를 점하고 있는 상황에 대한 반발로 유기체론의 표현이 극단화된 사례
가 전체주의로 나타난 것이 아니었나 하는 생각이 든다. 개인주의 세계관이
자체 모순에 의해 한계에 이른 21세기 상황에서는 유기체론의 다른 가능성
이 검토될 필요가 떠오르고 있다. 그 필요를 염두에 둔다면 유기체적 특성이
북한 체제를 지탱한 역할을 더 깊이 검토할 여지가 있는 것으로 보인다.

해리슨은 북한이 극심한 경제난을 버텨낸 이유로 제4장 "비밀스런 개혁"
에서는 북한이 나름대로 새로운 상황에 적응하기 위한 정책적 노력을 지속
적으로 해왔다는 사실을 밝히고, 제5장 "금과 석유, 그러나 무기력한 이미지"
에서는 북한의 풍부한 지하자원이 가진 잠재적 가치가 장기간에 걸친 유동
성의 위기 속에서도 경제를 지탱해준 측면을 지적한다. 이 점은 솔직히 잘 납
득되지 않는다. 북한의 버티는 힘을 조금 더 높이 평가할 수 있는 측면이기는
하지만 압력의 엄청난 규모에 대응할 만큼 큰 힘을 상상하기는 어렵다.

북한 붕괴론을 비판하는 데는 두 가지 논점이 있다. 하나는 그것이 옳은 것

인가 하는 정당성 문제이고, 또 하나는 그것이 바람직한 것인가 하는 타당성 문제다. 이재봉의 다음 글에 두 문제가 나란히 다뤄져 있다.

두 문제를 나란히 다룰 때, 두 문제의 관련성을 명확히 할 필요가 있다. 이 재봉의 글에 좋은 논점이 많이 담겨 있지만 이 점에서 아쉬운 감이 있다. 북한 붕괴론의 정당성에 대한 그의 비판에는 (그 청산을 바라는) 내 눈에도 납득하기 어려운 주장이 들어 있다.

북한처럼 폐쇄적인 독재국가에서는 대규모 시위가 일어날 수 없다. 정보가 통제되고 자유가 제한되어 불만 표출이 어렵고, 데모를 하더라도 그에 대한 탄압과 처벌이 너무 가혹할 것이기 때문이다. (이재봉,《이재봉의 법정증언》, 들녘 2015, 227쪽)

폐쇄적 독재가 인민의 저항을 다소 늦출 수는 있지만, 결국 터져 나올 때는 더욱 격렬하게 된다는 것이 남한의 경험으로도 확인된 사실이다. 7년간 유지된 유신체제보다 오래 버틸 수 있다는 사실을 설명하기 위해서는 가혹한 탄압과 처벌 정도로 부족하다.

1980년대 말부터 노동자계층의 탈북이 급증하고, 유학생 및 작가나 교원 등 지식층뿐만 아니라, 외교관이나 당비서를 포함한 지배층의 망명까지 줄을 이었다. 그러나 '지식층의 이반'이든 '지배층의 동요'든 그들 모두 정권이나 체제에 불만을 품고 북한을 탈출한다고 보는 것은 무리다. 자신들의 잘못에 따른 처벌에 대한 두려움이나 권력투쟁에서 밀려난 소외감으로 탈출할 수도 있기 때문이다. (같은 책, 228쪽)

황장엽 한 사람을 놓고는 타당한 설명이다. 그러나 수만 명에서 수십만 명에 이르는 많은 사람들의 움직임을 설명하기에는 부족하다. '탈북' 사태는 북한 체제의 상당 수준 위기를 보여준 것이다. 그 수준을 냉철히 밝혀 지나친 과장을 피할 필요는 있지만, 그 많은 사람들의 움직임을 개인적인 문제로만 돌릴 수는 없다.

이재봉의 글에서는 북한 체제의 위기를 지나치게 축소해서 보려는 의지가 느껴진다. 그보다는 북한 체제의 붕괴가 바람직하지 않은 사태라는 점의 논증에 훨씬 설득력이 있다. 그런데 정당성 문제를 타당성 문제와 관계없이 그 자체로 반증하려 하기 때문에 전체 논지의 설득력에 한계가 있는 것이다. 북한 붕괴가 관계국 모두에게 바람직하지 않은 일이기 때문에 그 가능성이 억제된다는 점에 충분한 비중을 두면 설득력이 커질 것이다.

해리슨은 북한의 붕괴 가능성을 전면적으로 부정하려 들지 않고 체제와 지도력의 상당한 변화를 겪으면서 생존의 길을 찾을 것이라는 중간적 판단을 제시했다. 그는 북한이 무조건 무너질 것인가, 아니면 무슨 일이 있어도 무너지지 않을 것인가 하는 식의 흑백론에 문제가 있다고 지적했다.

어떤 변화를 겪어내느냐 하는 조건에 붕괴 여부가 걸려있는 것이라면 주변국의 정책 선택이 그 조건에 작용할 여지가 있다. 그렇다면 미국과 남한 대결주의자들의 붕괴 '촉진' 주장도 근거가 없는 것이 아니다. 붕괴 촉진정책을 강하게 꾸준히 쓰면 정말로 붕괴를 일으킬 수도 있었으니.

북한 붕괴 촉진을 주장한 것이 미국과 남한의 일개 파벌이었을 뿐, 두 나라의 국익을 제대로 대변한 것이 아니었다는 사실이 중요하다. 1990년대를 통해 두 나라 정책이 대결주의 쪽으로 많이 기울어져 있었으나, 붕괴 가능성이 현실적으로 제기되는 상황에서는 억제된 것이 그 때문이다. 평시에는 대결주의 성향의 소수 이해집단 외에는 북한에 대한 관심이 별로 없었지만, 위기가 제기되자 국가 차원의 득실을 제대로 따지게 된 것이다. 이에 비해 중국의 대北한 정책이 같은 기간 중 일관성을 유지한 것은 미국이나 남한보다 북한 사정을 잘 파악하고 있었기 때문이다.

요컨대 북한 체제의 지속성은 자체 역량만이 아니라 주요 이해관계국들에게 그 붕괴가 바람직하지 않은 것이었다는 사실에도 의지했던 것이다. 미국은 대외정책에서 '오판'을 잘하기로 소문난 나라지만 북한을 놓고까지 결정적 오판을 저지르지는 않았다. 이라크를 멋대로 집적거려서 일으킬 수 있는 문제에 비해 북한에 대한 정책 실패가 가져올 부담이 엄청나게 클 것이 분명했기 때문이다.

1990년대 남한과 미국의 정책 결정에서 대결주의자들이 유리한 위치를 차지한 한 가지 중요한 이유가 정보와 이해의 부족이었다. 하지만 2000년 남북정상회담을 계기로 그 조건이 크게 바뀌었다. 2002년 1월 부시의 "악의 축" 발언은 미국 대결주의의 득세를 보여주고 북한은 연이은 핵실험과 미사일 발사 실험으로 이에 응수했지만, 1990년대와 같은 불안한 상황이 재현될 위험은 크게 줄어들었다. 북한의 상황이 그때보다 더 잘 알려져 있는 것이 무엇보다 중요한 이유다.

미국과 남한에서 대결주의가 우세한 동안에는 북한 입장에서 정보 유출을 가로막는 비밀주의에 유리한 점이 많았다. 그러나 외부의 위협을 줄이기 위해 "정직이 최선의 정책"인 상황으로 바뀌어왔다. 북한이 가까운 시일 내에 체제 개방까지 나아가지는 못하더라도 대외 홍보의 수준이라도 발전시킬 것을 기대한다.

김일성의 죽음과
김영삼의 갈팡질팡

1993년 7월의 제2차 북·미 회담 이후 제3차 회담이 기약 없이 늦어지는 가운데 분위기가 회담 재개를 어렵게 만드는 쪽으로 계속 흘러갔다. 10월 4일 IAEA 총회에서 북한의 사찰 수용 거부를 '우려'하는 결의를 채택했고, 11월 1일 유엔총회에서 IAEA의 노력을 지지하는 결의를 채택했다. 연말에 이르러 (12월 29일) 북·미 간 뉴욕 접촉에서 협력 방침이 합의되고, 이듬해 2월 25일 북·미 간 '4개항 동시조치 합의문'이 타결되어 수습의 길이 열리는 듯했다. 그러나 더 이상 진전을 보지 못한 채 3월 19일 남북 간 특사 교환 회담이 북한 대표의 "불바다" 발언을 남기고 파탄에 이르자 미국도 북한에 대해 강압적 태도로 돌아섰다.

이틀 후인 1994년 3월 21일 IAEA 이사회에서 북한 문제에 대한 '심각한 우려'를 표하는 결의문을 채택하고, 3월 31일에는 IAEA 입장을 지지하는 유엔 안보리 의장성명이 나왔다. 4월 20일에는 11월에 팀스피릿 훈련을 재개할 것이라는 방침이 발표되었다. 북한은 이에 반발, 영변 원자로의 연료 재장전 의도를 4월 25일 IAEA에 통보하고 5월 17일에 재장전을 시작했다. 재장전 감시를 위해 IAEA 사찰단이 입북했으나 북한 당국과의 협조가 잘 이뤄지지 않았고, 결국 6월 13일 북한의 IAEA 탈퇴선언에 이른다.

1994년 2월 윌리엄 페리가 국방장관에 취임한 후 북한 문제의 악화에 따라 군사적 조치의 가능성을 구체적으로 검토하기 시작했다. 전쟁 가능성 검토를 주도했다는 점을 놓고 페리를 강경파로 볼 수도 있지만, 셀리그 해리슨은 《코리안 엔드게임》에서 김일성·카터 회담 결과를 지지한 고위관료로 갈루치와 함께 페리를 꼽았다. 사실 페리가 주도한 전쟁 가능성 검토가 대북 강경론을 물리치는 근거를 만들어주었다. 페리는 북한 문제 완화를 위해 애쓰던 레이니 주한 대사의 의논 대상이기도 했다.

4월 김일성 생일 즈음에 김일성 주석은 넌 상원의원과 군사위원회의 또 다른 민주당 위원인 칼 레빈을 북한으로 초대했던 것으로 보인다. 넌 의원은 5월 10일 워싱턴을 방문한 짐 레이니 주한 미 대사에게 이런 이야기를 전해 들었다. 미 행정부가 여전히 북한 지도자들과 직접 커뮤니케이션을 할 수 없다는 점을 우려한 레이니 대사는 이 아이디어를 페리 장관, 레이크 보좌관, 갈루치 차관보와 논의했으며 이들은 모두 긍정적인 반응을 보였다. (조엘 위트·대니얼 폰먼·로버트 갈루치, 《북핵위기의 전말》, 김태현 옮김, 모음북스 2005, 226쪽)

이에 따라 샘 넌은 공화당의 리처드 루거 의원과 함께 5월 25일 평양으로 떠날 계획을 세웠는데, 출발 직전에 평양으로부터 그들의 "방북에 원칙적으로 동의하지만 미국의 촉박한 통지로 인해 지금으로서는 이들을 맞을 수 없다"며 6월 10일경을 대신 제안하는 연락을 받았다고 한다.(같은 책, 227쪽) 넌과 루거의 정치적 위상으로 보면 미국과의 관계에 돌파구를 찾던 북한에게 반가운 손님이었을 텐데, 그들의 방북을 결과적으로 무산시킨 것이 의아한 일이다. 카터 방북의 물밑교섭이 이미 진행되고 있었던 것일까?

카터 방북의 성과를 클린턴 행정부가 못마땅해 하면서 마지못해 받아들인 것처럼 알려진 것이 본심을 감춘 연출이 아니었나 하는 생각을 앞서 적었다.

미국 정부도 돌파구를 찾고 있었다고 보기 때문에 그런 생각을 하는 것이다. 미국은 북한 압박에 IAEA와 남한을 앞세웠는데, 그것이 북·미 회담 진행에 족쇄가 되었다. IAEA는 애초의 엄격한 사찰 기준을 고집했고, 남한은 남북관계 진전이 북·미 관계에 앞설 것을 요구했다. 이 족쇄를 풀기 위해 카터 방북의 효과를 드라마틱하게 연출할 필요가 있었으리라고 나는 생각한다.

전직 대통령이 김일성을 만난 다음 자기 의견을 일방적으로 발표해버렸다. 공식 사절이 아니라고 그냥 묵살해버릴까, 아니면 최대한 존중할 것인가, 양자택일의 상황이 되어버린 것이다. 불과 3주 후에 제3차 북·미 회담이 열리게 되는 것을 보면 미국 정부도 회담 재개를 위한 태세를 갖추고 있었던 것 같다. 그렇다면 병력 증강을 논의하고 주한 미국인들을 철수시킬 것처럼 들썩거리며 전쟁 가능성을 띄워댄 것도 정책 전환을 앞두고 동맹국에게 체면치레를 한 것일지 모른다. 퀴노네스의 상황 설명이 적절하다.

카터 전 대통령의 평양 방문이 1993년 8월 이래 교착 상태에 빠져 있던 북·미 관계를 외교적으로 해결하고 위기 상황을 잠재웠음은 그 누구도 부인할 수 없다. 카터 전 대통령은 자신의 부인만 배석시킨 가운데 김일성과 단독회담을 가졌다. 카터는 이 회담에서 우리가 1994년 2월 합의결론에서 추구하고자 했던 것을 정확히 달성했다. (…)

따져보면 카터 전 대통령과 노쇠한 김일성 주석 간에 성공적인 정상회담이 이루어질 무대는 이미 마련된 상태였다. 미국과 북한 정부는 그 한 해 전 그러니까 1993년, 대화 채널을 통해 서로의 차이점을 의논할 공통의 언어와 이 차이를 해결할 공통의 절차를 준비했다. 그러나 양국 관료들은 문제 해결 대신 과거의 인식에만 집착했다. 이런 인식은 한국전쟁과 그 후 30년 이상에 걸친 냉전체제 동안 생긴 상호 불신과 적대감에 기초한 것이었다. (…)

카터 전 대통령과 김일성 주석은 양국의 관리들이 전에 해놓은 일의 덕을 많이 보았다. 동시에 카터와 김일성 두 사람 모두 과감한 행동을 취하는 데 따르는 위험부담을 떨쳐버릴 수 있는 사회적 위치에 있는 인물들이었다. (케네스 퀴노네스, 《한반도 운명》, 노순옥 옮김, 중앙M&B 2000, 275~276쪽)

미국이 북·미 회담의 재개를 일부러 늦출 만한 조건이 또 하나 있었다. 경수로 지원비용 문제였다. 1993년 7월의 제2차 회담에서 북한의 요구가 경수로 건설 지원으로 집약된다는 사실이 분명해졌다. 수십억 달러로 예상되는 그 비용을 결국 국제컨소시엄 한반도에너지개발기구KEDO를 통해 조달하고 그 대부분을 남한이 맡게 되는데, 그런 부담을 떠안도록 바로 설득할 길이 없었다. 위트·폰먼·갈루치는 이 문제를 이렇게 설명했다.

이 모든 게임플랜은 다자적인 접근을 포함하고 있었기 때문에 파트너를 확보하는 것이 중요했다. 일본과 한국은 카터의 방북 이전까지는 북한에 경수로를 지원하는 문제를 경계하는 듯했다. 5월 갈루치는 미국은 내부적 법규제약 때문에 경수로를 직접 제공하지는 못하지만 국제적 노력을 앞장설 수는 있다고 말했었다. "도대체 일본의 납세자들이 일본을 향해 미사일을 발사해대는 북한에 경수로를 제공하기 위한 돈을 내야 하는 이유가 뭐요?"라고 일본의 한 고위관리는 따지기도 했다. 그러나 한국의 경우 남북정상회담을 개최하기로 합의한 이후부터 조금 달라진 태도를 보이기 시작했다. (조엘 위트·대니얼 폰먼·로버트 갈루치, 같은 책, 303~304쪽)

1994년 7월 8일, 꼭 1년 만에 북·미 회담이 제네바에서 재개되었다. 그런데 그날의 김일성 사망 소식이 이튿날 전해졌다. 북한 대표단은 장례 참석을 위해 바로 귀국하고 회담은 연기되었다가 한 달 후 다시 열리게 된다. 미국 대표단은 클린턴 대통령의 애도 성명을 검토한 다음 국무부의 허락을 받고 한국 외무부에 통보하고 나서 북한 대표부를 조문차 방문했다. 클린턴의 애도 성명은 짤막한 것이었다.

"미국 국민을 대표해 본인은 김일성 주석의 죽음에 대한 심심한 애도의 뜻을 북한 국민들에게 보냅니다. 우리는 두 정부 사이의 회담을 회복시킨 그분의 지도력에 경의를 표합니다. 우리는 회담이 순탄하게 계속되기를 희망합니다."(케네스 퀴노네스, 같은 책, 283쪽)

이 단계에서 남한 정부의 태도를 살펴보면서는 부끄러움을 느끼지 않을 수 없다. 김영삼의 입장이 떳떳치 못했다는 사실은 위트·폰먼·갈루치가 김영삼의 자서전에서 틀린 대목을 정면으로 짚어내는 데서 단적으로 드러난다.

하지만 전쟁의 가능성이 높아지자 강경책이 가져올 수밖에 없는 결과가 나오기 시작했다. 한국 측은 미국이 협의는 하면서도 모든 군사정보를 공유하지 않는다고 의심하기 시작했다. 한 미국 관리의 표현에 따르면 한국은 "(미국의 비핵화정책의) 제단에서 희생양이 되고 싶지 않았다." 이와 관련하여 김영삼 대통령은 후일 그의 자서전에서 이렇게 털어놓았다. 미국은 가장 가까운 한국과도 상의하지 않은 채 자국민을 철수하고 북한과의 전쟁에 막 나설 참이었다. 그래서 그가 레이니 대사와 클린턴 대통령에게 연락하여 제때 중단시켰다.
그러나 김영삼 대통령의 회고는 틀린 부분이 많다. 첫째, 미국 대사관 측에서 청와대에 철수계획에 대해서 상세히 알려준 것은 사실이지만, 자국민 철수에 막 나설 참은 아니었다. (…) 둘째, 한국 정부는 미국이 취한 조치는 물론이고 백악관 회의에서 논의 중인 조치에 대해서도 잘 알고 있었다. 셋째, 백악관에는 문제의 기간 중 김영삼 대통령이 민간인 철수나 임박한 전쟁에 대해 클린턴 대통령과 통화했다는 기록이 없다. (조엘 위트·대니얼 폰먼·로버트 갈루치, 같은 책, 269쪽)

북핵 위기가 증폭되는 동안 실무자로 일하던 퀴노네스는 남한 정부의 무책임한 태도를 보며 김영삼에게 거의 증오심을 품게 된 것 같다.

워싱턴이 서울과 조심스럽고 철저하게 자문을 하느라 평양과의 회담 진전이 거북이걸음처럼 느렸음에도 불구하고, 서울 고위층은 뉴욕의 이 과정에 대해 점점 더 언짢게 여겼다. (…) 김영삼 대통령은 이 과정을 깨도록 작심한 것 같았다. 김 대통령과 그의 안보보좌관 정종욱은 평양에 대해 남북 대화 재개 문제와 관련, 서울의 요구조건을 무조건 따르라고 워싱턴에 주장함으로써 북·미 회담을 거듭 복잡하게 만들었다. (…)

나는 김영삼 대통령이 북한과 미국 간의 관계완화를 복잡하게 하고 지연시키는 것을 최우선과제로 삼고 있다고 확신했다. 그것이 핵 문제 해결을 방해해도 상관 없는 듯 보였다. 게다가 김 대통령은 평양이 미국과의 회담에서 조급하고 좌절감을 느끼게 만들기 위해서라면 무슨 일이라도 할 작정을 한 것 같았다. 김 대통령이 그렇게 행동한 이유는 아직도 잘 모르겠다. 솔직히 말해서 1994년 2월에는 한국보다 북한이 더 모두에게 바람직한 해결책을 찾기에 열심인 것처럼 보였다. (케네스 퀴노네스, 같은 책, 267~268쪽)

북핵 문제 담당 미국 관리들이 김영삼을 보는 시각이 갈루치가 전해주는 한 장면에도 비쳐져 나타나는 것 같다. 한국의 어느 대통령 앞에서나 벌어지는 광경은 아니라고 믿고 싶다.

일련의 사건들이 정점을 향해 치닫는 상황에서 갈루치 차관보는 청와대에서 김영삼 대통령을 면담했다. 원목으로 장식되고 천장이 높은 회의실은 웅장함과 풍요로움을 동시에 풍기고 있었다. 크고 편안한 안락의자가 놓여 있었는데 의자의 간격이 너무 멀어서 방문객들은 목소리를 높여야 대화를 할 수 있었다. 또한 서로 멀리 떨어져 있으므로 노트를 주고받거나 귓속말을 할 수도 없었다. 대통령과 만난 자리에서 미국 측의 한 관리가 태평양을 건너는 장거리 비행 때문에 피곤했는지 잠이 들어 코를 크게 골았다. 하지만 다른 참석자들과 너무 떨어져 있었기 때문에 그를 깨울 방법이 없었다. 자는 동료에게 펜을 던지고 싶다는 생각을 한 미국인들이

여럿 있었을 것이다. (조엘 위트·대니얼 폰먼·로버트 갈루치, 같은 책, 177~178쪽)

이 면담을 끝낼 무렵 김영삼이 "시간은 우리 편이기 때문에 서두를 필요가 없소. 북한의 핵 카드는 효력을 잃고 있소"라고 말했다고 한다. 그는 북한 붕괴론을 철석같이 믿고 있었던 것이다. 이 면담이 있은 8일 후 판문점에서 북한 대표의 "서울 불바다" 발언이 있자 김영삼은 그 장면의 CCTV 녹화를 KBS에서 방영하게 해서 국민을 불안에 빠트렸다.

6월 13일 카터가 방북길에 서울에 들렀을 때 김영삼은 냉담했다. 그 며칠 전 클린턴에게 전화로 카터 방북에 대한 불평을 늘어놓았다고 한다.

그렇다고 하더라도[카터 방북이 미국 정부의 뜻이 아니라 하더라도] 김영삼 대통령은 카터의 방북을 반기지 않았다. 한국이 또다시 뒤로 밀릴 수 있다고 생각했기 때문이었다. 더욱이 김영삼 대통령의 정적인 김대중이 바로 직전 카터의 방북을 제안한 적이 있었다. 김 대통령에게 있어 '김대중의 아이디어'라는 말은 곧 그것을 반대한다는 것과 같았다.

카터의 방북 결정 소식을 듣자마자 김영삼 대통령은 클린턴 대통령에게 전화를 걸었다. 겉으로는 러시아 방문 결과가 안건이라고 했지만 이어서 카터의 방북에 대해서 입을 열었다. 그는 제재에 대한 국제적 지지가 증가하고 있는 판국에 카터가 방북하는 것은 실수라고 말했다. (…) 김 대통령은 분을 참지 못하는 듯했다. "김일성은 카터의 방북을 서방세계에 대한 대화와 미소작전에 활용할 것"이라고 기자들에게 말했다. (같은 책, 249쪽)

카터가 막상 평양에서 돌아오자 김영삼의 표정이 며칠 전과 천양지판으로 달라졌다.

카터는 미국 정부로부터는 찬밥 대우를 받았지만 한국 정부로부터는 대단한 환대를 받았다. 다음 일정은 김영삼 대통령과의 오찬이었는데, 이 자리에서 김일성이 "언제 어디서든, 조건 없이 가급적 이른 시간에" 남북정상회담에 응하겠다는 것을 밝힌 것이었다. 불과 며칠 전 떨떠름한 기분으로 카터를 만났던 김 대통령의 입이 딱 벌어졌다. 뛰어난 정치가라면 기회를 놓치지 말아야 한다는 것이 지론인 그는 이 기회를 놓치지 않았다. 최초로 남북정상회담을 갖는 남한의 대통령이 되는 꿈을 이룰 수 있는 기회였다. 그는 카터의 동의를 구한 뒤 공보수석을 불러 그 사실을 발표하라고 지시했다. (같은 책, 287쪽)

밥 다 먹을 때까지 기다리지도 못하고 바로 발표를 지시하다니, "입이 딱 벌어졌다"는 표현이 과장이 아니다. 며칠 후 클린턴과의 전화에서 김영삼이 한 말을 보면 남북정상회담을 통해 북핵 문제에서 남한이 주도권을 쥘 것을 기대한 것 같다.

같은 날 북한은 한국의 정상회담 제안을 수락했다. 남북한이 뭔가 합의하려면 수차례 줄다리기가 있었던 전과는 달리 북한 총리 강성산이 보낸 메시지는 남한의 제안을 그대로 수용하는 내용이었다.

그날 저녁 클린턴 대통령과 김영삼 대통령은 전화통화를 했다. 클린턴 대통령은 그날 일어난 일들이 완전한 해결책은 아니지만 해결할 수 있는 기회는 된다고 말했다. 그리고 앞으로 두 사람의 대통령이 계속 밀접하게 협력할 필요가 있다고 말했다. 김 대통령은 카터의 방북에 회의적이었지만 이제는 긍정적인 진전이라고 생각한다고 말했다. 그리고 93%의 국민이 정상회담을 지지하며 60%가 그것을 통해 핵 문제가 해결될 것이라고 생각한다고 덧붙였다. (같은 책, 293~294쪽)

이렇게 좋아하던 사람이 몇 주일 후 김일성 사망 소식을 듣자 또 한 차례 표변해서 조문 파동까지 일으켰다. 너무나 간절하게 바라던 정상회담의 꿈이 사라진 것이 억울해서? 미국 대통령이 애도 성명을 발표하고 북·미 회담 미국 대표단이 조문을 가는 마당에 국내 조문 주장을 탄압한 것은 인간적으로나 정치적으로나 바닥을 보여주는 짓이었다.

결정적인 문제가 북한 붕괴론에 있지 않았나 생각된다. 그러잖아도 김영삼의 신념이 되어 있던 북한 붕괴론이 이제 눈앞의 현실처럼 떠오른 것이 아닐까. 40여 년간 북한을 이끌어온 김일성이 사라졌으니. 정상회담은 북한 붕괴 전에 유리한 위치를 차지할 기회로 그에게는 인식되었을 것이다. 그런 기회가 코앞에서 사라진 것이 그에게는 애통했을 것이다.

북한은 '1인 체제'로 알려져 있었다. 그 한 사람이 사라지면 체제가 무너지는 것일까? 그가 사라질 때를 대비해서 '후계자'가 준비되어 있었다. 그 후계자에 대해서는 부정적인 소문이 많이 떠돌고 있었다. 혈육이라는 이유 하나로 낙점을 받았을 뿐, 방탕하고 포악한 전형적 '폭군'의 모습을 그리는 소문이었다.

20년 넘게 후계자 자리에 있으면서도 김정일은 외부세계에 모습을 드러내지 않고 있었다. 그러다가 2000년 남북정상회담에서부터 모습을 거침없이 나타내기 시작했다. 1994년 계승 당시에는 괴이한 소문에만 감싸여 있던 이 '1인 체제 후계자'가 어떤 인물인가에 북한의 장래가 크게 걸려 있는 것으로 외부에서는 인식하고 있었다.

셸리그 해리슨은 2002년 나온 《코리안 엔드게임》 제1부 "북한은 붕괴할 것인가?"의 마지막 장에서, 막 면목을 드러내기 시작하고 있던 이 북한 지도자가 어떤 인물인지, 그때까지 떠돌던 이야기들을 정리해놓았다. 이제 그 내용을 살펴보며 김정일의 역할에 대한 계승 당시의 전망을 뒤돌아보겠다.

김정일은 광인狂人도
초인超人도 아니었다

김정일(1942~2011)은 1970년대 초 김일성 '1인 체제'의 후계자가 된 것으로 알려졌다. 1980년 공식적 제2인자의 위치에 나서고 1990년경부터 통치권을 분담하고 있다가 1994년 7월 김일성 사망 후 2011년 12월 자신의 사망까지 최고권력자 자리를 지켰다.

1인 체제란 1인의 안위에 체제의 안위가 걸려 있는 체제다. 김일성 1인 체제는 1950년대 중반부터 40년간이나 계속된 것이기 때문에 그 상관관계가 더욱 강력한 것으로 인식되었다. 체제 계승 준비를 20년간 해왔다 해도 항일투쟁의 후광 위에 반세기 동안 구축되어온 김일성의 지도력을 후계자가 대신할 수 있을지는 의심스러운 일이었다. 많은 북한 붕괴론자들은 김일성 사망이 붕괴의 결정적 계기가 될 것으로 내다보았다.

경제를 비롯한 여러 방면의 위기 속에서 1994년 김일성이 죽었을 때 북한이 위기를 얼마 동안 어떻게 버텨낼 수 있을지 후계자 김정일의 능력에 많이 걸려 있는 것으로 보였다. 그런데 김정일은 권력승계 후에도 모습을 잘 드러내지 않았고, 관심에 비해 정보가 적은 그의 신상을 둘러싸고 부정적 소문이 횡행했다.

김일성이 1994년 죽은 뒤 6년 동안 김정일은 신비로운 은둔자로 남아 있었다. 서방 언론들은 남한이나 미국 정보 당국이 유포한 잘못된 정보를 앵무새처럼 반복하면서 그를 괴짜이고 난봉꾼이며, 멍청하고 위험하고 비이성적인 데다 예측 불가능한 사람으로 묘사했다. 그러다 그는 2000년 6월 남한의 김대중 대통령과의 정상회담 때 갑자기 모습을 드러내 세계 언론의 각광을 받았다. (셀리그 해리슨, 《코리안 엔드게임》, 이홍동·김태호·류재훈·이재훈 옮김, 삼인 2003, 115쪽)

2000년 이전 김정일의 부정적 모습에 관한 정보의 중요한 출처로 해리슨은 1978~1986년에 북한에서 살았던 최은희·신상옥과 1997년 망명한 황장엽의 기록을 소개한다. 1980년대 북한 사정을 살펴보기 위해 황장엽의 회고록을 참고할 때 김정일에 대한 부정적 서술을 많이 보았다. 폄하와 비난의 동기가 너무 노골적이어서 김정일에 관한 황장엽의 서술에는 참고 가치가 거의 없다고 판단했다. 그러나 독자의 판단을 위해 해리슨이 인용한 부분만은 옮겨놓겠다.

"김정일은 똑똑하지만 거만하고 망상에 사로잡힌 음모꾼이고, 완고합니다. 교활하고 속임수를 잘 쓰지요. 자신의 권력을 영속화하는 데만 신경을 쓰고, 개인적 이익과 손해의 차원에서 모든 문제에 접근합니다."
"그(김일성) 역시 독재자였지만 다른 사람의 의견을 들었고 유연했습니다. 나는 대체로 그를 존경했습니다. 그의 가장 큰 약점은 가족을 너무나 챙긴 나머지 족벌주의를 했다는 것입니다. 문제는 비교적 젊은 아들한테 매일의 국무를 처리할 절대권력을 주는 바람에 자기 아들을 완전히 망쳐버렸다는 점입니다. 이제 김정일은 어느 누구의 말도 듣지 않으려 합니다. 아버지와 달리 그는 '정치적 동물'이라고 할 만한 사람이 아닙니다." (같은 책, 124쪽)

최은희·신상옥의 서술은 직접 찾아보지 않고 해리슨이 인용한 내용만 훑어봤는데, 역시 김정일을 폄하하려는 동기가 꽤 느껴진다. 예컨대 김정일의 별장들에 대해 "사치스럽고 비싼 것들로 치장되어 있지만 어쨌든 좀 촌스러웠어요. 예를 들면 모든 방에 크리스털 샹들리에가 있는데 꼴사납고 어색하게 매달려 있었지요" 같은 대목. 한 국가지도자를 놓고 실내장식 감각을 흉보는 것은 깎아내리고 싶은 마음이 지나치게 앞서서였던 듯하다.

편향성이 느껴지는 황장엽과 최은희·신상옥과 달리 공정한 입장에서 흥미로운 증언을 남긴 김정일의 측근 한 사람이 있다. 1966년생의 리남옥은 1979년부터 이모인 성혜림(김정일의 아내)을 따라 김정일의 집에서 살며 김정일의 장남 김정남의 놀이동무로 지내다가 1992년 제네바 유학 중 망명했다.

리남옥은 망명의 동기가 정치적인 것이 아니라 개인적인 것이라고 밝혔다. "나 자신의 인생을 위해서 그리고 조선 사람으로서의 나의 정체성과, 여성의 지적·전문적 자아실현에 관한 서구적 개념들을 결합하기 위해서, 나는 조국을 떠났다." 중매결혼을 피하는 것이 망명의 결정적 계기였다고 하며, 이후 망명을 도와준 프랑스 정보기관 요원의 아들과 결혼하게 되었다고 한다.

망명 초기에 언론 노출을 피한 것은 정치적으로 이용당할 위험 때문이었다. "내가 말하는 것들이 왜곡되어 다른 사람들의 정치적인 목적이나 선전에 사용되는 것을 원하지 않는다"고 말했다 한다. 그러다가 북한의 기근사태 때 북한에 대한 서방세계의 이해를 늘려줄 필요를 느끼면서 발언을 시작하고 자서전 집필에 착수했다. 그가 결국 자서전 출간을 포기한 뒤 집필을 도와주던 작가 이모진 오닐이 그에게 들은 말을 토대로 《Breaking Silence》를 냈다는데(같은 책, 118쪽), 아마존에서는 이 책을 검색할 수 없었다.

1998년 미국의 NPR 라디오방송에서 레이 수아레스와 인터뷰할 때 김정일에 대한 리남옥의 발언이 《코리안 엔드게임》 118~119쪽에 인용되어 있다. 2000년 남북정상회담 이후 알려지게 될 김정일의 모습과 일치하는 내용이다.

"[바깥세상이 만들어낸 김정일의 이미지는] 우스꽝스럽게 희화화된 것입니다. 그
는 자유분방하며 현대적으로 생각하는 사람입니다. 재기가 번뜩이고, 내가 읽었던
글에서처럼 정신적으로 불안정하지 않습니다. 그는 거처에 있는 사무실에서 밤늦
게까지 매우 열심히 일합니다. 그 방은 몇 개의 텔레비전 모니터와 외국의 뉴스 방
송을 들을 수 있는 특수 라디오들이 있습니다. 그는 개방적이고 컴퓨터나 음악, 자
동차, 좋은 음식 등과 같은 분야에 폭넓은 관심을 갖고 있습니다. 그는 아주 유쾌
해요. 그는 일반적인 다른 사람과 같습니다." (같은 책, 118~119쪽)

대형 초상화를 내거는 일이나 북한 언론의 우상화를 지적하며 수아레스가
이의를 제기하자 리남옥은 이렇게 답했다고 한다. "그건 그 사람을 넘어서는
문제입니다. 그런 일들이 굴러가는 체제 때문이지요."

리남옥의 증언이 강한 신뢰감을 주는 것은 극단적 미화를 삼가기 때문이
다. NPR 방송 때 시청자 전화에서 김정일의 알코올 중독, 자동차 속도광 등
에 대한 질문이 있자 지체 없이 대답했다고 한다.

"맞아요, 그는 자동차를 좋아하죠. 그건 사실이에요. 술도 엄청 잘 마십니다. 그러
나 일본 사람이나 아시아 사람들은 누구나 술을 많이 마셔요. 그렇기 때문에 그런
점에선 별로 독특하지 않습니다." (같은 책, 119쪽)

있는 그대로 받아들이는 자세를 보여주는 것이다. 일본 〈문예춘추文藝春秋〉
인터뷰(1998년 2월 10일자)에서도 키에 대한 김정일의 자의식을 가볍게 인정했다.

"그는 우리들에게 키 크기 위해 운동하라고 거듭거듭 얘기했어요. 그는 아들 김정
남을 자랑스럽게 생각했는데 키가 컸기 때문입니다." (같은 책, 120쪽)

해리슨은 1972년과 1994년에 김일성을 만나 장시간 이야기를 나눈 일이

있었다. 그러나 김정일과는 2001년《코리안 엔드게임》집필 때까지도 만난 적이 없었다. 그는 여러 사람에게 들은 이야기를 통해 김정일은 국민에게 (김일성처럼) 숭배의 대상이 아니라 존경의 대상이라는 인상을 받았으며, 권위 있는 지배 대신 실제적 해결을 요구하는 북한 현실의 변화를 이로부터 알아볼 수 있었다고 한다.(같은 책, 125쪽) 2001년 시점에서 해리슨은 김정일의 역할을 이렇게 내다보았다.

김정일은 그의 아버지처럼 카리스마를 가진 지도자가 아니며, 아버지의 리더십 모델을 모방하려고 하지도 않는다. 그는 헌법을 새로 개정해 군부가 노동당 대신 정치적 권위의 중심이 되도록 하고 이를 자신의 권력 토대로 만들었다. 북한은 이미 무혈 군사 쿠데타를 겪은 셈이다. 김정일 체제는 이런 과정을 거쳐 분파주의가 준동하는 일 없이 또 다른 후계체제로 안정적으로 이행할 수 있을 것이다. 군부 지도자들이 김정일에게 한 것처럼 새로운 지도층에 대해서도 권력 토대와 정치적 기반을 제공할 것이기 때문이다. 김정일이 조심스럽게 '비밀스런 개혁'을 추구하는 것은, 그가 아버지의 카리스마나 획일적인 통제력을 갖지 못했기 때문이다. 2001년의 평양은 김정일의 정책 결정에 영향을 미치려는 압력단체들의 경쟁과, 매파와 비둘기파의 이데올로기 투쟁으로 정글을 방불케 했다. 그럼에도 불구하고 그가 신중하게 계획한 개혁안은 통치기간 동안 탄력을 받을 것이며, 이는 북한의 공식 이데올로기가 실용주의적 경제정책으로 변화하는 토대를 제공할 것이다. 이런 변화는 그의 통치기간 중에 이루어지지 않으면 후계자에 의하여 이루어질 것이다. (같은 책, 114~115쪽)

해리슨이 북한 옹호에 너무 기울어졌다는 이유로 미국 관리들의 신뢰를 받지 못한 인물이라는 점은 앞에서도 밝힌 바 있다. 그러나《코리안 엔드게임》을 읽은 내 판단으로는 편향성이 그리 심하지 않다. 2000년 이전, 북한에 관한 정보가 극히 적을 때 근거 없이 북한을 폄훼하는 대결주의자들이 언론을 지배하고 있었기 때문에 멀쩡한 사람이 오히려 바보 취급 당하는 상황이었던 것으로 생각된다. 김정일이 모습을 나타내기 시작하자 그에 관해서도 해리슨의 관점이 정확했던 것으로 판명되었다.

2000년 6월 3일 정상회담 준비를 위해 특사로 북한에 가 김정일을 처음 만난 임동원은 귀경 후 대통령에게 보고할 때 이렇게 말했다.

"상대방의 말을 경청하며 말하기를 즐기는 타입입니다. 식견이 있고 두뇌가 명석하며 판단력이 빨랐습니다. (…) 수긍이 되면 즉각 받아들이고 결단하는 성격입니다. 개방적이고 실용적인 사고방식을 갖고 있으며, 말이 논리적이지는 않지만 주제의 핵심을 잃지 않는, 좋은 대화 상대자라는 인상을 받았습니다. 특히 연장자를 깍듯이 예우한다는 느낌을 받았습니다." (임동원, 《피스메이커》, 창비 2015, 58~59쪽)

남북정상회담 후 김정일에 대한 외부 인식의 변화를 해리슨은 이렇게 설명했다.

김대중은 그가 "지성과 분별력, 개혁 마인드를 갖고 있으며 상식적으로 얘기할 수 있는 그런 타입의 인물"임을 알게 되었다. 올브라이트 국무장관은 김정일과 여섯 시간 동안 회담을 한 뒤, "상대방의 얘기를 매우 잘 들으며 훌륭한 대화 상대자이다. 매우 결단력이 있으며 실용주의적이라는 데 강한 인상을 받았다. 또 진지했다"고 묘사했다. 〈워싱턴포스트〉 칼럼니스트가 표현한 것처럼 워싱턴의 일상적인 회의석상에서는 그가 "이성적이고 개방적인 일련의 정책을 지원할 능력이 있는" 인물이라는 것이 새로운 상식이 되었다. 서울 언론들도 남북정상회담이나 그 뒤 8월에 김정일이 46명의 남한 언론사 사장을 위해 주최한 오찬을 보도하면서 비슷한 시각을 나타냈다. 남한 언론들은 그의 "실용주의적 태도", "깍듯한, 전형적인 한국식 예의범절", "자신 있고, 자유롭고, 여유 있고, 솔직한" 성격, "실수를 기꺼이 인정하는 태도", "세계 사정을 포함한 많은 분야에 대한 상당한 지식" 등에 대해 보도했다. CNN이나 BBC, 일본 라디오 및 텔레비전을 통해 이런 지식을 얻은 것 같다는 얘기도 보도되었다. 남한에 주재하는 〈파이낸셜타임스〉 특파원이 보도한 것처럼, "한때 김정일을 경멸의 표적으로 만든 것들, 예를 들어 배불뚝이에다 왜소한 체격, 부풀린 헤어스타일, 뒷굽을 높인 구두 등은 이제 오히려 애정을 느끼게 하는 것이 되어버렸다." 남한의 어린이들은 그의 사진을 "만화로 그려 전자우편으로 부치기도 하고, 그가 배불뚝이인 데다 마음을 밝게 해준다면서 텔레토비에 비유하기도 한다." (셀리그 해리슨, 같은 책, 115~116쪽)

김정일이 "거만하고 망상에 사로잡힌 음모꾼"이라는 황장엽의 말은 한마디로 황당무계할 뿐이다. 그런 말을 그가 한 것은 그런 말을 듣고 싶어 하는 사람들이 있고, 그런 말을 함으로써 그가 혜택을 얻을 수 있었기 때문이라고밖에 생각할 수 없다. 2000년 이전에는 그런 말을 마음대로 할 수 있었지만, 2000년 6월 이후로는 그런 말이 통하지 않게 되었다.

대결주의자들은 북한 붕괴론의 설득력을 늘리기 위해 북한 사정을 나쁜 쪽으로 선전하는 경향이 있었고, 김정일을 정신병자나 인격파탄자의 모습으로 그리는 것은 그중 중요한 일이었다. 북한 사정에 관한 정확한 정보가 적을 때 그들의 선전활동은 절제 없이 펼쳐졌다. 2000년 김정일은 그런 사정을 이용해 반격의 홍보전에 나서서 큰 성공을 거뒀다.

이 때문에 북한 사정을 거꾸로 미화해서 상상하는 풍조까지 일어났다. 나 자신 2002년 연변에 처음 가볼 때까지 북한 경제난에 관한 보도가 대결주의자들의 선전에 치우친 것이 아닐까 의심을 품고 있었다. 두만강 너머 헐벗은 북한 강산을 바라보며, 연변 사람들의 이런저런 이야기를 들으며 북한의 참상이 사실이라는 것을 비로소 확인하게 되었다.

"아는 것을 안다 하고 모르는 것을 모른다 하는 것, 그것이 곧 앎이니라." '앎'이 무엇인지 자로子路가 물을 때 공자의 대답이다. 적게 아는 것보다 잘못 아는 것이 더 큰 문제다. 정보가 부족할 때는 억지로 짐작하지 말고 모른다는 사실을 인정해야 한다. 김정일이 예상 밖의 모습을 보였을 때 종래의 잘못된 선전 내용을 벗어던지는 것은 물론이지만, 그에 대한 반동으로 지나치게 높이 평가하는 것도 조심할 일이다.

2000년 정상회담을 계기로 김정일이 특별한 인격상의 문제가 없고 상당히 유능한 사람이라는 사실이 밝혀졌다. 그리고 북한의 권력 세습이 맹목적 권력승계가 아니라 치밀한 체제 운용방법이라는 사실도 밝혀졌다. 권력자의 유고有故 여부에 붕괴론이 지나치게 의지했던 것은 반성해야 할 일이다.

제1차 북핵 위기에서
북한 전략은 합리적인 것이었다

김일성의 사망 소식을 접한 미국 정부는 꽤 명쾌한 반응을 보였다. 조의를 담은 아주 짧은 대통령 성명을 내고 제네바에 가 있던 북·미 회담 대표단이 북한 대표부를 조문차 방문하게 했다. 전 세계의 북한 외교공관에 분향소가 설치되었지만 제네바 외의 다른 곳에서는 미국 외교관이 방문하지 않도록 했다. '최소한'의 예의를 갖춘 것이다. 한 미국 관리는 그 의미를 이렇게 요약했다고 한다.

> "이 일은 북한 역사에 가장 중요한 순간의 하나였다. 미국에게는 사소한 일이지만 북한에게는 엄청나게 중요한 상징적 의미를 갖는 일이었다. 따라서 미국 정부는 사소한 것으로 크게 생색을 낼 수 있는 기회였다." (조엘 위트·대니얼 폰먼·로버트 갈루치,《북핵위기의 전말》, 김태현 옮김, 모음북스 2005, 315쪽)

남한 정부가 생색 낼 기회를 누리지 못한 것은 미국에게처럼 "사소한" 일이 아니었기 때문일까? 소식이 전해진 직후 김영삼 정부의 결정 두 가지는 정부의 공식 입장을 "아섭다"는 표현으로 한 것과 군대에 비상경계령을 내린 것이었다. 비상경계령은 명백한 적대적 반응이었다. "아쉽다"는 공식 입장은 그보다 온건한 것이었지만 며칠 후 이부영 의원의 조문 제안에 대한 반응은 비상경계령보다도 더 험악한 것이었다. 남한 정부는 북한에게 생색을 내기는 커녕 냉전 이후 최악의 적대적 태도를 보여준 것이다.

'혈맹' 관계의 두 나라가 서로 다른 태도를 보인 것은 북한과의 관계에 대한 전망이 서로 달랐기 때문이었다. 김일성의 사망으로 북한 붕괴론이 더 힘을 얻은 것은 미국도 마찬가지였다. 그러나 미국은 북한이 설령 결국 붕괴하더라도 그 전에 대화를 통해 얻을 것이 많다는 입장이었다. 남한과 미국의 태도 차이를 보여주는 이런 일도 있었다.

한국 정부가 대북 강경정책으로 선회하면서 취한 일련의 조치는 북핵 위기와 관련한 미국의 정책과도 충돌하기 시작했다. 7월 말 국가안전기획부는 두 명의 탈북자를 공개했는데 그중 한 명은 북한 총리 강성산의 사위 강명도였다. 강명도는 기자회견에서 북한이 이미 다섯 개의 핵무기를 제조했다고 주장했다. 외무부는 그의 주장에 놀라기만 했지만 미국 정부는 강력히 항의하고 나섰다. 그의 주장은 근거가 없었을뿐더러 북한과의 대화를 훼방하기 위한 의도를 깔고 있는 것으로 보였기 때문이다. 청와대는 강명도의 주장은 소문에만 의거한, 근거가 없는 말일 뿐이라고 물러섰다.

한·미 간의 핫라인을 통해 토니 레이크 안보보좌관은 정종욱 외교안보수석에게, 강명도의 주장을 부인한 것은 고맙지만 애초에 그런 내용의 기자회견을 한 저의가 뭐냐고 따졌다. 정 수석은 안기부가 무슨 악의를 가지고 한 일은 아니며 강명도는 그 발언에 대한 대가를 치르고 있는 중이라고 대답했다. 그와 같은 기자회견이 사전에 기획되지는 않았을지 몰라도 탈북자들이 북한에 대해 부정적인 내용을 진술하지 않을 수 없는 상황에 있었음은 틀림없었다. (같은 책, 318쪽)

북한이 핵무기를 이미 보유하고 있다는 주장을 근거 없이 내놓는 것은 로버트 게이츠 CIA 국장 같은 미국인들에게 배운 것이겠지만, 맥락이 틀렸다. 게이츠는 북한에 관한 정보가 전혀 없던 상황에서 세계 최강 정보기관 수장의 권위 위에 뻥을 쳤다. 탈북자 개인의 권위와 비교가 안 된다. 그리고 게이츠의 뻥 이후 여러 차례 북·미 회담을 통해 북한 핵 사업의 실체가 많이 밝혀져왔다. 강명도의 뻥은 북·미 관계에 종사한 미국 관리들이 모두 바보등신이라는 주장을 함축한 것이었다. 레이크 보좌관이 발끈한 것은 당연한 일이다.

북·미 관계에 종사한 미국 관리들은 남한 정부의 갈팡질팡에 시달리다 보니 남한 국내정치에 대해서도 일가견을 갖게 된 것 같다.

3주일이라는 짧은 시간에 한국 정부의 태도는 "관망"에서 "대북 적대" 정책으로 급선회했다. 이번에도 김 대통령은 정치적으로 어려운 상황에 처할 때마다 취했던 "두드려보고 건너는" 방법을 취했다. 즉 여론이 형성될 때까지 입장 표명을 미루다가 가장 주류의 입장에 편승하는 방법이었다. 대통령이 관망하는 사이 보수파들이 그 공백을 비집고 들어와 논쟁을 선점했고, 주사파 학생들이 여론을 악화시킨 결과 정부는 강경한 입장으로 선회하게 된 것이다. 사실 보수주의적 견해가 김 대통령의 성향과도 맞아 떨어졌기 때문에 김 대통령은 북한에 대해 "강경"하다는 이유로 지지도가 일시적으로 상승했다. (같은 책, 319쪽)

이렇게 해서 남한은 이후의 북·미 회담 진행에 대한 영향력을 잃었다. 그동안 남북 대화가 북·미 대화에 선행해야 한다는 주장으로 북·미 회담 진행을 견제해왔는데, 8월 5일 북·미 회담이 속개될 때까지 북한에 대한 적대감을 아낌없이 드러내면서 김일성 대신 김정일과의 정상회담 가능성도 일축해버렸기 때문에 그 명분을 더 이상 내세울 수 없게 된 것이다.

북·미 회담 속개 시점에서 미국 대표단의 분위기를 퀴노네스는 이렇게 그렸다.

김일성 사망 한 달 뒤, 미국과 북한 대표단은 제네바로 돌아왔다. 그러나 분위기는
전과 달랐다. 카터와 김일성 간의 드라마틱한 만남이 빚어냈던 낙관적 분위기가
완전히 씻겨나가고 없었다. 양국 대표단이 마지막으로 만난 것은 김일성 사망 소
식이 전해지기 전날인 7월 8일이었는데, 7월 중에 상황은 일대 전환을 겪은 셈이
었다. 김일성은 무대에서 사라졌고 그의 아들 김정일이 권력을 장악하고 있는 것
으로 보였다. 그러나 김정일의 권력승계 여부를 둘러싸고 온갖 억측이 난무한 것
도 사실이다. (…)

평양의 불투명한 상황은 미국 정부에도 걱정스러운 일이었다. 강석주는 계속해서
북한을 대표할 것인가? 그는 김정일의 확고한 신임을 받고 있는가? 김정일은 권
력을 완전 장악하고 있는가? 이런 의문은 당시 우리가 확인할 수 없는 문제들이었
다. 그렇다고 해서 상황이 완전히 정리되기를 무작정 기다리고만 있을 수도 없었
다. 우리 대표단의 최우선과제는 북한 핵 시설에 대한 전면적 핵 안전장치를 마련
하는 것이었다. (케네스 퀴노네스, 《한반도 운명》, 노순옥 옮김, 중앙M&B 2000, 288~289쪽)

남한 정부는 언론플레이에 너무 열중하다가 미국 대표단의 신뢰를 잃기도
했다.

우리를 끊임없이 괴롭힌 것은 언론보도였다. 거의 매일같이 한국 관리들이 한국
언론에 북·미 회담의 진행사항을 흘려주고 있었다. 이 때문에 끊임없이 회담에 대
한 헛소문과 비판이 일어 협상작업은 어려워지곤 했다. 한국 관리들은 정보누설을
차단해달라는 미국 측의 거듭된 요청을 전혀 대수롭게 생각하지 않았다. 결국 미
국 대표단은 갈루치와 강석주 사이의 축소회담 내용을 제네바 주재 한국 외교관
들에게 브리핑해주던 일을 중단하고 말았다. (같은 책, 302쪽)

회담 속개 불과 일주일 후에 양국 합의성명이 나온 것을 보면 양측 대표단
이 합의 도출을 위해 적극적으로 협력한 사실을 짐작할 수 있다. 이 성명의

내용과 성격을 퀴노네스가 설명하는 대목에서도 남한의 부정적 역할을 알아볼 수 있다.

8월 12일의 합의성명은 기본적으로 두 달 후에 모습을 드러낼 1994년 10월 21일의 '기본합의문'의 준비를 위한 개략적 초안이었다. 이것은 두 나라를 대표하는 외교관들이 서명한 최초의 합의였다. 우리가 합의문의 서명 시에 이 사실을 비밀에 부친 것은 한국의 부정적 반응이 예상되었기 때문이다. 이 문서의 큰 중요성은 두 나라가 서로 상대방의 가장 요긴한 요망사항을 들어줄 용의를 서면으로 표시한 최초의 문서라는 사실에 있다. 북한은 2기의 경수로와 함께 궁극적 관계 정상화를 위한 약속을 얻어내고, 미국은 북한이 핵확산금지조약과 국제원자력기구에 대한 태도를 바로잡을 뜻을 확인해줌에 따라 세계적 핵안전체제를 유지할 수 있게 되는 것이었다.

그러나 몇몇 중요 사안은 여전히 미해결 상태로 남아 있었다. 미국은 특별사찰을 요구했지만 북한은 계속해서 이것을 완강히 거부했다. 북한 측은 팀스피릿 훈련의 중지와 북·미 평화조약 체결을 요구했다. 미국은 팀스피릿 훈련 중지는 수용하는 쪽으로 기울었지만 북·미 평화협정 체결은 전혀 재고하지 않았다. 게다가 한국은 북한의 남북 대화 재개 약속을 요구하고 있었다. (같은 책, 309~310쪽)

'특별사찰'이 아직도 문제가 되고 있다. 형식적으로만 존재하던 특별사찰 제도를 IAEA가 북한을 상대로 들고 나온 것은 미국이 제기한 연료 재처리 문제 때문이었다. 원래 NPT에는 재처리를 규제하는 내용이 없다. 미국이 하도 요란을 떠는 바람에 IAEA에서 특별사찰을 끄집어낸 것인데, 한번 끄집어낸 이상 국제기구의 위신 때문에 도로 접어 넣을 수도 없었다. 그리고 미국은 국제기구의 요청을 존중한다는 명분으로 이것을 북한에 들이대왔다.

북한 입장에서는 특별사찰 요구가 불공정한 횡포이므로 결코 받아들일 수 없었다. IAEA가 일방적으로 지정하는 장소를 사찰하게 하는 특별사찰 제도는 주권 침해가 심한 것이기 때문에 아주 특별한 경우에 대비하는 제도다. 이스라엘, 인도, 파키스탄 등 핵무기를 만드는 나라들은 NPT 가입국이 아니라서 손도 못 대는 IAEA가 유독 북한에게만 특별사찰을 요구한다면 NPT에서도 IAEA에서도 탈퇴하겠다는 것이 북한 입장이었다. 카터는 이 요구가 무리한 것이라고 인정했기 때문에 이 문제를 배제하고 김일성과의 회담에 임했다.

따라서 특별사찰 문제는 미국에게 북·미 회담의 자물쇠인 셈이었다. 회담을 파탄내고 싶으면 언제든지 이 문제를 강경하게 요구하기만 하면 되는 것이었다. 그러나 협상을 원할 때는 옆에 치워놓으면 됐다. 1974년 8월 북·미 회담의 합의문에서는 "전면적 핵안전조치를 준수"한다는 말로 표현을 바꿈으로써 이 문제를 회피했다. 물론 그 표현이 미국에게는 '특별사찰'의 뜻이었고 북한에게는 그렇지 않았기 때문에 문제의 소지가 남아 있었다.

제네바의 회담에서 중요한 진전이 이루어졌지만 외교적 상황은 여전히 어렵고 복잡했다. 갈루치는 북한이 특별사찰을 수락했다고 말했다. 강석주는 수락은커녕 논의한 적도 없다고 말했다. 그에 따라 상황이 매우 불확실해졌다. 또 북한은 예의 양다리 걸치는 작전으로 나왔다. 북한이 합의사항을 이행할지의 여부는 "IAEA의 불공정성이 얼마나 고쳐지는가에 달려 있다"고 했다. 다른 한편으로 강석주는 "특별사찰 문제는 상호 신뢰가 회복되면 해결될 것"이라며 보다 전향적인 입장을 보였다. 최소한 카터·김일성 회담 당시의 입장으로 돌아간 것이다. 이상과 같은 북한의 태도를 서방의 언론들은 대체로 부정적으로 해석했다. (조엘 위트·대니얼 폰먼·로버트 갈루치, 같은 책, 339~340쪽)

1993년 7월 제2차 북·미 회담 이래 미국 정부 내에서는 과거와 현재 중 어느 쪽을 택하느냐 하는 논쟁이 이어졌다. 특별사찰은 북한이 이미 재처리한 연료를 확인하자는 것이므로 과거를 따지는 것이었다. 그런데 그 문제 때문에 협상이 늦어지는 동안 재처리가 진행될 수 있다는 것은 현재의 문제, 즉 안전조치safeguard 문제였다. 위트·폰먼·갈루치는 1994년 5월 이 문제의 논의 상황을 이렇게 설명했다.

이들은[미국 고위관리들은] 곧 심각한 딜레마에 봉착했다. 참석자들 중에서 대북 제재를 통해 북한으로 하여금 비확산 관련 의무를 이행하거나 핵 활동을 중단 또는 공개하도록 할 수 있다고 생각하는 사람은 없었다. 과거 북한이 핵탄두 한두 개 분량의 플루토늄을 생산한 의혹이 있다고 제재에 나섰다가 오히려 북한이 핵탄두 다섯 개 이상을 제조할 수 있는 플루토늄을 추가로 추출하는 결과를 초래할 위험이 분명히 있었다. 또 대북제재, 특히 군사 행동을 동반한 무역금지를 전쟁행위로 간주하겠다는 북한의 주장을 마냥 무시할 수만은 없었다. 그렇지만 그냥 넘어갈 수는 없는 노릇이었다. 그랬다간 핵 확산 금지에 관한 국제 레짐과 미국의 오랜 정책의 신뢰도에 큰 손상이 갈 것이 분명했다. (같은 책, 228~229쪽)

카터와 클린턴 사이에 겉으로 드러난 것보다 훨씬 더 깊은 교감이 있었을 것으로 내가 추측하는 큰 이유가 여기에 있다. 6월의 카터 방북 이후 10월에 제네바합의가 이뤄질 때까지 미국은 과거에 집착하지 않는 태도를 지켰다. 클린턴 행정부는 협상을 원했던 것이다. 협상이 본의가 아니었는데 카터가 사고를 치는 바람에 그렇게 되어버렸다고 보는 것은 너무 억지스럽다. 앞서 부시 행정부 때부터 특별사찰을 내세워온 것이 협상을 막는 족쇄가 되어 있었고, 그 족쇄를 벗어 던지는 장면을 카터가 얼버무려준 것으로 봐야겠다.

북·미 대화의 고삐는 계속해서 미국이 쥐고 있었다. 공산권 붕괴 이래 북한은 미국과의 관계개선을 체제 유지를 위한 절박한 과제로 여겨왔다. 1992년 1월 뉴욕에서 열린 최초의 북·미 고위급회담에서 미국은 대화 자체를 거부했다. 북한의 NPT 탈퇴선언 등 강경한 태도는 기실 "날 좀 보소" 아리랑이었다. 이에 대한 대응으로 미국은 전쟁까지 검토했다. 검토한 결과 이제 북한과의 협상에 성의를 보이고 있었다. 8월 12일의 합의문은 실제 이뤄진 합의 내용의 일부만을 담은 것이었다.

해석을 둘러싼 견해 차이와 상관없이 인정해야 할 것이 있다. 제네바의 "합의문" 은 단지 위기를 해소하기 위해 필요한 많은 것들의 윤곽만 그린 데 지나지 않는다 는 것이다. 사실 미국 대표단은 제네바에서 합의된 문건보다 더 자세한 문건, "합 의각서"의 초안을 건네주었었다. 다만 시간 제약 때문에 다음에 논의하기로 하고 "합의성명"만 발표하기로 했다. 그 합의의 이행단계를 조목조목 밝힌 그 문서가 후일 최종 합의문의 초석이 된다. (같은 책, 340쪽)

'벼랑 끝 전술'이란 말은 북한의 대외전략을 부정적으로 보는 시각으로 많 이 쓰인다. 이 말이 적절해 보이는 대목도 꽤 있지만 적절하지 않은 장면에까 지 쓰이는 일이 많다. 1993년 3월의 NPT 탈퇴선언 이후 북한의 강경한 태도 는 명분도 합당하고 현실적으로도 효과적인 정책이었다. 위험이 수반한 것은 사실이지만 그 위험은 미국이 일방적으로 만들어낸 것이었고, 결국 북한의 강경한 태도 앞에 스스로 거둬들이게 된다. 이른바 제1차 북핵 위기에서 북 한의 전략은 전체적으로 합리적인 것이었다.

그에 비해 미국의 태도에는 불안한 점이 많았다. 북한과 협상하기로 정책 을 바꾸기 위해 '카터 쇼'를 필요로 한 것부터 그렇다. 그리고 강경파의 돌출 행동이 튀어나올 위험이 늘 있다. 제네바합의를 완성하기 위한 제4차 북·미 회담을 며칠 앞두고 핵항공모함 키티호크 호를 포함한 전투함대가 한반도 근해로 이동한 것도 그런 예다.

로널드 슬래포터 태평양지역 미군사령관은 "강한 군사력은 외교에 영향을 미칠 수 있다. 그것이 내가 한반도 근해로 전투함대를 보낸 이유다. 이것이 강력한 메시지로 받아들여질 것이라고 나는 생각한다"라고 〈성조지Stars and Stripes〉 태평양판 회견에서 공언했다고 한다. 회담 분위기를 악화시킬 수 있는 이 도발적 조치를 사령관의 단독 행동으로 본다고 퀴노네스는 적었다.

여기서 강석주는 1993년 6월 11일의 공동성명에서 "핵무기를 포함한 군사력의 사용이나 위협을 하지 않겠다는 원칙에 조선과 미국은 합의한다"고 한 대목에 대한 미국의 약속을 믿을 수 없다고 지적했다. 두 나라 사이에 쌓인 불신으로 인해 핵 회담 시작 때부터 상호 간의 신뢰문제는 대단히 중요한 문제였다. 적어도 평양에서는 그랬다. 그러나 미국에서는 모든 사람들이 이 점을 그다지 중요하게 여기지 않았다. 이런 사정으로 인해 태평양사령관이 보낸 강력한 메시지는 북한에 대해 그동안 미국이 쌓아온 신뢰를 뿌리째 흔들 수도 있는 것이었다.

북한이 인내심을 가지고 이 상황에 임한 것은 핵 회담을 위해 다행스러운 일이었다. 제네바에서 첫날 회담을 끝낸 강석주는 이튿날 일정은 실무진 논의로 하고 그 뒤 이틀은 주말이니까 휴식을 취하자고 제안했다. 이 제안 덕분에 미국은 함대를 동해에서 철수시킬 충분한 시간 여유를 가질 수 있었다. 함대는 그 후 일본 요코스카로 철수했다. (케네스 퀴노네스, 같은 책, 328쪽)

제4차 북·미 회담에서 마무리되고 있던 협상 내용에 불만을 가진 사람들은 미국에도 남한에도 많았다. 미국에서는 그런 사람들이 함대 이동 정도 조치는 자의적으로 취할 수 있었던 모양이다. 남한 국방장관 이병태는 회담이 한창 진행 중인 9월 28일 국회 국방위원회에서 그 해 팀스피릿 훈련의 취소가 확정되지 않았다고 답변했다. 그러나 제네바의 두 나라 대표단은 그런 도발에 교란되지 않고 회담을 마무리 지을 준비가 되어 있었다.

북·미 회담 지연은
IAEA 탓도 남한 탓도 아닌, 돈 탓이었다

1994년 8월 12일 제3차 북·미 회담의 결과로 발표된 합의 내용은 1년 전 제 2차 회담에서 제시된 방향을 벗어나지 않는 것이었다. 미국은 경수로를 제공하고, 북한은 핵 활동을 줄이고 공개한다는 것이 그 골자였다.

이 뻔한 내용을 확인하는 데 왜 1년 넘는 시간이 걸렸을까? 북한이 남한 및 IAEA와의 관계를 제대로 풀어내지 못하는 바람에 제3차 회담을 열지 못한 것으로 알려져 있다. 그런데 남한과 IAEA의 정책에 대한 미국의 영향력을 생각하면 지연의 책임을 IAEA와 남한에게 돌리는 것이 좀 어색하다. 미국이 회담을 정말 빨리 진행시키고 싶었다면 그런 쪽으로 영향력을 행사할 여지가 많이 있었다.

미국이 회담의 성공을 바라기는 하되 그 성공을 늦추고 싶은 입장이었을 가능성도 생각할 필요가 있다. 미국의 책임이 될 '경수로 지원'의 비용을 확보하는 대책을 세울 시간과 공작이 필요했을 것 같다. 수십억 달러를 미국 정부 예산으로 충당하려면 의회 승인이 필요한데, 만만한 일이 아니었다. 관계된 여러 나라가 부담을 나누게 하려면 그에 합당한 여건을 조성하고 외교적 노력을 기울여야 했다.

1994년 6월까지 상황을 악화시켜 전쟁 위험까지 구체화시키는 것이 남한과 일본의 지갑을 여는 데 유리한 조건이었을 것 같다. 결국 한국은 비용의 70%, 일본은 20%를 부담하기로 합의했는데, 전쟁 위험이 구체화되는 상황을 겪지 않았다면 이런 합의가 가능했을까? 남은 10%에 대한 의회 승인도 '전쟁 불사'의 의지까지 보임으로써 쉬워졌을 것이다.

9월 23일로 예정된 제4차 회담에서는 제3차 회담 합의 내용의 실천방법을 의논하게 되어 있었다. 미국 측의 가장 중요한 준비는 경수로 비용의 보장 방법이었다. 9월 중순 갈루치 수석대표가 비용 분담을 교섭하기 위해 일본과 남한을 방문했다.

일본 정부는 미국이 만족할 만한 20% 수준 부담에 아무 이의가 없었다. 일본 입장에서는 안전보장 문제가 극히 중요한 것이었기 때문에 비용보다는 북·미 협상의 군사적 측면에 더 관심이 많았다. 제네바합의가 타결된 뒤 일본은 북한에 대해 핵 공격을 하지 않는다는 미국의 보장이 일본에 대한 안전보장의 약화를 가져올 가능성을 걱정하고 있었다.

12월 12일 이 문제를 논의하기 위해 미국 팀은 일본 외무성의 외교정책국 국장인 야나이를 만났는데 뜻밖에도 완강한 저항에 부딪쳤다. 야나이는 북한에 대한 안전보장이 일본의 안보에 악영향을 미칠지 모른다고 크게 우려했다. 그러면서 안전보장서에 북한이 NPT의 "정상적인 회원국"이어야 한다는 조건과 북한이 핵무장한 국가와 "함께 또는 동맹을 맺고" 다른 나라를 공격할 경우는 적용되지 않는다는 문구를 추가해야 한다고 주장했다. 그렇지 않으면 북한이 계속하여 NPT를 우롱하거나, 러시아 또는 중국과 동맹하여 일본을 공격해도 미국의 핵 공격을 피할 수 있다는 오해를 불러일으키기 십상이라는 것이었다. (조엘 위트·대니얼 폰먼·로버트 갈루치, 《북핵위기의 전말》, 김태현 옮김, 모음북스 2005, 353쪽)

일본에 비해 남한은 맡을 지분도 클 뿐 아니라 북한 문제의 당사자 위치에 있기 때문에 훨씬 더 중요하고도 예민한 교섭 상대였다. 남한 정부는 군사통치의 전통이 남아 있어서 안보 문제를 일본처럼 중요시하지 않는지, 북·미 협상의 진전을 싫어하는 기색을 보여왔다. 미국의 '지나친 양보'에 반대해온 남한 정부가 협상의 핵심인 경수로 제공에 협조적인 태도를 보일지 의심스러운 장면이었다.

관련된 여러 한국인과 미국인들의 회고를 훑어봐도, 남한 정부가 70% 부담에 동의한 이유가 아직까지 내게는 명확하지 않다. 증언을 남긴 관계자들(한완상, 임동원, 위트, 갈루치, 폰먼, 퀴노네스 등)보다 윗선에서 오고간 뭔가가 있었는지? 아직까지도 공개되지 않을 만한 어떤 사정이 있었던 건지? 갈루치의 일본·남한 방문이 제4차 회담을 코앞에 두고 이뤄진 것을 보면, 한·미·일 3국 사이에 보이지 않는 합의가 이미 이뤄져 있었고 갈루치의 방문은 그 합의를 공식화하는 요식적 절차가 아니었나 하는 생각도 든다.

8월 17일의 김영삼·클린턴 간의 전화통화에서 북·미 회담에 대한 김영삼의 이 무렵 태도를 알아볼 수 있다.

제네바회담이 끝난 5일 후 클린턴 대통령은 김영삼 대통령에게 전화를 걸었다. 서로 좋은 말로 안부를 교환했지만 김 대통령이 불안해하고 있다는 것은 감출 수 없었다. 며칠 전부터 이미 한국이 제네바의 "합의성명"에 대해 미온적이라는 것은 두드러지게 나타나고 있었다. (…) [김영삼은] 김정일이 한동안 공개석상에 나타나지 않았다는 것을 지적하면서 북한과 합의를 서두르는 것은 현명한 것이 아니라고 주장했다. 그러면서 북한이 이처럼 불확실한 와중에 한·미 양국은 보다 긴밀하게 협력할 필요가 있다고 강조했다.

클린턴이 할 수 있는 일은 그저 달래는 것이었다. "제네바 합의문은 좋은 출발점"이라고 말했다. 그러면서 북한의 핵 위협을 없애고 북한을 정상화시킬 수 있는 여러 가지 좋은 조치를 담고 있다고 말했다. 게다가 북한이 한국형 경수로를 수용할 것 같으며, 비핵화 공동선언도 이행할 것 같다고 말했다. 그러면서 클린턴은 평양

에서 무슨 일이 일어나고 있는지 확실치 않은 한 조심할 필요가 있다는 데 동의했다. (같은 책, 341쪽)

이 통화에 앞서 김영삼은 8월 15일 광복절 경축사에서 온건한 입장의 대북정책을 발표했었다. 남북한 공동발전계획을 제시하며 경수로 사업이 그 최초의 사업이 될 수 있다고 했다. 그러나 며칠 후 평양 몇 곳에 반정부 전단이 살포되는, 남한 안기부 작품으로 보이는 일이 벌어지자 김영삼은 이것이 "북한이 심각한 상황에 처해 있다는 것을 보여주는 또 하나의 증거"라고 주장했다.(같은 책, 342~344쪽) 계속 갈팡질팡하고 있었다.

이 단계 남한의 정책 결정에 한승주 외무장관의 역할이 컸던 것으로 보인다.

한국의 지원 여부가 이 경수로 프로젝트의 성패를 좌우할 수 있었다. 갈루치가 한국·일본 방문길에 나서기 수 주 전인 9월 초, 한승주 장관이 워싱턴을 방문했다. 그의 임무는 재정보증 관련 협상을 시작하는 동시에 한미 양국 간 보조가 맞지 않는다는 대통령 및 국민들의 불안을 진정시키고 북미 대화의 속도를 늦추기 위해 워싱턴에 대해 보다 확고한 견제장치를 마련하는 것이었다. (…)
그러나 북미 대화의 속도조절은 순탄하지 않았다. 남북 대화와 북미 대화의 진전 사이에 느슨하나마 "동반 진전"이 있어야 한다는 한 장관의 주장은 씨도 먹히지 않았다. 미국의 관리들은 북미 대화와 남북 대화를 연계시킴으로써 생겨난 문제에 치를 떨고 있었다. 백악관 안보보좌관실에서 한 장관을 만난 토니 레이크 안보보좌관은 상황을 자전거에 비유했다. 미국과 한국이 계속 페달을 밟아주지 않으면 넘어질 것이라는 것이었다. (같은 책, 351쪽)

9월 16일 갈루치와 폰먼이 레이니 대사와 함께 청와대로 찾아갔을 때 김영삼은 "3개월이 지났는데 김정일은 아직도 권력을 승계하지 않고 있다"며 "시간은 우리 편"이라는 등 협상을 지연시키고 싶은 속마음을 드러냈다. 그러나 협상에 너무 많은 엄격한 조건을 연계시키면 "상황이 결국은 '안보리'로 귀결되고 말 것"이라고 미국 관리들이 협박함으로써 김영삼의 동의를 받아냈다고 한다.(같은 책, 354~355쪽) 북한 문제의 안보리 회부는 전쟁 위험을 뜻하는 것이었으므로 한국 대통령으로서 절대 택할 수 없는 길이라는 사실이 이때는 분명히 인식되고 있었던 모양이다.

이 과정에서 갈루치는 한승주와의 협력에 매우 만족한 것으로 보인다.

> 갈루치도 나름대로 노력했지만, 한승주 장관의 역할이 가장 컸다. 한 장관이 보기에 경수로 프로젝트는 남북 대화를 재개하는 데 중요한 수단이 될 뿐만 아니라 잘만 이용하면 한국 회사가 돈을 벌 수 있는 기회기도 했다. 게다가 통일 이후까지 내다보면 지금 북한에 경수로를 건설하는 것이 통일 이후 통일비용을 경감시키는 효과도 있을 것이었다. 그러나 그와 같은 한 장관의 입장은 행정부 내부, 청와대, 국회, 그리고 보수언론의 집중적인 공격을 받았다.
> 국내정치적 분위기는 복잡하고 적대적이었지만 좌우간 갈루치와 한 장관은 일을 해냈다. 미국이 들고 온 초안에 비해 많이 완화되었지만 보증각서를 만들어내는 데 성공한 것이다. 한국 측 초안에는 많은 수사와 조건들이 나열돼 있었다. 반면 갈루치는 한국의 지원과 비용부담에 대한 명시한 규정을 요구했다. 그러려면 클린턴 대통령이 먼저 친서를 보내는 것이 좋겠다고 해서 그러기로 했다. 갈루치는 바로 클린턴 대통령 친서의 초를 잡아서 김 대통령을 만난 자리에서 건네주었다. (같은 책, 355쪽)

한완상이 통일부장관으로 있던 1993년 중 한승주 외무부장관, 김덕 안기부장, 정종욱 외교안보수석이 모두 학계 출신 인사들이어서 대북정책에 원만한 협조를 기대했던 것 같다. 그런데 북핵 위기 과정에서 정종욱에게서는 대통령의 뜻을 벗어나거나 넘어서는 입장이 전혀 나타나지 않는다. 한승주 역시 김영삼의 뜻을 거스르는 입장은 보여주지 않지만, 은근히 온건정책으로 이끌려는 노력을 계속한 것으로 보인다.

9월 초 한승주가 워싱턴에 갔을 때도 겉으로는 김영삼이 요구하는 (미국관리들에게는 "씨도 안 먹히게" 된) 북미 대화-남북 대화의 연계에 계속 집착하는 태도를 보였지만, 실제로는 경수로 비용의 한국 분담을 순조롭게 하는 데 노력을 집중한 것으로 보인다. 한완상처럼 정치적 '색깔'을 드러내는 것을 삼감으로써 대북 강경파의 견제를 피하면서 남북관계의 파탄을 막는 데 현실적 공헌을 한 것으로 평가할 수 있다.

여기서 《정관정요》의 한 대목이 생각난다. 당 태종이 위징에게 소원을 말해보라 하니 "신으로 하여금 충신忠臣이 아닌 양신良臣이 되도록 해 주소서" 대답했다는 것이다. 태종이 충신과 양신의 차이를 물으니 요순堯舜의 태평성대를 보좌한 것이 양신이고 걸주桀紂의 폭정을 간하다가 죽은 것이 충신이라 답했다고 한다. 한완상은 충신의 길, 한승주는 양신의 길을 찾은 셈일까?

김영삼 정부가 북한에 대한 적대적 태도에도 불구하고 경수로 프로젝트에서 70%의 재정 부담을 끌어안은 것은 선뜻 이해하기 어려운 일이다. 그런데 이 결정을 뒷받침한 것이 북한 붕괴론이었다는 데 아이러니가 있다. 누군가 속마음으로 원만한 남북관계를 바라는 사람이 대결주의자들에게 "여러분 생각대로 북한이 곧 붕괴할 거라면 어차피 머지않아 우리 것이 될 테니 남한 땅에 짓는 거나 북한 땅에 짓는 거나 무슨 차이가 있냐?"고 설득한 것은 아닐까? 한승주 같은 사람이 그런 위치에 있었다는 점을 생각해본다.

제3차 북·미 회담이 1년간 늦어진 이유가 IAEA의 '특별사찰' 문제와 남북관계-북미관계 연계에 있었다. IAEA는 한번 꺼낸 칼을 명분 없이 거둘 수 없었고, 남한은 북한과의 관계개선에 힘을 쓰지도 않으면서 북·미 관계가 앞서 나가는 것을 견제했다. 그러나 이런 표면상의 문제들보다 실제로는 경수로 비용 문제가 진짜 이유였을 것 같다. 막상 북·미 합의가 임박하자 미국은 남한과 IAEA의 입장에 크게 얽매이지 않았다. 퀴노네스는 제4차 회담을 앞두고 특별사찰에 대한 미국 대표단의 입장을 이렇게 설명했다.

끝까지 남은 것은 영변 핵폐기물 은닉 장소에 대한 국제원자력기구의 특별사찰 실시를 언제 북한이 수용하도록 요구하느냐 하는 것이었다. 특별사찰은 핵 문제의 핵심 사안이었다. 한스 블릭스 국제원자력기구 사무총장은 국제 핵안전체제를 유지하려는 국제원자력기구의 의지를 천명하기 위해 특별사찰 요구라는 전례 없는 강력한 조치를 취한 바 있다. 북한은 블릭스의 특별사찰 요구를 미국에 대한 국제원자력기구의 예속성을 보여주는 증거로 간주했다. 북한은 또한 특별사찰을 북한 주권에 대한 침해로 여기고 북한 군사기밀 유출로 악용될 것이라고 생각했다.

반면 미국은 특별사찰이 필요불가결한 조건임을 지난 1년간 줄곧 주장해왔다. 애초부터 미국의 목적은 국제원자력기구가 핵 확산 방지를 위해 취한 전례 없는 강경 자세에 지지의 뜻을 천명하는 것이었다. 미국도 북한이 이미 추출한 분량에 강한 관심을 보였다. 그러나 핵폐기물 은닉 장소에 대한 특별사찰을 통해 샘플을 채취한다고 해서 확실한 결과를 얻을 수 있을지는 미지수였다.

갈루치는 9월 21일, 국무부 1일 뉴스브리핑에서 기자들과 문답 중 특별사찰은 "절박한 문제가 아니라"고 언급, 특별사찰에 관한 결정 방향을 예고한 바 있었다. 10월 3일에 모인 외교정책의 '주역'들은 특별사찰 문제를 경수로의 주요 부품 수송 때까지는 미뤄두어도 괜찮다는 데 합의했다. (케네스 퀴노네스, 《한반도 운명》, 노순옥 옮김, 중앙M&B 2000, 331~332쪽)

절박하지 않은 문제에 그렇게 발목을 잡혀 있었다니, 뛰기 싫어서 꾀병 부린 것 아닌가! 미국 대표단이 남한 입장은 어떻게 생각하고 있었는지, 역시 퀴노네스의 기록을 살펴본다.

한국 정부 안팎의 인사들은 미국이 북한과의 협상 과정에서 한국과의 협의를 중단했다고 그때도 주장했고 지금도 주장한다. (…) 한·미 관계는 1993년 6월 11일 북·미 공동성명 이후 몹시 불편하게 되었다. 앞에서 말한 것처럼 김영삼 대통령은 국내 여론에 끌려 다니며 대북정책과 우선순위를 뒤범벅으로 만들었다. 예컨대 한반도 긴장이 고조될 때에는 한·미 군사동맹의 방패 뒤에 숨으려 했고, 긴장이 완화되면 북·미 협상에 대한 한국의 지분을 행사하려 했다.

한편 미국의 백악관 국가안보회의는 확고한 지도력의 부재라는 문제를 안고 있었다. 토니 레이크와 샌디 버거는 한국이 제기하는 골치 아픈 문제를 가급적 피하려고만 했다. 양국 간의 고위급회담은 뜬구름 잡는 자리가 되기 일쑤였고 자연히 어려운 문제들은 실무자들에게 떠넘겨지곤 했다. 이렇게 한두 달 시간이 흐르자, 중요한 문제가 제때에 다뤄지지 못하는 것은 물론 결정 자체가 지체되어 양측에는 불만이 쌓이고 있었다. (같은 책, 313쪽)

김영삼 정부가 하도 갈팡질팡하다 보니 미국 고위관리들은 한국 관계 문제라면 실무진에 미루기만 하고 실무자들은 지겨워하게만 되었다는 것이다. 제4차 북·미 회담 진행 중 특별사찰 요구의 완화에 대한 남한의 강력한 반대도 미국에게는 성가신 것이었다.

10월 6일 밤 갈루치가 브리핑을 한 다음 날 아침 뭔가 심상치 않은 조짐이 보였다. 장[재룡] 대사가 갈루치에게 한승주 장관에게 바로 전화를 해줄 것을 요청한 것이다. 학자 출신이라는 공통점이 있는 갈루치와 한 장관과의 관계는 좋았다. 서로 밀접히 협력하며 어려운 상황을 헤쳐나왔고 서로를 높이 인정하고 있었다. (…)

"우린 누구도 살아남지 못할 거요." 한 장관의 말이었다. 수십억 달러에 달하는 공사비와 장비 구입비를 지출하고도 5년 동안 북한의 과거 핵 활동을 밝힐 수 없다면 한국 정부에겐 그야말로 치명타일 수밖에 없다고 했다. 국회가 비용 지출을 승인하지 않을 것임은 물론이고 아마 IAEA도 찬성하지 않을 것이라고 했다. 그리고 지금까지 미국과 한국이 공개적으로 또 내부적으로 합의했던 "광범위하고도 철저한" 해결책은 어디 갔냐고 불평했다. (조엘 위트·대니얼 폰먼·로버트 갈루치, 같은 책, 376~377쪽)

미국은 북한과의 협상에서 '특별사찰'을 원천적으로 거부해온 북한 입장의 번복을 위해 5년 후로 예상되는 '경수로 공사 75% 진척' 이후로 미뤄주려 하고 있었다. 갈루치와 한승주의 이 통화가 있기 직전 김영삼은 10월 8일자 〈뉴욕타임스〉에 나올 인터뷰를 했다. "한국 대통령, 미국을 맹타하다"란 제목에 걸맞게 도발적인 내용이었다. "미국이 이 설익은 타협에 만족하고 언론이 그것을 좋은 합의라고 부르겠다면 그렇게 하라고 하시오. 그러나 내 생각에 그것은 더욱 큰 위험을 가져올 뿐이오"라는 말도 있었다. 이 인터뷰의 의미와 파장이 《북핵위기의 전말》에 이렇게 설명되어 있다.

김영삼 대통령의 입장에서 세 가지 문제가 있었다. 첫째, 북한의 과거 핵 활동의 "투명성"을 확보하기 전에 경수로를 상당 부분 완공해야 하고 그 비용의 대부분을 한국이 부담해야 했다. 특히 그에 따르는 정치적 부담은 김 대통령이 져야 하고, 그 과실은 후임자가 누릴 것이었다. (…) 둘째, 김 대통령이 최악의 상황으로 여기는 것이 현실화되고 있었다. 즉 한국의 가장 가까운 동맹국 미국이 남북관계의 진전과 무관하게 북한과의 관계를 개선하여, 특히 외교관계 개설에까지 접근하고 있었다. 셋째, 북한이 곧 붕괴할 것이 틀림없으므로 북한과의 대화를 서둘지 말라고 한 그의 충고는 완전히 무시됐다. (…)
미국도 즉각 반응했다. 영국에 있던 크리스토퍼 장관은 현지 시간으로 새벽 2시 한승주 장관에게 항의 전화를 걸어왔다. 그 시간에 잠자던 그를 깨워 한국으로 전화를 하게 할 만한 것은 클린턴 대통령의 분노밖에 없었다. 안보보좌관 토니 레이크도 정종욱 외교안보수석에게 전화를 걸어 클린턴 대통령에 대한 "순진하고 설익은" 공격에 대해 항의했다. 그리고 또 한국이 뒷전에 앉아서 북한의 양보만 기다린다면 향후 대화의 실패에 대한 책임을 져야 할 것이라고 했다. 이제 한국 정부는 공개적으로 협상 결과를 지지해야 할 것이라고 했다. (…)
[한승주와 갈루치의 통화에서] 한 장관은 그 인터뷰는 불행한 일이었다며 선수를 쳤다. 그러나 갈루치는 할 말은 했다. 김 대통령의 그와 같은 인터뷰는 클린턴 대

통령과 그를 대신한 협상자에 대한 불신을 공개적으로 표명한 것으로 도저히 수락할 수 없다고 했다. 한 장관이 전화로 요청한 것에 대해서 워싱턴에 보고는 하겠지만, 그날 오후 강석주와 열릴 회담에서 어떤 말을 할지에 대해서는 미리 말해줄 수 없다고 했다. (…)

강석주는 김 대통령의 10월 8일자 인터뷰를 자신의 입장에서 이용하는 것을 잊지 않았다. 그는 예의 "트로이의 목마"론을 다시 제기하면서 북한의 외교부장도 자신에게 전화를 걸어 남한이 제네바회담의 결렬을 획책하고 있다고 했다고 전했다. 그 의미는 분명했다. 북한은 남한이 떨어져나가기 전에 경수로 공급과 특별사찰 문제를 마무리 짓고자 했다. (같은 책, 380~382쪽)

김영삼,
아Q의 '정신적 승리'가 부러웠나?

1994년 10월의 북·미 제네바 기본합의에 대한 남한 정부의 불만은 북·미 관계개선이 남북관계의 진전과 관계없이 이뤄진다는 데 있었다. 1993년 6월 고위급 북·미 대화가 시작된 이래 김영삼 정부는 북·미 간의 어떤 합의에도 남북 대화 진전을 조건으로 연계시키도록 미국 측에 계속 요구했다. 스스로는 북한과의 관계개선에 애쓰지 않으면서 이런 요구를 한다는 것은 북·미 관계 발전을 가로막는 데 목적이 있는 것으로 보였기 때문에 북·미 회담의 미국 대표단에게 곱게 보일 수 없었다.

미국 측은 합의문에 남북 대화에 관한 언급을 꼭 넣도록 고집할 것인가의 여부를 두고 의견이 엇갈려 있었다. 갈루치를 비롯해 대부분의 협상단원들은 이 조항을 꼭 넣을 필요는 없다는 생각이었다. 그들은 김영삼 대통령이 협상 막판에 와서 제멋대로 끼어들어 훼방을 놓는다고 진저리를 쳤다. 남북 대화 같은 중요한 문제를 놓고 갈팡질팡한 김 대통령을 비난하지 않을 수 없다. 또 미국의 정책 결정에 대한 자신의 분노를 〈뉴욕타임스〉 같은 미국 언론에 털어놓은 것 자체가 그의 판단력이 수준 이하임을 보여주는 것이었다. (케네스 퀴노네스 《한반도 운명》, 노순옥 옮김, 중앙M&B 2000, 333쪽)

1994년 6월 카터의 북한 방문 이후 클린턴 정부는 북한과의 관계개선을 위한 대화를 꾸준히 진행시켰다. 그런데 이 정책은 국민의 지지를 모으기 어려웠다. 북한을 발가락의 때만큼도 여기지 않던 공화당의 오만한 정책을 미국민의 대다수는 더 좋아했다. 1992년 1월 뉴욕회담에서 북한의 대화 요청을 여지없이 거부하던 그 당당한 자세를 왜 누그러트려야 하는지 이해하려는 생각을 가진 사람은 미국 국민 중에 소수였다.

그런데 한국 대통령이 마무리 단계에 와 있는 북·미 합의에 대한 불만을 〈뉴욕타임스〉에 털어놓는다는 것은 클린턴 정부의 발목을 잡는 정도가 아니라 등에 칼을 꽂는 짓이었다. 미국 독자들이 어떻게 생각할 것인가. 전쟁을 피하기 위해 협상을 한다는 것인데, 전쟁이 나면 미국보다 더 큰 피해를 입을 나라가 한국 아닌가. 그런데 한국 대통령이 필요가 없다는 협상에 미국 정부가 매달릴 필요가 어디 있단 말인가?

독기 어린 김영삼의 〈뉴욕타임스〉 회견기사는 미국 여론에 독을 뿌렸다. 이 독이 제네바 기본합의의 실행을 어렵게 만드는 것은 나중의 일이지만, 당장의 협상 진전에는 도움이 된 면도 있었다. 무엇보다, 김영삼은 더 이상 미국의 발목을 잡지 못하게 되었다. 기사가 나온 당일로 미국 국무장관이 한국 외무장관에게, 미국 안보보좌관이 한국 외교안보보좌관에게 항의 전화를 거는 등 전방위 공세로 나오자 김영삼은 며칠 만에 태도를 바꿨다.

다음 날[10월 13일] 아침 김 대통령은 마침내 마음을 바꿨다. 한[승주] 장관의 표현을 빌리면 대통령은 "국가 지도자가 될 준비가 되었고" 그에 따라 제네바합의를 지지할 것이었다. 다만 한 가지 조건이 있었다. 클린턴 대통령이 김 대통령에게 직접 전화를 해야만 정책 변화를 정당화할 수 있다고 했다. (조엘 위트·대니얼 폰먼·로버트 갈루치, 《북핵위기의 전말》, 김태현 옮김, 모음북스 2005, 385쪽)

그래서 클린턴이 전화를 했고, 김영삼 정부는 이홍구 통일부총리의 발표

형식으로 임박한 제네바합의에 대한 지지를 공식적으로 밝혔다. 그러나 믿을 수 없는 한국 정부 때문에 미국은 협상의 마무리를 서둘러야 했고, 그로 인해 실행 과정의 어려움을 더 많이 남겼다.

10월 14일 저녁 미국 협상단은 워싱턴에 조만간 협상을 마무리해야 한다고 알려왔다. 이제 워싱턴에서 언제 어떤 형식으로 마감할지를 결정해야 했다. 두 가지 방법이 있었다. 첫째는 한국의 한[승주] 장관이 요청한 대로 바로 합의를 마무리 짓는 방법이었다. 그럼으로써 재협상의 위험을 줄이는 장점이 있었다. 문제는 의회와 상의할 여유가 없다는 점이었다. 둘째는 일단 잠정합의서에 서명을 하고 본국으로 돌아가 협의를 한 다음 제네바로 돌아와 최종합의서에 서명하는 방법이었다. 보다 합당한 방법이었지만 서울이나 평양에서 합의를 깨고 재협상을 요구할 가능성이 있었다. 결국 첫 번째 방법을 택하기로 했다. 가장 큰 이유는 서울의 상황이 어떻게 전개될지 모른다는 점이었다. 결과적으로 현명한 방법이 아니었다. 한 달 후 중간선거에서 공화당이 다수를 차지한 의회는 행정부에 맹공을 가했다. 가장 큰 이유는 사전 협의 없이 결과만 의회에 들이밀었다는 것이었다. (같은 책, 387~388쪽)

합의문 서명은 10월 21일에 이뤄졌지만, 합의 내용은 나흘 전인 17일에 완성되었다. 완성을 앞둔 마지막 난관도 남북관계 문제였다. 10월 15~17일 사흘간의 협상과정을 《북핵위기의 전말》388~396쪽에 소상하게 기록한 것은 저자들이 너무나 애를 먹은 기억 때문일 것이다. 합의문의 이 대목이 "애매하고 엉성한 문장"으로 되어 있는 것만 보더라도 문제의 성격을 알아볼 수 있다.

The DPRK will engage in North-South dialogue, as this Agreed Frame-work will help create an atmosphere that promotes such dialogue.

이런 글을 잘 썼다고 하는 영작문 강사는 없을 것이다. 접속사 "as"에 문제의 초점이 있다. '이유'를 뜻하는 것인가, '병행'을 뜻하는 것인가? 북한은 '이유'로 생각하기 때문에, 이 합의가 먼저 효력을 발휘한 뒤에 남북 대화가 따라올 것으로 해석하면서 이 표현을 받아들일 수 있었다. 반면 미국은 '병행'으로 생각해서, 기본합의와 남북 대화가 함께 진행될 것이라고 했으니 남한의 요구를 충족시켰다고 우긴 것이다.

이렇게 해서 제네바 기본합의는 겨우겨우 만들어졌다. 북한은 모든 NPT 규정보다 엄격한 기준의 사찰에 응하면서 일부 핵 활동을 포기한다는 약속을 하고, 미국은 그 대신 외교관계 수립을 목표로 제재를 완화할 것, 핵 위협을 하지 않을 것, 그리고 북한의 경수로 도입을 도와줄 것을 약속한 것이다. 클린턴 행정부는 의회 동의를 얻는 어려움을 겪으면서도 2000년 물러날 때까지 이 합의를 지키려고 애쓰는 자세를 유지했다.

1994년 12월 17일 휴전선을 넘어간 미군 헬리콥터 한 대가 격추되어 조종사 한 명이 죽고 한 명이 생포되는 소규모 위기가 발생했지만 12월 31일까지 해결되어 문제가 확대되지 않았다. 미국과의 관계개선에 대한 북한 측의 의지도 확인할 수 있는 일이었다.

그러나 김영삼은 버르장머리를 고치지 않았다. 다음으로 걸고넘어진 것은 경수로의 '한국형' 표시 문제였다.

미국은 경수로 비용의 70%를 남한이, 20%를 일본이 내도록 협상을 해놓았는데, 북한이 남한의 도움을 직접 받을 리가 없었다. 그래서 컨소시엄 형태로 '한반도에너지개발기구KEDO'를 만들었는데, 명색은 국제기구지만 한·미·일 3국 외에 형식적으로라도 참여한 것은 캐나다, 오스트레일리아(500만 달러), 뉴질랜드(30만 달러)뿐이었다. 1995년 3월 9일 KEDO가 발족하고, KEDO와 북한 사이의 경수로 공급계약 협상을 위해 제5차 북·미 회담이 5월 20일부터 쿠알라룸푸르에서 열렸다. 이때 공급될 경수로를 '한국형'으로 표시할 것을 남한 정부가 강력하게 요구하고 나섰다.

당시 김영삼 정부는 제네바 기본합의를 둘러싸고 많은 국민의 불신을 사

고 있었다. 물론 북한 형편이 풀리기를 바라는 사람도 있고 그 반대를 바라는
사람도 있었지만, 어느 쪽이 보기에도 김영삼 정부의 태도에는 일관성이 없
었다. 미국이 너무 많은 양보를 한다고 간헐적으로 핏대를 올리다가는 그 결
과를 결국은 그대로 받아들이고, 종내 수십억 달러의 비용까지 짊어지는 석
연치 않은 모습에 이르렀다. 반공주의자는 말할 것 없고, 대북 유화론자가 보
기에도 그만한 비용을 투입하면서 뚜렷이 추구하는 정책 목표가 없었다.

　김영삼은 경수로에 '한국형'이란 이름을 붙임으로써 '체제 승리'의 기쁨이
라도 국민에게 선물하고 싶었던 것일까? 99% 미국 기술에 1% 덧붙인 것을
'한국형'으로 불러야 한다니, 에디슨이 "천재는 1%의 영감과 99%의 땀으로
이뤄진다"고 한 말을 잘못 해석한 걸까? 아니면 아Q의 '정신적 승리'가 부러
웠던 것일까?

　《북핵위기의 전말》에는 쿠알라룸푸르 회담에 참석한 한 미국 관리의 말이
소개되어 있다. 좌절감과 분노, 그리고 경멸감이 느껴진다.

　"우리는 단어를 둘러싼 제로섬게임의 포로가 돼 있었다. 그 게임에서 남과 북은
　서로 상대가 체면을 살릴 여지를 남겨두려고 하지 않았다. 단어가 담고 있는 내용
　은 전혀 중요하지 않았다. 중요한 것은 단어가 의미하는 상대방에 대한 모욕이었
　다. 이러한 이유로 타협의 여지는 전혀 없었다. 한쪽이 수락할 수 있는 용어가 있
　다면 이는 곧 충분히 모욕적이지 않다는 소리였기 때문이다. 이 게임에서 승리란
　상대방을 화나게 함으로써 얻어지는 것이었다." (같은 책, 443~444쪽)

　경수로의 '한국형' 표시에는 미국 협상단원들도 전혀 공감하지 않은 것 같다.
결국 KEDO와 북한 간의 계약에는 그런 표시를 하지 않고 KEDO와 남한 사
이에서만 그 표시를 쓰기로 했다. 한국 측에게 대단히 불만스러운 결정이었다.

　그 다음 일주일은 한국인들을 설득하느라고 보냈다. 결코 쉬운 일이 아니었다. 미국

측이 북한 측으로부터 얻어낸 최선의 용어는 KEDO가 "미국을 원산지로 하는 디자인 중 신형"을 선택한다는 것이었는데 이는 한국의 요구에 한참 못 미치는 것이었기 때문이었다. (…) 힘든 회담 중 잠시 취한 휴식시간에 한국의 한 외교관이 사실은 누구나 알고 있는 내용을 말로 표현했다: 북한이 받아들일 수 있는 표현이라면 한국은 받아들일 수 없다. 결국 타협은 불가능했다. 그러나 불가능한 것은 타협만이 아니었다. 그처럼 시시한 말장난 때문에 전쟁을 하는 것도 불가능했다. 그 의미는 명백했다. 미국은 내용이 아닌 형식에 구제불능할 정도로 집착하고 있는 한국 정부의 허락에 더 이상 연연하지 말고 스스로의 판단에 따라 최선이라고 생각하는 선에서 타결을 봐야 했다. 6월 7일 미국의 제안에 따라 북한은 이중 구조의 합의안에 동의했다. 즉 KEDO와 북한은 한국이라는 내용이 언급되지 않은 경수로 공급협정을 체결한다, KEDO는 별도로 한국을 경수로의 제공자로 선정했다고 발표한다. (같은 책, 444쪽)

이 결정이 내려진 이튿날 클린턴이 김영삼을 달래려고 전화했을 때 김영삼이 꽤나 성질을 부린 모양이다. 클린턴의 통화를 도와주던 대니얼 폰먼이 나중에 김영삼의 통역이 번역한 내용과 자신이 들은 내용을 대조했을 때 꽤 많은 차이가 있었다고 한다.

통화가 끝난 후 폰먼은 김 대통령의 통역이 전한 영어를 중심으로 자신의 메모와 클린턴 대통령의 통역이 적은 메모를 비교해봤다. 한국 측의 통역이 김 대통령의 표현을 부드럽게 하기 위해 많은 노력을 한 것이 드러났다. 특히 영어에 존댓말과 반말의 구별이 없는 것이 그에게 큰 도움이 됐다. 김 대통령이 클린턴 대통령을 부를 때 사용한 2인칭 대명사는 동등한 상대를 높여 부르는 말이 아니라 아랫사람을 부를 때 쓰는 용어였다. (같은 책, 445쪽)

그 2인칭 대명사가 뭐였을까? "당신" 정도에 폰먼이 감명을 받았을 것 같지 않은데… 설마…? 폰먼을 만나게 되면 꼭 물어봐야겠다.

강경론자와 유화론자를
모두 화나게 한 김영삼

북한과의 관계에 대한 여러 미국 관료·학자·언론인의 회고에서 김영삼의
정책 결정 기준에 관한 일치된 견해가 있다. 국내 여론에 민감하다는 것이다.
그런데 여론에 억지로 영합하려 한다 해서 꼭 효과가 있는 것은 아니다. 김연
철이《냉전의 추억》에서 김영삼 정권 시기의 남북관계를 요약한 대목에 지지
율 추이가 언급되어 있다.

정권별로 남북회담 횟수를 살펴보아도 김영삼 정부가 제일 적다. 박정희 정권은
7·4 남북공동성명 이후 남북회담이 집중적으로 개최되어 111회, 전두환 정권은
32회, 노태우 정권은 163회, 김대중 정부는 80회였으며, 김영삼 정부 시기는 28회
에 불과했다. (…) 김영삼 정부 시기는 1995년 베이징 쌀 회담의 차관급 접촉 2회를
제외하고는 핵 문제 해결을 위한 특사 교환 실무접촉 8회, 남북정상회담 실무접촉
5회로 본회담은 한 번도 못해보고 대부분 준비단계에서 무산되었다. 이런 점에서
남북접촉의 역사에서 김영삼 정부 시기를 '잃어버린 5년'이라고 부를 수 있다.
김영삼 정부가 출범했던 1993년 3월 대통령 지지도는 84.2%에 달했다. 쌀 지원
과정에서 촌극을 빚었던 1995년 9월에는 33.3%로 떨어졌다. 그리고 한보 사태를

겪던 1997년 3월에는 8.8%로 떨어졌다. 물론 그의 지지율 하락은 결코 대북정책 때문만은 아니다. 대북정책에서 보여준 즉흥성은 다른 정책의 결정 과정에서도 비슷했을 것이다. (김연철, 《냉전의 추억》, 후마니타스 2009, 251~252쪽)

지나치게 민감한 것이 오히려 여론을 악화시킬 수 있다는 사실을 김연철은 바로 이어 설명한다.

김영삼 정부는 대북정책에서 왜 온탕과 냉탕을 넘나들었을까? 역설적이지만 김영삼 대통령은 여론에 너무 민감했다. 그러나 몰랐던 부분이 있다. 바로 대북정책에 대한 여론의 이중성이다. 대한민국 국민들은 평상시에는 북한에 대해 다소 보수적이다. 그러나 그렇다고 해서 결코 전쟁 위기와 같은 불안을 원하는 것은 아니다. 북한의 핵 개발에 대해 당연히 비판적이다. 그러나 교착이 길어지고 위기가 고조되고 군사적 긴장이 높아지면, 정부의 능력을 문제 삼는다. 시간이 지나면 정부의 해결능력을 의문시하는 것이다. (같은 책, 252쪽)

대통령 취임 초의 김영삼은 참 행복한 정치가였다. 지지도가 80%를 넘은 것은 한국 대중정치의 초창기 혼돈 덕분이었다. 민주화 투사로서의 후광은 아직 살아 있는 위에 3당 합당 후에 보여준 파워폴리티션의 면모가 수구세력의 인정을 받았기 때문에 큰 반대세력이 없었다. 정치적 양극화가 진행된 후로는 불가능하게 된 행운이었다.

'독설의 대가'로 명성을 떨친 버나드 쇼의 일화 하나가 생각난다. "당신과 내가 결합해서 당신의 두뇌와 내 육체를 함께 물려받는 아이를 얻고 싶어요" 하며 어느 절세미인이 접근할 때 "내 육체와 당신의 두뇌를 함께 물려받는 아이를 얻을 수도 있지 않겠소?" 하고 사양했다는 이야기다(아인슈타인과 매릴린 먼로를 대입한 이야기가 많이 떠돌지만, 아무래도 이런 독설은 아인슈타인보다 쇼에게 어울린다). 김영삼은 민주화 정신과 산업화 정신의 장점을 결합할 수 있는 위치에 있었는데, 결과를 보면 단점만 결합한 것 같다.

김연철의 말처럼, 김영삼의 정치적 몰락에는 여러 가지 요인이 어울려 작용했다. 그러나 임기의 딱 중간인 1995년 9월까지 33.3%로 폭락한 데는 대북정책 혼란이 큰 몫을 맡았다. 그때까지는 대형 사고나 정치적 문제가 터져도 그의 취임 전에 쌓여 있던 문제가 불거져 나오는 것으로 '이해'해주는 국민이 많았다. 그런데 노태우의 북방정책으로 커져 있던 남북관계의 발전에 대한 국민의 기대를 그는 너무나 황당하게 저버렸다. 당시 국민의 기대 중에는 한반도 평화 정착을 바라는 '진보적' 희망과 북에 대한 남의 우위를 빨리 확립해서 교착 상태의 부담을 벗어나기 바라는 '보수적' 희망이 뒤섞여 있었는데, 그는 양쪽의 기대를 동시에 저버렸던 것이다.

한 쪽 기대를 저버리면 다른 쪽 기대에 부응하는 것이 보통이다. 양쪽 기대를 동시에 저버린다는 것은 양쪽을 모두 충족시키는 것 못지않게 힘든 일이다. 그런 힘든 일을 어떻게 해냈는지 단적으로 보여준 일 하나가 위 인용문에 언급된 1995년의 '쌀 지원'이었다.

북한이 국제사회에 공개적으로 지원 요청을 한 것은 1995년 7월 말에서 8월 초에 걸친 집중호우로 최악의 홍수를 겪은 직후의 일이었다.

'사회주의 낙원'을 자처하던 북한은 전통적으로 국내의 재해를 외부에 떠벌리는 법이 없었다. 그러나 이번에는 경우가 달랐다. 8월 중순 비가 그치자 북한은 침묵을 깨고 과장까지 섞어가며 홍수로 인한 극심한 피해를 외부에 알리기 시작했다. 자력갱생의 화신처럼 행세하던 북한이 8월 말 사상 최초로 공개적으로 바깥 세상에 도움을 호소하고 나섰던 것이다. (돈 오버도퍼,《두 개의 한국》, 이종길 옮김, 길산 2002, 537쪽)

사실 이 홍수를 계기로 공개적으로 나섰을 뿐이지, 북한은 식량부족 문제를 여러 해 전부터 겪고 있었다.

북한이 식량부족 문제를 해결하기 위해 몇몇 나라에 남몰래 도움을 요청하기 시작한 것은 홍수가 발생하기 훨씬 전부터였다. 서동권 전 안기부장의 말에 따르면 90년대 초 북한은 비밀리에 제공한다는 단서를 붙여 남한에 쌀 50만 톤 지원을 요청했던 적이 있었다. (…) 후일 북한 관리들은 94년 미국과의 제네바 협상에서도 자신들의 절박한 식량 사정을 밝혔지만 핵 문제에만 골몰해 있던 미국 협상단은 그다지 관심을 보이지 않았다. (같은 책, 539쪽)

식량부족 문제는 공산권 붕괴 이후 북한에 닥친 경제난의 한 부분으로 볼 수도 있다. 이태섭은 주체사상에 입각해 '자립경제'를 표방하는 북한이 의외로 대외 경제관계에 예민하다는 점을 지적한다.

북한식 자립경제의 보다 근본적인 한계는 그것이 대외 경제관계에 매우 취약하다는 것이었다. 북한의 대외 무역과 경제 성장 사이의 상관관계를 역사적 추이를 통해 분석해보면, 그 양자 사이에는 대체로 강한 양의 상관관계가 존재하였다. 즉 무역 의존도가 증가하면 경제 성장률도 증가하고, 무역 의존도가 감소되면 경제 성장률도 감소되었던 것이다. 물론 북한의 대외 무역 의존도는 비교적 낮은 편에 속한다. 그러나 중요한 것은 그 양이 아니라 질이다.
즉 북한은 주요 전략 물자인 원유, 코크스, 생고무 등 주요 원자재와 에너지, 설비 등을 다른 나라에 의존하여왔다. (…) 때문에 1990년대 사회주의 시장의 붕괴에 따른 무역 등 대외 경제관계의 급격한 감소는 북한 경제에 실로 엄청난 타격을 주는 것이었다. 1990년부터 1998년까지 연속 9년간 마이너스 성장을 기록한 것이 그것이다. 당시 북한은 대외 무역의 70% 정도를 사회주의 시장에 의존하고 있었던바, 사회주의 시장의 붕괴는 극심한 원자재난과 에너지난을 야기하였다. (이태섭, 《북한의 경제위기와 체제변화》, 선인 2009, 294~295쪽)

"이런 바보, 문제는 경제야!" 했다는 클린턴의 말이 생각난다. 1980년대 공산권의 경제침체 속에서 골병이 들어 있던 북한 경제에 공산권 붕괴가 결정적 타격을 가했다. 누구나 알 수 있는 일이었다. 미국과 남한의 북한 붕괴론도 그 인식에 발판을 둔 것이었고, 북한 당국도 그 때문에 나름대로 개방의 결단을 내린 것이다. 연료도 비료도 부족한 가운데 식량난이 계속 깊어지다가 이제 집단 아사의 지경에 이르러 공개적 지원요청을 하게 된 것이다.

1990년대 중반 북한의 경제 위기는 김일성의 사망과 맞물리며 곧 정치 위기로 파급되었다. 극심한 경제난으로 국가 공급능력이 크게 약화됨에 따라 기존의 국가 식량 배급체계와 소비품 공급체계도 와해되었다. 이러한 상황에서 탈북자가 증가되고, 직장에서 이탈하여 식량과 생필품을 구하기 위한 주민들의 사회 이동성이 증가되었으며, 이에 따라 주민들의 조직 정치 생활도 이완되었다. (…)

경제난으로 인해 국가 기능뿐만 아니라, 당 기능 역시 크게 약화되었다. 1996년 12월 김정일은 식량난으로 인해 무정부 상태가 되고 있으며, 당 조직들이 맥을 추지 못하고 당 사업이 잘 되지 않아 사회주의 건설에서 적지 않은 혼란이 조성되고 있다며 당 중앙위원회를 비롯해 당 조직과 당원들을 신랄하게 비판하고 있다. (…) 요컨대 경제 위기가 당과 국가의 기능 약화와 주민들의 사상적 동요 등 정치적, 사상적 위기로 파급되고 있었던 것이다. (같은 책, 296~297쪽)

1994년 8월 초순 제3차 북·미 회담 중 북한 측의 식량원조 이야기를 들은 것은 케네스 퀴노네스였다. 《한반도 운명》에 이렇게 적었다.

북한 대표부에서 축소회담이 한창 진행되던 중이었다. 휴식시간 중에 한성렬이 허바드, 세이모어와 함께 큰 회의실 안에서 쉬면서[쉬고 있던?] 나를 자기 옆으로 불렀다. 한성렬의 질문은 나를 놀라게 했다. 미국이 1994년 가을부터 100만 톤의 밀을 북한에 제공할 수 있겠느냐는 질문이었다. 나는 북한이 어떻게 대금을 결제하려는지 되물었다. 한성렬은 잠시 어리둥절한 표정을 지었다. 그러고는 미국은

PL480 식량원조계획에 따라 밀을 무상공급할 수 있는 것으로 안다고 대답했다. 나는 이 문제를 허바드 차관보에게 전달하기는 하겠지만, 양국 간에 정상적 외교 관계가 없다는 점에 비추어 실현 가능성은 거의 없을 것으로 안다고 대답했다. (케네스 퀴노네스, 《한반도 운명》, 노순옥 옮김, 중앙M&B 2000, 303쪽)

이런 식으로 미국에게까지 손을 벌렸다면 누구에게든 기회 있는 대로 지원을 요청하고 있었으리라는 것은 충분히 짐작이 가는 일이다. 오버도퍼가 《두 개의 한국》 539쪽에서 "95년 1월에는 남한과 일본에 긴급 구호 식량지원을 호소했다"고 한 구체적 경위는 확인하지 못했지만, 일본은 5월 말 식량 지원을 구체적으로 검토하기 시작했다. 김영삼 정부는 일본보다 뒤지지 않겠다는 생각으로 서둘러 '쌀 회담'에 나섰다. 6월 27일의 지방선거를 의식해서 더더욱 서둘렀다. 김연철이 "이상한 회담"이라고 부르는 것이 그 결과였다.

비극의 첫 단추는 북한이 남한 당국을 인정하지 않았다는 점이다. 2년 반의 대립 시대를 거치면서 모든 대화가 끊어졌다. 노태우 정부 시기 8번의 고위급회담을 치렀던 공식 채널도 끊겼고, 전두환 정부 시기부터 가동되었던 비밀 접촉 라인도 끊어진 지 오래였다. 북한은 한술 더 떠, 쌀을 주겠다니 받겠지만 당국 회담은 하지 않겠다는 입장을 고수했다.

일본보다 먼저 쌀을 주겠다는 방침을 정한 김영삼 정부는 할 수 없이 민간인들에게 의존하지 않을 수 없었다. 이른바 비선이다. 비선은 밀사와 다르다. 밀사는 비밀 접촉이지만 공식 조직이 움직이는 것이다. 그러나 비선은 민간 업자가 중재하는 비밀 접촉이다. 사적 이해관계가 개입되고 공식 회담이 갖추어야 할 절차가 소홀해지며, 결국 후유증도 커지고, 남북 당국 관계의 개선으로 이어지기도 어렵다. (…)

마침내 회담을 베이징에서 열기로 합의하고 북측에서는 전금철 통일전선부 부부장, 남측에서는 이석채 재정경제부 차관이 대표로 결정되었다. 북한은 당국 회담이 아니라는 의미로 전금철의 직함을 '대외경제협력추진위원회' 고문으로 정했다. (…) 출국 사실도 숨기고 베이징으로 온 이 차관은 회의록도 작성하지 않은 채 회담을 했고, 6월 21일 작성된 합의문은 공개되지 않았다. 이 차관은 대한민국 재경원 차관으로 서명했지만, 전금철은 대외경제협력추진위원회 고문으로 서명했기 때문이다. 어떻게 해서든 당국 회담으로 보이고 싶어 했던 김영삼 정부는 결국 이 합의문을 공개하지 못했다. (김연철, 같은 책, 246~247쪽)

6월 21일 작성된 합의문에 따라 대한무역투자진흥공사와 삼천리총회사 사이에 계약이 맺어진 것은 6월 25일 정오경이었다. 계약서는 즉각 김포공항에서 기다리고 있던 이홍구 총리 일행에게 공수되었고, 계약서를 받은 일행은 헬기를 타고 동해항으로 갔다. 그곳에서는 씨아펙스 호가 2,000톤의 식량을 싣고 총리 일행이 참석할 '대북 쌀 지원 수송식'을 기다리고 있었다. 식이 끝나자 배는 바로 출항했다. 북한의 어느 항구로 갈지도 모르는 채로.

씨아펙스 호는 청진항으로 들어오라는 연락을 6월 26일 오후에 받았다. 그리고 이튿날 아침 청진항에 들어갈 때 북한 관계자의 요구에 따라 태극기는 내리고 인공기만 단 채 입항했다. 베이징 합의 내용이 항만당국에게도 선장에게도 알려지지 못했기 때문이다. 이것이 '인공기 게양' 사건이었다. 대북강경론자는 물론 유화론자도 분노하지 않을 수 없는 일이었다. 그날 지방선거에서 여당은 참패했다.

'잃어버린 5년'을
잃어버린 이유

남북 분단체제는 해방 직후 미·소의 분단 점령으로 틀을 짜기 시작해서 1948년 8~9월 남북의 정부 수립으로 완성되었다. 큰 틀은 그 후 70년 가까이 지난 지금까지 지켜지고 있다. 그러나 그 실제 양상은 적지 않은 변화를 겪어왔고, 동구 공산권 붕괴 직후인 1990년대 초반도 한 차례 큰 변화의 계기였다. 어떤 변화였던가, 분단체제 성격 변화의 큰 흐름 속에서 그 의미를 생각해본다.

1950년대 분단체제의 남측 주체는 남한보다 미국이었다. 냉전체제의 한 부분으로서 한국의 분단을 미국이 필요로 했고, 미국의 지원에 기대어 권력을 장악한 이승만과 친일파 집단은 남한 사회 내에서 고립되어 있었다. 이승만 정권도 민족 통일의 대의를 부정할 수 없었기 때문에 '북진통일'이란 이름으로 대결을 정당화했다. 인민의 통일 열망은 폭압적 정책에 억눌려 있었지만, 조봉암의 '평화통일' 노선에 대한 열렬한 호응으로 나타났다. 4·19 혁명 후 통일운동의 분출은 폭압이 사라진 상황의 자연스러운 귀결이었다.

5·16 쿠데타로 폭압이 복원되어 표면적으로는 1950년대 상황으로 돌아갔지만 대립 상황은 북한이 우세한 쪽으로 바뀌었다. 경제 건설에서 앞선 북

한은 4·19 이후 드러난 남한 민심에 자신감을 얻고 '평화통일' 선전에 힘을 더했다. 국제관계에서도 비동맹운동의 발전이 북한에 유리하게 작용했다. 한반도 분단 과정에서 미국이 마음 놓고 이용했던 유엔이 미국의 패권주의에 대한 도전의 무대가 되고 있었다. 한반도와 비슷한 틀로 미국이 매달려 있던 베트남의 전쟁은 점차 미국이 불리한 쪽으로 기울었고, 남한의 베트남 파병과 북한의 무력공세가 그로부터 파생되었다.

1970년대 들어 미국은 냉전의 틀을 바꾸지 않을 수 없게 되었다. 제2차 세계대전 후 미국은 막강한 경제력과 군사력을 믿고 비자본주의 국가를 모두 적대시하는 오만한 자세로 국제사회에 임했다. 그런 극단적 독단을 더 이상 계속할 수 없게 된 미국은 '적'의 범위를 좁히고 적대의 자세도 누그러트리지 않을 수 없었다. 그래서 중국과의 수교를 비롯한 데탕트에 나서게 된다.

한국전쟁의 실질적 주체였던 두 나라 사이의 화해는 그때까지도 두 나라에 대한 의존도가 높던 남북한의 입장에 큰 변화를 가져오지 않을 수 없었다. 그 결과 한반도 분단체제의 틀에 전쟁 이후 최대의 변화가 일어나게 된다. 홍석률은 그 윤곽을 이렇게 설명했다.

한국전쟁 때 한반도에서 격돌했던 미국과 중국이 1970년대 초 관계개선에 나섰다. 한반도 문제는 양국 사이에 하나의 의제를 형성하였다. 미국은 현상 유지를, 중국은 현상 변경을 주장했다. 그러나 두 강대국은 평화 정착이든 남북 통합이든 한반도 분단 문제를 근본적으로 개선하려 하지는 않았다. 다만 미·중 두 강대국은 동아시아의 긴장완화와 미·중 관계개선을 위해 한반도의 긴장이 완화되고, 자신들이 한반도의 분쟁에 다시 연루되어 또다시 격돌하는 상황을 방지하는 데 주력했다. 두 강대국은 남북 대화가 진행되는 데 긍정적인 영향력을 발휘하였지만 한반도 분단 문제를 국제적 분쟁이 아니라 남북한 사이의 문제로 내재화하는 데 공조하였다. 또한 두 강대국은 한반도 분단 문제를 내재화하는 방식으로 한반도에서 자신들의 개입을 축소하고 분단 유지의 책임을 남북한으로 전가하였지만, 자신들

의 한반도에 대한 영향력 자체는 계속 유지하려 하는 모순적인 모습을 보였다. (홍

석률,《분단의 히스테리》, 창비 2012, 391~392쪽)

당시의 데탕트는 상대적 의미를 가진 것이었다. 종래의 극단적 대결을 약
간 누그러트리는 것이지, 대결을 없앤 것이 아니었다. 중·미 간의 대결 양상
은 수교 후에도 상당 부분 계속되었고 한반도는 대결의 무대로 남았다. 다만
강대국의 직접 대결을 삼가게 되었을 뿐이다. 분단의 내재화란 두 강대국의
이런 필요에 부응하는 변화였다. 미국은 남한을 냉전대결을 위한 직할부서에
서 하청회사로 위상을 바꿔준 셈이다.

분단의 내재화를 통해 남북한은 대결의 주체로서 입장을 키우게 되었다.
분단의 비용과 책임을 더 많이 떠맡게 된 것이다. 남한의 경우, 미국의 주한
미군 철수 정책을 저지하기 위해 '코리아게이트'까지 저질러야 했고, 긴장완
화를 바라는 민심을 억누르기 위해 독재를 강화해야 했다. 정도 차이는 있어
도 북한 역시 비슷한 위기의식에 몰렸다.

남북의 체제경쟁은 결국 남북의 집권세력이 각자의 정치체제를 더욱 억압적인 방
향으로 개악하는 데 활용되었다. 남북의 집권세력 모두 미·중 관계개선, 데탕트로
조성된 유동적인 상황을 위기로 규정하였다. 이를 활용하여 남쪽에서는 유신체제
가 수립되고, 북쪽에서는 사회주의헌법이 공포되고 후계체제가 확립되었다. 남북
의 집권세력은 일면 데탕트 상황에 부응하여 남북 대화를 진행하지만, 한편으로는
체제경쟁을 격화시키고, 데탕트를 위기국면으로 규정하면서 자신의 권력을 강화
해가는 모순적인 행태를 보였던 것이다. (같은 책, 393쪽)

베트남전 종전 직후인 1975년 6월 주한 미 대사 리처드 스나이더는 본국
으로 보낸 비밀보고서에서 남한을 미국의 속국으로 보는 '구시대적 발상'을
언급했다.

"미국의 현 한반도 정책은 잘못된 것이며 미국은 남한이 미국의 속국이라는 구시대적인 발상을 토대로 삼고 있다. 이런 식으로는 장차 중견 국가로 성장할 남한에 대한 장기적 접근이 불가능하다. 남한 정부는 미국에게 무엇을 기대할 수 있는지에 대한 확신을 갖지 못하고 미국 정부는 한반도 문제에 대해 임기응변식으로 대응할 수밖에 없게 될 것이다. (…) 이와 같이 불확실한 상황 때문에 박 대통령은 언젠가 다가올 미군 철수에 대비하고 있고 그 대책으로서 남한 내에서 탄압 조치를 강화하는 한편 핵무기 개발을 추진하고 있는 것이다. 같은 이유로 북한은 언젠가 미군이 철수할 날을 고대하고 있는 반면 일본은 미국의 신뢰성을 의심하며 남한의 장래에 대해서 불안감을 품고 있다."(돈 오버도퍼,《두 개의 한국》, 이종길 옮김, 길산 2002, 110~111쪽에서 재인용)

미국의 베트남 포기 정책이 분명해지면서 불안해진 한국 정부를 달래기 위해 미국은 군사적 지원을 과시하는 여러 조치를 취했는데, 대표적인 것이 1974년에 작성된 '작전계획(작계) 5027'이었다.

(한·미 제1군단 사령관) 홀링스워스 중장은 부임 일 년 만에 주한 미군의 기본적인 작전개념을 바꾸어버렸다. 북한과의 전쟁을 대비해 미국은 '작전계획 5027'을 세워놓고 있었다. 한국전쟁 이후 유엔군의 작전계획은 기본적으로 방어적이었다. 그것은 북한이 남침할 경우 한·미 연합군은 이를 격퇴하고 휴전선을 다시 복구한다는 제한적 목표를 지닌 방어전략이었다. 그러나 1974년 홀링스워스는 공세적인 '전진방어전략'을 도입했다. 그는 대규모 야포부대를 비무장지대 남쪽 최전방까지 북상시킴으로써 언제든지 북한 영토를 공격할 수 있는 태세를 갖추었다. 미군 제2사단 소속의 2개 여단은 북한의 공격이 있을 경우 개성을 장악하는 임무를 맡았다. 이러한 '전진방어전략'은 북한군의 서울 진입을 저지하고 9일 이내에 전쟁을 승리로 이끌기 위해 24시간 동안 막강한 공격을 퍼부을 수 있는 B-52 폭격기의 지원을 비롯해 한·미 양국군의 엄청난 화력동원을 전제로 한 것이었다. 당시 미 중앙

정보부 한국 책임자였던 그레그의 회고에 따르면, 홀링스워스는 한·미 양군이 '전진방어전략'을 수행할 정도로 충분한 화력을 보유했는지에 대해 확신이 없었다고 한다. 그러나 그의 공격적인 전략은 상당한 심리적 효과를 발휘해 당시 불안에 떨던 한국인을 안심시키는 성과는 분명 있었다. (김일영·조성렬,《주한미군: 역사, 쟁점, 전망》, 한울아카데미 2014, 91~92쪽)

뒷받침할 화력의 확보 없이 공격적 전략을 내놓은 것은 심리적 효과를 위한 것으로 이해해야겠다. 이 무렵 시작한 한·미 합동 군사훈련은 실효성 없는 이 전략에 실효성이 있는 것처럼 보이도록 하기 위해 필요한 것이었다. 스나이더의 말대로 '임기응변식' 대응이다. 작계 5027은 꼭 필요한 것인지, 또는 바람직한 것인지 따지기보다 남한 정부의 불안을 달래주기 위해 만들어진 것이었다.

1970년대 초반에 한반도 분단체제는 한 차례 틀을 바꿨고, 그 틀이 1990년경까지 대체로 유지되었다. 홍석률은《분단의 히스테리》396~403쪽에서 이 시기 분단체제의 특성으로 '변덕volatility', '강대국 갈등의 이전과 증폭', '권력의 무책임성과 식민성' 세 가지를 설명했다.

'변덕'은 '휴전'이라는, 전쟁과 평화 사이의 애매한 상황에서 기인한다. "한반도 분단체제는 복잡한 관계망을 갖기 때문에 문제가 폭발하기도 어렵고, 반대로 문제가 해결되기도 어렵다." 한국전쟁 후 계속해서 존재한 특성이지만, 특히 1970년대 이후 강대국의 의지가 애매해지면서 유동성이 더욱 늘어났다.

'강대국 갈등의 이전과 증폭'도 분단의 시초부터 나타나 있던 특성이다. "고래 싸움에 새우등 터진다"는 말대로, 강대국 정책추진의 수단으로 약소국이 이용되어 갈등을 집약적으로 겪게 되는 것이다. 이 특성 역시 1970년대 이후 강대국 간의 관계가 복잡해지는 데 따라 약소국의 부담이 더 많아졌다.

'권력의 무책임성과 식민성'은 남북관계의 한계를 빚어낸 특성이다. 대화를 하더라도 문제를 스스로 해결하려는 의지 없이 이쪽 동맹국과의 관계, 때로는 상대편 동맹국과의 관계에 이용만 할 생각만 하기 때문에 "서로 곁눈질을 하는 대화, 쳐다보지 않는 대화"가 되었다는 것이다. 이 문제에 관한 설명을 일부 옮겨놓는다.

> 한반도 분단체제가 장기 지속하는 기본 원인은 책임지지 않는 권력 때문이다. 분단체제는 이러한 권력의 무책임함을 계속해서 발생시키는 구조를 갖고 있었다. 그런데 책임지지 않는 권력이란 사실상 '식민성coloniality'의 문제와 관련이 있다. 식민성은 과거 제국주의-식민지 관계에서 가장 뚜렷하게 나타나지만 여기에 한정되지 않고, 이와 유사한 권력관계 및 사회관계를 넓게 지칭하는 것이라 할 수 있다. 식민지 권력의 기본 특징은 책임지지 않는 권력이다. 일제 식민지시대 조선총독은 한반도를 통치하였으나 한반도 주민들은 물론이고 일본 내각이나 의회에 대해서도 책임을 지지 않았으며, 오직 천황에 대해서만 책임을 졌다. 2차 대전 이후 제국, 식민지 질서는 붕괴되었지만 세계체제의 불균등성은 지속되었다. 이와 같은 세계체제의 불균등성은 항상 권한과 책임이 불일치하는 상황을 창출한다. (홍석률, 같은 책, 402쪽)

1990년을 전후한 동구 공산권의 붕괴와 소련의 해체는 1970년대 초의 데탕트보다도 훨씬 더 큰 정세 변화였다. 한반도 분단체제에도 획기적인 틀의 변화를 가져오거나 나아가 분단체제 자체의 해체를 몰고 올 수도 있는 큰 변화였다. 노태우 정권의 북방정책이 분단체제의 변화 방향을 얼마나 적극적으로 모색한 것인지를 놓고는 논란의 여지가 있지만, 최소한 분단체제의 틀을 크게 바꿀 계기를 만들려 한 것은 분명하다. 그런데 김영삼 정권의 대북정책은 종래 분단체제의 틀을 더 굳히는 퇴행적인 것이었다.

홍석률이 제시한 분단체제의 세 가지 특성에 비추어 그 퇴행성을 확인할 수 있다. 첫째, '변덕'. 외부 여건에 변화가 없을 때도 여론의 피상적 변화에 따라 정책이 극과 극을 오갔다. 둘째, '강대국 갈등의 이전과 증폭'. 이제 '강대국 간'의 갈등은 보이지 않고, '강대국 내'의 갈등이 문제다. 미국에서 대북 강경노선과 온건노선이 일으키는 작은 갈등이 한국에서는 극한적 대립으로 나타났다. '조문 파동'이 대표적인 사례다.

무엇보다 두드러진 것이 '무책임성·식민성'의 문제였다. "북한은 곧 붕괴할 것이다. 조금 떠밀기만 하면 더 빨리 붕괴할 것이다." 이런 믿음을 어떻게 그토록 철석같이 가질 수 있었나? 그 믿음이 맞고 틀리는 것보다 더 중요한 것은, 한 사회를 이끄는 사람들이 그런 믿음을 어떤 근거 위에 세우고, 그 믿음에 따른 행동이 어떤 결과를 가져올 것인지 충분한 숙고를 했는가 여부다. 김영삼 정권에게는 그런 책임감이 없었다. 모든 것을 미국이 책임져주리라 믿고 저지른 짓이었다. 한국 대통령이 미국 대통령에게 삿대질을 하고 호통을 친 것이 자주성의 표현이라고 김영삼은 생각했을지 모르지만, 어른에게 앙탈하는 버르장머리 없는 어린아이와 같은 무책임성이었다.

이런 무책임을 '식민성'이라 하는 것은, 주권도 책임도 없는 식민지인이 종주국만 쳐다보는 것과 같은 태도이기 때문이다. 해방 50년 시점에서 이런 식민성이 나타난 것이 무엇 때문이었을까? 원나라의 예속에서 풀릴 때의 고려가 생각난다.

1351년 공민왕이 즉위할 때는 원 제국의 붕괴 조짐이 뚜렷할 때였다. 공민왕의 내외 정책은 원나라의 예속에서 벗어나는 방향이었다. 그러나 1374년 공민왕의 죽음과 함께 개혁정책이 중단되고 이인임과 최영이 주도하는 친원 수구정책으로 돌아갔다가 1388년 위화도 회군 이후 개혁정책이 재개되어 1392년 조선 건국에 이르렀다.

1374년이면 원나라가 대도大都를 잃고 장성長城 밖으로 쫓겨난(1368년) 뒤다. 그런데 그 시점에서 친원 수구정책이라니? 원나라에 대한 예속을 내재화한 친원파의 존재가 아니면 설명할 수 없는 일이다. 100년에 걸친 예속기간 중 고려에는 예속 상태에서 이득을 얻는 세력이 자라나 있었던 것이다. 그 힘은 공민왕과 신돈의 개혁을 좌절시킬 만큼 강했다. 그러나 더 이상 외부의 지원이 없는 상태에서 오래 버틸 수 없었고, 14년 만에 결국 패퇴하고 말았다.

1945년에 명목상의 해방을 맞았지만 친일파를 바탕으로 형성된 남한의 집권세력은 50년간 외세에 대한 종속을 발판으로 권력을 유지했다. 책임과 주권이 확실하지 못한 상태에 머물러 있는 동안 '식민성'이 척결되지 못하고 있었던 것이다. 냉전 해소는 종속 상태를 벗어날 수 있는 국제정세를 만들어 주었음에도 식민성을 내재화한 집권세력이 종속 상태의 연장을 바란 것은 고려 말의 수구세력과 마찬가지였다.

김영삼의 '잃어버린 5년'간 남한은 시대의 흐름을 외면했고, 남북관계에는 발전이 없었다. IMF 충격 속에 김영삼이 퇴진하고 김대중 정권이 들어서고 나서야 시대의 흐름에 맞춰 가는 남한의 움직임이 시작하게 된다.

4부

정상
회담

정상
회담

김대중과 임동원의
만남

1990년을 전후한 '공산권 붕괴'를 당시 사람들이 충격적으로 받아들인 것에 비하면 세상이 그렇게까지 바뀐 것은 아니라는 생각을 그 후 여러 일을 겪으며 떠올리게 되었다. 그러나 이제 돌아보면, "역사의 종말" 같은 네오콘의 환상적 승리감이 너무 들뜬 것이었기에 그에 대비해 현실의 냉엄함을 깨닫게 된 것일 뿐이지, '동구 공산권 붕괴'는 정말 큰 역사적 변화의 계기였다. 아무리 그 의미를 작게 보더라도 제2차 세계대전 후의 냉전체제가 반세기 만에 무너졌다는 사실은 틀림없다.

이는 냉전체제에 심한 구속을 받고 있던 한반도에 세계 어느 곳보다 더 큰 변화를 가져올 수 있는 계기이기도 했다. 개항기 이후 줄곧 작용해온 외세의 힘이 대폭 줄어드는 변화라는 점에서 더욱 그러했다. 19세기 말에서 20세기 초반에 걸쳐서는 일본제국의 성립과 발전을 위해, 그리고 20세기 후반에는 미국의 패권체제 구축과 유지를 위해 전략적 중요성을 갖고 있던 한반도였다. 미국과 소련·중국 사이의 긴장관계가 풀어짐과 함께 한반도의 전략적 중요성이 대폭 해소되었고, 그것은 외세의 작용이 줄어들 수 있는 조건이었다.

외세의 작용이 줄어들면 주체적 선택의 폭이 넓어진다. 이에 따라 냉전기

동안 막혀 있던 민족문제 해결의 길이 열리게 되었다. 일본제국 아래 독립을 이루지 못하고 냉전체제 아래 통일을 이루지 못하고 있을 때 민족국가 건설의 의지는 외세의 힘에 막혀 있었다. 외세 작용의 약화는 민족국가 건설을 위한 충분조건은 아니지만 하나의 확실한 필요조건이었다.

노태우 정권의 북방정책은 국민의 열렬한 환영을 받았다. 당시 북방정책의 목표와 방법에 비판할 점이 있다 하더라도, 냉전의 질곡으로부터 벗어난다는 지향성은 분명했기 때문에 환영을 받은 것이었다. 서울과 평양을 오가는 일련의 고위급회담 끝에 1991년 12월 채택된 남북기본합의서와 한반도 비핵화 공동선언은 새로운 국제질서 안에서 민족문제 해결을 위한 노력의 출발점으로서 훌륭한 것이었다.

그런데 더 이상의 발전이 바로 이어지지 못했다. 1994년 봄에는 1953년 이후 가장 심각한 전쟁 위기까지 치닫기도 했다. 당시의 미국과 남한에서는 그 책임이 북한에 있는 것으로 선전되었다. 그러나 북한의 책임이 그리 크지 않았다는 사실이 그 후 밝혀졌다. 북한은 심한 경제난을 겪고 있었고, 대외개방 없이는 난국이 더 심각해질 것을 분명히 인식하고 있었다. 대외개방의 열쇠인 미국과의 관계개선을 위해 있는 힘을 다한 사실이 확인된다. 북한에게 책임이 있다면 주장을 펼치는 방법에 있어서의 기술적 문제 정도였다.

북한의 개방을 가로막은 큰 책임은 미국과 남한 정부에게 있다. 한반도 긴장의 주체는 남북한이고 미국은 제3자다. 제3자 입장인데도 미국의 역할이 컸던 것은 40년 전의 한국전쟁 이래 북한 봉쇄의 주체였고, 북한 대외개방의 열쇠를 쥐고 있었기 때문이다. '통미봉남' 전략이란 북한이 민족을 등진다는 인상을 주기 위해 일각에서 만들어낸 말인데, 북한이 남한보다 미국과의 관계개선을 앞세운 것은 이 현실적 필요 때문이다. 김영삼 정권의 대북정책이 안정성을 보이지 않았기 때문에 북한이 신뢰할 수 없었던 문제도 그 위에 겹쳐졌다.

북한이 관계개선에 그야말로 목을 매달고 달려드는 데 대해 미국의 태도에는 두 가지 경향이 있었다. 하나는 세계적 긴장완화의 일환으로 북한의 개방을 도와주거나 적어도 허용하려는 것인데, 클린턴 정부는 대개 이런 태도를 보였다. 한편 공화당 쪽에는 군사정책의 수요를 키우기 위해 긴장의 확대를 원하는 네오콘 경향이 강했다.

1993년 클린턴 행정부가 12년 만의 민주당 정권으로 들어설 때는 북한을 철저히 굴복시키거나 붕괴시켜야 한다는 네오콘 분위기가 미국 관계와 언론계에 팽배해 있었고 정보도 네오콘 세력에 집중되어 있었다. 부시 행정부가 임기 마지막 해인 1992년 중에 북한관계 정보를 조작해서 '북핵 위기'를 만들어놓은 데 대한 반발로 북한이 1993년 3월 NPT 탈퇴를 선언했을 때, 막 출범한 클린턴 행정부는 적절한 대응을 위한 정보와 인력을 충분히 갖고 있지 못했다. 그 때문에 자라난 위기를 1994년 6월 카터 전 대통령까지 나서서 한 차례 해소했고, 그 결과 1994년 10월의 제네바합의가 이뤄졌다.

북한 입장에서 볼 때 제네바합의는 대외개방의 길을 열어준 것이었다. 그러나 이 길이 순탄할지는 중국도, 러시아도, 누구도 장담해줄 수 없었다. 미국의 '선의'가 계속해서 필요했다. 제네바합의에 이르게 한 밑천은 자신의 핵 능력(또는 그 능력에 대한 미국의 평가)이었다. 합의에 대한 대가로 이 밑천을 꼭 필요한 만큼 제한할 수는 있지만 아주 버릴 수는 없었다. 그 밑천을 조금이라도 지켜야 앞으로 미국의 선의를 확보하는 데 계속해서 쓸 수 있을 것이기 때문이었다.

북한의 길을 열어주는 데는 미국의 역할이 핵심이었지만, 그 길을 다져주는 데는 남한의 역할이 미국 못지않게 중요했다. 긴장완화의 의지를 다른 누구보다 남한이 확인해준다면 북한이 개방의 길에 자신감을 갖게 되어 핵 능력이라는 보험 상품에 대한 필요를 줄일 수 있었다. 그런데 김영삼 정권은 적대적 태도를 누그러트리지 않았다. 남북 대화에 나설 때도 북한을 '이용 대상'으로 보는 관점에서 벗어나지 않았다. 김영삼 정권 동안 남한은 북한의 개방에 도움은커녕 오히려 훼방만 놓았다.

제네바합의 이후 한반도는 분단을 강요하는 외세가 최소화된 상황을 맞았다. 러시아와 일본은 큰 영향력을 갖고 있지 않았고, 중국은 한반도 긴장완화를 바라는 입장이었으며, 북한을 끝까지 봉쇄하고 있던 미국까지 물러섰다. 그런 상황을 충분히 활용하지 못한 것은 남북한 두 주체의 책임이다. 그런데 그 시기에 북한은 극심한 경제난으로 정책 선택의 폭이 넓지 못했다. 따라서 가장 큰 책임은 남한에게 있다고 봐야 할 것이다.

분단의 큰 피해를 입어온 남한에게 긴장완화는 '대박' 정도를 넘는 엄청난 행운이다. 경제·정치·사회·문화 모든 면에서 획기적 발전의 기회를 얻을 수 있을 것이다. 인민의 염원 중에도 '통일'보다 큰 것이 있을까. 그런데 남한이 굴러들어온 복을 걷어차버린 이유가 무엇일까?

한마디로 '분단의 내재화'다. 남한 수구세력은 모든 면에서 사회의 변화와 발전을 가로막고 있는데, 그 수구성의 초점이 분단체제 고착에 있다. 기득권을 유지·확장하는 데 분단체제가 유리하기 때문이다. 재계와 언론계를 지배하는 이 세력이 긴장완화를 막고 분단을 고착시키는 쪽으로 정권을 몰아가는 것이다.

제한된 범위의 세력이 장기간에 걸쳐 다수 인민의 염원을 거스르는 쪽으로 정권을 운용한다는 것은 쉽지 않은 일이다. 이 쉽지 않은 일을 하기 위해 반공독재 기간에 축적된 노하우가 활용된다. 대표적인 것이 '통일'의 의미를 뒤트는 것이다. 이승만의 '북진통일'로 시작된 이 선전기술은 통일을 화합의 과정이 아니라 정복의 과정으로 그려낸다. 말로는 '통일'을 외치면서도 실제로는 '대결'에 집착하는 것이다. 김영삼의 '흡수통일' 주장은 '북진통일'의 복사판이었다.

김영삼의 '잃어버린 5년'이 끝날 때는 수구세력의 무리한 정권 운용이 파탄을 드러내고 있었다. 가장 뚜렷한 파탄은 IMF 사태로 나타났다. 김영삼 정권의 가장 큰 약점은 '오만'이었다. 경제 파탄도 남북관계 파탄도 모두 오만의 산물이었고, 그 오만은 수구세력이 키워준 것이었다. 이때 정권을 넘겨받은 김대중이 오랫동안 남북관계 발전을 중요한 목표로 세워온 정치가였기 때문에 남한의 대북정책에 획기적 변화가 일어나게 된다.

김대중은 1971년 대통령 선거에 "4대국에 의한 한반도의 안전보장, 그리고 남북교류와 평화통일"을 공약으로 들고 나온 일이 있었다. 1956년 조봉암 이후 처음으로 평화통일을 대통령 선거의 중심 이슈로 만든 것이다. 그 무렵 만들어진 3단계 통일론을 그는 자서전에서 이렇게 설명했다.

제1단계에서는 평화 공존을 위해 동족끼리 전쟁을 않는다고 약속하고, 동시에 긴장완화를 위해 쌍방이 평화협정을 체결하자고 했다. 서로가 상대의 현실적 존재를 인정하여 (…) 구체적으로는 앞서 설명한 4대국의 한반도 내에서의 전쟁 억제 보장과 함께 북한의 유엔 출석, 그리고 남북이 동시에 유엔에 가입하는 방안을 제시했다. 아울러 남한이 베이징이나 모스크바에 대사관을 설치하고, 북한은 도쿄나 워싱턴에 외교 사절을 파견하는 등의 동시 외교도 촉구했다.

제2단계는 평화적 교류의 확대이다. 기자 교류나 문화·예술·스포츠 교류를 앞당기고, 서로의 방송을 자유롭게 들을 수 있도록 하자고 했다. 경제적 교류는 한 가지씩이라도 단계적으로 실질 협력하는 것이 중요하다. 이렇게 해서 남북 교섭이 성공하고, 남북의 민족애와 신뢰가 회복되고, 그럼으로써 완전 통일에 대한 민족적 합의가 성취되면 비로소 마지막 3단계인 평화적 통일을 이룩하는 것이다. (김대중,《김대중 자서전》1권, 삼인 2010, 278쪽)

대통령 취임 후 김대중의 대북정책은 근 30년 전에 작성한 이 통일론의 원리에서 크게 벗어나지 않는 것이었다. 그의 일관성도 치하할 만한 것이지만, 1970년대 초에 필요했던 원리가 1990년대 말까지 그대로 필요한 상황이었다는 것이 참으로 기가 막히는 일이다.

1992년 선거에서는 남북관계를 이슈화하지 못했다. 노태우 정권의 북방정책으로 이미 긴장완화의 길에 들어섰다는 분위기였으므로 호소력이 강하지 못했던 데다가, 김대중이 색깔론에 가장 심하게 시달린 선거였기 때문이었을 것이다. 선거를 70여 일 앞둔 시점에서 '이선실 간첩단 사건'이 발표되었고, 선거전이 시작되자 색깔 공세가 마구 쏟아졌다.

여당은 노골적으로 나를 공격했다. "김일성은 김대중을 지지하고 김영삼은 반대하고 있다. 김일성이 지지하는 김대중을 대통령으로 뽑아도 좋은가?"

정원식 선거대책위원장은 또 이렇게 말했다. "북한은 민민전 방송을 통해 민주당과 전국연합이 정책 연합 형식으로 김대중 후보를 범민주 단일 후보로 추대키로 합의한 데 대해 환영의 뜻을 표한 바 있다." (…)

더 무서운 일이 일어났다. 민주화 동지라는 김영삼 후보가 선거 막판인 12일부터 유세장에서 색깔론을 본격적으로 제기했다. 용공 혐의를 씌워 나를 매도하며 박정희 군사정권 때부터 써먹던 흑색선전 발언을 서슴없이 토해냈다. 그는 나를 향해 이렇게 소리쳤다.

"최근 북한은 평양방송을 통해 이 김영삼이를 낙선시키고 민주당 후보를 당선시키라고 지령했다. 색깔이 분명치 않은 정당에게 정권을 맡겨서 무엇을 하자는 것이냐. 북한이 원하는 후보를 대통령으로 뽑아야 하느냐, 아니면 우리가 원하는 후보를 대통령으로 뽑아야 하느냐." (같은 책, 600~601쪽)

김대중은 이 선거에서 패퇴한 후 한반도 평화정책에 노력을 집중하고, 그를 위한 기구로 아태평화재단을 1994년 1월에 출범시켰다. 일 년 후 임동원이 이 재단 사무총장으로 영입되어 김대중의 통일정책을 함께 준비하고 1998년 김대중 정권 출범 후 '햇볕정책'을 함께 추진하게 된다. 김대중은 임동원과의 첫 만남을 이렇게 회고했다.

햇볕정책과 더불어 "김대중의 3단계 통일론"도 아태평화재단에서 치열한 작업 끝에 완성되었다. 여기에는 임동원이라는 인물이 있었다. 그는 노태우 정권에서 7·7

선언과 남북기본합의서를 이끌어냈다. 대북 협상과 전략에 풍부한 경험과 탁월한 능력을 지니고 있었다. 나는 일찍이 그의 경험과 능력이 탐났다. 마침 통일원차관을 마치고 쉬고 있기에 사람을 보냈다. 함께 일할 것을 간곡하게 권유했다. 그는 깜짝 놀라며 "그런 능력이 없다"고 거부했다. 다시 사람을 보내 설득했다. 그랬더니 이번에는 "건강이 좋지 않다"고 사양했다. 다시 사람을 보냈다. 이제야 그가 흔들렸다.

나는 그와 점심을 같이하며 아태평화재단 일을 함께하자고 제안했다. 두 시간이 넘게 남북문제, 북한 핵 문제 등을 화제로 이야기를 나눴다. 그는 예상대로 탁월한 식견을 지니고 있었다. 그도 내 이야기에 공감을 하고 나의 제안을 수락했다. '삼고초려'였다. 나는 그를 아태평화재단 사무총장에 임명했다. 임 총장은 정치인 옆에는 가본 적이 없는 사람이었다. 거칠게 말하면 요조숙녀 같은 사람을 소도둑놈이 훔쳐 온 격이었다. (같은 책, 644쪽)

김대중이 보냈다는 사람은 비서실장 정동채였다. 1994년 12월 중순 정동채를 만난 후의 소감을 임동원은 이렇게 회고했다.

나는 평소 김대중 이사장에 관해 아는 것이 별로 없었으므로 정말 뜻밖이었다. 정치에 관심을 갖고 있지 않는 내가 군사정부와 보수언론 등을 통해 익히 들어온 바는 "김대중은 사상이 불순하다. 빨갱이다. 과격하다", "김대중은 거짓말쟁이다"라는 부정적인 것 일색이었다.

(…) 전혀 알지도 못하는 사람, 더구나 오랫동안 야당지도자였던 사람과 함께 일한다는 것은 나로서는 상상할 수도 없는 일이었다. 그래서 나는 "초청은 고마우나 그분을 모시고 일할 생각이 없고 능력도 없다"며 정중히 사양했다. (임동원, 《피스메이커》, 창비 2015, 309쪽)

한 달여가 지난 후 김대중을 자택으로 찾아가 두 시간 동안 이야기를 나누던 장면을 임동원은 이렇게 맺었다.

나는 '아, 이런 분이 지난 대선에서 당선되었다면 지금쯤 남북관계는 큰 진전을 이룩했겠구나' 하는 생각을 했다. 동시에 김대중이란 인물에 대해 가지고 있던 부정적인 고정관념이 여지없이 깨져나가는 것을 느꼈다. (…)
또한 지난날 그의 능력과 인기를 두려워한 집권자들이 그가 정치에 나설 때마다 온갖 수단을 총동원하여 그를 빨갱이, 거짓말쟁이, 과격분자로 몰았다는 사실을 기억하며 나 역시 속아 살아왔음을 부끄럽게 자인하게 되었다.
'평화통일'을 말하면 그 순간부터 빨갱이가 되고, '민주화'를 외치면 과격분자가 되고, '정치하겠다'면 거짓말쟁이가 되는 야만의 세월을 의연히 버텨온 그가 바로 내 앞에 앉아 있었다. 그 자리에서 나는 이렇게 말했다.
"성심껏 모시고 연구활동을 돕겠습니다." (같은 책, 315~316쪽)

'잃어버린 5년' 동안
김대중과 임동원이 한 일

"성심껏 모시고 연구활동을 돕겠습니다."

1995년 1월 23일 김대중을 자택으로 찾아가 처음 만난 임동원이 두 시간 이야기를 나눈 끝에 했다는 말이다. 간단한 표현에 많은 뜻을 품은 말이다.

김대중은 정치인이다. 그런데 그의 정치활동 아닌 연구활동을 돕겠다고 했다. 그리고 자신의 연구활동을 펼치는 것이 아니라 김대중의 연구활동을 돕겠다는 것이다.

통일방안의 연구는 물론 임동원 자신이 하고 싶은 일이다. 공직생활을 통해 할 수 있는 데까지 힘껏 해온 일이다. 그러나 통일부차관에서 물러난 후 2년 동안 그 일에 나서지 못하고 있었다. 이제 민간에서 그 일을 다시 할 기회가 주어졌을 때, 그는 여건을 만들어주는 김대중의 뜻에 따라 일을 하겠다는 입장을 밝힌 것이다. 김대중의 뜻이 자신의 뜻과 다르다면 언제든지 물러서겠다는 의지가 "돕겠다"는 말에서 느껴진다. 자기 일이 아닌 김대중의 일이니까, 자신이 도움이 되지 못할 때는 물러설 수밖에.

이 만남이 있었던 1995년 1월은 김영삼 정권이 2년을 채웠을 때고, 제1차 북핵 위기가 수습된 시점이었다. 이때부터 임기 말까지 김영삼 정권의 대북정책은 갈팡질팡을 계속했는데, 그 과정에서 가장 전향적인 입장이라 할 만한 것이 4자회담 제안이었다.

박정희·전두환·노태우 등 전임 대통령들과 마찬가지로 김영삼 대통령에게도 미국 대통령과의 정상 외교는 그 중요성이 컸다. 그리고 미국은 남한에 대한 영향력 행사에 그 점을 십분 활용했다. (⋯)

96년 봄 클린턴이 일본 공식 방문을 계획하고 있을 때 정상 외교 문제는 다시 고개를 들었다. 당시 미 행정부에서는 북한의 궁핍한 경제상황과 불안한 정세에 대한 우려가 높아가고 있는 가운데 일관성 없고 더욱이 최근 들어서는 둔감하기까지 한 김 대통령의 정책을 탐탁지 않게 여기고 있었다.

그간 미국 대통령이 일본을 방문할 때는 남한에 들르는 것이 상례처럼 돼 있었지만 클린턴은 이번만큼은 그럴 생각이 없었다. 이 문제에 관한 미국 측 내부 논의에 참여했던 미 행정부의 한 관리는, 클린턴이 이미 한 차례 남한을 방문했고 김 대통령도 두 차례에 걸쳐 미국을 방문했기 때문에 "우리는 김영삼 대통령에게 할 만큼 했다고 생각했다"고 말했다. 애당초 남한 방문은 계획에 없었던 것이다. (⋯)

남북관계에 별다른 진전이 없다는 점을 크게 우려하던 레이니 당시 주한 미 대사는 한반도 평화 구축에 유익한 이야기가 나올 만한 여지가 없다면 클린턴이 시간을 내어 남한에 들르기가 어려울 것이라고 재차 청와대 측에 통보했다. 결국 앤서니 레이크 백악관 안보 담당 보좌관과 유종하 청와대 외교안보수석은 양국 대통령이 그와 같은 성격의 제안을 채택하고 발표하도록 한다는 원칙에 합의했다. (돈 오버도퍼,《두 개의 한국》, 이종길 옮김, 길산 2002, 554~556쪽)

일본 방문 뒤에 한국에 들르는 관례를 클린턴이 등지겠다고 한 것은 김영삼의 "버르장머리"를 고쳐주려는 속셈이었을지도 모르겠다는 생각이 든다. 1993년 11월 백악관 정상회담에서 김영삼의 '행패'를 클린턴이 잊을 수 있었을 것 같지 않다. 또 1994년 10월 제네바합의 타결을 목전에 둔 시점에서 김영삼의 〈뉴욕타임스〉 회견도. 대북관계를 어렵사리 풀어가는 고비마다 쓸데없이 고춧가루를 뿌린 김영삼을 만나기 위해 아무 대책 없이 관례를 따르고 싶은 마음이 없었을 것 같다.

그래서 레이니 대사 등을 통해 '4자회담' 의제를 확정해놓은 뒤에야 한국 방문을 결정했다. 4자회담은 1995년 7월 김영삼의 워싱턴 방문 때 한국 측이 선물처럼 내놓고 8월 15일 공식 발표를 약속한 것이었다. 그런데 김영삼의 귀국 직후 북한이 한국 쌀 수송선의 진입을 막는 사건이 일어나자 김영삼은 미국에 아무 협의나 통보 없이 이 계획을 취소했다. 정책이 옳고 그르고를 떠나 그런 식으로 뒤집어버리는 데는 클린턴이 질려버렸을 것이다. 4자회담 약속을 단단히 받아놓고도 클린턴은 서울까지 오는 것을 거부함으로써 자기도 한 꼬장 한다는 사실을 알렸다. 그는 4월 16일 제주에 와서 5년 전 노태우가 고르바초프를 만난 호텔방에서 김영삼을 만난 다음 그날로 일본으로 건너갔다. 엄밀히 말해서 '한국 방문'이 아니라 일본 가는 길에 들러서 김영삼의 영접만 받고 지나간 것이다.

한·미 공동의 4자회담 제안에 중국은 물론 북한도 긍정적인 반응을 보였다. 극한적인 식량난 때문에도 그 정도 온건한 제안을 뿌리칠 수 없었을 것으로 해석된다. 그런데 1996년 9월 18일 강릉 잠수함사건이 터지자 김영삼은 다시 극단적 적대정책으로 돌아섰다. 북한 경수로 건설을 위한 KEDO 활동을 중단시키고 한국군 단독으로 북한을 공격할 계획까지 세웠다고 한다. 한국전쟁 이래 전작권 환수에 가장 접근했던 상황이 아니었을지.

한·미 간에 감정의 골이 깊어지면서 남한에 있던 미국 관리들은 양국 사이에 존재하는 커다란 견해차를 우려하기 시작했다. 이런 와중에 달라진 분위기를 상징하는 한 가지 사건이 발생했다. 한국군 장교들이 북한 잠수함 조사를 위해 현장에 파견된 한 미국 무관에게 조사를 허락하지 않으려 했을 뿐 아니라, 마지못해 허락한 후에도 조사를 마치고 잠수함을 떠날 때 몸수색을 받게 한 것이다. 이에 미국 대사관은 즉각 항의했다.

또 96년 10월 중순 〈중앙일보〉는 북한의 추가 도발이 있을 경우 육·해·공군 차원의 보복 공격을 가하기 위해 한국군이 북한 내 12개 공격 목표를 선정해놓았다는 기사를 보도했다. 원칙적으로 한국군에 대해 전시 '작전 통제권'을 지니고 있는 것으로 돼 있는 주한 미군 사령부는 이 기사를 접하고 충격을 받았다. (…)

그러던 중 11월 초 김 대통령이 갑자기 공로명 장관을 해임하면서 미국 측의 우려는 증폭됐다. 공로명이 김 대통령의 강경한 대북정책에 이견을 표시했다는 보도가 떠돌고 있을 때였다. 공식적으로 발표된 장관의 사임 이유는 건강상의 문제였지만, 그와 가까이 지내던 남한과 미국의 관리들은 안기부가 김 대통령에게 건넨 공로명의 발언 기록이 화근이었던 것으로 믿었다. 전화 도청을 통해 수집된 것으로 보이는 이 발언 기록에는 잠수함 침투사건에 대처하는 대통령의 정책에 공로명 개인적으로 이견을 표시했던 내용이 들어 있었다. (같은 책, 564~566쪽)

1993년의 집권 초기 몇 달간을 제외하고 김영삼은 남북관계에서 극단적 대결정책을 추구했다. 레이건이 대결정책을 통해 소련을 붕괴시킨 업적을 그대로 따르고 싶었던 것이다. 그 의지에 있어서는 일관성을 인정할 수 있고, "갈팡질팡"이란 표현이 억울할 수도 있겠다. 그런데 그가 바란 대결정책은 현실적 타당성이 없는 것이었다. 대결정책을 원래 좋아하는 미국에서도 비교적 현실주의적인 클린턴 행정부가 정권을 맡고 있어서 김영삼의 의지를 억눌렀다. 김영삼의 의지는 5년 동안 남한이 북한 문제에 대해 아무런 역할을 맡지 못하는 결과밖에 낳지 못했다. 엄밀히 말해 그의 정책은 '갈팡질팡'이라기보다 '현실부적응'이었다.

정부의 힘에 비해 민간 영역이 미약한 한국 상황에서 아태재단의 역할은 연구의 영역을 크게 벗어날 수 없었다. 1995년 2월 초 아태재단 사무총장(겸 재단 부이사장 겸 아태평화아카데미 원장)에 취임한 임동원은 연구 영역에서 아태재단의 역할을 충실히 하는 데 주력했다. 그가 김대중을 "도와준다"고 했는데,

나는 그 도움이 종속적인 것이 아니라 능동적인 것이었다고 본다. 김대중의 기존 구상을 확인하고 뒷받침해주는 것을 넘어 수정까지 시도했던 것이다.

내가 제시했던 이러한 문제점들은 토론 과정을 통해 대부분 그 내용이 더욱 충실하게 발전되었으나 한 가지 문제점만은 끝내 받아들여지지 않았다. 나는 그를 설득하는 데 실패한 것이다.

나는 한반도의 현실을 고려할 때 '남북연합' 단계로 진입하기까지 상당한 준비기간을 거쳐야 할 것임을 지적하고, 그 이전 단계로 '화해·협력' 단계를 별도로 설정할 필요성을 주장했다. 나는 화해·협력 단계 역시 통일의 중요한 한 과정이라 생각했기 때문이다. 이것은 내가 1990년대 초부터 주장해온 것으로 1993년에 '민족공동체통일방안'에 수용된 것이기도 하다.

또한 구태여 '연방제' 단계와 '완전통일' 단계를 구분할 필요가 없다고 생각했기에 1단계 화해·협력 단계, 2단계 남북연합 단계, 3단계 연방제통일 단계로 정리하자고 주장했다. 그러나 김 이사장은 자신이 오랫동안 주장해온 3단계론, 즉 '남북연합-연방제-완전통일'이라는 3단계 공식을 바꾸려 하지 않았다. 그는 내가 제시한 '화해·협력' 단계를 통일의 과정으로 인정하기를 꺼려했으며, 남북 간에 합의만 되면 화해·협력 단계 없이도 '남북연합'은 언제든지 즉각 실현될 수 있다는 생각을 갖고 있었다.

하지만 그는 대통령이 된 후에는 남북연합의 즉각 실현이 불가능하다는 것과 따라서 남북연합 단계에 진입하기 이전에 화해·협력의 과정이 필수적이라는 것을 인정하고, 적극적으로 화해·협력을 지향하는 대북정책을 추진하게 된다. 그리고 화해·협력 단계도 남북연합 단계와 마찬가지로 통일의 분명한 한 과정임을 인정하게 된다. (임동원,《피스메이커》, 창비 2015, 249~250쪽)

'화해·협력' 단계의 별도 설정을 둘러싼 두 사람의 이견은 전문연구자와 정치가의 입장 차이를 비쳐 보여주는 것이다. 전문연구자로서 임동원은 이 과제와 관련된 현실조건을 엄밀하게 파악하고 있었다. 그 현실조건은 변화에 대한 양쪽 사회의 적응력도 포함하는 것이었다. 1990~1992년 동안 임동원은 남북고위급회담 대표단 중에서 북한과의 실질적 접촉을 가장 많이 가진 대표로서 북한 상황, 특히 북한 지도부의 상황에 가장 정통한 남한 관리였다. '남북연합' 단계를 북한이 어떻게 받아들일지 가장 정확한 판단을 할 수 있는 사람이었다.

그런데 '남북연합' 단계를 곧바로 바라보기보다 '화해·협력'의 단계를 거쳐야 하겠다는 그의 판단은 북한의 적응력만이 아니라 남한 사회의 적응태세도 고려한 것 아닌가 하는 생각이 든다. 소극적 긴장완화라 할 수 있는 '화해·협력'의 중간단계 없이 적극적 통합의 길인 '남북연합'에 곧바로 뛰어드는 데 불안을 느끼는 남한 내 세력과 계층의 존재를 노태우 정권에서 일하는 동안 절실하게 느꼈을 것이다. 소극적 중간단계를 통해 긴장완화의 이점을 확인함으로써 반대세력의 범위와 반대의 강도를 줄일 필요를 그는 분명히 느꼈을 것이다.

한편 정치가로서 김대중은 '화해·협력'의 자세 정도는 정치적 지도력을 통해 쉽게 갖춰질 것으로 보고, 별도의 단계를 설정할 필요를 부정했을 것으로 생각된다. 그러던 그가 정작 대통령이 된 후 생각을 바꾸게 된 것은 정권 획득조차 김종필의 보수세력과 손잡지 않으면 안 되던 현실조건을 인정하게 된 때문이 아닐까.

초기의 중간단계 설정 못지않게 중요한 것이 최종단계의 성격이었다. 목표를 낮춰 잡고자 한 임동원의 입장이 지식인의 자세에 부합하는 것으로 나는 평가한다. 분단이라는 불행한 상황은 몇몇 사람의 의지로 빚어진 것이 아니고, 반세기 넘게 지속되어온 것이었다. 이런 거대한 역사적 불행을 극복하기 위해서는 오만한 마음을 피해야 한다. 분단의 역사를 송두리째 부정하는 '완전통일'을 너무 앞세우면 오히려 역효과를 일으킬 수 있다. 현실적으로 가능한 연방제를 바라보는 것이 '진인사대천명盡人事待天命'의 자세였다.

정치인으로서 김대중은 성실한 자세보다 화끈한 자세에 유혹을 받을 수 있는 입장이었다. 자신과 다른 관점을 가진 임동원의 도움을 받을 수 있었던 것은 그의 능력이기도 했고, 큰 행운이기도 했다.

'선군'정치는
'후계' 과정의 보장 장치였다

동구 공산권의 붕괴와 소련의 해체가 북한에 심각한 위기를 가져왔다는 사실은 설명을 필요로 하지 않을 정도로 당연한 일이었다. 이 위기에는 군사적 측면과 경제적 측면이 있었다. 가장 중요한 동맹국들이 사라지거나 극도로 위축되어 있는 상황에서 북한은 수십 년간 계속되어온 미국과 남한의 위협 앞에 아무 보호막 없이 노출되었다. 그리고 미국과 남한이 전반적 위기를 이용해서 군사적 위협을 더 늘릴 위험도 있었다.

군사 위기보다 더 크고 다급한 위기가 경제 위기였다. 군사 위기가 현실화하는 데는 적대국의 의지도 필요하고 도발의 계기도 필요했다. 반면 경제 위기는 내재해 있는 것이었다. 공산권 내의 협력체제가 사라져버린 이제, 북한 경제는 누가 건드리지 않아도 저절로 무너질 위험을 품고 있었다. 그리고 미국이 주도하는 봉쇄정책이 구원의 손길조차 가로막고 있었다. 중국이 거의 유일한 북한의 교역 상대였지만 이 무렵에는 중국도 아직 힘이 약한 데다가 1989년 톈안먼 사태 이후 위축된 상태에서 아직 벗어나지 못하고 있었다.

위기의 존재 때문에 정보의 봉쇄가 더욱 심했다. 위기 상황이 미국과 남한에 알려질 경우 이를 이용해 북한의 붕괴를 촉진하는 정책에 유혹을 받을 것을 걱정한 것이다. 실제로 미국의 일부 세력과 남한의 김영삼 정권이 추구한 노선을 보면 타당한 걱정이었다. 그 때문에 북한의 실제 상황을 파악하기 힘든 사정은 지금까지도 이어지고 있지만, 그동안 벌어진 일들을 놓고 1990년대 북한의 상황을 당시보다는 넓고 깊게 살펴볼 수 있다.

예컨대 1991년 이후 북한의 개방정책 지향이 생존을 위한 절박한 필요에서 나온 것이라는 사실이 이제는 분명해졌다. 그 절박한 수준으로 볼 때 핵사업을 진심으로 억제할 방침이었다는 사실도 충분히 짐작이 간다. 북한의 개방정책에 제동을 건 것은 미국의 부시 정권이었고, 클린턴 정권은 북한의 개방을 유도하는 쪽으로 정책을 펼쳤지만 공화당의 반대와 남한의 비협조로 인해 정책의 효과를 빨리 거둘 수 없었다.

김영삼이 집권한 1993~1997년 5년간 북한을 둘러싼 국제정세 중 가장 두드러진 사실은 남한의 역할이 극히 작았다는 것이다. 그 앞 노태우 정권의 '북방정책'은 철학적 근거가 충실하지 못한 아쉬움은 있어도 전략적 타당성은 갖춘 것이었다. 그래서 북한을 둘러싼 정세 변화를 주도적으로 이끌지는 않았더라도 변화에 적응하는 데는 모자람이 없었다. 반면 김영삼 정권 동안 남한은 변화를 가로막는 역할을 맡았다. 남한의 경제발전에도 평화 증진에도 불리한 결과를 자초하는 것이었기 때문에 전략 차원에서도 부정적 평가를 면할 수 없다.

1998년 초 김대중의 집권은 남북관계에 큰 변화를 가져올 수 있는 계기였다. 변화의 출발점은 5년 전의 상황을 회복하는 것이었다. 기본합의서를 이끌어낸 고위급회담의 실무 책임자였던 임동원의 외교안보수석 기용은 남북대화 재개 의지를 북쪽에 알리는 신호였다.

이 신호를 북쪽에서는 어떻게 받아들였을까? 당시 북한의 상황부터 더듬어본다.

1990년대 중반에 북한이 겪은 가장 큰 변화 두 가지는 경제난과 김일성 사망이었다. 건국 이래 최악의 경제난이 1998년 시점에 어떤 상황에 와 있었는지는 아직도 정확한 판단이 어렵다. 위기 상황을 아주 벗어나지는 못하고 급한 불만 꺼놓은 상태가 아니었을까 막연히 추측해본다.

　경제난보다 더 절박한 것이 리더십 문제였을 것으로 생각된다. 북한 건국을 주도하고 한국전쟁 후 40년간 절대권력을 구사하며 유일지도체제를 이끌어온 김일성의 부재가 어떤 문제를 일으켰을까? 절대적 지도자가 사라질 때 집단지도체제가 일시적으로라도 나타나는 것이 보통인데, 북한에서는 김정일이 유일지도체제를 이어받았다. 30대 초반에 후계자로 지목되어 20년간 준비를 해온 김정일이, 온몸으로 북한을 대표하던 김일성이 비운 자리를 채울 수 있었을까?

　김일성 사망 후 3년 반이 지난 1998년 초까지 북한의 권력승계는 파탄을 보이지 않고 있었다. 백학순은 이 과정에서 김정일이 "일종의 여유를 부린 것"으로 관찰하기까지 했다.

김일성 사망 당시 북한은 소련 등 사회주의권의 붕괴로 국제사회에서 고립되어 있었고, 북핵 문제와 미사일 문제로 미국, 남한 등과 생사를 건 싸움 중에 있었으며, 경제적으로는 전대미문의 식량난을 겪는 등 총체적인 위기에 처해 있었다. 객관적으로 보아, 이러한 위기 상황은 권력교체와 권력승계에서 불안정성을 확대할 수 있는 요소를 안고 있었다.

그러나 김일성 사망 후 김정일은 후대 수령으로서 큰 어려움 없이 예정대로 권력승계를 마쳤다. 이는 현실적으로 '수령제'의 권력이양과 권력승계의 '안정성'을 증명했다. 더구나 형식적으로 김정일은 김일성 사후 즉시 당 총비서를 승계하지 않고 3년상을 치른 다음에야 총비서가 되고, 또 헌법 개정을 한 후에야 국방위원장에 취임했다. 전대미문의 위기의 상황에서 일종의 여유를 부린 것이다. 수령제가 유일체제로서 유연성과 융통성이 부족한 수직적 위계질서의 권력구조를 갖고 있었지만, 대내외적 위기 속에서 권력승계를 하는 데 '정치적 안정성'을 담보하는 데는 유리한 점이 있었고 또 성공했던 것이다. (백학순, 《북한 권력의 역사》, 한울아카데미 정말로 여유를 부릴 여지야 있었겠는가. 수직적 위계질서에 생래적으로 부족하게 마련인 유연성과 융통성을 늘리기 위해 애를 쓴 것이 아닐까 생각된다. 당을 장악하는 총비서 자리를 2년간 방치했을 뿐 아니라 1998년의 헌법 개정에서도 '수령' 자리를 "영원한 수령" 김일성에게 안겨 보내고 김정일 자신은 취하지 않았다. 김일성이 평생을 통해 키워놓은 자리를 그대로 물려받아 그 큰 자리를 억지로 채우려고 안간힘을 쓰기보다, 최고지도자로서 최소한의 자리만을 우선 물려받은 다음 시간이 지남에 따라 업적으로써 덩치를 키워나간다는 실용주의적 방법을 취한 것으로 이해된다.

합리적인 방법이라고 생각된다. 위기 극복을 위해서는 할 일이 많은데, 너무 큰 감투를 너무 일찍 쓰고 앉았으면 하기 어려운 일도 많았을 것이다. 예컨대 1994년에서 1997년 사이에 김정일은 노동당에 대해 신랄한 비판을 종종 쏟아냈다. 당 총비서를 맡고 있는 입장이라면 그런 표현이 어려웠을 것이다. 당과 행정부는 다른 사람들에게 맡겨놓고 자신은 국방위원장, 총사령관으로서 군대만을 확고히 장악한 입장에서 '객관적' 비판을 마음껏 펼칠 수 있었던 것이다.

1996년 12월 7일 김정일이 김일성종합대학 개교 50주년 기념식에서 행한 연설원고를 황장엽이 후에 갖고 와서 〈월간조선〉에 공개한 일이 있다. 자신의 책임 범위를 제한적으로 본 김정일의 관점을 담은 이 연설에 대해 돈 오버도퍼는 이렇게 말했다.

김정일은 그 연설에서 "현재 제일 긴급하게 풀어야 할 과제는 식량문제다. 그로 인해 무정부 상태가 조성되고 있다"고 말하면서 북한이 직면한 어려움을 어느 정도 시인했다. 또한 김정일은 "도처에서 '가슴 아픈 일들'이 벌어지고 있지만 거리에 나와 식료품을 팔고 행상을 하는 사람들의 행동은 크게 잘못된 것"이라며 맹렬히 비난했다. 그리고 다음과 같은 말을 덧붙였다. "이렇게 농민 시장과 장사꾼이 번성하게 되면 사람들 속에 이기주의가 조장돼 당의 계급진지가 무너질 수 있다. 그렇게 되면 당이 대중적 기반을 잃고 녹아날 수 있다. 이것은 그전에 폴란드와 체코슬로바키아에서 일어났던 사건들이 잘 말해주고 있다."

김정일은 북한의 경제난을 자신의 책임으로 인정하지 않았다. 경제 지도에 많은 시간을 투자했던 김일성이 그에게 "경제 사업에 말려들면 당 사업도 못하고 군대 사업도 할 수 없다고 여러 번 당부했다"는 것이었다. 요컨대 자신의 과업이 너무 중대하기 때문에, 경제문제를 돌볼 수만은 없다는 뜻이다. "내가 경제 실무 사업까지 맡아보면 혁명과 건설에 돌이킬 수 없는 후과를 미칠 수 있다. (…) 인민들이 현재 당 중앙위원회 명령을 무조건 따르고 있는 것은 나의 권위 때문이지 당 조직과 일꾼들이 사업을 잘해서가 아니다. (…) 나를 똑똑히 도와주는 일꾼이 없다. 나는 단신으로 일하고 있다." (돈 오버도퍼, 《두 개의 한국》, 이종길 옮김, 길산 2002, 571~572쪽)

극한적인 경제난 앞에서 경제 사업을 돌아보지 못할 만큼 중요한 김정일의 과업이 무엇이었나? 체제의 뼈대를 지키는 일이었다. 수백만 인민이 굶어 죽거나 국경을 넘어가는 상황을 남에게 미루면서 최고지도자가 다른 일에 매달려야 한다니, 북한의 싹수를 가급적 좋게 해석하려고 애쓰는 나로서도 이해하기 힘든 일이다. 그러나 이 입장은 김정일 혼자의 판단으로 취한 것이 아니라 김일성이 당부한 것이라 하니, 김정일의 성격 문제보다는 북한 체제의 성격 문제로 받아들여야 할 것이다.

만사 제쳐놓고 지켜야 할 체제의 뼈대가 과연 무엇이었던가? 이것이 '군대'였다는 사실에서 북한 지도부의 위기의식이 극도로 심각했다는 사실을 알아볼 수 있다. 인민 전체를 제대로 돌볼 여유가 없는 위기 상황이라면 지켜야 할 뼈대로 당을 챙기는 것이 당연하다. 그런데 당도 아니고 군대만 붙잡고 있었다니, 문자 그대로 '뼈대'만 지킨 셈이다. 굳이 비유한다면 인민은 살집이고 당은 근육이다. 살집만이 아니라 근육까지 놔두고 뼈대만 지킨 것이다.

그런 의미에서 '선군정치'는 후계 과정의 보장에 필요한 장치였다.

김정일도 1990년에서 1992년에 걸쳐 노동당의 중요성을 여러 차례 강조했다는 사실을 백학순이 지적했다.

김정일은 1990년 10월에 "조선노동당은 우리 인민의 모든 승리의 조직자이며 향도자이다"라는 논문을 발표하고 "혁명과 건설에 대한 당의 영도적 역할"을 강조했다. 1991년 5월에는 전국당세포비서 강습회 참가자들에게 "당세포를 강화하자"는 서한을 보내 "모든 당세포를 충성의 세포로 만들자!"라는 혁명적 구호를 제시했다. 또 1992년 10월 10일 조선노동당 창건 47주년에 즈음하여 "혁명적 당건설의 근본문제에 대하여"라는 논문에서 김정일은 "당의 령도가 곧 사회주의 위업의 생명선"이며 "혁명적 건설과 성패는 당을 얼마나 튼튼히 꾸리고 당의 령도적 역할을 어떻게 높이는가 하는 데 달려" 있음을 강조했다. (백학순, 같은 책, 687쪽)

그러나 이 무렵 후계가 임박한 김정일에게는 군을 통솔하고 지휘하는 권한이 집중적으로 넘겨졌다. 1991년 12월 인민군 최고사령관이 되었고 이듬해 4월 '원수'로 승진했다. 그리고 1993년 4월 국방위원회 위원장에 추대되었다. 개방정책 추진이 여의치 않게 되어 극한의 위기 상황을 내다보면서 체제 장악력을 최소한의 범위에 집중시킨 것으로 해석된다.

선군정치의 공식 출범은 1995년 1월 1일로 선전되어왔다. 김일성 사후 첫 정초인 이 날 금수산기념궁전(김일성 묘소) 참배 후 다박솔중대 지도방문 중 "선군의 기치를 높이 추켜들고 총대에 의거하여 주체의 사회주의 위업을 끝까지 완성"하겠다는 '말씀'이 있었다는 것이다.(같은 책, 691쪽)

그런데 김정일의 '선군혁명' 영도가 1969년 1월 조선노동당 인민군당위원회 제4기 4차 전원회의 확대회의에서 시작되었다는 이야기도 있다.

2009년 1월 조선노동당 력사연구소가 펴낸 《위대한 수령 김일성동지 선군혁명사)라는 책자도 김정일의 후계준비 기간을 인민군 당위원회 제4기 4차 전원회의 확대회의가 개최된 1969년 1월부터 김일성이 사망한 1994년 7월까지로 구분했다. 이 출판을 보도한 '조선중앙통신'은 김일성 일대기가 "선군혁명영도의 역사라는 것을 강조함으로써 우리 당의 선군정치의 뿌리가 얼마나 깊고 억센가를 잘 보여주고 있다"고 했다.

'조선중앙통신'은 이 책이 총 8개 장 44개 절로 이뤄져 있는데, 제1, 2장에서는 1926년 6월부터 1945년 8월까지 김일성의 항일투쟁을 서술했으며, 이 기간에 김일성이 "선군혁명 위업을 개척하고 총대에 의거하여 항일혁명투쟁을 승리로 이끌었다"고 설명했다. 1969년 1월부터 1994년 7월까지를 다룬 제7, 8장에서는 김일성이 "선군위업 계승문제를 완벽하게 해결"했다고 서술하면서, 그가 "전당, 전군, 전민의 한결같은 염원과 일치한 의사를 헤아리고 조선의 군대와 인민이 경애하는 김정일동지를 주체혁명 위업의 후계자로 추대하는 역사적 위업을 훌륭히 이룩하도록 했다"고 서술하고 있다. (같은 책, 692쪽)

1969년 1월의 회의는 인민군에서 군벌주의를 청산하고 유일사상체계를 확립한 회의였고 김정일이 그 과정에서 중요한 역할을 맡았다고 한다. 1995년 선군정치 출범 이후 '선군' 이념의 연원이 깊고 김정일의 후계자 입장이 확고했음을 강조하기 위해 이런 이야기가 부각된 것이 아닐까 생각된다.

김정일의 후계 과정은 1998년 중에 일단락된 것으로 보인다. 당 총비서에 취임하고, 헌법을 개정하고, 강성대국을 선포하는 일이 이어졌다. 후계 과정이 일단락되었다는 것은 '고난의 행군'도 어느 정도 마무리되었다는 뜻일 것이다. 1998년 남한의 대북관계에 대한 태도 변화에 임해 북한도 이에 호응할 태세가 안정되고 있었던 것으로 보인다.

햇볕정책 추진을 위한
임동원의 포석

김대중 대통령의 취임과 동시에 외교안보수석을 맡은 임동원은 5년 동안 어느 직책에서든 대북정책의 사령탑 노릇을 했다. 특히 정권 출범 초기 IMF 사태로 인해 대통령이 경제문제에 전념해야 할 상황이었기 때문에 임동원의 역할이 상대적으로 더 중요했다.

그러나 김대중의 깊은 신뢰는 임동원의 활동에 든든한 발판이 되었을 것이다. 임동원은 외교안보수석실의 기존 인원을 가급적 바꾸지 않았다고 한다.

외교안보수석실도 구조조정의 영향을 받았으나 4개 비서관직은 그대로 유지하게 되었다. 개혁 차원에서 비서관급 간부를 모두 교체하고 직원의 대부분을 교체한다는 원칙에도 불구하고, 나는 외부 인원을 일절 받아들이지 않고 전문성을 중시하여 파견공무원들을 그대로 유임시켰다.

이렇게 하여 나는 재임기간 중 외교비서관으로 권종락과 송민순, 국제안보비서관으로 이상철, 통일비서관으로 조건식과 이봉조, 그리고 국방비서관으로 임충빈 준장 등 탁월한 공무원들로부터 훌륭히 보좌를 받을 수 있었다. (임동원, 《피스메이커》, 창비 2015, 257쪽)

5년 전 통일원장관에 취임한 한완상이 당시 차관이던 임동원을 유임시키지 못했을 때 외부 인사를 영입하지 않고 통일원 내에서 발탁했다가 후회한 일이 있다. "통일에 대한 문제의식·목적의식·비전·철학은 나와 비슷하거나 같아야 했다"는 것이었다.(한완상,《한반도는 아프다》, 한울 2013, 60~61쪽) 과연 한완상이 당시 발탁한 송영대가 5년 후 임동원이 김영삼 정부로부터 물려받은 인물들에 비해 확연하게 "냉전근본주의적 가치관"을 가진 사람이었을까?

그럴 개연성은 크지 않다. 김영삼 정권의 대결정책에 동원된 인물들과 통일원 관료였던 송영대 사이에 가치관의 차이가 컸을 것 같지 않다. 차이는 무엇보다 대통령의 태도에 있었을 것 같다. 관료들은 직속상관인 장관이나 수석 못지않게 대통령의 눈치를 보았을 것이다.

"코드가 맞는" 인사를 외부에서 끌어들이기보다 기존 관료를 설득하려 한 태도는 한완상이나 임동원이나 모두 훌륭했다. 정책을 수립하는 데 그치는 것이라면 코드 맞는 사람들끼리 하는 것이 편하겠지만, 실행까지 하려면 중립적인 관료까지 동원하지 않으면 안 된다. 임동원이 여기에 성공한 데는 그의 군인·관료 경력이 한완상의 학자 경력보다 유리한 점도 작용했겠지만 김대중 대통령이라는 배경도 중요했을 것이다.

임동원은 대북정책의 기조를 처음부터 '포용정책'으로 확정했다.

통일문제와 관련하여 우리가 고려할 수 있는 대북정책 대안은 세 가지였다. 그 하나는 북한의 붕괴를 촉진시키기 위한 '적대적 대결정책'인데, 이는 전쟁을 촉발할 위험이 있어 채택할 가치가 없는 것이다. 다른 하나는 북한이 붕괴할 때까지 기다리는 '방관정책'인데, 북한으로 하여금 대외적 폭발(전쟁)이나 내부적 폭발(내란, 대규모 탈북사태 등)을 초래할 위험이 있으므로 이 역시 바람직하지 않았다.

따라서 평화공존과 화해·협력을 통해 북한의 점진적 변화를 도모하는 '포용정책 engagement policy'만이 유일한 대안이었다. (…)

화해·협력·변화·평화가 새로운 대북정책의 네 가지 키워드이다. 이것은 북한이 조만간 붕괴될 것이라는 '붕괴 임박론'이 아니라 북한도 중국이나 베트남처럼 점진적으로 변화하게 될 것이라는 '점진적 변화론'에 토대를 둔 정책이다. (임동원, 같은 책, 258~259쪽)

임동원은 취임 직후인 3월 초 미국 관리들과 정책협의를 가진 자리에서 점진적 변화론에 기초한 포용정책의 타당성에 대한 양국 정부의 공감대를 확인했다고 한다. 미국 측에서 4자회담 대표인 찰스 카트먼 국무성 부차관보, 스티븐 보스워스 주한 대사와 잭 프리처드 국가안전보장회의NSC 국장이 찾아온 자리였다.

나는 보스워스 대사와 카트먼 부차관보 일행을 맞아 국민의 정부의 대북시각과 대북정책 기조를 자세히 설명하고 4자회담에 대한 입장을 설명했다. 다행히 그들은 새 정부의 정책과 입장에 대해 "잘 이해했으며 새 정부와 긴밀히 협조하겠다"고 약속했다. 이것이 새로 출범한 국민의 정부와 미국 클린턴 행정부의 첫 번째 정책협의였다. (…)

그날 면담에서 우리는 미국의 정보기관이 이미 8년 전에 "북한이 1~2년 내에 루마니아처럼 갑자기 붕괴될 것"이라고 판단했고, 3년 전에는 "늦어도 2~3년 안에 붕괴될 것"이라고 예측했다는 점을 상기하며 "오히려 최악의 상태는 넘긴 것 같다"는 의견을 함께 나누었다.

물론 정보기관의 판단이란 항상 '최악의 시나리오'를 제시하여 정책 결정자들이 예방하거나 미리 대처하도록 한다는 것을 전제로 한다. 어떻든 북한이 붕괴되는 경우 예상할 수 있는 두 가지 상황, 즉 자살적 공격을 감행하는 '대외적 폭발사태'나 내란이 일어나거나 수백만 명의 탈북난민을 발생케 할 '내부붕괴사태'는 모두 우리에게 바람직하지 않다. 우리는 "이러한 위험한 사태를 예방하는 데 치중하는 정책을 펴야 한다"는 데 동의하고 막연한 희망사항인 '붕괴 임박론'에 기초한 정책은 경계해야 한다는 의견도 공유했다. (같은 책, 265~266쪽)

클린턴 정부는 1994년 6월의 위기 이후 공화당 정권에 비해 대북 포용정책을 기조로 삼아왔다. 그런데 대북정책에 앞장서거나 최소한 보조를 맞춰줘야 할 한국 정부가 협조는커녕 방해를 일삼아왔기 때문에 의회를 통한 공화당의 심한 견제를 받아야 했다. 위에 언급한 자리에서 실무자급 미국 관리들이 새 한국 정부의 대북정책노선에 쉽게 공감을 표한 것은 미국 정부의 정책노선에 맞는 것이기 때문이었을 것이다.

대북정책 추진을 원활하게 하기 위해 임동원은 NSC 운영을 외교안보수석실로 넘겨왔다. 박정희 정권 이래 국가안보회의는 군사 부문에 치중해온 기구였는데, 이것을 외교·안보·대북정책을 관리하는 상설기구로 만들어 사무처를 두고 관계 장관(통일, 외무, 국방, 안기부장, 외교안보수석)으로 구성된 상임위원회를 매주 열기로 한 것이다.

임동원은 1998년 3월 7일의 제1차 NSC 상임위원회 내용을 《피스메이커》에 소상히 적었다. 이후 추진할 대북·대외정책의 기본 과제들이 망라되었기 때문일 것이다. 여섯 개 의안이 처리되었다고 한다.

(1) 경수로 비용부담. 당시 총 사업비가 약 52억 달러로 추정되고 있었고, 한국이 70%인 36억 달러를 맡을 계획을 김영삼 정부가 승낙해놓고 있었다. 이 계획을 김대중 정부가 승계하기로 결정되었다.

(2) 4자회담 대책. 1997년 8월의 예비회담으로 시작한 남북·미중 4자회담이 임박해 있었다. 4자회담은 대북관계에 무성의한 김영삼 정부를 움직이게 하기 위해 미국이 강압적으로 끌어들인 회담이라고 할 수 있는데, 김대중 정부는 4자회담 참여를 넘어 별도의 남북 대화를 함께 추진할 방침을 세웠다.

(3) 대미 방위비 분담 조정. "주한 미군 유지를 위한 직접비용의 1/3 수준을 분담한다"는 원칙으로 1989년 4,500만 달러로 시작한 방위비 분담금이 1998년에는 약 4억 달러까지 늘어나 있었다. IMF 사태로 환율이 두 배 이상 오른 상황에서 부담을 줄이기 위한 대책이 논의되었다.

(4) 대북 식량지원. 김영삼 정부는 세계식량기구를 통해 식량지원을 행해왔는데, 김대중 정부는 직접 지원할 것과 민간 차원의 지원을 적극 권장할 것을 결정했다.

(5) 대북정책 기조. 김대중과 임동원이 준비해온 정책노선을 통일부 기안 형식으로 검토하여 다음 주 회의에서 채택할 준비를 하였다.

(6) 국가안보회의 운영개선안. 임동원이 준비한 방안을 채택하고 관계법령 개정을 추진하기로 했다. (같은 책, 269~272쪽에서 요약, 정리)

돈 오버도퍼는 김대중 정부의 초기 대북정책을 이렇게 설명했다.

김대중이 추진한 대북정책들은 그의 전임자이자 정적인 김영삼 대통령이 추진했던 정책들과는 전혀 상이했다. 1970년대 초반 정치에 발을 들여놓기 시작했을 때부터 김대중은 남북관계의 긴장을 해소하고 북한을 포용하는 정책을 공공연하게 옹호해왔다. 또한 군사정권하에서 오랫동안 용공분자라는 비난을 받아오면서도 끝까지 자신의 생각을 굽히지 않았다.

그는 대통령 취임사에서 세 가지 기본 원칙을 제시했는데 그 내용은 다음과 같다. "첫째, 우리는 어떠한 무력 도발도 결코 용납하지 않을 것입니다. 둘째, 우리는 북한 정권을 와해시키거나 북한을 흡수할 의도가 없습니다. 셋째, 우리는 가장 쉽게 합의에 이를 수 있는 부문에서부터 시작해 남과 북이 화해하고 협력하는 길로 나아갈 수 있도록 적극적으로 노력할 것입니다." (…)

그 무렵 북한과의 공식적인 관계에서 별다른 진전이 없다는 점 때문에 그의 햇볕정책은 쓰라린 시련을 겪었고, 실패로 끝난 또 한 번의 북한 잠수정 침투 기도에 이어 3주 후 남한 해안선 부근에서 북한 특공대원들의 시체가 발견되자 국민들 또한 깊은 실망에 빠졌다. 여러 달 동안 정부 차원에서 눈에 띄는 진전의 기미가 없는 듯했음에도 김대중은 포용정책을 계속 유지했다.

취임 1개월째 되던 98년 3월 필자가 대통령이 된 김대중을 처음 만났을 때 그는 이렇게 말했다. "우리는 지금 북한이 어떤 의향을 보일지 기다리고 있다. 내 생각에 지금 북한 지도부에서는 한창 대남정책 수정 방안에 대한 논의가 이루어지고 있는 것 같다." 그 다음 달 북한의 제안으로 공식적인 양자 회담이 베이징에서 개최됐다. (…)

김대중의 햇볕정책에서 한 가지 중요한 요소는 정치를 경제로부터 분리하는 것이었다. 실질적으로 이것은 남북 정부 간의 관계 진전 여부에 상관없이 남한 사업가가 북한과 거래를 도모할 수 있다는 뜻이었다. 이런 관점은 더욱 폭넓은 접촉의 길을 트는 데 중요한 영향을 미쳤다. (돈 오버도퍼, 《두 개의 한국》, 이종길 옮김, 길산 2002, 589~590쪽)

10여 년이 지난 지금 초기 햇볕정책의 어려움은 나도 잘 기억하지 못한다. 김대중이 오랫동안 준비해온 포용정책이 각광을 받으며 2000년 정상회담과 6·15 공동선언을 이끌어낸 큰 흐름이 내 기억을 지배하고 있다. 그러나 다시 살펴보면 적지 않은 곡절이 있었다. 김영삼 같으면 정책을 홀라당 뒤집어버릴 만한 '도발'들도 있었다. 햇볕정책의 성공은 그 내용이 좋아서만이 아니라 추진 과정의 꾸준한 인내심 덕분에 가능했던 것이다.

성공의 가장 큰 조건 하나가 남북관계에 있어서 정·경 분리의 원칙이었다. 민간 접촉의 권장도 정부의 남북관계 독점을 푼다는 점에서 같은 맥락의 조치였다. 남한 정부는 건국 이래 북한과의 관계를 독점해왔다. 적십자회담처럼 민간 접촉이 꼭 필요한 경우에도 정부의 통제를 확실히 했다. 대북정책이 민심에도 경제논리에도 역행하는 방향으로 추진되는 일이 많았기 때문에 남북관계에 대한 정부의 통제를 풀 수 없었던 것이다.

그런데 김대중 정부는 이 독점과 통제를 푸는 방향으로 움직였다. 새 대북정책이 민심과 경제논리에 맞는 것이라는 자신감을 가졌기 때문에 정책의 추진력을 재계와 민간에서 일으키도록 문호를 개방한 것이다. 덕분에 1998년 6월 16일 83세의 정주영 현대그룹 명예회장이 500마리 소 떼를 몰고 판문점을 통해 북한으로 넘어가는 장관이 펼쳐졌다. 10년 후 들어선 이명박 정부는 남북관계의 독점과 통제를 다시 시도했지만, 한번 풀린 독점과 통제를 복원하는 것은 쉽지 않은 일이었다.

김대중 정부가 자신감을 갖고 대북 포용정책을 추진할 수 있었던 한 가지 이유는 경제력을 비롯한 여러 방면에서 남한이 누리고 있던 확고한 우위에 있었다. 북한의 국민총생산GNP은 1990년대 들어 반 토막이 나서 1997년 약 103억 달러로, 남한의 약 4,670억 달러와 비교가 되지 않는 수준이었다. GNP 전체가 남한의 국방비(약 160억 달러)에도 미치지 못했다. 무역규모는 200대 1로, 더 차이가 컸다.

이런 상황에서 포용정책은 유화정책이 아니라 강자의 공세적 정책으로서 '부전승전략'을 추구한 것이라고 임동원은 설명했다. 《손자병법》의 "부전이승不戰而勝"을 말한 것이다.

이렇듯 남북 간의 국력 격차가 갈수록 심화되는 상황에서 최악의 시나리오는, 북한이 궁지에 몰려 '죽기 아니면 살기' 또는 '이판사판'식으로 자살적 공격을 감행하는 경우, 남북이 보유한 엄청난 파괴력으로 인해 쌍방이 입을 참화이다. 우리가 승리할 것은 의심할 여지가 없지만 수많은 인명과 산업시설을 파괴할 민족적 대참화는 반드시 방지해야 한다.

우리는 강력한 국력과 남북 간에 심화되고 있는 국력 격차를 배경으로 북한의 도발과 모험을 억제하는 한편 북한을 국제사회에 끌어내어 순화시키고 잘 관리하기 위한 정책이 필요했다. 안보를 튼튼히 하여 전쟁을 억제하고 평화를 지키는 한편 북한의 변화를 유도하고 관리하여 평화를 만들어나가면서 공존공영하는 '사실상의 통일 상황'을 실현해나가려는 것이 곧 '화해협력정책'의 요체라고 할 수 있었다. (임동원, 같은 책, 263쪽)

신뢰가 신뢰를
낳는다

1998년 2월 출범한 김대중 정부는 대북 포용정책을 다각적으로 추진했다. 미국, 중국, 일본 등 주변국의 이해와 협조를 구하는 일도 있었지만, 가장 중요한 일은 당연히 북한과의 관계를 풀어나가는 것이었다. 이 과제를 임동원은 이렇게 회고했다.

나는 경색된 남북관계의 실타래를 풀기 위해서는 다차원적인 접근 노력이 필요하다고 판단했다. 김대중 대통령의 집권 초기에 나는 일단 네 가지 문제에 관심을 기울였다. 무엇보다도 지난 5년간 경색된 남북 당국 간의 대화를 복원하는 것이 급선무였다.

한편 민간기업들로 하여금 대북 교역을 활성화하고 경협을 추진케 하는 것이 긴요하다고 보았다. 또한 그동안 수세적 입장에서 경원시해온 민간 차원에서의 남북교류와 대화를 장려하기 위한 대책도 필요하다고 생각했다. 그리고 지난 7년간 파탄된 군사정전회담도 어떤 형태로든지 조속히 복원시켜야 했다. (임동원,《피스메이커》, 창비 2015, 277쪽)

4월 11일 정세현 통일부차관과 전금철 정무원 책임참사를 수석대표로 하는 차관급회담이 베이징에서 열림으로써 근 4년 동안 닫혀 있던 당국 간 회담이 다시 열렸다. 북측에서 적십자사를 통해 비료 20만 톤 지원을 요청한 데 대해 그런 대규모 지원은 정부 차원에서라야 가능하다고 응답함으로써 당국 간 회담이 재개된 것이었다.

이 회담에서 남측은 비료 지원과 이산가족 상봉을 연계시키는 '상호주의' 입장으로 나섰고 북측이 이에 반발함으로써 성과를 거두지 못했다. 김대중 정부의 포용정책은 상호주의에 집착하지 않는 편이라서 남한 수구세력의 포용정책 비판에 단골로 들고 나오는 것이 상호주의였지만, 첫 접촉에서 남측이 상호주의를 고집한 것은 이산가족 상봉이 호소력이 큰 과제이기 때문이었을 것이다. 이 경험을 임동원은 이렇게 회고했다.

> 회담이 결렬된 후부터 북측은 '햇볕정책'에 대한 비난공세를 전개하기 시작한다. 잠수정에 의한 도발행위도 이때 일어난 일이다. 국내 언론은 "이산가족 문제도 해결하지 못하는 햇볕정책"을 비난하고 나섰다. 이렇게 하여 우리가 시도했던 '상호주의 원칙'은 시련을 겪게 된다.
>
> 그러나 결렬된 이번 회담의 경험을 통해서 우리는 "북측의 자존심을 상하지 않게, 가진 자로서 먼저 베풀면서 우리의 목표를 달성하는 '선공후득先供後得'의 지혜를 강구해야 한다"는 교훈을 얻게 된다. (…) 남북 대화가 다시 재개된 것은 이로부터 1년 후인 1999년 5월 남북 당국 간의 비공개 접촉을 통해서였다. (같은 책, 279쪽)

경제교류, 민간교류와 군사정전회담 재개 등 다른 과제들을 위한 조치도 이어졌다. 4월에는 정부가 '남북 경제협력 활성화 조치'를 발표했고, 9월에는 '민족화해협력국민협의회(민화협)'가 정부 지원 아래 발족했다. 그리고 군사정전회담을 파탄에 빠트렸던 김영삼 정부의 자존심 위주 정책을 현실적으로 수정해서 6월에 '장성급회담' 형태로 다시 열리게 되었다.

김대중 정부의 이런 노력의 가시적 성과로 처음 나타난 것이 6월 16일과 10월 27일 두 차례에 걸쳐 펼쳐진 정주영의 '소 떼 방북'이었다. 500마리씩의 소 떼가 동원된 이 이벤트는 시각적으로도 '세기의 장관'이었다. 그로부터 이어진 11월 18일의 금강산관광 개시는 또 하나의 장관이었다. 한반도의 변화를 세계인이 눈으로 보게 만든 일이었다.

그러나 소 떼 방북과 금강산관광은 포용정책의 산물이라기보다 현대그룹의 사업이었다. 10년 전 이미 노태우 정권의 비호 아래 북한 지도부의 승인을 받아놓고 있었음을, 박철언의 회고 중 1989년 2월 초 북한에서 막 돌아온 정주영을 만난 대목에서 확인할 수 있다.

> 그러나 정주영과 내가 구상·추진했던 금강산관광·개발은 엄청난 역풍에 부닥쳐야 했다. 물론 9년 후인 1998년 11월에야 역사적인 첫 금강산관광이 이루어졌으나, 당초의 구상대로였다면 1989년 7월에 첫 금강산관광이 이루어지고 대북 경협도 10년은 빨라졌을 것이다. 그러나 당시에는 전향적인 대북정책과 자주 세계 외교 시대를 향한 북방정책에 대한 안팎의 비판과 견제가 너무 심했다. (박철언,《바른 역사를 위한 증언》2권, 랜덤하우스중앙 2005, 58쪽)

정주영이 의욕적으로 추진하던 대북 사업이 남북관계의 경색 때문에 지연되고 있다가 김대중 정권 출범 후에야 실현되기에 이른 것이다. 내막은 알 수 없으나 그동안 이 사업을 살려내려는 현대그룹의 노력이 치열했을 것은 분명하다. 현대그룹의 대북 사업은 김대중 정부의 경협정책을 따라간 것이 아니라 앞서가며 영향을 끼친 것이었다. 후에 현대가 관련된 대북송금이 포용정책 비판의 빌미가 되는 것도 기업의 정책이 정부 정책을 앞서간 상황으로부터 파생된 문제였다.

남북 경협의 '준비된 선수'인 현대그룹의 활약 외에는 1998년 내내 포용정책의 성과가 크게 나타난 것이 없었다. 오히려 악재가 속출했고, 그런 악재에도 불구하고 포용정책의 기조를 무너트리지 않은 것이 김대중 정부 첫 해 대북정책의 가장 큰 성과라 할 것이다.

가장 큰 악재는 8월 31일 북한이 발사한 '대포동 1호' 미사일이었다. 북한은 평화적 목적의 인공위성 '광명성 1호'를 궤도에 올린 발사라고 주장했지만, 어떤 국제기구에도 발사를 예고하지 않았고 발사 4일 후에야 공식 발표가 나왔기 때문에 의심을 피할 수 없었다.

북한은 오랫동안 군사기술로서 미사일에 노력을 기울여왔다. 지금도 북한의 재래식 군사력으로 가장 주목받는 것이 장사정포인데, 소련의 카튜샤 로켓을 발전시킨 것이다. 2006년 이스라엘·레바논 전쟁 때 헤즈볼라가 수천 발의 카튜샤 로켓을 이스라엘에 발사해서 43명의 사망자와 4,000명 이상의 부상자를 발생시킨 일이 있다. 그 후 미국인 이스라엘 거주자 30명이 북한을 상대로 1억 달러의 손해배상 소송을 워싱턴 연방지방법원에 제기했다. 헤즈볼라가 발사한 로켓의 핵심 부품이 북한에서 온 것이라는 주장이었다.

스커드 미사일 역시 소련이 개발한 기술을 북한에서 발전시킨 무기다. 걸프전에서 부각된 스커드 미사일은 미국에 의지하지 않고 구할 수 있는 가장 강력한 공격무기다. 이것을 필요로 하는 아랍국들이 북한의 가장 중요한 외화획득원이 된 까닭이다.

로켓기술은 외화획득에 앞서 북한의 군사적 안보를 위한 절대적 자산이다. 1994년 6월의 위기에서 미국과 남한의 주전파를 좌절시킨 것이 바로 장사정포였다. 이 무렵의 한·미 연합사 회의 광경을 김종대는 이렇게 그렸다.

이 당시 한국군의 걱정은 영변을 포격을 하면 북한은 반드시 보복을 할 것이며 전면전으로 확전될 가능성이 높다는 것. 가장 위협적인 것은 북한의 장사정포인데, 갱도 안에 있는 장사정포를 무력화하려면 우리 특수부대를 투입하는 것 외에는 방법이 없었다. 북한 장사정포 중 170미리 포는 거리가 길[멀?]어서 우리 포가 미치지 못하고 갱도 진지나 산의 뒤쪽에 있는 포는 더더욱 찾기 어려웠다. 그러니 일

일이 특수부대가 가서 제압해야 하는데 이럴 경우 개전 초 2~3일 이내에 우리 군 사력의 37%가 손실되고 서울에서 100만 명 이상 사망한다는 것이 우리 측 결론 이었다.

그런데 게리 럭(연합사령관)이나 프랭크스(연합사 작전참모)는 이런 한국군의 걱정을 무시했다. 그래서 나온 것이 랜턴 장비를 부착한 미 7공군사령부의 F-16을 동원해서 북한 장사정포를 제압하는 방안이다. 당시 7공군에서는 27대의 F-16이 배치되어 있었다. 장성 부사령관과 당시 3군사령관인 윤용남(육사 19기) 대장이 이 방안을 "관철하라"고 당시 연합사 지상구성군 선임 장교로 가 있던 정경영(육사 33기)에게 지시했다. 전쟁이 임박한 상황에서 이것을 미국에 설득하지 못하면 서울 시민은 집단학살 된다. (…)

이 주장을 들은 7공군은 경악했다. 저공비행으로 방공망이 조밀한 북한 장사정포를 타격할 경우 그 생존확률은 50%에 불과하다는 것. 이 때문에 7공군이 "절대로 못한다"며 아우성치기 시작했고 커밍스 대령은 다시 불같이 화를 냈다. ("전쟁 준비 미군, '반대하는 한국군 가만두지 않겠다'", 〈프레시안〉 2014년 11월 11일)

아직 핵무기를 확보하지 못한 북한에게는 전쟁억지력의 핵심이 장사정포에 있었다. 50여 킬로미터 사거리를 가진 장사정포의 남한 수도권에 대한 위협이 걸프전에서 이라크 스커드 미사일의 위협보다 비교도 되지 않게 컸던 것이다. 북한형 스커드 미사일인 사거리 500킬로미터 전후의 로동 1호는 정밀성이 떨어지고 북한의 경제사정으로는 다량 확보할 수 없기 때문에 장사정포의 직접 위협에 비해 먼 지역에 대한 위협은 훨씬 약했다.

1994년 제네바합의로 핵 사업에 제동이 걸린 북한이 억지력 확장을 위해 노력할 분야는 당연히 미사일이었다. 그 기술의 구입을 원하는 아랍국들이 있었기 때문에 어려운 경제상황 속에서도 개발비를 걱정할 필요가 없었다. 1998년에 이르러 김정일이 후계를 완성하는 시점에서 그동안의 성과를 내외에 과시하기 위해 대포동 1호를 발사하게 된 것이다.

북한은 광명성 1호의 궤도진입 성공을 주장했지만 미국은 인정하지 않았다. 위성 자체보다 큰 주목을 받은 것은 발사지점에서 1,550킬로미터 떨어진 일본 남쪽 태평양상에 떨어진 추진체였다. 어떤 탄두라도 그 거리까지 보낼 수 있다는 증거였다. 그 추진체가 65킬로미터 상공으로 지나갔다는 사실에 일본이 발칵 뒤집혔다. 로동미사일의 사거리가 1,300킬로미터까지 늘어나 있었으므로 일본열도에 대한 위협이 새로운 것은 아니지만, 실제로 머리위로 날아간 데 대한 충격은 새로운 것이었다.

미국도 충격을 받았다. 몇 주일 전부터 '금창리 지하 핵 시설' 의혹이 제기되고 있던 차에 대륙간탄도탄CBM 수준의 장거리미사일 발사는 불에 기름을 끼얹은 격이었다.

미국에서도 소동이 벌어졌다. 공화당이 주도하는 의회는 클린턴 대통령에 대한 정치공세의 계기로 삼았다. 당시 워싱턴에서 대북정책을 둘러싼 논란은 '베트남전 이후 최악의 혼란 상황'이었다. 공화당은 대북정책의 재검토를 요구했고, 1999년 회계연도 한반도에너지개발기구 지원 예산 전액을 삭감했다. 한반도에너지개발기구 지원 예산 3,500만 달러는 결국 나중에 미 외교협회의 중재를 통해 살아났다. 그러나 클린턴 행정부는 대북정책 전반을 재검토할 대북정책조정관을 임명하라는 외교협회의 권고를 동시에 수용할 수밖에 없었다. 이런 과정을 거쳐 윌리엄 페리 대북정책조정관이 임명되었다. 그가 임명된 가장 중요한 이유는 공화당으로부터 신뢰를 얻을 수 있는 인물이었기 때문이다. (김연철,《냉전의 추억》, 후마니타스 2009, 232~233쪽)

남한의 대북정책이 포용정책으로 바뀐 데 대한 북한의 직접 응답은 1998년 내내 없었다. 바로 이득이 되는 현대그룹의 사업에만 반응을 보였을 뿐이다. 그래도 보이지 않는 가운데 남한의 포용정책에 대한 북한의 신뢰는 꾸준히 늘어난 것으로 보인다. 1999년 6월 15일 '연평해전'이 일어날 때 북한의 태도 변화가 분명히 확인된다. 북한 측이 훨씬 더 큰 피해를 입었는데도 비교적 합리적인 자세를 지켰던 것이다.

신뢰가 신뢰를 낳는다. 햇볕정책의 초기 실적이 부진한데도 신뢰를 잘 지키고 키울 수 있었던 출발점은 정책담당자 임동원에 대한 김대중 대통령의 확고한 신뢰였다고 생각된다. 김영삼 정권 초기에 한완상이 대북정책 담당자로서만이 아니라 민주화세력의 명망가로서 매우 큰 정치적 효용을 가진 인물이었는데도 1년을 버티지 못한 것과 대비된다. 어쩌면 임동원이 아무 다른 정치적 효용성이 없는, 남북관계 하나에만 매달린 인물이기 때문에 그 역할이 흔들리지 않은 면도 있었을 것이다.

북한과의 대화를 반대하는
네오콘의 논거

북한을 놓고 미국과 한국에서 대결정책과 포용정책이 경쟁하는 상황은 북한에 관한 연구와 저술에도 투영된다. 북한 체제를 혹독하게 비판하는 문헌에는 대결정책을 뒷받침하려는 의도가 보이고, 비교적 너그러운 시각을 보여주는 문헌의 필자는 포용정책을 지지하는 입장으로 보이는 것이 보통이다. 정치적 입장 때문에 연구와 서술의 자세가 치우치는 것이 많기 때문에 북한을 제대로 이해하기 위해서는 참고하는 책의 편향성에 주의할 필요가 있다.

한국에서는 북한 관계 연구와 서술에 대한 엄격한 규제가 풀린 지 오래되지 않기 때문에 두 가지 태도 사이의 균형이 이제야 잡혀가는 중이다. 미국에서는 관권의 규제가 덜 심했기 때문에 정치적 편향성의 문제가 작은 편이다. 남북관계의 심층적 탐구를 시작하는 단계의 내가 미국 문헌에 비중을 꽤 많이 두게 된 것은 그 까닭이다.

지금까지 퀴노네스의 《한반도 운명》, 위트·폰먼·갈루치의 《북핵위기의 전말》, 오버도퍼의 《두 개의 한국》, 해리슨의 《코리안 엔드게임》 등 미국 관리, 학자와 언론인의 저술을 많이 활용했다. 나는 포용정책의 타당성을 크게 보고 대결정책을 건전하지 못한 것으로 보는 의견을 갖고 있는데, 위 책들은 대개 내 의견을 뒷받침해주는 것으로 보인다.

그렇다면 나도 내 편향성 때문에 문헌 활용에서 너무 치우친 것은 아니었을까? 한 차례 반성해본 결과 크게 심한 문제는 없었다는 생각을 하며 마음을 놓는다.

위의 미국인 필자 중 셀리그 해리슨은 미국 관계에서 '종북주의자' 딱지가 붙은 인물인데, 내가 보기에도 조금 지나친 대목이 더러 보인다. 그러나 다른 필자들은 한반도에 대한 지식의 한계나 정치적 보수성 때문에 지나치기보다는 미흡하게 느껴지는 곳이 많다. 그럼에도 불구하고 그들의 시각이 포용정책 쪽으로 기울어지는 것은 그에 맞서는 대결정책이 너무나 엉터리이기 때문일 것이다.

더 철저한 반성을 위해 대결정책을 지지하는 쪽 문헌을 열심히 검토해봤다. 그쪽 문헌으로 가장 영향력 큰 것이 척 다운스의 《북한의 협상전략》(한울아카데미 1999)으로 보인다. 다운스의 경력은 그의 저서에 근거하면 "국방부 아태지역 부국장, 미공공정책연구소AEI 아시아담당 부실장 역임, 크리스토퍼 콕스 미 하원 정책위원회 위원장 외교안보담당 보좌관"이다.

이 책에는 원서가 《Over the Line - North Korea's Negotiating Strategy》란 제목으로 1999년 'The AEI Press, Publisher for the American Enterprise Institute'에서 펴낸 것으로 표시되어 있다. 아마존서점에서 검색해보니 1998년 1월에 처음 발간된 것으로 되어 있다. 책 내용에 1999년에 일어난 일들도 들어 있는 것으로 볼 때 1999년 후반 이후에 증보판이 나온 것으로 추측된다.

저자가 AEI에서 일하면서 쓴 책을 AEI 부설 출판사에서 간행한 책이니 AEI가 어떤 기관인지 먼저 살펴볼 필요가 있다. 이 기관 이름을 국내에서 '미국기업연구소'로 번역하는 일이 많은데, 적절치 못한 번역 같다. 'American Enterprise'란 미국의 특별한 사명, 즉 '명백한 운명Manifest Destiny'을 가리키는 것이다. 1938년 창설된 이 기관은 "정부권력의 제한, 사기업, 개인의 자유와 책임, 기민하고 효과적인 방위와 대외정책, 정치적 책임성과 공개적 토론 등 미국의 자유와 민주적 자본주의의 원리를 방어하고 제도를 발전시키는 것"을 명시적 목적으로 한다.(《위키피디아》, 'AEI' 항목) 여기서 'Enterprise'는 '기업'이 아니다. 나라면 이 기관명을 '아메리칸엔터프라이즈 연구소'라 번역할 것이다.

AEI는 '네오콘 소굴'로 정평이 난 기관이다. AEI를 발판으로 근년 활동한 사람들 중에 딕 체니 부부, 존 볼턴, 폴 월포위츠 등의 이름이 얼른 눈에 띈다. AEI는 부시 정권 아래 전성기를 누렸다. 연간 수입이 2000년 1,890만 달러에서 2008년 3,300만 달러로 늘어났다. 부시는 재임 중 세 차례 AEI에 찾아와 연설을 했는데 한번은 이렇게 말했다고 한다. "내가 AEI를 얼마나 사랑하는지 여러분 잘 아시죠? 이곳의 우수한 인재들을 내가 얼마나 많이 빌려 갔습니까?"

2007년에 AEI의 활동 방식이 큰 물의를 일으킨 일이 있다. 여러 과학자들에게 편지를 보내 기후변화에 관한 정부 간 회의Intergovernmental Panel on Climate Changes의 제4차 평가보고서를 반박하는 연구를 촉구하면서 연구 경비 외에 1만 달러를 제공하겠다고 한 사실을 영국 〈가디언〉지가 보도하면서 '뇌물'이라고 비판한 것이다. 기후변화의 의미를 축소하려는 이 책동이 석유 회사 엑손모빌로부터 거액의 후원금을 받은 대가가 아닌가 하는 추측도 따랐다. AEI 측은 이 비판이 과장된 것이라고 반박했지만 여러 관계자들이 기후변화의 심각성을 부정해온 사실이 있기 때문에 '친기업' 편향성에 대한 의심을 피할 수 없었다.

책으로 돌아와서, 이 책에는 제임스 릴리James Roderick Lilley의 추천사가 붙어 있다. 1980년대 후반 주한 대사를 지내고 이어 주중 대사를 지낸 인물이다. 릴리는 1991년 관직에서 은퇴한 후 AEI 선임연구원으로 재직했다. 중국 칭다오에서 12살까지 자라며 중국어를 능통하게 익히고 1951년부터 CIA에서 일한 릴리는 그 세대 미국인 중 최고의 중국통 중 하나였다.

척 다운스는 릴리와 함께 1997년 《타이완해협의 위기》를 엮은 일이 있다. 국방부 아-태 지역 부국장을 지낸 다운스를 동아시아 정책전문가로 키워내려고 릴리가 지목한 것으로 이해된다. 이 책은 애초에 제임스 리James Lee(한국명 이문항)라는 한국계 미국인의 진술을 책으로 만들려는 릴리의 기획에서 출발한 것이다. 제임스 리는 한국전쟁에도 미군으로 참전하고 28년간 (1966~1994) 유엔사령부 군사정전위원회 보좌관 자격으로 북한을 상대하는 임무를 맡았다고 한다.

북한의 협상행태를 이해하는 과업에 대해 리 씨만큼 시종일관 높은 책임감을 가지고 오랫동안 탁월한 재능을 발휘한 사람은 일찍이 없었다. 이 분야에 대한 그의 탁월한 업적을 인정한 AEI 출판사는 당시 국무부 아시아 국장이던 제임스 릴리 전 대사의 권유에 따라 리 씨를 채용하여 북한과의 군사적 협상기록을 재구성토록 하였다. (…) 리 씨의 훌륭한 연구조사 초안은 제6장 및 제7장의 기초가 되었으며, 이 책 전반에 걸쳐 그에게 연구조사를 맡긴 AEI 출판사의 역할과 마찬가지로 저자는 그의 조언과 코멘트에 대해 사의를 표명하였다. (척 다운스, 《북한의 협상전략》, 송승종 옮김, 한울아카데미 1999, 11~12쪽 "감사의 글")

인용문 중 릴리가 "국무부 아시아 국장"이라 했는데 릴리는 그런 자리를 맡은 일이 없었다. AEI 내에서의 역할 표시를 잘못 번역한 것이 아닐지? 그리고 다운스는 10장으로 구성된 이 책의 제6~7장만을 제임스 리의 진술에 근거한 것이라고 하는데, 실제로는 제4~5장도 리에게 의존한 것으로 보인다. 확실한 근거가 있는 것이 아니라 독자의 인상이다.

이 책의 제7장까지는 해방 후 1980년대 중엽까지 여러 가지 상황에서 나타난 북한의 대응자세가 다뤄져 있다. 그리고 제8장에는 같은 기간 북한의 태도에 대한 나름의 '분석'이 실려 있다. 그러고 나서 제9장 "불안의 조성"과 제10장 "진실과의 대화"에서 자신이 실무자로 활동하던 1990년대 사태에 관한 이야기를 꺼냈다.

이러한 책의 구조에서 당연히 기대할 수 있는 것은 1980년대 이전의 경험으로부터 추출한 판단 위에서 1990년대 상황을 설명하는 접근방법이다. 예컨대 제9장 모두에 이런 서술이 나온다.

정치적 고립과 임박한 경제적 파탄에 직면한 부랑국가rogue regime가 희소한 자원을 핵무기에 쏟아붓는 것은 실로 심각하게 우려해야 할 문제이다. 그것은 전쟁의 가능성뿐 아니라 북한 주민에 대한 고문extortion의 가능성도 높여주는 것이다. 북한 정권은 만일 생존의 요구가 수용되지 않으면 핵전쟁을 일으키겠다고 위협함으로써 북한 국민들에 대한 지속적인 탄압과 체제의 생존을 보장할 수 있는 것이다. 국제적 우려가 증대됨에 따라 미국은 북한이 초래한 위기 상황에 대처하지 않을 수 없게 되었다. (같은 책, 307~308쪽)

1990년대 초반 북한의 경제 위기의 초점은 에너지 확보문제에 있었다. 그 시점에서 핵발전소 건설에 나선 것은 너무나 당연한 일이다. 그리고 군사 위기의 초점은 핵 불균형에 있었다. 핵발전소 건설하는 김에 핵무기 개발까지 고려하는 것 역시 북한 입장에서는 당연한 일이었다. 그런데 북한이 "핵전쟁을 일으키겠다고 위협"한 일이 있었는가? 없었다. 1994년의 "서울 불바다" 발언이 이 시기 북한에서 나온 가장 호전적 표현이었는데, 이것도 핵무기가 아니라 장사정포를 믿고 한 말이었다.

북한이 핵무기와 미사일을 개발하는 데 핵전쟁을 일으킬 의도가 있는가 하는 것은 외부인의 '의심'일 뿐이다. 그리고 합리적 외부인은 북한이 그런 확실한 자멸의 길을 스스로 택할 리가 없다고 생각한다. 그런데 다운스는 북한을 "부랑국가"로 규정하기 때문에 그런 미치광이 같은 선택을 할 수 있다고 보고, 또 그 규정을 뒷받침하기 위해 1993~1994년 북핵 위기의 본질을 북한의 '핵전쟁 위협'으로 왜곡하는 것이다. 벗어날 길이 없는 순환논리다.

제10장 모두에 북한에 대한 다운스의 관점이 직설적으로 나와 있다.

북한의 협상행태에 대해 때때로 '제정신이 아닌', '비이성적인', '변덕스러운', 또는 '괴이한' 등의 단어들이 사용되지만, 이들 중 어떤 단어도 이처럼 작고 가난하고 힘없는 약소국가가 교묘하게 구상하여 솜씨 있게 실천에 옮기는 효과적인 협상전략의 특징을 정확하게 표현하지 못하고 있다.

'예측 불가능'이라는 매우 일리 있는 어휘도 사용되지만 때때로 이것은 북한의 전략을 제대로 이해해서가 아니라, 아무리 해도 도저히 이해할 수 없다는 좌절감에서 비롯된 표현이다. 의심할 여지없이 북한의 책략을 예측하는 것은 종종 불가능한 일이다. 북한은 협상 주도권을 잡기 위해 때때로 기상천외한 사건을 일으키며, 협상의 대미를 장식하기 위해 기습적인 방법으로 벼랑 끝 전술을 구사하기도 한다.

그러나 북한처럼 협상을 외교정책의 주요 수단으로 삼고, 낯익은 협상전술을 수없이 반복하고, 일련의 근본적인 협상목표를 지독하리만큼 끈질기게 추구하는 국가는 일찍이 없었다. 북한은 협상 스타일의 특징이 만천하에 잘 알려졌는데도 전혀 개의치 않고 놀라울 정도의 일관성을 유지하고 있다. 북한은 협상 테이블에 내놓는 것이 거의 없으면서도 자신의 요구에 전 세계의 이목을 집중시키는 데 성공하고 있으며, 대부분의 경우에는 엄청난 양보를 받아냈다. (같은 책, 362~363쪽)

한마디로 "북한과 협상한다는 것 자체가 바보짓"이란 말이다. 미국 정부가 북한과의 대화 자체를 거부하려 들고 대화에 응하는 것 자체를 큰 은혜를 베푸는 것처럼 여기는 경향은 이런 주장에 근거를 둔 것이다. 미국에 북한 전문가가 적고 그 영향력이 작기 때문에 다운스처럼 합리적 근거도 없이 북한을 괴물로 규정하는 사이비 전문가들이 큰 목소리로 대북정책을 좌우하는 일이 많았다. 비교적 실용주의적인 클린턴의 민주당 정부가 들어선 뒤에야 누구와도 '대화'는 필요한 것이라는 전제 아래 북·미 회담을 진행한 결과 곡절 끝에 1994년의 기본합의서에 도달할 수 있었던 것이다.

이 책을 쓰는 동안 나는 1990년대의 북한과 미국의 관계를 살펴본 결과 위에 인용한 다운스의 관점은 사실과 부합하지 않는다는 것을 확인했다. 1980년대 이전에 대해서는 그 관점의 타당성을 인정할 만한 대목이 꽤 있다. 그러나 동구 공산권 붕괴와 소련 해체로 인한 절대적 위기 앞에서 북한이 미국 등 외부를 대하는 태도는 진지하고 합리적인 기준을 벗어나는 것이 별로 없다. 클린턴의 대북 포용정책을 비판하는 미국의 대결주의 세력은 합리적 근거를 갖지 못했기 때문에 다운스처럼 북한을 괴물시하는 관점에 의지하지 않을 수 없었고, AEI는 이 수요에 응해 다운스의 책을 기획한 것으로 이해된다.

다운스의 책이 나온 것은 남한의 김대중 정부가 출범해서 미국의 클린턴 정부와 포용정책을 조율하고 있을 때였다. 물론 다운스가 용납할 수 없는 노선이다. 다운스는 제네바합의가 북한에게 속아 넘어간 것이고, 시간을 번 북한은 군사력 강화에 매진했다고 주장한다.

만일 제네바 핵 합의 반대론자들의 주장대로 합의에 서명한 후에도 북한이 계속해서 비밀리에 핵 능력을 유지하고 있었던 것이 사실이라면, 북한의 발전된 미사일 기술은 이 지역 국가들이 새로운 핵 위협에 직면하게 되었음을 의미하는 것이다. 불행하게도 북한 미사일이 발사되기 몇 주 전 미국 정보기관은 북한이 핵 합의를 위반하고 대규모의 지하 핵 시설을 건설 중이라는, 의심할 만한 사실을 포착했다. (…)

북한은 이전의 협상에서와 마찬가지 방식으로 4자회담을 이용하여 경제적 어려움을 경감하기 위한 양보를 얻어내고, 국내 정치적인 숙청의 구실을 제공하고, 정치적인 탄압을 강화하고, 군사력을 강화하였다. 이것은 지금까지 북한이 '전가의 보도'처럼 수없이 반복해서 써먹은 전략이다. 북한은 이러한 전략을 통해 정전협상을 진행시키는 동안에도 무력을 동원해서 한 치의 땅이라도 더 확보하려 들었고, 휴전협정을 위반하면서 군사력을 증강시켰고, 테러를 통해 국제사회의 이목을 집중시켰고, 대화를 제의하면서 남한의 정치에 개입하려 했고, 사찰을 거부하며 양보를 얻어냈으며, 최근에는 평화회담을 주장하면서 미사일 개발을 완료한 것이다.

(같은 책, 397~398쪽)

1998년 8월에 불거진 '금창리 의혹'을 지적하는 것이다. 미국은 금창리 현장 확인을 위해 북한에 거액을 지불하고, 근거 없는 의혹이었다는 사실을 확인하게 된다. 다운스는 북한 붕괴론에 확신을 보여준다. 그런 믿음이 있기 때문에 처음부터 끝까지 북한을 나쁘게만 말할 수 있는 것이기도 하다. '붕괴'가 사실로 일어나기만 하면 근거 없는 정보를 유통시키거나 잘못된 의견을 내놓은 데 대한 책임을 추궁당할 염려가 없기 때문이다.

미국의 정책 결정자들은 북한의 붕괴가 불가피하다고 보면서도 붕괴의 충격을 완화하기 위한 개입정책은 정반대로 붕괴가 불가피하지 않다는 점을 보여준다. 북한에게 원조를 제공하는 것은 위험한 도박이다. 훗날 미국이 북한 정권의 생존을 연장해주었다는 책임을 져야 할지도 모르기 때문이다. 정치, 경제, 안보 및 도덕적인 의미에서, 미국의 정책 결정자들에게 있어 북한 정권의 생존을 돕기 위해 의무를 분담한다는 것은 매우 의심스러운 목표인 것이다. (같은 책, 400쪽)

퀴노네스 등 국무부 관리들의 회고를 보면 북한과의 대화에 반대하는 국방부 관리들의 대결주의 자세에 좌절감을 느끼는 경험이 거듭해 나온다. 바로 다운스 같은 사람들이 국무부 관리들에게 어려움을 많이 안겨주었을 것이다.

국방부 관리들이 대외관계를 군사적 시각으로 보는 것은 당연한 일이고, 그럴 경우 대결주의 관점을 앞세우는 것도 자연스러운 일이다. 그런 의미에서 1990년대 말에 현역군인으로 대북관계 업무에 참여한 찰스 프리처드 C. Prichard도 국무부 관리들에게는 답답한 사람이었을 것이다. 아마 그랬기 때문에 2001년 클린턴에서 부시로 정권교체 때 대북관계 담당자 중 프리처드가 유일하게 유임되었을 것이다. 그러나 프리처드 역시 결국 부시 행정부의 꽉 막힌 대북정책에 좌절감을 느끼고 2003년 사임하기에 이른다. 다음 글에서 프리처드의 책을 살펴보면 다운스가 국방부 관리라기보다 네오콘의 나팔수였다는 사실을 비교를 통해 확인할 수 있을 것이다.

'합리적 보수'가 설 땅이 없던
부시 행정부

찰스 프리처드의 《실패한 외교》는 2001년 시작된 부시 행정부의 대북정책을 다룬 책으로, 내가 이 글에서 다루고자 한 시기가 아니기 때문에 부차적 참고로만 삼았다. 그런데 앞에서 척 다운스의 책을 비평하면서, 이 책 내용을 비교 대상으로 제시할 마음이 들었다. 김연철은 프리처드의 위치와 역할을 "옮긴이의 말"에서 이렇게 설명했다.

> 이 책은 저자의 경력 때문에 의미가 있다. 프리처드는 클린턴 행정부에서 부시 행정부로의 외교적 전환기에 현장에 있었다. 28년간의 군복무를 거쳐 1996년 6월부터 클린턴 행정부의 NSC[국가안전보장회의]에서 아시아국 국장으로 일했다. 민주당 행정부에서 공화당 행정부로 정권이 교체되는 시기를 백악관에서 지켜보았고, 2001년 3월 NSC에서 국무부로 자리를 옮겼다. 대북협상 특사 겸 KEDO의 미국 대표로서 그는 2003년 8월까지 부시 행정부 내부에서 강경파들과 부딪히고 현실감 없는 정책에 절망하면서 '실패할 외교'의 형성 과정을 지켜보았다. 6자회담이 시작되는 과정에서 프리처드는 직책상 자신이 협상 대표가 되어야 하는데도 소외되자 사표를 던졌다. (찰스 프리처드, 《실패한 외교》, 김연철·서보혁 옮김, 사계절 2008, 8쪽)

1996년 NSC에 들어간 것이 군복무 끝난 뒤의 일처럼 적은 것은 표현의 착오로 보인다. 2000년 7월까지 현역에 있었다는 말이 본문 중에 나온다. 현역 군인 신분으로 NSC에서 근무했던 것이다. 클린턴 행정부에서 부시 행정부로 넘어가던 상황을 프리처드 자신은 이렇게 그렸다.

백악관(NSC)에서 거의 5년 동안 공무원으로 근무하는 동안, 내가 높이 평가한 것 중 하나는 내게 정치적 성향이 어떤지 묻는 사람이 전혀 없었다는 사실이었다. 백악관에는 당파적인 활동들이 분명히 있었지만 나를 포함시키지는 않았다. 또한 내가 대통령의 국가안보 담당 특보로 승진하고 아시아국의 선임국장이 되었을 때도 내가 민주당원인지, 혹은 내가 클린턴 대통령에게 투표했는지를 묻는 사람은 없었다.

부시 행정부에 참여했을 때, 나는 그와 같은 정신이 예외적이라기보다는 일종의 규칙이라고 믿었다. 하지만 내가 부시의 백악관에 의해 특사와 KEDO 미국 대표를 겸하는 대사직에 지명되었을 때는 나의 정치적 성향을 적을 것을 요청받았다. 나는 무당파independent라고 진실 그대로 기록했다. 백악관은 물론 지명자의 기본적인 정치적 성향에 관해 알 권리를 가진다. 그러나 정치적으로 비껴서 있는 군 장교로, 직업공무원이었던 내가 이제 실제 정치세계로 발을 들여놓고 있었다.

클린턴 행정부에 근무하는 동안 나는 북한에 다소 강경한 사람으로 보였다. 그리고 나의 그런 점 때문에 부시팀에 의해 발탁된 것으로 보인다. 나는 2001년 3월 말 백악관을 떠나 4월에는 국무부에서 근무를 시작했다. (…) 새 부시 행정부의 정무직들은 국무부에서 일하는 사람은 자동적으로 북한에 온건하다는 선입관을 가졌다. 그들은 백악관에 근무하는 전문직들에게도 이러한 선입관을 주입시켰다. 그것은 2001년 9·11 이후 누구나 듣게 되는 "너는 우리 편이거나, 아니면 반대편이다"라는 개념의 전주곡이었다. (같은 책, 85~86쪽)

클린턴 행정부는 북한에 대해 포용정책을 기조로 했다. 포용정책을 뒷받침하기 위해서는 북한을 대결 상대보다 협력 상대로 보는 관점이 필요했다. 직업군인으로서 프리처드는 정치적 성향에 관계없이 대결 측면을 중시했고, 따라서 "북한에 다소 강경한 사람"으로 보였을 것이다. 포용정책에 직접 도움이 되지 않는 입장이지만 클린턴 행정부는 그런 사람까지 대북정책 결정과 집행에 참여시켰다. '합리적 보수'를 인정한 셈이다.

클린턴 행정부와 달리 부시 행정부는 프리처드를 쓰기 시작하면서 정치적 성향부터 물었다. "무당파"라는 대답에 바로 임용을 거부하지 않은 것은 한 명이라도 담당 실무자를 남겨놓을 필요 때문이었을 것이다. 그러나 속으로는 중요한 일을 맡길 수 없는 사람, 때가 되면 잘라야 할 사람으로 찍어놓았을 것이다. "우리 편 아니면 적"이라는 관념은 9·11 테러사태 이후에 비로소 나타난 것이 아니었다. 부시 행정부는 '합리적 보수'를 용납하지 않았다.

노무현 정부 때 남북관계, 한미관계와 관련된 요직을 맡던 사람들이 이명박 정부와 박근혜 정부에서 중용되면서 남북관계나 전시작전권에 대한 태도를 뒤집어 구설에 오르는 일이 많다. 아마 노무현 정부에서는 가급적 '합리적 보수'로 유도하려고 포용했던 사람들이 극우적 정책을 고집하는 정부에 적응하기 위해 변신한 것이 아닌가 싶다. 포용정책의 '포용'은 북한에 대한 태도만이 아니라 내부를 대하는 태도에도 적용되는 듯하다.

북한에 대해 "강경한" 프리처드의 태도는 책 도처에 나타나는데, 한 대목만 예시하겠다. 2002년 6월 29일의 '제2연평해전' 직후의 상황을 적은 대목이다. 여섯 명의 남한 장병이 전사하고 함정 한 척이 침몰했지만 북한 측 피해가 훨씬 더 컸기 때문에 남한에서 승리로 기록된 충돌이다.

7월 1일 한국의 군인 몇 사람이 사망한 서해교전 사태의 와중에 북한과의 회담은 부적절하다고 말하면서, 우리는 만남 제안을 철회했다. 그것은 서해 사태에 따른 올바른 행동이었다. 여기서 한·미 관계가 얼마나 괴상했는지를 독자들에게 알려주고 싶다. 해군 사이의 충돌을 무시하고 7월 10일의 평양회담을 계속 추진하라고 촉구했던 것은 바로 한국이었다. 한국의 담당자에게 당신들의 시민들이 이제 곧 평양을 대할 때 평상시와는 다른 대응을 요구할 텐데, 괜찮겠냐고 물었다. 아니나 다를까 서해교전 전사자들의 장례식이 TV로 생방송될 때 김대중 대통령이 일본에서 열린 한·일 월드컵 폐막식에 참석하자 우려했던 국민들의 분노가 터져 나왔다. (같은 책, 64~65쪽)

이 일에 대한 임동원의 회고를 비교해본다.

이튿날 아침 일찍 북측은 핫라인을 통해, "이 사건은 계획적이거나 고의성을 띤 것이 아니라 순전히 현지 아랫사람들끼리 우발적으로 발생시킨 사고였음이 확인되었다"며 "이에 대하여 매우 유감스럽게 생각한다"는 내용의 긴급 통지문을 보내왔다. 그리고 "다시는 이러한 사고가 재발되지 않도록 노력하자"고 덧붙였다. (…)

당시에 나는 NSC에서 결정한 대로 북측에 "공개적으로 사과하고 책임자 처벌, 재발 방지를 보장하라"는 회신을 보냈다. 대통령의 '냉정한 대응' 결정은 현명한 것이었다. 며칠 후 한·미 연합사령관은 "제8전대 이상의 상급부대에서 도발을 지시했다는 징후는 전혀 발견할 수 없었다"는 정보 판단을 공식통보했다. (…)

이 사건을 호기로 포착한 보수언론과 대통령 선거를 앞둔 한나라당은 "패전의 원인이 다름아닌 햇볕정책에 있다"면서 정략적인 대정부 공세를 다시 전개했다. 그러나 정작 국민들은 크게 동요하지 않고 차분한 반응을 보였다. (임동원, 《피스메이커》, 창비 2015, 492쪽)

프리처드는 사건의 의미를 임동원보다 크게 봤고, 임동원이 일각의 "정략적 공세"로 본 데서 "국민들의 분노"를 읽었다. 그래서 예정되어 있던 북·미 회담의 취소를 "올바른 행동"으로 봤던 것이다. 분명히 클린턴 행정부에서 대북관계를 맡던 국무부 관리들보다 엄격하고 강경한 보수적 태도였다.

회고록 제목을 "실패한 외교Failed Diplomacy"라 한 것은 북한의 핵무기 개발을 막는다는 대북정책의 기본 목적에 부시 행정부가 실패한 사실을 지적한 것이다. 실패의 책임을 프리처드는 부시 자신보다 그 주변의 네오콘 인사들에게 묻는다.

짧은 시간 동안 이루어진 북한의 핵무기 시위를 막지 못한 부시 행정부의 정책 실패, 행정부의 의회 통제력 상실, 핵무기 프로그램을 둘러싼 이란으로부터의 새로운 도전, 그리고 3만 명이 넘는 새로운 병력을 투입할 수밖에 없었던 이라크에서의 새로운 문제들, 이 모든 것들이 2007년 1월 부시 대통령이 대북정책을 변경할 수밖에 없었던 원인이다. 그러나 아마도 급격한 정책 변화를 가져온 가장 중요한 변수는 북한을 고립시키고 대결을 추구했던 부시 행정부 초기 정책의 지지자들인 핵심 강경파들의 이탈이었다.

2006년 11월 선거 직후 도널드 럼스펠드 국방장관이 해임되었다. 후임은 더 실용적인 밥 게이츠가 되었다. 의회 휴회기간 중에 임명되었던 존 볼턴 유엔 대사의 임기는 연장되지 않았다. 행정부가 의회의 반대를 고려해서 아예 인준을 요청하지 못했기 때문이다. 행정부의 다른 곳에서도 마찬가지였다. 국무부의 밥 조지프 차관은 사임했고, NSC의 크라우치 부보좌관도 떠났다. 딕 체니 부통령도 그의 비서실장이었던 '스쿠터' 리비의 재판 문제로 의기소침한 것으로 보였다.

부시 대통령의 핵심 강경파 지지자들이 떠나자 남은 것은 대통령 자신이었다. 그는 자신의 귀에다 대고 "나쁜 행동에는 보상하지 않는다"고 속삭이던 속 좁은 자들의 재잘거림 없이 스스로 결정을 내려야 했다. (···) 모든 강경파들이 떠나자, 대통령의 과거 정책의 효과에 대해 의문을 품기 시작했다. (찰스 프리처드, 같은 책, 16~17쪽)

부시 자신에게 책임을 가급적 묻지 않는 것은 '대통령에 대한 예의'일까? 김대중과 부시의 첫 통화 때 부시 옆에 있었던 그가 부시 자신이 네오콘, 그의 표현으로는 '강경파'라는 사실을 모를 수 있었을까?

전화통화를 준비하면서, 김대중 대통령과 대화할 때 사용할 짧은 보고서가 대통령을 위해 준비되었다. 거기에는 동맹 강화와 대북정책에서의 공동 노력의 중요성에 관한 발언 요점이 담겨 있었다. 보고서는 국가안보 보좌관을 통해 대통령에게 전달되었다. 김대중 대통령이 북한을 포용할 필요성을 대통령에게 말하기 시작하자, 대통령은 손으로 전화기의 송화구를 막으면서 "이 자가 누구야? 이렇게 순진하다니 믿을 수 없군(Who is this guy? I can't believe how naive he is!)"이라고 말했다. (같은 책, 94쪽)

"순진하다naive"는 말이 네오콘에게는 일종의 입버릇이다. '현실주의자realist'를 자임하며 자기네 반대자들이 현실을 직시하지 못한다고 깔아 내릴 때 습관적으로 쓰는 말이다. 그러면서 진짜 현실주의자다운 현실주의자도 못 된다는 사실을 프리처드는 경험을 통해 절감했다.

내가 참석했던 몇몇 혼란스러웠던 회의에는 조지프, 에들먼, 볼턴과 페이스의 부하 직원들이 참석했는데, 그들은 자신들의 상관의 견해를 대변했지만 합의할 수 있는 권한(아마도 능력)은 갖고 있지 않았다. 이들이 자신들의 입장을 지지하기 위해 활용했던 '돌아버릴' 논리가 있었다. 그중 하나가 바로 '도덕적 순수성Moral Clarity'인데, 이 말은 조지프의 부하 직원인 준 루드가 반복적으로 주장하는 것이었다. (…) 나도 도덕성이나 순수성에 대해 박수를 치지만, '도덕적 순수성'은 특정한 요소가 왜, 그리고 어떻게 특정한 정책 변화를 가져올 수 있는지를 명확히 설명할 수 없는 부적절한 개념이었다. (같은 책, 92쪽)

2007년에 나온 이 책에서 프리처드가 '실패한 외교'의 가장 극명한 증거로 내놓는 것은 2006년 10월 북한의 핵실험이다. 그는 북한을 위험한 상대로 보는 관점이지만, 사태를 이렇게 만든 결정적 책임이 미국의 잘못된 대북정책에 있다고 본다.

2005년 9월 19일 제4차 6자회담의 결론을 담은 공동성명 발표 직후, 미국의 일방적인 선언으로 시작된 부시 행정부의 일련의 주요 실책은 귀중한 시간을 낭비했고 협상을 통한 문제 해결의 전망을 어둡게 했다. 또 북한의 시각에서 볼 때 미국의 그런 태도는 핵실험 결정을 가져오게 만들었다. (…) 2006년 7월 북한은 일련의 미사일 발사 실험을 했고 10월 9일에는 핵실험을 단행했다. 나는 지속적인 양자회담 없이 6자회담을 계속한다는 사고의 유용성에 의심을 갖고 있는데, 그것은 부시 행정부가 지난 4년 이상 북한이 핵 보유 국가가 되는 것을 막을 수 있는 모든 기회를 살리지 못했다는 사실에 기초하고 있다.

만약 미국의 대통령이 현 북한 정권의 붕괴를 추구하기보다는 인정하는 분명한 전략적 결단을 내리지 않고, 협상을 통한 북핵 문제 해결 후의 북·미 관계의 전망에 대해 북한과 소통하지 않고, 그런 점을 그의 참모들에게 철저하게 가르쳐 한목소리로 목표 달성에 매진하도록 하지 않는다면, 현 정부의 잔여 임기 내에 만족할 만한 해결은 달성하기 어려울 것이다. (…) 그런 상황이 현실화된다면 2009년 취임하는 새 대통령은 북한이 영구적인 핵무기 보유 국가가 된 상황에 직면할지도 모른다. (같은 책, 232~233쪽)

맺음말에서는 2007년 들어서야 미국이 대북정책의 180도 전환에 서두르는 모습을 바라보는 감회가 적혀 있다. "그것 봐, 내가 뭐랬어!" 고소해하는 느낌까지 드는 것은 '강경파'에게 겪은 고통과 좌절이 너무 심했기 때문일 것이다.

만약 부시 행정부 임기 첫 6년간 누군가 미국을 방문하는 6명의 북한 대표단에게 15명의 보안경비와 네 대의 리무진을 제공할 것을 제안했다면 그 자리에서 망신을 당했을 것이다. 그러나 2007년 2월 13일 김계관 부상이 북·미 간의 합의에 의해 형성된 관계 정상화를 위한 실무 그룹에 참여하기 위해 뉴욕에 갔을 때 실제로 그런 대우를 받았다. (…)

2005년 11월 제5차 6자회담 후반부에 김계관 부상은 한반도 비핵화를 위한 5단계 로드맵을 제안했는데, 그것은 북한은 핵실험 중단, 핵 확산 방지, 핵무기 생산 방지, 검증 가능한 방식에 의한 핵실험 중단 및 핵 시설 해체, NPT 재가입, IAEA의 사찰 등을 허용하고, 그 대가로 원조와 관계 정상화를 이루게 된다는 것을 내용으로 하고 있다. 이는 2007년 1월 베를린에서 진행되고 2월 13일에 공표된 합의문과 무서울 정도로 비슷한 것이다. 라이스 국무장관은 2005년 11월의 제안을 그다지 유용하지 않은 것으로 규정한 데 반해 15개월 후 맺어진 2·13 합의는 2006년 10월 9일 북한이 핵실험을 한 이후 받아들였다. (같은 책, 264~265쪽)

2005년 5월에 거절했던 제안을 북한 핵실험 후인 2007년에 북한 대표단을 칙사 대접하며 감지덕지 받아들이게 된 것은 분명한 외교 실패다. 미국 국익을 크게 해친 결과다. 그러나 네오콘에게 이것이 실패였을까? 체니, 럼스펠드, 볼튼, 월포위츠, 라이스, 부시, 모두가 그렇게 바보천치였을까? 부시 한 사람은 그런지 모르지만, 그밖에는 모두 똑똑하기로 소문난 사람들이다. 한반도 평화를 막고 북한의 위협을 조금이라도 키워놓은 것이 미국 국익이 아니라 군수산업의 이익을 추구하는 네오콘에게는 성공 중의 대성공 아니었을까?

미국의 대북정책에 큰 작용을 해온 네오콘의 역할을 부각시키는 데 이 책이 유용하기 때문에 소개했다. 부시 집권 후 네오콘이 거칠 것 없이 날뛰었기 때문에 그 역할이 잘 부각된 것이다. 그런데 네오콘은 부시 집권으로 비로소 생겨난 것이 아니었다. 그들은 클린턴 시기에도 할 수 있는 만큼 작용을 하고 있었다. 클린턴 정부가 대북 포용정책의 기조를 잡고도 추진이 원활하지 못했던 사실을 이해하려면 네오콘의 역할을 감안해야 한다.

페리 보고서는
햇볕정책의 '표절'?

김대중은 1971년 대통령 출마 때부터 '평화통일'을 꾸준히 제창해왔고, 1990
년대에는 포용정책의 최대치라 할 수 있는 3단계 통일론을 발전시켜온 정치
인이다. 1998년 초 대통령 취임 이후 내놓은 '햇볕정책'은 그 연장선 위에 있
는 것이었다.

북한 지도부도 김대중의 일관성에는 신뢰를 품지 않을 수 없었을 것이다.
그런데도 북한은 쉽게 반응을 보이지 않았다. '고난의 행군'을 수습하고 김정
일 체제를 안정시키기 위해 내부 결속에 바쁜 상황 때문이었을 것이다.

햇볕정책이 메아리를 일으키지 못하는 동안 북한을 둘러싼 상황은 악화되
어 1998년 8월 하나의 정점에 도달했다. 한편에서는 미국 국방부 군사정보
국에서 '금창리 의혹'을 터뜨렸다. 또 한편에서는 북한이 인공위성 발사를 빙
자한 장거리 미사일 발사를 강행했다.

북한의 미사일 발사는 김정일 체제 완성의 선포였다. 미사일 기술은 북한
이 경제적 위기와 군사적 위기 양쪽을 모두 극복하기 위한 상품이요, 무기였
다. 이 기술의 한 단계 획기적 발전을 김정일 체제의 굳건한 발판으로 과시한
것이었다.

한편 금창리 의혹은 결국 '오판'으로 밝혀지는데, 단순한 오판이 아니라 정보 '조작'으로 의심할 여지가 있다. 클린턴 행정부는 북한에 대해 포용정책을 기조로 삼고 있었지만 국방부에는 네오콘의 입김이 강했다. 제네바합의를 좌초시키려는 네오콘의 획책이 군사정보국을 통해 작동한 것이 아니었을지?

금창리 의혹이 제기되었을 때 CIA는 판단을 보류했다. 판단 보류는 실질적으로 '부정'이다. 타 부서의 정보 판단을 정면으로 부정한다는 것은 증명하기도 힘들고 정치적으로도 부담스러운 일이다. 이 의혹이 해소되는 데 1년도 걸리지 않는다는 것이 의혹 제기 당시에는 예상하기 어려운 일이었다. 의혹 해소를 위한 남·북·미 3자 간의 협조가 예상 외로 잘되었기 때문에 1999년 5월에 미국 측의 현장조사가 가능했다.

금창리 의혹 제기의 목적은 1차적으로 클린턴 행정부, 2차적으로 남한 정부의 대북 포용정책을 견제하는 데 있었다. 대포동 1호 발사가 여기에 보탬이 되었다. 북한의 군사적 위험성이 이중으로 제기된 상황에서 햇볕정책을 통한 포용정책의 강화는커녕 기존의 제네바합의 이행조차 힘들게 되었다.

클린턴은 대북정책의 근본적 재검토를 요구하는 의회의 압력 아래 윌리엄 페리를 대북정책조정관으로 임명했다. 페리는 클린턴 1기에 국방장관을 지낸 사람이지만 제1차 북핵 위기 때 "전쟁 불사"의 태도를 보였기 때문에 공화당의 강경파를 만족시키는 인물이었다. 임동원도 페리의 임명에 불안감을 느꼈다고 회고했다.

페리 전 국방장관이 대북정책조정관으로 임명되었다는 소식을 듣고 나는 큰 충격을 받았다. 1994년 봄 이른바 '제1차 북핵 위기' 때 북한에 대한 군사적 조치를 취하자고 주장했던 강경파 국방장관인 그가 대북정책조정관으로 임명되었다는 사실만으로도 클린턴 행정부의 대북정책이 강경노선으로 전환되는 것은 기정사실로 보였기 때문이다.

불현듯 '1994년 6월의 악몽'이 되살아났다. (…) 페리 당시 국방장관은 "금지선red

line을 넘은 북한의 핵 활동을 즉각 저지해야 하며, 그러기 위해서는 전면전쟁을 준비하면서 영변 핵 시설을 공격해야 한다"고 주장하며 클린턴 대통령이 주재하는 국가안보회의에 '3단계 작전계획'을 상정했다. 이제 전쟁은 피할 수 없는 것처럼 보였다. (…)

나는 이 악몽을 다시 한 번 되새기며 김 대통령에게 "적극적인 대책을 강구하지 않으면 안 될 것"이란 점을 환기시키고 우리도 '우리의 전략'을 수립하여 '페리팀'을 설득하는 외교적 노력을 해야 한다고 건의했다. (임동원,《피스메이커》, 창비 2015, 306~307쪽)

1994년 국방장관으로서 페리의 역할은 대단히 엄격한 것이었다. 그러나 그가 막가파 네오콘이 아닌 '합리적 보수'였다고 나는 본다. 북한의 부정적 반응 앞에서 영변 폭격을, 그리고 나아가 전면전까지도 하나의 옵션으로 검토해야 한다고 그는 주장했지만, 검토를 통해 영변 폭격이 전면적으로 이어지는 것을 피하기 어렵고, 전면전이 벌어지면 미국 정부가 감당할 수 없는 피해가 발생할 것을 확인했다.

겉으로는 카터의 극적인 움직임이 미국 정책을 바꾸고 위기를 해소한 것처럼 보이지만, 실질적으로는 페리의 역할 역시 중요했던 것으로 나는 생각한다. 만약 당시 국방장관이 체니, 럼스펠드 같은 네오콘이었다면 전쟁 전망을 명확하게 검토하지 않고 애매한 상태로 놓아두었다가 전쟁이 엉겁결에 터지도록 유도하려 했을 것이다. 전쟁을 무조건 터뜨려놓고 보는 것이 네오콘의 지상과제니까. 이라크에서 확인된 사실이다.

아무리 네오콘이 아니더라도 페리의 등장은 포용정책 추진자들이 긴장할 만한 사태였다. 포용정책을 당연한 것으로 여기는 국무부 관리들에 비해 페리는 설득하기가 훨씬 까다로운 상대였다. 위 인용문 끝 문단에서 임동원이 말한 "적극적인 대책"이 필요하게 되었다. 그 대책으로 임동원은 '한반도 냉전구조 해체를 위한 포괄적 접근전략'을 준비했다.

이 전략의 내용을 임동원은 《피스메이커》에 실어놓았는데, 앞머리에 제시한 기본 원리만 여기 옮겨놓는다.

북한의 핵 개발이나 중장거리 미사일 개발의 동기는 한반도 냉전구조에 기인하는 것이다. 따라서 개별 문제가 발생할 때마다 이에 대응하는 '대증요법적인 방식'으로는 문제를 해결할 수 없다. 눈앞에 있는 큰 바위로 인해 그 뒤에 있는 큰 산이 보이지 않지만, 그 바위는 큰 산의 일부에 불과한 것이다.

큰 산을 바라보면서 바위를 넘어서야 하는 것처럼, 북한 핵 문제의 근본적인 해결책은 '한반도 냉전구조'를 해체하여 평화를 만들어나가는 포괄적인 접근을 통해 당면한 개별 현안도 차근차근 해결해나가야 한다는 것이다. (같은 책, 307~308쪽)

'북한 문제'의 궁극적 실체를 '냉전구조'로 보는 것이다. 그것이 "큰 산"이고 핵 문제건 미사일 문제건 모두 그 산의 여기저기 튀어나온 "바위"라고 하는 것이다.

나 자신 종북주의자로 몰리는 일이 있는 사람이지만, 이것이야말로 종북주의 관점이다. 북한에는 많은 문제가 있는데, 어떻게 모든 문제를 '냉전구조'에서 파생된 것으로 볼 수 있겠는가. 주어진 냉전구조 아래서도 피할 수 있는 문제들이 많이 있었을 것이다. 내가 북한 사정을 잘 알아서 장담하는 것이 아니다. 어느 사회, 어느 체제에도 스스로 키운 문제들이 있기 마련이라고 믿기 때문이다. 당장 남한 사회를 보더라도 남한 사람들이 스스로 만들어낸 문제가 얼마든지 많지 않은가?

그러나 전략적 차원에서는 뛰어난 타당성을 가진 관점이다. 1999년의 북한은 50년 전 전쟁을 일으킬 때의 북한이 아니었다. 세계적 정세 변화 속에 살아남기 위해 최선을 다해야 하는 상황이었고, 그런 상황을 제대로 인식하고 있다는 사실을 여러 해 동안의 행적으로 확인할 수 있었다. 없는 문제를 일부러 만들어낼 여유가 없는 상황이었다.

이런 상황의 북한을 상대로 '냉전구조'에 모든 책임을 돌리고 '살아남을 길'을 보여준다면 그 길을 걷는 데 노력을 집중하고, 그 노력의 과정에서 많은 문제를 해소·완화할 계기를 찾을 수 있는 것이었다. 요즘 또 한 차례 제기되고 있는 '인권' 문제도 그렇다. 지금 북한의 인권문제는 남한이 어려운 시절 겪던 수준보다 덜하지 않을 것으로 짐작된다. 이것이 잘못되었다고 들이대고 닦달하기보다 "냉전구조 때문에 어쩔 수 없는 일이겠지요. 이제 근본문제인 냉전구조를 해소하면서 인권문제도 해소되기를 바라겠습니다" 하는 편이 더 효과적인 방법이기 쉽다. 이것이 '햇볕정책'의 정신 아니겠는가.

김대중은 이 '접근전략'으로 주요 관계국을 설득하는 일까지 임동원에게 맡겼다. 물론 가장 중요한 상대가 미국의 페리 팀이었다. 임동원은 1998년 12월 초 남한에 찾아온 페리 팀에게 '접근전략'을 설명하고, 다음 달에는 워싱턴으로 찾아가 설득을 계속했다. 이때 워싱턴에서 얻은 반응으로 임동원은 페리 팀과 미국 정부가 자기 관점에 동의한다는 자신감을 얻은 듯, 다른 관계국을 설득하는 일에 바로 나섰다. 2월 초에 도쿄, 2월 중순에 베이징, 그리고 3월 말에 모스크바를 방문했다.

일·중·러 연쇄방문에 관한 임동원의 회고 중 눈에 띄는 점 하나가 한국의 주도권을 중국과 러시아 측에서 강조한 것이다. 탕자쉬엔唐家璇 중국 외교부장이 "한반도 문제는 당사자인 남북 쌍방에 의해 해결되어야" 한다고 한 말과, 카라신 러시아 외무부차관이 "한반도 문제의 해결에 있어 한국이 주도권을 행사하는 것이 특히 중요"하다는 말이 인용되어 있다. 임동원이 특히 보람을 느낀 점이기 때문에 이런 말을 인용했을 것으로 보인다. 1월 말 미국에서 어느 한반도 전문가가 "한·미 관계 역사상 한국이 먼저 정책대안을 제시하고 대북정책을 주도하는 것은 이번이 처음"이라고 한 말도 인용했다.(같은 책, 320~321, 323쪽)

중국과 러시아는 북한 문제만이 아니라 어느 지역의 문제에 대해서도 미국이 지나친 주도권을 행사하는 데 반대하는 입장이므로 충분히 이해가 가는 발언이다. 한편 미국의 경우에는 포용정책을 추진하는 행정부와 공화당이 지배하는 의회가 맞서 있는 상황이었기 때문에 한국의 적극적 태도를 행정부가 반긴 것으로 보인다.

임동원은 회고록 중 페리 조정관이 1999년 3월 9일 서울에 와서 김대중 대통령에게 '잠정적 대북정책구상'을 보고한 대목에 "유쾌한 표절"이란 소제목을 붙였다. 페리가 보고 중 "임동원 수석비서관으로부터 좋은 아이디어를 많이 제공받았으며, 부끄러운 일이지만 임동원 수석이 제시한 전략구상을 도용하고 표절하여 미국식 표현으로 재구성"한 데 불과하다고 농담한 것을 부각시킨 것이다.(같은 책, 326~330쪽)

임동원과 김대중이 만족할 만큼 한국 측 '접근전략'에 부합한다는 설명을 상대방이 듣기 좋게 말한 농담이다. 그러나 한국 아닌 미국 입장의 구상임은 물론이다. 북한이 부정적 반응을 보일 때에 대비한 비상조치 사항과 상호주의 원칙이 강조되어 있음을 임동원도 적었다. 페리의 입장에 대한 오버도퍼의 설명이 더 확실한 이해에 도움이 된다.

스탠포드대학 교수로의 안락한 생활로 복귀하고 난 뒤 그는 긴급시만이라도 '대북정책 조정자'의 역할을 맡아달라는 클린턴의 요청을 달가워하지 않았다. 페리는 이렇게 말했다. "그런 일은 힘들고 성공 가능성도 희박할 뿐만 아니라 우리 시대에 닥친 가장 위험한 고비였던 94년을 생각나게 한다. 우리는 또다시 그때만큼이나 위험한 상황으로 치닫고 있다." (…)

페리 대북정책조정관은 북한 문제를 다룰 공조체제로 한·미·일 3자 협의회를 창설했다. 또한 남한 대통령이 취하는 정책 방향에 따라 미국의 정책이 흔들려서는 안 된다고 판단했다. 김대중 대통령은 이미 자신의 행정부가 지향하는 주요 정책목표대로 북한과 관계개선을 시작해놓고 있었다. (…)

그는 북한이 극도의 경제난을 겪고 있기는 하지만 붕괴의 조짐은 보이지 않는다고 주장하면서 "따라서 우리는 우리가 바라는 북한이 아니라 있는 그대로의 모습으로 북한 정권을 바라보고 대처해야 한다"고 강조했다. 연이어 개최된 백악관 각료회의에서 페리는 더 이상의 현상유지는 불가능하다고 확신했다. 그리고 자신이 겪었던 94년의 경험을 내세워 북한이 몰락의 길로 접어들 경우 얼마나 끔찍한 위험이 닥칠지를 생생하게 설명했다. (돈 오버도퍼, 《두 개의 한국》, 이종길 옮김, 길산 2002, 606~607쪽)

페리가 부탁받은 과제를 "힘들고 성공 가능성도 희박"하게 본 것은 엇갈린 입장의 관계자들을 두루 만족시킬 방안을 찾기 어렵다는 뜻으로 이해된다. 안으로는 클린턴 행정부와 의회의 공화당 세력이 대립해 있고, 밖으로는 남한과 북한 사이의 엇박자를 자신이 국방장관으로 있을 때부터 보아왔다. 부탁을 달가워하지 않은 것이 당연하다.

그런데 어렵게 봤던 일을 결국 원만하게 해낸 데는 남한 정부의 변화가 가장 큰 도움이 되었다. 김영삼 시절에는 아무 일도 않고 있다가 뭔가 될 것 같으면 달려들어 방해나 놓던 남한 정부가, 북한도 받아들이기 좋은 방향을 적극적으로, 그리고 꾸준히 추진하고 있지 않은가. 남한의 정책 방향에 미국 정책이 흔들려서는 안 된다고 판단했다는 말은 그럴 소지가 많았다는 말이다. 실제로는 남한의 제안을 받아들이더라도 겉으로는 아닌 척하는 시늉이 공화당 쪽 반발을 줄이기 위해 필요했을 것이다.

클린턴 행정부가 포용정책 추진에 어려움을 겪은 것은 가시적 성과가 잘 나오지 않은 때문인데, 가시적 성과로 가장 중요한 것이 남북한 간의 긴장완화였다. 김영삼 정부의 대북 대결정책에 큰 문제가 있었던 것이다. 김대중 정부의 햇볕정책은 미국 정부를 포용정책에 묶어놓는 데도 큰 힘을 발휘했다. 남한이 햇볕정책의 의지를 보여주지 않았다면 페리 조정관은 훨씬 더 비관적인 전망을 갖고 부정적인 내용의 보고서를 작성하게 되었을 것이다.

남북관계 개선에 대한 김대중과 임동원의 공로는 좋은 정책을 세우는 데 그치지 않았다. 1년 이상 북한의 호응이 없는 상태에서 수시로 돌발사건의 위협을 받으면서도 이 정책을 꾸준히 지키고, 나아가 미국 등 관계국들을 적극적으로 설득해서 정책의 효과를 실현한 것은 뛰어난 용기와 큰 인내심이 필요한 일이었다. 한국의 정치 상황이 그 자세를 지키지 못해서 남북관계가 많이 악화되어 있지만, 김대중 정부의 노력과 성취 덕분에 이만큼이라도 유지될 수 있는 것이다. 고마운 일이다.

북측이 튕기고
남측이 매달린 '정상회담'

임동원은 1998년 2월 김대중 정부 출범 때부터 외교안보수석보좌관으로 일하다가 1999년 5월 말 통일부장관으로 자리를 옮겼다. 대통령의 그늘에서 정책을 기획, 입안하던 위치로부터 집행하는 위치로 나온 것이다. 그동안 햇볕정책의 구체적 추진방향도 세워져 있었고 미국 등 주요 관계국과의 정책 조율도 어느 정도 이뤄져 있었다.

그런데 임동원은 불과 7개월 후인 1999년 연말에 국가정보원장으로 다시 자리를 옮겨 갔다. 대북관계에서 정상회담 추진이 중요한 과제로 떠올랐기 때문이라고 생각된다. 남한 정부의 대북관계 업무를 맡는 핵심부서로 통일부와 국정원이 있었는데, 통일부는 보이는 일에, 국정원은 보이지 않는 일에 중점을 두는 것이었다.

임동원은 회고록 《피스메이커》에서 국정원장 취임으로 이야기를 시작한다. 12월 23일 갑자기 대통령에게 불려가 이튿날 국정원장으로 부임하라는 "뜻밖의" 지시를 받았다고 한다. 자신이 적임자가 아니라고 "단호히" 고사했으나 대통령의 결심을 바꿀 수 없었다고 한다.

어떤 회고록이든 글 쓰는 목적에 따라 서술에 굴절이 일어나기 마련이다.

그 목적이 사사로운 이익에 있다면 참고 가치가 크게 떨어진다. 임동원의 회고록은 '공익'을 목적으로 하는 것으로 내게는 보이는데, 그래도 이런 대목에서는 의아한 생각이 들지 않을 수 없다. 그의 직책 변경은 개인의 일이 아니라 대북정책의 틀이 걸려 있는 일이다. 그런 중요한 일을 본인 모르게 대통령이 확정해놓을 수 있었을까?

남북정상회담의 추진 과정에 대해 한나라당을 중심으로 한 수구세력이 집요하게 의혹을 제기했고, 그에 따라 특검 조사와 관계자 처벌이 있었다. 공방이 치열했던 문제이기 때문에 그 과정의 서술에는 사실을 있는 그대로 밝히기 어려운 점도 있으리라 생각된다. 김대중과 임동원의 회고 양쪽에 모두 정부의 정상회담 검토가 2000년 1월 말 이후에 시작된 것으로 되어 있다.

그즈음 북쪽으로부터 의미 있는 신호가 왔다. 1월 말쯤 박지원 문화관광부장관이 청와대 관저로 찾아와 뜻밖의 보고를 했다.

"현대가 북측 인사를 접촉해보니 남북정상회담이 가능할 것 같다고 합니다."

나는 한참을 생각했다. 그리고 말했다.

"현대는 금강산관광과 소 떼 방북 등 북한과 교류해왔기 때문에, 그동안의 북한과 현대의 관계로 볼 때 역할이 가능할 것입니다. 현대에 연락해서 한번 알아보시오."

예감이 좋았다. 국정원의 주례 보고를 듣는 자리에서 임동원 원장에게 이렇게 당부했다.

"북한이 정상회담 추진 의사를 밝혀왔습니다. 박지원 문화관광부장관이 현대 정몽헌 회장을 만났더니 북한이 정상회담 추진 의사가 있다고 전했답니다. 국정원에서도 이 문제를 알아보고 검토하십시오." (김대중, 《김대중 자서전》 2권, 삼인 2010, 235쪽)

설 연휴를 하루 앞둔 2000년 2월 3일 목요일 오후, (…) 이날 보고를 마친 뒤 김 대통령은 나에게 의외의 소식을 전해주었다.

"북한이 정상회담 추진 의사를 전해왔어요. 어제 박지원 문화관광부장관이 현대의 이익치 회장과 요시다라는 사람을 만나 북측의 정상회담 추진 의사를 전달받 았는데, 이 문제를 협의하기 위해 곧 제3국에서 박지원·송호경 접촉을 갖자는 제 의도 받았다는군요. 그런데 이 제의가 신빙성이 있는 것인지, 또 실현 가능성이 있 는 것인지 잘 모르겠어요"라며 국정원에서 이 문제를 자세히 검토하여 보고하라 고 지시하는 것이었다.

나는 놀라움을 금할 수 없었다. 국정원장으로 취임한 지 이제 한 달밖에 되지 않았 지만, 이렇듯 중요한 대북관계 정보를 전혀 모르고 있었다는 것은 있을 수 없는 일 이었다. 김 대통령은 대통령 취임사에서 남북정상회담 개최를 제의한 이후 기회가 있을 때마다 북측에 호응을 촉구해왔다. (임동원, 《피스메이커》, 창비 2015, 21쪽)

1970년대 초 중앙정보부 시절부터 북한과의 비밀접촉에는 국정원이 중요 한 역할을 맡아왔다. 임동원의 국정원장 기용은 다른 무엇보다 남북정상회담 추진에 뜻이 있었을 것 같다. 그가 자리를 옮긴 한 달 후에 공교롭게 그 과제 가 나타났다고는 생각하기 어렵다. 이 점에서는 임동원의 서술이 곧이들리지 않는다. 그러나 정상회담 추진 과정에서 선의로 취한 조치까지도 시빗거리로 삼던 그 후의 상황을 감안하면 이런 의문 때문에 그의 회고에 대한 불신감이 들지는 않는다. 앞뒤 상황을 감안하고 읽을 필요를 느낄 뿐이다.

남북정상회담! 수십 년간 적대상태로 지내던 남북한이 정상회담을 연다 는 데는 많은 뜻이 함축되어 있었다. 긴장완화의 시늉에만 불과했던 1972년 의 7·4 공동성명은 제쳐놓고, 1980년대 말부터 긴장완화의 추세가 분명히 나타났다. 남북기본합의서와 한반도 비핵화 선언이 나오고 유엔 동반 가입이 이뤄졌다. 그러나 휴전선의 군사대치는 계속되고 있었다. 이런 교착상태에서 한쪽 국가원수가 휴전선을 넘어가 상대방을 만난다면, 그 만남 자체가 휴전 선의 의미를 크게 바꾸고 남북관계를 새로운 차원으로 가져가는 것이었다.

정상회담을 열 동기는 양쪽에 모두 있었다. '한반도 평화' 같은 원대한 목 적 외에도 현실정치를 위한 구체적 동기가 있었다. 북한은 극심한 경제난을 겨우 벗어났다고는 하지만 고립 상태를 벗어나지 않고는 장래를 내다볼 길이 없었다. 상당 수준의 경제발전을 이뤄놓은 남한에게는 군사적 긴장을 벗어나는 것이 초미의 과제가 되어 있었다.

양측의 동기를 굳이 비교한다면 북측의 동기가 더 절박하고 중대한 것이었다. 그런데 전두환 시절 이래 정상회담 논의가 간간이 나올 때마다 남측에서 매달리고 북측에서 튕기는 모습이 거듭되었다. 여기에는 두 가지 이유가 있었던 것으로 생각된다. 하나는 경제 상황으로 나타난 체제경쟁에서 북측이 불리하기 때문에 급격한 접촉 확대를 꺼린 것이다. 또 하나는 북측과 달리 남측에는 정권의 경쟁이 있기 때문에 정상회담 성사의 공로를 다투는 상황에 있었다. 노태우 정권은 정상회담 성사를 위해 일부러 고위급회담의 진행을 늦췄다는 지적이 있고, 김영삼 정권은 정상회담 욕심 때문에 대북정책이 혼란스러웠다는 지적이 있다.

2000년 정상회담 추진 과정에서 현대그룹이 큰 역할을 맡았다. 1989년 2월 정주영이 평양 방문에서 돌아와 박철언을 만난 일화를 앞에서 소개한 바 있지만, 현대는 북한 관련 사업을 이미 적극적으로 추진하고 있었다. 김영삼 정권 아래 막혀 있다가 김대중 정권의 햇볕정책을 만난 것이 물고기가 물을 만난 듯했을 것이다. 북한이 햇볕정책에 아직 반응을 보이지 않고 있던 1998년에 '소 떼 방북'과 금강산관광 사업을 이룬 것을 보면, 정부가 가로막지만 않을 경우 독자적으로 사업을 추진할 길을 확보해놓고 있었던 것이다.

현대로서는 남북 간의 정부 간 관계가 발전할수록 사업에 유리한 입장이었다. 그래서 대화 통로를 찾아주었을 뿐 아니라 이후의 교섭에서 남측 정부가 직접 충족시켜줄 수 없는 북측 요구를 대신 나서서 충족시켜주려고까지 했다. 남북정상회담 공동발표문은 세 차례 특사회담 끝에 2000년 4월 8일 합의가 이뤄져 4월 10일 발표되었다. 합의 직전 김대중 대통령이 박지원 특사에게 내린 지시를 임동원은 이렇게 기록했다.

4월 7일 아침, 김 대통령은 제3차 실무접촉 결과를 보고받고, 박지원 특사에게 이튿날 베이징에 가서 최종 합의할 것을 지시했다. 그 자리에서 김 대통령은 박 특사에게 이렇게 말했다.

"잘사는 형이 가난한 동생네 집에 빈손으로 갈 수는 없지요. 역사적인 남북정상회담이 성사되는 마당에 식량난 등 북한 주민들의 어려운 사정을 감안해주는 게 도리 아니겠습니까. 박 특사께서는 이번 정상회담 선물로 우리가 현금 1억 달러를 지원할 수 있다는 입장을 가지고 마지막 협상에 임하도록 하세요."

사실 그동안 우리 측에서는 1억 달러 규모의 식량이나 비료 등 물자를 선물로 제공할 것인가, 아니면 북측이 희망하는 현금을 제공할 것인가에 대한 논란이 줄곧 있어왔다. 그리고 3년 후 '참여정부' 때 특검을 통해 밝혀졌지만, 사실상 이 1억 달러 현금 제공 안은 실현되지 못했다. (같은 책, 28쪽)

김대중, 임동원을 비롯해 남북정상회담을 성사시킨 관계자들에게 고마운 마음을 갖고 있지만 이 발표의 타이밍은 참 고약했다. 총선 사흘 전이었던 것이다. 남북관계 개선을 위해 꼭 필요한 지원과 협력까지도 '퍼주기'로 손가락질하는 세력 앞에서 정상회담 발표의 이런 타이밍 결정은 너무 교활하거나, 아니면 너무 우둔한 것이었다. 이 타이밍에 북한이 보조를 맞춰주는 것만으로도 상당한 대가를 지불했으리라는 추측이 가능하다.

그리고 그 시점에서 '현금 1억 달러' 제공도 '퍼주기' 논란의 빌미가 될 수 있는 것이었다. 앞으로 어려운 동포들을 위해 해줄 좋은 일을 회담장에 가서 약속하는 것은 좋지만, 만남 자체를 위해 거금을 공식적으로 건네준다는 것은 사리에 맞지 않는다. 결국 이 안이 실현되지 않았다고 하는 것은 협상이 다급할 때 너무 무리한 제안을 했다는 사실이 확인된 때문이 아니었을지.

북한과의 교섭에서 심각한 문제가 있었다는 사실을 임동원은 총선 3주일 후에 알았다고 한다. 5월 4일 박지원이 현대 측 인사들을 만났을 때 현대가 북측과 '7대 경협사업'의 독점권에 합의했다는 사실을 들었다고 그날 밤 전화로 알려주었다는 것이다. 임동원이 즉각 조사한 결과 합의 내용이 아래와 같이 파악되었다. 합의의 대가로 현대가 4억 달러를 미리 지불하기로 한 것으로 추정되었다.

- 북측은 모든 사회간접자본SOC과 기간산업시설에 대한 사업독점권을 현대에 30년간 부여한다.
- 이 중 경의선 철도연결 및 복선화사업을 비롯하여 서해안산업공단 건설사업, 통신현대화사업, 발전시설사업 등 7개 사업을 조속히 추진한다.
- 현대는 국내외 기업과 관계기관을 망라한 협력사업단(컨소시엄)을 구성하여 해당 사업을 추진한다.
- 북측은 토지 무상제공을 비롯하여 경제특구에 적용되는 모든 혜택을 현대에 보장한다. (같은 책, 34~35쪽)

가변성이 큰 현실 위에서 이런 포괄적이고 장기적인 계약은 투기성이 너무 큰 것이었다. 정상회담 추진 단계까지 현대는 남북관계 진전에 큰 동력을 제공하며 지저분한 일을 떠맡는 '핸디 맨' 노릇을 했지만, 너무 큰 역할을 너무 오래 지킨다는 것은 사리에 맞지 않는 일이었다. 남북관계가 현대 사업에 좌우되는 기형적 상황을 생각할 수 있었다.

이 일이 대통령에게 보고되었을 때 반응과 조치 내용을 임동원은 이렇게 설명했다.

며칠 후 이기호 수석은 현대 측과 협의한 결과를 대통령에게 보고했다. 이 자리에는 박지원과 내가 동석했다. 대통령은 현대와 북측의 처사에 대단히 불쾌하다는 반응을 보였다. 현대가 정상회담 성사에 기여한 공로를 인정하고 남북경제공동체 건설을 위해 정부와 한 배를 탄 것도 인정하지만 이렇듯 독단적인 행보는 옳지 않다는 것이었다. (…)

또한 김 대통령은 북측의 태도도 용인할 수 없다며 불편한 심기를 감추지 않았다. 남북관계의 특수성 때문에 이런 대규모 사업은 당국 간 협조 없이는 절대 할 수 없는 것임을 잘 알 텐데 어떻게 이런 식으로 하려는 것인지 못마땅하다는 것이었다. 결국 김 대통령은 이기호 수석에게 "책임지고 현대를 설득하여 바로잡도록 하라"고 지시했다. 통일부는 현대의 사업승인 요청을 '서류 미비' 등의 이유로 접수를 거부한 상태였다. 그러나 현대가 이미 저질러놓은 일을 쉽사리 없던 일로 만들 수는 없는 노릇이었다. 아무리 현대가 우리 정부의 사전승인 없이 일방적으로 추진한 일이라 해도 북한과 이왕 합의한 이상 정부가 나서서 취소시킬 수 있는 성질이 아니었다. 3년 후 집권한 노무현 대통령이 특별검찰을 임명하여 조사하도록 했던 이른바 '대북송금사건'은 이렇게 잉태되었던 것이다. (같은 책, 35~36쪽)

2003년 특검을 통해 4억 5,000만 달러의 금액이 국정원 계좌를 통해 북한으로 송금된 사실이 확인되면서 여러 관계자들이 처벌받고 현대의 정몽헌 회장이 투신자살하는 사태가 벌어지게 된다. 이 흠집은 남북관계의 발전에도 큰 장애가 되었다. 1990년대 중엽의 남북관계 발전을 위한 좋은 여건을 잃어버린 결과 2000년의 정상회담 추진에 무리한 조건이 만들어졌고, 그로 인해 파생된 문제들을 '실정법' 차원에서 까밝힘으로써 관계 발전의 동력을 잃어버린 과정을 보면 민족문제에 대한 남한 사회의 미숙한 인식이 남북관계 발전의 큰 걸림돌이었다는 생각을 하지 않을 수 없다. 노무현의 정치철학을 높이 평가하는 내 관점으로도 2003년의 특검 진행은 이해할 수 없는 조치였다.

노무현의 '대북특검' 수용은
'직무유기'

2000년 남북정상회담의 주체는 물론 남한과 북한 정부였지만, 제3의 주체로 정주영 명예회장이 이끌던 현대그룹을 또한 꼽아야 할 것이다. 정부의 정책 결정과 활동 내용에 비해 기업의 역할은 공개되지 않는 것이 많을 수밖에 없다. 그러나 현대그룹과 북한 정부의 방대한 협력사업계획이나 소 떼 방북, 금강산관광 같은 엄청난 여론 조성 작업 등 겉으로 나타난 지표만 보더라도 제3의 주체로서 현대그룹의 역할은 분명하다.

몇 해 후 어느 대통령이 "권력은 시장으로 넘어갔다"고 토로하기도 하는데, 재벌의 권력 강화는 1987년 이후 남한체제의 가장 중요한 변화의 축이었다. 1997년 이른바 'IMF 사태'를 초래한 원인의 하나로 재벌에 대한 국가의 통제력이 약화된 상황이 꼽힌다. 군사 권력이 물러선 공백을 재벌이 채우면서 1990년대 남한의 재벌은 국내의 정치적 조건에 구애받지 않는 발전전략을 독자적으로 개발, 추진하고 있었다.

재벌의 초국가적 위상을 앞장서서 구축하고 있던 것이 현대·삼성·대우의 이른바 '3대 재벌'이었다. 가까운 곳에 있는 꽤 큰 경제주체와의 전면적 관계 변화의 가능성을 내포하고 있던 북한과의 관계에 이들 재벌이 주목하지 않았다면 이상한 일일 것이다.

그런데 현대와 대우가 대북관계에 큰 노력을 기울인 반면 삼성은 당시만이 아니라 지금까지도 북한 관련 사업에 큰 관심을 보인 일이 없다는 사실이 흥미롭다. 현대와 대우의 창업자가 이북 출신이어서 커넥션을 쉽게 확보할 수 있었다든가, 소비재 산업의 비중이 큰 삼성이 다른 두 재벌보다 대북관계에 투자할 동기가 약했다든가 하는 설명이 있기는 하지만, 삼성이 대북 사업을 외면해온 일관성은 그 위상에 비추어볼 때 아무래도 이해하기 힘들다.

앞에서 1992년 9월 남북고위급회담을 파탄에 몰아넣은 '훈령 조작 사건'을 살필 때 그 주범인 이동복이 1988년까지 6년간 삼성그룹의 회장 고문 등 임원을 지낸 사실을 눈여겨보았다. 6년간 삼성에서 그가 한 일이 무엇인지, 그리고 그가 1990년대까지 삼성을 위해 일한 것이 있는지 나는 파악할 수 없다. 그러나 짐작은 할 수 있다. 삼성그룹의 발전전략에 남북관계를 어떻게 고려할 것인지 의견을 제출하는 것이 그의 기본 역할이었으리라는 것을.

삼성그룹이 대북 비협력 노선을 이미 작정하고 있었기 때문에 이동복 같은 대결주의자를 채용한 것이었는지, 아니면 그런 대결주의자를 고문으로 끌어들였기 때문에 북한을 쳐다보지 않게 된 것인지는 따질 생각 없다. 닭과 달걀의 관계 같은 것 아닐까? 삼성그룹이 이동복을 포용한 사실과 북한을 무시하는 발전전략을 취한 사실이 서로 무관한 것이 아니라는 정도로 이해해 둔다.

대우그룹이 1999년 여름에 무너지자 현대가 대북 사업의 강력한 선두주자가 되었다. 남북관계 개선이 현대에게 유리한 사업 기회를 보장해줄 전망이 분명했기 때문에 정상회담 추진에도 앞장섰던 것이다. 정상회담은 남북관계 확대의 결정적 계기가 될 것이었고, 일단 그 고비를 넘기고 나면 관계가 공식화되어 비밀공작의 비중이 줄어들게 되어 있었다. 현대로서는 그 고비를 넘기기 전에 그때까지의 노력 성과를 최대한 공식화해놓을 필요가 있었다. 화장실 가기 전과 다녀온 뒤의 마음이 다르다는 말대로, 남한 정부의 현대의 역할 존중은 정상회담 실현 이전이라야 더욱 확실할 것이었다.

앞서 말했듯이 현대가 북한과 '7대 경협사업'의 독점권에 합의한 사실이 2000년 5월 초 정부 측에 알려졌다. 6월 중순 정상회담 개최 방침이 4월 10일에 발표되어 있었다. 그 시점에서 북한과의 합의에 대한 남한 정부의 보장을 받아놓으려는 의도였다. 이에 대해 김대중 대통령이 대단히 불쾌하다는 반응을 보였다고 임동원이 전한 말을 다시 옮겨놓는다.

"현대가 정상회담 개최를 이용해서 북측과 미리 합의해놓고 정부를 물고 들어가려는 것 아닙니까. 이런 식으로 하면 우리가 정상회담을 돈 주고 사는 것으로 오해받을 수 있다는 것을 그 사람들은 왜 모른답니까! 현대가 사업을 제대로 추진하려면 경쟁기업들과의 국제적인 협조도 필수적일 텐데 이런 식으로 해서 과연 협조를 얻을 수나 있겠습니까! 게다가 현대 측의 처사는 대통령과 국민에 대한 예의가 아니지 않습니까. 정상회담 후에 순리에 따라 국민과 세계의 축복을 받아가며 당당하게 추진할 수도 있는 일을 가지고 왜 북측에 끌려다니며 굳이 정상회담 전에 합의하려고 서두르는 것입니까." (임동원, 《피스메이커》, 창비 2015, 35~36쪽)

여기서 "대통령과 국민에 대한 예의"란 말에 생각이 잠깐 머문다. '예의'란 특정한 관계를 전제로 성립하는 것이다. 현대가 외국기업이라면 대한민국 대통령이나 국민에게 특별히 예의를 갖출 필요가 없다. 현대를 대한민국 기업으로 보기 때문에 예의를 말하는 것이다.

그런데 현대그룹과 대한민국의 관계에 대한 정주영의 생각도 과연 그랬을까? 1992년 정주영이 국민당을 만들어 대통령 후보로 나섬으로써 대한민국 정치계와 '맞장' 뜬 사실을 기억할 필요가 있다. 현대그룹이 잘되어야 대한민국이 잘된다는 믿음을 그는 가졌고, 김영삼이 정부를 이끌어서는 그 길이 잘 열릴 것 같지 않아서 후보로 나선 것으로 나는 이해한다. 북한 개방을 현대그룹의 활로로 여겼다는 전제 아래 일리 있는 판단이었다.

이 도전에서 실패한 뒤에도 그는 물밑에서(김영삼 정권의 견제를 무릅쓰고) 대북 관계에 노력을 쏟아온 결과 남북관계 개선의 여건을 만드는 데 결정적인 역할을 맡게 되었다. 적어도 대북 사업에 관한 한 현대그룹이 대한민국 정부의 당당한 파트너라고 그가 생각했을 것은 충분히 이해가 가는 일이다.

'7대 경협사업'의 독점권을 가진다는 것은 북한 경제개발에 있어서 북한 정부의 제1파트너가 된다는 뜻이었다. 늦춰진 개혁개방을 서두르는 북한 정권에게는 남북관계 개선을 통한 남한과의 협력보다 현대그룹의 도움이 더 급하게 필요한 측면이 있었다. 그래서 정상회담 추진의 역할을 현대에게 맡김으로써 현대가 남한 정부에 대해 발언권을 갖도록 배려한 것으로 이해된다.

그래서 현대는 남한 대통령과 국민에 대한 예의에 크게 얽매일 필요를 느끼지 않았다. 북한 경제개발 사업이 궤도에 오른다면 현대 혼자서 자금 조달과 운영을 도맡을 수는 없는 일이었다. 국내외 기업을 모아 컨소시엄을 만들고 그 주도권을 확보할 계획이었다.

현대의 이러한 움직임을 삼성그룹 지도부는 어떻게 받아들였을까? 재계의 동향을 나는 잘 알지 못하지만, 남북관계가 경색되어 있던 김영삼 정권 5년 동안 '3대 재벌' 중 대북 사업에 투자를 많이 했던 현대와 대우에 비해 삼성이 상대적으로 유리한 조건을 누렸을 것은 짐작이 간다. 그런데 이제 살아남은 현대가 초국가적 규모의 사업에서 주도권을 쥐게 된다면 그 위상 변화가 삼성의 '제1주의'를 무너트리는 결과를 가져오지 않겠는가?

'삼성 비자금'이니 '삼성 로비'니 '삼성 엑스파일'이니 하는 말들이 많이 나돌았는데, 나는 그 실상은커녕 떠도는 소문이 어떤 것이 있는지도 잘 모른다. 다만 삼성은 대단한 로비력을 갖고 있으며 그에 관한 억측을 함부로 내놓다가는 다치기 쉽다는 인상을 갖고 있을 뿐이다. 이 시대 이 사회의 많은 보통 사람들이 가진 인상과 마찬가지일 것이다.

그래도 억측을 좀 내놓아야겠다. 남북관계의 곡절을 이해하는 데 필요한 한도 내에서.

2000년 6월의 남북정상회담을 계기로 남북관계의 급속한 발전이 이뤄지는 상황 속에서 현대그룹의 비약적 위상 변화가 예상될 때, 삼성이 구경만 하고 있었을까? 반도체사업의 성공에 따른 삼성의 발전이 산술적 평면 위에 있는 것이라면, 예상되는 현대의 발전은 기하급수적인 것이었다. '대한민국 대표기업'이라는 전략적 가치가 걸려 있는 일이었다.

내가 삼성그룹 지도부에 있는 사람이었다면 2000년을 전후한 남북관계의 전개 방향을 바꾸기 위해 갖고 있는 모든 로비력을 발휘할 동기를 가졌을 것이다. 이 동기가 2003년의 대북송금 특검 사태에 영향력을 끼칠 수 있었다고 보는 것이 내 '억측'이다.

남북관계 발전에 제동을 걸고자 하는 동기를 가진 것은, 물론 삼성그룹만이 아니었다. 한국사회의 기득권세력 중에는 남북관계의 급속한 발전을 원하지 않는 집단들이 상당한 비중을 차지했다. 이 집단들의 힘이 합쳐져 특검 사태를 몰고 왔고, 삼성도 그 집단의 하나였으리라고 짐작하는 것이다.

김대중 대통령은 퇴임 직전인 2003년 2월 14일 "국민에 드리는 말씀" 방송에서 "현대의 대북송금 문제를 둘러싼 논란으로 국민 여러분에게 심려를 끼치게 되어 참으로 죄송하다"는 전제 아래 이렇게 해명했다.

"국민의 정부는 남북정상회담 추진 과정에서, 이미 북한 당국과 많은 접촉이 있던 현대 측의 협력을 받았다. 현대는 대북송금의 대가로 북측으로부터 철도, 통신, 관광, 개성공단 등 7대 사업권을 얻었으며, 정부는 그것이 평화와 국가이익에 크게 도움이 된다고 판단했기 때문에 실정법상 문제가 있음에도 불구하고 이를 수용했다."《피스메이커》(초판), 중앙북스 2008, 716~717쪽)

10여 일 후, 노무현 대통령 취임 이튿날인 2월 26일 민주당이 불참한 가운데 한나라당과 자민련 의원만으로 열린 국회에서 한나라당이 제안한 "대북비밀송금사건 관련 특별검사 임명 등에 관한 법률안"이 통과되었다. 제1야당과 협의를 거치지 않은 법안이라는 점만으로도 대통령이 거부권을 행사할 명분이 있었다.

그런데 노무현은 거부권을 행사하지 않았고, 6월 하순까지 진행된 특검을 통해 임동원, 박지원을 비롯한 몇 사람이 구속되었다가 유죄판결을 받기에 이른다. 개인적 이익을 추구한 것이 아니라는 점이 인정되어 집행유예를 선고받았다가 곧 사면·복권을 받기는 했으나 현대 정몽헌 회장이 자살하는 등 종래의 남북관계 발전이 좌절되고 만 것을 임동원은 아쉬워했다.

이 특검 사건이 우리에게 남긴 상처는 매우 깊었다. 민족문제와 남북관계에 대한 올바른 철학과 비전이 결여된 노무현 대통령은 취임 초부터 첫 단추를 잘못 끼움으로써 남북관계를 경색케 하고 국론을 분열시키는 결과를 초래했다. 이는 남북화해협력과 통일문제에 대한 국민들의 관심과 흥미를 감퇴시키고 남북관계 개선을 위한 추동력을 잃어버리는 결과를 초래했다. (같은 책, 719쪽)

노무현 자서전에 이 상황에 대한 회고가 적혀 있다.

거부권을 행사하면 특검은 막을 수 있었다. 그러나 검찰 수사까지 막기는 어려웠다. 검찰 수사를 막을 수 있는 유일한 논거는 '통치행위론'이었다. 나는 법률가로서 이 이론을 인정하지 않았지만, 그래도 옳다고 우기면서 검찰이 수사를 하지 못하도록 지시하고 정면으로 부딪칠 수는 있었다. 그런데 그렇게 하려면 김대중 대통령께서 나서주셔야 했다. "남북관계를 열기 위해 내가 특단의 조처를 취한 것이다. 실정법 위반이 혹시 있었다고 해도 역사 앞에 부끄럼이 없다. 법 위반은 작은 것이고 남북관계는 큰 것 아니냐." 이렇게 말하면 나도 '통치행위론'을 내세워 검찰 수사를 막을 것이다. 김대중 대통령이 매우 신뢰할 만한 사람을 보내 이런 뜻을 말씀드렸다. 그런데 내 노력이 부족했는지 소통이 잘못되었는지 모르겠지만, 김대중 대통령은 마지막 기자회견에서 4억 달러 문제를 사전에 보고받지 않아 몰랐다고 하셨다. 대통령이 한 일이 아니라고 했으니 '통치행위론'을 내세우는 데 논리적 근거가 사라져버렸다. 참모가 대통령 모르게 한 일까지 '통치행위론'으로 덮을 수는 없는 일이었다. (노무현재단 엮음, 유시민 정리, 《운명이다》, 돌베개 2010, 231~232쪽)

이건 말이 안 된다. 위에 인용한 2월 14일 연설에서 "실정법상 문제가 있음에도 불구하고 이를 수용했다"고 하지 않았나? 막 물러난 전임 대통령에게 그보다 더 나아간 어떤 표현을 요구한단 말인가? 검찰 수사를 막을 길이 없다 해서 특검법을 수용하지 않을 수 없다고 하는 논리도 납득이 되지 않는다.

당시 제기된 특검법이 민주당의 동의 없이 통과되었다는 사실은 중대한 정치적 결함이었다. 국회를 다수결로 통과했다는 형식요건만을 그대로 받아들인다면 '거부권'이란 제도가 뭐에 쓰려고 만든 것이란 말인가? 노무현의 특검법 수용에는 대통령으로서 직무유기의 의미가 있었다고 나는 생각한다. 민주당의 동요에 따른 정치적 부담과는 별개의 문제다.

특검으로 밝혀진 사실은 현대가 '7대 경협사업' 독점권 대가로 4억 달러, 정부의 북한 지원금 1억 달러, 총 5억 달러를 북한에 제공하는 과정에서 현물 5,000만 달러를 제외한 현금 4억 5,000만 달러를 송금하는 데 국가정보원 등 국가기관이 불법적 역할을 맡았다는 것이다. 그 시점까지 남북관계의 부진으로 송금 등 제도적 장치가 미비한 데 문제가 있었다고 본다면 김영삼 정권의 책임으로 돌려 마땅한 문제였다.

2000년 현대그룹의 분할에서 대북 사업과 함께 그룹의 중심부를 이어받았던 정몽헌 회장의 자살은 많은 수수께끼를 남겼다. 검찰 수사 진행 중인 2003년 8월 4일 사무실에서 뛰어내린 것이다. 현대를 둘러싼 당시 남북관계의 이면에는 드러나지 않은 문제가 많이 남아 있다는 짐작을 하게 된다. 1990년대 남북관계의 순탄치 못한 진로에서 파생된 문제가 현대의 역할에서 집약되었던 것으로 생각한다.

준비된 대화 상대
김정일

돈 오버도퍼는 1997년에 낸 《두 개의 한국》의 개정판을 2001년에 내면서 "후기"에 그 사이 자신의 관점 변화를 이렇게 적었다.

> 97년 이 책 초판의 집필을 끝냈을 때 필자는 획기적인 변화가 없는 한 북한 정권이 오랫동안 버티기는 어려울 것으로 판단했다. 또한 그와 같은 획기적인 변화가 일어날 가능성을 크게 보지 않았다. 그런데 새로운 세기에 들어선 오늘날 김정일은 그늘 속에서 걸어 나와 그의 부친 사망 후 처음 몇 년 동안보다 훨씬 더 유능하고 유연한 지도자로서의 면모를 보여주었다. 그는 어떤 사람이 예측했던 것보다 더 많은 일들을 더 신속하고 순조롭게 해내었고 그에게 찾아온 기회들을 이용할 줄 알았다. 북한이 생명을 이어나갈 전망은 예전보다 향상된 것으로 보인다. (돈 오버도퍼, 《두 개의 한국》, 이종길 옮김, 길산 2002, 639~640쪽)

1997년에는 북한의 장래가 극히 비관적이었던 것이 2001년에는 훨씬 밝게 보이고 있다는 것이 미국 언론계에서 최고의 한반도 전문가로 꼽히는 오버도퍼의 견해였다. 그 4년 사이의 어떤 변화가 그의 시각을 바꿔놓았을까?

1997년은 북한 상황이 이중의 위기에서 벗어나지 못하고 있을 때였다. 하나의 위기는 공산권 붕괴와 소련 해체에 따른 경제적 난관이었다. 또 하나는 30여 년간 유일지도체제를 이끌어온 김일성의 죽음에 따른 권력 공백이었다.

　　1945년 33세 나이로 귀국한 이래 근 반세기 동안 북한을 이끌어온 김일성의 지도력은 북한 체제의 중심축이 되어 있었다. 그 후계자가 아무리 유능한 사람이고 오랜 기간 준비를 해왔다 하더라도 김일성 자신의 지도력과 비교할 수준을 기대할 수는 없었다. 게다가 최악의 상황에서 김일성의 지도력이 사라진 것이었다.

　　3년간의 '유훈통치'는 현명한 전략이었다. 김정일은 후계자가 원래의 수령보다 부족한 존재라는 사실을 스스로 인정하고 들어갔다. 위대한 지도력을 잃어버린 사회가 '고난의 행군'을 겪는 것을 당연한 일로 국민을 인식시켰다. 후계자가 지도력을 키워내는 과정을 고난의 시대에서 벗어나는 과정과 겹치게 만들었다. 기대치가 최하로 떨어진 상황에서 새로 출발해 상승의 과정을 통해 체제에 대한 자존심의 불씨가 다시 자라나도록 한 것이다.

　　오버도퍼는 2000년 3월 김정일의 중국 대사관 방문을 주목한다. 북한의 '재활' 과정에서 중국과의 관계가 가질 중요성을 예시豫示한 것이다.

　　사실상 2000년 초 북한은 확고한 결정을 내리고 있었다. 무언가 사태가 변화하고 있는 듯한 가시적인 조짐을 외부에서 처음 느낀 것은 3월 5일이었다. 이날 김정일은 떠들썩하게 평양 주재 중국 대사관을 방문했고 다섯 시간가량 이어진 그 만남은 임기 만료로 본국으로 돌아갈 예정인 완융상 대사에 대한 환송차 이루어진 것이었다. 그러나 실제적인 의미는 그보다 훨씬 더 큰 것이었다. 김정일은 평소 대사들을 접견한 일이 없었고 대사관으로 찾아간 것은 그간 전례가 없던 일이었다. 김정일은 아마 중국 지도자들에게 앞으로 생길 일을 미리 알려주고 아울러 두 달 뒤 베이징에서 그들을 만나기 전에 미리 초석을 깔아두는 의미에서 그곳을 방문했던 것으로 보인다. (같은 책, 617쪽)

북한은 1998년 9월 제8차 헌법 개정을 통해 주석제를 폐지하고 국방위원회의 권한을 강화한 다음, 1999년 4월 제9차 개정에서 국방위원장의 지위를 공화국 최고지도자와 인민군 최고사령관으로 명시함으로써 후계자의 위상을 안정시켰다. 제9차 개정에서는 '선군사상'을 '주체사상'과 함께 공화국 통치이념으로 명문화했다. 내부 체제의 조정을 마친 것이다.

　두 차례 헌법 개정에서는 경제체제의 개혁개방을 위한 지침도 세워졌다. 제8차 개정에서 개인 소유 확대와 특수 경제지대 설치, 지적재산권 조항 등 경제 분야 7개 조항이 신설되었고, 제9차 개정에서 '공산주의'란 용어가 삭제되었다. 이 개정 내용은 중국형 모델의 채택을 보여준다.

　1998년 8월 31일의 장거리 미사일 발사는 체제 정비의 마무리를 위한 제8차 헌법 개정을 자축한 행사라는 데 기본 의미가 있다. 미국과 일본이 이 발사를 '도발'로 받아들일 것을 북한 지도부도 예측하지 못했을 리가 없다. 그렇다면 여기에 대對서방 관계를 한 차례 정리하고 새 출발의 계기를 마련하려는 뜻이 있었을 것 같다. 내부 체제의 정비에 몰두하는 몇 해 동안 북한은 대외관계에 큰 노력을 쏟을 여유가 없었고, 그에 따라 제네바합의 체제는 동력을 잃고 있었다.

　대포동 미사일 발사 후에 대북정책조정관으로 임명된 윌리엄 페리의 활동을 통해 미국의 대북정책이 한 차례 정리된 결과를 보면, '잊힌 상대'가 되기보다는 '미움 받는 상대'가 되려는 북한의 뜻이 이뤄진 것으로 보인다. 올브라이트 국무장관의 북한에 대한 태도가 달라지는 데서 이 효과가 대표적으로 확인된다.

　페리 조정관이 미국 정부를 설득해 자신의 계획의 긍정적인 면과 부정적인 면을 모두 받아들이도록 만드는 일은 쉬운 일이 아니었다. 긍정적인 방향을 택할 경우 북한 정권은 이전보다 합법성을 더 크게 인정받을 수 있게 되며 이에 대한 국제사회의 승인이 쉬워진다. 그는 북한이 극도의 경제난을 겪고 있기는 하지만 붕괴의 조짐은 보이지 않는다고 주장하면서 "따라서 우리는 우리가 바라는 북한이 아니라 있는 그대로의 모습으로 북한 정권을 바라보고 대처해야 한다"고 강조했다. 연이어 개최된 백악관 각료회의에서 페리는 더 이상의 현상유지는 불가능하다고 확신했다. 그리고 자신이 겪었던 94년의 경험을 내세워 북한이 몰락의 길로 접어들 경우 얼마나 끔찍한 위험이 닥칠지를 생생하게 설명했다.

평소 민주주의에 반하는 정권에 강한 적대감을 갖고 있었던 올브라이트는 페리의 의견을 들은 뒤, 개인적으로 주한 미군 사령관 존 틸러리 장군에게서 브리핑을 받고 나서야 북한의 붕괴가 엄청나게 위험한 일이며 따라서 북한을 수면 위로 끌어올리기 위한 진지한 노력이 절대적으로 필요하다는 데 동의하게 되었다. 또한 올브라이트는 김대중 대통령의 시각에 깊은 감명을 받았고 그에 대해 높은 신뢰와 확신을 갖게 되었는데, 그녀는 클린턴 역시 자신과 같은 생각일 것이라고 판단했다. (같은 책, 607~608쪽)

1999년 5월 말 평양을 방문한 페리 조정관과의 교섭을 통해 대미관계의 새로운 안정을 바라보게 되면서 북한의 대외관계가 활발해지기 시작했다. 6월에 김영남 최고인민회의 상임위원장을 단장으로 하는 대표단이 중국으로 떠났는데, 이것은 1991년 11월 김일성의 중국 방문과 1992년 4월 양상쿤 중국 국가주석의 평양 방문 이래 최초의 고위급 방문이었다. 11월에는 이고르 이바노프 러시아 외교장관이 평양을 방문하고, 12월에는 무라야마 도미이치村山富市 전 수상이 이끄는 일본 의원단이 평양에 왔다.

1999년 중에 북한은 미국과의 관계를 소강상태로 돌려놓고 일본과의 관계에 전향적 자세를 보였으며 러시아, 중국과의 관계를 발전시켰다. 그해 말까지는 남한과의 관계에도 큰 변화를 일으킬 준비가 되어 있었다고 볼 수 있다. 김대중 정부의 대북정책 기조도 2년 동안 확인되어 있었다. 2000년은 큰 이벤트에 적합한 상징적 숫자를 가진 해이기도 했다.

김대중 대통령이 2000년 1월 20일 남북정상회담 제안을 공표하고 뒤이어

장소와 형식에 구애받지 않겠다는 적극적 자세를 발표한 것은 북한의 준비된 상황을 확인했기 때문이었을 것이다. 1999년 말에 임동원을 국가정보원장에 앉힌 것도 정상회담의 보이지 않는 카운트다운이 시작되었기 때문이었을 것이다. 임동원은 북한이 현대를 통해 정상회담 추진의 뜻을 알려왔다는 이야기를 2월 3일에 대통령으로부터 들었다고 하는데, 남북 정부 간의 물밑 접촉은 이미 꽤 진행되어 있던 시점이었으리라고 추측된다.

그로부터 겨우 두 달 만에 단 두 차례 특사회담을 통해 6월 중순의 정상회담 일정이 결정된 사실로 보더라도 남한 정부가 공식적으로 정상회담 준비에 착수하기 전에 상당한 교섭이 이뤄져 있었던 것으로 보인다. 정상회담에 임박해서 임동원은 두 차례, 5월 27일과 6월 3일에 북한을 방문했고, 6월 3일에는 김정일을 장시간 만났다. 6월 4일 돌아온 후 김정일이 '좋은 대화 상대'라는 인상을 받았다고 김대중 대통령에게 보고한 내용을 앞에서 인용한 바 있다.

1998년 후계체제가 일단락될 때까지 김정일은 외국인을 만나지 않고 지냈다. 불안정한 상태에서의 노출을 피한 것으로 보인다. 그의 실체가 드러나지 않고 있는 동안 미국 네오콘을 비롯한 대북 대결주의자들은 그에 대한 온갖 기괴한 소문을 퍼뜨렸다. 김정일에 대한 혐오감을 통해 북한에 대한 적대감을 일으키려는 것이었다. 북한의 '고위 망명자'로 한국사회의 주목을 받던 황장엽의 진술이 대표적인 것이었다.

이런 전 세계적 비방을 김정일은 몇 해 동안 묵묵히 감수했다. 은근히 즐겼을 것도 같다. 그러고 있다가 때를 기다려 몇 해 동안 쌓여 있던 이미지를 일거에 뒤집음으로써 극적 효과를 일으킨 것이다. 6월 정상회담에 뒤이어 남한 언론사주들을 초청한 것은 비방 전파에 앞장섰던 자들에게 "직접 보니 어떻소?" 하며 놀려준 장면 같다. 괴물로부터 영웅으로의 극적 변신은 남한 사회의 북한 인식에 큰 충격파를 일으켰고 그 파장은 전 세계로 퍼져나갔다.

김대중 대통령은 정상회담 준비 단계에서 김정일의 실제 모습을 상당히 정확하게 파악하고 있었던 것으로 보인다. 2000년 2월 도쿄방송 인터뷰에서 이렇게 말했다고 한다.

> "나는 김정일 국방위원장이 높은 식견을 갖춘 훌륭한 판단력의 소유자라고 믿고 있다."(같은 책, 617~618쪽)

단지 정상회담 성사를 위해 눈 감고 상대방을 추어준 말로 들리지는 않는다. '식견'과 '판단력'은 김정일이 모습을 드러낸 후 널리 인정받은 강점이고 스스로도 자부심을 가진 측면이었을 것이다. 다른 덕목 아닌 이 강점을 김대중이 짚어서 말한 것은 김정일이라는 인물에 대한 확실한 파악이 되어 있었기 때문이었을 것이다.

남한에서 열린 어느 스포츠대회에서 김정일 초상이 비를 맞는 것을 보고 북한 응원단이 어쩔 줄 몰라 하던 장면이 있었다. 북한에 대해 호의적인 마음을 가진 사람들도 이런 장면에서 드러나는 북한 체제의 특성에는 고개를 가로젓지 않을 수 없다. 나도 그렇다.

그러나 생각해보면 개인숭배의 힘은 외부세력의 침해 앞에서 극대화되는 것이다. 지도자가 뛰어난 위인이라는 일방적 내부선전보다 인민의 마음을 더 쉽게 움직이는 것은 지도자에 대한 외부의 모욕이다. 요즘 김정은에 대한 비방이 성행하는 것을 보며, 또 어떤 반전이 기다리고 있는 것인지 궁금한 마음이 든다.

"평화가 오더라도
미군을 쫓아내지 않겠다!"

정상회담을 열흘 앞두고 회담 준비의 마무리를 위해 임동원이 특사 자격으로 김정일을 찾아갔을 때 김정일이 미국과의 관계에 대한 솔직한 생각을 토로했다고 한다.

"우리 조선반도는 주변국들의 이해가 첨예하게 대립되어 있는 지역이며 주변국들은 사실 조선반도의 분단이 지속되는 것을 좋아합니다. 따라서 조선반도 문제는 외세에 의존하지 말고 우리 민족끼리 힘을 합쳐 자주적으로 해결해나가야 한다는 자주의 원칙이 중요합니다. 물론 역사적 경험으로나 조선반도의 지정학적 위치로 보나 미국과의 관계유지는 매우 중요하지요. 김 대통령께서는 동북아의 평화와 안정을 위해 통일 후에도 미군이 계속 주둔해야 한다고 주장하시는데, 사실 제 생각에도 미군 주둔이 나쁠 건 없습니다. 다만 미군의 지위와 역할이 변경돼야 한다는 겁니다. 주한 미군은 공화국에 대한 적대적 군대가 아니라 조선반도의 평화를 유지하는 군대로서 주둔하는 것이 바람직합니다. 이미 1992년 초에 우리는 김용순 비서를 미국에 보내 이러한 뜻을 미국 정부에 공식적으로 전달한 바 있어요. 너무 반미로만 나가 민족이익을 침해하게 해서는 안 되는 겁니다. 우리 역시 과거의 적대관계를 청산하고 미국과 관계 정상화를 이루는 일을 중요한 과제로 생각하고 있어요. 미국과 관계 정상화가 된다면 미국이 우려하는 모든 안보 문제를 해소할 수 있습니다. 그러니까 하루라도 빨리 정전협정을 평화협정으로 전환하자는 겁니다."(임동원,《피스메이커》, 창비 2015, 50~51쪽)

1992년 1월 21일 김용순 국제부장과 캔터 국무부 정무차관 사이의 뉴욕 회담을 언급한 것이다. 당시 김용순의 발언 중 위와 같은 취지의 내용은 널리 알려지지 않았다. 그러나 주한 미군에 대한 북한의 포용적 입장이 일찍부터 북한 개방정책의 기본 요소가 되어 있었다는 사실을 셀리그 해리슨의 증언에서 확인할 수 있다.

주한 미군은 연방제 수립 이후에도 제한적인 기간 동안 존속할 것으로 생각한다. 북한도 그런 가능성을 열어놓았다. 1998년 5월 7일 김병홍 북한 외교부 정책기획 국장은 나에게 "한반도는 러시아, 중국, 일본 등 강대국에 둘러싸여 있습니다. 우리는 미군 철수가 지역 차원의 세력 균형에 미치는 영향을 생각해야 합니다. 미군이 한반도에서 철수하게 된다면 일본이 즉각 재무장에 나설 가능성이 있습니다"라고 말했다. 하루 전날 김영남 외교부장은 좀 더 완곡하게 얘기했다. "미국이 연방제의 길을 막고 있습니다. 그러나 한반도가 통일되면 지역의 안정성이 증대될 것이기 때문에 우리의 통일 과업을 미국이 지원하는 것이 미국에도 이익이 될 겁니다. 우리가 연방제로 통일되면 미국은 남북한 모두에서 이익을 증대시킬 수 있을 겁니다." 1997년 5월 10일 저녁 식사 때 만난 한성렬 당시 유엔 주재 북한 대표부 정무참사는 여기서 한 걸음 더 나아갔다. 그는 "어떤 상황에서는 미국의 정책에 따라 남한뿐만 아니라 북한에도 미군이 주둔할 수 있을 것이라고 생각합니다"라고 말했다. (셀리그 해리슨,《코리안 엔드게임》, 이홍동·김태호·류재훈·이재훈 옮김, 삼인 2003, 192~193쪽)

냉전기에 남북한이 서로를 '괴뢰'로 몰아붙인 것은 민족주의 기준에서 정통성을 주장하기 위해서였다. 괴뢰로서의 종속성은 남한 쪽이 훨씬 더 심했다. 소련군과 중국군은 꼭 필요한 때 외에는 북한에 주둔하지 않았다. 반면 남한에는 1945년 9월 이래(1949~1950년에 '군사고문단' 이름으로 축소되었던 잠깐을 제외하고) 미군이 계속 주둔해왔다.

대규모 외국군의 지속적 주둔은 '독립국' 자격에 실질적으로 저촉되는 조건이다. 한민족의 반도국가 일천 년 역사를 통해 중국을 '종주국'으로 섬기면서도 전쟁 상황 외에는 중국 군대가 반도에 주둔한 예가 없었다. 1882년 임오군란 후 위안스카이 부대의 주둔은 그래서 청나라가 종주국 노릇을 포기한 징표라고 나는 해석한다.

주한 미군의 존재로 인한 남한의 독립국 자격 결함은 북한과의 관계에서도 문제가 되지 않을 수 없었다. 1972년 이래 남북관계의 발전을 위한 조건으로 북한이 미군 철수를 꾸준히 요구한 것은 단순히 전술적 공세에 그치는 것이 아니었다. 남한 정권이 미국의 국익을 도외시하고 민족의 복리만을 추구하는 입장에 설 수 없었던 것은 주한 미군의 존재 위에서 어쩔 수 없는 현실이었다.

1991년에 북한의 개방노선이 얼마나 절박하고 확고한 것이었는지는 무엇보다 유엔 동반가입에서 확인된다. 민족주의 정통성에 집착해온 김일성이 남한을 대등한 국가로 인정한 것은 획기적 노선 변화였다. 그 변화의 일환으로 남한의 '괴뢰성'을 뒷받침해온 주한 미군에 대해서도 그 성격을 바꾸기만 한다면 용인하겠다는 유연한 자세를 내비친 것이었다.

남북관계의 주체는 남한과 북한이다. 논리적으로는 그렇다. 그러나 현실적으로는 미국이 제3의 주체로 엄연히 존재해왔다. '북괴'의 종주국으로 지목되던 소련과 중국은 어느 때에도 '남괴'의 종주국 미국처럼 지배적 역할을 맡은 적이 없었다. 게다가 소련은 해체되고 중국도 제 몸 추스르기가 벅찬 상황이었다.

1990년대를 통해 미국은 압도적 외부세력으로 한반도에 군림했다. 1992년 후반기 이후 남한의 대결주의 세력이 고위급회담 등 남북관계를 파탄에 빠트린 것은 네오콘 등 미국 대결주의 세력의 앞잡이 노릇이었다. 클린턴 정권(1993~2000)이 그 앞의 부시(아비) 정권과 그 뒤의 부시(자식) 정권에 비해 북한을 포용하는 자세를 보이기는 했지만 상대적 차이일 뿐이었다. 공화당의 대결주의 세력이 의회와 언론을 통해 압박을 가했을 뿐 아니라 클린턴 정부 자체의 포용성에도 한계가 있었다.

1970년대 말 카터 대통령의 국가안보보좌관을 지낸 브레진스키는 클린턴 정부의 대외정책을 '선량한 무능'으로 규정했다. 행정부가 적극적으로 악역을 맡지는 않았지만 정책추진의 주도권이 약했다는 것이다. 의회와 언론, 재계 등의 압력에 취약했다는 이야기다.

무엇보다 두드러졌던 것은, 운용 방식modus operandi에 있어서 나타난 부시 시대와의 차이점이었다. 외교문제에 있어서 부시의 관리 방식은 대통령이 확고하게 지휘자의 위치에 서고, 국가안보보좌관이 대통령의 분별력 있는 분신 역할을 하는 가운데, 하향식으로 운용되었다. 그리고 운용 범위는 고위 정책 결정자들의 협소한 범위에 국한되었다. 클린턴의 방식은 부시의 방식과 매우 달랐다. 그는 질서 있는 과정에 속하는 대부분의 규칙을 파괴했고 손쉬운 특성화를 허용하지 않았다. 클린턴의 백악관에서 이루어진 외교정책 심의는 고위 정책 입안에 대한 어떤 통념보다도 '카페에서의 비공식 대담'과 유사했다. 그것은 엄격한 의제 없이 장기적으로 이어지는 회의를 수반했고, 시간 계획도 거의 시작이나 끝이 분명치 않았고, 다양한 백악관 관료들의 자발적 참여로 이루어졌다. (…) 대통령은 지배적인 발언자이기보다 한 사람의 참가자였으며, 회의가 마침내 종결되었을 때 어떤 결정들이 내려졌는지가 종종 불명확했다. (즈비그뉴 브레진스키, 《미국의 마지막 기회》, 김명섭·김석원 옮김, 삼인 2009, 109쪽)

한반도에 대한 미국 정책의 유연성에 분명한 한계를 지어주는 요소의 하나가 주한 미군이다. 제2차 세계대전 이후 한반도만이 아니라 세계 각지의 미군 주둔은 인류 역사상 유례가 드문 현상이다. 미국에 앞선 패권국가 대영제국의 해외주둔군은 미국의 10분의 1 규모였다. 미군의 해외주둔은 클린턴 정부와 공화당 정권의 차이로 좌우될 문제가 아니었다.

냉전 이후의 미국에게 해외 군사 활동의 중요성이 더 커졌다는 주장이 주목을 끈다. 조반니 아리기Giovanni Arrighi는 미국이 '헤게모니 없는 지배'의 단계에 접어들었다고 본다. 그가 말하는 '헤게모니'란 자본주의체제를 이끌어가는 지도력을 뜻한다. 20세기 중엽 진정한 헤게모니를 갖고 있을 때 축적한 힘으로 체제를 억지로 지탱하고 있기 때문에 군사 활동의 필요가 크다는 것이다.

우리는 미국의 헤게모니 없는 지배의 조건을 다음과 같이 요약할 수 있다. 상대적 쇠퇴 단계의 영국 경우처럼, 미국 경상수지 적자의 확대는 국내외에서 미국 기업의 경쟁적 지위 악화를 반영한다. 그리고 영국의 경우처럼, 비록 덜 성공적이기는 하지만, 미국 자본은 이러한 악화에 대해 세계적 금융 중개업으로 특화함으로써 부분적으로 맞섰다. (…) 시간이 지남에 따라, 이런 상황은 런던이 해외 제국을 포기하고 불만스럽지만 새로운 헤게모니 세력의 하위 파트너에 만족하게 만들었다. 그럼에도 불구하고 영국이 세계의 주도적인 채권국으로서 예전의 지위를 상실하는 데는 두 차례의 세계 전쟁이 소요되었다. 두 차례 전쟁으로 영국은 군사적으로는 승리했지만 재정적으로는 패배했다.

반대로 미국은 영국보다 훨씬 일찍 그리고 더 심각하게 채무국이 되었는데, 미국의 소비주의적 경향만이 아니라, 영국이 자국의 헤게모니 기간 동안 그랬던 것처럼 세계 남측에서 끊임없이 전쟁을 수행하는 데 필요한 모든 군대를 공짜로 끌어쓸 수 있는 인도가 미국에는 없었기 때문이었다. 워싱턴은 이들 군대와 고도로 자본집약적인 무기에 돈을 치러야 했다. 그 위에 해외 제국으로부터 공물을 수탈하기는커녕, 미국은 세계 금융시장에서 폭발적으로 늘어나는 경상수지 적자의 균형을 맞추는 데 필요한 자본을 위해 기를 쓰고 경쟁해야만 했다. (조반니 아리기, 《베이징의 애덤 스미스》, 강진아 옮김, 길 2009, 271~272쪽)

중국의 국력 강화에 대응하기 위해 동아시아 지역의 군사력 유지가 미국에게 필요했다는 지적도 있는데 그 점은 나중에 살펴보기로 하고, 우선 전 세계 차원에서 군사력에 대한 미국의 의존도가 높아졌다는 사실만 유념해둔다. 북한에 대해 비교적 포용적인 태도였던 클린턴 정부로서도 주한 미군 철수는 지역 사정과 관계없이 고려하기 어려운 문제였다고 이해할 수 있다.

북한도 이 점을 이해했기 때문에 개방노선에 착수하면서 바로 주한 미군 용인 방침을 정했던 것이다. 그러나 미군의 계속 주둔을 용인하기 위해서는 명분이 필요했고, 명분으로 남북 간의 상호 도발 억지와 함께 주변 강대국에 대한 견제의 역할을 내세운 것으로 이해된다.

한반도의 대결 해소로 인한 새로운 상황에서 주변국의 입지에 변화가 예상되는데, 그런 상황에서 미국의 기득권을 북한도 인정하겠다는 것이다. 이 변화를 통해 미국의 국익이 침해받지 않고 오히려 증진되도록 하겠다는 약속인데, 그렇다면 다른 주변국에게는 손해가 될 것이다. 여기에서 1차적 문제가 되는 것이 중국의 입장이다. 한반도 상황에 대한 일본과 러시아와의 관계는 미·중 두 나라에 비해 부차적인 것이기 때문이다.

미군의 계속 주둔을 통해 미국의 기득권을 보장한다는 방침은 중국의 양해를 받지 않은 것일 수 없다. 중국 입장에서는 미국의 기득권 보장이 그 자체로는 자기네에게 손해가 되는 것이라도, 북한의 고립 상태를 방치하는 위험보다는 감수할 만한 것으로 판단했을 것이다. 1989년 말에서 1992년 초까지 북한과 중국 사이의 관계는 매우 긴밀했다. 고위급 상호 방문만 하더라도 1989년 11월, 1990년 9월, 1991년 11월 김일성의 중국 방문이 있었고, 중국 쪽에서도 1990년 3월 장쩌민 총서기, 1991년 5월 리펑 총리, 1992년 4월 양상쿤 국가주석의 북한 방문이 있었다. 이 시기에 북한의 개방노선을 권하는 중국 지도부에서 주한 미군 용인 방침도 가이드라인으로 제시했으리라고 생각된다.

정상회담을 통해 획기적 발전의 계기를 맞은 남북관계에서 가장 중요한 것은 물론 당사자 간의 합의다. 그러나 어떤 합의든 그 실천을 위해서는 미국의 양해와 협조가 꼭 필요했다. 미군의 한반도 계속 주둔은 이를 위한 최소한의 필요조건이라고 남북한 지도부는 합의했던 것이다. 이것은 북한 측의 큰 양보였고, 북한의 개방정책이 얼마나 진지한 것이었는지 보여주는 일이다.

김일성 묘소 참배 요구는
'짜고 치는 고스톱'?

아직도 남한 사회에는 북한의 실상이 잘 알려져 있지 않다. 북한이 감추려 드는 문제도 있겠지만, 더 앞서는 문제는 남한 정부의 정보 차단 정책이다. '재미동포 아줌마'가 나름대로 북한 실상을 알리려고 애쓰는 것을 '종북 콘서트'로 몰아붙이는 데서 이 정책이 단적으로 드러난다. 신은미 씨가 허위정보를 퍼뜨리는 것이라면 사실과 대조해서 그 거짓을 밝혀야 할 것 아닌가. 사실 여부는 제쳐놓고 '의도'만 문제 삼는 것은 북한 관련 정보를 정부가 독점하던 시절로 돌아간 꼴이나 다름없다.

벌써 15년이나 되었다. 남북정상회담을 계기로 교류가 늘어나면서 다양한 분야, 다양한 성향의 사람들이 북한을 방문하게 됨에 따라 북한의 실상에 대한 남한 사회의 실질적인 이해가 늘어나기 시작했다. 그런데 2008년 이명박 정권이 들어서면서 교류가 막히기 시작해, 8년이 지난 지금은 20년 전으로 되돌아간 감이 있다.

2000년 정상회담은 1953년 정전 상태에 들어간 이래 가장 중대한 남북 간 접촉이었고, 1945년 분단 이래 관계 전환을 위한 가장 획기적인 계기였다. 이 접촉이 이뤄지기 위해서는 55년간의 대결 상태 동안 쌓인 앙금을 정리해야 할 것이 많이 있었다.

정리할 앙금 중에 상징성이 가장 큰 문제 하나가 김일성에 대한 남한 측 태도였다. 김일성은 1946년에서 1994년까지 북한 체제를 대표한 인물이었고 북한에 대한 남한의 적개심이 집중된 초점이었다. 죽은 후에도 '영원한 수령'으로 상징성을 지키고 있었다. 그런 김일성에 대해 어떤 태도를 취하느냐 하는 것은 북한 체제를 대하는 태도를 비쳐 보여주는 문제였다.

김일성 생전에 전두환, 노태우, 김영삼은 모두 그와의 정상회담을 원했다. 김일성을 대화 상대로 인정한 것이고, 그렇다면 북한 주민을 대표하는 국가로 북한을 인정한 것이다. 그러나 속마음이 꼭 그런 것은 아니었다. 그들에게는 남북정상회담을 국내정치에 가져올 이득을 고려해 정치적 도구로 이용하려는 속셈이 있었다.

남북정상회담을 원하는 또 하나의 대통령 김대중을 놓고도 북한 측에서는 비슷한 의심을 할 수 있었다. 김일성의 묘소인 금수산기념궁전 방문 여부가 민감한 문제였다. 남한 대통령이 금수산궁전을 방문한다면 북한 지도부는 남한 측의 북한에 대한 존중이 충분하다고 여길 수 있었다. 그러나 남한 정부에게는 부담이 큰 일이다. 망자에 대한 최소한의 예의만 표하더라도 분단의 죄인과 한국전쟁의 원흉에 대한 '참배'라며 목청을 높일 세력이 있었다.

6월 3일 김대중의 특사로 김정일을 만난 임동원이 이 문제를 타진해봤다.

김정일 위원장의 솔직하고 허심탄회한 태도에 적이 안도한 나는 마침내 예민한 문제인 금수산기념궁전 방문 문제에 대해 언급하면서 김 위원장의 진의를 탐색하고자 했다.

"북측이 요구하는 대통령의 금수산기념궁전 방문 문제에 대해서는, 일단 정상회담을 성공적으로 마치고 공동선언을 발표하고 난 다음에 할 수 있다고 대통령께서 말씀하셨습니다. 특사인 저는 이 문제를 이미 김용순 비서를 통해 말씀드렸습니다만, 우리 국민들의 정서를 존중하여 신중을 기해야 한다고 생각하며 방문 일정을 생략하는 것이 좋겠다는 입장입니다."

그러나 김 위원장 역시 그 문제에 대해서만큼은 단호한 태도를 보였다.

"금수산궁전은 반드시 정상회담 전에 방문해주셔야 합니다. 왜 남쪽 국민의 정서
만 생각합니까? 우리 북쪽 인민들의 정서는 왜 안 중요합니까? 인민을 위해서나
상주인 나를 위해서도 상가에 와서 예의를 표하는 것쯤은 조선의 오랜 풍습이요
당연한 일이 아닙니까. 남과 북이 모두 감정의 앙금이 남아 있다는 점을 이해 못
하는 건 아니지만, 안 된다고만 생각하지 말고 되는 방안을 좀 강구해봅시다. 아예
오시기 전에 금수산궁전을 방문한다고 공개하여 야당도 설득하고 국민도 납득시
키는 방안을 생각해볼 수도 있을 겁니다. 그리고 그것이 가능할 때까지 평양 방문
을 연기하는 방안도 고려할 수 있을 겁니다."(임동원,《피스메이커》, 창비 2015, 51쪽)

김정일의 말이 이치에 맞다. 제한된 범위의 책임과 권한을 가진 관리들끼
리 만나 업무를 처리하는 자리가 아니라 국민을 대표하는 국가원수들이 만
나 총체적 관계발전을 의논하는 자리라면 상대방의 국가적 상징에 대한 예
의를 서로 표하는 것이 마땅한 일이다. 그런 기초예의도 차릴 형편이 못 된다
면 회담을 늦출 수도 있는 일이다.

이치에는 맞지만 현실의 요구가 달랐다. 남북관계 진전이 너무 늦춰져 있
었다. 민족문제 해결이라는 근본 과제는 제쳐놓고, 냉전 해소에 따른 세계정
세 변화에 발맞추지 못하고 있는 현실은 남북 양쪽에 엄청난 손해를 일으키
고 있었다. 존립의 위험을 겪어온 북한은 말할 것도 없고, 남한도 막대한 국
방비부터 시작해 대륙 방면의 물류문제, 북한과의 경제권 단절로 인한 기회
비용의 상실 등 경제적 손해만 해도 국운이 걸린 문제였다. 냉전의 벽을 허물
어버린 전 세계 다른 지역과의 경쟁에서 큰 핸디캡을 안고 있었던 것이다.

국론이 정비되지 않은 상태에서라도 서두를 필요가 있었다. 정상회담의
실현은 그 자체로 국론 정비에도 큰 도움이 될 것이었다. 정상회담 계획 발표
후 환영이 우세한 남한 여론도 그런 전망을 뒷받침하고 있었다. 그러나 '김일

성 묘소 참배'라면 극한적 반대를 불러일으킬 것이 분명했고, 그럴 경우 여론의 풍향까지도 불안할 수 있었다.

금수산궁전 방문 문제는 일주일 전인 5월 27일 임동원이 특사로서 첫 번째 평양에 갔을 때도 거론된 것이었다. 그때는 상호 의견 접근이 전혀 되지 않았다. 북측에서는 상주인 김정일에게 예의를 지키지 않을 것이라면 형식적 국가원수인 김영남 최고인민회의 상임위원장이나 만날 수 있을 것이라는 말까지 했다고 한다.

두 번째 갈 때는 정상회담이 끝난 뒤 금수산궁전을 방문하겠다는 김대중 대통령의 뜻을 받아 갔다. 정상회담 전의 방문은 북한 측에 대한 지나친 굴복으로 보일 수 있으므로 도저히 할 수 없고, 정상회담 후라면 자발적인 방문으로 보일 수 있으리라는 뜻으로 해석된다.

그런데도 6월 3일에 임동원이 만난 김정일은 금수산궁전 방문에 대한 뜻을 바꿔주지 않았던 것이다. 그래서 정상회담을 위해 평양에 도착한 6월 13일 두 정상이 한 차에 타고 카퍼레이드를 벌일 때도 임동원은 그 차가 금수산궁전으로 방향을 돌리지나 않을까 마음을 졸여야 했다. 이튿날 아침까지도 문제가 해결되지 않고 있어서 임동원이 김정일에게 한 장의 건의서를 써서 보냈다고 한다. 남한 국가정보원장이 북한 지도자에게 건의서를 보내다니, 어찌 보면 좀 황당한 장면이다.

"북측의 정서와 주장은 이해합니다. 이제 과거에 얽매이지 말고 남과 북이 화해하고 협력하는 미래를 개척해나가야 하며, 바로 그러한 상황을 조성하기 위하여 정상회담을 하는 것입니다. 그러나 아직은 그런 상황이 아니라는 냉엄한 현실도 또한 인정해야 합니다.

주지하는 바와 같이 남북협력사업을 위한 예산은 국회를 통과해야 하나 국회는 야당이 장악하고 있고, 언론의 협조를 얻기도 쉽지 않은 것이 현실입니다. 또한 확고한 국민의 지지가 필요한데 국민의 70% 이상이 금수산궁전 참배를 반대합니다.

김대중 대통령의 정치적 입지를 좋게 해주어야 남북관계를 개선하고 북측이 원하는 경협을 할 수 있게 됩니다. 금수산궁전에 참배하면 김 대통령의 지도력이 상처를 받게 되고, 정상회담의 의미는 퇴색되어 합의사항의 이행이 어려워질 수 있습니다.

쌍방이 모두 이익이 되는 방향으로 일을 풀어가야 할 것입니다. 상주인 김 위원장에게는 적절한 조의를 표하게 될 것입니다. 금수산궁전 방문을 더 이상 고집하지 않기를 건의합니다." (같은 책, 66~67쪽)

6월 14일 아침에 이 건의서를 보내고 오후에 정상회담이 있었다. 그에 이은 만찬장에서 두 정상이 남북공동선언 합의를 선포했는데, 그 후 김정일이 임동원을 자기 테이블로 불러 이렇게 귓속말을 했다고 한다. 정상회담 내용에 충분히 만족했다는 제스처로 이해된다.

"오늘 아침 임 원장의 건의를 보고받았습니다. 그리고 지금 이곳으로 오는 차 안에서 대통령께 '금수산궁전에는 안 가셔도 되겠습니다'라고 말씀드렸어요. 임 원장이 이겼습니다." (같은 책, 100~101쪽)

남측이 정상회담에 매달리는 반면 북측이 튕기는 모습이 다시 되풀이되고 있다. 이런 추세의 원인 두 가지를 앞서 짚어놓았다. 하나는 경제 상황으로 나타난 체제경쟁에서 북측이 불리하기 때문에 급격한 접촉 확대를 꺼린 것이고, 또 하나는 북측과 달리 남측에는 정권의 경쟁이 있기 때문에 정상회담 성사의 공로를 다투는 상황이다.

2000년에 앞서 정상회담 성사의 전망이 떠올랐던 것은 1994년의 일이다. 카터 전 미 대통령의 평양 방문 때 김일성으로부터 남북정상회담에 응하겠다는 언질을 받아 남한에 전하자 김영삼은 그 동안 북한을 적대시하던 입장을 덮어놓고 열렬한 반응을 보였다. 그러다가 갑작스러운 김일성의 죽음으로 회담이 불발되자 또다시 표변, '조문 파동'을 일으켰다. 며칠 전까지 대화 상대로 인정하던 사람에게 조문조차 못하게 하다니, 그의 냄비 바닥을 적나라하게 드러낸 일의 하나다.

1994년에 김일성이 정상회담에 응한 것은 남북관계 자체에 기대감을 가진 것보다 미국과의 관계개선을 위해서였다. 김일성은 전두환 이래 정상회담을 간절히 바라는 남한 대통령들을 보아왔다. 그에게 정상회담은 아무 때나 꺼내 쓸 수 있는 와일드카드였다. 한편 남한 대통령이 자신이 원하는 만큼 진지한 태도로 회담에 임할 것을 기대하지도 않았을 것이다. 북한이 곤경을 벗어날 열쇠는 남한이 아니라 미국이 가지고 있는 것으로 보았을 것이다.

2000년 김정일의 관점에는 1994년 김일성의 관점과 얼마간의 차이가 생길 수 있는 상황이었다. 첫째로, 미국과의 관계에 '정면 돌파'가 어렵다는 사실을 더 깊이 깨달았을 것이다. 북한에 대해 비교적 포용적인 클린턴 행정부를 상대로도 북한이 원하는 조건을 얻는 데 어려움이 있었다. 궁극적 열쇠를 미국이 갖고 있다는 인식은 그대로라 하더라도 남한과의 관계 변화를 앞세우는 우회적 노력의 중요성을 인식했을 것이다.

둘째로, 6년 동안 북한의 사정이 더 절박해졌다. 기근사태를 극복하는 데 국제사회의 도움을 얻기 위해 다수의 서방 요원을 받아들여야 한 것은 건국 이래 없던 사태였다. 최악의 상황을 겨우 벗어나기는 했지만, 경제를 궤도에 올려놓기 위해서는 중국으로부터 얻을 수 있는 도움으로는 턱없이 부족했다. 당시의 중국은 'G-2'를 칭하는 지금의 중국이 아니었다. 유리한 무역조건을 지키기 위해 '개발도상국'의 위치를 스스로 주장하던 시절이었다.

셋째로, 종래의 남한 대통령과 달리 김대중 대통령을 '대화 상대'로 인정하고 남북관계 발전을 통해 실익을 얻을 수 있으리라는 기대감을 가질 수 있었다. 김대중이라 해서 대북관계 전개와 관련해 정략적 동기를 전혀 안 가진 성인군자는 아니라 해도, 근 30년간 대북 포용정책을 일관성 있게 제창해온, 남한 정치인으로서는 희귀한 존재였다. 대통령 취임 후 2년 동안에도 그 일관성이 지켜지고 있었다.

또 하나 북한 측 입장에 변화를 가져왔음직한 요인은 한국 재계와의 접촉 경험이다. 현대그룹의 대북 사업은 상당 부분 실현되어 모습을 드러냈고, 대우그룹 역시 현대 못지않게 적극적인 자세로 대북 사업에 임한 것이 분명하다. 1999년 여름의 도산으로 인해 실현을 보지 못했기 때문에 그 내용도 밝혀지지 못한 것이다. 당시 남한의 3대 재벌 중 두 곳의 적극적인 태도를 보며 남북관계 발전이 북한에 가져올 실익을 구체적으로 내다볼 수 있었을 것이다. 이 요인을 확실히 논할 수 있을 만큼 실상이 밝혀져 있지 못한 것이 아쉽다.

이런 몇 가지 이유로 인해 김정일은 김대중과의 만남에 적극적으로 임한 것으로 보인다. 금수산궁전 방문 요구도 교조적 집착이 아니라 남한 측 태도를 떠보거나, 김대중의 입장을 더 편하게 해주기 위해 일부러 이슈로 부각시킨 것이 아닌가 하는 생각도 든다. 김대중은 '정상회담 후 방문'의 입장으로 유연성을 보였고, 김정일은 그마저 면제시켜줌으로써 신뢰를 과시했다. 2000년 6월 남북정상회담의 성과는 남북공동선언의 문면文面만이 아니라, 두 지도자 간의 '짜고 치는 고스톱' 수준의 깊고 두터운 신뢰를 확인한 데도 있었다.

친일파의 속성으로
미국을 섬기는 사람들

남북관계란 원론적으로는 남한과 북한 사이의 1 대 1 관계다. 이것은 양쪽 체제가 국가로서 주권을 확립한 상태를 전제로 하는 관점이다. 그런데 전시 작전권 문제에서 명확히 드러나듯, 남한의 주권에는 제한이 있다. 그래서 미국의 입장이 남북관계에 작용하는 것이다.

관계 정상화를 위해서는 한 가지 전제가 있어야 한다. 미국의 도움 없이는 정상적 대북관계가 불가능하다는 점이다. 독일의 경우 브란트의 동방정책의 전제조건은 미국과의 돈독한 관계유지였다. 당시 미국의 도움이 없었다면 독일 통일은 절대 불가능했다는 점을 명심하자. 최근 우리나라에서 풍비하는 자주외교는, 현실적으로는 미국과의 동맹체제를 이탈해서 생각할 수 없는 것이다. 남한에 국제관계 전문가들이 많으며 미국에서 수학한 사람들이 많은 것은 다행스러운 일이다. 미국과의 동맹체제를 벗어난다면 한반도의 통일은 불가능하다. 북한과의 정상적인 관계도 미국의 방위체제에서 남한의 안보를 보장받을 때만 가능하다. 이것은 친미주의 등의 멸시적 표현으로 평가하는 것보다 현실을 직시하는 데서 오는 이성적인 판단이다. (박성조,《한반도 붕괴》, 랜덤하우스 2006, 34~35쪽)

"미국의 도움이 없었다면 독일 통일은 절대 불가능했다는 점"에 나는 동의하지 않는다. 가정적 명제이므로 입증도 반증도 완벽할 수 없는 주장이지만, "절대"라는 말은 '절대' 붙을 수 없는 이야기다. 통일의 시점과 방법에는 미국의 태도가 어느 정도 영향을 끼쳤겠지만, 독일 통일이 전적으로 미국의 의지에 의해 결정된 것이라고 본다는 것은 미국을 숭배하는 유사종교라 하지 않을 수 없다.

이를 근거로 한 "미국과의 동맹체제를 벗어난다면 한반도의 통일은 불가능하다"는 주장도 따라서 받아들일 수 없다. 통일에는 미국과의 동맹체제를 벗어나는 통일도 있을 수 있고 벗어나지 않는 통일도 있을 수 있는데, 벗어나지 않는 통일만을 박성조가 원하는 것으로 이해할 수밖에 없다.

이것은 대한민국의 주권을 미국과의 관계에 종속된 것으로 보는 관점이라 하지 않을 수 없다. 이런 관점을 가진 사람에게 '민족'이란 것이 어떤 의미를 가지는 것일까?

이러한 [60년간의 경험] 차이를 고려하면, 남한 사람과 북한 사람을 동일한 민족이란 틀로 묶는 것은 상당히 곤란하다. 남북한 사이에는 가치관, 문화, 사상의 휴전선이 존재한다. 이념과 철학이 서로 다른 문화에서 사회화되었으며, 서로 다른 정체성을 지닌 채 같은 민족이라는 명분에 묶였을 뿐이다.

하지만 시간이 지남에 따라서 민족 개념이 퇴색하고 있다. 우리의 경우 이산가족을 제외하고는 남한 사람과 북한 사람 사이에 동족이라는 개념은 더 이상 큰 의미가 없다. 즉, 오늘날 통일정책에 깔린 민족은 동태적 개념이 아니다. 이것은 정태적이고 이러한 의미에서 하나의 허구에 지나지 않는다. 오늘날 세계에는 서로 다른 민족들이 절대적 가치관을 서로 공유함으로써 통합을 꾀한다. 이것이 바로 유럽 통합 과정이다. 바꿔서 말하자면 미래지향적인 가치관의 공유가 통일과 통합의 기폭제로 작용한다. 이러한 맥락에서 통일정책 역시 민족주의적 접근보다 서로 다른 문화 화합의 접근이 더욱 바람직하다. (같은 책, 31쪽)

'동태적'이 아니고 '정태적'이므로 '허구'에 불과하다? 뜻을 알아볼 수 없도록 애매한 표현을 늘어놓으면 비판하기 어려울 거라고 생각하는 사람들이 있어서 이 세상에 난삽한 글이 넘쳐난다. 그런 글로서도 수준이 낮은 편이다. 말이 안 되는 소리란 걸 한 눈에 알아볼 수 있으니까.

박성조는 유럽 통합을 가치관의 공유에 입각한 것으로 보고 이를 근거로 '탈민족'의 추세를 주장한다. 나는 그의 '민족'관이 너무 편협하고 고루해서 유럽 통합의 의미를 제대로 해석하지 못한 것으로 본다. 유럽 통합은 '탈민족'이 아니라 '탈국민'의 현상이다. 근대에 들어설 때 생겨난 국민국가가 해체 내지 약화의 길을 걷고 있는 것이다. 통합의 범위가 왜 유럽에 한정되는가? 기독교문명의 전통을 공유하기 때문이다. 전통의 공유라는 점에서는 유럽인을 넓은 의미의 '민족'으로 볼 수 있는 측면이 있다.

새뮤얼 헌팅턴Samuel Huntington이 말한 "문명의 충돌"은 냉전시대의 '블록'이 해체되면서 전통을 공유하는 문명권의 의미가 부각되는 추세를 가리킨 것이다. 냉전체제 해소로 가치관의 공유를 통한 결속력이 약화된 상태에서 전통의 공유가 뒷받침하는 얼마간의 응집력이 상대적으로 큰 힘을 발휘하게 된 것이다. 냉전시대의 양극체제가 미국 중심의 1극체제로 가든, 미국의 패권이 무너져 무극체제로 가든, 유럽인에게는 기독교문명권의 결속력을 회복하는 것이 유리한 전략으로 떠오른 것이다.

나는 이것이 '원교근공遠交近攻'의 시대에서 '근교원공近交遠攻'의 시대로 넘어가는 변화라고 본다. 산업혁명 이후의 대량생산체제에는 소모적 전쟁을 조장하는 경향이 있어서 원교근공 양상의 제국주의와 냉전체제를 불러왔다. 냉전 해소는 이런 경향의 한계를 드러낸 일이었고, 이제 세계는 가까운 지역끼리의 협력을 중시하는 근교원공의 양상으로 옮겨 가고 있다고 보는 것이다. 유럽 통합은 이 관점에 부합하는 현상이다.

우리 사회도 이 변화를 톡톡히 겪어왔다. 20여 년간 중국과의 관계를 통해서다. 남한 정부가 대對중국 정책에서 '근교원공'의 원리를 의식한 일은 없었지만, 세계정세의 변화 속에서 경쟁을 견뎌내기 위해, 그리고 이득을 취하기 위해 애쓰다 보니 중국과의 관계가 커지고 가까워진 것이다. 더 적극적으로 관계발전을 꾀했다면 더 많은 이점을 얻고 더 유리한 입장에 설 수 있었을 텐데, 하는 아쉬움이 있기는 하다.

지금도 중국을 견제하기 위한 한·미·일 군사 공조체제에는 그런 점에서 국익에 역행하는 측면이 크다. 대한민국의 주권이 미국에 의해 제한받는 상황이 일으키는 손해는 냉전시대에 비해 훨씬 더 커졌다. 일거에 뒤집을 수 있는 상황은 아니지만 주권의 완성을 장기적·거시적 과제로 추구할 필요가 있다. 박성조처럼 미국과의 동맹체제 안에서만 통일을 생각하는 것은 이 사회의 이익보다 미국의 이익을 앞세우는 태도다.

중국과의 경험에 비추어 북한과의 관계를 생각해볼 수 있다. 중국에 대해 '중공 오랑캐'라 부르던 냉전시대의 대결 자세를 거두지 않았다면 이 사회가 얼마나 큰 손해를 봤겠는가? 물류와 인적 교류가 쉬운 이웃 경제권 사이의 경제관계에는 멀리 떨어진 경제권과의 교류보다 유리한 점이 많다는 사실이 확인되었다.

물론 북한은 중국보다 훨씬 작은 경제권이다. 그러나 공간 속의 힘의 전파가 거리의 제곱에 반비례한다는 '제곱반비례 법칙'을 생각하면 남북관계의 경제적 의미는 중국과의 관계보다 작은 것이 아니다. 북한이 중국보다 3분의 1 거리에 있다고 보면 덩치에 비해 아홉 배의 힘이 작용하는 것이다. 중국과의 관계는 경제 면에서 대한민국의 국운이 걸렸다고 할 만큼 중요한 것이 되었는데, 북한과의 관계도 그 못지않은 잠재적 중요성을 가진 것이다.

제곱반비례 법칙을 경제권 사이의 관계에 적용시킬 때 '거리'의 의미는 킬로미터로 표시되는 물리적 거리에 그치는 것이 아니다. 똑같은 물리적 거리라도 문화적, 제도적 조건에 따라 멀어질 수 있고 가까워질 수 있다. 미국은 물리적 거리가 멀지만 제도적 조건 때문에 비교적 가깝게 지내왔다. 반면 중국은 제도적 조건의 뒷받침이 덜하지만 물리적 거리가 워낙 작고 문화적으로도 가깝기 때문에 미치는 힘이 큰 것이다.

남북한 사이의 제도적 조건은 개성공단 정도 외에는 단절되어 있다(이 책이 나올 참인 지금, 2016년 초에는 개성공단마저 폐기의 위험에 처해 있다). 아직까지는 엄청나게 먼 거리에 있는 셈이다. 그런데 언제든 제도적 단절 상태가 해소된다면 문화적 친연성 때문에 중국에 비해서도 훨씬 더 거리가 단축될 것이다.

박성조 같은 이들은 오랜 대결 상태로 인해 민족 간의 친연성이 희석된 점을 강조하지만, 이 점에도 중국과의 경험이 참고가 된다. '중공 오랑캐'로 40년간 적대시한 과거가 지금의 한·중 관계에 무슨 문제를 일으키고 있단 말인가. 남한 사회의 반공교육은 합리적 근거가 없는 것이기 때문에 사람들 마음에 깊이 스며들지 못하고 표면에만 묻어 있다가 여건이 바뀌기만 하면 쉽게 씻겨 사라지는 것이라는 사실을 그 경험이 가르쳐준다.

2000년 남북정상회담 후 경제협력의 새 출발점으로 개성공단이 만들어졌다. 경제협력이 어떤 이득을 양측에 가져오는지 보여줄 파일럿프로젝트의 의미를 가진 것이다. 박성조는 이 시도를 폄훼하기 위해서도 꽤 애를 쓴다.

노동비용에서 남한보다 비교우위에 있는 북한의 저임금 노동자를 활용한다는 것은 표면적으로, 그리고 국제경제이론에서 타당한 전략이라고 할 수 있다. 하지만 공식적인 통일정책 차원에서는 노동자 교육이 선행되어야 한다. 인권 차원에서도 한반도에서 이러한 처참한 현상이 일어나서는 안 된다. 우리는 일제 강점기에 일본으로, 중국으로, 동남아로 끌려가 노예노동을 했던 민족이다. 통일정책을 민족주의 차원에서 추진하는 사람들이 '같은 민족'을 이렇게 착취해도 괜찮을 것인가? 잘못된 과거를 바로잡을 수는 없지만, 당면한 우리의 현실은 개선할 수 있고 또 개선해야 한다. 미래에 열릴 과거 청산위원회에서 '같은 민족을 착취하거나 그런 상태를 알면서도 무언의 동조를 한 사람'이란 죄목을 언도받을지도 모른다. (같은 책, 33쪽)

개성공단에 관한 협약에는 임금상승률의 제한 규정이 있다. 입주 기업에 안정성을 제공하기 위해 만든 규정이지만, 제한 치고는 꽤 관대한 제한이다. 상당히 빠른 임금상승에 대비한 것이다. 시작 단계의 임금 수준은 '같은 민족'끼리라는 전제 아래 보면 '착취'라 할 수 있을 만큼 낮다. 그러나 봉쇄되어 있는 북한 경제의 상황으로는 그나마 반가운 것이고, 경제협력의 활성화에 따라 그 수준은 올라가지 않을 수 없다.

그런 '착취'를 하지 말라는 박성조 같은 사람들은 그러면 당면한 현실을 개선하기 위해 무엇을 어떻게 하자는 건가?《한반도 붕괴》의 말미에 그 주장이 나타난다.

> 한반도에서 통일을 생각해보았을 때에도 우리는 '자유'에서 대안을 찾아내야 한다. 즉, 자유냐 동족이냐는 것을 선별해서 대안을 찾는 것이 아니라, 우리는 오로지 '자유'만을 선택해야 한다. 자유는 분리될 수 없으며, 적당히 제한할 수 있는 것이 아니다. 이것은 상대화할 수 없는 개념이다. 자유는 절대적이고 총체적인 가치관이며, 부분적이고 제한적인 가치관은 아니다. (…) 자유는 조금이라도 양보하여 스스로를 구속하는 것을 생각할 수 없다. 그러기에 '동족'이라는 명분 때문에 이러한 양보가 가능하다는 것은 절대적으로 수용될 수 없다. 더욱이 북한의 인권문제에 '함구'하는 남한 정부의 정책은 이해할 수 없는 처사라고 할 수 있다. (같은 책, 196~197쪽)

나도 '자유'를 무척 좋아하는 사람이지만, 이런 원리주의적인 자유 숭상 앞에서는 할 말을 잃는다. 자유가 어떻게 절대적 가치일 수 있는가? 계몽주의 시대 이래 자유주의는 지배자에게 침해받지 않는 '평등한 자유'를 추구한 것이었다. 모든 사람의 절대적 자유가 '만인의 만인에 대한 투쟁'을 가져온다는 사실을 17세기 중엽에 홉스가 갈파했다. 지금의 '신'자유주의는 자유의 본질에 대한 아무 고민 없이 이용 대상으로만 여기는 책략일 뿐이다.

박성조의《한반도 붕괴》는 2006년 10월에 나온 책이다. 노무현 대통령이 평양을 방문한 몇 달 뒤다. 8년째 계속되고 있던 대결 완화정책 앞에서 좌절감에 빠진 대결주의자의 모습을 이 책에서 읽을 수 있다. 미국과의 동맹체제를 벗어나서는 남북관계의 발전을 바라볼 수 없다느니, 한민족이 동족이라는 데 아무런 의미가 없다느니 하는 반민족적 주장과 남북 경제협력 사업이 "같은 민족에 대한 착취"라는 정반대쪽 주장이 여과 없이 뒤섞여 쏟아져 나오는 것은 그 좌절감 때문이었을 것이다. 따라서 이 사회의 대결주의 주장을 집약적으로 보여주는 책이라고 생각된다.

　한반도의 긴장완화를 회피하려는 대결주의자들은 이 사회 안에 하나의 엄연한 세력으로 존재해왔다. 이 사회에 불리한 대결 상태를 유지하려는 이 세력의 의지가 상당 수준 관철되어온 까닭이 어디에 있을까. 나는 2008년《뉴라이트 비판》(돌베개 2008) 이래 이 세력의 주장을 유심히 살펴왔는데, 그 주장에는 너무나 허점이 많다. 그들의 의지가 관철된 것은 주장이 타당해서가 아니라 '논리고 나발이고' 밀어붙이는 힘이 세기 때문이다.

　2014년 연말 헌법재판소의 추태(통합진보당 해산 명령)를 보며 나는 "친일파 속성 그대로인 사이비 엘리트 집단"의 존재를 다시 느꼈다. 일본 제국주의자들은 통치의 편의를 위해 자기 사회의 공익을 등지고 사익만을 추구하는 친일파 집단을 육성하고 힘을 쥐여주었다. 해방과 건국을 거치면서도 같은 속성의 집단이 칼자루를 지켰다. 이 사회의 민주화도 이 집단의 힘을 줄이지 못했다. 이 집단을 견제하는 길을 찾는 것이 많은 문제의 해결과 극복을 위해 꼭 필요한 일이다.

중국의 역할은
무엇인가?

김일성이 마지막으로 중국을 방문한 것은 1991년 11월의 일이었고, 김정일이 권력승계 후 처음으로 중국을 방문한 것은 2000년 5월의 일이었다. 그 사이에 북한과 중국의 관계는 불편한 상태를 많이 겪었다. 북한은 1992년 8월의 한·중 수교와 1995년 장쩌민 주석의 남한 방문에 분노했고, 아시안게임의 대만 개최를 지지하는 등 대만에 접근하는 움직임으로 중국 지도부의 심기를 건드리기도 했다.

1998년까지 김정일 후계체제가 안정된 후 북한이 중국과의 관계 회복을 시작했다. 1999년 6월 김영남 최고인민회의 상임위원장의 방중에 이어 2000년 3월에는 김정일이 방중을 두 달 앞두고 평양 주재 중국 대사관을 방문하는 퍼포먼스를 펼쳤다. 김정일은 이듬해 1월에도 중국을 거듭 방문, 상하이의 푸둥浦東 지구를 시찰하면서 개혁개방에 관심을 보였다. 그해 9월 장쩌민의 평양 방문으로 양국관계는 완전히 회복되었다.

겉보기로는 예전의 밀접한 관계가 회복된 것이지만, 관계의 실질적 내용에는 큰 변화가 있었다. 1992년까지는 두 나라 모두 새로운 세계정세에 적응하기 위해 각자 안간힘을 쓰고 있었다. 미국 주도의 봉쇄정책에서 헤어나지 못하고 있던 북한은 말할 것도 없고, 중국의 개혁개방 정책도 톈안먼 사태 (1989년)의 타격 아래 전망이 밝지 못했다.

1998년 여름 클린턴 미 대통령의 중국 방문을 둘러싼 미국 정계의 논란에서 중국의 장래 전망이 불확실하던 상황을 알아볼 수 있다. 공화당 우파와 민주당 좌파가 이례적으로 손잡고 이 방문에 반대했다. 우파의 주장은 미국에 대한 잠재적 도전자인 중국의 성장에 도움이 될 행동을 취해서는 안 된다는 것이었고, 좌파의 주장은 인권 기준이 열악한 중국에게 우호적인 태도를 보여주면 안 된다는 것이었다.

양쪽 주장 모두 약소국에 대한 강압정책의 틀에 따른 것으로 그 시점까지 중국을 깔보던 미국인의 시각이 비쳐 보인다. 그런데 이를 물리치고 방문을 강행한 클린턴의 입장은 향후 중국의 위상 변화를 내다본 것이라고 평가할 수 있다. 좌파에 대해서는 방문하는 편이 안 하는 편보다 중국의 인권 수준 향상에 도움이 될 것이라고 응수하고, 우파에 대해서는 중국을 미국에게 우호적인 태도로 끌어들이는 것이 미국 국익에 유리할 것이라고 대답했다.

1997년 여름 홍콩을 무난하게 영국으로부터 반환받고 그 후 관리도 무난했던 데서 중국에 대한 국제적 신뢰가 급속히 높아졌다. 개혁개방 정책의 큰 고비를 넘긴 셈이다. 이 무렵 후계체제 정비를 마무리한 북한과의 관계에서 중국은 '후견자' 역할을 맡을 태세를 갖추고 있었다.

국제관계에서 '후견자'는 곧 '종주국'이라고 볼 수 있지만 북한의 주체사상으로는 용납할 수 없는 개념이고, 중국 입장에서도 대외적으로 그런 책임을 떠맡을 뜻이 없었다. 따라서 두 나라 관계는 일시적 필요에 따라 보호·지원과 주도권 존중을 교환하는 잠정적 '주객' 관계로 상정할 수 있다. 국제적 고립 상태에서 벗어날 때까지는 중국의 주도권을 존중하겠다는 북한 측의 승복을 바탕으로 1998년 이후의 북·중 관계가 전개되었다고 보는 것이다.

명백한 조약의 형태로 나타나는 관계는 아니다. 두 나라가 각자 처해 있는 상황의 인식을 공유하는 데 따라 협력의 범위가 자발적으로 형성되는 것으로 이해할 수 있다. 예컨대 김정일의 푸둥 지구 시찰은 개혁개방 노선의 모델로 중국의 경험을 받아들이겠다는 뜻을 보여준 것이었고, 이것이 중국의 경제지원을 원활하게 하는 조건이 되었다.

이런 막연한 협력관계는 쉽게 교란될 수 있다. 신의주 경제특구나 핵실험을 둘러싸고는 만만치 않은 갈등이 일어난 것으로 보인다. 그러나 1998년경 궤도에 오른 이래 중국의 경제발전과 함께 국제적 위상이 강화되어온 상황에 비추어보면 중국의 후견에 대한 북한의 의존도는 꾸준히 확대되어왔을 것 같다.

2000년 6월 남북정상회담으로 남한과의 관계에 획기적 변화를 맞는 단계에서도 북한은 중국과의 관계를 대외관계의 기본 축으로 보는 입장을 바꾸지 않았다. 정상회담 한 달 전과 반년 후 김정일의 중국 방문은 남북관계라는 '변수'를 북·중 관계라는 '상수'에 맞춰 조율하는 목적으로 볼 수 있다. 실제로 그 후 남북관계가 큰 굴곡을 겪어온 데 반해 북·중 관계에는 큰 변화가 일어난 흔적이 없다. '후견'의 성격을 띤 북·중 관계는 북한이 국제사회에 진입하여 적응할 때까지 계속될 것으로 보인다.

그렇다면 북한의 향후 진로에는 중국의 국제적 위상이 큰 작용을 할 것으로 예상된다. 장래의 남북관계를 내다보기 위해서도 중국의 역할에 대한 판단이 중요하다. 앞에서 중국 '굴기'의 의미에 대한 생각을 이렇게 적은 바 있다.

중국이 일어선다면 (1) 과거 미·소 양극체제를 복원하며 소련의 위치를 대신하겠다는 것일까? 아니면, (2) 1990년대 이래 미국이 맡아온 위치를 빼앗겠다는 것일까? 그것도 아니라면, (3) 전통시대 천하체제를 복원하려는 것일까?
내게는 (3)이 가장 그럴싸한데, 내가 생각해도 동의할 이들이 많지 않을 것 같다. 그런데도 이쪽으로 끌리는 것은 40여 년 전부터 중국사를 공부하고 20여 년 전부터 문명의 성격을 궁리해온 이력 때문일 것이다. 이 생각은 관계된 조사를 더 해서 나중에 정리할 것으로 남겨두고, 우선 여기서는 (1)과 (2)를 그럴싸하게 보지 않는다는 사실만 밝혀둔다.

이매뉴얼 월러스틴을 위시한 역사사회학계에서 제시한 '세계체제론'이 사회과학자들 사이에서 확산되어왔다. 최근 이 방면에서 나온 책《자본주의는 미래가 있는가Does Capitalism Have a Future?》란 제목에서 보듯 자본주의체제의 한계에 대한 논의가 구체화되고 있다. 나는 이들과 다른 경로를 통해 자본주의체제의 한계를 생각하면서 〈프레시안〉에 "자본주의 이후"를 연재하고 있고, 중국에서도 이 주제의 고찰이 확산되고 있다.

최근의 세계체제론 중 중국의 위상과 관련, 주목을 끄는 것이 조반니 아리기의《베이징의 애덤 스미스》다. 2007년에 나온(번역판은 2009년) 이 책은 이듬해 미국 금융공황의 예언처럼 받아들여졌다. 강진아는 이 책의 "역자후기"에 이렇게 적었다.

미국과 서구는 당황스러워하고 있다. 중국의 부상, 예견되는 국제 역관계의 재편, 근대문명이 맞닥뜨린 생태적 위기에 적절한 해답을 학문적으로 열심히 구하려 한다. 그런 상황에서 아리기의 주장은 과격하지만 개연성 있는 돌파구를 제시한 듯하다. 더구나 2008년 미국발 금융 위기가 일파만파로 번져나가면서, 미국 헤게모니의 최종적 신호가 바로 과도한 금융화로 인한 금융 위기라는 아리기의 말은 마치 예언처럼 미국 출판시장을 폭격했다. 아리기가 위기를 단언하며 이 책을 출간한 것은 금융 위기가 터지기 몇 달 전 아직은 미국 경제가 거품으로 호황을 구가하던 무렵이기 때문이다. (조반니 아리기,《베이징의 애덤 스미스》, 강진아 옮김, 길 2009, 569쪽)

아리기 학설의 중심은 자본주의 위기론에 있고 중국 대안론은 부차적 요소다. 그러나 그의 자본주의 위기론이 1994년에 낸《장기 20세기》에서 이미 완성되어 있었다는 점을 생각하면 2007년 책의 큰 의미는 중국 대안론에 있는 것이었다. 여기에 치중한 제4부의 내용을 아리기는 "서론"에서 이렇게 설명했다.

제4부는 구체적으로 중국 부상의 동학dynamics을 다룬다. 먼저 미국이 중국의 경제 팽창이라는 지니[genie]를 미국 지배라는 병 속에 다시 집어넣으려는 시도에서 어려움에 직면하고 있음을 지적할 것이다. 그런 뒤에 나는 서구적 국가 체계의 과거 경험을 토대로 중국이 미래에 미국, 그 이웃들과 세계를 상대로 어떻게 행동할지 예측하는 것은 근본적으로 결함이 있다는 점을 강조할 것이다. 그 하나로, 서구적 체계는 세계적으로 확대되면서 그 작동 방식이 변환되어버려, 과거의 경험 중 많은 것이 현재의 여러 변환을 이해하는 데 적합하지 않게 되었다. 더 중요하게는 서구적 국가 체계라는 역사적 유산이 덜 중요하게 된 대신에, 예전의 중국 중심 체계가 더욱 적합하게 되었다. (조반니 아리기, 《장기 20세기》, 백승욱 옮김, 그린비 2008, 25쪽)

중국의 부상이 미국이나 소련의 위치를 본받는 방향이 아닐 것이라는, 위에 적은 내 생각과 같은 것이다. 같은 생각이지만 그 생각에 이른 경로는 다르다. 나는 아리기의 이 책을 최근에야 읽었고 아래 글은 그 전에 쓴 것이다.

19세기 유럽의 근대는 중세를 전면적으로 부정하고 "멋진 신세계"를 찾았다. 근대의 모순을 심화시킨 하나의 큰 요인이 역사의 단절이었다. 전 세계가 산업화를 진행해온 이제 중세 농업사회로 돌아갈 길은 없다. 하지만 중세, 특히 그 말기를 돌아볼 필요는 있다. '중세 이후'를 모색하던 당시 사람들의 노력 중 중요한 의미들을 근대의 풍요와 격변 속에서 잃어버린 것들이 있다. 그 의미들이 '근대 이후'의 길을 찾는 데 중요한 참고가 될 것이다.

'중세 이후'의 모색에 가장 많은 노력이 쌓여 있는 곳이 중국이다. 중국에서는 2,000여 년 전 전국시대부터 자본주의적 요소에 대한 경계심이 나타났고, 1,000여 년 전 당나라 말기부터 자본의 권력화가 본격적으로 시작되었다. 21세기 들어 자본주의체제가 말기적 증세를 일으키는 한쪽에서 진행되고 있는 중국의 '굴기'의 바닥에는 이 지적 자산이 깔려 있는 것이 아닐까? 그렇다면 이것을 '동세서점' 현상의 회복이라고 할 수 있을까? (《프레시안》 2014년 11월 24일)

아리기의 중국 대안론은 '서구적 체계'의 유효성 상실을 지적할 뿐, 독자적 발전을 위한 중국 고유의 조건에 대해서는 '비서구적'이란 애매한 표현에 그친다. 중국의 전통문명에 관한 연구 성과가 서양어로 정리된 것이 많지 않기 때문에 어쩔 수 없는 일이다.

내가 생각한 중국 대안론의 핵심은 유기론적 세계관과 그에 입각한 유기론적 질서 원리에 있다. 유럽 발 근대문명의 구조적 문제가 원자론적 세계관과 원자론적 질서 원리에 있다고 보는 것이다. 중국에서는 일찍부터 농업문명이 완숙한 단계에 이르러 상공업의 비중이 커짐에 따라 농업 중심의 중세 체제에서 벗어나려는 노력이 시작되었다. 그러나 유기론적 세계관과 질서 원리를 버리지 않고 점진적 변화를 모색했다. 유럽식 근대문명의 모순이 원자론적 세계관에 집약되어 있다고 나는 보기 때문에, 유기론적 세계관을 가장 높은 수준까지 발전시켰던 중국 전통문명에 대안으로서의 가치가 있다고 보는 것이다.

중국의 전통문명에 대한 이해가 제한되어 있는 서양 학자들까지 중국 대안론을 진지하게 떠올리고 있는 것을 보면, 중국의 부상이 기존 세계체계 내에서의 위치 상승에 그치지 않고 세계체계 자체의 성격에 큰 변화를 가져올 것이 분명하게 느껴진다. 그 과정에서는 중국의 진로 선택이 세계정세에 큰 영향을 끼칠 것이다. 하물며 가까운 거리의 한반도에 끼치는 영향은 특히 클 것이다(앞에서 말한 '제곱반비례의 법칙'을 잊지 말자). 무엇보다 남북관계의 전개와 관련해 종래 미국의 역할보다 더 큰 역할을 중국이 맡게 될 것이 예상된다.

그리고 2000년 이후 북한과 중국의 관계는 중국 대외정책의 특성을 살피는 데도 중요한 참고가 된다. 중국은 '화평발전'이니 '책임대국'이니 하는 구호를 내세워 중국의 성장·발전이 대결을 지양하고 협력을 추구함으로써 세계평화에 도움이 될 것이라는 주장을 펴왔다. 그런 구호가 외부의 견제를 완화하려는 선전에 불과한 것인지, 아니면 정말로 새로운 원리를 국제관계에 도입하려는 의지를 담은 것인지, 중국에게 의존도가 높은 북한과의 관계를 통해 가장 먼저 판별될 것이다.

북한의 회담 주도권,
남한에게 좋은 일이다

2000년 6월 13일 9시 반경 김대중 대통령 일행을 태우고 서울공항을 떠난 비행기가 한 시간 후 평양 순안공항에 도착했을 때 김정일 국방위원장이 환영을 위해 직접 나와 기다리고 있었다. 예상을 벗어난 일이었다. 북한은 김일성에서 김정일로 이어진 '최고지도자'를 일반 국가원수와 다른 특별한 권위를 가진 존재로 받들어왔다. '정상회담'을 준비하는 과정에서도 못마땅한 일이 있을 때는 형식적 국가원수인 김영남 최고인민회의 상임위원장을 북측 대표로 내세우겠다는 협박(?)을 하기도 했다.

대등한 국가원수 사이에서도 공항 영접은 특별한 호의다. 긴장관계에 있는 남한의 대통령에 대한 김정일의 공항 영접은 상상하기도 힘든 일이었다. 이튿날 오후 정상회담을 위해 두 사람이 자리에 앉은 후 이런 말이 오갔다고 한다.

김대중 "김 위원장께서 공항에 나와 영접해주시고 우리가 악수하는 것을 보고 서울에서 1,000여 명의 내외신 기자들이 모두 기립박수를 했다고 합니다."

김정일 "공항 영접이요? 대통령께서 오시는데 그건 기본적인 예의 아닙니까, 제가

뭐 그리 대단한 존재라고….”(임동원,《피스메이커》, 창비 2015, 71쪽)

이 회담 중 김정일은 스스로 즐겨 쓰는 표현대로 '통 큰' 인상을 많이 풍겼다. 공항 영접부터 김대중에 대한 통 큰 대접이었다. '과공비례過恭非禮'라는 말대로 예법을 벗어나는 지나친 공손함에는 문제가 따른다. 남한 대통령에 대한 지나친 공손함은 북한 인민의 자존심에 거슬릴 수 있다. 김정일은 이 문제를 연장자에 대한 예의로 무마했다. “기본적인 예의”라고 했는데, 남한 대통령이 누구라도 적용될 수 있는 말이 아니다. 20여 세의 나이 차이뿐 아니라 김대중이 오랜 경력을 통해 북한을 존중하는 태도를 지켜온 남한 지도자였기 때문에 인민의 자존심을 거스를 염려가 적었던 것이다.

공항 영접이라는 '파격적인 예의'에는 두 가지 실제적 효용이 있었다. 하나는 북한의 개방 의지를 전 세계에 과시하는 것이고, 또 하나는 남한 여론이 김대중의 대북정책을 지지하도록 도와주는 것이었다. 이런 목적을 이루기 위해 '연장자에 대한 예의'라는 전통적 덕목을 내세움으로써 민족주의 정서에 영합한 것은 부수적 효과였다. 사고의 유연성이 돋보인다.

사고의 유연성은 임기응변의 능력을 뒷받침해준다. 임동원이 회담 열흘 전 특사 방문에서 돌아와 김대중 대통령에게 보고한 내용 중에 김정일이 “말이 논리적이지는 않지만 주제의 핵심을 잃지 않는” 좋은 대화 상대자라는 인상을 받았다고 했는데, 이는 임기응변을 잘하고 좋아하는 특성을 말하는 것이다.

이때 특사로서 임동원의 임무 중에는 공동선언의 초안을 마련하는 것이 들어 있었다. 정상적 관계를 가진 국가 간에도 정상회담을 앞두고는 미리 모든 준비를 해뒀다가 회담에서는 공식 발표만 하는 것이 관례다. 하물며 정상적 관계가 없다시피 하던 남북 간의 정상회담에 앞서서는 변수 발생의 여지를 없애기 위해 철저한 준비가 필요했다. 그래서 임동원은 남한 정부의 입장을 소상히 밝힌 대통령 친서를 갖고 가서 김정일에게 한 시간에 걸쳐 설명하고, 그에 대한 김정일의 응답을 받으려 했다.

그런데 김정일은 정면으로 응답하지 않았다. 김대중을 매우 존경하며 "평양에 오시면 존경하는 어른으로, 전혀 불편이 없도록 품위를 높여 잘 모시"겠다는 점을 강조하며 "그 어떤 외국 정상의 평양 방문 때보다 더 성대하게 최고로" 모시겠다고 했다. 잘 모시고 싶은 마음이 이렇게 간절하니, 회담 내용 같은 데 쓸 데 없는 걱정을 하지 말라는 뜻이다.

"무엇보다 김 대통령의 말씀을 많이 듣고 싶어요. 격식 없이, 허심탄회하게 많은 이야기를 나누면 좋겠습니다. 뭐, 격식 갖춘 이야기야 김영남 상임위원장과 하시면 되겠지요. (…) 과거의 좋은 남북합의 문건이 3개나 있는데(7·4 남북공동성명, 남북기본합의서, 한반도 비핵화 공동선언을 말함) 제대로 실천된 것이 하나도 없어요. 본질은 하나도 달라진 것이 없는데 비슷한 내용의 합의 문건만 자꾸 만들 필요가 뭐 있겠습니까. 이미 합의한 것을 실천하는 것이 중요하지요.

이번 만남에서는 희망적인 선언 수준의 간단한 합의 문건을 내면 될 겁니다. 그리고 그런 건 미리 작성해둘 성질의 것이 아니지요. 그런 건 정상회담 마치고 작성하면 돼요. 그리고 단계적으로 하나씩 합의하고 이행해나가면 되는 겁니다. 정상회담 소식을 들은 중국 지도자들도 어떻게 갑자기 그런 결정을 하게 되었느냐며 엄청 놀랍디다. 주변국들 너무 놀라게 하지 말고 차분히 하나씩 하나씩 해나갑시다."

(같은 책, 48~49쪽)

기존의 합의가 지켜지지 않은 책임이 남쪽에 있다는 김정일의 관점이 행간에 비쳐 보인다. 그러니까 풍성한 합의문을 새로 만들어내자는 남측의 의욕에 제동을 걸며 기존 합의의 실천을 강조한 것이다.

욕심을 너무 내지 말자는 이유의 하나로 "주변국들 너무 놀라게 하지 말" 것을 농담처럼 말하며 중국의 예를 들었는데, 중국보다 미국 놀라지 말게 할 것을 더 중요하게 생각했을 것이다. 중국에는 바로 몇 주일 전에 김정일 자신이 다녀왔다. 그 방문의 주된 목적이 정상회담에 관한 의논이었으리라는 것은 시점으로 보아 분명하다. 자기네 후견인의 양해는 확실히 받아놓았는데, 댁의 후견인 사정은 어떤가 묻고 있는 것이다.

"김 대통령의 말씀을 많이 듣고 싶"다고 했다. 자기주장을 내세우기보다 존경하는 연장자의 말씀을 듣겠다는 겸손한 자세처럼 보이지만, 그동안 남북관계 경색의 책임이 남측에 많이 있으니 '결자해지結者解之'의 자세를 요구한다는 뜻이 담긴 말이다. 가벼운 농담이나 겸손처럼 보이는 말에 심각한 뜻을 담아내는 '미언대의微言大義' 화법이다.

김정일은 임동원에게 정상회담 합의문에 대한 아무런 언질도 주지 않았다. 만나서 얘기하다 보면 합의되는 내용이 있지 않겠느냐, 그것을 적으면 합의문이 되는 것 아니냐, 하는 대범한 태도였다. 회담 상대에 대한 신뢰를 더 중시한다는 자세이기도 하지만, 가시적 성과를 간절히 바라는 남측을 상대로 튕기는 입장으로도 볼 수 있다. 자신감을 가진 임기응변을 통해 회담 과정에서 최대한을 얻어내려는 욕심도 있었을지 모른다. 아무튼 이 때문에 임동원은 6월 13일 평양 도착 후에도 걱정을 놓을 수가 없었다고 한다.(같은 책, 67~68쪽) 그 혼자만의 걱정이었겠는가. 이 회담에서 번듯한 성과를 끌어내지 못한다면 남북관계만이 아니라 국내정치에서도 정권의 입장이 크게 불리해질 것이 분명했다.

정상회담은 2중구조로 이뤄졌다. 6월 14일 오전 김영남 상임위원장과의 회담은 공식적 성격의 "간단한" 것이었다. 북한 측도 8명이나 배석하고 남한 측도 공식 수행원이 모두 배석했으니 자리는 컸지만 내용은 간단했다는 것이다. 반면 오후 3시부터 열린 김정일과의 회담에는 3명씩으로 배석자를 제한한 자리였는데, 북측은 김용순 대남 담당 비서 한 사람만이 배석했다. 남측은 황원탁 외교안보수석과 이기호 경제수석이 임동원과 함께 배석했다.

회담의 이 2중구조는 북한 측의 자존심 때문에 만들어진 것이다. 북한은 남한 대통령을 자기네 최고지도자와 동격으로 인정하지 않는다. 대외적 국가

원수로는 최고인민회의 상임위원장이 있다. 그래서 김영남과의 회담이 공식 회담이고 김정일과의 회담은 '접견'의 성격인 것처럼 내부 선전이 가능한 것이다.

남한 입장에서 보면 모욕적인 오만일 수도 있다. 그러나 체제의 차이를 전제로 하고 보면 불합리한 관점만도 아니다. 항구적이고 전면적인 지도력을 발휘하는 북한의 최고지도자는 5년마다 선출되어 행정부만을 이끄는 남한의 대통령과 격이 다른 면이 있다. 노태우 대통령 때 세워진 대북정책이 김영삼 정권에서 뒤집힌 경험을 되돌아보면 인정하지 않을 수 없는 차이다. 김정일이 약속할 수 있는 범위에 비해 김대중이 약속할 수 있는 범위가 훨씬 좁은 것이 현실 아닌가.

김대중 대통령은 이 점을 인정해서 2중구조의 회담을 받아들였다. 한편 김정일은 '연장자에 대한 예의'를 빙자한 극진한 환대로 김대중의 체면을 살려주었다. 공항 영접에서 백화원 안내까지 여러 시간에 걸친 그의 '밀착 환대'는 결코 '접견'의 자세가 아니었다. 내부 선전을 위해서는 최고지도자의 '존엄'을 지키되 회담 상대가 굴욕감을 느끼거나 불리한 입장에 서지 않도록 배려한 것이다. 김대중과 김정일은 회담 성공을 위해 상대방의 체면을 서로 살려주는 암묵적 협력을 하고 있었던 것이다.

두 사람의 회담이 시작될 때 김정일이 "공격적인 화제"를 들고 나왔다고 한다.

"어젯밤에 남쪽 텔레비전을 보면서 기분이 좀 상한 게 하나 있어요. 남조선 대학가에 인공기가 나부낀 데 대해서 국가보안법 위반이니 사법처리를 하겠다는 겁니다. 이건 뭐, 정상회담에 찬물을 끼얹겠다는 거 아닙니까? 어떻게 그럴 수가 있습니까? 대단히 섭섭한 생각이 들었습니다. 어제 공항에서 봤는데, 남측 비행기에 태극기를 달고 왔고 남쪽 수행원들이 가슴에 모두 태극기를 달고 있었지만 우리는 신경도 쓰지 않았습니다. 그래서 제가 많이 생각해봤어요. 어제 김 대통령께서 김영남 위원장과 회담하고 만찬 대접도 했으니 그만 헤어져도 되겠다고 말이지요. 그런데 주변에서 만류해서 오늘 제가 여기 나온 겁니다."(같은 책, 72~73쪽)

임동원이 서울에 돌아와 알아보니 10여 개 대학에서 한반도기 양쪽에 태극기와 인공기를 나란히 걸어 정상회담 개최를 환영한다는 표시를 한 데 대해 검찰에서 "주동자를 색출해 엄벌하겠다"는 발표를 했었다고 한다. 요즘 검찰은 너무 "알아서 기는" 게 문제인데, 당시 검찰에는 "몰라서 뛰는" 문제가 있었을까? 대통령이 평양에 가 있는 상황에서 단 이틀을 못 참아 국가보안법 적용 방침을 발표하다니, 참 심했다. 남한 대통령의 위상과 북한 최고지도자의 위상에 큰 차이가 있다는 사실을 인정하지 않을 수 없는 상황이었다.

"다행히도 김 대통령은 전혀 당황하지 않고 이 첫 번째 도전에 점잖게 간단히 응수했다"고 임동원은 적었지만, 체면을 구긴 것은 어쩔 수 없는 일이다. 기선 제압에 성공해놓고는 자기가 꺼내놓은 문제를 적당히 눙치는 김정일의 솜씨가 돋보인다.

"뭐, 남쪽 정치풍토가 우리와 다르다는 건 나도 인정합니다. 어제 공항에서 의장대 사열뿐 아니라 남조선 국기도 휘날리고 애국가 연주도 하고 했어야 내가 오늘 인공기 문제를 가지고 더 해볼 수 있는 건데…. 그건 그렇다 쳐도 적어도 정상회담 기간에 발생한 문제에 대해서는 학생들을 처벌하지 말아야 합니다."(같은 책, 73쪽)

2000년 정상회담의 주도권은 남측보다 북측이 쥐고 있었다는 느낌이 여러모로 든다. 평양으로 찾아갔다는 사실부터 그렇다. 북한은 경제적으로도 외교적으로도 극심한 어려움을 벗어나지 못하고 있었다. 남한의 도움을 필요로 하는 형편이었다. 그런데도 북측이 주도권을 쥘 수 있었던 것은 무슨 까닭일까?

흔히 말하는 북한의 '벼랑 끝 전술brinkmanship'을 생각해본다. 《시사상식

사전》에는 "북·미 협상 과정에서 북한이 취한 협상전술로, 협상을 막다른 상황으로 몰고 가 초강수를 두는 일종의 배수진"이라고 요약되어 있다. 상황을 파국으로 몰고 가는 위협으로 상대방의 양보를 얻어내는 전술이다. 서방 언론에서 이 전술을 들먹일 때는 나쁜 짓이라는 전제가 깔려 있다. 그런데 대응을 위해서는 도덕적인 평가보다 현실적인 이해가 필요하다. 왜 북한은 이 전술을 쓸 수 있고 상당한 효과를 거둘 수 있는 것인가?

인민의 저항을 거의 걱정할 필요가 없는 독재체제이기 때문이다. 그리고 이런 독재체제가 가능한 것은 대다수 인민이 위기의식을 공유하기 때문이다. 아무리 민주국가라도 국가의 존망이 달린 전쟁에 임해서는 민주적 원칙을 유보하지 않는가. 비상사태를 인민이 인식하고, 또 그 사태를 지도자들이 불러온 것이 아니라고 인정하기 때문에 독재체제의 지속이 가능한 것이다.

북한 인민의 불만이 팽배해 있다고 많은 탈북자들이 증언한다. 그런데 '재미교포 아줌마' 신은미는 그와 다른 인상을 사람들에게 전하다가 남한에서 추방당했다. 북한 사정에 관해서는 남한 사회의 '언론의 자유'에 심한 제약이 있다는 사실을 알려주는 일이다. 그렇다면 탈북자들이 북한의 실상을 전하는 데는 아무런 제약이 없을까?

북한에 대해 좋은 말 한마디만 하면 '종북'으로 매도하는 세력이 위세를 떨치는 이 사회에서, 낯선 곳에 와 살며 따로 의지할 데 없는 사람들이 자기 생각을 기탄없이 밝힐 수 있을까? 입국 직후 조사 과정에서의 인권 침해 상황도 밝혀지고 있고 심지어 간첩으로 조작당한 사례까지 드러났다. "나는 내 특별한 사정 때문에 이곳으로 넘어오게 되었지만 저쪽에도 인민 대다수는 편안한 마음으로 살아가고 있다." 이런 말을 하는 탈북자가 있다면 많은 것을 잃고 스스로를 위험에 빠트릴 것이다.

대다수 북한 주민이 어려운 생활을 오랫동안 해온 것이 분명한데도 지도부에 대한 근본적 신뢰를 거두지 않고 있는 것으로 보인다. 이런 상황이 어떻게 가능한 것인지 확실히 이해할 수는 없지만, 현실로 받아들여야 할 것 같다. 강경한 대외정책이 어려운 사정을 더 연장시킬 것으로 보이더라도 주민의 반발이 크지 않기 때문에 북한 지도부는 전술적 필요가 있을 때 얼마든지 강경한 태도를 취할 수 있는 것이다.

남한 주민은 고통에 민감하다. 국민의 고통을 늘리거나 위험에 빠트리는 강경한 정책을 정부가 택하기 어렵다. 북한에게는 잃을 것이 없고 남한에게는 많은 것이다. 함께하는 일에서 북한보다 남한이 더 많은 양보를 해야 하는 엄연한 이유다.

대북 강경론자들은 '상호주의'를 말한다. 더 많은 양보를 해서는 안 된다는 것이다. 그게 남한의 이익, 따라서 남한 주민의 이익을 지키는 원칙이라고 주장한다. 이것이 정말일까?

북한에서는 '벼랑 끝 전술'을 '맞받아치기'라 한다. 상대방이 악의적으로 나온다면 굴복하지 않고 결연히 맞받아친다는 말이다. 더 큰 손해를 감수하더라도 상대방이 이익을 취하지 못하게 한다는 뜻이다.

남한 일각에서 주장하는 '상호주의'는 북한의 '맞받아치기'와 같은 원리다. 포용적 정책으로 이득을 얻을 수 있다 하더라도 북한이 더 큰 이득을 얻는 길이라면 포기하겠다는 뜻이다. 그런데 같은 전술이라도 구사하는 주체가 누구냐에 따라 타당성에 차이가 있다. 잃을 것 없는 입장이라면 효과적인 전술이지만, 지킬 것이 많은 입장은 그와 다르다.

상호주의를 주장하는 사람들은 '퍼주기'를 비판하지만, 작은 이익을 퍼줌으로써 평화를 비롯한 큰 가치를 얻으려는 햇볕정책은, 지킬 것 많은 남한이 잃을 것 없는 북한을 상대로 한 현실적이고 합리적인 정책이다. 신자유주의의 '공평성'이 현실의 불평등을 증폭시켜 '공정성'의 실현을 가로막는 것처럼, 상호주의의 '상호성'도 현실의 불균형을 증폭시켜 평화의 실현을 가로막는 것이다. 상호주의가 남한에 늘려주는 것은 이익이 아니라 위험뿐이다.

통일 과업의 출발점으로서
2000년 정상회담

2000년 6월 14일 오후 3시부터 7시까지 백화원 영빈관에서 열린 김대중-김
정일 회담의 내용을 배석자의 하나였던 임동원은 《피스메이커》 69~97쪽에
소상히 기록했다. 남측에서 치밀하게 준비한 의제를 내놓고 김정일이 그에
응대하는 모습이 그려져 있다.

사실 그대로인 것 같다. 김정일은 기본 원칙만 정상회담에서 확인하고 세
부사항은 이후의 실무회담에서 다루기를 원했다. 반면 김대중은 몇 가지 중
요한 주제에 관해서는 구체적 합의를 만들어내고 싶어 했다. 김정일의 최소
주의와 김대중의 최대주의는 남북한의 상황을 비쳐 보여주는 것이었다. 북한
은 큰 변화를 앞두고 있었다. 계속 바뀌어갈 상황에 대비하기 위해서는 가능
한 한 많은 신축성을 남겨두고 싶은 입장이었다. 반면 남한에서는 국민의 지
지를 군건히 하기 위해 확실한 것을 많이 보여줄 필요가 있었다.

남측에서 내놓은 의제들이 대부분 합의문에 들어간 결과로 보면 이 회담
은 김대중의 승리였다. 그렇다고 김정일의 패배도 아니었다. 북한 입장에도
충분히 유리한 조건을 준비해 갔기 때문에 김정일이 받아들일 수 있었던 것
이다. '윈윈'의 결과라고 할 수 있다.

남측에서 준비한 의제는 크게 네 가지였다. (1) 화해와 통일, (2) 긴장완화와 평화, (3) 교류·협력의 활성화, (4) 이산가족 문제.

이산가족 문제는 지엽적인 것으로 볼 수도 있는 것이지만 남한에서 상징적 의미가 매우 큰 것이었다. 관계의 근거인 신뢰를 무엇보다 분명히 확인할 수 있는 사업이었다. (2)와 (3)은 그에 비해 범위가 매우 넓은 과제들이지만, 가장 기본이 되는 의제는 (1) '화해와 통일'이었다. 남한과 북한이 지금 각각 국가의 형태를 취하고 있는 것을 부득이한 현실로 인식하고 이와 다른 현실을 함께 추구해나가는 특수한 관계라는 사실을 확인하는 것이 긴장완화와 교류·협력 정책을 추구해나가는 발판이 될 것이었다.

이 의제에 대한 합의 내용이 남북공동선언의 제1항과 제2항에 이렇게 들어갔다.

(1항) "남과 북은 나라의 통일문제를 그 주인인 우리 민족끼리 서로 힘을 합쳐 자주적으로 해결해나가기로 하였다."

(2항) "남과 북은 나라의 통일을 위한 남측의 연합제 안과 북측의 낮은 단계의 연방제 안이 서로 공통성이 있다고 인정하고, 앞으로 이 방향에서 통일을 지향시켜나가기로 하였다."

제1항 내용에는 아무 이견이 없었다. 반면 제2항의 '연합', '연방' 표현을 놓고 이 날 회담 중 가장 뜨거운 토론이 벌어졌다. 남측이 제안한 '연합제'와 북측이 제안한 '낮은 단계의 연방제'가 서로 상치되지 않는 것이라는 점은 토론 초기부터 피차 인정했다. 그런데도 표현에 대한 합의가 쉽게 이뤄지지 않은 것은 '연방제'라는 말의 역사 때문이었다.

연방제는 김일성이 1960년 8·15 경축대회에서 제기한 이래 북한의 '평화통일론'으로 유지되어온 주장이었다. 40년 동안 그 내용에 적지 않은 굴곡이 있었지만 '연방제'라는 이름은 북한의 민족주의와 평화주의를 과시하는 말로 지켜졌다. 1960년 김일성의 연설에 이런 내용이 있었다.

"그래도 남조선 당국이 남조선이 공산주의화될까 두려워서 아직도 자유로운 남북 총선거를 받아들일 수 없다고 하면 먼저 민족적으로 긴급하게 나서는 문제부터 해결하기 위하여 과도적인 대책이라도 세워야 할 것입니다. 우리는 이러한 대책으로서 남북조선의 련방제를 실시할 것을 제의합니다. 우리가 말하는 련방제는 당분간 남북조선의 현재 정치제도를 그대로 두고 조선민주주의인민공화국 정부와 대한민국 정부의 독자적인 활동을 보존하면서 동시에 두 정부의 대표들로 구성되는 최고 민족위원회를 조직하여 주로 남북조선의 경제문화 발전을 통일적으로 조절하는 방법으로 실시하자는 것입니다. 이러한 련방제의 실시는 남북의 접촉과 협상을 보장함으로써 호상 이해와 협조를 가능하게 할 것이며 호상간의 불신임도 없애게 될 것입니다." (이하 북한의 연방제 주장과 관련된 인용문들은 "연방제: 바람직하면서도 실현 가능성 높은 통일 방안", 《이재봉의 법정증언》 제12장, 234~262쪽에서 재인용)

1947년 11월 유엔총회는 미국의 제안에 따라 한반도에서 남북 총선거를 통해 국가를 세울 것을 결의했다. 소련은 총선거에 앞서 외국군이 철수해야 한다는 주장으로 이 결의를 반대하고 유엔임시조선위원단의 북반부 진입을 거부했다. 그 결과가 분단건국이었다.

친어머니를 밝혀낸 솔로몬왕의 판결이 생각나는 대목이다. 분단건국을 적극적으로 획책한 것은 미국이었다. 그러나 손바닥 하나로 손뼉을 칠 수 있는가? 소련은 '선先 외군 철수'란 명분 하나만 붙잡고 유엔의 조선 관련 결정을 보이콧함으로써 미국의 의지 관철을 쉽게 해주었다. 공동후견인으로 해방 조선을 점령한 미국과 소련은 둘 다 아이의 몸을 쪼개서라도 제 몫을 챙겨야겠다는 가짜 어미들이었다.

1960년 8월 김일성의 연방제 제안은 '외군 철수 후 남북 총선거'라는 13년 전 소련의 주장을 되풀이한 것으로도 볼 수 있다. 그러나 그 사이에 전쟁을 겪었다는 사실을 생각하면 평화통일의 구체적 방안을 내놓았다는 사실 자체에 큰 의미가 있었다. 남한에서는 몇 달 전까지 이승만 정권 아래 '평화통일'이란 말만 해도 빨갱이로 잡아가고 있었다.

7·4 남북공동성명 1년 후인 1973년 6월 김일성은 연방제 제안을 더욱 구체화한 '고려련방공화국' 통일 방안을 내놓았다. 긴장완화와 교류·협력, 그리고 '대민족회의' 구성과 함께 단일 국호 아래 유엔 가입을 주장한 것이다.

"오늘 나라의 통일을 앞당기는 데서 중요한 의의를 가지는 것은 단일 국호에 의한 남북련방제를 실시하는 것입니다. (…) 우리는 조성된 조건에서 대민족회의를 소집하고 민족적 단결을 이룩한 데 기초하여 북과 남에 현존하는 두 제도를 당분간 그대로 두고 남북련방제를 실시하는 것이 통일을 실현하기 위한 가장 합리적인 방도로 된다고 인정합니다. 남북련방제를 실시하는 경우 련방국가의 국호는 우리나라의 판도 우[위]에 존재하였던 통일국가로서 세계에 널리 알려진 고려라는 이름을 살려 고려련방공화국이라고 하는 것이 좋을 것입니다."

1960년의 제안은 북한 경제가 남한보다 우월한 상황에서 이승만 정권이 무너진 남한을 끌어들이려는 의지에서 나온 것으로 보인다. 남한 교란을 위한 선전활동의 냄새가 난다. 그에 비해 1973년의 고려련방공화국 제안은 당시 전개되던 동서 간 데탕트 상황에 맞춰 상당 기간의 연방제 시행 기간을 상정한 것이었다. 1980년 10월 노동당 제6차 당대회에서는 더 점진적인 통일방안으로 '고려민주련방공화국' 제안이 나왔다.

"해방 후 오늘까지 북과 남에는 오랜 기간 서로 다른 제도가 존재하여왔으며 서로 다른 사상이 지배하고 있습니다. 이러한 조건에서 민족적 단합을 이룩하고 조국통일을 실현하려면 어느 한쪽의 사상과 제도를 절대화하지 말아야 합니다. 만일 북과 남이 제각기 자기의 사상과 제도를 절대화하거나 그것을 상대방에게 강요하려

한다면 불가피적으로 대결과 충돌을 가져오게 되며 그렇게 되면 도리어 분렬을 심화시키는 결과를 낳게 될 것입니다. (…)

우리 당은 북과 남이 서로 상대방에 존재하는 사상과 제도를 그대로 인정하고 용납하는 기초 우[위]에서 북과 남이 동등하게 참가하는 민족통일정부를 내오고 그 밑에서 북과 남이 같은 권한과 의무를 지니고 각각 지역자치를 실시하는 련방공화국을 창립하여 조국을 통일할 것을 주장합니다. 련방 형식의 통일국가에서는 북과 남의 같은 수의 대표들과 적당한 수의 해외동포 대표들로 최고 민족련방회의를 구성하고 거기에서 련방상설위원회를 조직하여 북과 남의 지역정부들을 지도하며 련방국가의 전반적인 사업을 관할하도록 하는 것이 합리적일 것입니다. (…) 고려민주련방공화국은 어떠한 정치군사적 동맹에나 쁠럭에도 가담하지 않은 중립국가로 되어야 합니다."

이때까지도 김일성의 연방제 제안에서는 '평화공세'의 냄새가 가시지 않았다. 우선 시점부터 박정희 독재가 끝나고 광주항쟁을 겪은 뒤 신군부 정권이 자리 잡고 있을 때였다. 그리고 "북과 남이 동등하게 참가하는 민족통일정부"에 대한 집착이 보인다. 독재정권하에서도 다양성이 자라나 있던 남한과 주체사상 위에 유일지도체제를 확립한 북한이 "동등"하게 참여하는 통일정부라면 북한 지도부의 의지가 쉽게 관철될 것이었다.

보다 현실성 있는 '낮은 단계의 연방제' 이야기는 1990년대 들어 동유럽 공산권 붕괴 이후 나타나기 시작한다. 불리한 국제정세 속에서 방어적 자세로 돌아선 것으로 볼 수 있다. 1991년 신년사에서 김일성은 이렇게 말했다.

"고려민주련방공화국 창립 방안에 대한 민족적 합의를 보다 쉽게 이루기 위하여 잠정적으로는 련방공화국의 지역자치정부에 더 많은 권한을 부여하며 장차로는 중앙정부의 기능을 더욱 더 높여나가는 방향에서 련방제 통일을 점차적으로 완성하여야 한다."

그 해 가을에는 북한이 남한과 나란히 유엔에 가입했다. '하나의 조선' 주장에서 물러선 것이다. 그리고 국제사회 진입을 위해 미국과의 관계개선에 노력을 기울이기 시작했다. 1993년 4월에 발표한 '전 민족 대단결 10대 강령' 중 제5항에는 "서로 상대방에 자기의 제도를 강요하려 하지 말아야 하며 상대방을 흡수하려 하지 말아야 한다"는 말까지 들어갔다. 흡수통일에 대한 경계심이 비쳐 보이는 말이다.

남한에서는 1994년 광복절에 김영삼 정부가 발표한 '민족공동체 통일방안'에서 (1) 화해·협력, (2) 남북연합, (3) 완전통일의 3단계 통일을 내놓았다. 김대중은 개인적으로 별도의 3단계 통일을 구상하고 있었는데 1995년 들어 임동원과 만난 후 함께 수정·검토하여 그해 9월 "김대중의 3단계 통일론"으로 발표했다.

나는 연방제 단계와 통일 단계를 구분할 필요가 없다고 하는 임동원의 관점을 지지한다. 연방제 안에도 느슨하고 빡빡한 차이가 있다. 미국이나 독일처럼 단일국가에 가까운 형태에 비해 소련과 영국United Kingdom은 느슨하고, 소련 붕괴 후의 독립국가연합CIS이나 영국연방Commonwealth of Nations처럼 더 느슨한 것도 있다. 연방제에 일단 도달하기만 하면 기반조건의 변화에 따라 점차 빡빡해지기를 바랄 수 있는 것인데, '완전' 통일의 목표에 지나치게 얽매이면 오히려 반작용을 일으킬 염려가 크다.

2체제-2정부를 용인하고 외교·군사권까지 분리된 연방제라면 대단히 느슨한 것이다. '연방제'라는 이름이 꼭 필요한 것도 아니다. 그러나 김일성이 발표한 후 40년 동안 이 이름이 북한의 민족정책을 대표해온 사실 때문에 김정일이 양보할 수 없었던 것이다.

바로 똑같은 사실 때문에 남한 측도 그 이름을 받아들이기 어려웠다. 김대중을 빨갱이로 몰아붙여온 중요한 빌미 하나가 그의 통일론 중의 '연방제'였다. 꼭 연방제라고 부를 필요가 없는 단계를 '낮은 단계'란 수식어까지 붙이며 연방제란 표현을 받아들이는 것은 정치적으로 부담스러운 일이었다.

"남측의 연합제 안과 북측의 낮은 단계의 연방제 안이 서로 공통성이 있다고 인정"한다는 절충안에는 로드맵에 적어 넣을 가장 중요한 지명에조차 합의를 이루지 못했다는 아쉬움이 있다. 그러나 절반쯤 채워진 물잔을 놓고 "절반밖에 없네" 할 수도 있고 "절반이나 있네" 할 수도 있는 것이다. 뒤집어 생각하면 반세기 분단의 앙금 때문에 '연방'과 '연합'의 표현 차이를 좁히지 못하면서도, 그 차이를 짊어지고 앞을 향해 나아가려는 의지가 돋보이기도 한다. 2000년 남북정상회담은 종착점보다 출발점으로 의미가 큰 자리였음을 확인한다.

2000년에 대한민국은 거의 주권국가였다

2000년 6월 남북정상회담이 열릴 때, 미국도 한국도 민주당 정권이었다. 한국의 한나라당과 미국의 공화당에 비해 양쪽 다 북한에 대해 포용적 정책기조를 가진 정권이었다. 그래서 남북정상회담도 가능한 것이었고, 이 정상회담을 계기로 미국의 대북정책도 빠른 변화를 일으켰다. 몇 달 사이에 조명록 특사를 정중하게 맞이하고 올브라이트 국무장관이 평양을 방문한 데 이어 클린턴 대통령의 북한 방문까지 추진되었다.

2000년 12월 미국의 대통령 선거에서 앨 고어가 당선되었다면 클린턴의 8년 임기는 김정일과의 회담으로 마무리되었을 것이다. 그러나 조지 부시가 당선되고 클린턴의 북한 방문에 반대했기 때문에 계획이 무산되고 말았다. 부시 대통령은 임기 첫해에는 북한에 대해 냉담한 태도를 보이는 정도에 그쳤지만, 차츰 적대적인 태도를 노골화했다. 급기야 9·11 뉴욕 테러 후에는 북한을 "악의 축axis of evil"으로 규정하기까지 했다.

레이건이 소련을 "악의 제국Evil Empire"이라고 한 적이 있지만, '악의 축'은 더 심한 말이다. 제2차 세계대전 중 연합국이 극도의 적개심을 담아 적국들을 부른 이름이 '추축국Axis'이었다. '악의 축'은 당장 전쟁을 걸 대상이라는 뜻이고, 그 이름으로 불린 이라크는 그 직후 미국의 침공을 당해 십여 년이 지난 지금까지도 참화를 벗어나지 못하고 있다.

부시는 북한도 형편만 되면 쳐부수고 싶은 나라임을 분명히 밝혔다. 그런데도 끝내 군사적 공격을 감행하지 못한 이유가 무엇일까. 북한이 이라크와 다른 점이 두 가지 있다. 하나는 남한을 대상으로 한 북한의 보복 능력이고,

또 하나는 중국의 존재다.

중국의 존재는 미국 네오콘이 북한을 공격하고 싶은 이유가 되기도 했다. 아직 'G-2' 같은 말이 나올 단계는 아니었지만 중국의 '굴기'는 이미 '중국 위협론'을 불러일으키고 있었다. 이매뉴얼 월러스틴 등이 제창하는 세계체제 론에서는 쇠퇴기에 접어든 헤게모니 국가가 군사력을 통해 패권에 집착하는 경향을 얘기하는데, 1990년대 미국의 대對중국 정책에는 이런 측면이 분명히 존재했다.

이라크전쟁의 성과가 훨씬 더 좋았다면 부시 정권이 중국에 대해 더 도발적인 태도를 취하고 그 일환으로 북한을 공격할 생각도 있었을 것이다. 아무튼 북한 공격에는 중국에 대한 도발이라는 의미가 겹쳐 있기 때문에 이라크 공격보다 훨씬 부담이 큰 일이었다.

북한의 보복공격 능력은 남한에 한정되어 있었다. 일본이 대포동 미사일 사정권에 들기는 하지만, 수량에 한정이 있어서 재래식 폭탄으로는 타격 규모가 클 수 없었다. 반면 남한은 인구의 절반가량이 북한 장사정포의 사정거리 안에 있었다. 반북세력이 남한 정권을 쥐고 있더라도 진짜 전쟁에 동의해 준다는 것은 바랄 수 없는 일이었다.

2006년 10월 핵실험에 이르는 북한의 핵무기 개발은 미국이 강요한 것이었다. 북한은 김대중의 남한 정부와 클린턴의 미국 정부를 상대로 개방의 의지를 최대한 표명했다. 9·11 뉴욕 테러 때 이례적으로 서둘러 테러 규탄 성명을 발표한 것은 부시 정부의 적의를 눈치 챘기 때문이었을 것이다. 그런데도 부시는 아무 빌미도 없이 북한을 '악의 축'으로 규정했다. 북한은 미국의 공격을 무엇으로 막을 수 있었겠는가?

미국의 창끝이 이라크를 먼저 향하고 그곳에서 발목이 잡힌 것은 북한에게 행운이었다. 그 행운은 중국의 존재가 크게 작용한 것이기도 했다. 그러나 국가 안보를 행운에만 맡길 수는 없는 일이었다. 미국이 어떻게든 이라크에서 빠져나오고 중국의 견제력이 충분하지 못한 상황은 언제든지 닥칠 수 있었다. 스스로 억지력을 키울 필요가 있었고, 그 가장 효과적인 방법이 핵무기 개발이었다.

남북관계 개선을 포함한 북한의 진로에 남한보다 미국이 더 큰 영향력을 갖고 있다는 사실이 이 과정에서 확인된다. 김대중 정부는 북한의 개방을 돕는 데 노력을 집중했고, 그를 이은 노무현 정부도 북한에게 포용적인 태도를 분명히 했다. 그런데도 미국에 네오콘의 부시 정권이 들어서자 남북관계는 더 발전할 길이 막히고 말았다. 유시민이 정리한 노무현 자서전에는 이렇게 적혀 있다.

> 북·미 관계는 한반도 정세와 남북관계에 결정적 영향을 준다. 북한 핵 문제는 본질적으로 북·미 관계에서 발생한 것이다. 대한민국이 주도해서 해결하기는 어렵다. 한반도 분쟁과 평화의 직접 당사자이면서도 전혀 주도권을 행사할 수 없는 모순적 상황 때문에 5년 내내 심한 가슴앓이를 했다. (…) 체제 위협을 느끼는 북한이 핵무기를 지렛대로 삼아 그 위협을 항구적으로 해소하려 한다는 것이다. 김대중 대통령도 그랬지만, 나도 이것을 직시하고 대화를 통한 평화적 해결이라는 원칙을 일관되게 견지하면서 환경이 호전되기를 기다렸다. 그 5년 동안 미국 행정부는, 북한에 대한 무력 공격이나 일정 수준을 넘는 압박과 제재를 한국 정부가 순순히 수용하지는 않는다는 것을 분명히 알았다. (노무현재단 엮음, 유시민 정리, 《운명이다》, 돌베개 2010, 248~249쪽)

부시 정권의 대(對)북한 적대정책은 노무현 정부의 포용정책과 어긋나는 것이었다. 노무현 정부는 미국의 압박을 완화시키려고 애썼지만, 남한 내에도 포용정책에 반대하는 세력이 작지 않았기 때문에 안팎의 협공에 몰리는 형세였다.

미국 행정부는 매번 강력한 제재를 해야 한다고 주장했다. 북한을 얕잡아 보면서 고립시키고 압박하는 일에 협조하라고 요구했다. 나는 그런 현실성 없는 제재와 압박보다는 대화를 통한 해결이 효과적이니 채찍보다는 당근을 사용하자고 미국 행정부를 설득했다. 핵 폐기와 북한 체제의 안전보장, 북·미 수교, 경제지원, 평화 협정 체결과 같은 현안을 하나로 묶어 타결하는 것이 우리의 방침이었다. 그런데 북한이나 미국보다 더 버거운 상대가 국내 여론이었다. 한국의 보수 신문들은 미국 네오콘보다 더 강경했다. 한나라당은 한술 더 떴다. 야당이 국회에서 더 강한 압박과 실질적인 제재를 요구하면서 대통령을 비판하면 보수 언론들은 그것을 머리기사로 다루어 부정적인 여론을 조성했다. (같은 책, 252~253쪽)

노무현 정부는 대북 포용정책을 나름대로 꾸준히 지켰다. 김대중 정부가 쌓아놓은 북한과의 신뢰관계를 해친 일로 취임 초의 대북송금 특검이 있었는데, 노무현 측에서는 이것이 국내정치 관계로 부득이한 일이었다는 인식을 갖고 있다.

김대중 대통령은 퇴임 직전 불법송금에 대해 국민에게 사과했다. 그러나 이 문제가 사법적 심사의 대상이 되어서는 안 된다는 입장을 피력했다. 나는 김대중 대통령의 대북정책을 계승하겠다는 입장을 재확인하면서 모든 것을 공개적으로 국민의 합의를 모아서 해나가겠다고 여러 차례 밝힌 바 있었다. 대북송금이 사법적 심사의 대상이 되어서는 안 된다는 김대중 대통령의 견해에 나는 전적으로 공감했다. 하지만 그렇다고 해서 무작정 수사를 막을 수는 없었다. (…)
그런데 내 노력이 부족했는지 소통이 잘못되었는지 모르겠지만, 김대중 대통령은 마지막 기자회견에서 4억 달러 문제를 사전에 보고받지 않아 몰랐다고 하셨다. 대통령이 한 일이 아니라고 했으니 '통치행위론'을 내세우는 데 필요한 논리적 근거가 사라져버렸다. (같은 책, 231쪽)

이 자서전보다 몇 달 뒤에 나온 《김대중 자서전》에도 이 문제에 관한 회고가 들어 있다.

3월 15일 노무현 대통령이 대북송금 사건 특별법안을 공포했다. (…) 충격이었다. 나는 퇴임을 10여 일 앞두고 "이 문제가 사법적 심사의 대상이 되어서는 안 된다" 고 간절하게 호소했다. 한반도 평화와 국가 이익에 크게 도움이 된다고 판단했기 에 실정법상 문제가 있음에도 이를 수용했고, 이번 사태에 대한 모든 책임은 대통 령인 내가 지겠다고 했다. (…)

현대가 4억 불을 북에 송금하기로 합의했다는 사실을 보고받고 화를 냈지만 4억 불의 대가로 돌아오는 일곱 가지 사업 내용을 보니 수긍이 갔다. 나는 수에즈 운하 주식을 몰래 사들여 동방 항로를 확보한 디즈레일리 영국 총리가 생각났다. (…) 나 역시 진정한 국익이 무엇인가를 따져 결심했다. 남과 북이 화해와 협력의 길을 열 수만 있다면 무슨 일인들 못하겠는가.

하지만 노 대통령이 우리 민족문제를 어디로 끌고 갈 것인지 알 수가 없었다. 남북 관계는 정쟁의 대상이 아님을 그도 잘 알 것이다. 국가 책임자가 최고의 기밀을 그 렇듯 대수롭지 않게 생각하면 앞으로 어느 나라가 우리 정부를 신뢰하고 대화하 겠다고 나설 것인가. 노 대통령은 나와 국민의 정부가 추진하고 있는 정책들이 옳 다고 했다. 그러고는 다른 길을 선택했다. 취임 초 첫 단추를 잘못 꿰었다. 국민의 뜻도 묻지 않았다. 남북관계는 경색되고 국론은 분열될 것이었다. 부작용이 불 보 듯 했다. 그러나 나는 아무 말도 하지 않았다.

4월 22일 노무현 대통령과 부부 동반 만찬을 했다. 자리에 앉자마자 노 대통령이 "현대 대북송금은 어찌된 일이냐"고 물었다. 참으로 이해하기 힘들었다. 몹시 당 황하고 불쾌했지만 담담하게 말했다.

"현대의 대북송금이 사법 심사의 대상이 되어서는 안 된다는 소신에 변함이 없습 니다."

노 대통령은 나와 국민의 정부 대북 일꾼들을 의심했다. 그런 노 대통령을 당시로 서는 이해하기 힘들었다. 또 민주당 지도부의 특검 방침에 대한 침묵도 이해할 수

없었다. (김대중,《김대중 자서전》2권, 삼인 2010, 528~529쪽. 밑줄은 내가 친 것)

둘째 문단의 밑줄 친 대목에 노무현 측이 보는 문제의 초점이 있다. 김대중은 현대의 4억 달러 송금 방침에 수긍했다고 한다. 그러면서도 그 송금이 불법적인 방법으로 이뤄졌다는 사실은 몰랐다고 하는 것이다. 노무현 측은 김대중이 송금 방법에까지 책임을 짊어질 경우 국가원수의 통치행위로서 면책을 주장하려 했다는 것인데, 김대중이 이에 호응하지 않은 까닭이 무엇일까? 전 해의 대통령 선거 과정에서 불거진 민주당 내의 갈등이 양측 사이의 소통에 지장을 준 것이 아닐까 하는 짐작 외에는 이해하기 어려운 일이다.

"남북관계는 정쟁의 대상이 아님을 그도 잘 알 것"이란 말에서는 현실 인식의 문제점을 느낀다. 정쟁의 대상으로 들고 나온 것은 노무현이 아니라 한나라당이었고, 들고 나온 시점은 노무현의 당선을 내다보기 힘들던 2002년 9월이었다. 노무현이 김대중 자신의 정책을 옳다고 하면서도 "다른 길을 선택했다"고 이 대목에서 단언하고 "나와 국민의 정부 대북 일꾼들을 의심했다"고 서운해하는 것은 노무현에게 너무 많은 것을 기대한 게 아닌가 싶다. 그 기대를 저버린 데는 노무현 자신의 잘못도 얼마간 있겠지만, 불리한 여건을 뚫고 다분히 요행으로 당선된 후계자의 짐을 줄여주기 위한 노력이 아쉽다.

남북관계가 정쟁의 대상이 아니라고 생각한 것은 김대중의 희망사항이었다. 하지만 그것이 남한의 현실과 얼마나 거리가 먼 희망이었는지, 지난 대통령 선거 때의 정상회담 대화록 유출사태부터 최근의 이명박 회고록에 이르기까지, 너무나 분명하게 드러나지 않았는가.

2000년의 남북정상회담은 대한민국 역사상 이례적으로 '주권국가'의 역할에 접근한 경험이었다. 당시 미국의 클린턴 정권이 북한에 대해 비교적 온건한 태도였기 때문에 김대중 대통령의 '평화 드라이브'가 성과를 거둘 수 있었다. 부시 정권이 들어선 후로는 7년간 남한 정부가 대북 포용정책을 견지했지만 상황 악화를 막는 정도를 넘어설 수 없었다. 반대로 2008년 이후 남한 정권은 북한 압박을 위해 별 짓을 다했지만 네오콘이 퇴진한 부시 정권이나 온건한 오바마 정권 앞에서는 압박에 한계가 있었다. 부시 정권 초기에 이명박이나 박근혜가 집권하지 않은 것이 천만다행이다.

미국에게 북한은 그 자체의 중요성이 없는 나라다. 주변의 나라들(남한, 중국, 일본)과의 관계를 위해 이용할 대상일 뿐이다. 반면 남한에게는 '민족통일'의 이념은 접어놓고라도, 경제와 안보의 사활이 걸려 있는 대상이다. 그런데도 북한과의 관계에서 미국에게 열쇠를 맡겨온 것은 미국에 대한 남한의 종속성을 극단적으로 보여주는 사실이다.

북한도 열쇠가 어디 있는지 안다. 우리는 '통미봉남'이라고 불평하지만, 열쇠를 가진 상대를 먼저 바라보는 것은 당연한 일 아닌가. 남한도 의지를 갖고 나선다면 북한과의 관계를 스스로 열어나갈 수 있다는 사실에 가장 가까이 접근한 것이 2000년의 남북정상회담이었다. 그러나 결국 한계에 부딪치고 말았다. 노무현 자서전의 술회처럼, 미국에서 네오콘의 위세보다 한국에서 네오콘 동조세력의 위세가 더 컸다.

김대중과 김정일의 만남으로부터 15년이 지났다. 2007년 다시 한 차례 정상회담이 있었지만 2000년의 전망에서 더 나아간 것이 없다. 북한은 세 차례 핵실험을 했으나 국제사회에서 그 처지는 2000년 이전과 다를 것이 없다. 김정일이 죽었지만 김정은이 그 위상을 그대로 물려받았다. 미국에서는 비교적 온건한 민주당 정권이 7년째 집권하고 있지만 대결주의적인 남한 정권이 원하지 않는 북한과의 관계개선을 서두를 이유를 찾지 못하고 있다. 그리고 지금 남한에서는….

이 책을 처음 구상할 때는 최근까지의 남북관계의 궤적을 더듬어보고 싶었다. 그러나 2000년의 남북정상회담으로 이야기를 마칠 것을 어느 시점에서 결정했다. 2000년 이후 15년간은 남북관계에서 '잃어버린 세월'일 뿐이다. 1998년까지 북한을 둘러싸고 벌어진 일들이 되풀이되었을 뿐, 구조적 변화는 일어나지 않았다. 1998년에서 2000년까지 김대중 정부의 '햇볕정책'이 보여준 주권국가로서 대한민국의 가능성이 한반도의 '냉전 이후'에 대한 최대한의 희망이었을 뿐이다.

나는 《망국의 역사, 조선을 읽다》로 민족국가를 잃어버리는 과정을 훑어본 다음 《해방일기》로 민족국가 재건에 실패하는 장면을 살펴봤다. 그러고는 1990년대 냉전이 종식된 상황에서도 민족문제 해결의 길을 찾지 못하는 상황을 더듬어봤다. 조선 망국 후 100하고도 5년이 지난 지금도 '민족 자결'의 전망이 세워지지 못하고 있다.

작업을 진행할수록 민족사회의 상황은 암울하게만 보인다. 그러나 새벽을 기다리는 마음은 더욱 간절해진다. 19세기 말 조선의 독립을 용납하지 않았던 세계정세의 변화가 방향을 바꾸는 조짐이 이제야 느껴지기 시작하고 있다. 긴 밤 지새운 뒤의 새벽을 맑고 환하게 맞이하기 위해 우리가 해야 할 일이 많다.

작업을 마친 후 세계정세 변화의 조짐을 느끼기 시작한 것이 이 간절한 마음 때문에 헛것을 보는 것일지도 모른다. 그러나 생각을 더할수록 이것이 조짐 정도가 아니라 이미 실현되고 있는 거대한 변화일 수 있겠다는 생각이 든다. 우리의 시각이 그 변화에 초점을 맞추지 못하고 있어서 제대로 감지하지 못하는 것일 뿐.

이 변화에 '서세동점西勢東漸의 해소'란 이름을 붙여본다. 19세기 후반 산업혁명을 통해 부국강병을 이룬 서양 열강의 위세 앞에 동양이 굴복하던 상황이 '서세동점'이었다. 그러다 20세기 들어 미국, 일본, 러시아(소련)가 열강의 대열에 합류하고는 서양-동양 간의 단순한 대결 양상이 흐트러진 것으로 보고 이 말을 쓰지 않게 되었다. 그리고 냉전시대에는 동방과 서방이 공산주의-자본주의 두 진영을 가리키는 말로 쓰이기도 했다.

그러나 차분히 생각해보면, 겉보기와 달리 서양-동양 간의 대립 양상이 실제로는 계속되고 있었던 것이다. 일본이 위치로는 동양국가이지만, 제국주의 일본은 '탈아입구脫亞入歐'의 결과였다. 조선을 지배하고 중국을 침략한 일본의 힘은 '서세西勢'의 성격이었다.

망국의 과정에서도, 해방 후 분단건국에 이르는 과정에서도, 민족사회를 지키고 발전시키려는 많은 선인들의 노력이 있었다. 세밀히 살펴보면 어느 시대, 어느 사회 못지않게 훌륭한 노력이 있었다. 세계정세를 제대로 살피지 못해 어리석은 구체제에 집착했기 때문에 망국과 분단을 겪은 것이 아니었다. '서세'가 너무 막강한 상황이었기 때문에 그를 등에 업은 한 줌 반역자들에게 억눌린 것이었다.

망국 때나 해방 후 상황에서는 외세의 작용이 분명히 드러나 보이기 때문에 '서세동점'의 해석을 적용하는 데 아무 문제가 없다. 그러나 1990년대 이후 남북관계 발전의 실패에는 외세의 작용이 그렇게 분명하지 않다. 적극적인 해석이 필요하다.

일본이 동양국가이면서도 서세의 본질을 내면화하여 그 앞잡이 노릇을 한 것처럼, 남한 사회에도 1990년대까지 서세가 내면화되어 있었다는 해석이다. 민족주의를 배제하는 서세가 사회 내에 자리 잡았다는 것이다.

서세의 본질이 과연 무엇인가. 원리로는 개인주의요, 체제로는 자본주의다. 개인을 완전한 독립체로 보고 그 능력의 발휘에 제약을 두지 않는 것이다. 힘 있는 국가가 약한 국가를 마음대로 침략하는 제국주의도, 사회 양극화를 가져오는 빈익빈 부익부 현상도 이 원리와 체제에서 나오는 것이다. 개인주의와 자본주의를 일찍 발달시킨 유럽에서는 이 원리와 체제의 반反사회적 파괴성이 널리 확인되어 다양한 보완대책이 마련되었으나, 미국과 남한 같은 후진사회에서는 발가벗은 자본주의가 아직도 아무 견제 없이 횡행하고 있다.

제국주의 일본이 식민지 조선에 자본주의체제를 들여왔지만 그 원리는 조선인 사회에 내면화되지 못했다. 근 1백만 명의 일본인 군인, 관리, 민간인이 들어와 지배계층을 형성해서 조선인은 극소수의 지주 외에는 체제의 혜택을 전혀 보지 못하는 '수탈'체제에 그쳤기 때문이다. 해방 후 남한에 영향력을 가진 미국은 일본과 같은 직접 수탈의 필요도 없고 지배계층을 이식할 필요도 없었기 때문에 미국 영향 하의 남한에서 자본 세력이 크게 자라나기 시작했다. 이 세력이 1987년 군사정권 종식 이후 남한 사회에 대한 통제력을 견제 없이 확대하면서 남한 사회가 스스로 '서세'의 성격을 보이게 되었다.

남한 사회는 어느 정도까지 '서세화'의 변질을 겪은 것일까. 자본주의 원리의 관철을 시도하는 세력에게 정권을 줄곧 맡기는 것을 보면 변질의 정도가 매우 심한 것 같다. 민족 정체성마저 제대로 남아 있지 못한 것같이 보이기도 한다. 그렇다면 이 사회가 '민족 자결'의 길을 되찾을 희망을 가진다는 것 자체가 부질없는 일일까?

그러나 좀 더 깊이 생각하면 이 변질이 껍데기에서만 일어나고 골수에까지 스며든 것이 아님을 알아볼 수 있다. 우리의 일상이 개인주의와 자본주의를 숭상하는 세력이 짜놓은 틀에 묶여 있기 때문에 평상시에는 그 틀을 벗어나는 느낌을 떠올리기 힘들고 생각을 키우기 어렵다. 대형 언론매체의 편향성은 말할 것도 없고, 우리의 노동조건, 주거형태, 교통수단, 생활방법 모두가 그 틀을 구성하는 것이다.

그럼에도 불구하고 생각지 않았던 인상적인 장면에 마주쳤을 때(정주영의 소떼나 김대중과 김정일의 포옹, 이산가족의 재회 등) 사람들은 걷잡을 수 없는 감동을 느낀다. 그리고 재해가 닥쳤을 때 집권세력의 무책임과 뻔뻔스러움을 보며 "이건 아니지 않은가?" 생각하게 된다. 사회 양극화를 추동하는 세력도 선거에 임해서는 경제민주화와 복지 강화의 깃발을 내건다.

이 사회가 과연 하나의 공동체로서 장래를 주체적으로 열어나갈 자세를 백여 년 만에 다시 세울 수 있을지, 그 내부만 살펴서는 확실한 판단을 하기 어렵다. 설령 그것이 가능하다 하더라도 얼마나 오랜 시간이 걸리고 어떤 노력을 필요로 할지는 더더욱 불확실하다. 그렇다면 외부로 눈을 돌려 세계정세의 변화를 거시적으로 파악하는 것이 판단에 도움이 될지도 모른다.

그래서 '서세동점의 해소'를 생각하게 된 것이다. 자본주의 세계체제의 모순과 한계를 논하는 '세계체제론'의 연구와 토론이 21세기로 넘어오면서 더욱 활발해졌다. 중국의 굴기가 한 국가의 성쇠에 그치는 것이 아니라 세계질서의 구조에 근본적 변화를 향한 움직임이라는 전망이 확산되고 있다. 이 두 가지 관점이 합쳐지는 곳이 바로 '서세동점의 해소' 아니겠는가.

이제는 '자본주의 이후'에 생각을 모으려 한다. 1990년대 10년 동안 남북 관계의 전개를 살펴보며, 한반도의 분단 상태를 끝내지 못하는 이유가 북한보다 남한 쪽에 있다는 생각을 하게 되었다. 그리고 남한에서 정치다운 정치가 이뤄지지 않는 이유가 유효기간을 넘겨버린 자본주의에 묶여 있기 때문이 아닌가 생각하게 되었다. 민족문제 해결을 위해서는 우선 남한이 국가다운 국가가 되어야 할 것이다.

이 책에 인용된 참고 문헌

Eric Hobsbawm, 《The Age of Extremes》, Vintage 1994

강준만, 《한국현대사산책》 1980년대편 2권, 인물과사상사 2003

강준만, 《한국현대사산책》 1980년대편 3권, 인물과사상사 2003

강준만, 《한국현대사산책》 1980년대편 4권, 인물과사상사 2003

강준만, 《한국현대사산책》 1990년대편 1권, 인물과사상사 2006

김계동, 《북한의 외교정책과 대외관계》, 명인문화사 2012

김근식, 《대북포용정책의 진화를 위하여》, 한울아카데미 2011

김기협, 《뉴라이트 비판》, 돌베개 2008

김대중, 《김대중 자서전》 1권·2권, 삼인 2010

김성보, 《북한의 역사 1》, 역사비평사 2011

김연철, 《냉전의 추억》, 후마니타스 2009

김일영·조성렬, 《주한미군: 역사, 쟁점, 전망》, 한울아카데미 2014

김해원, 《북한의 남북정치협상 연구》, 선인 2011

노무현재단 엮음, 유시민 정리, 《운명이다》, 돌베개 2010

노태우, 《노태우 회고록》 상권, 조선뉴스프레스 2011

돈 오버도퍼, 《두 개의 한국》, 이종길 옮김, 길산 2002

리민치, 《중국의 부상과 자본주의 세계경제의 종말》, 류현 옮김, 돌베개 2010

리언 시걸, 《미국은 협력하려 하지 않았다》, 구갑우·김갑식·윤여령 옮김, 사회평론 1999

박성조, 《한반도 붕괴》, 랜덤하우스 2006

박철언, 《바른 역사를 위한 증언》 1권·2권, 랜덤하우스중앙 2005

백낙청 회화록 간행위원회, 《백낙청 회화록》 2권, 창비 2007

백학순, 《북한 권력의 역사》, 한울아카데미 2010

세종연구소 북한연구센터 엮음, 《북한의 당·국가기구·군대》, 한울아카데미 2011

셀리그 해리슨, 《코리안 엔드게임》, 이홍동·김태호·류재훈·이재훈 옮김, 삼인 2003

와다 하루키, 《북조선-유격대국가에서 정규군국가로》, 서동만·남기정 옮김, 돌베개 2002

이삼성, 《동아시아의 전쟁과 평화》 2권, 한길사 2009

이재봉, 《이재봉의 법정증언》, 들녘 2015

이종석, 《북한의 역사 2》, 역사비평사 2011

이태섭, 《북한의 경제위기와 체제변화》, 선인 2009

임동원, 《피스메이커》, 창비 2015(개정판) / 중앙북스 2008(초판)

장달중·이정철·임수호, 《북미 대립-탈냉전 속의 냉전 대립》, 서울대학교출판문화원 2011

장웨이잉 외, 《중국개혁 30년》, 이영란 옮김, 산해 2009

정욱식·김종대, "한반도 군축과 군비통제의 새로운 접근", 진보신당 정책용역보고서 2011

조반니 아리기, 《베이징의 애덤 스미스》, 강진아 옮김, 길 2009

조반니 아리기, 《장기 20세기》, 백승욱 옮김, 그린비 2008

조엘 위트·대니얼 폰먼·로버트 갈루치, 《북핵위기의 전말》, 김태현 옮김, 모음북스 2005

즈비그뉴 브레진스키, 《미국의 마지막 기회》, 김명섭·김석원 옮김, 삼인 2009

찰스 프리처드, 《실패한 외교》, 김연철·서보혁 옮김, 사계절 2008

참여사회연구소 기획, 이병천·홍윤기·김호기 엮음, 《다시 대한민국을 묻는다》, 한울 2007

척 다운스, 《북한의 협상전략》, 송승종 옮김, 한울아카데미 1999

케네스 퀴노네스, 《2평 빵집에서 결정된 한반도 운명》, 노순옥 옮김, 중앙M&B 2000

크레이그 아이젠드래스·멜빈 A. 구드먼·제럴드 E. 마시, 《미사일 디펜스》, 김기협·천희상 옮김, 들녘 2002

클라이드 프레스토위츠, 《깡패국가》, 김성균 옮김, 한겨레신문사 2004

테사 모리스-스즈키, 《북한행 엑서더스》, 한철호 옮김, 책과함께 2008

한완상, 《한반도는 아프다》, 한울 2013

홍석률, 《분단의 히스테리》, 창비 2012

황장엽, 《황장엽 회고록-나는 역사의 진리를 보았다》, 시대정신 2006(개정판)